GILDEN UND ZÜNFTE

Kaufmännische und gewerbliche Genossenschaften
im frühen und hohen Mittelalter

VORTRÄGE
UND FORSCHUNGEN

Herausgegeben vom Konstanzer
Arbeitskreis für mittelalterliche Geschichte

Band XXIX

JAN THORBECKE VERLAG SIGMARINGEN
1985

GILDEN UND ZÜNFTE

KAUFMÄNNISCHE UND GEWERBLICHE GENOSSENSCHAFTEN IM FRÜHEN UND HOHEN MITTELALTER

Herausgegeben von
Berent Schwineköper

JAN THORBECKE VERLAG SIGMARINGEN
1985

CIP-Kurztitelaufnahme der Deutschen Bibliothek

Gilden und Zünfte: kaufmänn. u. gewerbl. Genossenschaften im frühen u. hohen Mittelalter / hrsg. von Berent Schwineköper. – Sigmaringen: Thorbecke, 1985
(Vorträge und Forschungen / Konstanzer Arbeitskreis für mittelalterliche Geschichte; Bd. 29)
ISBN 3-7995-6629-5

NE: Schwineköper, Berent [Hrsg.]; Konstanzer Arbeitskreis für mittelalterliche Geschichte: Vorträge und Forschungen

GEDRUCKT MIT UNTERSTÜTZUNG DER DEUTSCHEN FORSCHUNGSGEMEINSCHAFT

Gesamtherstellung: M. Liehners Hofbuchdruckerei GmbH & Co., Sigmaringen
Printed in Germany · ISBN 3-7995-6629-5

INHALTSÜBERSICHT

Vorwort

Den Gegenstand dieses Sammelbandes auf der Reichenau zu behandeln, geht auf einen Vorschlag von Berent Schwineköper zurück. Zwei von ihm vorbereitete Tagungen über »Kaufmännische und gewerbliche Genossenschaften (Gilden und Zünfte) im frühen und hohen Mittelalter« haben auf der Insel im Oktober 1979 und im März 1980 stattgefunden. Als Herausgeber der vorliegenden Publikation hat Berent Schwineköper zu Abhandlungen erweiterte Referate dieser Tagungen zusammengestellt. Der Konstanzer Arbeitskreis dankt ihm für diese Bereicherung seines Themenkataloges und den Autoren für die Ausarbeitung ihrer Beiträge*).

Die Drucklegung auch dieses Bandes der »Vorträge und Forschungen« wurde in der dankenswerten, gewohnten Weise durch einen von der Deutschen Forschungsgemeinschaft gewährten Zuschuß und im harmonischen Zusammenwirken mit dem Verlag ermöglicht.

Marburg a. d. Lahn, im Februar 1985 *Helmut Beumann*

*) Das Referat von Karl Hauck ist inzwischen unter dem Titel »Gemeinschaftsstiftende Kulte der Seegermanen (Zur Ikonologie der Goldbrakteaten XIX) erschienen in: FrühmaStud Bd. 14, 1980, S. 463–617. Die Referate der Herren W. Blockmans, K. Peters und B. Schwineköper, die hier aus verschiedenen Gründen nicht aufgenommen werden konnten, liegen in gekürzten Fassungen vor in »Protokolle des Konstanzer Arbeitskreises für mittelalterliche Geschichte Nr. 232 v. 29. 1. 1980 (Blockmans) und Nr. 237 vom 30. 7. 1980 (Peters, Schwineköper), ebenso die Zusammenfassungen der Herren Hans K. Schulze und B. Kirchgässner sowie die Diskussionsbeiträge.

Handel und Gewerbe vom 6.–11. Jahrhundert

VON ROLF SPRANDEL

1. Vorbemerkungen

Der Aufsatz ist auf Gesichtspunkte ausgerichtet, die für die Entstehung von Gilden und Zünften besonders wichtig sind: Erstens auf das gruppenweise Wirtschaften, zweitens auf Arbeitsteilung und Spezialisierung, schließlich drittens auf die Frage, ob Händler und Handwerker frei oder unfrei waren. Demgegenüber treten in dem Aufsatz die Erörterungen darüber, wo was produziert und gehandelt wurde, zurück. Das Augenmerk ruht auf den sozialen Kategorien, denen die Händler und Handwerker zuzuordnen sind. Soziale Voraussetzungen, die für das mittelalterliche Gilde- und Zunftwesen wichtig wurden, sind in Mitteleuropa erst vom 10. Jahrhundert an endgültig ausgebildet worden, gehen in Italien aber bis in die Antike zurück. Man wird diese beiden Räume unterscheiden müssen, gleichzeitig aber darauf zu achten haben, wie die frühen Strukturen bei Germanen und Slawen, und wie die Tendenzen aus der frühmittelalterlichen Grundherrschaft heraus sich auswirkten. Entsprechend ist der Aufsatz in vier Abschnitte untergliedert.

2. Frühe Strukturen bei Germanen und Slawen

Die ältesten Zeugnisse über Handel und Gewerbe sind archäologischer Art und wie alles Archäologische ambivalent[1]. Da gibt es den Wurtenhof Hessens bei Wilhelmshaven aus dem 7. Jahrhundert. Die Ausgrabung enthüllt uns einen landwirtschaftlichen Betrieb, der zugleich auf die Produktion grober Tuche eingestellt ist. Es gab Gleitschienen für Boote beim Hof. Sind sie ein Zeugnis für nebenberufliche Fischerei oder für Bauernhandel? Man hat eine Streuung römischer aurei über Skandinavien mit einer starken Konzentration auf Gotland, Öland und

1) Dieser Satz wurde so formuliert bei der Vorbereitung auf den Vortrag in den Jahren 1978/1979. Inzwischen liegen zwei fruchtbare gemeinsame Seminare mit dem Archäologen W. Janssen hinter mir, und ich würde ihn so heute nicht mehr schreiben. Aber er wurde aus dem ungedruckten Manuskript heraus bereits zitiert, und so möge er stehen bleiben, vgl. H. VIERCK, Ein Schmiedeplatz aus Alt-Ladoga und der präurbane Handel zur Ostsee vor der Wikingerzeit. Münsterische Beiträge zur Antiken Handelsgeschichte II,2, 1983, S. 3. Vierck hat sich besonders energisch in den letzten Jahren für eine »funktionale Betrachtungsweise in der archäologischen Forschung« eingesetzt. Das folgende Beispiel Hessens bei D. ELLMERS, Frühmittelalterliche Handelsschiffahrt in Mittel- und Nordeuropa. Neumünster 1972, S. 17 u. a.

Bornholm festgestellt. Sind sie Zeugnisse einer Verteilung von Handelsüberschüssen auf eine bäuerliche Bevölkerung oder von Soldzahlungen?

Die schriftlichen Zeugnisse kommen aus einer etwas späteren Zeit. Viel zitiert wird der Bericht von dem Kaufmann Ottar aus dem späten 9. Jahrhundert, der in Norwegen nicht nur einen Hof mit 20 Kühen, 20 Schafen und 20 Schweinen besaß, sondern zugleich offenbar eine herrschaftliche Stellung innehatte und Tribute von den Finnen erhielt[2]. Im 10. Jahrhundert wurde im Norden Gotlands, in Pilgårds, in einer ausgesprochen bäuerlichen Umgebung ein Runenstein aufgestellt, der in seiner Inschrift von Leuten berichtet, die von einer Bootsfahrt auf dem oberen Dnjepr, also auf dem Wege nach Kiew zurückgekehrt sind. »Leuchtend bemalt stellten diesen Stein auf Hegbjarn und seine Brüder Rodsvil, Oystain und Emund, die haben Steine errichtet zum Gedächtnis an Ravn südlich von Rufstain. Sie kamen weit in Aifur. Vivil gab den Auftrag«[3]. Hier spricht offenbar eine Gruppe von Verwandten. Einer der Ihren starb auf der Fahrt. Ihm wurden am Grabe Steine errichtet, an die der Stein in der Heimat erinnern soll.

Zu der Ambivalenz vieler Zeugnisse kommt vor allem bei einzelnen Schriftnachrichten die Frage der Repräsentativität. Inwiefern kann man von späten Zeugnissen, etwa der Wikingerzeit, zurückschließen? Bei der gegebenen Quellenlage wird der Historiker ergänzend Modellvorstellungen zur Hilfe nehmen müssen. Die Möglichkeit einer Verbindung von bäuerlicher Arbeit und Handel, die zu der Begriffsbildung Bauernkaufmann berechtigt, dürfte durch die Zeugnisse erwiesen sein. Wie steht es nun aber mit der in der Forschung viel diskutierten Abgrenzung des Bauern gegenüber dem Adel oder dem Herrschaftsträger? Kann man neben dem Bauernhandel von einem Herrschaftshandel sprechen? Diese Unterscheidung ist sicherlich berechtigt für Räume und Zeiten, wo es zu einer Herrschaftsbildung mit dauerhaften Tributverpflichtungen kam. Diese Bedingungen galten insbesondere für die Reichsgründungen der Wikinger auf russischem Boden. Das Beispiel Ottars lehrt uns, wie eng für diesen Herrschaftshandel oft die Verbindungen zum bäuerlichen Betrieb geblieben sein mögen. Gleichzeitig ist aber beim Herrschaftshandel auf die Verbindungen zu einem spezialisierten Händlertum zu achten. Zwischen Herrschaftsbildung und händlerischer Spezialisierung dürfte ein gegenseitiger Einfluß bestanden haben. Bauern, die zu einer händlerisch ausnutzbaren Herrschaftsbildung kamen, dürften dadurch veranlaßt worden sein, ihren Agrarbetrieb zurückzustellen. Der von Fredegar bezeugte Franke Samo ist im 7. Jahrhundert im slawischen Bereich umgekehrt ein Beispiel dafür, daß spezialisierte Händler aus ihren spezifischen Lebensbedingungen in eine Herrscherstellung einrücken konnten[4].

2) H. Sweet, Alfreds Orosius 1, 1883, S. 17f. E. Sabbé, Quelques types de marchands des IXe et Xe siècles. Rev. Belge de Phil. et d'Hist. 13, 1934, S. 176–187.

3) M. Stenberger, Die Schatzfunde Gotlands der Wikingerzeit I, Stockholm 1958, S. 365; Ellmers a. a. O. S. 173.

4) Chronica IV, 48; vgl. diese und andere Quellen zusammengestellt bei A. Verhulst, Der Handel im Merowingerreich. Gesamtdarstellung nach schriftlichen Quellen. Studia historica Gandensia 125, 1970, S. 36.

Die Archäologie sieht sich in der Lage, durch den Nachweis einer dauerhaften Niederlassung von Händlern an einem nichtagrarischen Siedlungsplatz Spezialisierung auf Handel wahrscheinlich zu machen. Ein solcher Nachweis ist allerdings nur an wenigen Plätzen möglich, Helgö ist der wichtigste[5]. In den Handelsplätzen Grobin (Liebau), Apuleia und Truso (Elbing) glaubt die Archäologie darüber hinaus, skandinavische von einheimischen, baltischen Gräbern trennen zu können[6]. Wenn sich diese Trennung methodisch bestätigt, kommen wir zu der plausiblen Korrelation zwischen einer nicht bodenständigen Bevölkerung und spezialisierten Händlern. Auf einem festeren Boden steht auch die Archäologie für diese Frage in der Wikingerzeit. Sowohl für Dorstad als auch für Haithabu wurden Holzhäuser nachgewiesen, die sich in der Bauweise deutlich von benachbarten Bauernhäusern unterscheiden[7]. Diese Unterschiede hängen mit Funktionsunterschieden der Häuser und insofern mit einer nicht agrarischen Lebensweise der Bewohner von Dorstad und Haithabu zusammen.

Der spezialisierte Händler ist für uns wichtiger als der Bauernhändler. Versuchen wir deswegen noch mehr über ihn zu ermitteln. In der vorkarolingischen und vorwikingischen Zeit wird man bei den Germanen und Slawen überwiegend nicht mit einer dauerhaften und großräumigen Herrschaftsbildung rechnen können. Typisch ist vielmehr eine kleinparzellige und unstabile politische Ordnung. Für den Händler ergab sich daraus die Konsequenz, daß er häufiger als später gezwungen war, sich selbst zu schützen. Man wird von dort aus eine gängige Vertrautheit mit dem Kriegshandwerk und das gruppenweise Reisen erwarten. Beides ist uns auch schon für die frühe Epoche in schriftlichen Quellen, und zwar durch Fredegar bezeugt. »Samo ... plures secum negutiantes adscivit exercendum negucium in Sclavos ... perrexit«: das ist die Gruppe. Im Krieg gegen die Hunnen entdeckten dann die Slawen die utilitas, die Kriegstüchtigkeit des Samo, und machten ihn zu ihrem Herrscher. Die Kriegstüchtigkeit, die zu Herrschaftsstellungen führen konnte, schränkte die Spezialisierung eines Händlers erheblich ein. Herrschaftspositionen von Kaufleuten lösten zwar einerseits die Verbindung zwischen Handel und Bauernarbeit auf, förderten aber andererseits die Verbindung zwischen Kriegerberuf und Handel. In Zeiten und Räumen einer unabgeschlossenen Herrschaftsbildung dürften die Rollen, insbesondere die des spezialisierten Händlers, höchst unstabil gewesen sein. Dazu gehören auch die Ambivalenzen zwischen kriegerischen Räubern und Händlern. Als die Normannen nach einem Einfall in den Loire-Raum bei Angers 873 militärisch zum Abzug gezwungen wurden, stellten sie nach den Annales Bertiniani die Bedingung, auf einer Loire-Insel noch eine Zeitlang einen Markt unterhalten zu dürfen[8]. Die angelsächsische Chronik des Aethelward vom ausgehenden 10. Jahrhundert berichtet uns, wie eine normannische Flotte vor

5) A. Lundström, Helgö als frühmittelalterlicher Handelsplatz in Mittelschweden, FMS 2, 1968, S. 278–290; Ellmers a. a. O. S. 24 u. ö.

6) Ellmers a. a. O. S. 21, 180.

7) Ellmers a. a. O. S. 179, 184, 203.

8) MGH SS in usum scholarum, rec. G. Waitz, 1883, S. 124.

dem Hafen von Dorchester erschien. Ein Beauftragter des Königs von Wessex überlegt unsicher: »putans eos magis negotiatores esse quam hostes«[9].

Angesichts des kriegerischen Charakters des frühen, spezialisierten Händlers stellt sich die Frage nach den Bedingungen seines Empfangs und Aufenthalts in einem fremden Gemeinwesen. In der Forschung ist erwogen worden, ob nicht etwa das Niemandsland für den händlerischen Austausch bevorzugt wurde. Dabei ist an Inseln vor der Küste und an herrschaftsfreie Plätze an Grenzflüssen gedacht worden. Für eine solche Bevorzugung fehlen jedoch die Belege. Sicherlich gab es Märkte nahe von Grenzen[10]. Aber das Marktleben dürfte jeweils in eine politische Herrschaft integriert gewesen sein. Die örtliche Herrschaft wird von Fall zu Fall Genehmigungen einer Einreise erteilt haben. Ein ausdrücklicher Nachweis für diese Praxis, die denkbarerweise sehr alt ist, wurde erst für das 10. Jahrhundert bekannt. Konrad der Rote übergibt in einem Privileg von 946 an den Bischof von Speyer das Recht, den introitus fremder und den exitus einheimischer Kaufleute jeweils zu genehmigen[11].

Wenn Kaufleutegruppen längere Zeit beisammenblieben, konnte man ebensogut eine Einreisegenehmigung für wiederkehrende Fälle erteilen. Entsprechende schriftliche Privilegien sind aber erst aus dem 12. Jahrhundert erhalten. Sie betreffen deutsche Kaufleutegruppen, die London oder Gotland besuchen, Gotländer, die nach Sachsen kommen[12]. Sicherlich haben solche Dauergenehmigungen für Kaufleute nur Wert, wenn die privilegierende Herrschaft ihrerseits eine gewisse zeitliche Stabilität besitzt. Da eine solche Voraussetzung für die vorwikingische Zeit weniger zutrifft als für die spätere, kann man entsprechend weniger mit Dauergenehmigungen rechnen. Außerdem stellt sich die Frage, inwieweit die Verbreitung von Schriftlichkeit die Erteilung von Dauergenehmigungen technisch erleichtert hat. Jedenfalls gibt es einen wechselseitigen Zusammenhang zwischen Dauergenehmigungen und Gruppenbildung. Die Dauergenehmigung setzt Gruppen voraus, festigt aber dann ihrerseits von außen her die Gruppen.

Werfen wir noch einmal einen Blick auf das Problem der Eintrittserlaubnis im Zusammenhang mit der Geschichte eines Einzelkaufmanns. Als Gegenleistung für die Eintrittserlaubnis, sei es eine einmalige, sei es eine wiederkehrende, begegnen uns Abgaben oder das Vorkaufsrecht der den Eintritt erlaubenden Herrschaft. Im dritten Drittel des 10. Jahrhunderts lebte Thorleif, der dritte Sohn eines isländischen Bauern, der wegen Blutrache die Heimat verlassen mußte und Kaufmann wurde. Reich beladen kommt er mit seinem Schiff nach Tönsberg und sucht die Ortsherrschaft auf, den Jarl, der das Vorkaufsrecht beansprucht. Thorleif versucht jedoch auf dem Markt zu verkaufen. Der Jarl läßt daraufhin das Schiff überfallen und die Gefährten des Thorleif umbringen. Thorleif schwört Rache: »Mein Herz krampft sich. Kämpfers Kielroß,

9) The chronicle of Aethelweard, ed. A. Campbell, Medieval Texts 1962, S. 27.

10) P. Johansen, Umrisse und Aufgaben der hansischen Siedlungsgeschichte und Kartographie. HGbll 73, 1955, S. 34–37.

11) F. X. Remling, Urkundenbuch zur Geschichte der Bischöfe von Speyer 1, 1852, Nr. 13, S. 11–13.

12) Hansisches Urkundenbuch I, 1876, Nr. 14 u. 15, S. 8–10.

ganz zerfiel es. Weh doch, wenn ich rächen werde«[13]. Hier sind fast alle Elemente für frühe spezialisierte Händler beisammen: Wir werfen einen Blick in mögliche Ursachen der Lösung eines Händlers aus dem bäuerlichen Milieu, in Konflikte, die sich mit dem Eintritt in eine Herrschaft verbinden, und in die Ambivalenz zwischen Händler und Krieger. Wo das Vorkaufsrecht funktionierte, bedeutete es eine Beteiligung der Herrschaftsträger am Handel, die wiederum zu einem Herrschaftshandel führen konnte, der den spezialisierten Handel ergänzte. Es gab eine Verzahnung zwischen Herrschaftshandel und spezialisiertem Handel, genauso wie zwischen letzterem und dem Bauernhandel, die besonders im Hochmittelalter wichtig werden sollte.

Nun wenden wir uns dem Handwerk zu und fragen danach, ob hier eine mit dem Handel parallele Begriffsbildung sinnvoll ist. Wenn man von Bauernhandwerkern spricht, muß man zwischen jenen Bauern unterscheiden, die verschiedene Handwerke betreiben, um sich selbst zu versorgen, und jenen, die im Nebengewerbe handwerkliche Produkte für einen Fremdbedarf herstellen. Unter den Zeugnissen stehen wieder jene der Archäologie an der Spitze. In Skandinavien hat man vierzig Gräber des 7. und 8. Jahrhunderts mit Schmiedewerkzeug entdeckt[14]. Das Werkzeug ist meistens verbunden mit Geräten anderer Handwerke und mit landwirtschaftlichem Gerät, auch mit Waffen, die das Zeichen des freien Bauern sind. Solche Gräber werden heute als Hinterlassenschaft sich selbst versorgender Bauern genommen. Wenn sich in einem Grab mehrere Schmiedewerkzeuge, vielleicht zum Teil in doppelter Ausführung finden, schließt man auf den verstärkten Willen zur Repräsentation und von dort auf ein Nebengewerbe zum Absatz. Aber wo liegt die Grenze? In der isländischen Egilsage aus dem 10. Jahrhundert wird von Egils Vater, dem Bauern Skallagrim, berichtet, der gleichzeitig Fischer und Jäger war. Er baute sich seine Boote selbst und war Schmied für den Absatz. »Früh muß sich mühen Feldschmied, sucht er Gelder.« Der Sohn gab ihm in seinen Grabhügel Waffen, Pferd und Schmiedewerkzeug mit[15]. Würde das Grab, falls man es fände, dem modernen Archäologen dieselbe Auskunft wie die schriftliche Quelle geben?

Im späteren Mittelalter bot das handwerkliche Nebengewerbe dem Bauern die Möglichkeit, bei entsprechenden Rohstoff- und Absatzverhältnissen agrarwirtschaftliche Schwierigkeiten zu überwinden, d. h. in Zeiten einer agrarwirtschaftlichen Krise in das Nebengewerbe auszuweichen[16]. Insoweit diese Verhältnisse in die Frühzeit rückprojizierbar sind, muß man im bäuerlich-handwerklichen Bereich mit einem unstabilen, sich nach der Wirtschaftskonjunktur richtenden Rollenverhalten rechnen. Die Rohstoffverhältnisse haben das handwerkliche

13) Norwegische Königsgeschichte, Thule 17, 1928, S. 47.

14) M. MÜLLER-WILLE, Der frühmittelalterliche Schmied im Spiegel skandinavischer Grabfunde. FMS 11, 1977, S. 168ff. Zum Folgenden jetzt auch die verschiedenen Beiträge in dem Sammelband: Das Handwerk in vor- und frühgeschichtlicher Zeit, hg. v. H. JANKUHN u. a., 2 Teile, Abh. d. Akad. d. Wiss. in Göttingen, Philologisch-Historische Kl. 3. Folge 1981/1983.

15) Die Geschichte vom Skalden Egil, Thule 3, 1914, S. 88ff., 172.

16) H. KELLENBENZ, Industries rurales en Occident de la fin du Moyen âge au 18e siècle. Annales ESC 18, 1963.

Nebengewerbe in der Frühzeit wenigstens im Eisensektor noch mehr begünstigt als im späteren Mittelalter. Es gab die breiten, flächenartigen Erzvorkommen als Rasen-, Sumpf- oder Walderz, die im Laufe der Jahrhunderte langsam abgebaut wurden. Die Archäologie hat eine entsprechende flächenmäßige Eisengewinnung nachgewiesen. Mehrere ihrer Zeugnisse sind aber wiederum so, daß sich von ihnen nicht eindeutig entscheiden läßt, ob der Abbau zur Selbstversorgung oder zum Absatz erfolgte. Wählen wir als Beispiel den südpolnischen Raum des Lysa Gora. Auf einer umfangreichen Fläche wurden Schmelzgruben ermittelt, die man offenbar jeweils nur einmal benutzte, und deren Benutzung sich zeitlich vom La Tène bis zum 8. Jahrhundert erstreckte, so daß – mit zeitlichen Unterbrechungen – immer nur ein Feuer brannte[17]. Also holten sich hier einer oder mehrere Bauern Eisen, wenn sie es brauchten? Nun gibt es in demselben Zusammenhang Schächte und stollenartige Erzgruben, die auch als Zeichen der Spezialisierung gedeutet werden.

Eindeutiger interpretierbar ist es, wenn wir erfahren, daß auf alten Verhüttungsplätzen in Gotland und in Südwestirland Erze gefunden wurden, die jeweils vom gegenüberliegenden Festland stammen[18]. Es gab also zwischen Schweden und Gotland bzw. zwischen Gallien und Irland einen gewissen Erzhandel. Man kann zwar von diesen Zeugnissen her nicht darauf schließen, daß diejenigen, die das Erz empfingen, es für den Absatz reduzierten. Die irischen Schmelzgruben sind zudem in der Nähe von Klöstern gefunden worden und lassen auf Mönchshandwerker schließen. Aber die Gewinnung der Erze erfolgte zum Absatz und sicherlich durch Bauern im Nebengewerbe.

Ähnliches läßt sich für die Eisengewinnung und -weiterverarbeitung dort sagen, wo wir Gruppen von festgebauten Öfen mit Spuren einer regelmäßigen gleichzeitigen lang andauernden Benutzung treffen. Die bedeutendsten Funde dieser Art sind in Zelowice in Nordmähren gemacht worden[19]. Hier waren in der Karolingerzeit 24 Schmelzöfen in zwei Reihen auf einem nach Westen offenen Hang in Betrieb. Die Öfen sind mit feuerfestem Ton ausgekleidet. Vorratslager aus Halbfabrikaten und Eisenbarren, Axt-Rohklinken ohne Gebrauchswert als Zwischenware sind gefunden worden. Solche Eisenbarren als Tauschmittel oder Naturalgeld sind schon in vorwikingischer Zeit reichlich verbreitet in Südschweden[20]. Sie gehören in den Übergang einer naturalen Tauschwirtschaft in eine Marktgeldwirtschaft. Man erwirbt diese Eisenbarren in der Erwartung, mit ihnen andere, dritte Güter eintauschen zu können. Sie sind ein deutliches Zeugnis für Eisenproduktion zum Absatz.

17) M. Radwan u. K. Bielenin, La sidérurgie en Pologne centrale au premièr millénaire de notre ère. Revue d'histoire de la sidérurgie 1962, 3, S. 163 ff. Über das westslawische Material (nicht über Schmiede) vgl. J. Brankack, Studien zur Wirtschafts- und Sozialstruktur der Westslawen zwischen Elbe, Saale und Oder aus der Zeit vom 9. bis 12. Jh., 1964.

18) G. Hatz, Handel und Verkehr zwischen dem Deutschen Reich und Schweden in der späten Wikingerzeit 1974, S. 178 (mit Schweden betreffender weiterer Literatur) sowie R. F. Tylecote, Metallurgy in Archeology. A prehistory of metallurgy in the British Isles 1962, S. 260–283, b. 262.

19) R. Pleiner, La sidérurgie dans les pays tschèques au Moyen Age. Revue d'Histoire de la Sidérurgie 3., 1962.

20) J. Nihlén, Äldre Järntillverkning i sydsverige 1939.

Bevor wir das Thema des Bauernhandwerkers verlassen, sei noch kurz darauf hingewiesen, daß die Siedlungsarchäologie zwei Siedlungen bei Warendorf in Westfalen ausgegraben hat[21]. Die Siedlungen bestehen aus je vier bis sechs Gehöften des 6. bis 8. Jahrhunderts, von denen eines zugleich eine Dorfschmiede war. Die Siedlungsarchäologie deckt uns also die Schmiedetätigkeit als ein bäuerliches Nebengewerbe auf, das auf Absatz in einem begrenzten dörflichen Rahmen ausgerichtet war, auf eine dörfliche Arbeitsteilung, die auch durchaus im Rahmen der Tauschwirtschaft geblieben sein kann.

Nur kurz können wir auf vier oder fünf andere Handwerkertypen eingehen, die man neben den bereits ambivalenten Bauernhandwerkern bei den frühen Germanen und Slawen antreffen kann. Zunächst sind die Wanderhandwerker zu nennen. Bemerkenswert ist der Fund einer Kiste, die auf Gotland im Moor versenkt wurde[22]. Man nimmt an, daß sie entweder von ihrem Inhaber verloren oder als Opfergabe versenkt wurde. In beiden Fällen könnte sie zu deuten sein als praktischer Werkzeugkasten polytechnischer Wanderhandwerker.

Als nächstes erwähnen wir die Schmiede, die in einem sakralen Ruf stehen und eine priesterartige Stellung haben. Sie sind nicht nur in Liedern, sondern auch archäologisch bezeugt. In Abfallmaterialien in Haithabu sind zum Beispiel Amulette gefunden worden, die zur Produktion solcher Schmiede gehörten[23]. Die Erwähnung in Liedern, vor allem dem Wielandslied, lassen vermuten, daß der Schmied in einem sakralen Ruf eine geläufige Figur war. Szenen aus der Wielandssage werden auf Runensteinen an verschiedenen Orten abgebildet. Der Stein von Ardre, Gotland, aus der Zeit um 800 zeigt Wieland auf einer Insel, die nur durch ein Boot zu erreichen ist. Dieser Wieland kann seine Feinde mit Zaubermacht töten[24]. Zu dieser Schmiedfigur passen auch die anthropomorph gesehenen Schwerter. Es sind Schwerter, denen man einen Namen gegeben hat, die uns literarisch aus dem Rolandslied bekannt sind. Auch archäologisch ist eine Reihe von Namen auf Schwertern entdeckt worden. Herausgehoben sei Ulfbert[25].

Die ortsfesten Nur-Handwerker zerfallen in solche freien und unfreien Standes. Zu den ersteren, die sich mit den eben genannten priesterartigen Schmieden berühren, werden die

21) W. Winkelmann, Archäologische Zeugnisse zum frühmittelalterlichen Handwerk in Westfalen. FMS 11, 1977, S. 93–97. Eine Liste vergleichbarer siedlungsarchäologischer Befunde jetzt bei W. Janssen, Gewerbliche Produktion des Mittelalters als Wirtschaftsfaktor im ländlichen Raum in dem o. Anm. 14 genannten Sammelband II, S. 342–346.

22) Müller-Wille a. a. O. S. 190ff. L. Thålin-Bergman, Der wikingerzeitliche Werkzeugkasten vom Mästermyr auf Gotland, in: Das Handwerk (wie Anm. 14) II, S. 193–215, wo aber die Möglichkeiten der Interpretation ausgeweitet werden. Über einen ähnlichen Fund in der Normandie: H. Ament, Archäologie des Merowingerreiches. BRGK 1971, S. 305–307.

23) H. Drescher, Metallhandwerk des 8.–11. Jh. in Haithabu auf Grund der Werkstattabfälle, in: Das Handwerk (wie Anm. 14) II, S. 174–192.

24) Müller-Wille a. a. O. S. 130; K. Hauck, Wielands Hort. Die sozialgeschichtliche Stellung des Schmiedes in frühen Bildprogrammen nach und vor dem Religionswechsel. Antikvariskt Arkiv 64, 1977.

25) M. Müller-Wille, Ein neues Ulfberht-Schwert aus Hamburg. Verbreitung, Formenkunde, Herkunft. Offa 27, 1970, S. 65–88. Dazu auch: H. Roth, Handel und Gewerbe vom 6.–8. Jh. östlich des Rheins. VSWG 58, 1971, bes. S. 326–331.

Werkstätten, insbesondere die Bronze- und Eisenhütten gehörten haben, die man auch auf Helgö gefunden hat. Unfreie Handwerker lebten an Herrscherhöfen. Berühmt sind die Goldarbeiter beim Rugierkönig Feva. Eugipp berichtet uns von einer Revolte der Handwerker-servi. Eine kollektive Aktion führt sie zur Freiheit[26]. Aber was geschah nachher mit ihnen? Wurden sie Wanderhandwerker oder lebten sie als ortsfeste Nur-Handwerker weiter?

Eine Sonderstellung nehmen Waldschmiede ein, die sich in agrarisch nicht nutzbaren Gegenden finden, und deren Existenz auf der Ausnutzung von Rohstoffvorkommen, insbesondere Erzen und Holz, beruht. Eine der frühesten literarischen Quellen über sie ist die angelsächsische Vita Egwini aus dem 9. Jahrhundert, die von Verhältnissen des 7. Jahrhunderts berichtet[27]. Es gab in Warwickshire am Severn im Walde ein castrum, das ganz von Schmieden bewohnt wurde. Diese übertönten mit ihren Hämmern die Predigten des Missionars. Dafür wurde das castrum später ausgelöscht. In der genannten Gegend gab es das kleine Königreich Hwicce, das spätestens im 8. Jahrhundert in Mercia einbezogen wurde. Im Zusammenhang mit dieser Einbeziehung wurde die Gegend christianisiert. Gruppenbildungen sowohl der Waldschmiede als auch der vorher genannten ortsfesten Nur-Handwerker dürften für die Frage nach den Anfängen der Gilden und Zünfte von Bedeutung sein.

3. Die germanischen Reiche auf römischem Boden

Wir wenden uns zunächst dem Handel zu und fragen nach dem städtischen Kaufmann romanischer Herkunft, dessen fortdauernde Existenz gebunden war an jene Kontinuität spätantiken städtischen Lebens, wie sie uns, wenn wir einmal vom westgotischen und arabischen Spanien absehen, nur für Italien bezeugt ist. Besonders günstig war es, daß unter den Ostgoten auch staatliche, städteübergreifende Institutionen, die den Handel betrafen, Kontinuität hatten. Cassiodor berichtet uns, Theoderich habe die Kirchen von Mailand und Ravenna autorisiert, unter den negotiatores der Städte einen zum Kaufen und Verkaufen zugunsten der Kirchenarmen auszuwählen. Dieser ausgewählte Kaufmann soll dann von den Monopol- und Staatsabgaben ausgenommen werden, die von dem universum corpus der Kaufleute zu leisten sind[28]. Das universum corpus ist eine städtische Kaufleutekorporation, die ein staatlich durchgesetztes Handelsmonopol in einem bestimmten Gebiet besitzt. Ähnlich spricht Cassio-

26) Vita Severini, cap. 8.

27) Acta Sanctorum Jan. I (1643), S. 710. Jüngst hat Vierck (o. Anm. 1) auf einen weiteren – ambivalenten – Handwerkertyp aufmerksam gemacht, eine Kombination von Händler und Handwerker, der als Wanderhandwerker gruppenweise an Ostseeplätzen auftrat.

28) Variae II, 30. Vgl. auch M. Lecce, La vita economica dell'Italia durante la dominazione dei Goti nelle »Variae« di Cassiodoro. Economia e Storia 3, 1956, S. 354–408. Über die frühere Geschichte der corpora: L. C. Ruggini, Le associazioni professionali nel mondo romano-bizantino. Settimane di Studio 18, 1971, bes. S. 171. Zu Mailand insbesondere: C. Violante, La società milanese nell'età precommunale 1953.

dor von den negotiatores von Apulia und Calabria, die ein Monopol besitzen[29]. Er sagt uns allerdings nicht, in welcher Stadt sie ansässig sind.

Das Monopol zerbricht mit der Ostgotenherrschaft. Aber die Kaufleute leben weiter. Im 10. Jahrhundert sind ihre scola in Ravenna[30] und ihr ministerium in Pavia bezeugt[31]. Sie haben weiterhin gewisse Privilegien, die ihnen von der jeweiligen Stadtherrschaft gegeben sind, die aber, vor allem durch die Privilegien für die Kaufleuteschaften anderer Städte, eingeschränkt werden. Im Gegenzuge können auch sie selbst Privilegien in anderen Städten erwerben, so daß eine stärkere Verzahnung entsteht, als sie im späten Römischen Reich für die Handelsorganisation anzunehmen ist.

Dabei wirkt es sich aus, daß die Kaufleute-Corpora Einfluß auf die Stadtherrschaft gewinnen bis hin zu einer Identifizierung der letzteren mit den Kaufleute-Interessen. Diese Entwicklung zeigt uns zum Beispiel eine Urkunde aus Comacchio von 715. Presbyter, magister militum und comites habitatores – das ganze sind restliche und verzerrte Institutionen des byzantinischen Reiches – schließen einen Vertrag mit den Langobarden, der ihren Handel auf dem Po und Nebenflüssen bis nach Piacenca und Brescia regelt[32]. In derselben Richtung geht die Entwicklung Venedigs: »Illa gens non arat, non seminat, non vindemiat«, heißt es in den Honorantiae civitatis Papiae über Venedig, über ein politisches Gemeinwesen, das ganz auf den Handel spezialisiert ist[33].

Ein wesentlicher Gegenstand der Privilegien für einheimische und fremde Kaufleuteschaften sind die stationes oder mansiones auf dem Markt. Konzessionen für Detailverkaufsstände. Der schriftliche Niederschlag einer solchen Privilegierung ist erst aus dem 9. und 10. Jahrhundert überliefert. Die Überlieferung dürfte aber ältere Verhältnisse widerspiegeln. Venedig wurden 880 im Hafen von Aquileia vom Patriarchen vier mansiones bestätigt[34]. 952 schenkte der deutsche König dem Kloster des heiligen Ambrosius stationes auf dem Markt von Mailand[35]. Damit war das Obereigentum und die Möglichkeit der Weiterverpachtung der stationes gemeint.

Zusammenfassend können wir im karolingischen Italien zwei Kaufleutegruppierungen unterscheiden. Erstens treffen wir scolae und ministeria, die nicht nur in dem Namen an die Kaufleutekorporationen der Spätantike erinnern, sondern die mit jenen auch die Arbeitsmög-

29) Variae II, 4.

30) A. Doren, Italienische Wirtschaftsgeschichte, Bd. I, 1934, S. 96ff. F. Crosara, Le »scole« ravennati dell'Alto Medio Evo e la carta piscatoria del 943. Archiv. Giur. 137, 1949.

31) Instituta regalia... honorantiae civitatis Papiae MGH SS 30, II, S. 1444ff.

32) Codice diplomatico Longobardo Nr. 480. (In: C. Troya, Storia d'Italia nel medioevo IV, Neapel 1852–1855). Dazu: A. Tagliaferri, Le diverse fasi dell'economia langobarda con particolare riguardo al commercio internazionale, in: Probleme della civiltà e dell'economia longobarda, hg. v. A. Tagliaferri, Milano 1964, S. 251.

33) S. o. Anm. 31. Dazu jetzt G. Rösch, Venedig und das Reich. Handels- und verkehrspolitische Beziehungen in der deutschen Kaiserzeit. Bibl. d. deutschen Historischen Instituts in Rom 53, 1982, S. 70.

34) A. Schaube, Handelsgeschichte der romanischen Völker, München/Berlin 1906, S. 9.

35) MGH DD O I, Nr. 145.

lichkeiten in den Resten der antiken Städte gemeinsam haben. Sie sind sicherlich nicht mehr in dem gleichen Maße wie ihre Vorgänger Monopolträger, aber vergleichbar mit ihnen auch dadurch, daß sie die Träger verschiedenartiger abgegrenzter Privilegien sind. Daneben können wir als zweite Gruppierung auf jene Kaufleutegemeinschaften hinweisen, die sich mit einer politischen Ortsgemeinde identifizieren.

Vom spätrömischen Reich her hatte auch ein staatliches Transportwesen Kontinuität, das den Handel ersetzte oder ergänzte. Cassiodor berichtet uns, daß ein staatlicher Funktionär aus Istrien Waren zur Versorgung von Ravenna holt, die in Istrien auf der Basis der Tributpflicht geliefert werden müssen. Der Funktionär bedient sich dabei der örtlichen negotiatores, um die Finanztribute in Waren umzusetzen[36]. Ein wesentliches Element des staatlichen Transportwesens war die Leistungsverpflichtung örtlicher Behörden gegenüber dem, der eine tractoria vorwies. Reste dieses Systems scheinen sogar noch im Merowingerreich bestanden zu haben. Sie treten in Königsurkunden für St. Denis von 691 und von Corbie für 716, die ältere Urkunden bestätigen, zutage[37]. Die Klöster sollen sich jährlich eine bestimmte Menge von Zolleinnahmen in Marseille und in Fos bei Marseille in Naturalform abholen dürfen. Unterwegs wird den Klostertransporteuren durch königliche agentes Reiseversorgung gewährt: Karren und Pferde, Restauration und sicherlich Übernachtung. Die Urkunden leuchten zugleich in die Auflösung des tractoria-Systems hinein, das nicht mehr für staatliche Ziele, sondern kirchlich-grundherrschaftliche verwandt wird. Weiterhin machen die Urkunden die Schwäche des merowingischen Binnenhandels kenntlich. Die Klostertransporteure, homines ecclesie, die hier noch mit nichtkommerziellen Warentransaktionen zu tun haben, sind übrigens – wie wir sehen werden – ein neues personelles Reservoir für den Kaufmannsstand.

Als nächstes betrachten wir die ethnischen Sondergruppen, die Syrer und vor allem die Juden. Sie haben als Kaufleute ein doppeltes Tätigkeitsfeld. Erstens sind ihnen gewissermaßen besondere Aufgaben zugewiesen. Dazu gehören die Kontakte mit der byzantinischen und später arabischen Außenwelt. Weiterhin ist dazu die Geldleihe zu zählen. Das zweite Tätigkeitsfeld liegt in der Wahrnehmung kommerzieller Funktionen dort, wo sich die romanische Kaufleuteschaft aufgelöst hat, d. h. im größten Teil des gallischen Gebietes.

Prokop berichtet uns von syrischen Seekaufleuten in Neapel[38], Gregor der Große von jüdischen Seekaufleuten in Palermo, die Kredite vergeben[39]. Diese Kaufleute treten nicht nur als einzelne auf, sondern begegnen uns auch als ortsansässige Gruppen mit festen Strukturen. Gregor von Tours schildert, wie beim Einzug König Guntrams in Orléans ihm die Einwohner

36) Variae XII, 22f.

37) Ph. Lauer – Ch. Samaran, Les diplômes originaux des Mérovingiens 1908, Nr. 22, S. 16; L. Levillain, Examen critique des chartes mérovingiennes et carolingiennes de l'abbaye de Corbie 1902, Nr. 15, S. 236–237.

38) J. Kulischer, Allgemeine Wirtschaftsgeschichte des Mittelalters und der Neuzeit I, 1928, S. 85. A. C. Leighton, Transport and communication in early medieval Europe AD 500–1100. New Abbot 1972, S. 23.

39) Reg. Ep. IX, 40. Weitere Belege über den Orienthandel der ethnischen Sondergruppen bei: M. Lombard, Monnaie et Histoire d'Alexandre à Mahomet. Paris/La Haye 1971, bes. S. 181ff.

entgegenzogen: Hier wurde in syrischer Sprache gesungen, dort in lateinischer, die Juden sangen Hymnen[40]. Bis zum Ende der Merowingerzeit ist Paris der nördlichste Platz dieser ethnischen Gruppen. In der Karolingerzeit erweitert sich das jüdische Tätigkeitsfeld zunächst bis Aachen und Metz. Die jüdische Kontinuität in Köln und Mainz ist sehr fraglich. Erst in der Ottonenzeit gab es eine große Ausdehnung der Juden auf Mitteleuropa. Mainz wird der Mittelpunkt[41].

Die Juden tradierten Techniken des Geldverkehrs und der Handelsorganisation aus der Spätantike, wie uns die Responsa-Sammlungen gerade Mainzer-Rabbiner aus dem 10. Jahrhundert zeigen[42]. Judenverfolgungen sind nur aus dem Westgotenreich bezeugt. In Tours streckte 585 ein Jude der Kirche Abgaben vor, die sie dem König schuldete. Dieser Jude wurde von Klerikern und anderen Schuldnern umgebracht. Es gab kein Gerichtsverfahren gegen die Mörder, da kein Kläger auftrat[43]. Auch hier war also die Stellung der Juden prekär. Dennoch bleiben ähnliche Geschichten im Frankenreich eine Ausnahme.

In der Regel waren die Kontakte zwischen Juden und Christen eng. Das zeigt uns im Reflex die dagegen gerichtete Polemik eifernder Bischöfe. Im 9. Jahrhundert tritt Agobard von Lyon[44] und im 10. Jahrhundert Rather von Verona mit einer solchen Polemik hervor[45]. Sicherlich gab es keine Gruppenvermischung. Über die Art der Kontakte unterrichtet eine Institution, die in den responsa eine Rolle spielt: die Maarifa[46]. Das ist ein Patronage-Verhältnis zwischen Juden und nichtjüdischen Geschäftspartnern, Kleinhändlern, Handwerkern, Bauern, Klerikern. Die Partner räumen sich gegenseitig Priorität, ja Ausschließlichkeit im Handel miteinander ein. Dabei kam es besonders auf die Respektierung der Maarifa durch andere Juden an, die sich nicht etwa an das Klientel ihres Religionsgenossen wenden sollten.

Für städtische Handwerker in Italien läßt sich ähnliches sagen wie für die Kaufleute romanischer Herkunft. Die Briefe Gregors des Großen sprechen von dem corpus saponariorum in Neapel und von der ars pistorica in Otranto[47]. Ravennater-Inschriften des 6. Jahrhunderts berichten von einem prepositus pistorum, einem pater pistorum[48]. Cassiodor nennt die iura pistorum und die suarii in Rom, die unter der Kontrolle eines prefectus annone stehen, und die Privilegien besaßen, weil sie der copia Romana dienten[49].

40) Hist. Franc. VIII,1.

41) B. Blumenkranz, Juifs et chrétiens dans le monde occidental 430–1096, 1960; L. Falck, Mainz im frühen und hohen Mittelalter. Geschichte der Stadt Mainz II, Düsseldorf 1972, bes. S. 112–118.

42) J. A. Agus, Urban civilisation in precrusade Europe. New York 1965.

43) Gregor, Hist. Franc. VII, 23. Allgemein: A. Dupront, Les cités de la narbonnaise première depuis les invasions germaniques jusqu'à l'apparition du consulat 1942, bes. S. 211ff.

44) E. Boshof, Erzbischof Agobard von Lyon. Leben und Werk. Kölner Historische Abhandlungen 17, 1969, S. 102–138.

45) Qualitatis coniectura. PL 136, col. 535f.

46) Agus a.a.O. bes. S. 191ff.

47) Reg. Ep. IX, 113 u. 200.

48) Ruggini a.a.O. S. 193 Anm.

49) Variae VI, 18.

Die Honorantiae aus Pavia des 10. Jahrhunderts und Ravennater-Urkunden bezeugen uns Kontinuität und Wandel über die Karolingerzeit hinaus. Kontinuität hatte nicht nur Bezeichnungen, sondern auch monopolistische Stellungen, die wenigstens in Pavia ausdrücklich bezeugt sind, und deren Kontinuität auch leichter möglich war als bei den Kaufleuten. Es galt für sie nicht die Berufsgruppe der Nachbarstadt abzuwehren, sondern lediglich die nicht korporierten Einzelgänger oder Dorfhandwerker. Am Beispiel von Ravenna hat man mit Recht darauf hingewiesen, daß sich hinter der Kontinuität von Bezeichnungen auch eine Veränderung des Inhalts verbergen kann, daß eine scola aus einer monopolistischen Gruppe auch zu einer unternehmerischen Vereinigung nach der Art einer Handelsgesellschaft werden konnte[50)].

Die Gruppen von Handwerkern, die zu einer Branche gehören, können nur dort Kontinuität haben, wo das städtische Leben so umfangreich geblieben ist, daß es ihnen Absatz gewährte. Darüber hinaus gab es Einzel- und Wanderhandwerker. Diese Handwerker treten auch in jenen Bereichen auf, in denen vom Bedarf her kein Anlaß zur Gruppenbildung vorhanden war, wie etwa der Münzprägung. Kollegien von Münzern gab es in Ausnahmefällen, so nach den Honorantiae in Pavia und in Mailand[51)].

Wenn wir von Italien den Blick nach Gallien richten, stellen wir fest, daß hier entsprechend dem Schicksal der Städte das Tätigkeitsfeld der Gruppen zugunsten der Einzelhandwerker mehr geschrumpft war als in Italien. Die Vita Eligii berichtet von einem Abbo faber aurifex qui publicam fiscalis monete officinam gerebat[52)]. Das war in Limoges, einer Stadt, in der noch Reste spätrömischer urbaner Institutionen Kontinuität hatten. Sonst sind die monetarii meist befristet im Dienst verschiedener Herren, des Köngis, der Bischöfe, der Äbte. In der Spätzeit wanderte sogar einer von ihnen in das germanische Emporium Dorstat[53)].

Den monetarii sind die Bauleute, comaccini, ähnlich hochgeachtete Wanderhandwerker an die Seite zu stellen. Sie schließen individuelle Arbeitsverträge ab, von denen wir etwas aus dem langobardischen Volksrecht wissen. Sie haben ihre – romanischen – Namen in langobardischen Kirchenbauten in Valpolicella und bei Cividale hinterlassen[54)]. In einem Fall nennt sich ein Meister zusammen mit Helfern und Schülern. Kirchliche Bauherren des merowingischen Reiches riefen sie – wie auch Goldschmiede etwa für den Audoins-Schrein in Rouen[55)] – für Bauvorhaben manchmal aus weiter Ferne herbei. Nach Trier wurden sie aus Italien geholt[56)].

50) P. RACINE u. S. 141.
51) Vgl. o. Anm. 31. Dazu: R. S. LOPEZ, An aristocracy of money in the early middle ages. Speculum 28, 1953; sowie DERS., Moneta e monetieri nell'Italia barbarica. Settimane di studio 8, 1961, S. 57–88.
52) MGH SS rer. merov. IV, S. 671. Dazu auch H. VIERCK, Werke des Eligius, in: Festschrift f. J. Werner, München 1974. Zu der Kontinuität und Differenzierung des Handwerks in Gallien überhaupt D. CLAUDE, Das Handwerk der Merowingerzeit nach den erzählenden und urkundlichen Quellen, in: Das Handwerk (wie Anm. 14) I, S. 204–266.
53) J. WERNER, Fernhandel und Naturalwirtschaft im östlichen Merowingerreich. Settimane di Studio 8, 1961, bes. S. 587 u. 608f.
54) M. SALMI, Maestri Comacini o Commàcini? Settimane di Studio 18, 1971, S. 409–424.
55) MGH SS rer. merov. V, S. 536–567.
56) Epp. Austras. 21, MGH Epp. III, S. 133.

Von unfreien Handwerkern hören wir in der vorkarolingischen Zeit verhältnismäßig wenig – obwohl es sie gab: Die Nachfahren der Sklavenhandwerker der Antike und die spezialisierten Hintersassen auf den sich ausdehnenden Grundherrschaften. Ja, die Verherrschaftung der schrumpfenden Reste antiker Städte im gallischen Raum ließ eine Vorstellung vordringen, wonach Stadtbewohner, darunter eben auch Handwerker grundsätzlich unfrei seien. Gregor berichtet in den Virtutes Martini von einem Schneider aus Paris, ingenuus genere, der nach Tours wanderte, unterwegs von einem Grafen aufgegriffen wurde: als artifex sei er unfrei und dürfe sich nicht frei im Lande bewegen[57]. Das grundherrschaftliche Denkschema dehnte sich aus. Es fand schließlich nur noch dort eine Schranke, wo aus der Antike städtische genossenschaftliche Institutionen Kontinuität hatten: in Italien.

4. Die Bedeutung der Grundherrschaft für Handel und Gewerbe

Große Grundherren organisierten eine arbeitsteilige Gewerbeproduktion. Dabei wurden die an einzelnen Stellen innerhalb einer Herrschaft konzentriert vorkommenden Rohstoffe, etwa Salz und Eisen, oder auch nur unterschiedliche geographische Bedingungen ausgenutzt. Fulda forderte Tuche als Abgaben von den Bauern auf Marschenweiden[58], Eisen im hessischen Bergland[59]. Je konzentrierter die Rohstoffe waren, je einseitiger die geographischen Bedingungen, um so größer zeigte sich der Trend der Hintersassen zur Spezialisierung. Nachweisbar sind diese Trends in den Abgabenverzeichnissen. Im Churer Reichsguturbar werden Fischer am Walensee genannt, die neben Fischen Wolle und kleine Mengen von Eisen an den König abzuliefern haben[60]. Die Bauern von Fulda in Hessen haben neben Eisen Eier und Hühner zu liefern. Das Eisen steht aber im Vordergrund. Auch die Bauern auf den friesischen Marschenweiden liefern neben ihren Tuchen kleinere Mengen von Wolle und vor allem Geld. Das Geld läßt darauf schließen, daß diese Bauern auch eine Tuchproduktion für den eigenen Absatz betrieben. Nach dem Churer Reichsguturbar war im Vorarlberg ein ganzes ministerium, ein Domänenbezirk, ausschließlich mit der Eisenproduktion beschäftigt. Acht Schmelzhütten werden genannt, die Eisenabgaben sind vergleichsweise hoch. Außer dem König erhält der Schultheiß Eisenabgaben.

Die Gewerbeproduktion in Grundherrschaften nimmt an dem Schicksal der Grundherrschaften teil: Sowohl an der Güterkonzentration als auch an der Zersplitterung. 772 bestätigt ein Exercitalis bei Chiuse in der Toskana einem anderen Adeligen die Hälfte einer casa. Das in der

57) MGH SS rer. merov. I, 2, S. 178.
58) R. Sprandel, Zur Geschichte der Wollproduktion in Nordwestdeutschland, in: La lana come materia prima, hg. v. Istituto Internazionale di Storia Economica »F. Datini«, Prato 1974, S. 97f. (mit der älteren Literatur).
59) R. Sprandel, Das Eisengewerbe im Mittelalter 1968, S. 38f., 357f.
60) A. a. O. S. 39f., 358.

zur casa gehörigen Grube gefundene Eisen wird zur Hälfte in die Bestätigung einbezogen[61]. Bei bestimmten Rohstofflagern entspricht die Zersplitterung des Grundbesitzes dem Bedürfnis verschiedener Grundherren, an der Bezugsquelle Anteil zu nehmen. Das gilt zum Beispiel für die Salzvorkommen bei Vic-sur-Seille in Lothringen[62]. An ihnen hatten allein vier Abteien Anteil. Das Kloster Prüm besaß dort zwei Häuser oder Betriebe, zusammen drei Pfannen. Für jede Pfanne wird ein operator genannt. Jedes Haus stand unter einem maior. Beide Häuser zusammen wurden von einem magister geleitet. Die anderen Klöster werden ähnlich vertreten gewesen sein. Im Urbar von Prüm steht nun weiter: Bei Streitigkeiten mit dem Kloster werden die vicini und meliores homines zusammengerufen und befragt. Es tritt uns also eine Berggemeinde entgegen, eine überherrschaftlich organisierte berufsbezogene Gemeinschaft. Die Entwicklung zu dieser Gemeinschaft wurde durch die gemeinsame Arbeit und das gemeinsame Wohnen nahegelegt.

Hier wird die Gemeinde als Schiedsrichter ins Spiel gebracht. Es gibt aber auch eine handwerklich-agrarische Gemeinschaftsbildung innerhalb einer Grundherrschaft. Dann ist die Gemeinschaft in den entsprechenden Auseinandersetzungen Partei. Sie stärkt sich in der Auseinandersetzung mit dem Grundherrn. 905 verweigern die servi der villa Bellagio am Comer See bestimmte Abgaben ihrer Herrschaft, dem Kloster des heiligen Ambrosius in Mailand[63]. Missi imperiales werden zur Hilfe genommen und stellen fest, daß die Abhängigen unter anderem eine bestimmte Menge Eisen jährlich zu liefern haben. Die Kollektivierung der Abgaben dürfte bei der Gruppenbildung eine Stütze gewesen sein.

Sprechend ist auch der in allerdings etwas unsicherer später Überlieferung enthaltene Bericht über den Aufstand der Eisenarbeiter, der servi, der königlichen Grundherrschaft im Val Trompia[64]. Die Arbeiter erheben sich gegen den Grafen, weil der Lohn zu niedrig ist, d. h. wohl eher, weil die Abgaben zu hoch sind. Vor allem aber werfen sie dem Grafen vor, daß er ihnen einen angestrebten gehobeneren Status verweigert: nec vellet thingare servos. Darin liegt das Zeugnis für eine der allgemeinen Verherrschaftungstendenz entgegengesetzte Bestrebung von Sondergruppen jener und der folgenden Zeit. Sie wollten sich aus der Nivellierung der ländlichen Bevölkerung heraushalten.

Als nächstes wenden wir uns den abhängigen Handwerkern an herrschaftlichen Zentren zu, also Handwerkern, deren Standort nicht vom Rohstoff bedingt ist, sondern vom Konsuminteresse. Das Kapitulare de Villis und der St. Galler Klosterplan sind die bekanntesten Quellen, die

61) A. a. O. S. 38 u. 357. Für andere Metalle: R. Sprandel, Bergbau und Verhüttung im frühmittelalterlichen Europa. Settimane di Studio 18, 1971, S. 581–601.

62) Prüm: D. Hägemann u. K.-H. Ludwig, Mittelalterliche Salinenbetriebe, Technikgeschichte 51, 1984, S. 173 ff. Sonst: E. Kalischer, Beiträge zur Handelsgeschichte der Klöster z. Zt. der Großgrundherrschaft. Phil. Diss. Erlangen 1910 (Berlin 1911), bes. S. 79–81.

63) Sprandel, Das Eisengewerbe a. a. O. S. 358, genauer: Ders., Die oberitalienische Eisenproduktion im Mittelalter. VSWG 52, 1965.

64) F. Odorici, Storie Bresciane III, 1854, Codice diplomatico II, S. 74–87. Dazu R. Sprandel, Das Eisengewerbe a. a. O. S. 40 f.

uns über die Vielzahl verschiedener spezialisierter Handwerker an Herrschaftszentren unterrichten[65]. Die Ausrichtung auf den Konsum eines einzigen – allerdings oft sehr großen – Herrschaftshofes förderte die Breite der gewerblichen Produktion. Aber in der Regel waren für eine Branche nur ein oder zwei Vertreter notwendig. Gruppenbildung in derselben Branche ist vornehmlich dann zu beobachten, wenn nicht das Konsuminteresse, sondern der Arbeitskräftevorrat die Gewerbeentwicklung am Herrschaftszentrum bestimmte. Dabei sind die Frauenhäuser zum Spinnen und Weben an Zentren, wie königlichen Herrschaftshöfen, besonders zu erwähnen, in denen die Wolldeputate der Hintersassen zusammengezogen und zum Teil für den Absatz verarbeitet wurden[66]. Dabei stoßen wir auf frühe Formen einer Textilmanufaktur. Eine ähnliche Gruppenbildung ist bei Klöstern wie St. Riquier nachweisbar, in dessen unmittelbare Nähe sich besondere vici für einzelne Handwerksbranchen befinden[67]. Auch bei solchen Ansammlungen muß man danach fragen, ob sie allein durch das Konsuminteresse selbst einer größeren klösterlichen Gemeinschaft motiviert wurden, oder ob das Arbeitskräfteangebot hier zu einer den Handel beliefernden Produktion geführt hat.

Im Bereiche des Handels bemerken wir den Aufstieg der herrschaftlichen Warentransporteure, die als solche auch fortgesetzt bezeugt sind, zu Kaufleuten. Sie treiben Handel im Namen der Herrschaft und mehr und mehr auch im eigenen Namen. Der erste Schritt in dieser Richtung erfolgte, wenn die Warentransporteure an Grenz- und Marktorten nicht nur königliche Deputate abholen mußten, sondern dort einzukaufen hatten. Das letztere ist bezeugt in der Zollbefreiungsurkunde Ludwig des Frommen für die homines ecclesiae von Straßburg[68]. Diese Leute sollten an allen Handelsplätzen mit Ausnahme von Dorstat und Quentowik einkaufen dürfen, ohne Zoll zahlen zu müssen. Die Einkäufe erfolgten entweder mit Hilfe mitgebrachter Barmittel oder durch Absatz von Produkten der eigenen Herrschaft.

Die selbständige kaufmännische Tätigkeit von Herrschaftsabhängigen ist zum Beispiel in solchen Abgabeverzeichnissen bezeugt, wo Fernhandelsgüter abgeliefert werden müssen. Am Hofe Bissariscu am Oglio hatten sechs Schiffer dem Kloster St. Julia in Brescia jährlich zweiundvierzig Scheffel Salz und zehn solidi abzuliefern[69]. Diese Klosterleute kauften also Salz in Venedig ein – zum Teil für die Herrschaft, zum Teil für den eigenen Vertrieb.

Die wirtschaftliche Verselbständigung ist als Teil des vorhin erwähnten Strebens nach einer freiheitlicheren Sonderstellung aufzufassen. Dieses begegnet sich mit dem ebenso bezeugten

65) MGH Kapitularien I, Nr. 32 (Cap. de villis. Über neuere Ausgaben und Lesarten: G. Franz, Quellen zur Geschichte des deutschen Bauernstandes im Mittelalter. Freih. vom Stein-Gedächtnisausgabe 31, Darmstadt ²1974, Nr. 22, S. 38–51). J. Duft (Hg.), Studien zum St. Galler Klosterplan 1962.

66) Capitulare de villis cap. 43.

67) Angilberti abbatis de ecclesia Centulensi libellus. MGH SS 15, S. 173–179 (freundlicher Hinweis von Herrn Schwind in der Diskussion zu diesem Vortrag).

68) RI 890, dazu: H. Borchers, Untersuchungen zur Handels- und Verkehrsgeschichte am Mittel- und Oberrhein bis zum Ende des 12. Jhs. Diss. phil. Marburg 1952 (Masch. Schr.), S. 14.

69) Codex diplomaticus Langobardiae. Historia patriae monumenta XIII, Turin 1873, Nr. 419, S. 719f. Dazu Schaube a. a. O. S. 72.

Streben Freier, in herrschaftlichen Schutz einzutreten. Hinzuweisen ist auf den Friesen Ibbo, der als homo ecclesiae von St. Maximin in Trier selbständig zwischen England und dem Kontinent Handel treibt[70]. Wir beobachten bei ihm eine Teilnahme an einer Gruppenbildung außerhalb der Grundherrschaft. Er schließt sich einer Flotte von sechs Schiffen an. Er war Kirchenabhängiger geworden, ohne die freiheitlichen Formen seiner Betätigung aufzugeben. Wahrscheinlich hat die Aufnahme solcher Freien in die Herrschaft über die Assimilation auch den Freiraum der Altabhängigen vergrößert.

Im Zusammenhang einer sozialen Aufwärtsbewegung sind Bindungsformen entstanden oder wiederbelebt worden, die nicht eine persönliche Abhängigkeit, sondern im Sinne der modernen Verpachtung die vertragliche Überlassung eines Verkaufsstandes, eines Anlegeplatzes, oder etwa eines Flußlaufes für den Fischfang beinhalten. Solche Bindungen konnte ein Herrschaftsträger auch mit Männern eingehen, die in gerichtlicher Hinsicht zu einer anderen Herrschaft gehörten, oder die Glieder von Händlergruppen romanischer Tradition waren. Eine Urkunde von 901 zeigt uns zum Beispiel, daß das Kloster Nonantola eine statio auf dem Markt von Pavia auf 29 Jahre an einen negotiator verpachtet[71]. Auf die Verpachtung eines Flußlaufes durch den Bischof von Ravenna an eine Gruppe von Fischkaufleuten weist P. Racine hin[72].

Gleichartige Verträge sind aus den Gebieten nördlich der Alpen nicht erhalten. Als Besitzer der Ufergrundstücke von Mainz sind aus den Fuldaer Urkunden weltliche Adelige, der Bischof von Mainz und verschiedene Klöster nachgewiesen. Das Kloster Lorsch verlangt von dem Mann, der auf seinem Grundstück am Ufer sitzt, zum Beispiel eine bestimmte jährliche Frachtschifferleistung[73]. Die Denkform ist grundherrschaftlich.

Es gab in der Karolingerzeit einen Kaufmann, der mit einer königlichen Schutzurkunde, einer Weiterentwicklung aus der alten Tractoria, im Reich umherreiste und dem besonderen Schutz königlicher Grafen etwa anvertraut war. Als Gegenleistung mußte er insbesondere für die Versorgung des Königs und seines Hofes zur Verfügung stehen. Die Schutzurkunden bekamen namentlich, aber wohl nicht ausschließlich Juden[74]. Nur noch in einem sehr weiten Sinn ist dieser Kaufmannstyp dem grundherrschaftlichen Schema zuzuordnen.

70) Vita Maximini, MGH SS rer. merov. III, S. 80f.

71) Codex diplomaticus Langobardiae Nr. 393, S. 658, dazu Schaube a. a. O. S. 78.

72) U. S. 138. Dazu auch o. Anm. 30 u. C. G. Mor, Gli artigiani nell'alto medioevo. Settimane di Studio 18, 1971, S. 212f.

73) K. Glöckner, Codex Laureshamensis 3, 1936, Nr. 3660.

74) MGH Formulae, S. 310, 314, 325; dazu: H. Laurent, Marchands du palais et marchands d'abbayes. Revue historique 183, 1938, S. 281–297 und F. Rörig, Magdeburgs Entstehung und die ältere Handelsgeschichte, in: Ders., Wirtschaftskräfte im Mittelalter, Wien/Köln/Graz ²1971, S. 606ff.

5. *Mitteleuropa in der Karolinger- und Ottonenzeit*

Wenn wir nun ein Panorama der wirtschaftlichen Organisationsformen der Karolinger- und Ottonenzeit in Mitteleuropa entwerfen, kommen wir nicht zurück auf die älteren sozialen Kategorien, die weiterlebten, und für die wir die Zeugnisse zum Teil erst aus dieser Zeit genommen haben, die Bauernhändler und Bauernhandwerker, die Wanderhandwerker, Waldschmiede, die Handwerker in einem sakralen Ruf. Auf die zuletzt genannten stoßen wir zum Beispiel wieder in einem verwandelten christlichen Gewande. Man denke an den artifex lector auf einer Bronzetür in Mainz[75] und an den Theophilus presbyter, der den Traktat De diversis artibus verfaßte[76]. Die Juden dehnten sich in der Ottonenzeit über den Rhein hinweg nach Osten aus. Ebenso erfaßte die Grundherrschaft gerade in Mitteleuropa mehr und mehr Gegenden, die in der älteren Zeit anders organisiert waren, und zog die durch sie bedingten Wirtschaftsformen nach sich. Wir grenzen im folgenden den mitteleuropäischen Raum von Westeuropa etwa in der Maasgegend ab und richten den Blick vornehmlich auf zwei soziale Kategorien, die als Neuerscheinung zu werten sind.

Der friesische Kaufmann repräsentiert einen Typ, der auch Vertreter angelsächsischer, nordischer, slawischer und fränkischer Herkunft umfaßte. Er ist ein spezialisierter Kaufmann, der sich aber von dem älteren germanisch-slawischen spezialisierten Kaufmann durch die geringe Waffenfähigkeit, die militärische Unterlegenheit und damit zusammenhängend durch eine teils neutrale, teils abhängige Stellung unterscheidet. Gerade in diesen charakterisierenden Punkten ist der friesische Kaufmann mit dem jüdischen vergleichbar.

Der Typ des friesischen Kaufmanns ist ein Produkt der großen Veränderung der Karolingerzeit in Mittel- und Nordeuropa. Die Expansion der Karolinger nach Osten, vor allem die blutige Unterwerfung des großen Volkes der Sachsen hat Großreichsbildungen jenseits der Grenze von Dänemark bis zu den Mähren provoziert. Im Süden kam als Anstoß für die Großreichsbildung dieser Völker ihre Bedrohung durch Awaren und Ungarn hinzu, die auch schon die Reichsbildung Samos bewirkt hatte. In einer Kettenreaktion hat sich die Tendenz zur Großreichsbildung nach Norden und Osten fortgesetzt. Das geschah mit vielen inneren Kämpfen.

Die große Konfrontation zwischen Franken und Wikingern, die mit der nordischen Großreichsbildung zusammenhängt, machte den Handel schwierig. Das ältere Krieger- und Händlertum lebte nach. Aber es gibt Verbote eines Handels mit den Wikingern, etwa von Karl

75) Falck a. a. O. S. 102 f. mit einer wohl unrichtigen Trennung artifex, lector und einer entsprechend abweichenden Übersetzung.

76) Hg. v. C. R. Dodwell (Nelsons Medieval Texts) 1961. Über Vorgänger: B. Bischoff, Die Überlieferung der technischen Literatur. Settimane di Studio 18, 1971, S. 267–296. Allgemeiner: A. Springer, Die Künstlermönche im Mittelalter. Mitteilungen der k. u. k. Central Commission zur Erforschung und Erhaltung der Baudenkmale 7, 1862, S. 1–10 u. 36–48.

dem Einfältigen und von König Alfred von Wessex vor 890[77]. Diese Verbote bezeugen natürlich gleichzeitig die Fortdauer des Handels. Aber beide Seiten dürften es bevorzugt haben, wenn sie nicht direkt miteinander zu tun hatten, sondern wenn ein neutraler Vermittler auftrat. Darin lag die Chance für jene, die ethnisch oder politisch als neutral angesehen wurden, die der Juden nach Osten in Magdeburg, Raffelstetten, Prag[78], und vorher schon, die der Friesen nach Norden und Westen. Das war ein Volk, dessen Integration in das Merowingische Reich schwach war, und das noch im 8. Jahrhundert die Missionare erschlug. Wie vollkommen die Unterwerfung der Friesen unter Karl dem Großen war, bleibt offen. Seit Ludwig dem Frommen stehen sie unter der Kontrolle der Wikinger, die ihren Hauptplatz Dorstat trotzdem in kurzen Abständen immer wieder ausplündern[79]. Die Urne eines heidnischen Brandgrabs in der karolingischen Umgebung der Schiffersiedlung von Ingelheim wird auf einen friesischen Händler gedeutet[80]. Zum Stammesunterschied kommt die religiöse Sonderstellung hinzu. Beiden Seiten nicht zugehörig, konnten die Friesen gleichzeitig von beiden Seiten als Vermittler anerkannt werden.

Wenn wir den friesischen Kaufmann als Typ betrachten, können wir ihm auch Kaufleute anderer Herkunft zuordnen. Der Dänen-König Göttrik zerstörte 808 das slawische Zentrum Rerik und führte die Kaufleute von dort nach Haithabu, wo er sie ansiedelte[81]. Das waren slawische Kaufleute im dänischen Reich. Sie hatten jedenfalls mit den Friesen die politische Fremdheit und die militärische Unterlegenheit gemeinsam. Rimbert schreibt in der Vita Anscarii, die wichtigsten Leute in Haithabu seien auf Fahrten nach Hamburg und Dorstat getauft worden[82]. An anderer Stelle berichtet er davon, daß christliche Händler dem schwedischen Heer bei dessen Kriegszug gegen die Kuren folgten, um die Beute an Ort und Stelle aufzukaufen[83]. Dem heidnischen Händler von Ingelheim stehen christliche Kaufleute im heidnischen Nordeuropa gegenüber. Der Religionsunterschied verstärkte hier wie dort die Neutralität. Erst in den 80er Jahren des 9. Jahrhunderts wurde Friesland voll in das fränkische Reich integriert. Die Friesen hatten schon vorher mehr und mehr die Handelsplätze am Rhein, die sie auf ihren Reisen aufsuchten, als Plätze dauernder Niederlassung gewählt. Der südlichste Platz war Worms. Die Friesen von Duisburg erscheinen im Urbar von Prüm[84]. Sie wohnten in Gruppen zusammen und noch im Hochmittelalter werden Straßen nach ihnen benannt.

77) W. Vogel, Die Normannen und das fränkische Reich bis zur Gründung der Normandie 799–911, Heidelberg 1906, S. 206f. u. 233. E. S. Duckett, Alfred the Great and his England, 1957, S. 83ff., bes. S. 91f.

78) S. o. Anm. 74.

79) S. o. Anm. 77; dazu: B. Rohwer, Der friesische Handel im frühen Mittelalter 1937, S. 75–82. E. Ennen, Frühgeschichte der europäischen Stadt, Bonn 1953, S. 57.

80) Ellmers a. a. O. S. 176.

81) Annales regni francorum a. 808.

82) Cap. 24.

83) Cap. 30.

84) Mittelrheinisches Urkundenbuch (wie Anm. 62) I, S. 190.

Während die Juden wegen ihrer Religion immer eine eigene Gemeinde bildeten, integrierten die Friesen rasch mit anderen Bevölkerungsgruppen an den fränkischen Herrschaftszentren zu einer neuen Marktbürgerschaft, zunächst kaufmännischen, später auch handwerklichen Gepräges. Wir kommen damit zu der zweiten neuen sozialen Kategorie, die es in diesem Abschnitt zu betrachten gilt. Märkte und Marktrecht besaßen die spätantiken Städte und vici generell[85]. In der Karolinger- und Ottonenzeit tauchen diese Begriffe deswegen häufig in den Quellen auf, weil neue Märkte außerhalb der traditionellen Plätze gegründet werden, und weil Markteinnahmen und Marktgerichtsbarkeit, traditionell staatliche Reservate, an Grundherren verliehen werden.

Treibende Kraft bei den Neugründungen sind vor allem Bischöfe und klösterliche Grundherren, die agrarische und gewerbliche Überschüsse absetzen wollen, und die nicht über ein internes Transportsystem verfügen, um ihre Produkte rationell zu bestehenden größeren Märkten bringen zu können. Man wird auch umgekehrt sagen können, daß die zunehmende wirtschaftliche Aufgeschlossenheit der Umgebung eine kostspielige Transportaktion unnötig machte, und die regionale Marktgründung ermöglichte. In der Karolingerzeit gab es östlich des Rheins erst ganz wenige Märkte. Bekannt ist der große Sprung der nächsten eineinhalb Jahrhunderte. Die in den Urkunden genannten 130 deutschen Märkte waren überwiegend Neugründungen östlich des Rheins[86]. Die Bewohner waren grundherrschaftliche Abhängige der gehobensten Kategorie und trugen in sich die Tendenz, sich ganz aus herrschaftlicher Abhängigkeit zu lösen.

Die Sonderstellung der Marktbewohner prägte sich unter anderem in ihrem Bodenrecht aus. Der König bestätigt dem Bischof von Passau, daß er seine Kaufleute mit dem zinslosen Besitz von Grundstücken ausstatten darf, damit ihre Tätigkeit zur Herstellung und zum Schmuck der Domkirche und zum Unterhalt der an ihr tätigen Geistlichen dient[87]. Wirtschaftlich wurden die Kaufleute durch Monopolrechte abgesichert. Dem Abt von Quedlinburg wird zugesichert, daß es zwischen Saale und Harz nur 7 Märkte geben darf[88]. Eine andere Form der Monopolisierung enthält die Urkunde für den Markt von Villingen, wo die Banngewalt des Marktherren auf die Grafschaft Baar ausgedehnt wurde[89]. Das heißt also wohl, andere Märkte durften in dieser Grafschaft nur mit der Zustimmung des Marktherren von Villingen entstehen.

Die Kaufleute bildeten Gruppen auswärts und zu Hause. 976 erhielt der Erzbischof von Magdeburg die Jurisdiktion über alle Magdeburger Kaufleute: Exceptis in Tielo manentibus[90].

85) H. Planitz, Die deutsche Stadt im Mittelalter, Graz/Köln 1954, bes. S. 16ff.

86) W. Stein, Handels- und Verkehrsgeschichte der deutschen Kaiserzeit. Nachdruck Darmstadt 1967, S. 8. E. Kalischer, (wie Anm. 62) über einzelne Märkte und grundsätzliche Probleme, vgl. auch Studien zu den Anfängen des europäischen Städtewesens. Vorträge und Forschungen IV, 1958.

87) MGH DD O II Nr. 137.

88) MGH DD O III Nr. 155.

89) MGH DD O III Nr. 311.

90) MGH DD O II Nr. 140.

Es gab also regelmäßig eine Gruppe von Magdeburgern, die sich in Tiel aufhielt. Die Gruppenbildung setzte die Kaufleute in die Lage, wirtschaftliche Kampfmaßnahmen durchzuführen. 879 wollten die Truppen Ludwigs des Deutschen von den Kaufleuten in Verdun Lebensmittel zu billigen Preisen[91]. Aber die Kaufleute diktierten geschlossen ihren Preis. Das Ergebnis war in diesem Fall die Plünderung. Trotz dieses ersten Mißerfolges war damit ein Feld kollektiver Betätigung geöffnet. Bei der Gruppenbildung müssen wir zwei Tendenzen unterscheiden. Erstens kam es zur Ausbildung von Gesamtkaufmannschaften der Marktsiedlungen mit der Perspektive, sich zum Ratsherrenkreis der werdenden Städte umzuwandeln, zweitens bemerken wir Untergruppierungen nach Handelsrichtungen aus dem jeweiligen Marktort heraus.

Handwerker werden noch im 10. und 11. Jahrhundert in den officinae der Dom- und Klosterwerkstätten von Trier und Regensburg nach der Art des St. Galler Klosterplans oder der vici von St. Riquier genannt[92]. Aber Marktsiedlungen mit Kaufleutegruppen und deren verstärkter Bedarf mußten früher oder später neue Handwerker herbeiziehen. Ein Diplom Ludwigs des Frommen von 829 für Worms bereits spricht von den artifices, die zum Markt kommen[93]. Kaufleute sind zur Selbstversorgung weniger geeignet als Bauern. Man darf mit einem gewissen inneren Automatismus rechnen, der die Kaufleuteniederlassung auch zu einer Handwerkerniederlassung machte. Auch der agrarische Bedarf der Kaufleute dürfte den Handwerkern indirekt Arbeit gegeben haben. Denn die Bauern, die in die Siedlung kamen, um die Kaufleute zu versorgen, werden sicher geneigte Abnehmer handwerklicher Gegenwaren gewesen sein.

Nun bleibt es allerdings bemerkenswert, daß noch aus dem 10. Jahrhundert fast alle Zeugnisse von Handwerkerniederlassungen an den neuen Marktsiedlungen fehlen. Immerhin, die ersten Zeugnisse weisen in die Richtung, in die später die Entwicklung gehen sollte. Die Marktherren besitzen das Recht, den Verkauf von Handwerkprodukten zu erlauben, oder zu verbieten, Konzessionen zu vergeben. Der Bischof von Lüttich besitzt 974 in seinem Marktflecken Fosse, der von Utrecht 999 in seinem Marktflecken Zaltbommel am Waal das Recht, Bierabsatzkonzessionen zu verleihen[94]. Der Bischof von Minden kann 977 in Minden das Recht der Viehschlachtung und das Recht des Fleischverkaufs geben[95]. Dieses Konzessionswesen sollte dazu führen, daß die Verkaufsstände einer Branche örtlich zusammengefaßt, daß zur Kontrolle der Branche Organe geschaffen und daß somit die Branche die wichtigste Basis handwerklicher Gruppenbildung wurde, wie es ja auch schon in der Spätantike gewesen war.

91) Annales Fuldenses a. 879.

92) In den Gesta Treverorum: MGH SS VIII, S. 168, und in der Translatio S. Dionysii, vgl. A. Kraus, Civitas regia, Das Bild Regensburg in der deutschen Geschichtsschreibung des Mittelalters, Kallmünz OPF 1972, S. 111f.

93) RI 871.

94) MGH DD O II Nr. 85, O III Nr. 312.

95) MGH DD O II Nr. 147.

6. *Abschluß*

An der Schwelle zum 11. Jahrhundert unterscheiden wir für unsere Fragestellung vier Zonen in Europa.

1. Die städtischen Händler und Handwerker Italiens haben ihren Rückhalt in traditionellen Institutionen, passen sich aber zugleich in einer dynamischen Weise neuen Bedingungen an.
2. Westeuropa wurde stärker durch Kriege betroffen als Mitteleuropa, aber war deswegen wohl kaum weniger von Handel und Gewerbe erfüllt. An den Flüssen und Küstenlinien gibt es dichte Reihen von portus, Hafenmärkten[96]. Die Bedeutung der Juden ist hier sehr groß. Im 10. Jahrhundert gibt es in Vienne einen burgus publicus Ebreorum[97]. Wenn uns die Mainzer Responsa richtig unterrichten, haben drei Juden einmal für eine Zeit als Manager das Erzbistum Narbonne übernommen und mit Überschüssen Warengeschäfte finanziert[98].

   Es gab auch wirtschaftliche Auswirkungen der religiösen Bewegungen im Westen, der Wallfahrten, der Gottesfriedensbewegungen, der Klostergründungen und -erneuerungen. Die Filiberts-Abtei, die von Noirmoutier in Etappen ins Innere verlegt wurde, hat auf ihren Etappen überall ein großes Marktleben hervorgerufen. Auf der ersten Station in der Bretagne fand dieses Marktleben zunächst innerhalb des Klosters statt. Frauen klagten darüber, daß ihnen der Zutritt verwehrt sei. Deswegen wurde das Marktkreuz vor dem Kloster errichtet[99]. Im übrigen griffen die Mönche selbst kräftig zu. Cluny erhielt Salzpfannen in Salins geschenkt und stellte den Betrieb unter einen monachus salnerius. Die Salztransporte machten fratres salis conducentes[100].
3. In Mitteleuropa hatte das Wirtschaftsleben andere Züge und wurden von jener aus der Grundherrschaft herauswachsenden Marktbürgerschaft getragen, die westlich der Maas kaum bezeugt ist. Östlich des Rheines sind die Wachstumserscheinungen im 10. Jahrhundert am stärksten, weil hier vorher sehr wenig Handel und nur ein beschränktes Gewerbeleben festzustellen sind. Bei diesem Wachstum kann der Raum von Kräften und Vorbildern aus dem Norden und Osten Europas profitieren. Die zunächst kriegerischen, später neutralisierten, immer sehr beweglichen Kaufleutegruppen stabilisierten sich auf den mitteleuropäischen Marktplätzen, ohne den Anspruch auf Freiheit und Waffenfähigkeit aufzugeben. Der Austausch von Gütern, darunter besonders die Menschenware Sklaven, zwischen Mitteleuropa und dem Norden und Osten ist sehr rege.

96) T. Endemann, Markturkunde und Markt in Frankreich und Burgund vom 9.–11. Jh., 1964, bes. S. 105–122. Weitere Belege bei R. Latouche, Les origines de l'économie occidentale, Paris 1970.

97) Cart. de l'abbaye de Saint-André-le-Bas de Vienne, Lyon 1869, Nr. 91, zitiert nach R. Latouche, Le Bourg des Juifs de Vienne au Xe siècle, in: Ders., Études médiévales 1960, S. 193–198, und nach D. A. Bullough, Social and economic structure and topography in the early medieval city, in: Settimane di Studio XXI, 1974, S. 381f.

98) Agus a.a.O. S. 189–192.

99) MGH SS 15, S. 300.

100) Recueil des chartes de l'abbaye de Cluny V, 1894, Nr. 3773 u. 3775.

4. Nur Streiflichter fallen auf Nord- und Osteuropa selbst. Die Verdichtung von Handel und Handwerk ist archäologisch bezeugt. Die Handelsplätze vermehrten sich. Diese Vermehrung erklärt sich nicht zuletzt aus den Kontakten mit Mitteleuropa, die getragen wurden von Leuten älterer und neuerer Kategorien, zum Beispiel von Bauernhändlern und Gildekaufleuten nebeneinander.

Die Bezeichnungen Zunft und Gilde in ihrem historischen und wortgeographischen Zusammenhang

VON RUTH SCHMIDT-WIEGAND

1.

Ein Generalthema wie »Kaufmännische und gewerbliche Genossenschaften (Gilden und Zünfte) im frühen und hohen Mittelalter« legt eine Zuordnung des Wortes *Gilde* zur Kaufmannschaft und des Wortes *Zunft* zum Handwerk nahe. Die Formulierung folgt damit einem Sprachgebrauch, der sich in der Fachliteratur mehr und mehr durchzusetzen beginnt und der auch den Aufbau gängiger Nachschlagewerke bestimmt [1]. So werden unter dem Stichwort *Zunft* vor allem die Organisationsformen des Handwerks ausführlich behandelt. Unter *Gilde* sind zwar auch diese zusammen mit anderen Formen des frühen Genossenschaftswesens genannt, doch liegt hier der Akzent sehr viel stärker auf den Organisationen der Kaufleute. Verdeutlichende Zusammensetzungen wie die Gegenüberstellung von *Kaufmannsgilden* und *Handwerkszünften* werden zweifellos zu einer Festigung dieses Gebrauchs und vielleicht auch zu einer Sprachregelung führen. Für die Umgangssprache [2] wird dies freilich keine Bedeutung haben. Denn sieht man von *zünftig* ›angemessen, tüchtig‹, von der *Zunft der Gelehrten* als einer besonderen Berufsgruppe und der *Schützengilde* einmal ab, so haben *Zunft* und *Gilde* in der Gegenwartssprache kaum noch Funktionen [3]. Es sind von hier aus Bezeichnungen, die allein im Blick auf historische Gegebenheiten und Zusammenhänge Interesse beanspruchen. Um so mehr ist die Frage berechtigt, ob die Festlegung des Wortes *Gilde* auf die Organisationsformen des Handels wie die des Wortes *Zunft* auf die des Gewerbes von der Geschichte dieser Bezeichnungen aus gerechtfertigt ist.

Schaut man auf die historischen Belege für *Zunft* und *Gilde*, wie sie etwa das Grimm'sche

1) E. Haberkern/J. F. Wallach, Hilfswörterbuch für Historiker. Mittelalter und Neuzeit, [5]1977, S. 250 *(Gilde)*, S. 675f. *(Zunft)*; Brockhaus Enzyklopädie Bd. 7, 17. Aufl. 1969, S. 332 *(Gilde)*.

2) H. Küpper, Wörterbuch der deutschen Umgangssprache, 3. Aufl. 1963, Bd. 1, S. 531 *(zünftig)*.

3) Wörterbuch der deutschen Gegenwartssprache, hg. von R. Klappenbach und W. Steinitz, Bd. 2, 1967, S. 1593 *(Gilde)*; ebd. Bd. 6, 1977, S. 4494 *(Zunft)*; G. Wahrig, Deutsches Wörterbuch, 1968, Sp. 1519 *(Gilde)*, Sp. 4137 *(Zunft)*.

Wörterbuch[4] oder das ›Deutsche Rechtswörterbuch‹[5] bereitstellen, so wird deutlich, daß keines der beiden Wörter konsequent auf eine der beiden Berufsgruppen je festgelegt gewesen ist. Wie für Göttingen zum Jahre 1355 bezeugt[6], konnten die *gilden der koplude, beckere, wullenwevere, scomakere und linenwavere* in einem Zuge genannt werden, ohne daß eine Unterscheidung der beiden Gruppen, der Kaufleute und der Handwerker, auch nur angedeutet wurde. Entsprechend wird in einer, allerdings späten und daher hochdeutsch abgefaßten, Ordnung der Kaufleute Bruderschaft zu Magdeburg von den Aufnahmebedingungen in die *Zunft* gesprochen[7]. Daß auch Händler einer Handwerkszunft angehören konnten, umgekehrt Handwerker Mitglieder der Kaufmannsgilde waren, gehört zu den bekannten Tatsachen. Die Grenzen sind also fließend gewesen, zumal der freie Handwerker eben auch *mercator* war und seine Waren auf dem Markt zu vertreiben hatte[8]. Eine gemeinsame Bezeichnung für beide Berufsgruppen scheint, von hier aus gesehen, nichts Ungewöhnliches an sich zu haben. Indessen ist nicht zu übersehen, daß *Zunft* sehr viel enger und fast ausschließlich mit dem organisierten Handwerk verbunden gewesen ist, während *Gilde* für Personenverbände verschiedenster Art und Zusammensetzung gebraucht werden konnte, in Westfalen z. B. auch für die Bauern- und Landgemeinde[9].

Das Beispiel macht deutlich, daß Wörter nicht fest mit den Dingen verbunden sind, die sie bezeichnen. Sie können vielmehr wie *Zunft* und *Gilde* von einer Sache auf die andere übergehen, sofern gewisse Gemeinsamkeiten, wie bei Kaufmann und Handwerker der Absatz von Waren, gegeben sind. Funktional gesehen hat die Bezeichnungsübertragung, die dabei vom Sprecher aufgrund gemeinsamer Merkmale vorgenommen wird, eine Veränderung der Wortbedeutung im Gefolge[10]. *Gilde* im Sinn von ›Kaufleutevereinigung‹ gewinnt auf diese Weise die Bedeutung ›Handwerksgenossenschaft‹ hinzu. Die Veränderung der Sachgrundlage bewirkt

4) Deutsches Wörterbuch, hg. von J. GRIMM und W. GRIMM, 1854ff., Bd. 4, 1, 4, 1949, Sp. 7585–98 *(Gilde)* und Bd. 16, 1954, Sp. 574–80 *(Zunft)*; künftig zitiert: DWB.

5) Deutsches Rechtswörterbuch. Wörterbuch der älteren deutschen Rechtssprache, hg. von der Preußischen Akademie der Wissenschaften, bearb. von R. SCHRÖDER und E. v. KÜNSSBERG, 1914ff., Bd. 4, 1939–51, Sp. 889–894 *(Gilde)*; künftig zitiert: DRWB.

6) DWB Bd. 4, 1, 4, Sp. 7489.

7) Der Magdeburger Kaufleute Bruderschaftsartikel 1678, Neudruck 1896, Artikel 3: *So auch zu dieser Bruderschafft ... Zunfften, Gaffeln, Innungen und Ämtern aufzunehmen unverwerflich sey...*, den Nachweis dieser Stelle verdanke ich den Mitarbeitern des Deutschen Rechtswörterbuchs in Heidelberg, die mich mit Auskünften aus dem Archiv des Wörterbuchs freundlich unterstützt haben.

8) Vgl. auch P. SPIESS, Kaufmannsgilde, in: Handwörterbuch zur deutschen Rechtsgeschichte, hg. von A. ERLER und E. KAUFMANN, 1971ff., Bd. 2, 1978, Sp. 687–694; künftig zitiert: HRG.

9) J. SOMMER, Westfälisches Gildewesen mit Ausschluß der geistlichen Bruderschaften und Gewerbsgilden, Archiv für Kulturgeschichte 7, 1909, S. 393–476, insb. S. 406–35.

10) Zum Grundsätzlichen vgl. St. ULLMANN, The Principles of Semantics. A Linguistic Approach to Meaning, 1957; DERS., Grundzüge der Semantik, deutsche Fassung von S. Koopmann, 1967, S. 159–189; zur Anwendung der funktionalen Betrachtung auf die Mediävistik: R. SCHMIDT-WIEGAND, Historische Onomasiologie und Mittelalterforschung, Frühmittelalterliche Studien 9, 1975, S. 49–78.

also Bedeutungswandel. Umgekehrt läßt Bedeutungsveränderung auf Sachwandel schließen [11]. Die Zuordnung von Wort und Sache entbehrt also nicht einer gewissen Willkürlichkeit. Dieser ›willkürliche‹ oder ›arbiträre‹ Charakter in der Zuordnung des Wortes, hier verstanden als Lautkörper, zu einem bestimmten Inhalt, der Bedeutung, begründet aber die Leistungsfähigkeit des sprachlichen Zeichens [12], seine Anpassungsfähigkeit an immer neue Gegebenheiten. Denn die Sprache verfügt nur über eine begrenzte Anzahl von Wörtern, mit deren Hilfe eine Vielzahl von Erscheinungen erfaßt, geordnet und bewältigt werden muß [13]. Nicht auf alle Innovationen kann die Sprachgemeinschaft mit neuen Bezeichnungen reagieren. Vielmehr sind es gerade die alten, gut eingefahrenen Bezeichnungen, die sich behaupten, indem sie auf immer neue Sachverhalte angewandt werden. Man pflegt dies, wie ich meine, etwas mißverständlich als ›sprachlichen Konservativismus‹ zu bezeichnen [14]. *Zunft* und *Gilde* sind hierfür ein besonders charakteristisches Beispiel. Durch eine außerordentliche Anpassungsfähigkeit vermochten sie sich besser als andere Bezeichnungen für die Organisationsformen von Handel und Gewerbe, mit denen sie zunächst konkurrierten, zu halten. Hier sollen nur *Zeche* und *Innung*, *Amt* und *Einung*, *Gaffel* und *Werk*, *Kunst* [15] und *Kerze* und nicht zuletzt *Hanse* [16] genannt werden, das wie *Böhnhase* ›unzünftiger Handwerker‹ und *hänseln*, ursprünglich ›in die Zunft aufnehmen‹ [17] zeigen, auch einmal die ›Handwerksgenossenschaft‹ bezeichnet haben muß, eine Funktion, die mit dem Aufstieg des Wortes zu einem zentralen Begriff des Fernhandels indessen verloren gegangen ist.

11) Diese Erkenntnis bestimmte ganz wesentlich die Forschungsrichtung ›Wörter und Sachen‹: »Bedeutungswandel hängt oft mit Sachwandel zusammen. Bei den Etymologien muß dieser berücksichtigt werden wie die Lautgesetze« (Meringer); vgl. R. MERINGER, Wörter und Sachen, Indogermanische Forschungen 16, 1904, S. 101–96, insb. S. 101f.; zur ganzen Forschungsrichtung R. SCHMIDT-WIEGAND, Wörter und Sachen. Zur Bedeutung einer Methode für die Frühmittelalterforschung. Der Pflug und seine Bezeichnungen, in: Wörter und Sachen im Lichte der Bezeichnungsforschung. Arbeiten zur Frühmittelalterforschung Bd. 1, 1980, S. 1–41, insb. S. 1–11.

12) F. DE SAUSSURE, Grundfragen der allgemeinen Sprachwissenschaft, hg. von Ch. BALLY und A. SECHEHAYE unter Mitwirkung von A. RIEDLINGER, übersetzt von H. LOMMEL, 2. Aufl. mit neuem Register und einem Nachwort von P. v. POLENZ, 1967; Handbuch der Linguistik. Allgemeine und angewandte Sprachwissenschaft unter Mitarbeit von H. JANSSEN, zusammengestellt von H. STAMMERJOHANN, 1975, S. 570ff. (Zeichen).

13) H. GIPPER, Sprachwissenschaftliche Grundbegriffe und Forschungsrichtungen (Lehrgebiet Sprache, Bd. 1), 1978, S. 40–44; DERS., Sessel oder Stuhl? Ein Beitrag zur Bestimmung von Wortinhalten im Bereich der Sachkultur (1959), Wiederabdruck: Wortforschung. Zur Geschichte und Theorie des sprachlichen Feldes, hg. von L. SCHMIDT (Wege der Forschung Bd. 250), 1973, S. 371–398.

14) ULLMANN (wie Anm. 10), S. 197 u. 204.

15) Bremisches Urkundenbuch, hg. von EHMCK und W. v. BIPPEN, 1863ff., S. 156: *de erst wil an dat ammet unde leven de kunste der smede* (Bremen a. 1314).

16) DRWB 5, 1953–60, Sp. 188–195, insb. Sp. 194f.; R. SCHMIDT-WIEGAND, Hanse (sprachlich), in: HRG Bd. 1, Sp. 1990–92; vgl. auch Anm. 105.

17) K. S. KRAMER, Hänseln, in: HRG Bd. 1, Sp. 2003f.

2.

Die verschiedenen Bezeichnungen für kaufmännische und gewerbliche Genossenschaften unterscheiden sich nun nicht nur durch die Lebensdauer, die sie gehabt haben, sondern auch durch ihre räumliche Geltung. Das Bild ihrer Verbreitung[18] läßt sich wie folgt skizzieren: Das Westniederdeutsche wird von *Gilde* und *Amt*[19] beherrscht. Am Niederrhein begegnet auch *Gaffel*[20]. Im Ostniederdeutschen sind neben *Gilde* und *Amt* auch *Werk*[21] und *Innung* vertreten. Dabei ist hier wie auch sonst zu beobachten, daß die Übergänge zwischen westlicher und östlicher, nördlicher und südlicher Verbreitung fließend sind. Westmitteldeutsch gilt vor allem *Gaffel*, ostmitteldeutsch *Innung*. Das Westoberdeutsche hat *Zunft, Zeche, Einung* und *Kerze*. Das Ostoberdeutsche vor allem *Zeche* und *Handwerk*[22]. *Amt* und *Einung* besitzen einen Anwendungsbereich, der über den Rahmen gewerblicher Organisation weit hinausgeht. *Werk* und *Handwerk* meinen auch andere Seiten des Gewerbes als nur oder vornehmlich seine Organisationsform. Entsprechendes gilt für *Zeche,* das mit seinem Bedeutungsumfang *Gilde* besonders nahe steht. Die Auffassung, daß »zwischen Zunft, Gilde, Amt, Innung, Bruderschaft kein anderer Unterschied besteht als der des Namens«, eine Auffassung, die Georg von Below[23] vertreten hat, läßt sich also aus sprachwissenschaftlicher Sicht nicht halten. Denn die

18) Hier und im Folgenden wird von der Einteilung des deutschen Sprachgebiets ausgegangen, wie sie bei J. GOOSSENS, Deutsche Dialektologie, 1977, S. 123 vertreten wird.

19) DRWB 1, 1914, Sp. 544–57, insb. 551f. Zugrunde liegt die Bedeutung »Berechtigung, einen Beruf auszuüben«, die auf den Beruf selbst und schließlich auf den Berufsverband ausgeweitet wurde. Kern des Begriffs ist die ›Verpflichtung gegenüber der Obrigkeit‹, sei diese Stadtherr oder Rat, was sich auf die Verleihung der Gewerbeberechtigung ausgewirkt hat. Vgl. auch K. KROESCHELL, Amt, in: HRG Bd. 1, Sp. 151.

20) DRWB 3, 1935–38, Sp. 1138; DWB 4, 1, 1, 1878, Sp. 1135; ein Wort Kölns und des Niederrheins, das im 13.–16. Jh. aber auch den Rhein aufwärts bis Mainz gewandert ist. Dem Wort, das auch die Bedeutungen ›Versammlung‹, ›Zunftmahl‹ und ›Zunfthaus‹ annehmen konnte, ist auch ein politischer Aspekt verbunden, indem die Bewohner einer Stadt (wie Köln) unter Berücksichtigung der beruflichen Qualifikation bezirksweise in sog. *Gaffeln* eingeteilt werden konnten. H. LOESCH, Die Kölner Zunfturkunden nebst anderen Kölner Gewerbeurkunden (Publikationen der Gesellschaft für Rhein. Gesch. XXII), Bd. 1, 1907, S. 5ff.; Th. MAYER-MALY, Die Kölner Gaffelverfassung, Österreichische Zeitschrift für öffentliches Recht, NF 7, 1956, S. 208–18.

21) DWB 4, 1, 3, 1911, Sp. 5642 *(gewerk)*, ebd. Bd. 14, 1, 2, 1960, Sp. 327–347, insb. Sp. 330 *(Werk)*. In der Verwaltungssprache des 14–16. Jhs. bedeutet *gewerk* sowiel wie ›Geselle, Gehilfe‹ bzw. ›Mitarbeiter‹, ›Zusammengeschlossene Mitarbeiter eines Handwerks‹. *Werk* ist in Ostfalen, Mecklenburg, Pommern und der Mark Brandenburg verbreitet gewesen.

22) DRWB 5, 1953–60, Sp. 147–49. Das Magdeburg–Breslauer systematische Schöffenrecht, hg. P. LABAND, 1863, Neudruck 1967, S. 11: *warde eyn man adir zwene ... eynes hantwerkes adir czeche gekorene ...* (Ic. 27, Breslau zwischen a. 1359 u. 1386); vgl. auch das Privileg Herzog Heinrichs von Schlesien für Krossen a. 1472: *Unsere liebe getrewe handwerksmeister und das gantze handtwerk der fischer zu croßen ...,* Archiv des DRWB/Heidelberg.

23) G. v. BELOW, »Zünfte«, in: Wörterbuch der Volkswirtschaft, Bd. 2, 3. Aufl. 1911, S. 1184–95, vgl. auch KEUTGEN (wie Anm. 28, S. 170 u. Anm.).

genannten Bezeichnungen sind keine Synonyme, d.h. inhaltlich völlig oder weitgehend übereinstimmende Lexeme in einem dialektalen Subsystem[24], sondern nur sogenannte Heteronyme[25], d.h. verschiedenartige Bezeichnungen für die gleiche Sache in unterschiedlichen Arealen, wie hier verschiedenen Sprach- oder auch nur Schreiblandschaften des Deutschen[26]. Diese Heteronyme sind inhaltlich durchaus nicht deckungsgleich. Sie besitzen vielmehr einen unterschiedlich großen Bedeutungsumfang, was für jedes einzelne Wort durchaus verschiedene Möglichkeiten der Anwendung mitbedingt. Gerade hieran knüpft sich die Hoffnung des Rechtshistorikers, aus den Bezeichnungen etwas über die Sachen zu erfahren. Hans Lentze[27], der den theoretischen Ansatz Friedrich Keutgens[28] aufgegriffen und zu einer ›Zunfttypenlehre‹ ausgestaltet hat, glaubte so noch, daß man zur Ermittlung der verschiedenen Zunfttypen von den Bezeichnungen *Zunft, Zeche, Innung* und *Gilde* ausgehen müsse.

Mit der Betrachtung der Handwerkerzünfte von ihren Bezeichnungen aus hat Eberhard von Künßberg, der Begründer der Rechtssprachgeographie[29], bereits 1935 einen verheißungsvollen Anfang gemacht. Er legte in der Zeitschrift für Mundartforschung zwei Rechtswortkarten (Abb. 1 und 2) vor, die die Verbreitung von *Zunft* einerseits, *Gilde* anderseits zum Gegenstand haben[30]. Die Karten, einfache Zeichenkarten im Gegensatz zu den Flächenkarten vergleichbarer Sprachatlanten, enthalten durch die Verbindung zeitgleicher Symbole durch Linien eine sogenannte Spinne, mit deren Hilfe v. Künßberg sprachliche Strahlungen anschaulich machen wollte. Wie aus den Beständen des Archivs des Deutschen Rechtswörterbuchs in Heidelberg

24) G. Bellmann, Zur Abgrenzung und Terminologie bedeutungsgleicher und bedeutungsverwandter lexikalischer Einheiten, Zs. f. Mundartforschung 35, 1968, S. 218–33.

25) Zum Begriff ›Heteronyme‹ vgl. J. Goossens, Strukturelle Sprachgeographie, 1969, S. 99f.; H. Henne, Semantik und Lexikographie. Untersuchungen zur lexikalischen Kodifikation der deutschen Sprache, 1972, S. 168f.

26) Zum Begriff der Sprachlandschaften und Schreibdialekte vgl. W. Besch, Sprachlandschaften und Sprachausgleich im 15. Jahrhundert, Studien zur Erforschung der spätmittelhochdeutschen Schreibdialekte und zur Entstehung der neuhochdeutschen Schriftsprache 1967; R. Schützeichel, Mundart, Urkundensprache und Schriftsprache, Studien zur rheinischen Sprachgeschichte, 2. Aufl. 1974.

27) H. Lentze, Handwerk, in: HRG Bd. 1, Sp. 1976–84, insb. 1977; Ders., Die rechtliche Struktur des mittelalterlichen Zunftwesens in Wien und den österreichischen Städten, Mitt. des Vereins für Geschichte der Stadt Wien 15, 1935, S. 15–41; Ders., Nürnbergs Gewerbeverfassung im Mittelalter, Jb. f. fränk. Landesforschung 24, 1964, S. 207–81.

28) F. Keutgen, Ämter und Zünfte. Zur Entstehung des Zunftwesens, 1903. Für seine »Ämtertheorie« ist die Bedeutungsdifferenzierung von *Amt* (s.o. Anm. 19) wichtig gewesen; danach sehen Stadtherr oder Stadtregiment eine Notwendigkeit zur Kontrolle des städtischen Marktes und der angebotenen Waren; um dies zu erreichen, wären die städtischen Handwerker in Berufsgruppen, sog. *Ämter*, mit einem Meister an der Spitze zusammengefaßt worden. Kritisch u.a. K. F. Wernet, Handwerksgeschichtliche Perspektiven (Forschungsberichte aus dem Handwerk Nr. 10, hg. vom handwerksgeschichtlichen Institut Münster), 1963, S. 53.

29) E. Frh. von Künssberg, Rechtssprachgeographie, Sitzungsberichte der Heidelberger Akademie der Wissenschaften, Phil.-hist. Kl. Jg. 1926/27, 1. Abhandlung 1926.

30) E. Frh. von Künssberg, Rechtswortkarten 1,1. *Gilde;* 1,2. *Zunft,* Zs. für Mundartforschung 11, 1935, S. 242–45.

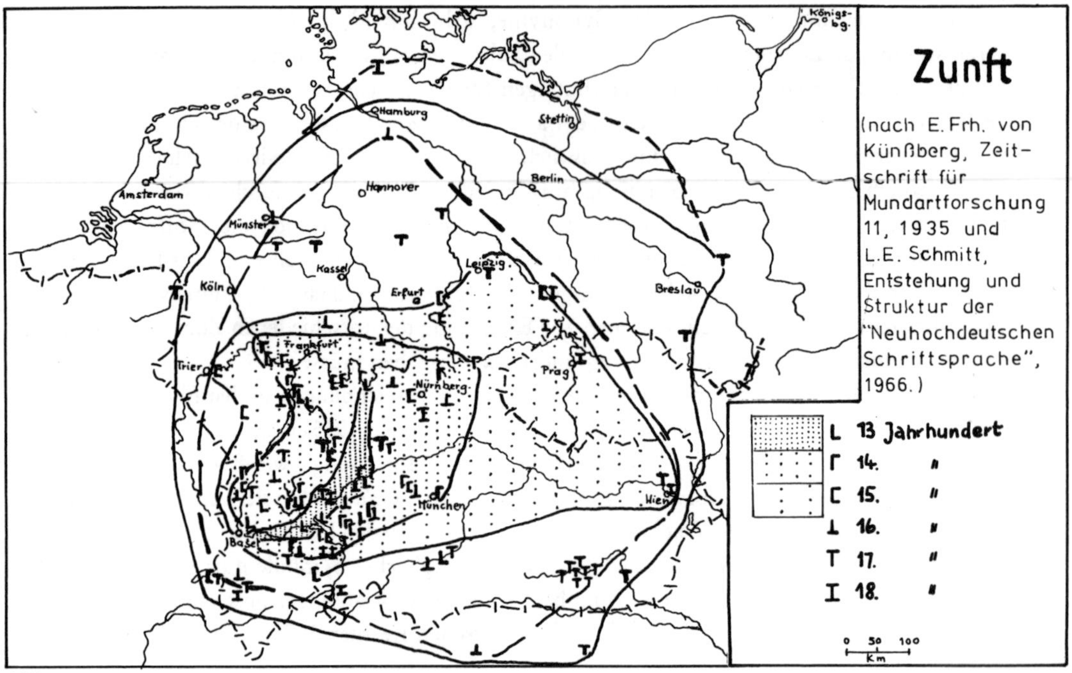
Zunft
(nach E. Frh. von Künßberg, Zeitschrift für Mundartforschung 11, 1935 und L.E. Schmitt, Entstehung und Struktur der "Neuhochdeutschen Schriftsprache", 1966.)
L 13 Jahrhundert
Γ 14. "
C 15. "
⊥ 16. "
T 17. "
I 18. "
0 50 100
Km
Hamburg
Stettin
Berlin
Hannover
Amsterdam
Münster
Kassel
Köln
Erfurt
Leipzig
Breslau
Frankfurt
Trier
Nürnberg
Prag
München
Wien
Basel
Königsbg.
Abb. 1

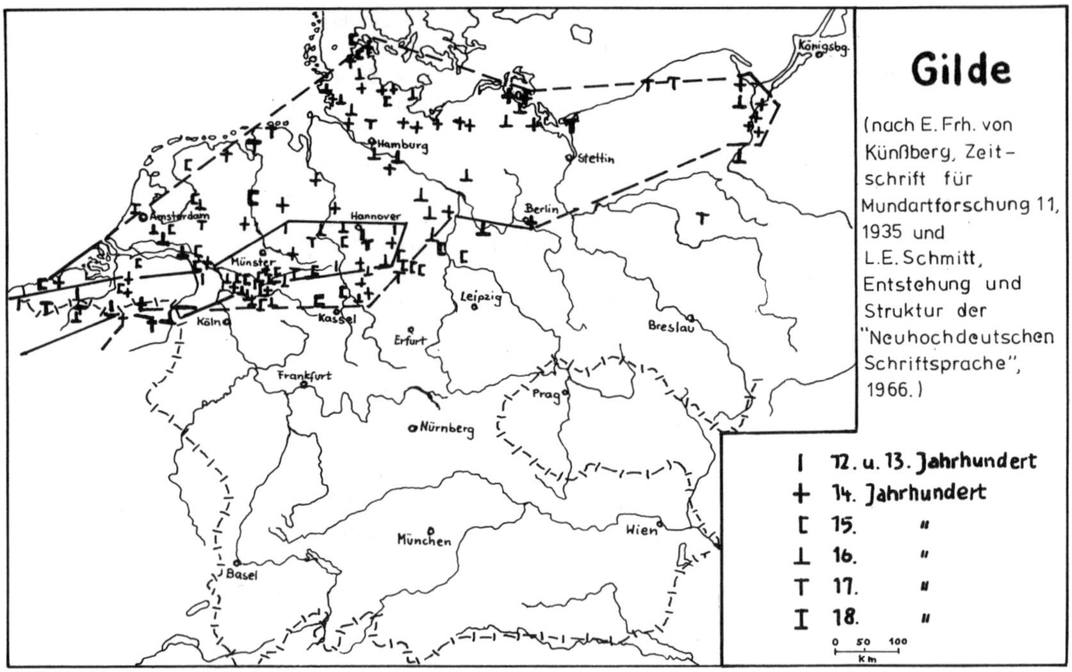
Gilde
(nach E. Frh. von Künßberg, Zeitschrift für Mundartforschung 11, 1935 und L.E. Schmitt, Entstehung und Struktur der "Neuhochdeutschen Schriftsprache", 1966.)
I 12. u. 13. Jahrhundert
+ 14. Jahrhundert
C 15. "
⊥ 16. "
T 17. "
I 18. "
0 50 100
Km
Königsbg.
Hamburg
Stettin
Berlin
Hannover
Amsterdam
Münster
Kassel
Köln
Leipzig
Erfurt
Breslau
Frankfurt
Prag
Nürnberg
München
Wien
Basel
Abb. 2

hervorgeht, hat v. Künßberg über diese beiden Karten hinaus noch eine Vielzahl von Entwürfen herstellen lassen[31)], wohl als Vorarbeiten für weitere Publikationen gedacht, auf denen andere Heteronyme wie *Einung, Zeche, Innung* und *Amt* (merkwürdigerweise fehlt *Gaffel*) im zeitlichen Längsschnitt dargestellt werden; wie auch Karten, die alle Bezeichnungen in einem zeitlichen Querschnitt (dem des 13. oder 14. Jahrhunderts) erfassen[32)]. Man kann fragen, was historische Wortkarten wie diese, die ihre Grundlage in der Hauptsache in Belegen des 13.–17. Jahrhunderts haben, für Verhältnisse des frühen und hohen Mittelalters, mithin für die Anfänge des Zunftwesens, auszusagen vermögen?

Aus dem bisher Ausgeführten dürfte indessen deutlich geworden sein, daß die Sprache, ihrem konservativen Grundzug entsprechend, der Entwicklung in der Realität nur mit Abstand folgt. Sie vermag auf diese Weise alte Strukturen, wenn auch in abgewandelter Form, zu bewahren. Von hier aus gesehen eröffnet die historische Wortkarte nicht nur einen Zugang zu dem, was an Bezeichnungen einmal vorhanden gewesen ist, sondern sie ist darüber hinaus erhellend für Zustände in einer Epoche, die mit den Belegen faktisch nicht mehr erreicht werden können[33)]. Historische Wortforschung[34)], und dies gilt gerade auch im Blick auf *Zunft* und *Gilde,* ist auf die Methode des Rückschlusses angewiesen, um so mehr, als es für das 10.–12. Jahrhundert, eine Zeit entscheidender Veränderungen auch hier, nur eine äußerst dürftige Überlieferung im Bereich volkssprachiger Schriftlichkeit gibt. Die Zusammenführung der Bezeichnung *Zunft* und *Gilde* mit der Sache ›Genossenschaft‹ kaufmännischer oder gewerblicher Art liegt so weitgehend im Dunkel. Hier kann ein historischer Durchblick, der durch eine Verbindung der Etymologie von *Zunft* und *Gilde, Zeche* und *Innung* mit dem Bild ihrer Verbreitung, wie es die Rechtswortkarte vermittelt, die spärlichen Aussagen der Frühbelege in gewisser Weise ergänzen.

31) R. Schmidt-Wiegand, Aus der Werkstatt Eberhard Frh. von Künßbergs. Entwürfe und Skizzen zu Rechtssprachkarten im Archiv des Deutschen Rechtswörterbuchs, Heidelberger Jahrbücher 12, 1968, S. 93–111; zur Methode im Grundsätzlichen Dies., Studien zur historischen Rechtswortgeographie. Der Strohwisch als Bann- und Verbotszeichen. Bezeichnungen und Funktionen, 1978, S. 16ff.

32) Zum Problem der Kartierung: K. Frölich, Probleme der Rechtskartographie, Vierteljahrsschrift für Sozial- und Wirtschaftsgeschichte 27, 1934, S. 40–64; H. Quirin, Vom Wesen der Geschichtskarte, Geschichte in Wissenschaft und Unterricht 5, 1954, S. 598–609 u. 653–63; F. Uhlhorn, Probleme der kartographischen Darstellung geschichtlicher Vorgänge, Historisches Jahrbuch für Landesgeschichte 8, 1958, S. 107–32.

33) Zur retrospektiven Methode vgl. O. Reichmann, Der Deutsche Wortatlas als Quelle für die Agrargeschichte, Zs. für Agrargeschichte und Agrarsoziologie 14, 1966, S. 30–44; R. Hildebrandt, Der deutsche Wortatlas als Forschungsmittel der Sprachsoziologie, in: Wortgeographie und Gesellschaft, Festgabe für L. E. Schmitt, 1968, S. 150–69.

34) Zum Grundsätzlichen auch O. Reichmann, Deutsche Wortforschung, 1969, S. 48ff. (jetzt stark umgearbeitet als ›Germanistische Lexikologie‹, 1976).

3.

Die Etymologie[35], als die Lehre von der Herkunft der Bezeichnungen, vermag über zwei Dinge Auskunft zu geben: Über das relative Alter einer Bezeichnung wie ihre ursprüngliche oder eigentliche Bedeutung. Beides ist für die Richtung, die bei der Erforschung eines einzelnen Wortes wie eines ganzen Wortfeldes[36] einzuschlagen ist, von Bedeutung. Bei *Zunft* und *Gilde, Innung* und *Zeche* ergibt sich nun, daß diese Wörter, die im späten Mittelalter und in der frühen Neuzeit als Heteronyme nebeneinanderstehen, verschiedenen historischen Schichten angehören und daß sie sich in ihrer Bedeutung ursprünglich erheblich voneinander unterschieden haben.

Von den hier zu behandelnden Bezeichnungen ist *Gilde*[37] zweifellos die älteste. Mit ags. *gegilde* ›Gildegenosse‹ und an. *gildi* ›Gildegemeinschaft‹[38] scheint diese Kollektivbezeichnung in eine Schicht des Wortschatzes zu gehören, die man auch als ›gemeingermanisch‹ zu bezeichnen pflegt. Wie dem auch sei, – der Zusammenhang mit dem jedenfalls älteren Wort *Geld*[39], das in fast allen älteren Sprachstufen des Germanischen[40] mit den Bedeutungen ›Opfer, Zahlung, Steuer‹ vorhanden, ist nicht zu übersehen. Daraus ergibt sich als ursprüngliche oder eigentliche Bedeutung für *Gilde* ›Zahl-‹ oder ›Opfergemeinschaft‹, wofür auch immer. *Zunft*, wie *Ankunft* von *kommen* eine Ableitung von *ziemen*, ahd. *zemen*, ist eine Abstraktbildung mit der Grundbedeutung ›Schicklichkeit, Gesetzmäßigkeit, Regel‹ und zunächst auf das

35) W. Ulrich, Wörterbuch linguistischer Grundbegriffe, 1972, S. 34; St. Ullmann, Semantik und Etymologie, in: Ders., Sprache und Stil, Aufsätze zur Semantik und Stilistik, 1972, S. 33–55; Etymologie, hg. von R. Schmidt (Wege der Forschung, Bd. 373), 1977.

36) Zum Begriff des Wortfeldes vgl. Handbuch der Linguistik (wie Anm. 12), S. 568–70; R. Hoberg, Die Lehre vom sprachlichen Feld (Sprache der Gegenwart Bd. 11), 1970; G. S. Sčur, Feldtheorien in der Linguistik (Sprache der Gegenwart Bd. 42), 1977.

37) F. Kluge, Etymologisches Wörterbuch der deutschen Sprache, 21. Aufl. 1975, S. 258; Zur Wortgeschichte auch: Trübners Deutsches Wörterbuch, Bd. 3, 1939, S. 183f.; s. auch o. Anm. 5 und 6; zur Sache: H. Stradal, Gilde, in: HRG Bd. 1, Sp. 1687–92; R. Schmidt-Wiegand, Gilde und Zunft. Die Bezeichnungen für Handwerksgenossenschaften im Mittelalter, in: Das Handwerk in vor- und frühgeschichtlicher Zeit Teil I, hg. H. Jankuhn, W. Janssen, R. Schmidt-Wiegand, H. Tiefenbach (Abhh. d. Akademie d. Wiss. in Göttingen, phil.-Hist.Kl. III. Folge Nr. 122), Göttingen 1981, S. 355–369.

38) Ags. *gield* ›Bezahlung, Opfer, Fest, Bruderschaft‹ vgl. F. Liebermann, Die Gesetze der Angelsachsen, Bd. 2,1: Wörterbuch, 1906, S. 103; Ders., Die englische Gilde im achten Jahrhundert, Herrigs Archiv 96, 1896, S. 33f.; F. Holthausen, Wörterbuch des Altwestnordischen, 1948, S. 25; J. de Vries, Altnordisches etymologisches Wörterbuch, 2. Aufl. 1962, S. 166.

39) Kluge (wie Anm. 37), S. 244 *(geld)* und S. 245 *(gelten)* zu germ. *geldan* ›erstatten, entrichten‹ (besonders bei Opferhandlungen; zu ahd. *gelt* ›Entgelt, Lohn, Opfer‹ vgl. R. Schützeichel, Althochdeutsches Wörterbuch, 3. Aufl. 1981, S. 67f.; as. *geld* ›Bezahlung, Lohn, Opfer‹ vgl. F. Holthausen, Altsächsisches Wörterbuch, 2. Aufl. 1954, S. 25; E. H. Sehrt, Vollständiges Wörterbuch zum Heliand und zur altsächsischen Genesis, 2. Aufl. 1966, S. 174f.

40) Hier ist vor allem auf got. *gild* ›Steuer, census‹ zu verweisen, vgl. S. Feist, Vergleichendes Wörterbuch der gotischen Sprache, 3. Aufl. 1939, S. 214f.

Oberdeutsche beschränkt, ohne daß sich außerdeutsche Entsprechungen nachweisen ließen[41]. Ein sehr viel jüngeres Wort als *Gilde* also, das erst im Althochdeutschen des 8./9. Jahrhunderts belegt ist[42]. Über ›Regel, nach der eine Gemeinschaft lebt‹ dürfte das Wort die Bedeutung ›Verband von Handwerkern‹ erlangt haben, ein Prozeß, der in dem Weg, der von lat. *ordo* nach dt. *Orden* führte, in gewisser Weise eine Parallele hat. Noch jünger als *Zunft,* das in spätalthochdeutscher Zeit bereits eine sehr reiche Bedeutungsentfaltung gehabt hat, ist *Innung*[43] erstmals im 12. Jahrhundert belegt. Freilich hat es ein Verb *innon* mit der Bedeutung ›in den Verband aufnehmen‹[44] auch schon im Althochdeutschen gegeben, doch treten die Abstraktbildungen auf *-ung* im allgemeinen erst sehr viel später auf. So ist denn bei *Innung* die Bedeutung ›Verbindung zu einer Körperschaft, Zunft‹ seit Beginn der Überlieferung bezeugt. *Zeche*[45] nimmt zwischen *Gilde* und *Innung* in gewisser Weise eine Zwischenstellung ein. Das Wort ist im Deutschen erst Ende des 12. Jahrhunderts mit den Bedeutungen ›Reihenfolge, Anordnung, Gesellschaft zu gemeinschaftlichen Zwecken‹ und ›Geldbeitrag zu gemeinsamem Essen und Trinken‹ belegt, also mit einer recht breiten Fächerung seiner Bedeutungen, wenngleich auch hier wieder mit *gizehon* ›anordnen‹ und *gezeh* ›geordnet‹ gewisse Anknüpfungspunkte im Althochdeutschen gegeben sind[46]. Als Wortverwandte außerhalb des Deutschen sind ags. *tiohh* ›Geschlecht, Bande, Truppe, Schar‹[47] und an. *tē* ›Bestimmung‹[48] zu nennen. Dies alles zusammengenommen, läßt bei *Zeche* auf eine Ausgangsbedeutung ›Anordnung, Bestimmung, Regel‹ schließen.

Der Überblick hat also deutlich gemacht, daß alle genannten Bezeichnungen einmal eine ganz bestimmte Motivation[49] gehabt haben. Ein Merkmal, das zum Zeitpunkt der Wortbildung oder Benennung als dominant empfunden worden ist, hat offensichtlich darüber entschieden, daß die Körperschaft diesen und keinen anderen Namen erhielt. Indem die Bezeichnungen auf diese Weise ›etymologisch‹ motiviert sind, wie man zu sagen pflegt, ist an ihnen abzulesen, was bei der Benennung als wesentlich gegolten hat. Alle Motivationen, die mit Hilfe der Etymologie bei *Zunft* und *Gilde, Innung* und *Zeche* freigelegt werden können,

41) KLUGE (wie Anm. 37), S. 892; Trübners Deutsches Wörterbuch (wie Anm. 37), Bd. 8, 1957, S. 485–88.

42) SCHÜTZEICHEL (wie Anm. 39), S. 248 *(zunft)*, S. 245 *(zeman)*.

43) KLUGE (wie Anm. 37), S. 327; Trübners Deutsches Wörterbuch (wie Anm. 37), Bd. 4, 1943, S. 19f.

44) SCHÜTZEICHEL (wie Anm. 39), S. 91: *innōn* ›aufnehmen‹, mit Reflexivpronomen und Präposition *ze* ›zu‹ ›sich vereinigen mit, sich halten an‹. Vgl. auch DRWB 6, 1961–72, Sp. 262: *ne alienigene opus suum operatum ad forum deferant nisi cum omnium eorum voluntate, qui iure illo, quod inninge appellatur participes existunt* (Magdeburg a. 1157).

45) KLUGE (wie Anm. 37), S. 876; Trübners Deutsches Wörterbuch (wie Anm. 37) Bd. 8, S. 341–44.

46) SCHÜTZEICHEL (wie Anm. 39), S. 244: *gizeh* ›richtig‹.

47) F. HOLTHAUSEN, Altenglisches etymologisches Wörterbuch, 1934, S. 349.

48) DE VRIES (wie Anm. 38), S. 584; F. HOLTHAUSEN (wie Anm. 39), S. 301.

49) Zum Begriff ULRICH (wie Anm. 35), S. 76f. Unter Motivation versteht man in der Sprachwissenschaft die Durchsichtigkeit einer Wortbildung im Hinblick auf ihre Zusammensetzung. Bei der sog. etymologischen Motivation handelt es sich um die Rekonstruktion der ehemaligen ›ursprünglichen‹ Motivation. Diese ist für die historische Wortforschung von Bedeutung.

betreffen also Züge der Verbandsbildung, die einmal eine besondere Bedeutung für die Bildung von Körperschaften besaßen. Nimmt man sie zusammen, so stellen sich die kaufmännischen und gewerblichen Genossenschaften als Personenverbände dar, die auf Zahlung oder Opfer gegründet sind und deren Mitglieder nach einer Regel, die alle in gleicher Weise betraf, lebten.

Überraschend ist nun, daß sich von diesem Begriffskern aus, der sich mit Hilfe der Etymologie herausschälen läßt, durch Bezeichnungsübertragung[50], verbunden mit Bedeutungswandel, semantische Strukturen ergeben, die sich auch noch in der Wortschicht, die mit den Rechtswortkarten *Gilde, Innung, Zunft, Zeche* erfaßt wird, im ausgehenden Mittelalter also, als äußerst lebenskräftig erweisen. Das sei am Beispiel des gemeinsamen Mahles, auf dessen Bedeutung im Gildewesen erst unlängst wieder Otto Gerhard Oexle[51] hingewiesen hat, erläutert. Geht man bei den Überlegungen zu Etymologie und Herkunft des Wortes *Gilde* von dem Zusammenhang mit ahd. *geld* ›Entgelt, Lohn, Opfer‹ aus, so ist nicht zu übersehen, daß diese Bezeichnung mit ahd. *bluostar* ›Opfer‹[52] zu einem Sinnbezirk, wie Jost Trier[53] gesagt haben würde, gehört. Hierzu fügt sich recht gut, daß fränkisches **gilda* einerseits im Mittelniederländischen *ghilde* ›gemeinsame Mahlzeit‹ ergab[54], was den Verhältnissen in Skandinavien entspricht, wo es ebenfalls eine Entwicklung von an. *gilde* ›Gelage, Gastmahl, Gesellschaft‹ zu schwed. *gille* ›Trinkgelage, Bruderschaft, Zunft‹ gegeben hat[55]. Andererseits ging fränkisch **gilda* auch mit afrz. *geude,* prov. *gelda* ›Fußvolk‹ in das Romanische ein[56]. Man hat hier die Bedeutungsveränderung damit zu erklären versucht, daß die fränkischen Krieger als Teilnehmer an der Heeresversammlung auch Anteil an dem Festessen hatten, bei dem es sich möglicherweise, da die Entlehnung relativ früh erfolgt sein muß, noch um einen kultischen Opferschmaus gehandelt hat[57]. Die Bezeichnungsübertragung von der Zahlung auf das Mahl und von hier auf die bei diesem vereinigte Personengruppe muß also schon sehr früh erfolgt sein.

Bemerkenswert ist nun, daß die abgeleitete Bedeutung ›Versammlung‹ oder ›Mahl‹, wie sie sich im Altfränkischen nachweisen läßt und auch im Angelsächsischen und Schwedischen

50) Hierzu S. ULLMANN, Grundzüge der Semantik (wie Anm. 10), S. 197 u. 204.

51) O. G. OEXLE, Die mittelalterlichen Gilden: Ihre Selbstdeutung und ihr Beitrag zur Formung sozialer Strukturen, Miscellanea Mediaevalia. Veröffentlichungen des Thomas-Instituts der Universität zu Köln, Bd. 12/1: Soziale Ordnungen im Selbstverständnis des Mittelalters, 1979, S. 203–26; DERS., Gilden als soziale Gruppen in der Karolingerzeit, in: Das Handwerk (wie Anm. 37), S. 284–354.

52) SCHÜTZEICHEL (wie Anm. 39), S. 19: *bluostar* st. N. ›Opfer, Opferung, Spende‹.

53) J. TRIER, Der deutsche Wortschatz im Sinnbezirk des Verstandes. Die Geschichte eines sprachlichen Feldes, 1931; vgl. auch o. Anm. 13.

54) Middelnederlandsch Woordenboek, hg. von E. VERWIJS und J. VERDAM, 1885ff., Bd. 2, 1889, Sp. 1965–67, insb. 1966f.

55) H. FALCK, A. Torp, Norwegisch-dänisches etymologisches Wörterbuch, Bd. 1, 1910, S. 310.

56) E. GAMILLSCHEG, Romania Germanica Bd. 1, 2. Aufl. 1970, S. 278: Afrz. *geude*, ostfrz. *jaude* u. ä., prov. *geldra* ›Lumpenvolk‹, vgl. auch W. MEYER-LÜBKE, Romanisches etymologisches Wörterbuch, 3. Aufl. 1935, S. 321 (Nr. 3763).

57) GAMILLSCHEG (wie Anm. 56), S. 278. Vgl. auch K. HAUCK, Rituelle Speisegemeinschaften im 10. und 11. Jahrhundert, Studium Generale 3, 1950, S. 611–21.

vorhanden gewesen ist, sich nun auch im Niederdeutschen findet und hier vom Altland in die Siedlungsgebiete östlich der Elbe mitgenommen worden ist. So heißt es z. B. in den Dortmunder Statuten[58]: *Do quamen, dey ses gilde sementlichen, dey dey gilde gedeynt hadden, op dat lohus.* Im Stadtbuch von Garz auf Rügen aber wird in einem Gildebrief der Schneider und Schuhmacher, der wahrscheinlich in das Jahr 1353 gehört, das jährliche Fest des Amtes als *rechte ghylde* bezeichnet[59]. *Gilde* mit der Bedeutung ›Gelage‹ reicht bis Danzig und Reval und hat in Pommern auch außerhalb von Handwerk und Kaufmannschaft, nämlich in der bäuerlichen Siedlungsgemeinschaft, Geltung gehabt. Dies zeigen vor allem die Flurnamen[60], die wie *Gillwiese, Gilde* als Bestimmungswort enthalten: Der Bauer, der das Gelage, die *Gilde,* auszurichten hatte, erhielt dafür die Grasnutzung der *Gillwiese.*

Einen *Gilde* vergleichbaren Weg hat *Zeche* genommen, das heute noch mit der Bedeutung ›an den Wirt zu zahlende Rechnung‹ geläufig ist. Als Bedeutungskern ergab sich aufgrund der Etymologie des Wortes ›Anordnung, Bestimmung, Regel‹ bzw. ›Gemeinschaft, die nach einer solchen Anordnung oder Regel lebt‹. Es ist hier zu ergänzen, daß Jost Trier[61] dieses Wort aufgrund der mhd. Weiterbildung *zesem, zesen* ›ununterbrochene Reihe‹[62] in den Zusammenhang von Zaun und Reihendienst gerückt hat, indem er von der Vorstellung eines Zaunes oder Geheges ausging, von der aus sich dann die Vorstellung des Kreises und der Begriff der ›Versammlung‹ ergeben habe. Ganz gleich, ob man heute noch diese Meinung zu teilen gewillt ist oder nicht, *Zeche* als Bezeichnung für die geselligen Zusammenkünfte der Zeche oder ›Zunft‹ ist seit dem Mittelhochdeutschen gut belegt und z. B. auch im Kreis der Meistersinger vertreten[63]. Als *Zeche* wurden z. B. auch die Beiträge zu einem Hochzeitsschmaus bezeichnet, den die Gäste selbst zu bezahlen hatten, ehe das Wort auf das Mahl übertragen wurde[64]. Diese besondere Bezeichnungsfunktion von *Zeche* rückte derart an die Spitze, daß das gleichbedeutende und mit *Wirt* stammverwandte *Ürte* ›Mahlzeit‹[65] fast völlig verdrängt wurde, so daß es heute nur noch in einzelnen Mundarten erhalten ist. Die Bedeutungsentwicklung von *Zeche,* die derjenigen von *Gilde* weitgehend entspricht, ist damit aufschlußreich für Vorgänge der Bezeichnungsübertragung in der Frühzeit, die mit den frühen Belegen für *Zunft* und *Gilde* nur schwer aufzuhellen sind.

58) Dortmunder Statuten und Urteile, hg. von F. Frensdorff 1882, S. 216.

59) Das älteste Stadtbuch der Stadt Garz, hg. von G. v. Rosen, Quellen zur pommerschen Geschichte, hg. von der Gesellschaft für Pommersche Geschichte und Altertumskunde Bd. 1, 1885 (Nr. 124); dazu A. Lasch, Aus alten niederdeutschen Stadtbüchern, 1925, S. 28 (Nr. 3).

60) R. Holsten, Aus der pommerschen Flurnamengeographie, Baltische Studien NF 37, 1935, S. 237ff.; Ders., Die pommersche Flurnamensammlung, Forschungen zur pommerschen Geschichte Bd. 6, 1963, S. 118. Hier auch zu den ländlichen Gilden, vgl. dazu auch Trübners Deutsches Wörterbuch 3, S. 183.

61) J. Trier, Pflug, Paul und Braunes Beiträge 67, 1945, S. 118.

62) M. Lexer, Mittelhochdeutsches Handwörterbuch, Bd. 3, 1878, Sp. 1098.

63) A. Puschmann, Bericht des deutschen Meistergesangs (1571), S. 29, 30 u. 33.

64) Die Chroniken der deutschen Städte vom 14.–16. Jahrhundert, Bd. 2, Nürnberg 1864, S. 5, Anm. 3 (a. 1420); vgl. auch die Oelsnitzer Hochzeitsordnung bei E. Wild, Geschichte und Volksleben des Vogtlandes, 1936, S. 178–180.

65) Kluge (wie Anm. 37), S. 876; Lexer (wie Anm. 62), Bd. 2, 1876, Sp. 2014.

4.

Während sich also aus der Etymologie bei den Bezeichnungen *Gilde, Zunft* und *Zeche* ein klarer Bezug auf Zahlen oder Opfer, Anordnung oder Regel ergibt, und die Weiterentwicklung des Begriffs auf verschiedene Weise zum ›Mahl‹ führt, dessen zentrale Funktion im Leben der Gilde nicht zuletzt auch daran deutlich wird, beleuchten die Frühbelege zwei andere Aspekte, die in der Auseinandersetzung um das frühe Genossenschaftswesen ebenfalls zur Erörterung gestanden haben: die Begründung der Körperschaft durch eidliche Einigung *(coniuratio)* und ihre Wirksamkeit in bruderschaftlichem Sinne. Hier ist zunächst an das immer wieder zitierte Capitulare von Herstal[66)] aus dem Jahre 779 zu erinnern, das als ältester Beleg aus dem fränkischen Bereich auch in diesem Zusammenhang wieder genannt werden muß. Die Bestimmung, die sich bekanntlich gegen Schwurgilden richtet, die Vereinigungen zu gegenseitiger Hilfe bei Brand und Schiffbruch hingegen weiterhin zuläßt[67)], macht deutlich, daß es sich bei den als *gildonia* bezeichneten Personenverbänden um Vereinigungen gehandelt hat, die auf einer eidlich bekräftigten Vereinbarung beruhten und die sich neben anderem auch die Unterstützung der Mitglieder oder Genossen in besonderen Notsituationen zur Aufgabe gemacht hatten[68)]. Die *Gilde* war danach eine Verbindung zu gegenseitigem Rechtsschutz, ehe sie zu einer Vereinigung von Berufsgenossen, von Handwerkern oder Kaufleuten, wurde[69)].

Andere Belege des 9. Jahrhunderts zeigen, daß die als *gildonia* u. ä. bezeichneten Verbände[70)] zumindest in weitestem Sinne den Charakter von Bruderschaften hatten: *collectis, quas geldonias vel confratrias vulgo vocant* ist so aus dem Jahre 852 belegt[71)]. Wendungen wie *vulgo.. vocant* oder *vulgo... vocatur,* mit denen *gildonia* in den lateinischen Text eingeführt wird, verraten, daß hier mit dem franko-lateinischen Mischwort einem üblichen und verbreiteten Sprachgebrauch Rechnung getragen wurde, für den es im Latein der Zeit offensichtlich keine volle Entsprechung gab. Wenn also *gildonia* in Verbindung mit *convivium* ›Verband‹, *collecta* ›Beitrag zum gemeinsamen Mahl‹ oder *confratria* ›Bruderschaft‹ begegnet[72)], so ist dies niemals im Sinn einfacher Wortgleichungen[73)] zu verstehen, sondern macht vielmehr deutlich,

66) Capitularia regnum Francorum, Bd. 1, hg. von A. Boretius (MGH LL Capit. 1), 1883, S. 51, Nr. 20.

67) F. L. Ganshof, Was waren die Kapitularien?, 1961, S. 124.

68) Die Belege fallen in die Jahre 779, 789, 805, 852, 884, 888; vgl. auch DRWB (wie Anm. 5), Bd. 4, Sp. 889.

69) In diesem Sinne H. Paul, Deutsches Wörterbuch, 6. Aufl. bearb. von W. Betz, 1966, S. 264.

70) J. F. Niermeyer, Mediae latinitatis lexicon minus, 1976, S. 468.

71) Gustave Fagniez, Documents relatifs à l'historie de l'industrie et du commerce en France, Bd. 1, 1898, S. 52, zitiert nach DRWB 4, Sp. 889.

72) Belege ebd. Sp. 889; ferner F. Kaufmann, Altdeutsche Genossenschaften, Wörter und Sachen 2, 1910, S. 9–42.

73) Zum Problem der Übersetzungsgleichungen vgl. R. Schmidt-Wiegand, Rez. G. Köbler, Übersetzungsgleichungen Bd. 1–12, in: Blätter für deutsche Landesgeschichte 108, 1972, S. 507–9; Dies., Germanistik 18, 1977, S. 350f.

daß der *Gilde*-Begriff des frühen Mittelalters eben alle diese Aspekte auf sich vereinigte, ohne sich mit einer der genannten lateinischen Bezeichnungen voll inhaltlich zu decken. Dabei kann freilich nicht übersehen werden, daß die Verbindung von *gildonia* mit *fraternitas* oder *confratria* eine gewisse Vorrangigkeit besitzt. Von hier aus überrascht es denn auch nicht, daß die Belege für *gulde, gülde, gilde* u. ä., mit denen die Überlieferung des rein volkssprachigen Wortes im 11. Jahrhundert in lateinischen Urkunden einsetzt, sich vor allem auf religiöse Bruderschaften mit deutlicher Betonung des kirchlichen Elements beziehen. Hier sei nur das Cartular aus der Abtei von Saint-Trond aus dem 12. Jahrhundert genannt, wo u. a. die *fraternitas beate Marie, que vulgo gulde vocatur* erwähnt wird[74].

Den geistlichen Bruderschaften, die als *gilde, gulde* o. ä. bezeichnet wurden, oblag neben der Armenpflege und der Abhaltung von Seelenmessen die Unterhaltung von Priestern und Altären, die Ausrichtung und Durchführung des Begräbnisses, mithin Angelegenheiten, die z. T. auch zum Aufgabenbereich weltlicher Gilden gehörten. Indem die Mitglieder der geistlichen Bruderschaften meist auch einer gewerblichen oder kaufmännischen Gilde angehörten, ergaben sich zusätzlich eine Reihe von Berührungspunkten, so daß der Gebrauch der Bezeichnungen *Gilde* und *Bruderschaft* für die eine wie die andere Korporation, die geistlichen wie weltlichen Gilden, verständlich ist. *Bruderschaft*[75] ist von hier aus geradezu zu einem Heteronym von *Gilde* geworden, indem es jenseits der hochdeutsch-niederdeutschen Sprachgrenze, an die sich die Verbreitung von *Gilde* weitgehend anschließt, wie dieses auch für weltliche Genossenschaften gebraucht wird. Beide Bezeichnungen begegnen auch in die Form der Paarformel gebunden, zur Bezeichnung ein und derselben Sache, wie etwa einer geistlichen oder weltlichen Gilde. Ein Beispiel mag genügen, um zu verdeutlichen, welche Bezeichnungsfunktion die Paarformel *broderscap und gilde* besaß. In einer Urkunde aus Lübeck (1401) heißt es u. a.: *de erliken koplude, schipheren vnde schipmans, dat se wolden stichten vnde maken myt hulpe framer lude woldath eyne ewige broderschop vnde gilde in de ere Gados...*[76]. Die Paarformel entspricht also den beiden Seiten der Kaufmannsgilde, der religiös-sozialen wie der berufsständigen, die in der Genossenschaft miteinander verbunden gewesen sind.

Die Belege, die auf diese und andere Weise den engen Zusammenhang zwischen *Bruderschaft* und *Gilde* widerspiegeln und vom 9. Jahrhundert bis in die frühe Neuzeit reichen, zeigen, daß man es hier mit einem Element des Gildewesens zu tun hat, das der Sache die Kontinuität über die Jahrhunderte hinweg zu sichern vermochte. Gern wüßte man, wann und auf welche Weise in diesem Zeitraum die Zusammenführung des Wortes *Gilde* mit berufsständischen Gruppen erfolgt ist. Hier ist man indessen aufgrund der schlechten Überlieferungslage weitgehend auf Vermutungen und Analogieschlüsse angewiesen. Wenn ich recht sehe, ist eine

74) Cartulaire de l'abbaye de Saint-Trond, hg. von Ch. Piot, Bd. 1, 1870, S. 117, zitiert nach DRWB 4, Sp. 890.

75) DWB 4, 1, 4 (wie Anm. 4), Sp. 7488; vgl. auch DWB 2, 1860, Sp. 422 *(Bruderschaft)*.

76) Urkundenbuch der Stadt Lübeck, hg. von dem Vereine für Lübeckische Geschichte und Altertumskunde Bd. 5, 1877, S. 731.

deutsche Kaufmannsgilde eine *gilda mercatoria* bzw. *gilda et fraternitas mercatorum* erstmals für Köln, Mitte des 12. Jahrhunderts, greifbar[77]. Das bekannte Privileg König Richards für die Kölner Kaufleute in London vom 6. Februar 1194 erwähnt ihre Gildehalle, was nur dann sinnvoll ist, wenn ihre Vereinigung auch bereits als *Gilde* bezeichnet wurde. Die Ausführungen, die in dem Privileg auf diese Erwähnung der Gildehalle folgen, beziehen sich dann ausdrücklich auf das ›Haus der Kölner‹ im Jahre 1157, womit indirekt *gilde* als Bezeichnung einer berufsständigen Genossenschaft Mitte des 12. Jahrhunderts gesichert ist. Freilich kann es sich in jenem Dokument auch nur um insularen Sprachgebrauch handeln, zumal auf dem Festland und in Südskandinavien *gildehus* bevorzugt wurde[78]. Die angelsächsischen Bezeichnungen für ›Gilde‹ und ›Gildemitgliedschaft‹ hat unlängst Klaus Grinda[79] einer kritischen Musterung unterzogen. Danach setzt die Überlieferung der ags. Sammelbezeichnung *gild* Mitte des 10. Jahrhunderts ein, bezeichnenderweise wieder mit der Erwähnung einer Gildehalle[80]. Erstes sicher datierbares Zeugnis ist das Gildestatut von Cambridge, Ende des 10. Jahrhunderts, das besonders reiche Details enthält wie z. B. dieses, daß der Tote durch Übernahme des halben Leichenschmauses zu ehren sei[81]. Im übrigen scheint das Statut bereits auf einen sozialen Rang zugeschnitten gewesen zu sein, indem die Ordnung für die *þegnas*, die Gefolgsleute des Königs, bestimmt gewesen ist, die von den *cniahta* ausdrücklich unterschieden werden[82]. Diese sind als besonderer Stand mit der Londoner *cnihte gilde* zu fassen, die in einem Sendschreiben Eadwards aus den Jahren 1042–44 erwähnt wird[83]. Früher als die ags. *gild*-Bezeichnung ist der *gegilde* bezeugt, nämlich im Gesetz König Ines vom Ende des 7. Jahrhunderts[84], wie denn überhaupt die Bezeichnung für die ›Zahlgenossen‹ der Bezeichnung für die Körperschaft um Jahrhunderte vorausgeht. Dazu scheint zu passen, daß die ältesten Zeugnisse für *Gilde* im Schwedischen sich ebenfalls auf den *gilta* oder ›Gildegenossen‹ beziehen[85]. Es sind dies die beiden Runensteine von Sigtuna, die man nach 1000 datiert und mit denen Friesen einen

77) K. W. Nitzsch, Die niederdeutschen Kaufmannsgilden, Zs. für Rechtsgeschichte, Germ. Abt. 26, 1892, S. 1–9, insb. S. 5.

78) DRWB 4, 1, 4 (wie Anm. 4), Sp. 898: *Gildehaus* bzw. *-hus* im Mnl. und Mnd., im Gegensatz dazu *Gildehalle*, bevorzugtes Wort im angelsächsischen Bereich. Zur Frage des skandinavischen Einflusses auf England vgl. S. Bugge, The Earliest Guilds of Northmen in England, Norway and Denmark 1908, S. 197–209, insb., S. 198f.

79) K. R. Grinda, Altenglisch *(ge)gilda, (ge)gildscipe, (ge)gild(e)*: Zu den Bezeichnungen für ›Gilde‹ und ›Gildemitglied‹ in vornormannischen Quellen, in: Das Handwerk (wie Anm. 37), S. 370–398.

80) Es handelt sich um die mißverstandene Schreibung *Ildhall*, die wahrscheinlich als *Guildhall* zu lesen ist; erster sicherer Beleg für eine *gegyldeheall* findet sich in der Ordnung von Abbotsbury (Mitte 11. Jh.); Grinda (wie Anm. 79).

81) D. Whitelock, English Historical Documents I, 1968, Nr. 136 (Übersetzung).

82) Grinda, S. 371f. u. S. 375f.

83) F. E. Harmer, Anglo-Saxon Writs, 1952, Nr. 51.

84) F. Liebermann, Die Gesetze der Angelsachsen Bd. 1, 1903, S. 99 (Ine c. 21).

85) Den freundlichen Hinweis auf diese Denkmäler wie die sich daran anknüpfende Diskussion verdanke ich Herrn Kollegen Thorsten Andersson (Uppsala).

ihrer Gildebrüder geehrt haben[86]. Dabei lassen Personennamen wie Bezeichnungen des zweiten Steines erkennen, daß der Gilde, die wahrscheinlich Fernhändler und Handwerker umfaßte, nicht nur Friesen, sondern auch Einheimische angehört haben[87]. Runensteine, mit rein altschwedischen Namen, auf denen ebenfalls eines Gildebruders gedacht wird, finden sich in Törnevalla unweit Linköping[88] und in Bjälbo nahe von Skäninga[89], also beide in Nachbarschaft bedeutender Handelsplätze. Die Beispiele, zusammen mit der ags. Überlieferung, können gewiß nicht die Lücke, die für das Wort *Gilde* auf dem Kontinent im 11. Jahrhundert besteht, schließen. Sie machen indessen deutlich, daß es im Bereich des Seegermanischen nach 1000 Organisationsformen gegeben hat, die als *Gilde* bezeichnet wurden und die mit der Sorge um Andenken und Seelenheil des verstorbenen Gildegenossen zumindest bruderschaftliche Züge besaßen.

5.

Vergleicht man die Frühbelege von *Zunft* mit jenen von *Gilde*, so ergibt sich bereits aufgrund der Überlieferungslage ein abweichendes Bild. Während es für *Gilde*, sieht man von dem mlat. *gildonia* ab, so gut wie keine frühe Überlieferung gibt, ist *Zunft* bereits im Althochdeutschen sehr gut vertreten. In der ahd. Übersetzung der Benediktinerregel, die noch in das 8. Jahrhundert gehört, steht *zumft* für lat. *conventus* mit der Bedeutung ›Konvent‹ oder ›Gemeinschaft‹, meint also von Beginn an eine Personengruppe, die nach einer bestimmten Regel lebt[90]. Ableitungen wie ahd. *gizunft* ›Übereinkunft, Vertrag, Verbindung, Bund‹ sind in der Würzburger Beichte und im ahd. Tatian wie bei Notker II. von St. Gallen überliefert[91]. Als verbale Ableitung sind *gezumften* im Sinne von ›verbinden‹ und *gizunftigon* mit der Bedeutung ›vereinigen‹ zu nennen[92]. Hinzu kommen *ungizunft* ›Uneinigkeit, Zwietracht‹ und

86) E. Wessén, S. B. F. Jansson, Upplands Runinskriter, 2. Teil, 2. Heft, Sigtunna stad och Ärling hundra Häred, Uppsala 1945, S. 138f., Nr. 379: *Frisa gildaR letu ræisa stæin þennsa æftir þor [kil, gild]a sinn. Guð hialpi and has. þorbiorn risti;* ebd. S. 161, Nr. 391: *Frisa gi[ldaR] ... þessar æftiR Alboð, felaga Sloða. Kristr hinn hælgi hialpi and has. þorbiorn risti.*

87) Ebd. S. 165; besonders hervorzuheben sind aschwed. *Sloða* (Personenname) und *felaga* ›bolagsman‹ gegenüber fries. *Alboð* (Personenname) und *gildar* ›gillebröder‹.

88) S. B. F. Jansson, Linköpingsbygdens Runstenar, in: S. Kraft, Linköpings Historia, 1. Från äldsta tid till 1567, 1975, S. 45–84.

89) S. B. F. Jansson, Törnevalla kyrskas runstenar, Meddelanden 1960–1961, från Östergötlands och Linköpings stads Museum, 1961, S. 219; vgl. auch Ders., Runinskrifter i Sverige, Uppsala 1977, S. 95ff.; Ostgötlands Runinskrifter hg. von E. Brate, 1911, S. 63–66, Nr. 64, 65.

90) Die althochdeutsche Benediktinerregel des Cod. Sang 916, hg. von U. Daab (Altdeutsche Textbibliothek Nr. 50), 1959, S. 47 (70): *in conventu – in zumfti;* vgl. auch G. Köbler, Verzeichnis der Übersetzungsgleichungen der althochdeutschen Benediktinerregel (Göttinger Studien zur Rechtsgeschichte, Sonderband 3), 1970, S. 18.

91) Schützeichel (wie Anm. 42), S. 248.

92) Ebd.

gleichbedeutendes *missezunft,* das mit der Umsetzung *missetunft* sogar ins Mittelniederdeutsche übernommen worden ist[93]. Mit diesen Beispielen ist die Reihe der Ableitungen und Zusammensetzungen noch keineswegs erschöpft. Die Fülle macht deutlich, daß *zunft* offensichtlich mit der frühen Übersetzungstätigkeit der Geistlichen heraufgekommen ist und durch sie eine reiche Entfaltung erfahren hat, vielleicht, weil es nicht so sehr wie andere Wörter, wie etwa *gelt* und *gilda,* mit vorchristlichen Glaubensvorstellungen behaftet gewesen ist. Man wird *zunft,* nicht zuletzt auch aufgrund der Wortgleichungen mit dem Lateinischen, als ein Wort der althochdeutschen Kirchensprache bezeichnen können[94].

Der Übergang vom Spätalthochdeutschen, wie es durch Notker II. von St. Gallen repräsentiert wird[95], bis zum Einsetzen der ersten mittelhochdeutschen Belege zu Beginn des 13. Jahrhunderts, liegt wieder (ähnlich wie bei *Gilde*) weitgehend im Dunkel. In diese Zeitspanne des 11./12. Jahrhunderts fällt die Entstehung der gewerblichen Genossenschaften: die der Weber in Mainz (1099), der Fischer in Worms (1106), der Schuhmacher in Würzburg (1128), der Bettziechenweber und Drechsler in Köln (1149 u. 1180)[96]. In dieser Zeit hat *zunft* offensichtlich eine ganz wesentliche Einengung erfahren, die dieses Wort zur Bezeichnung für einen Personenverband ständischer oder beruflicher Art in einer besonderen Weise befähigte. Zunächst wurde die im Althochdeutschen vorhandene Fülle der Ableitungen (insbesondere im verbalen Bereich) abgebaut; außerdem die Bedeutung von *Zunft* auf ›Regel, Gesetz‹ verengt[97]. Ein Reflex dieser Entwicklung findet sich im Parzival Wolframs von Eschenbach, wo es u. a. heißt (122,15ff.)[98]:

junchêrre, sâht ir für iuch varn
zwên ritter die sich niht bewarn
kunnen an ritterlîcher zunft?

Hier sind mit *ritterlicher zunft* die für das Verhalten eines Ritters gültigen Regeln oder Gesetze gemeint. Der älteste, hochmittelalterliche Beleg für *Zunft* außerhalb der Dichtung stammt aus Basel und gehört dem Jahr 1226 an[99]. Wieder ist hier von *confraternitas* die Rede, *quod in vulgari dicitur zumpft.* Auch im zeitlich nächstfolgenden Beleg aus Basel von 1247 steht *zumpft*

93) Ebd. S. 211 u. 129; Trübners Deutsches Wörterbuch (wie Anm. 41), S. 485.

94) G. Köbler, Althochdeutsch-lateinisches Wörterbuch (Göttinger Studien zur Rechtsgeschichte, Sonderband 19), 1974, S. 249: *zumft: conventus; gizumft: conventio, pactum, foedus; zumftigon: consentire, convenire* usw.

95) G. Köbler, Verzeichnis der normalisierten Übersetzungsgleichungen der Werke Notkers von St. Gallen (Göttinger Studien zur Rechtsgeschichte, Sonderband 9), 1971, S. 75 *(foedus),* S. 132 *(pactum)*: E. H. Sehrt, W. K. Legner, Notker-Wortschatz, 1955, S. 635.

96) Trübners Deutsches Wörterbuch (wie Anm. 41), S. 486.

97) Ebd. S. 485; vgl. auch ›Das Bischofs- und Dienstmannenrecht von Basel in deutscher Aufzeichnung des 13. Jahrhunderts‹, hg. von W. Wackernagel, 1852, S. 24: *die gesetzde, die man da nennet zünfte…*

98) Wolfram von Eschenbach, Parzival, hg. von K. Lachmann, 5. Aufl. 1891, Neudruck 1947, S. 67.

99) Urkundenbuch der Stadt Basel, hg. von der Historischen Gesellschaft zu Basel, bearb. von R. Wakkernagel und R. Thommen, Bd. 1, 1890, S. 77, Nr. 108.

für Bruderschaft[100]. Die bruderschaftliche Seite der Zünfte, die gelegentlich an geistlichen Ursprung hat denken lassen[101], findet also auch von diesen Belegen aus in gewisser Weise eine Stütze.

Die Behandlung der Etymologie wie der Überblick über die Frühgeschichte der Bezeichnungen *Zunft* und *Gilde* hat immer wieder Veranlassung gegeben, auf eine sehr viel jüngere Überlieferung, die des späten Mittelalters, zurückzugreifen. Es zeigt sich dabei, daß bestimmte Gegebenheiten des Gilde- und Zunftwesens wie die Verpflichtung auf eine bestimmte Ordnung, die Zahlung eines festen Betrages, das gemeinsame Mahl, die Sorge um Begräbnis und Totengedächtnis, die Nähe zu bruderschaftlichen Organisationsformen, sich über Jahrhunderte hinweg mit einer erstaunlichen Festigkeit gehalten haben. Diese Konstanten haben das Geschick der Bezeichnungen, ihre Auswahl und ihren Gebrauch durch die Sprachträger bestimmt und dadurch ihre Geschichte, ihre Dauerhaftigkeit wie ihren Untergang oder ihre Verlagerung in andere Bereiche, ihre Übertragung auf andere Gegebenheiten, mitbedingt. In Bedeutungswandel wie Bezeichnungswandel spiegelt sich so nicht nur der Stellenwert (valeur)[102] des jeweiligen Wortes wider, sondern auch eine Wertung der Sachverhalte durch die Menschen, die sie zu bezeichnen hatten. Dies gilt es nun auch an den übrigen Heteronymen des Wortfeldes ›Zunft und Gilde‹ zu prüfen.

6.

Geht man davon aus, daß das Wesen der genossenschaftlichen Organisationsformen des Mittelalters zunächst und in erster Linie in einer Zahlungsgemeinschaft und damit in einem Dienst an dem betreffenden Personenverband bestanden hat, so kommt dieser Ansatz bereits in der Etymologie von mindestens vier der wichtigsten Bezeichnungen zum Ausdruck bei *Gilde,* worüber bereits ausführlich gehandelt wurde; bei *Gaffel*[103], bei dem von einer Grundbedeutung ›Zins, Steuer‹ auszugehen ist; bei *Hanse,* das zu lat. *census* ›Abgabe, Tribut, Zins‹ gehört[104], und bei *Zeche,* wo eine Bedeutung ›Reihenfolge, Ordnung‹ zugrundegelegen hat. Bei *Gilde* und *Hanse* ist außerdem durch die Wortverwandten got. *hunsl*[105] und ahd. *geld* ein

100) Ebd. S. 199.
101) F. ZOEPFL, Zünfte, in: Lexikon für Theologie und Kirche, begründet von M. BUCHBERGER, 2. Aufl., Bd. 10, 1965, Sp. 1413f.
102) Zu diesem Begriff Ferdinand de Saussures (s. o. Anm. 12); vgl. jetzt GIPPER, Grundbegriffe (wie Anm. 13), S. 45 u. 207.
103) Zu ae. *gafol* ›Tribut, Abgabe; Zins, Nutzen, Rente‹, mnl. *gavel,* mhd. *gaffel* ›Zunft‹ vgl. auch HOLTHAUSEN (wie Anm. 47), S. 122; vgl. auch Anm. 20.
104) KLUGE (wie Anm. 37), S. 288; Zusammenhang mit lat. *census* ›Abgabe‹ bei FEIST (wie Anm. 40), S. 245f.
105) Ebd. S. 246 und 277 *(hunsl).* Zur Etymologie auch E. ROOTH, Das Wort *hansa* verglichen mit *gilde* und *skara,* in: DERS., Altgermanische Wortstudien, 1926, S. 67–113; W. KROGMANN, *Hansa,* Archiv für das Studium der neueren Sprachen 169, 1936, S. 1–8. Zur Wortgeschichte E. v. KÜNSSBERG, *Hanse* und

Zusammenhang mit ›Opfer‹ gegeben. Freilich ist diese Motiviertheit der Bezeichnungen in der Zeit, die hier vor allem zur Erörterung steht, im 11./12. Jahrhundert, den Sprechern kaum mehr bewußt gewesen. Wie locker die Verbindung von Lautkörper und Inhalt geworden ist, zeigt die Übertragung der Bezeichnungen auf andere Gegebenheiten, in denen sich das Leben der Zünfte und Gilden äußert: Vor allem auf die Versammlung, die nicht nur *Morgensprache* [106] genannt wurde, sondern mit fast jeder der üblichen Bezeichnungen für ›Genossenschaft‹, nämlich *Zeche, Gilde* und *Zunft,* bezeichnet werden konnte [107]. Besonders hervorzuheben ist in diesem Zusammenhang die Übertragung der Bezeichnung von der Gemeinschaft auf das Mahl, wo diese sichtbar in Erscheinung tritt. *Gilde* als ›jährliches Fest des Amtes‹ wurde bereits erwähnt; die besondere Entwicklung, die *Zeche* von hier aus genommen hat, ebenfalls. Ja, dieser besondere Aspekt der Sache konnte derart in den Vordergrund treten, daß er nachträglich zur Erklärung des Wortes herangezogen wurde. Eine solche ›volksetymologische‹ Umdeutung, wie man etwas mißverständlich zu sagen pflegt, hat z. B. *Gaffel* erfahren [108], das man im Blick auf das gemeinsame Mahl nachträglich zu dem homonymen mnd. *gaffel* ›Gabel‹ gezogen hat. Diese sekundäre Zusammenführung zeigt, daß der ursprüngliche Sinn von *Gaffel,* nämlich ›Zahlung, Abgabe‹ nicht mehr gegenwärtig gewesen ist.

Überraschend ist nun, daß die Tatsache der ›Übereinkunft‹, der Einigung aufgrund eidlicher Verpflichtung, für Wahl und Gebrauch der Bezeichnungen offenbar von sehr viel geringerer Bedeutung gewesen ist. Als einzige Bezeichnung, die von hieraus motiviert wurde, ist das im Südwestdeutschen und Westmitteldeutschen gebräuchliche *Einung* [109], zufrühest wieder bei Notker II. um 1000 belegt und hier u. a. als Entsprechung zu *unitas, foedus, placitum, coniuratio* oder *conspiratio* gebraucht [110]. Das Wort hat sich mit diesen Bedeutungen das ganze Mittelalter hindurch gehalten, trat freilich hinter *Zunft* und *Zeche* sehr bald zurück. Dies mag an dem Aspekt, der mit dem Begriff der *conspiratio* angesprochen wird, liegen; vielleicht auch daran, daß *Einung* als Bezeichnung für die auf Eid begründete Personenverbindung nicht auf das Handwerk beschränkt war und mit anderen Bezeichnungen für Personenverbände wie z. B. *Bruderschaft* von hieraus in Konkurrenz treten konnte.

seine Wortgeographie. Geographie der Wortformen und Bedeutungen, Zs. f. Mundartforschung 17, 1941, S. 164–67; R. SCHMIDT-WIEGAND, Hanse und Gilde. Genossenschaftliche Organisationsformen im Bereich der Hanse und ihre Bezeichnungen, Hansische Geschichtsblätter 100, 1982, S. 21–40; vgl. auch Anm. 16 u. 17.

106) *Morgensprache,* das bildungsmäßig und inhaltlich ae. *morgenspræc* entspricht, ist besonders im norddeutschen Raum gebräuchlich gewesen, vgl. GRINDA (wie Anm. 79), S. 389, der indessen für den insularen Bereich auch an Entlehnung vom Kontinent denkt.

107) O. LUDWIG, Die Bezeichnungen für ›Zunft-Versammlung‹ in Mittelalter und Neuzeit, Zs. für Mundartforschung 17, 1941, S. 167–214.

108) MAYER-MALY (wie Anm. 20), S. 210.

109) DRWB Bd. 2, 1932–35, Sp. 1477–80; K. KROESCHELL, Einung in: HRG Bd. 1 (wie Anm. 8), Sp. 910–12.

110) SCHÜTZEICHEL (wie Anm. 39), S. 40; KÖBLER (wie Anm. 94), S. 39.

Dies ist bei *Innung*, der ostmitteldeutschen Entsprechung von *Einung*, anders, ist doch dieses Wort von Beginn seiner Überlieferung an auf die besondere Organisationsform des Handwerks zugeschnitten gewesen. So bezieht sich der älteste Beleg aus Magdeburg (a. 1157) und ein späterer Beleg aus Braunschweig (a. 1240) auf die Zulassung zum Markt bzw. die Gesamtberechtigung zum Vertrieb der Waren[111)]. Ein ebenfalls früher Beleg aus Magdeburg (a. 1197) und ein weiterer aus Braunschweig (a. 1227) meinen das Mitgliedschaftsrecht in einer Innung[112)]. Über die Bedeutung ›Satzung‹ bzw. ›Zunftartikel‹ – so für Halberstadt (a. 1230) belegt[113)] – wurde dann die Bedeutung ›Vereinigung von Handwerkern‹ bzw. ›Handwerkerzunft‹ erreicht, auch hier wieder – wie für Stendal (a. 1254) ausdrücklich bezeugt – in enger Verbindung mit bruderschaftlichen Organisationsformen[114)]. *Innung* kann schließlich die Gebühr bezeichnen, die beim Eintritt in eine Genossenschaft zu entrichten gewesen ist[115)]. Diese sekundäre Entwicklung rückt *Innung* in die Nähe der Bezeichnungen, die wie *Gilde, Hanse* und *Zeche* von der Zahlungsgemeinschaft aus motiviert sind.

Von besonderer Bedeutung für die Wortwahl und damit für die Kontinuität der Bezeichnungen war indessen, daß die Gemeinschaft der Handwerksleute an eine bestimmte Regel oder Ordnung gebunden gewesen ist. Es wurde bereits gesagt, daß *Zunft* von hieraus mit seiner Geschichte dem Wort *Orden* vergleichbar ist. Aber auch *Zeche* muß in diesem Zusammenhang noch einmal genannt werden. Denn auch die ältesten Belege für *Zeche* führen, wie schon bei *Zunft* festgestellt, in den Raum des Klosters und haben hier zunächst die Bedeutung ›Bruderschaft‹. In einer Salzburger Urkunde des 12. Jahrhunderts findet sich u. a. die Wendung *ad fraternitatem civium Salzburgensium que zecha vulgo dicitur*[116)]. Und in der Handschrift einer Übersetzung, der Benediktinerregel, die aus der Abtei Hohenfurt in Böhmen stammt[117)], heißt es von den Mönchen *sint closterliute di ir zeche hânt under der regelin und under dem abbate. Zeche* ist also hier ebenfalls mit der Bedeutung ›Regel, nach der eine Bruderschaft lebt‹,

111) Zu Magdeburg s. o. Anm. 44; Urkundenbuch der Stadt Braunschweig I: Statute und Rechtebriefe 1227–1661, hg. von L. Hänselmann und H. Mack, 1872, S. 9: *quandam gratiam vendendi que vulgariter dicitur inninge...*

112) F. Keutgen, Urkunden zur städtischen Verfassungsgeschichte 1909, S. 355, Nr. 259: *nec aliquis numero eorum... accedat, nisi prius eorum communione quod vulgo inninge dicitur acquisita...* (Magdeburg a. 1197); Urkundenbuch der Stadt Braunschweig (wie Anm. 111), S. 7: *Neman ne mach sich nenere ininge noch werkes vnderwinden. he ne do it mit dere meistere oder mit dere werken orloue.*

113) K. Th. von Inama-Sternegg, Deutsche Wirtschaftsgeschichte, Bd. III, 1, 1901, S. 123: *...illud quod inninge dicitur habuissent...*

114) Keutgen (wie Anm. 112), S. 358, Nr. 264: *Ut habeant quandam fraternitatem que ininge nuncupatur...*

115) DRWB Bd. 2 (wie Anm. 45), Sp. 264.

116) Salzburger Urkundenbuch, hg. von der Gesellschaft für Landeskunde, Bd. 1 bearb. von P. W. Hauthaler, 1898, S. 473, Nr. 404.

117) Hohenfurter Benedictinerregel, hg. von W. Scherer, Zs. f. dt. Altertum 16, 1872, S. 224–79, insb. S. 245.

vertreten, hierin dem Worte *Zunft* vergleichbar[118]. Ja, diese Übereinstimmung zwischen *Zunft* und *Zeche*, was die Verwendung betrifft, reicht noch weiter bis in die hochmittelalterliche Dichtung und Wolframs Parzival hinein, wenn es hier heißt (5,17ff.)[119]:

künge, grâven, herzogen
(daz sag ich iu für ungelogen)
daz die dâ huobe enterbet sint
unz an daz elteste kint,
daz ist ein fremdiu zeche...

Hier ist mit *fremdiu zeche* eine höchst befremdliche Erbregelung gemeint, ein bestimmtes Gewohnheitsrecht. Dieser Bezug auf das Recht, der bei *Zeche* noch ausgeprägter als etwa bei *Zunft* oder *Innung* ist, hat das Wort besonders auch in den Siedlungsgebieten östlich der Elbe zu einem Ausdruck rechtlicher Regelungen werden lassen[120]. Deshalb ist die Kontinuität vom 12. Jahrhundert bis zur frühen Neuzeit hier auch besser zu erkennen als bei *Zunft* und *Gilde*, für die die entscheidenden Belege aus der Übergangszeit weitgehend fehlen. Allen Bezeichnungen gemeinsam ist die enge Verbindung zu dem Wort wie dem Begriff *Bruderschaft*, – wie denn überhaupt von der Wortgeschichte aus die *fraternitas* als eine Klammer anzusehen ist, die offensichtlich die recht verschiedenartigen Phänomene des mittelalterlichen Genossenschaftswesens wie die Mehrzahl ihrer Bezeichnungen zusammenzuhalten vermochte. Damit ist nichts über die Wurzeln der Gilden und Zünfte gesagt, die man auch in den geistlichen Bruderschaften gesucht hat, sondern nur zu den Wertungen und Gewichtungen der Zeitgenossen, die sich in den Bezeichnungen, ihrem Gebrauch wie ihrer Geschichte, widerspiegeln. Hier sei wenigstens noch kurz angemerkt, daß eine der Bezeichnungen für ›Zunft‹ und ›Zunftversammlung‹, nämlich *Kerze*[121], an das Wachs- oder Kerzenopfer anknüpft, das die Zünfte aufgrund ihrer religiös-bruderschaftlichen Struktur an die Kirche abzuführen hatten. *Kerze* mit der Bedeutung ›Zunft‹ ist so in einem begrenzten Gebiet, das mit den Ortspunkten Zürich, Zofingen, Bregenz, Eßlingen, Freiburg i. Br., Straßburg, Renchen, Speyer, Heilbronn, Gundolfingen und Bruchsal zu beschreiben ist, seit dem 14. Jahrhundert belegt.

118) Trübners Deutsches Wörterbuch (wie Anm. 41), S. 341–44.
119) Wolfram von Eschenbach, Parzival (wie Anm. 98), S. 15.
120) So für Krossen (a. 1619) bezeugt, vgl. H. G. Klingner, Sammlungen zum Dorf- und Bauernrecht, Bd. 1, 1749, S. 81; für Cottbus (a. 1650) vgl. Codex Augusteus, hg. von J. Chr. Lünig, Bd. 3, 1772, S. 460.
121) R. Schmidt-Wiegand, Kerze = Zunft, in: HRG Bd. 2, 1978, Sp. 706f.; Ludwig (wie Anm. 107), S. 175; Ders., Die Ämter der mittelalterlichen Zünfte, Zs. f. Mundartforschung 22, 1954, S. 174–86, insb. S. 185f.

7.

Am Ende dieses Rundblicks sei es erlaubt, noch einmal kurz auf die Rechtswortgeographie von *Zunft* und *Gilde* zurückzukommen und damit auf die Karten, die Eberhard von Künßberg vorgelegt hat und die Ludwig Erich Schmitt 1966 in leicht abgeänderter Form zum Wiederabdruck brachte[122]. Hier stellt sich *Gilde* als ein Wort des niederländisch-niederdeutschen Zusammenhangs oder des hansischen Raums dar, das sich vor allen an den Rändern von Nord- und Ostsee ausgebreitet hat. Innerhalb des Deutschen hat es seine stärkste Verbreitung in Westfalen und im nördlichen und westlichen Harzvorland, ohne daß diese Gebiete damit etwa als Kernlandschaft zu bezeichnen wären. Denn aus der zeitlichen Schichtung der Belege läßt sich hier nicht auf eine bestimmte Richtung der Verbreitung schließen. *Gilde* hat sich vielmehr »beinahe ängstlich innerhalb des Gebietes der *ik*- *ich*-Linie« gehalten und reicht nach Süden bis zur Grenze, die von den Ortspunkten Brüssel und Löwen über Hamm, Kassel und Göttingen nach Halberstadt, Zerbst und Frankfurt an der Oder führt[123].

Zunft als Bezeichnung für die gewerblichen Genossenschaften ging, wie die Erstbelege aus Basel (ca. 1226 u. 1247) zeigen, vom südlichen Südwesten aus und schob sich, wie die Karte verdeutlicht, im Laufe der Jahrhunderte über Mitteldeutschland bis an die Küste vor. Auf die Belege aus Basel folgen solche aus Schaffhausen (ca. 1291) und Würzburg (ca. 1296)[124]. Im 14. Jahrhundert wurde der Mittelrhein erreicht, und im Osten Eger. »Die späteren Jahrhunderte bringen« nach Künßberg »immer neue Wellen, wie sie ein ins Wasser geworfener Stein hervorruft«. Für ihn ist die Geschichte des Wortes *Zunft* ein Beispiel für die »wellenförmige Ausbreitung der Rechtswörter«. Man wird diese Anschauung, die durch das suggestive Bild der »Spinne« nahegelegt wird, heute etwas modifizieren müssen. Denn die Streubelege für *Zunft* in Nord- und Mitteldeutschland sind von den Belegen im Südwestdeutschen getrennt zu halten. Es sind durchweg jüngere Belege, die dem 15. bis 17. Jahrhundert angehören, während sich die Belege des 13. und 14. Jahrhunderts fast ausschließlich auf die Gebiete südlich des Mains beschränken. Während also hier das Wort *Zunft* offensichtlich bodenständig ist, zeigen die Belege nördlich des Mains, daß *Zunft* eine Bezeichnung gewesen ist, die einen bestimmten Verkehrswert besaß und die mit der allmählichen Herausbildung einer überregionalen Schriftsprache nun auch in anderen Landschaften als den ober- und mitteldeutschen ›Sprachgebrauch‹ wurde. Diese Situation zeichnet sich in der Schriftform der Quellen, im Gebrauch mehrerer Bezeichnungen für die gleiche Sache im Zusammenhang eines Satzes ab, so wenn etwa in einer Zunftordnung für Kahla (ca. 1474) *Innung* und *Zunft* nebeneinander gebraucht werden[125]

122) S. o. Anm. 30; L. E. Schmitt, Entstehung und Struktur der »Neuhochdeutschen Schriftsprache« (Mitteldeutsche Forschungen 36/I), 1966, Karte Nr. 12.

123) Hierzu und zum folgenden v. Künssberg (wie Anm. 30), S. 244f.

124) Der Schaffhauser Richtebrief. Die ältesten Satzungen der Stadt aus dem Jahre 1291, hg. von J. Meyer, 1857, S. 44; Monumenta Boica 38, S. 14f. (Würzburg).

125) Urkundenbuch zur Geschichte der Stadt Kahla, bearb. von H. Bergner, 1899, S. 109.

oder in einer entsprechenden Ordnung aus Teplitz (ca. 1735) *Zunft* und *Zeche*[126]; im Bergrecht von Elbingerode (ca. 1664) stehen *Zunft* und *Gilde* nebeneinander[127]. Paarformeln wie diese, auch mehrgliedrige Wortreihen, sind hier zu erwähnen, zeigen das Vordringen des Hochdeutschen in das Gebiet des Niederdeutschen an. Im Zuge dieser Entwicklung ist *Zunft* zur schriftsprachlichen Bezeichnung für die Handwerkergenossenschaft geworden. In dem Maße, wie Zunft und Innung mit einem speziellen Bezug auf das Handwerk in das Niederdeutsche vordrangen und in die Schriftsprache aufstiegen, wurde *Gilde* auf die kaufmännischen Genossenschaften beschränkt, was seiner Frühgeschichte durchaus entspricht. Die eingangs gestellte Frage nach der Berechtigung der Unterscheidung Kaufmannsgilden und Handwerkszünfte ist also zu bejahen. Eine terminologische Regelung, *Gilde* den kaufmännischen und *Zunft* den gewerblichen Genossenschaften vorzubehalten, entspricht dem Ergebnis, zu dem die Geschichte der beiden Wörter, freilich erst in der Neuzeit, geführt hat[128].

126) Mitteilungen des Vereins für Geschichte der Deutschen in Böhmen 42, S. 505.

127) Zeitschrift für Bergrecht 12, 1871, S. 61.

128) Vgl. jetzt auch: K. Obst, Der Wandel in den Bezeichnungen für gewerbliche Zusammenschlüsse des Mittelalters (Germanistische Arbeiten zu Sprache und Kulturgeschichte Bd. 4), Frankfurt a. Main, Bern, New York 1983.

Zur Problematik der Gilde- und Zunftterminologie

VON FRANZ IRSIGLER

I

Vor wenigen Jahren hat Wilhelm Janssen[1] in diesem Kreis das treffende Bild vom schlichten Geschichtsforscher geprägt, der angesichts einer unzureichenden Forschungslage versucht, seine »Zuflucht zu jenem Mittel zu nehmen, zu dem der moderne Historiker nur in der Verzweiflung zu greifen pflegt, nämlich zu den Quellen selbst«. Was macht ein noch schlichterer Landesgeschichtler, wenn er merkt, daß ihm der Rekurs auf die Quellen auch nicht viel bringt, weil die Gilde- und Zunftterminologie der Quellen noch chaotischer ist als die der historischen Forschung und vor allem die beliebige Mischung von Quellentermini und forschungstechnischen Begriffen auf dem Acker der Forschung eine so grandiose Mischung von Kraut und Unkraut angerichtet hat, daß einem Lust und Glauben vergehen, hier noch etwas Vernünftiges ernten zu wollen bzw. zu können[2].

Wenn ich Berent Schwineköpers Konzept richtig verstanden habe, liegt meine Aufgabe vor allem darin, für die Diskussionen der beiden Tagungen über kaufmännische und gewerbliche Genossenschaften im frühen und hohen Mittelalter ein brauchbares System von Begriffen bzw. Definitionen zu entwickeln, das die Verständigung erleichtert. Das Ergebnis wird keine bis in alle Details durchgeführte Typologie von Gilden und Zünften sein, allenfalls ein vorsichtiger Ansatz dazu. Die Hauptschwierigkeiten dabei erwachsen aus dem Umstand, daß die verfügbaren und geläufigen forschungstechnischen Begriffe durchweg auch Quellentermini sind, die

a) in den Quellen weiter oder enger gefaßt sein können bzw. etwas ganz anderes bedeuten,
b) synonym gebraucht werden mit anderen Quellentermini, die wiederum – als Forschungsbegriffe verwendet – eine mehr oder weniger abweichende Bedeutung haben oder haben können.

1) Burg und Territorium am Niederrhein im späten Mittelalter, in: H. Patze (Hg.), Die Burgen im deutschen Sprachraum, Teilbd. I (VortrrForsch. 19), 1976, S. 288.

2) Die quantifizierende oder kartographische Aufarbeitung würde zwar interessante Verbreitungsmuster ergeben, aber zum Problem einer allgemeinen Definition der Kaufmanns- und Handwerkerkorporationen nur mittelbar Ergebnisse liefern. Vgl. den Beitrag von R. Schmidt-Wiegand in diesem Band, Dies., Hanse und Gilde. Genossenschaftliche Organisationsformen im Bereich der Hanse und ihre Bezeichnungen, in: Hans. Geschbll. 100, 1982, S. 21–40, ferner die ältere Untersuchung von E. v. Künssberg, Rechtswortkarte I: 1. Gilde, 2. Zunft, in: Zs. f. Mundartforschung 11, 1935, S. 242–245 und inzwischen die gute Arbeit von K. Obst, Der Wandel in den Bezeichnungen für gewerbliche Zusammenschlüsse des Mittelalters (Germanistische Arbeiten zu Sprache und Kulturgeschichte 4) 1983.

Und über alles legt sich noch der erkenntnishemmende Schleier der Übersetzungsproblematik. Die Forschungsbegriffe sollen sich also nicht möglichst nahe an die Quellenbegriffe anlehnen[3], sondern sie müssen sich von diesen m. E. so weit abheben (durch Appositionen oder definierende, also abgrenzende Adjektiva), daß eine Verwechslung ausgeschlossen ist.

Wegen der notwendigen kritischen Auseinandersetzung mit einer Reihe von forschungstechnischen Termini wie Amt, Bruderschaft, Magisterium, Innung usw. muß auch die schwierige, im Grunde immer noch ungelöste und m. E. auch nicht lösbare Problematik der Zunftentstehung angesprochen werden – sie ist ja wegen des Anteils der herrschaftlichen und der genossenschaftlichen Triebkräfte ein Kernproblem dieser beiden Tagungen. Was ich aus den verschiedenen Ansätzen – Hofrechtstheorie mit einigen Varianten, Theorie der freien Einung, Marktkontrolltheorie und Kartelltheorie, um nur die wichtigsten zu nennen – für brauchbar halte, ist durchaus subjektiv. Einigkeit kann man wohl nur hinsichtlich der Ablehnung jedes monokausalen Ansatzes voraussetzen.

II

Bei der Abgrenzung der Forschungstermini Gilde und Zunft orientierte ich mich zunächst am gängigen Sprachgebrauch in der neueren Forschung: Mit Gilde verbindet man fast immer eine Genossenschaft, einen Verband, eine Vereinigung von Kaufleuten, während Zunft in erster Linie eine Handwerkerkorporation meint. Beide sind Genossenschaften im Sinne der Genossenschaftsdefinition von Helmuth Stradal im HRG[4], also Personenverbände »zur Erfüllung der von seinen Mitgliedern angestrebten religiösen, kulturellen, wirtschaftlichen, gesellschaftlichen, rechtlichen und politischen Zwecke«. Damit ist schon einiges gewonnen; denn in der historischen Wirklichkeit – soweit die Quellen sie uns erkennen lassen – gibt es vor 1300 kaum Fälle von Mischformen, die bei der Verwendung des einen oder anderen Begriffs zögern lassen. Wenn Gilden der Mitgliederzahl nach überwiegend Kaufleutekorporationen sind, wird der Begriff nicht schon dadurch entwertet oder verfälscht, daß in einer Großgilde auch einige Handwerker zu finden sein können[5]. Problematisch ist, allerdings erst im späteren Mittelalter,

3) Die Forderung von O. BRUNNER, »Feudalismus«. Ein Beitrag zur Begriffsgeschichte, in: DERS., Neue Wege der Verfassungs- und Sozialgeschichte, ^{2}1968, S. 129ff., bes. S. 130 u. 159, nach quellenadäquaten Begriffen ist häufig mißverstanden worden.

4) Handwörterbuch zur deutschen Rechtsgeschichte, Bd. 1, 1971, Sp. 1522.

5) Das gilt z. B. für einige englische Gilden; vgl. hierzu den Beitrag von N. FRYDE in diesem Band. Auch die Gilde von Valenciennes nahm gegen eine extrem hohe Gebühr Handwerker auf; H. CAFFIAUX, Memoire sur la charte de la frairie de la halle basse de Valenciennes (XIe et XIIe siècles), in: Mémoires de la Société Nationale des Antiquaires de France 38, 1877, S. 1–41, Text S. 25ff.; vgl. den Vortrag von W. BLOCKMANS (wie oben S. 7 Anm.) und die unter Anm. 24 u. 27 genannte Literatur.

die Zuordnung der Krämergenossenschaften[6], die in den Quellen natürlich mit allen möglichen Termini bezeichnet werden (Zunft, Gilde, Innung etc.); es sind weder Kaufleute noch Handwerker im strengen Wortsinn; man kann sie m. E. mit gutem Gewissen zu den Dienstleistungsgewerben zählen, auf einer Stufe mit Wirten u. a. Berufen. In den meisten Fällen rechtfertigt ihre rechtliche, soziale und wirtschaftliche Stellung in der mittelalterlichen Stadt die Einordnung unter die Zünfte.

Man darf sich nicht dadurch irritieren lassen, daß in den Quellen die Bezeichnung Gilde für Genossenschaften verwendet wird, die man zu den Zünften rechnen muß, vor allem in Norddeutschland und in England. In den englischen Quellen und in der Literatur dominiert der Gildebegriff derart, daß selbst deutschsprachige Autoren[7] fast automatisch diesen Sprachgebrauch übernehmen und von »Zunft« zumindest auf »Handwerkergilde« (craft guild) umschalten. Das ist bedauerlich, weil aus diesem Sprachgebrauch oft mehr Unterschiede abgeleitet werden als tatsächlich bestanden.

Ein brauchbares Definitionsangebot macht Helmuth Stradal im HRG[8] in Anlehnung an Manfred Weiders Untersuchung über »Das Recht der deutschen Kaufmannsgilden des Mittelalters«[9]; danach erscheint Gilde als »eine auf freier Einung beruhende, oft durch Eid bekräftigte Personenvereinigung zu gegenseitigem Schutz und Beistand, zu religiöser und gesellschaftlicher Tätigkeit sowie zur beruflichen und wirtschaftlichen Förderung ihrer Mitglieder. Dieser Bund übernahm in einer Zeit des Schwindens der Bedeutung der Sippe deren Funktionen, bis er wiederum von der erstarkenden Obrigkeit abgelöst wurde«.

Um den verschiedenen Erscheinungsformen der Gilde in der mittelalterlichen Geschichte gerecht zu werden, müssen weitere Typenbegriffe eingeführt werden. Am frühesten faßbar sind seit dem 8./9. Jahrhundert in Nordwesteuropa und England, seit dem 11. Jahrhundert in Skandinavien die Schutzgilden[10], von denen die meisten trotz kirchlicher oder herrscherlicher

6) Daß Krämer im Spätmittelalter auch im Groß- und Fernhandel zu finden sind, darf als die erwartete Ausnahme von der Regelform gelten; vgl. G. v. Below, Großhändler und Kleinhändler im deutschen Mittelalter, in: Ders., Probleme der Wirtschaftsgeschichte, ²1926, S. 302 ff.; E. Köhler, Einzelhandel im Mittelalter (VSWG-Beih. 36), 1938, S. 51 ff. und 84 ff.

7) Vgl. z. B. G. Brodnitz, Englische Wirtschaftsgeschichte, 1918, S. 148 f.; G. Mickwitz, Die Kartellfunktion der Zünfte und ihre Bedeutung bei der Entstehung des Zunftwesens, 1936, Nachdr. ²1968, S. 137 ff.

8) Wie Anm. 4, Sp. 1688. Vgl. auch P. Spiess, Artikel »Kaufmannsgilde«, ebenda, Bd. 2, Sp. 687–694. Spieß faßt die Kaufmannsgilden und die Handwerkergilden als Gewerbsgilden mit den Schutz- und Friedensgilden zur Gruppe der weltlichen Gilden zusammen.

9) M. Weider, Das Recht der deutschen Kaufmannsgilden des Mittelalters, 1931.

10) Zum englischen Gildewesen vgl. den Beitrag von N. Fryde in diesem Band. – M. Pappenheim, Die altdänischen Schutzgilden. Ein Beitrag zur Rechtsgeschichte der germanischen Genossenschaft, 1885; K. Hegel, Städte und Gilden der germanischen Völker im Mittelalter, 1891; A. Meister, Die Anfänge des Gildewesens, in: Festgabe f. Hermann Grauert, 1910, S. 30–41. – Die von O. G. Oexle, Die mittelalterlichen Gilden: Ihre Selbstbedeutung und ihr Beitrag zur Formung sozialer Strukturen, in: Soziale Ordnungen im Selbstverständnis des Mittelalters (Miscellanea Mediaevalia 12/1), 1979, S. 204, und hier in

Verbote auch Schwurgilden *(coniurationes)* waren [11]. Wesentlicher Zweck waren gegenseitige Hilfeleistung bei Schiffbruch, Seeraub, Brand und in anderen Katastrophenfällen. Problematisch ist die Einordnung der z. B. 829 im Wormser Kapitular Ludwigs des Frommen verbotenen *coniurationes, conspirationes, geldae* und *collectae* [12]. Sie waren z. T. wenigstens, wie zuletzt Franz Staab [13] gezeigt hat, »Selbsthilfeorganisationen gegen die normannische Invasion« an der flandrischen Küste, die wohl deshalb verboten wurden, weil sie Aufgaben usurpierten, »die nur von der regulären Administration wahrgenommen werden durften«.

Elemente der Schutzgilde, die häufig nur ein vorübergehender Zusammenschluß auf der gemeinsamen Handelsfahrt war und sich erst im Laufe der Zeit lokal verfestigte, enthält der seit dem 11. Jahrhundert besser faßbare Typ der alten Kaufmannsgilde; die bekanntesten Beispiele sind die Tieler Kaufmannsgilde (ca. 1020), die *caritas* genannte Gilde von Valenciennes (1051–70) und die Gilde von St. Omer. Es handelt sich um Großgilden, die dazu tendierten, alle wirtschaftlich und gesellschaftlich führenden Kräfte in der Stadt, vor allem die Kaufleute, einzubeziehen. Nach den Gildestatuten von St. Omer [14], um 1100 abgefaßt, darf der ortsansässige Kaufmann, der dieser Gilde nicht beitritt, nicht auf den Beistand der Gildebrüder rechnen; diesem indirekten Beitrittszwang haben wohl nur wenige widerstehen können. Nach der Kölner Gildeliste, die von ca. 1135–1170 die neu aufgenommenen Genossen nennt, umfaßte die Kaufleutegilde ca. 200 bis 300 Mitglieder, die fast alle gleichzeitig Bürger und Bewohner des Kölner Kaufmannsviertels, nämlich der Rheinvorstadtgemeinde St. Martin waren [15]. Beispiele für die weitgehende Identität von Großgilde und politisch und wirtschaftlich vollberechtigter Bürgerschaft findet man auch in England [16].

Die alten Kaufmannsgilden des nordfranzösisch-flandrischen, niederländischen und niederdeutschen Raumes, die vom 11. bis ins 13. Jahrhundert ein wesentliches genossenschaftliches

diesem Band als Klerikergilden angesprochenen *»coniurationes clericorum«* des 6. Jahrhunderts halte ich nicht für Gilden. Nicht nur die notwendige Dauerhaftigkeit, sondern auch der von Oexle selbst als Definitionselement geforderte »alle Lebensbereiche umfassende Charakter der Gilde« sind m. E. nicht gegeben. Von einer Personalkörperschaft kann keine Rede sein.

11) Wenn man mit O. G. Oexle (wie Anm. 10, S. 204f.) den Eid als konstitutiven Faktor ansieht, läßt sich »Gilde« nicht mehr als übergeordneter Begriff auch für Handwerkerkorporationen verwenden, da bei den Zünften die geschworene Einung nur in den seltensten Fällen nachweisbar ist. Vgl. auch unten Anm. 56 zu Planitz.

12) Vgl. jetzt O. G. Oexle, Gilden als soziale Gruppen in der Karolingerzeit, in: Das Handwerk in vor- und frühgeschichtlicher Zeit, T. 1, hg.v. H. Jankuhn u. a., 1981, S. 284–353.

13) F. Staab, Untersuchungen zur Gesellschaft am Mittelrhein in der Karolingerzeit, 1975, S. 371ff.; O.G. Oexle (wie Anm. 12).

14) G. Espinas – H. Pirenne, Les coutumes de la gilde marchande de Saint-Omer, in: Le Moyen Age 14, 1901, S. 189–196, wieder abgedr. in: H. Pirenne, Les villes et les institutions urbaines, Bd. II, 1939, S. 190ff.; vgl. E. Ennen, Frühgeschichte der europäischen Stadt (1953), ³1981, S. 167ff.

15) H. v. Loesch, Die Kölner Kaufmannsgilde im 12. Jahrhundert (Westdt. Zeitschr. Erg.-Heft 12), 1904.

16) Vgl. den Beitrag von N. Fryde in diesem Band.

Element in den großen Handelsplätzen darstellten, waren ein zwar lokal eindeutig verfestigter, aber noch nicht bezirksbezogener, exklusiver Personenverband und insofern – das betonen Karl Kroeschell[17] und Edith Ennen[18] mit Recht – kein Aufbauelement der Stadtgemeinde. Die mittelbare Wirkung aber darf nicht unterschätzt werden: Gilderecht und Kaufmannsrecht – beide zunächst nicht raumbezogen – sind wesentliche Wurzeln des Stadtrechts; aus dem Kreis der Gildekaufleute erwachsen vielerorts Mitglieder von Meliorat und Patriziat; Elemente der Gildeverfassung findet man in späteren Formen genossenschaftlicher Zusammenschlüsse wieder[19]. Das Gildegelage, von Alpert von Metz (ca. 1020) bei den Tieler Kaufleuten völlig mißverstanden[20], in den Statuten von St. Omer in gebührender Ausführlichkeit beschrieben, ist zwar keine Erfindung der Gilde, sondern als friedenstiftendes und friedenwahrendes *prandium* eine universelle Einrichtung; eine Vermittlerfunktion zum Meisteressen der Zünfte und der jüngeren Kaufmannsgesellschaften darf man aber doch annehmen. Dasselbe gilt für die ritualisierte Form der Totenehrung[21]. Vorbildcharakter besaß – neben anderen bruderschaftlichen Elementen – wohl auch die gemeinsame Kasse der Gildegenossen, aus der nicht nur die Gelage, sondern auch Hilfsmaßnahmen und – wie in St. Omer und in englischen Städten bezeugt – Ausgaben zum gemeinen Nutzen *(communi... utilitati)*, für Straßen, Tore und Stadtbefestigung finanziert wurden[22]. Die Gildegenossen von St. Omer übten untereinander sogar das Einstandsrecht, eine Regelung, die zusammen mit dem Vorkaufsverbot zu den wichtigsten Bestimmungen der entwickelten Zunftgesetzgebung gehörte.

Um nicht mißverstanden zu werden: Es liegt mir fern, die überholte Gildetheorie von Wilda, Gierke und Nitzsch[23] wieder aufleben zu lassen; ich möchte nur auf Organisationsmu-

17) Weichbild. Untersuchungen zur Struktur und Entstehung der mittelalterlichen Stadtgemeinde in Westfalen, 1960, S. 13f. und 18ff.; G. DILCHER, Die mittelalterliche deutsche Stadt in ihrer Heraushebung aus der grundherrschaftlich-agrarischen Welt des Hochmittelalters, in: Sozialwissenschaften im Studium des Rechts, Bd. IV: Rechtsgeschichte, hg. v. G. DILCHER u. N. HORN, 1978, S. 95–107.

18) E. ENNEN, Frühgeschichte (wie Anm. 14), Nachtrag: Bemerkungen zum gegenwärtigen Forschungsstand, S. 338; DIES., Gesammelte Abhandlungen zum europäischen Städtewesen und zur rheinischen Geschichte, 1977, S. 98ff.; DIES., Die europäische Stadt des Mittelalters, ³1979, S. 112ff.

19) H. PLANITZ, Kaufmannsgilde und städtische Eidgenossenschaft in niederfränkischen Städten im 11. und 12. Jahrhundert, in: ZRG/GA 60, 1940, S. 1–116; zur Kritik vgl. die in Anm. 17 und 18 angegebene Literatur.

20) De diversitate temporum, hg. v. A. HULSHOF (Werken uitg. d. h. Histor. Genootschap, 3. Ser. Bd. 37), 1916, II c. 20, S. 50; vgl. O. G. OEXLE, Die mittelalterlichen Gilden (wie Anm. 10), S. 213. – Zu St. Omer vgl. die in Anm. 14 und unten in Anm. 24 und 27 angegebene Literatur.

21) Vgl. den Vortrag von K. HAUCK (s. S. 7 Anm.); DERS., Rituelle Speisegemeinschaft im 10. und 11. Jahrhundert, in: Studium Generale 3, 1950, S. 611–621.

22) G. ESPINAS – H. PIRENNE (wie Anm. 14), § 27; vgl. E. ENNEN, Die europäische Stadt (wie Anm. 18), S. 113.

23) W. E. WILDA, Das Gildewesen im Mittelalter, 1831, Neudr. 1964; O. v. GIERKE, Das deutsche Genossenschaftsrecht, T. I: Rechtsgeschichte der deutschen Genossenschaft, 1868, bes. S. 226ff.; K. W. NITZSCH, Niederdeutsche Genossenschaften des 12. und 13. Jahrhunderts, in: SB d. kgl. preuß. Akad. d. Wiss. Berlin 1879, S. 4–44; DERS., Über niederdeutsche Kaufgilden, ebenda 1880, S. 370–403.

ster hinweisen, die vorhanden waren und in späteren genossenschaftlichen Einrichtungen aufgenommen werden konnten, ohne daß man diese direkt aus den älteren Formen ableiten muß.

Es ist nicht einmal möglich, aus der alten Kaufmannsgilde, die ich als Großgilde angesprochen habe, die verschiedenen jüngeren Kaufleutegilden bzw. Kaufleutegesellschaften abzuleiten, unter denen man zwei Haupttypen unterscheiden muß:

- die nach bestimmten Handelsrichtungen spezialisierten Fahrtgenossenschaften einerseits,
- die Monopolgesellschaften andererseits.

Die Fahrtgenossenschaften sind wohl z. T. aus den älteren nordwesteuropäischen Hansen[24] abzuleiten, die wiederum in enger Beziehung zu den Großgilden stehen konnten[25]; nicht selten war die Mitgliedschaft in der örtlichen Gilde die Voraussetzung für die Inanspruchnahme der Hanserechte[26]; man beobachtet auch Monopoltendenzen, z. B. bei der Hanse von St. Omer, die im 12. Jahrhundert das alleinige Recht für den Handel nach England und nach den französischen Gebieten südlich der Somme beanspruchte[27]. Über den Grad der personellen Identität der Gilde- und Hansemitglieder kann man nur Vermutungen anstellen, da die Mitgliederlisten der Hanse von St. Omer im wesentlichen aus der 2. Hälfte des 13. Jahrhunderts stammen[28].

Es ist anzunehmen, daß die Lübecker, Hamburger, Soester oder Kölner Fahrtgenossenschaften ebenfalls dazu tendierten, aus der Gleichheit des Zielorts ein exklusives Recht auf den Handel in dieser Richtung abzuleiten. Aber es scheint nur bedingt möglich, von der niederrheinischen Hanse der Tieler und Kölner, die 1226 den Lübecker Englandfahrern in London große Schwierigkeiten bereitete, eine direkte Verbindungslinie zur Gaffel Windeck zu ziehen, d. h. der Gesellschaft der Kölner Englandfahrer im 14. Jahrhundert[29].

24) Vgl. H. van Werveke, »Hansa« in Vlaanderen en angrenzende gebieden (1953), in: Miscellanea Mediaevalia, 1968, S. 60–87; Ders., Das Wesen der flandrischen Hansen (1958), ebenda, S. 88–103; C. Wyffels, De Vlaamse Hanze van London op het einde van de XIIIe eeuw, in: Handelingen van het Genootschap »Société d'Emulation« te Brugge 97, 1960, S. 5–30.

25) Vgl. E. Ennen, Frühgeschichte (wie Anm. 14), S. 166: »..., wie ja allgemein der ›Hanse‹ der nach einem gleichen Ziel ausfahrenden die ›Gilde‹ der ortsansässigen Fernhändler entsprach.«

26) Z. B. für die flandrische Hanse in London; vgl. H. van Werveke, Das Wesen der flandrischen Hansen (wie Anm. 24), S. 9.

27) H. van Werveke, »Hansa« (wie Anm. 24), S. 69; Ders., Das Wesen der flandrischen Hansen (wie Anm. 24), S. 92. Vgl. auch C. Wyffels, Hanse, grands marchands et patriciens de Saint-Omer (Mémoires de la Société académique des Antiquaires de la Morinie, Bd. 38), 1963.

28) Vgl. W. Blockmans (s. S. 7 Anm.). Er weist zum Ende des 13. Jahrhunderts eine starke Vermischung von Gilde- und Hansefunktionen in mehreren niederländischen Städten nach. In Valenciennes waren allerdings um die Mitte des 11. Jahrhunderts die »hanseurs« nicht Mitglieder der Gilde *(caritas)*; vgl. H. van Werveke, Das Wesen der flandrischen Hansen (wie Anm. 24), S. 90 u. 95 f. – In St. Omer dürfte die Hanse von Gildemitgliedern gegründet worden sein, vgl. ebenda S. 92.

29) W. Stein, Die Hansebruderschaft der Kölner Englandfahrer und ihr Statut vom Jahre 1324, in: Hans. Geschbll. 24, 1908, S. 197–240.

Unter den Monopolgesellschaften der Kaufleute sind die Gewandschneidergilden oder Gewandschneiderbruderschaften an erster Stelle zu nennen; Planitz[30)] hielt sie für direkte Fortsetzer der alten Kaufmannsgilden – zu Unrecht, wie ich meine. Leider findet man noch in neueren Arbeiten als weiteres Mißverständnis die Auffassung, daß die Gewandschneider Handwerker gewesen seien – es waren Kaufleute, die in vielen Städten zum Patriziat zählten und das Monopol des Detailverkaufs von hochwertigem Wolltuch meist bis ins 14. Jahrhundert verteidigen konnten. Zu den Monopolgesellschaften zählen Vereinigungen wie die Kölner St. Jakobs-Bruderschaft der Waidhändler[30a)], Münzerhausgenossen mit dem Monopol des Geldwechsels und Edelmetallhandels[31)] – trotz der anfänglichen Zugehörigkeit zur *familia* des Stadtherrn – und ähnliche Einrichtungen. Eine Sonderstellung nimmt die Kölner Richerzeche ein[32)].

Mit dem Verlust oder dem Verzicht auf die Monopolstellung sinken die meisten dieser Monopolgesellschaften herab auf den Status vornehmer Clubs mit vorrangig gesellschaftlichen und religiösen Aufgabenstellungen, wobei ein enger Konnex mit patrizischen oder sonstigen Führungsschichten der Stadt festzustellen ist. Solche Vereine konnten vor allem durch ihre hohen informellen Einflußmöglichkeiten Attraktivität und Exklusivcharakter wahren[33)]. Neben diese nicht mehr primär von wirtschaftlichen Interessen geprägten Gesellschaften traten vielerorts Neugründungen in Form von Trinkstubengesellschaften und ähnlichen Einrichtungen (Beispiel: Zirkelgesellschaft in Lübeck)[34)].

30) H. Planitz, Die deutsche Stadt des Mittelalters von der Römerzeit bis zu den Zunftkämpfen, 1954, ³1974, S. 261, 283f.; F. Irsigler, Die wirtschaftliche Stellung der Stadt Köln im 14. und 15. Jahrhundert. Strukturanalyse einer spätmittelalterlichen Exportgewerbe- und Fernhandelsstadt (VSWG-Beih. 65), 1979, S. 62ff.

30a) F. Irsigler, ebenda, S. 89f. – Als Monopolgesellschaften sind vielleicht auch die Sterngesellschaft in Soest (Salzbeerbte von Sassendorf), die Sulzbegüterten in Lüneburg und die Goslarer *Silvani* anzusprechen; vgl. H. Planitz, Die deutsche Stadt (wie Anm. 30), S. 285f.

31) Vgl. K. Th. v. Eheberg, Über das ältere deutsche Münzwesen und die Hausgenossenschaften, besonders in volkswirtschaftlicher Beziehung, 1879; Fr. v. Schrötter (Hg.), Wörterbuch der Münzkunde, 1930, ²1970, Art. Hausgenossen, S. 254–256; H. Planitz, Die deutsche Stadt (wie Anm. 30), S. 287–289; zu den Wormser Hausgenossen vgl. K. Schulz, Die Ministerialität als Problem der Stadtgeschichte, in: Rhein. Vjbll. 32, 1968, S. 211ff.

32) R. Hoeniger, Die älteste Urkunde der Kölner Richerzeche, in: Beiträge zur Geschichte vornehmlich Kölns und der Rheinlande (Mevissen-Festschrift), 1895, S. 253–298; E. Kruse, Die Kölner Richerzeche, in: ZRG/GA 9, 1888, S. 152–209; K. Schulz, Richerzeche, Meliorat und Ministerialität in Köln, in: Mitteilungen a. d. Stadtarchiv von Köln 60, 1971, S. 149–172; W. Herborn, Die politische Führungsschicht der Stadt Köln im Spätmittelalter (Rhein. Archiv 100), 1977, S. 66; vgl. auch den Beitrag von H. Jakobs in diesem Band.

33) Das gilt vor allem für die Münzerhausgenossen, aber z. B. auch für die aus der alten Großgilde, der Reinoldigilde, hervorgegangene Junkergesellschaft in Dortmund.

34) Die 1379 gegründete Zirkelgesellschaft war so vornehm, daß sich 1450 neben ihr eine eigene Kaufleutegesellschaft *(koplude kumpanye)* bildete; vgl. Ph. Dollinger, Die Hanse, ²1976, S. 179 mit Hinweisen auf ähnliche Einrichtungen in Dortmund, Riga und Danzig. Vgl. hierzu auch P. Simson, Der Artushof in Danzig und seine Bruderschaften, Danzig 1900.

Aus der Gegenüberstellung von *gilda maior*, womit meistens die Gewandschneidergilde gemeint ist, und den *gildae minores*, d. h. Handwerkerzünften, in norddeutschen Quellen[35] hat man früher auf eine Abspaltung der Zünfte aus der ranghöheren Kaufleutegilde geschlossen – zu Unrecht; denn beides sind jüngere, nebeneinander gewachsene Einrichtungen, die außer dem im Quellenterminus ›Gilde‹ angesprochenen genossenschaftlichen Charakter nicht sehr viel gemeinsam haben.

Aus dem bisher Gesagten ergibt sich folgendes Begriffsschema:

- Schutzgilde (Schwurgilde)
- alte Kaufmannsgilde (Großgilde) ⟷ frühe Hansen
- Monopolgesellschaften   Fahrtgenossenschaften
- Vereine/Trinkstubengesellschaften (Patriziergesellschaften)

Ob dieses Schema zur Beschreibung der verfassungs-, wirtschafts- und sozialgeschichtlichen Entwicklung ausreicht, ist nicht sicher. Vielleicht ist es zu sehr von der nordwesteuropäischen Entwicklung des Städtewesens her aufgebaut.

III

Die Aufgabe, das Phänomen »Zunft« auf den Begriff zu bringen, ist ungleich schwerer zu lösen. Die ältere Kontroversliteratur mit ihrer erfrischenden Polemik ist, wie schon bemerkt, durch die durchwegs monokausalen Erklärungsansätze zur Zunftentstehung eher geeignet, den Blick zu verstellen. Die Einseitigkeit der jeweiligen Zunfttheorie wirkt sich natürlich auch auf das Definitionsangebot aus; hinzu kommt die Wissenschaftstradition, in der die einzelnen Autoren standen. Sie erklärt hinlänglich, daß z. B. Rudolph Eberstadt 1900 schrieb[36]: »Die Zunftbewegung ist in ihrem Ursprung und in ihrem Ziel vornehmlich eine rechtsgeschichtliche Bewegung; sie ist gerichtet auf die Erlangung verfassungsrechtlicher und verwaltungsrechtlicher Befugnisse.« Die Prädominanz der rechtsgeschichtlichen Ansätze – zum Nachteil vor allem wirtschaftsgeschichtlicher Fragestellungen – hat lange angehalten. Um das Problem der Zeitgebundenheit der Fragestellungen weiter zu vertiefen, müßte man sich – vor allem um die verschiedenen Begriffssysteme der einzelnen Autoren zu erklären – auch intensiv mit der Frage der landschaftlichen Herkunft und Gebundenheit der Forscher beschäftigen; ich verweise nur

35) Vgl. R. WISSELL, Des alten Handwerks Recht und Gewohnheit) (1923), ^{2}1971, S. 384ff.; E. BODEMANN, Die älteren Zunfturkunden der Stadt Lüneburg, 1883, S. XXIff.

36) R. EBERSTADT, Der Ursprung des Zunftwesens und die älteren Handwerkerverbände des Mittelalters, 1900, S. 7.

auf die starke Orientierung an den niederdeutschen Verhältnissen bei Keutgen[37] oder die einseitige Zunftdefinition Lentzes[38], erwachsen aus der Beschreibung jüngerer Entwicklungen im südwest- und süddeutschen Bereich.

Wichtig scheint mir, daß man – stärker als bisher in der wissenschaftlichen Literatur üblich – unterscheidet zwischen der Frühphase der Zunftgeschichte, die bis etwa 1300 dauert, und jener Phase der städtischen Verfassungsentwicklung, in der eine besondere, neue Form von Zünften, nämlich Zünfte als politische Körperschaften[39], zu Strukturelementen von neuen Verfassungsmodellen werden, die oft an die Stelle patrizischer Ratsverfassungen treten. Ein großer Teil der Sprachverwirrung und der Mißverständnisse in der deutschen städtischen Verfassungsgeschichte des 14. und 15. Jahrhunderts hätte sich vermeiden lassen, wenn man konsequent zwischen »Zunft« und »politischer Zunft« unterschieden hätte. Die negativen Folgen kann man sehr schön in Rudolf Luthers Dissertation von 1968 sehen[40]; obwohl er Erich Maschkes grundlegenden und gerade in dieser Frage richtungweisenden Aufsatz über »Verfassung und soziale Kräfte in der deutschen Stadt des späten Mittelalters«[41] kannte und mehrmals zitierte, war er nicht in der Lage, die richtigen Konsequenzen daraus zu ziehen. Konsequenzen aber sind nötig, wenn man an so mißverständliche Begriffe wie »Zunftherrschaft«, »Zunftkämpfe« oder auch das ohnehin doppeldeutige Wort »Zunftverfassung« denkt, Begriffe, in denen »Zunft« absolut im Sinne von »politischer Zunft« verwendet wird, während der nicht vorgewarnte, aus deutschen Schul- und wissenschaftlichen Handbüchern[42] informierte Leser automatisch »Zunft« = Handwerkerkorporation assoziiert und damit zu ganz falschen Vorstellungen kommt.

Bleiben wir zunächst bei der ersten Phase der Entwicklung, dem Problem der Zunftentstehung und der damit verbundenen Definitionsprobleme.

1.) Die hofrechtliche Theorie, derzufolge der Ursprung der Zunftentwicklung in der Organisation der Grundherrschaft zu suchen ist, darf als widerlegt gelten. Sie wurde vor allem von Seeliger, Stieda, Walther Müller und Eberstadt[43] vertreten, lebhaft bekämpft haben sie

37) F. Keutgen, Ämter und Zünfte. Zur Entstehung des Zunftwesens, 1903, Nachdr. 1965.
38) H. Lentze, Der Kaiser und die Zunftverfassung in den Reichsstädten bis zum Tode Karls IV., 1933, Nachdr. 1964, bes. S. 62ff.
39) Vgl. unten Abschnitt VI.
40) R. Luther, Gab es eine Zunftdemokratie?, 1968, S. 58f.
41) In: VSWG 46, 1959, S. 289–349 und 433–476.
42) Neben der zusammenfassenden Darstellung von H. Planitz (wie Anm. 30) sei auf den Beitrag von K. Bosl, Staat, Gesellschaft, Wirtschaft im deutschen Mittelalter, § 251, in: B. Gebhardt – H. Grundmann (Hgg.), Handbuch der deutschen Geschichte, Bd. I, ⁹1970, S. 817–821, verwiesen.
43) G. Seeliger, Die soziale und politische Bedeutung der Grundherrschaft im frühen Mittelalter (Abh. d. Sächs. Ges. d. Wiss., Phil.-Hist. Kl. 22/1), 1903; W. Stieda, Zur Entstehung des deutschen Zunftwesens, 1877; W. Müller, Zur Frage des Ursprungs der mittelalterlichen Zünfte, 1910; R. Eberstadt (wie Anm. 36); Ders., Magisterium und Fraternitas. Eine verwaltungsgeschichtliche Darstellung des Zunftwesens, 1897.

Georg von Below, Keutgen, Mickwitz und andere[44]. Die von Eberstadt vertretene Variante sei kurz erläutert, weil sie andeutungsweise noch bei Planitz und Rudolf Wissel eine Rolle spielt. Eberstadt nahm zwei Entwicklungsstränge an, deren Vereinigung zur Zunftbildung führte:

- Große Grundherrn teilten ihre hörigen Markthandwerker in Ämter *(officia)* ein; aus einigen dieser Ämter entwickelten sich Ämter eigenen Rechts, die Eberstadt Magisterien nannte; ihr Hauptkennzeichen sei die Selbstverwaltung gewesen.
- Mitglieder desselben Handwerks gründeten religiöse Bruderschaften ohne wirtschaftliche Zielsetzung; mit der Übernahme wirtschaftlicher Zwecke und der Verfassung der Magisterien entstanden die freien Zünfte.

Sowohl die grundherrlichen Handwerksämter wie die Magisterien sind reine Konstruktionen[44a]. Die Verwirrung, die Eberstadt zeitweise angerichtet hat, resultiert nicht zuletzt aus der Tatsache, daß *fraternitas* und *magisterium* Quellentermini sind, die er zu theoretischen Begriffen erhob, obwohl der Inhalt der Urkunden, in denen er diese Begriffe fand, eine so weitreichende Interpretation nicht zuläßt. Unzulässige Argumentation von bloßen Quellentermini aus ist ein typisches Kennzeichen der Kontroversliteratur um 1900.

Immerhin – diese Kontroversen, die sich vor allem an der Interpretation von zwei Schlüsselquellen, dem ältesten Straßburger Stadtrecht (von ca. 1131)[45] und dem Trierer *Liber annalium iurium* (um 1210)[46] entzündeten, hatten zur Folge, daß man heute den herrschaftlichen Aspekt, den stadtherrlichen Einfluß auf die Zunftentstehung nicht mehr vernachlässigen kann. Von der hofrechtlichen Theorie im eigentlichen Sinn muß man auf jeden Fall den einen Aspekt im Auge behalten, daß der Grundherr, der gleichzeitig Stadtherr war, durch eine bewußte, gezielte Konzentration von grundherrlich abhängigen Handwerkern in der Stadt günstige Voraussetzungen für eine spätere Zunftbildung schaffen konnte; ich denke an die archäologisch nachgewiesene Konzentration von Lederhandwerkern um die Genter Grafenburg, die Ansiedlung von Bauhandwerkern durch Bischof Meinwerk in Paderborn oder durch seinen Amtskollegen Burchard in Worms[47], an die eigenartige Stellung der Pergamenthüfner und Glashüfner neben den sonstigen Trierer Kammerhandwerkern im *Liber annalium iurium.*

44) G. v. Below, Die Motive der Zunftbildung im deutschen Mittelalter, in: HZ 109, 1912, S. 23–48; Ders., Territorium und Stadt, ²1923, Neudr. 1965, S. 213–227; F. Keutgen (wie Anm. 37); G. Mickwitz (wie Anm. 7).

44a) In großen geistlichen Grundherrschaften gibt es zweifellos die Zuordnung von bestimmten Handwerkern oder Handwerkergruppen zu grundherrlichen *officia;* das erlaubt aber nicht, von Ämtern eigenen Rechts zu sprechen. Zur Konzentration grundherrschaftlicher Handwerker vgl. unten bei Anm. 47.

45) Vgl. Ph. Dollinger, Le premier statut municipal de Strasbourg (XIIᵉ siècle), in: L'Annuaire des amis du Vieux-Strasbourg 1972/73, S. 13–35; zur Diskussion um 1900 vgl. R. Eberstadt, Zunftwesen (wie Anm. 36), S. 40–67; G. v. Below (wie Anm. 44); F. Keutgen (wie Anm. 37), S. 74ff.

46) Elenchus fontium historiae urbanae, Bd. I, 1967, S. 182–185.

47) Vgl. A. Verhulst, Die Frühgeschichte der Stadt Gent, in: Die Stadt in der europäischen Geschichte. Festschr. E. Ennen, 1972, S. 131; F. Irsigler, Divites und pauperes in der Vita Meinwerci, in: VSWG 57, 1970, S. 493f. – In diesem Zusammenhang sind auch die frühen Handwerkerkonzentrationen bei St. Riquier, Corbie und in den Städten Arras und Châlons-sur-Marne zu nennen, auf die vor allem R. Eberstadt abzielte.

2.) Friedrich Keutgen[48], dessen Name mit der zweiten wichtigen Theorie der Zunftentstehung – in der Literatur meist als Ämtertheorie oder Marktkontrolltheorie bezeichnet – am engsten verbunden ist, hat den stadtherrlichen, obrigkeitlichen Einfluß zweifellos zu stark betont. Wie Eberstadt in der rein religiösgesellschaftlich orientierten Bruderschaft und im Magisterium sah Keutgen in den vom Stadtherrn zum Zweck der Marktkontrolle eingerichteten und durch von ihm eingesetzte Organe kontrollierten Ämtern eine Vorstufe der ›eigentlichen‹ Zünfte. Auch Keutgen argumentierte vor allem mit den genannten Straßburger und Trierer Quellen. Die Schwächen seiner Theorie, vor allem der auf frühe Kölner und andere Quellen gestützte Schluß von den Gewerbestraßen und gewerbespezifischen Verkaufsgelegenheiten auf ein planmäßiges, ordnendes Eingreifen der Obrigkeit, hat zuletzt Mickwitz[49] offengelegt. Keutgens Paradebeispiel für eine angeblich vollkommen durchgebildete Ämterorganisation, Straßburg, wird dadurch entwertet, daß die wichtigsten Lebensmittelgewerbe, Fleischer, Bäcker, Brauer und Fischer, bei denen man an sich mit einer Konzentration der obrigkeitlichen Marktkontrolle rechnen müßte, n i c h t dem Burggrafen unterstanden. Keutgen überschätzte die Möglichkeiten der Obrigkeit; schon Heinrich von Loesch[50] hat mit Recht betont, daß es für die vom Stadtherrn zum Zweck der Marktkontrolle zusammengefaßten Handwerkergruppen, die Keutgen Ämter nennt, keine Entsprechung in den Quellen gibt. Trotzdem ist die stark mechanistische Ämtertheorie noch von Planitz – er spricht von ›eingereihten Handwerkern‹ – und Wissel[51] übernommen worden.

3.) Die dritte wichtige Theorie geht vom Prinzip der freien Einung aus, ein Prinzip, das zwar auch die Hofrechts- und Ämtertheoretiker als ergänzendes Element gelten lassen, aber doch als sekundär ansehen. Als wichtigsten Verfechter der Auffassung, daß die Zünfte »ein Produkt der Einungsbewegung« waren und ihr Zweck »in erster Linie die Erlangung des Zunftzwangs« gewesen ist, muß man Georg von Below[52] nennen. Er prägte die schöne Formel vom »lebhaften Associationstrieb« der mittelalterlichen Handwerker, der seinen Kritikern als Erklärungsmoment aber nicht ausreichend erschien. Eine Reihe von Mißverständnissen in der einschlägigen Literatur[53] ergab sich aus den verschiedenen Definitionen bzw. Inhalten des

48) Wie Anm. 37, bes. S. 137ff., 183ff.

49) Wie Anm. 7, bes. S. 126ff.

50) Vgl. seine Rezension der Keutgen'schen Arbeit, in: Westdt. Zs. 23, 1904, S. 72ff., und H. v. Loesch, Die Kölner Zunfturkunden nebst anderen Kölner Gewerbeurkunden bis zum Jahre 1500, 1907, Bd. I, Einl. S. 49*.

51) H. Planitz (wie Anm. 30), S. 290; R. Wissell (wie Anm. 35), S. 25ff.

52) Artikel »Zünfte«, in: Wörterbuch der Volkswirtschaft, ^{2}1898, S. 977ff.; ^{3}1911, S. 1484–1495; Ders., Die Entstehung des Handwerks in Deutschland, in: Zs. f. Sozial- und Wirtschaftsgeschichte 5, 1897, S. 124ff.; Ders., Die Motive (wie Anm. 44), S. 23ff.; Ders., Territorium und Stadt (wie Anm. 44), S. 213ff.

53) Vgl. z. B. R. Eberstadt, Ursprung (wie Anm. 36), S. 127ff.; G. v. Below, Die Motive (wie Anm. 44), S. 25ff.; G. Schönberg, Zur wirthschaftlichen Bedeutung des deutschen Zunftwesens im Mittelalter, in: Jahrbücher f. Nationalökonomie und Statistik 9, 1867, S. 18; F. Keutgen (wie Anm. 37), S. 189; klärend ist die Zusammenfassung der verschiedenen Ansätze der Definition des Zunftzwanges bei H. Planitz, Die deutsche Stadt (wie Anm. 30), S. 291.

Zunftzwanges, einmal als bloßer Beitrittszwang, dann – im Sinne von Belows – als von der Obrigkeit verliehene oder bestätigte Alleinberechtigung zur Ausübung eines Gewerbes in einer Stadt, die auch ausschließenden Charakter gegenüber Stadtbewohnern und Fremden haben konnte, schließlich als internes Zwangsrecht gegenüber den Zunftangehörigen, meist in Form eines Beitrags- oder Steuerzwangs.

Obwohl von Below die Bedeutung der Obrigkeit gerade bei der Verleihung und Durchsetzung des Zunftzwanges nicht verkannte, sah er die Initiative eindeutig bei den Handwerksgenossen, bei den ›zunftlüsternen Handwerkern‹, wie er einmal formulierte[54)]; er betrachtete als erste und wichtigste Basis für den Zusammenschluß die gemeinsamen wirtschaftlichen Interessen, mit denen sich religiöse und gesellschaftliche Zwecke durchaus verbinden ließen, für die es Gestaltungsmuster in Kaufmannsgilden und in religiösen Bruderschaften gab. Die von Eberstadt vertretene Umkehrung – erst religiöse Bruderschaft von Leuten gleichen Gewerbes, dann Übernahme wirtschaftlicher Zwecke – wurde für die Frühzeit des Zunftwesens als reichlich weltfremd verworfen[54a)].

4.) Die von Gunnar Mickwitz[55)] in Anlehnung an von Belows Lehre vom Zunftzwang entwickelte Kartelltheorie, wonach die Zünfte aus rein wirtschaftlichen Motiven vor allem zum Zweck der Verkaufspreissicherung entstanden seien, hat wegen der starken Verengung des Ansatzes mit Recht kaum Anhänger gefunden; man erkennt heute lediglich an, daß Zünfte Kartellfunktionen hatten oder haben konnten.

5.) Eine weitere Variante oder Fortbildung der Theorie der freien Einung in Kombination mit Keutgens Ämtertheorie hat Hans Planitz vertreten, der in den frühen Zünften – wie in den alten Kaufmannsgilden – Eidgenossenschaften erkannte[56)]: »Der in der Stadt herrschende eidgenossenschaftliche Gedanke erhielt jetzt im Handwerk eine spezielle Ausprägung.«

54) G. v. Below, Die Motive (wie Anm. 44), S. 29.

54a) Im nordfranzösisch-niederländischen Bereich sind tatsächlich sehr frühe Handwerker-Bruderschaften ohne klar erkennbare wirtschaftliche Zielsetzungen oder Regelungen des Gewerbebetriebs festzustellen; vgl. den Vortrag von W. Blockmans (s. S. 7 Anm.). Fraglich bleibt allerdings, ob die Quellen informelle Regelungen nicht einfach verschweigen; erklärungsbedürftig bleibt, warum es nur Leute desselben Gewerbes sind, die eine Bruderschaft eingehen.

55) Wie Anm. 7. Zur Kritik vgl. H. Breuer, Das Wesen der deutschen Zünfte im Mittelalter, 1942, S. 13 u. 20; B. Kuske, Der Kölner Stapel und seine Zusammenhänge als wirtschaftspolitisches Beispiel, in: Jb. d. Köln. Geschichtsvereins 21, 1939, S. 12, Anm. 19; H. Planitz, Die deutsche Stadt (wie Anm. 30), S. 465. Stärker an Mickwitz schließt an W. Linnemann, Mittelalterliche Zunftwirtschaft und modernes Kartellproblem, 1962.

56) H. Planitz, Die deutsche Stadt (wie Anm. 30), S. 291; vgl. auch S. 289: Die »Handwerkerverbände nahmen Bezeichnungen auf, wie sie schon die alten Kaufmannsgilden geführt hatten. Wie diese waren sie Eidgenossenschaften.« Belege für diese Behauptung liefert Planitz nicht. Auch H. Lentze, Zunftverfassung (wie Anm. 38), S. 30f. und 71, identifizierte die Zünfte als Eidgenossenschaften; für die von ihm ausschließlich als »Zünfte« apostrophierten »politischen Zünfte« könnte dies insofern zutreffen, als die politischen Zünfte häufig aus einer geschworenen Bürgereinung entstanden.

IV

Es liegt auf der Hand, daß es außerordentlich schwierig ist, von diesen verschiedenen Ansätzen her, die alle ein mehr oder weniger großes Stück Wirklichkeit erfassen, zu einer allseits befriedigenden Definition zu kommen. Man könnte auf die Position von Rainald Ennen ausweichen, der in seiner Dissertation 1971 geschrieben hat[57]: »Einen Zunftbegriff zu finden, der die historische Erscheinung der Zünfte definiert, ist insofern unmöglich, als deren Erscheinungsformen regional verschieden sind und sich zudem im Zeitablauf ändern.« Damit verzichtet er eigentlich auf eine Definition, was um so enttäuschender ist, als Ennen vorgibt, der Bog'schen Aufforderung, »die Hilfe der Theorie leidenschaftlich (zu) ergreifen«, nachgekommen zu sein. »Denn«, so sagt Ingomar Bog[58], »viele Quellen, die dem unbewaffneten Verstande nicht antworten, macht vorgegebene theoretische Bewußtheit laut reden.« Und was ist Theorie anderes als ein System von logisch aufeinander bezogenen Begriffen?

Eine gute Arbeitsgrundlage – die mir nur in einem Punkt zu weit gefaßt erscheint – bietet die Definition von Wolfgang Zorn im HdSW; danach sind Zünfte »ständige, obrigkeitlich anerkannte Organisationen der selbständig Handwerktreibenden, auch von Handeltreibenden und Transportarbeitern, welche den Zunftangehörigen die Ausübung eines bestimmten Gewerbes rechtlich gewährleisten, sie jedoch auch darauf beschränken«[59]. Von den Handeltreibenden wird man besser nur die Kleinhändler und die auf ein bestimmtes Gut spezialisierten Händler (Fischmenger, Essigmenger u. a.) einbeziehen.

Mickwitz[60] hatte den Kreis enger gezogen; er nannte Zünfte »Verbände von Unternehmern im Handwerk und Kleinhandel, welche bestehende Körperschaften bilden und den Anspruch erheben, das gesamte Gewerbe innerhalb eines gegebenen Bezirks zu vertreten«. Georg von Below[61] betonte den Zunftzwang stärker: »Die Zunft tritt uns als ein unter Sanktion der Gemeindegewalt errichteter Zwangsverband entgegen, dessen Mitgliedschaft die Voraussetzung für die Ausübung eines bestimmten Gewerbes innerhalb der Gemeinde bildet.«

Die Elemente Verbandscharakter, Konsistenz und Identität des Verbandes, Zunftzwang im weitesten Sinne, obrigkeitliche Sanktionierung oder Bestätigung, religiös-gesellschaftliche Funktionen, eigene Organe, Gemeinsamkeit der beruflichen Tätigkeit und der wirtschaftlichen Funktionen und gleichzeitig Beschränkung darauf, schließlich Bezirksbezogenheit, scheinen unerläßlich. Akzidentielle Merkmale der Zunft sind: Kartellfunktionen, caritative Funktionen,

57) R. Ennen, Zünfte und Wettbewerb. Möglichkeiten und Grenzen zünftlerischer Wettbewerbsbeschränkung im städtischen Handel und Gewerbe, 1971, S. 4.

58) I. Bog, Wachstumsprobleme der oberdeutschen Wirtschaft 1540–1618, in: Jbb. f. Nationalökon. u. Stat. 179, 1966, S. 515; zitiert von R. Ennen (wie Anm. 57), S. 1, Anm. 1.

59) Handwörterbuch der Sozialwissenschaften, Bd. 12, 1965, S. 484–489.

60) Wie Anm. 7, S. 8.

61) G. v. Below, Probleme der Wirtschaftsgeschichte, ^{2}1926, S. 274. Vgl. Ders., Zur Entstehung der deutschen Stadtgemeinde, Teil I, in: HZ 58, 1887, S. 213ff.

Produktions- und Marktkontrolle, eigene Gerichtsbarkeit, militärische und politische Aufgaben, vielleicht noch einige mehr.

Die Entscheidung, ob man eine in irgendeiner Weise formierte und strukturierte Mehrzahl von Angehörigen desselben Handwerks oder Gewerbes Zunft nennen darf, ist gerade im 12. und 13. Jahrhundert angesichts der Dürftigkeit der Überlieferung oft strittig. Viele Korporationen, die Eberstadt und Keutgen nur als »Ämter«, Magisterien oder Bruderschaften bezeichneten, zählte von Below schon eindeutig zu den Zünften. Relativ sicher kann man sein, wenn zunftmäßige Organe, die Ausübung zünftischer Befugnisse oder gar die Privilegierung durch Quellen belegt sind. Das bloße Vorhandensein eines gängigen Quellenterminus reicht in der Regel nicht zur Begründung des Zunftcharakters.

V

Die Vielfalt der Quellentermini für Zunft nicht nur in den deutschen, sondern auch in den italienischen, französischen und – weniger ausgeprägt – in den englischen Quellen[62] hat immer wieder dazu verleitet, ein einseitig philologisches Verfahren anzuwenden, das, um mit Keutgen zu sprechen[63], »bei den Termini sogleich Halt macht und schließt, daß verschiedenen Wörtern auch verschiedene Sachen, also verschiedenen Bezeichnungen für Handwerkerverbände auch verschiedene Arten von Verbänden entsprechen müssen«. Dieses unzulässige Verfahren hat Eberstadt bei der Konstruktion seiner Bruderschaften und Magisterien als Vorstufen der Zünfte angewandt, von Below[64] hat es gegenüber Nitzsch[65] heftig kritisiert und mit Recht festgestellt: »Zwischen Zunft, Gilde, Amt, Innung, Bruderschaft besteht kein anderer Unterschied als der des Namens.«

Trotzdem wurden immer wieder Versuche unternommen, diesen Parallelbegriffen, deren Zahl noch erheblich vermehrt werden kann, Sonderbedeutungen, Nuancierungen zu geben. August Schoop z. B., der in den Dürener Quellen nebeneinander die Termini Ambacht, Zunft, Gaffel und – weniger häufig – Bruderschaft fand, glaubte eine begriffliche Differenzierung in der Form durchführen zu können, daß Ambacht den politischen, Zunft den gewerblichen, Gaffel den geselligen und Bruderschaft den religiösen Verband bezeichnet habe[66]. Hans Planitz leitete aus der Verwendung der Termini Gilde und *fraternitas*/Bruderschaft einen mehr oder weniger direkten Zusammenhang zwischen alten Kaufmannsgilden und Handwerkerverbänden ab; *consortium*, *societas* und *unio* seien kennzeichnend für den »Genossenschaftsgedanken,

62) Vgl. G. Mickwitz (wie Anm. 7), S. 137ff.; H. Planitz, Die deutsche Stadt (wie Anm. 30), S. 289–291.
63) F. Keutgen (wie Anm. 37), S. 170.
64) G. v. Below, Artikel »Zünfte« (wie Anm. 52), S. 977.
65) Wie Anm. 23.
66) Düren (Quellen zur Rechts- und Wirtschaftsgeschichte der rheinischen Städte. Jülische Städte I), 1920, Einl. S. 130f.

wobei *consortium* die menschliche Schicksalsgemeinschaft, *societas* und *unio* die Gemeinschaft überhaupt bedeutet«[67].

Als Bezeichnungen für Zunft sind in italienischen Quellen *schola, collegium, ministerium, ars, societas, paraticum,* in Frankreich *mestier, officium, ministerium, magisterium, fraternitas, caritas, luminaria,* in Deutschland *fraternitas, societas, consortium, opus, opificium, officium, artificium, magisterium, unio,* Zunft, Amt, Ambacht, Handwerk, Werk, Innung, Zeche, Gilde, Gaffel, Bruderschaft, Nahrung *(neringe),* Kompagnie *(kumpanie),* Gesellschaft *(selschop),* später sogar Lehen und Mittel gebräuchlich und nahezu gleichbedeutend[68]. Die meisten deutschen Termini lassen sich hinsichtlich des geographischen Verbreitungsgebietes ziemlich gut abgrenzen und einordnen; die lateinischen Termini werden gern synonym verwendet, was die Ähnlichkeit oder gar Gleichheit des Bedeutungsgehalts unterstreicht. Ich gebe nur zwei Beispiele: In den Statuten der Baseler Kürschnerzunft von 1226 stehen nebeneinander: *opificium, officium, magisterium* und *opus*[69]. Und in der Zunfturkunde der Magdeburger Schildmacher und Sattler von 1197 heißt es: *»Nec aliquis numero eorum vel societati in faciendo ipso opere accedat nisi prius eorum communione quod vulgo inninge dicitur acquisita«*[70].

Von den zahlreichen Quellentermini bezeichnet keiner ausschließlich die Zunft; jeder besitzt ein mehr oder weniger breites Bedeutungsspektrum zum Allgemeinen wie zum Besonderen hin. Man denke nur an die Bedeutungsvielfalt von *officium*/Amt, Bruderschaft, Einung/Innung usw. Der Quellenterminus Zunft kann Regel, Vertrag, Zusammenkunft oder das Recht, eine sogenannte Zunftverfassung aufzurichten, bedeuten[71]. Zeche kann einen kirchlichen Verband, einen Bürgerverband, eine patrizische Kaufleutegesellschaft (Richerzeche) bezeichnen oder ganz allgemein Schar, Gesellschaft, Reihenfolge bedeuten. Eine bemerkenswerte Analyse des Terminus »Innung« in norddeutschen Quellen findet man in Keutgens Buch[72]. Ob man allerdings aus dem richtig erkannten Bedeutungsunterschied von ›Innung‹ als Konzession zum Gewerbebetrieb oder – wie Keutgen herausstellt – »Recht der Zulassung zum Markte« einerseits und ›Innung‹ als »Begriff eines Verbandes von Gewerbegenossen mit Zunftzwang und regelmäßig mit Meisterwahl und Gewerbegerichtsbarkeit« andererseits schließen darf, daß Innung »eine besondere Form des Durchgangs von der Marktordnung mit ihrer Handelsfreiheit einerseits, mit ihrem Amtszwang andererseits, zum exklusiv stadtwirtschaftlichen Zunftzwang« war, muß in Frage gestellt werden, ganz abgesehen von der unglücklichen Vermischung von Quellenterminus und forschungstechnischem Begriff.

67) Die deutsche Stadt (wie Anm. 30), S. 289.
68) Vgl. oben Anm. 62.
69) F. Keutgen, Urkunden zur städtischen Verfassungsgeschichte, 1901, Neudr. 1965, Nr. 271.
70) G. Hertel (Hg.), Urkundenbuch der Stadt Magdeburg, 1892, Bd. I, Nr. 65, S. 33.
71) K. O. Müller, Die oberschwäbischen Reichsstädte, 1912, S. 160f.; H. Lentze, Zunftverfassung (wie Anm. 38), S. 68; P. Eitel (wie Anm. 75), S. 18 (*zunftam habere* in Überlingen 1309). Zur Bedeutungsbreite der Termini vgl. auch H. Planitz, Die deutsche Stadt (wie Anm. 30), S. 290f.
72) Ämter und Zünfte (wie Anm. 37), bes. S. 204 und 210.

Somit bleibt festzustellen: Von der Analyse der Quellentermini für Zunft und ihrer Bedeutungsfelder gewinnt man für ein forschungsorientiertes Begriffssystem kaum etwas; entscheidend ist die Sache, nicht der Terminus, bzw. daß der Terminus die Sache präzise trifft.

Da ich keinem überzogenen Purismus anhänge, möchte ich doch betonen, daß ich es nicht für nachteilig halte, wenn in der wissenschaftlichen Literatur Begriffe wie Innung, Gilde, Amt, Bruderschaft usw. auch in Zukunft synonym mit »Zunft« im Sinne von »gewerbliche Zunft« gebraucht werden. Es muß nur sichergestellt sein, daß eindeutig klar wird, was man meint. Das Kölner Wollenamt (vor 1396[73]) wird wohl jeder als Wolltuchweberzunft erkennen, eine Fleischerinnung gibt keine Rätsel auf, aber Tuchergilden können Gewandschneidergilden oder Weberzünfte sein. Und Bruderschaft als Synonym für Zunft sollte man nur gebrauchen, wenn feststeht, daß es tatsächlich eine Zunft ist und nicht ein auf gesellig-religiöse Zwecke beschränkter Verein von Leuten, die dasselbe Gewerbe betreiben – also eine Bruderschaft neben der Zunft, was es im Spätmittelalter tatsächlich gibt[74].

VI

Mein *»ceterum censeo«*, das, worauf es mir in diesem Referat am meisten ankommt, ist die saubere Trennung von »Zunft« und »politischer Zunft«. In dem schon einmal genannten Aufsatz über »Verfassung und soziale Kräfte in der deutschen Stadt des späten Mittelalters« hat Erich Maschke die negativen Folgen eines mißverständlichen Gebrauchs der oberdeutschen Quellentermini »antwerk« und »zunft« deutlich angesprochen[75]. »Handwerk« ist der berufliche Zusammenschluß von Leuten, die dasselbe Gewerbe betreiben, also »gewerbliche Zunft« nach der von mir vorgeschlagenen Definition. »Zunft« im oberdeutschen Sprachgebrauch ist dagegen die »politische Zunft«, d. h. die politische Gliederungseinheit aller politisch Handlungsfähigen in einer Stadt mit sogenannter Zunftverfassung.

Die Verwirrung wird dadurch gesteigert, daß in vielen Fällen eine Zunft (in den Quellen als ›Handwerk‹ oder mit einem anderen Terminus bezeichnet) die Basis einer politischen Zunft bildet, ohne verfassungsrechtlich mit ihr identisch zu sein. Diese Nicht- oder Teil-Identität erweist sich bei der Beitrittsregelung von Neubürgern, manchmal auch im Anschluß an die

73) Nach der Verfassungsänderung von 1396 bildet das Wollenamt (die Wolltuchweberzunft) die Basis der Gaffel Wollenamt (politische Zunft). Vgl. zuletzt K. Militzer, Ursachen und Folgen der innerstädtischen Auseinandersetzungen in Köln in der 2. Hälfte des 14. Jahrhunderts (Veröff. d. Köln. Geschichtsvereins 36), 1980.

74) Mehrere Beispiele in H. v. Loesch, Die Kölner Zunfturkunden (wie Anm. 49), und R. Wissell (wie Anm. 35).

75) Wie Anm. 41, S. 293 f. – Die mangelnde Scheidung zwischen Zunft und politischer Zunft belastet noch die Ergebnisse der neueren Arbeiten von F. Horsch, Die Konstanzer Zünfte in der Zeit der Zunftbewegung bis 1430, 1979, und P. Eitel, Die oberschwäbischen Reichsstädte im Zeitalter der Zunftherrschaft, 1970.

mehr oder weniger gewaltsam durchgeführte Einführung der sogenannten Zunftverfassung: Man kann einer politischen Zunft der Weber beitreten, ohne in die Weberzunft einzutreten. Politische Zünfte sind häufig Sammelzünfte; sie fassen mehrere Zünfte zusammen, die als gewerbliche Korporationen wenig oder nichts miteinander zu tun haben und durchaus ein Eigenleben führen können. Die Einordnung in eine politische Zunft begründet in der Regel keine Über- oder Unterordnung der einzelnen Handwerke innerhalb dieser politischen Zunft. Auch darf man politische Sammelzünfte nicht mit Großzünften verwechseln, in denen nahe verwandte Gewerbe organisatorisch zusammengefaßt sind und häufig Abhängigkeitsverhältnisse im Bereich der Produktionskontrolle und in der zunftinternen Gerichtsbarkeit festzustellen sind.

Zwei Beispiele: Die große Kölner Schmiedezunft hatte im 15./16. Jahrhundert 17 Unterzünfte; das Kölner Wollenamt kontrollierte vor 1396 die Unterzünfte der Walker, Tirteyer und vielleicht auch der Tuchbereiter (Zeuwer); nach 1396 ließ es eine Zunftbildung der Hilfsgewerbe nicht mehr zu[76].

Da die politischen Zünfte eine Einteilung der Gesamtbevölkerung einer Stadt darstellten, erfaßten sie natürlich auch nichtgewerbliche Gruppen. Maschke betont, daß man von vornherein zwischen »Handelszünften« und den »eigentlichen Handwerkerzünften« unterscheiden müsse, »wobei freilich die beruflichen Grenzen in den Zünften als politische Körperschaften vielfach nicht eindeutig waren, sondern auch Handwerker zu den Handelszünften gehörten und umgekehrt«[77]. Fast überall gibt es eine klare Hierarchie der politischen Zünfte; oft sind die Herrenzünfte, in Basel z. B. Kaufleute, Münzerhausgenossen, Krämer und Weinleute/Weinhändler[78], deutlich von den übrigen politischen Zünften abgesetzt. Nicht selten bleibt nach einer Verfassungsreform das alte Patriziat in einer eigenen politischen Zunft organisiert[79]. Es kann gar keine Rede davon sein, daß sich Kaufleute, wenn sie eine politische Zunft bildeten, »mit der Stellung einer Handwerkerzunft begnügen« mußten, wie Hans Lentze[80] schrieb.

Wenn man zwischen Zunft und politischer Zunft nicht sauber differenziert, sondern bei Zunft in erster Linie Handwerkerzunft assoziiert, dann kommt man bei der Erörterung der sogenannten Zunftrevolutionen oder Zunftkämpfe zu unhaltbaren Gegenüberstellungen, wie man sie etwa bei Planitz (»Aufruhr der Handwerker gegen die Aristokratie«) findet. Es ist ein sehr positives Zeichen, daß seit einigen Jahren der Terminus ›Zunftkämpfe‹ den weniger mißverständlichen Ausdrücken ›Bürgerkämpfe‹ bzw. ›Verfassungskämpfe‹ Platz machen

76) Vgl. die in Anm. 73 und 74 angegebene Literatur und F. Irsigler, Die wirtschaftliche Stellung (wie Anm. 30), S. 13ff. und 156ff.
77) Wie Anm. 41, S. 294.
78) Vgl. ebd., S. 296ff., mit weiteren Beispielen; P. Eitel (wie Anm. 75), S. 37ff.
79) Ebd. Vgl. besonders die Fälle Memmingen und Speyer. Zu Speyer jetzt E. Voltmer, Reichsstadt und Herrschaft. Zur Geschichte der Stadt Speyer im hohen und späten Mittelalter (Trierer Historische Forschungen 1), 1981.
80) Wie Anm. 38, S. 65.

muß[81]. Die wirklichen Sieger der sogenannten Zunftrevolutionen waren – das haben Maschke und andere in neueren Untersuchungen[82] gezeigt – in den seltensten Fällen die Handwerker (Ausnahmen dürften Colmar, Schlettstatt, Donauwörth und zeitweise Freiburg i. Br. gewesen sein), sondern Angehörige neuer wirtschaftlicher Führungsschichten, Kaufleute und aus dem Gewerbe zu Kaufmannschaft und Verlegertätigkeit aufsteigende Handwerker, die dem alten Patriziat die politische und soziale Führungsposition streitig machten.

VII

Die Hauptanliegen dieses Referates lassen sich auf zwei knappe Vorschläge reduzieren:

Ich plädiere erstens für eine grundsätzliche Reservierung des Begriffs Gilde für Kaufleutekorporationen und des Begriffs Zunft für gewerbliche Verbände – diese Unterscheidung läßt sich, abgesehen von Eindeutigkeitsgesichtspunkten und praktischen Überlegungen, auch durch die unterschiedliche soziale Bewertung von Handels- und handwerklicher Tätigkeit im Mittelalter rechtfertigen.

Zweitens liegt mir sehr an einer sauberen Trennung von Zunft und politischer Zunft, auch wenn man dann gelegentlich sehr umständlich formulieren muß. Wenn die Schlichtheit des Begriffsapparats einen Gradmesser für die Brauchbarkeit darstellt, dann müßte man über diese Vorschläge und/oder Definitionsansätze immerhin diskutieren können.

Andererseits bin ich mir über eines absolut im klaren: Egal, ob man mit ›bewaffnetem‹ oder ›unbewaffnetem‹ Verstande daran geht: Das Schönste an solchen Begriffssystemen ist, daß niemand gezwungen werden kann, sie auch anzuwenden und es die Historiker trotzdem fertig bringen, sich irgendwie miteinander zu verständigen.

81) Vgl. vor allem K. Czok, Zunftkämpfe, Zunftrevolutionen oder Bürgerkämpfe, in: Wiss. Zs. der Karl-Marx-Universität Leipzig, Gesellschaftl. u. sprachwiss. Reihe 1958/59, S. 129–143; Ders., Die Bürgerkämpfe in Süd- und Westdeutschland im 14. Jahrhundert, in: Jb. f. d. Gesch. d. Oberdt. Reichsstädte (Eßlinger Studien) 12/13, 1966/67, S. 40–72; E. Meuthen, Der gesellschaftliche Hintergrund der Aachener Verfassungskämpfe an der Wende vom Mittelalter zur Neuzeit, in: Zs. d. Aachener Geschichtsvereins 74/75, 1962/63, S. 299–392.

82) E. Maschke (wie Anm. 41); P. Eitel (wie Anm. 75), S. 37ff.; K. Czok (wie Anm. 81); F. Irsigler, Soziale Wandlungen in der kaufmännischen Führungsschicht Kölns im 14. und 15. Jahrhundert, in: Hans. Geschbll. 92, 1974, S. 59–78.

Die genossenschaftliche Struktur von Gilden und Zünften

VON GERHARD DILCHER

I. Fragestellung und methodischer Ansatz der Untersuchung

»In der Verfassungsgeschichte der mittelalterlichen Städte müssen wir zwei Hauptepochen unterscheiden: die stadtherrliche und die genossenschaftliche« – so beginnt Hans Planitz 1940 seine bekannte Abhandlung über Kaufmannsgilde und städtische Eidgenossenschaft[1]. Er entwickelt sodann seine bekannte Theorie der Errichtung der Stadtgemeinde durch die städtisch-bürgerliche Eidgenossenschaft; Gilde und Eidgenossenschaft werden zwar unterschieden, erscheinen aber beide nach den gleichen germanisch-rechtlichen Prinzipien der Schwurbruderschaft[2] geordnet. Diese genossenschaftlichen Prinzipien entfalten sich in Konfrontation zum Stadtherrn und begründen sodann die Stadtgemeinde.

In seinem seine früheren Studien zusammenfassenden Buch über die mittelalterliche deutsche Stadt[3] nimmt Planitz auf das genossenschaftliche Prinzip vor allem an zwei Stellen Bezug: In der Darstellung der entscheidenden Phase der Entstehung der deutschen Stadt 1056–1197 steht zwischen dem Abschnitt über die politischen und wirtschaftlichen Grundlagen und demjenigen über Stadtgründungen und Stadterhebungen als ein gewisses Herzstück das Kapitel über die Eidgenossenschaft in den älteren Städten[4], also über den genossenschaftlichen Ursprung der Stadtgemeinde. Der Genossenschaftsbegriff kehrt wieder im Abschnitt über die Sozialgeschichte der Stadt und die Stadtbevölkerung. Nach den Gruppen der Stadtbewohner werden ihre Genossenschaften behandelt[5]: Die Genossenschaften des Patriziats, darunter Kaufmannsgilden, Hansen, Richerzeche, Münzerhausgenossenschaften, sodann die Genossenschaften der Handwerker, nämlich Amt, Bruderschaft, Zunft. – Planitz entwirft damit ein Bild einer genossenschaftlichen Gesamtstruktur der Stadtgemeinde und einer nach Zugehörigkeit zu

1) H. Planitz, Kaufmannsgilde und städtische Eidgenossenschaft in niederfränkischen Städten im 11. und 12. Jh. ZRG Germ. 60 (1940), S. 1.
2) Vgl. vor allem die Zusammenfassung a. a. O., S. 115f.
3) H. Planitz, Die deutsche Stadt im Mittelalter. Von der Römerzeit bis zu den Zunftkämpfen (1954, ²1973).
4) I. Teil, 13. Abschnitt, II, S. 98ff.
5) II. Teil, 2. Abschnitt, II, S. 283ff.

sozialen Schichten unterschiedenen genossenschaftlichen Binnenstruktur der Stadtbevölkerung. Mit etwas anderer Betonung benützt Edith Ennen in ihrer etwa gleichzeitigen großen Darstellung der Entwicklung zur mittelalterlichen Stadt[6] den Genossenschaftsbegriff. Sie erkennt das genossenschaftliche Element vor allem in personalen Verbänden und sieht insofern durchaus auch Verbindungen zwischen dem Gildewesen der nordwestdeutschen Kaufleute und der Bildung der Stadtkommune durch die Schwurgenossenschaft der *coniuratio*[7], bezieht aber andere Faktoren mehr lokaler Art, wie Nachbarschaft und Gerichtsgemeinde bei der Entwicklung zur Stadtgemeinde stark mit ein; bei der Gemeinde komme dann genossenschaftlicher Verbandscharakter und Gebietshoheit zusammen[8]. Auch in ihrem »Nachwort« zu diesem Werk benützt sie die Begriffe herrschaftlich, genossenschaftlich vorsichtig und differenziert als gegensätzliche Strukturprinzipien, neben denen dann noch der über das rein Genossenschaftliche hinausreichende Begriff der Gemeinde steht[9]. An der Bedeutung der Eidgenossenschaft hält sie unter Einbeziehung der aus den neueren Forschungen sich ergebenden Unsicherheiten im einzelnen fest. Auch in ihrer vergleichenden Darstellung der europäischen Stadt[10] ist es das Spannungsverhältnis zwischen dem herrschaftlichen Element, der auf personaler Gleichordnung beruhenden Genossenschaft in Gilde, Schöffenkolleg, Nachbarschaft, Eidgenossenschaft und ähnlichen und der die Entwicklung krönenden Bildung der städtischen Gemeinde auf genossenschaftlicher Grundlage, in das die differenziert gesehene Entwicklung sozialer, wirtschaftlicher, siedlungsmäßiger und demographischer Art begrifflich gefaßt wird.

Schließlich soll der Sprachgebrauch eines dritten für die Stadtrechtsgeschichte maßgebenden Historikers, Walter Schlesinger, kurz betrachtet werden. In einem nicht der Stadtgeschichte, sondern der allgemeinen Verfassungsgeschichte gewidmeten Aufsatz[11] charakterisiert er Herrschaft und Genossenschaft als die Kräfte, die im Mittelalter politische Ordnungen hervorbringen und gestalten, und zwar als jeweils ursprünglich und eigenberechtigt, freilich auch einander durchdringend. Dem Prinzip der Genossenschaft wird dabei sowohl die Gilde wie die spätere Gemeindebildung in Dorf und Stadt zugeordnet. Auch weiterhin benützt Schlesinger die Begriffe herrschaftlich und genossenschaftlich gern einzeln oder in ihrer Gegenüberstellung zur Charakterisierung von Strukturen im städtischen Bereich. Das genos-

6) E. Ennen, Frühgeschichte der europäischen Stadt. 1953.

7) Bes. S. 165ff., S. 201ff., 203.

8) Bes. S. 169ff., S. 172, S. 201 u.ö.

9) E. Ennen, Frühgeschichte der europäischen Stadt – wie ich sie heute sehe. In: Dies., Gesammelte Abhandlungen, hg. v. G. Droege u.a. (1977), S. 259ff., bes. S. 277, 278, 279. Bes. S. 279 zum Zusammenhang zwischen der städtisch-eidgenossenschaftlichen Bewegung und den genossenschaftlichen Zusammenschlüssen der beruflichen Korporationen der Kaufleutegilde und der Zünfte. »Die Kölner Zünfte entstehen schon im 12. Jh. auf genossenschaftlicher Basis.«

10) E. Ennen, Die europäische Stadt des Mittelalters (^{3}1979), vor allem Kap. 4: Stadtherrschaft und Stadtgemeinde, S. 110ff.

11) W. Schlesinger, Herrschaft und Gefolgschaft in der germanisch-deutschen Verfassungsgeschichte, jetzt in: Ders., Beiträge zur deutschen Verfassungsgeschichte des Mittelalters, Bd. 1 (1963), S. 9.

senschaftliche Prinzip wird an anderer Stelle sehr deutlich in die Definition der Stadtgemeinde einbezogen[12]).

Es scheint also schon aus dem Grunde angebracht, die Bezeichnung Genossenschaft nicht aus der Stadtgeschichtsforschung verbannen zu wollen, weil sie zur Benennung eines sozialen Zusammenhanges so weit eingeführt ist, daß sie nicht ohne weiteres verzichtbar und eliminierbar erscheint[12a]). Doch ist die Verschwommenheit des Bedeutungsfeldes so groß, daß der Begriff Genossenschaft nicht einfach zur Erklärung der Sozialbeziehungen, die Gilde oder Zunft ausmachen, verwandt werden kann. Vielmehr droht hier die Gefahr eines ständigen Zirkelschlusses, indem ein ungeklärter Begriffsinhalt eines Wortes durch den ebenso ungeklärten eines anderen erklärt werden soll. Irsigler[13]) hat darauf hingewiesen, daß insbesondere die Tatsache, daß die verwendeten Worte sowohl der mittelalterlichen Sprache der Quellen wie der Sprache der heutigen wissenschaftlichen Mittelalterforschung angehören, die Gefahr ständiger Fehlverständnisse fördert: Dieser Gefahr soll hier nicht im Wege begrifflicher Definitionen, sondern durch die Kombination mehrerer methodischer Vorgehensweisen begegnet werden. Es soll zunächst eine erst vorläufige Klärung der Bedeutung des Wortgebrauchs von Gilde, Zunft, Genossenschaft vorgenommen werden. Sodann soll sich für das Wort Genossenschaft ein wissenschaftsgeschichtlicher Durchgang anschließen, in welchem das präzisere rechtsgeschichtliche Bedeutungsspektrum des Wortes wiedererinnert werden soll. Man könnte dies einen hermeneutischen Durchgang zur Versicherung und Bewußtmachung des vollen wissenschaftlichen Vorverständnisses nennen. – Im dritten Hauptteil erfolgt eine an einzelnen Rechtsquellen orientierte, analytisch ausgerichtete, diachronisch die Zeit von 1000 bis ins 13. Jahrhundert durchschreitende Untersuchung, die vor allem die Veränderung genossenschaftlicher Verbände im Umkreis der Stadt innerhalb der Periode der Ausbildung der

12) W. Schlesinger, Zur Gründungsgeschichte der Stadt Freiburg, in: Freiburg im Mittelalter, hg. v. W. Müller (1970), S. 24ff.; ebd. S. 44: »der Stadtgemeinde..., die wir als einen genossenschaftlichen, dauerhaften, ortsgebundenen, rechtsfähigen, nichtagrarischen Verband definieren, der durch seine Organe allen Ortsansässigen bindende Weisungen zu erteilen vermag, ohne daß dadurch die Stadtherrschaft außer Funktion gesetzt werden müßte.«

12a) Die breit angelegten, auch seit langem zum erstenmal wieder die Forschungsgeschichte mitreflektierenden Überlegungen von G. Oexle, Gilden als soziale Gruppen (in: Das Handwerk, wie FN 15), sowie Ders., Die ma. Gilden etc. Miscellanea Mediaevalia 12/1, sind erst nach der Reichenau-Tagung »Gilden und Zünfte« erschienen. Ich kann mich darum mit ihnen nur an einzelnen Punkten, nicht mehr so zentral, wie es angemessen gewesen wäre, auseinandersetzen. Im Gegensatz zu Oexle halte ich den Begriff der Genossenschaft mit den hier vorgenommenen Klärungen für verwendbar als weiten Oberbegriff. Er ist spezifischer als der von Oexle verwandte der sozialen Gruppe, der ein reiner und überzeitlicher sozialwissenschaftlicher Forschungsbegriff ist. Ich würde »Gruppe« als weitere Stufe der Abstraktion über Genossenschaft akzeptieren. – Gilde dagegen fasse ich enger als Oexle, nämlich in Anlehnung daran, ob die Verbandsform in den Quellen als Gilde bezeichnet wird. Diese vorläufige Abgrenzung von Gilde erfolgt im Hinblick auf den vorliegenden begrenzten Forschungsausschnitt und die Offenheit der gegenwärtigen, wieder eröffneten Diskussion über den Gildebegriff.

13) Vgl. den Beitrag in diesem Bande.

Stadtgemeinde erfassen soll. Dieser Teil soll also vor allem der Erfassung eines Prozesses der Veränderung dienen, um nicht ungeprüft Sozialformen verschiedener Zeitstufen auf denselben begrifflichen Rahmen zu schlagen, die historische Kategorie der Zeit als geschichtet-geschichtlicher Veränderung damit zu eliminieren. – Der vierte Teil soll demgegenüber, unter Verwendung der in den bisherigen Überlegungen gewonnenen Aspekte, die Frage nach der Struktur der fraglichen sozialen Verbindungen beantworten. Er verfolgt dabei die Methode der Bildung von Idealtypen. Sie stellen in der Realität meist gemischt vorkommende Prinzipien in isolierter Form dar. Diese Trennung soll sowohl eine klarere Beschreibung der Strukturprinzipien real vorfindlicher Verbände, als auch eine deutlichere Erkenntnis der Richtung historischer Veränderungen und der in ihr wirkenden Triebkräfte ermöglichen. Das erstere, indem in den Idealtypen soziale Formprinzipien auf einen klareren, weil isoliert-typisierten Nenner gebracht werden und damit in einem deutlicheren Sinn zur Beschreibung von Realitäten verwandt werden können; das zweite, indem Verlagerungen der Schwergewichte im historischen Prozeß von einem Formprinzip zu anderen ebenfalls klarer erkannt werden können.

Die folgenden Untersuchungen bemühen sich also, Geschichte in mehreren Auffaltungen, oder besser: durch Projektionen auf mehrere Ebenen zu erfassen, um dem Dilemma entgegenzuwirken, daß Geschichte wegen ihrer unendlichen Komplexität und ihrer Mehrdimensionalität in Raum und Zeit vom Beobachter nie ganz adäquat erfaßt werden kann. Sie kann auch hierbei keine *histoire totale* bieten, sondern ist mehr auf die Erfassung rechtlicher Formprinzipien und sozialer Institutionen als auf Personen, Ereignisse und Mentalitäten ausgerichtet. Wenn jene richtig erfaßt sind, müssen sich diese Aspekte aber ergänzend dazufügen lassen.

Als erste Verständigung über die verwendeten Worte Genossenschaft, Gilde, Zunft sei hier folgende Sprachkonvention vorgeschlagen: Genossenschaft ist der allgemeinste Begriff. Er bezeichnet, wie Herrschaft eine vertikale, so eine horizontale Sozialbeziehung zwischen Menschen. Sie beruht auf einem Verhältnis grundsätzlicher Parität, wie Herrschaft auf Über- und Unterordnung[13a]. Das Wort Parität eignet sich dabei auch deshalb zur Bezeichnung von sozialen Verhältnissen der älteren Zeit, weil es nicht wie die Egalität der französischen Revolution auf der Vorstellung abstrakt-formaler Gleichheit und Freiheit beruht, sondern auf das konkret-ständische Gesellschaftsbild des Mittelalters zielt. Es wird sich außerdem zeigen, daß der Begriff von Genossenschaft breiter und dem eigenen Verständnis des Mittelalters angemessener ist als etwa »Verband«.

Bei der Verwendung des Wortes »Gilde« ist zu bedenken, daß sein Vorkommen und seine Geschichte zeitlich und räumlich weit über den Gegenstand der vorliegenden Überlegungen, nämlich städtische Verbandsstrukturen vom 11. bis zum 13. Jahrhundert in Deutschland,

13a) In dieser Hervorhebung der Parität und der horizontalen Beziehung stimme ich völlig mit G. OEXLE, Gilden als soziale Gruppen (wie Anm. 15), S. 302 u. ö., sowie DERS., Die ma. Gilden, a. a. O., S. 208 (wie Anm. 15), überein. Ich möchte sie jedoch auf den weiteren Begriff der Genossenschaft beziehen, während Oexle sie zur Definition der Gilde verwendet. Diese ist für mich als eine spezifische Form der Genossenschaft damit natürlich ebenfalls zutreffend gekennzeichnet.

hinausgeht[14]. Die Frage, ob es eine konstante Sozialform gibt, die hinter dem Worte steht, kann uns darum hier nicht beschäftigen[15]. Wir finden in dem Raum und der Zeit, die Untersuchungsgegenstand sind, vielmehr den Namen Gilde in zwei Zusammenhängen vor: Einmal zur Bezeichnung von örtlichen Vereinigungen vor allem von Fernkaufleuten im nordfränkisch-flandrischen Raum im 11. und 12. Jahrhundert. Die deutlichste Beschreibung dieser Verbandsform enthält der Bericht des Alpert von Metz über die Tieler Kaufleute (ohne daß der Name Gilde fällt) und das Gildestatut von St. Omer. Auch die Kölner Kaufmannsgilde scheint diesem Typ anzugehören. – Sodann taucht der Gildename für kaufmännische wie handwerkliche Vereinigungen im norddeutschen Raum seit dem 13. Jahrhundert auf. Von einer Identität, ja selbst Kontinuität zu der erstgenannten Erscheinung kann nicht ohne weiteres ausgegangen werden.

Zunft ist dagegen eine Bezeichnung der Quellensprache[15a], die jünger ist als Gilde. Sie benennt vor allem handwerkliche Verbände, ohne auf sie beschränkt zu sein[15b]. Das Wort konkurriert dabei vor allem mit Zeche, Einung-Innung, aber auch Gilde, ohne daß hierbei ein mit der Bezeichnung korrespondierender Unterschied der Verbände selbst offensichtlich würde[15c]. Dagegen läßt sich häufig ein landschaftlicher Unterschied, also eine »Rechtssprachgeographie«, feststellen.

Die hinter der Terminologie stehenden Sachprobleme überschreiten in jeder Beziehung, der zeitlichen wie der des Stadt-Land-Verhältnisses, den Gegenstand der vorliegenden Studie. Die Überlegungen von Irsigler machen deutlich, daß ein Versuch, eine den Quellen entnommene Terminologie zu verwenden, scheitern muß. Oexles Bestrebungen zielen darauf ab, zunächst anhand der Quellensprache einen Begriff der Sozialform Gilde zu gewinnen, diesen sodann als Terminus der Forschungssprache zu verwenden. Sowohl der Ansatz Irsiglers, eine definitorische Klarheit der Wissenschaftstermini ohne Rücksicht auf die Sprache der Quellen zu gewinnen, wie der weite Gildenbegriff Oexles enthalten Implikationen, denen hier nicht bis zum Ende nachgegangen werden kann. Beiden Vorschlägen zur Terminologie kann deshalb

14) Es kann hier auf Arbeiten von R. Schmidt-Wiegand im vorliegenden Bande sowie in: Das Handwerk in vor- und frühgeschichtlicher Zeit, wie FN 15, Bezug genommen werden.

15) Vgl. dazu aber die Forschungen von G. Oexle: Vor allem im vorliegenden Bande, sowie: Gilden als soziale Gruppen der Karolingerzeit, in: Das Handwerk in vor- und frühgeschichtlicher Zeit, hg. v. H. Jankuhn u. a., Bd. 1, 1981, S. 284ff., G. Oexle, Die mittelalterl. Gilden: Ihre Selbstdeutung u. ihr Beitrag zur Formung sozialer Strukturen, in: Miscellanea Mediaevalia, hg. v. A. Zimmermann, Bd. 12/1, 1979, neuestens auch: Ders., Liturgische memoria und historische Erinnerung. Zur Frage nach Gruppenbewußtsein und dem Wissen der eigenen Geschichte in den mittelalterlichen Gilden, in: Tradition als historische Kraft, hg. v. N. Kamp und J. Wollasch, 1982.

15a) Dazu R. Schmidt-Wiegand im Sammelbande »Handwerk« (wie FN 15) und in diesem Bande.

15b) Neuestens: O. G. Oexle, Die mittelalterliche Zunft als Forschungsproblem. Bll. f. dt. Landesgesch. 118 (1982), S. 1ff.

15c) So schon programmatisch G. v. Below. Entgegengesetzt H. Lentze, Der Kaiser und die Zunftverfassung in den Reichsstädten, 1933, und jetzt Ders., Handwerk (rechtlich), in: HRG I Sp. 1976ff., bes. 1977f.

nicht gefolgt werden. Das Hauptgewicht der Untersuchung, besonders der Typenbildung in Teil IV, wird darauf gelegt, Strukturmerkmale für eine Erfassung konkreter genossenschaftlicher Verbindungen der fraglichen Art in der vorkommunalen und frühen kommunalen Stadt zu entwickeln. Mit der »älteren Kaufmannsgilde« wird die vorkommunale Verbandsform des 11. und beginnenden 12. Jahrhunderts bezeichnet. Für die Personenverbände innerhalb der Stadtkommune seit dem 12. Jahrhundert ziele ich mit der Bezeichnung Gilde mehr auf kaufmännische Verbände (jedenfalls für den fränkisch-flandrisch-norddeutschen Bereich), mit der Bezeichnung Zunft (oder Innung) mehr auf handwerkliche Verbände (auch Süddeutschlands). Für die Verbindungen der patrizischen Oberschicht der oberrheinischen und süddeutschen Städte scheinen mir beide Bezeichnungen nicht ganz passend; doch sollten die entwickelten Kriterien der genossenschaftlichen Struktur auch auf sie zu beziehen sein.

II. Der Genossenschaftsbegriff in der neueren rechtsgeschichtlichen Forschung: O. v. Gierke, K. S. Bader, W. Ebel

Der Begriff der Genossenschaft ist in der Mitte des 19. Jahrhunderts von der juristischen Germanistik zu einem Schlüsselbegriff für das Verständnis der mittelalterlichen Rechts- und Sozialordnung entwickelt worden. Er wird »entdeckt« von dem Paulskirchenprofessor Georg Beseler, der in seinem Werk »Volksrecht und Juristenrecht« (1843) ein volksfremdes Gelehrtenrecht ablehnt. Otto v. Gierke entfaltet sodann in seinem vierbändigen Monumentalwerk des Deutschen Genossenschaftsrechts eine deutsche Rechtsgeschichte aus dem Genossenschaftsgedanken[16]. Ebenso wie bei Beseler ist bei Gierke die typische Verbindung von Geschichte und politischen Leitbildern deutlich: Er ist einer der bedeutenden kritischen, rechtspolitisch engagierten Juristen der Zeit, der gegen eine rein individualistisch bestimmte Rechts- und Gesellschaftsordnung die soziale Komponente des deutschen Rechts, das Recht als Mittel zur Bildung genossenschaftlicher Strukturen setzen wollte[17]. Auf der anderen Seite steht auch in der Mittelalterforschung jene Richtung, deren Erkenntnisinteressen sich auf den »Staat des deutschen Mittelalters« richten, also mehr auf das Wirken monarchisch-herrschaftlicher Kräfte (Georg v. Below).

16) Otto Gierke, Das deutsche Genossenschaftsrecht, 4 Bde., 1868, 1873, 1881, 1913. Neudruck 1954. Band 1 ist Georg Beseler gewidmet. Zu Beseler neuestens die Monographie von B.-R. Kern, Georg Beseler. Leben und Werk. 1982; sowie J. Schröder, Zur älteren Genossenschaftstheorie. Quaderni Fiorentini 11/12 (1982/83), S. 399–459.

17) Aus der umfangreichen Lit. hier nur: Erik Wolf, Große Rechtsdenker der deutschen Geistesgeschichte, 4. Aufl. 1963, S. 669ff.; F. Wieacker, Privatrechtsgeschichte der Neuzeit, 2. Aufl. 1967, S. 453ff. u. ö.; E. W. Böckenförde, Die deutsche verfassungsgeschichtliche Forschung im 19. Jh., 1961, S. 147ff.; G. Dilcher, Genossenschaftstheorie und Sozialrecht, ein »Juristensozialismus« Otto von Gierkes, Quaderni Fiorentini per la storia del pensiero giuridico moderno 3/4, 1974/75, S. 319ff.; Neuestens H. Boldt in: Deutsche Historiker, hg. H.-U. Wehler, Bd. VIII, 1979, S. 7–23.

Für Gierke durchzieht das Genossenschaftsprinzip die Menschheitsgeschichte, besonders aber die der germanischen Völker[18]. Es stellt sich ihm nicht statisch dar, sondern in einem dialektischen Evolutionsmodell, hinter dem wir den Einfluß Hegelscher Geschichtsphilosophie zu erkennen vermögen. Das Prinzip der Genossenschaft, der Vereinigung von Mensch zu Mensch, durchwaltet danach alle menschlichen Verbindungen von der Familie bis zum Staat; jedoch nie als alleinbestimmendes, sondern in dialektischer Spannung zu anderen Prinzipien. Das direkte Gegenprinzip ist das der Herrschaft, ohne das kein größerer Verband existieren kann: Es verkörpert das Prinzip Einheit, der Organisationsfähigkeit eines Verbandes, während die Genossenschaft demgegenüber das Prinzip der Freiheit (auch als Teilhabe, nicht nur als Ausgrenzung)[19] darstellt. Daneben dienen Gierke aber auch die Wechselbeziehungen von Personalität und Dinglichkeit zur Beschreibung historischer Gesellschaftsformen. So drängt etwa im Zeitalter des Feudalsystems (800–1200)[20] das Prinzip von Herrschaft und Dienst, verbunden mit der Verdinglichung aller Rechtsbeziehungen durch die Verbindung mit Grund und Boden, etwa in Hofrecht und Lehnrecht, die ältere Freiheit und Volksgenossenschaft zurück, erhält aber in diesen engeren Kreisen die genossenschaftlichen Elemente der Genossengleichheit und der rechtlichen Teilhabe. Dagegen ist es das genossenschaftliche Prinzip, das in einer besonderen Ausprägung die folgende Periode (1200–1525) beherrschen sollte[21]: Die *freie Einung*, als Gegensatz zu den älteren gewachsenen oder herrschaftlich geformten Verbänden. Es hat seine Wurzel in den Gilden und eine erste Ausformung in der Stadtfreiheit der altbischöflichen Städte. Zum beherrschenden Prinzip wird es im mittelalterlichen Städtewesen. Es wächst aus der Dinglichkeit der Gemeinde und der Personalität der Gilde zu einer höheren Einheit zusammen. – Die ausgebildete mittelalterliche Stadt bietet dem genossenschaftlichen Prinzip innerhalb ihrer Verfassung in Spezialgemeinden, Innungen, Gilden, Zünften, Bruderschaften reiche Entfaltung[22]; der soziale und politische Aufstieg der Handwerker wird von Gierke ausdrücklich mit dieser Form der Assoziation verbunden[23]. Doch prägte in dieser Epoche das Prinzip der freien Einung weit über die Stadt hinaus die Verfassung: In Städtebünden, Adelsbünden, Landfriedensbünden; ja, das Reich selber hält nur als Einung seiner Glieder zusammen.

Sicher sind in Gierkes Geschichtsbild philosophische wie historische Voraussetzungen enthalten, die wir heute nicht mehr mit ihm teilen können. Festgehalten zu werden verdient aber seine Erkenntnis, daß mit der Bezeichnung Genossenschaft, genossenschaftlich noch keine

18) Die folgende Analyse gilt dem Gedankengang von Bd. 1 des Genossenschaftsrechts in der Deutung, die ich in der zitierten Abhandlung eingehender begründet habe.
19) Dies ist für die Stellung Gierkes innerhalb der Entwicklung der politischen Theorie des Liberalismus von besonderer Bedeutung, indem er die Reduzierung der Grundrechte zu bloßen Abwehrrechten gegen den Staat nicht mitvollzieht.
20) Genossenschaftsrecht I, S. 153ff.
21) A. a. O., S. 296ff.
22) A. a. O., S. 332ff.
23) A. a. O., S. 358.

hinreichende Aussage über die Struktur eines Sozialkörpers, eines sozialen Verbandes vorliegt. Vielmehr sind in jedem Verband vertikal-hierarchische (herrschaftliche) und horizontal-gleichheitliche (genossenschaftliche) Bindungen enthalten; sie stehen nicht in einem dichotomischen, sondern einem dialektischen Verhältnis, das es näher auszuloten gilt. Dabei sind auch andere Beziehungen, etwa der Dinglichkeit-Ortsbezogenheit, zu berücksichtigen. Vor allem aber sind alle diese Prinzipien dynamisch-historisch zu sehen, d. h. sie haben auf verschiedenen Stufen des Evolutionsprozesses gemäß dem Stand der gesellschaftlichen und geistigen Entfaltung unterschiedlichen Inhalt und Wirkung.

In deutlicher Absetzung von Gierkes Genossenschaftstheorie versucht neuerdings Karl Siegfried Bader für die historische Beschreibung bäuerlich-dörflicher Verbandsbildung eine Klärung von Wort und Begriff Genossenschaft und Gemeinde vorzunehmen[24]. Er geht in Abgrenzung von Gierke nicht von rechtspolitischen oder rechtsdogmatischen Interessen, sondern zunächst vom Wortsinn der Quellensprache aus, um »Zutritt zum Wesen dörflicher Verbände zu erlangen«. Methodische Grundlage ist die Erkenntnis, daß dem mittelalterlichen Rechtsdenken das Wort (und nicht der abstrakte Begriff) die frühe Form zur rechtlichen Erfassung der Realität ist, daß es der älteren Rechtssprache nicht um begriffliche Präzision, sondern um die Gedankenvermittlung bildhafter Vorstellungen geht. Genosse sein, Genossenschaft hängt dabei eng am sprachlichen Ursprung des *gemeinsamen Nutzens und Nießens.* Darin liegt eine große, fast diffuse Spannbreite: Von den engen sozialen Gemeinschaften der Hausgenossenschaft, der Ehegenossenschaft, über die grundherrliche *familia* mit internen Sondergenossenschaften zu dem mehr standesrechtlich bestimmten Gebrauch im ritterlichen Bereich. Von dem Sinn einer gemeinsamen Nutzung bis hin zur Erfassung des in dieser Gemeinsamkeit liegenden verbandsrechtlichen Elementes ergibt sich ein breites Spektrum. Bader kommt dabei auch auf die Frage der Rechtsbeziehung der Genossen zum Gegenstand der Nutzung und stellt fest, daß für das mittelalterliche Denken nicht der Eigentumsbegriff, sondern gerade das bloße Nutzen und Nießen maßgebend war. – Bei der Ermittlung des Wortsinnes von Gemeinde wird zunächst eine fast unbestimmte Weite dessen, was *gemein* sein kann, konstatiert. Ausgangspunkt der im engeren Sinne rechtlichen Bedeutung ist der Gemeinbesitz, die Allmende, lat. *communitas.* Die Bedeutungsentwicklung zur politischen Körperschaft spiegelt sich kaum in den Rechtsquellen des dörflichen Bereichs. Lateinischer Vermittler ist hier das juristische Kunstwort *universitas,* das *communitas* ersetzen kann. Die Wandlung von der ländlich-dörflichen Gemeinsamkeit verschiedener Art des Nutzens und Nießens zum Verband, zur Körperschaft der Dorfgemeinde stellt sich also als historischer Vorgang ständiger Intensivierung dar, ohne daß eine genaue zeitliche Grenzziehung möglich wäre. – Neben dem methodischen Ergebnis, daß der Sprachgebrauch der historischen Wissenschaft sich in einem Spannungsverhältnis zwischen der Sprache der Quellen und wissenschaftlichen Ordnungsbegriffen vollzieht, wird für die vorliegende Untersuchung die

24) Karl S. Bader, Dorfgenossenschaft und Dorfgemeinde (Studien zur Rechtsgeschichte des mittelalterlichen Dorfes II), 1962, 1. Kapitel: Genossenschaft und Gemeinde in Wort und Begriff, S. 3–29.

Ausrichtung des Genossenschaftsbegriffes auf ein Objekt des Nutzens und Nießens festzuhalten sein. Aber auch die Nähe städtischer Genossenschafts- und Gemeindebildung zu ihren ländlichen Ursprüngen und Parallelen gerade in der Zeit der Frühgeschichte der Stadt, bevor also die Stadt seit dem Spätmittelalter einen ganz entschiedenen Vorsprung in bezug auf die Korporationsbildung vor dem ländlichen Bereich gewinnt, sollte im Auge behalten werden.

Mehr von den Gesichtspunkten einer mittelalterlichen Rechts- und Rechtsquellenlehre ausgehend, hat Wilhelm Ebel zur weiteren Erhellung des Genossenschaftsbegriffs beigetragen, vor allem insofern es um die eidlichen Genossenschaften geht[25]. Er macht klar, daß Planitz bei aller Hervorhebung der Bedeutung der Eidgenossenschaft für die Stadtentstehung doch von einem verkürzten Verständnis der *coniuratio* ausgeht. Für Planitz war die bürgerliche *coniuratio* ein meist einmaliger Akt der Schaffung der Bürgergemeinde, häufig in einer entscheidenden Phase mit revolutionärer Absicht gegen den Stadtherren geschlossen, um ihm eine neue Stadtverfassung abzutrotzen. Ebel zeigt dagegen, wie der Schwur des Bürgereides, am Schwörtag als genossenschaftlicher Gesamteid der Bürgergemeinde oft alljährlich wiederholt, als *coniuratio reiterata* die städtische Eidgenossenschaft immer wieder neu errichtet. Sie ist insofern geschworene, nicht nur beschworene Einung und lange Zeit noch keine Institution alten »Rechtes«. Sie setzt sich fort in die dem Bürgereid gegenüberstehenden Amtseide des Rates, auf welche Weise dieser zum Repräsentativorgan der Genossenschaft werden kann. – In oder neben dem Bürgereid findet sich aber auch die Verbindung zum Stadtherrn, in Form von Huldigungseiden und Einbeziehung der Stellung der Bürgerschaft zum Stadtherren in den Bürgereid, so daß der Bürgereid einer Reichsstadt von dem einer kleinen grundherrlichen Stadt deutlich verschieden ist. Die Stadtverfassung wird auf diese Weise durch ein Eidesgeflecht errichtet und erneuert.

Ein weiterer Gesichtspunkt der Ebel'schen Forschungen ist noch festzuhalten. Die Form der eidlichen Einung steht nämlich in untrennbarer Beziehung zur Schaffung inneren, autonomen Rechts der Genossenschaft. Indem in den Eid Verpflichtungen aufgenommen werden, diese im Wege der Selbstunterwerfung im voraus auch durch Sanktionen gesichert werden, entsteht ein Bereich neuen, *»gewillkürten« Rechts,* der sich von dem durch Überlieferung begründeten »alten Recht« des Mittelalters abhebt[26]. Durch die Eideserneuerung kann diese Willkür verändert und erweitert werden. Es erweist sich somit, daß für das Mittelalter das Wesen eines Verbandes, die Rechtsform seiner Begründung, sein Freiheits-, Autonomie- und Satzungsbereich, damit die Schaffung von Recht und weiterhin die Frage, wer über dieses Recht richtet, aufs engste zusammenhingen. Da sich für das Mittelalter das Verbandsleben nicht im Rahmen einer vorgegebenen staatlichen Gesetzgebung abspielte, sondern eventuell einen ganz neuen, gewillkürten Rechtsbereich von unten schaffen konnte, der dem allgemeineren Recht

25) Wilhelm Ebel, Der Bürgereid als Geltungsgrund und Gestaltungsprinzip des deutschen mittelalterlichen Stadtrechts, 1958.
26) W. Ebel, Die Willkür. Eine Studie zu den Denkformen des älteren deutchen Rechts, 1953.

vorging[27], ist jede Genossenschaftsbildung, vor allem aber die eidliche, für das Verfassungssystem weit bedeutsamer als im modernen Staate. Eine Verbindung und Einfügung in das System herrschaftlicher Rechtsbeziehungen und Gerichtsverfassung muß jeweils gesucht werden; leicht kann darum, wenn dies nicht gegeben ist, die *coniuratio* von der »Eidgenossenschaft« zur »Verschwörung« werden[28]. Im Geflecht gemeindlicher und interner genossenschaftlicher Verbands- und Rechtsbildungen in der Stadt kann die Lösung der damit verbundenen Probleme der Rechtsbildung und des Gerichts nicht so einfach gefunden werden, wie im Sachsenspiegel für das aus wilder Wurzel gegründete Dorf: Hier dürfen die Bauern Recht kiesen, soweit dadurch nicht des Landrichters Recht gekränkt oder sein Gerichtsgewette gemindert oder gemehrt wird (Ssp. Ldr. III, 79,1).

III. Genossenschaftliche Strukturen im städtischen Bereich vom 11. zum 13. Jahrhundert. Ein entwicklungsgeschichtlich-diachronischer Aufriss.

1. Genossenschaften im Hofrecht Burchards von Worms

Einen tieferen Einblick in genossenschaftliche Strukturen der Bevölkerung gewährt uns das oft erwähnte, aber stadtgeschichtlich noch nicht voll ausgewertete sogenannte Hofrecht Bischof Burchards von Worms (wohl 1024)[29]. Es ist um so aussagekräftiger, als wir in Burchard nicht nur eine machtvolle Gestalt der Reichspolitik, einen großen Bauherrn, den Ordner der städtischen Verhältnisse und bischöflichen Stadtherren nach Verdrängung der gräflichen Burg und Abrundung der Immunitätsrechte[30] vor uns haben, sondern auch einen der bedeutendsten Kanonisten seiner Zeit[31]. Dem ist es wohl auch zu verdanken, daß seine *Lex familie Wormatiensis ecclesie* eine der detailliertesten und genauest formulierten Rechtssetzungen dieser Zeit darstellt. Sie ergeht zur Ordnung der Verhältnisse, vor allem der Eindämmung interner Fehden (etwa c. XXX), der Ordnung von Gerichtsverfahren und Beweisrecht, aber auch im Hinblick auf die Abschirmung der Immunität vor äußeren Eingriffen des Adels und auf

27) Nach der Rechtsparömie: »Willkür bricht Landrecht, Landrecht bricht gemeines Recht«. Vgl. F. Wieacker, Privatrechtsgeschichte d. Neuzeit, ^{2}1967, S. 138.

28) Vgl. G. Dilcher, Art. conjuratio, in Handwörterbuch zur Rechtsgeschichte (HRG), hg. v. A. Erler/E. Kaufmann, Bd. 1 Sp. 631 ff.

29) UB der Stadt Worms, hg. v. H. Boos, 1. Bd., 1886, Nr. 48; MGH Const. I Nr. 438.

30) H. Boos, Geschichte der rhein. Städtekultur, Bd. 1, 2. Aufl., 1897, S. 235–309 (249f.). C. Koehne, Der Ursprung der Stadtverf. in Worms, Speyer und Mainz (Gierkes Unters. 31), 1890, 146ff. *Vita Burchardi* MGH SS 4, S. 829ff.

31) Dazu neuestens G. Theuerkauf, Burchard v. Worms und die Rechtskunde seiner Zeit, Frühmittelalterliche Studien 2, 1968, S. 144ff. Lit. Übersicht bei A. H. Benna, Art. Burchard von Worms, HRG I sp. 542f.

die Zurückdrängung des Grafengerichts[32]. Die Lex wird gesetzt durch den Bischof mit Zustimmung von *clerus, milites* und *totius familiae*[33]. Sie beschränkt sich in ihrer Geltung auf diese; freie Leute, die in den Königsdiplomen bzw. der Mauerbauordnung erwähnten Kaufleute, Friesen, wie auch Juden finden keine Erwähnung[34]. Als hauptsächliche Geburtsstände innerhalb der *familia* kennt die Lex die Fiskalinen einerseits, die Dagewarde andererseits; bei Heirat zwischen ihnen folgen die Nachkommen der ärgeren Hand (c. XVI); bei Zweifeln muß die Standesqualität als *iustitia innata, lex innata* im förmlichen Freiheitsprozeß bewiesen werden (c. XXII, XXXII). Die Dagewarde sind, wie der Name sagt, zu persönlicher Arbeit verpflichtet. Die Fiskalinen sind wohl alte Königsleute[35], auch Zensualen, bei denen jetzt im geschlossenen Immunitätsbereich eine weitergehende Angleichung innerhalb der bischöflichen *familia* stattgefunden hat. Sie besitzen als Erbe *(haereditas)* Güter *(praedium,* auch *mansus)* mit Sklaven *(mancipia)*, die sie eventuell auch von Freien erworben haben. Das Erbe fällt als Dienstland *(servilis terra)* an den Sohn (c. X), es darf nur mit Erbenlaub veräußert werden; beim Fehlen eines Erben bestimmt der bischöfliche Amtsträger den neuen Inhaber. Im normalen Erbgang geht das Gut ohne Übertragungsakt unmittelbar an den Erben, der davon die geschuldeten Dienste zu leisten hat (c. III).

32) Die bis heute nicht übertroffene eingehende Kommentierung der Lex familiae stammt von H. G. Gengler, Das Hofrecht des Bischofs Burchard von Worms, Erlangen 1859 (K. J. A. Mittermaier z. 50. Doctor-Jubiläum). Unter standes- und dienstrechtlichen Aspekten dazu: K. Bosl, Die Reichsministerialität der Salier und Staufer (Schr. d. MGH 10), 1950, S. 38ff. Neuestens Th. Zotz, Bischöfl. Herrschaft, Adel, Ministerialität u. Bürgertum in Worms, in: Herrschaft u. Stand, hg. v. J. Fleckenstein, 2. Aufl. 1979. Vgl. auch G. Rodenberg, Die Stadt Worms und die Gesetze des Bfs. Burchard, Hist. Aufs. f. K. Zeumer, 1910, 237ff. Eine ausführlichere moderne stadtgeschichtliche Auseinandersetzung mit der Quelle fehlt, nur jeweils kurz angesprochen bei H. Planitz, Die Stadt, passim. Der schöne Aufsatz v. H. Büttner, Zur Stadtentwicklung von Worms im Früh- und Hochmittelalter, in: Aus Geschichte und Landeskunde, FS F. Steinbach, 1960, S. 389ff. geht S. 400f. nur kurz auf die Quelle ein. L. Falck, Mainz im frühen und hohen MA, 1972, S. 69, Anm. 7 betont die Bedeutung der Quelle als Ergänzung auch für die Mainzer Verhältnisse.

33) So der Prolog.

34) Zoll der Kaufleute, Handwerker und Friesen UB Worms I Nr. 17 (829 Sept. 11) und UB Worms Nr. 31 = DOI Nr. 84 (947 Jan. 14); Die Friesen-Siedlung in der Wormser Mauerbau-Ordnung (wohl um 900, vgl. F. Steinbach, Ursprung und Wesen der Landgemeinde nach rhein. Quellen, 1960, S. 37ff., auch Collectanea F. Steinbach, S. 582 im Anschluß an F. Beyerle; H. Büttner, a. a. O., S. 395f. m. w. Lit.), Keutgen, Urk. z. städt. Verf.geschichte Nr. 31. Die Abgrenzung der *familia* von den Freien spielt bei dem Ausbau der bischöflichen Immunität gegenüber dem Grafenrecht eine Rolle: UB Worms I Nr. 34 = DO II Nr. 46 (973 Juli 1) unter Verwendung von Vorurkunden; UB Worms Nr. 42 = DH II Nr. 319 (1014 Juli 29), hier die einschlägigen Formulierungen eigenständig, möglicherweise von einem Wormser Kleriker stammend.

35) Vgl. dazu K. Bosl, Die adelige Unfreiheit, in: Ministerialität im Pfälzer Raum, hg. v. F. L. Wagner, 1975, S. 13f. In D. Arnolf Nr. 158 = UB Worms I Nr. 27 (897 Aug. 7) werden vom König *fiscalini servi* an den Bischof geschenkt, die für die Reiterdienste der Königsstadt eine *societas parafridorum* bildeten. Dazu H. Dannenbauer, Paraveredus, ZRG Germ. 71 (1954); H. Büttner a. a. O.

Die Amtsträger oder Dienstleute *(ministri, servitores, ministeriales)* werden vom Bischof ebenso wie die Inhaber der hohen Hofämter (Kämmerer etc.) aus der Schicht der Fiskalinen gewählt, die sich jedoch von diesem Dienst freikaufen können und dann einen neuen Freiheitsstatus mit Pflicht zum Besuch des ungebotenen Dings besitzen (c. XXIX). Die Glieder der *familia* sind, neben den genannten größeren standesrechtlichen Unterscheidungen, in Genossenschaften *(societates)* unterteilt, die einem der genannten bischöflichen Amtsträger (*ministri* u. ä.) unterstehen. Die Genossenschaften haben eigenes Gericht unter diesem Vorsteher, in der interne Streitigkeiten auf einfachere Weise beigelegt werden können (c. VII, VIII, XII, XIII, XXIV). Im übrigen besteht das *placitum* als Schöffengericht (c. XVII, XXII), als dreimaliges ungebotenes Ding (c. XXIV). Teilweise scheint die Bezeichnung *socius* aber nicht den Genossen im engeren Sinne, sondern den Standesgenossen oder den Zugehörigen der familia allgemein zu bezeichnen (etwa c. XXX in der Gegenüberstellung *aliena familia-proprii consocii*).

Die *familia* erstreckt sich, offenbar personenrechtlich ungeschieden, über den Stadtbereich und das Land. Auch die Bezeichnung *concivis* wird offenbar auf ländliche Geburen angewandt (etwa c. XXXII *in conventu concivium,* so auch c. XII). Die Stadt ist dagegen ein lokal hervorgehobener Rechtsbereich: Der erhöhte Stadtfriede fordert bei Totschlag, Verletzung, Waffenzücken höhere Buße bis zur Königsbuße von 60 Schilling (c. XX, XXVII, XXVIII, XXX). Der Besitz eines Hausgrundstücks in der Stadt verleiht dem Inhaber überdies eine starke Absicherung gegen überfällige Zins- und Abgabenforderungen des Bischofs (c. XXVI). Sicher ist es nicht nur Zufall, daß in dieser Bestimmung statt des sonstigen *lex erit familie* steht: *lex erit concivibus;* hier deutet sich schon die Bedeutung *civis* = Stadtbewohner, Bürger an.

Auch Teilnahme der *familia* am wohl überwiegend städtischen Geldverkehr wird deutlich. Prozesse werden nicht nur um Äcker, Weingärten, Sklaven, sondern auch um Geld geführt (c. XXXI); dies gehört allerdings (wohl als weniger wertvoll gegenüber dem Landbesitz) zum Erbteil der Töchter (c. X). Den nach Kaufmannsrecht üblichen Beweis in Darlehenssachen durch Parteieid hebt Burchard aber wegen des offenkundigen Mißbrauchs auf zugunsten des Zweikampfbeweises (c. XIX). Hochgestellte Personen *(personae dignae),* die es also innerhalb der familia gibt, können sich dabei durch Kämpen vertreten lassen.

Ein Hauptgegenstand der Lex ist die Zurückdrängung der ständigen, durch Stolz und Trunksucht beförderten Fehden innerhalb der *familia* (vor allem c. XXX), nachdem Burchard durch Beseitigung der gräflichen Burg eine andere Fehdeursache aus der Stadt verbannt hatte. Die Fehdelust weist hin auf einen Lebensstil jenseits bäuerlicher Armut, waffenvertraut, mit starkem, immer wieder bezeugtem Rückhalt bei der erbberechtigten Sippe *(proximi, amici)* in Fehde, Wergeld, Prozeß und Eidesleistung (c. I, IIff., XXII, XXIII, XXX).

Die Angehörigen der familia sind also nicht in Stadt- und Landbewohner getrennt; vielmehr sind die deutlichsten Unterschiede solche geburtsständischer Art, die eine *lex* und *iustitia innata* begründen. Zu vermuten ist eine noch stärkere Differenzierung als die erwähnte zwischen Fiskalinen und Dagewarden, wenn sie auch offenbar schon nicht mehr standesrechtlich greifbar war[36)]. Sie mag für die unter einem amtsrechtlich ausgewiesenen *minister* bestehenden Genossenschaften noch kennzeichnend gewesen sein. Diese sind offenbar teilweise lokal und bodenrechtlich, bzw. durch die Abgabe vom besessenen Land (die sicher unterschiedlich war und darum nie benannt wird) bestimmt. Nicht personenrechtlich, aber sachenrechtlich heben sich städtische Grundbesitzer in ihrem Freiheitsstatus hervor und scheinen insofern als Genossenschaft von *concives*. Die *familia* umfaßt offenbar ein außerordentlich breites soziales Spektrum (im Prolog: *diviti et pauperi*); hohe bischöfliche Amtsträger, Meier, ritterlich Lebende, Güterbesitzende und am Handel Beteiligte, aber auch kleine Bauern und ländliche wie hofhandwerkliche Tagwerker gehören ihr an, während die *mancipia* nur einen sachenrechtlichen Status besitzen[36a)]. Aber zwischen jenen wie im Verhältnis zu Angehörigen anderer *familiae* (c. XXX), zu fremden Lehnsleuten (c. XIV) und zu Freien (c. XXI) sind *connubium* und *commercium* nicht abgeschnitten; über das Verhältnis zu der aus anderen Dokumenten bezeugten kaufmännischen Bevölkerung erfahren wir (außer der Tatsache des Geldverkehrs) nichts, da diese personenrechtlich einem anderen Rechtskreis angehört. Die bezeugten Stände und Genossenschaften machen aber wohl den überwiegenden Teil der unter der bischöflichen Stadtherrschaft vereinigten Bevölkerung der civitas Worms aus[36b)].

2. *Burschaft und Genossenschaft im Niedericher Weistum*

In die Situation einer örtlichen Gemeindebildung, die im Rahmen der Entwicklung der berühmten »Sondergemeinden« innerhalb der Kölner »Gesamtgemeinde« steht, führt uns eine Quelle für die Zeit um 1100, das sogenannte Niedericher Weistum[37)]. Es stellt, ähnlich wie die Wormser Lex, den in dieser Zeit noch seltenen Versuch einer umfassenderen Rechtsaufzeich-

36) Zu den standesrechtlichen Fragen vgl. u. a. den zit. Aufsatz von RODENBERG. – Die viel diskutierten Heimgereiden treten als *urbani qui Heimgereiden vocantur* in der erwähnten Mauerbauordnung als wichtige Bevölkerungsgruppe auf, nicht dagegen in der Lex familiae, dann aber wieder seit dem 12. Jh. unter einem Heimburgen, der dem *minister* der Lex entsprochen haben könnte. Dazu m. w. Lit. BÜTTNER, a. a. O., S. 397f., 401. F. STEINBACH, Ursprung. Collectanea, S. 582, 584. F. BEYERLE (a. a. O.) bezeichnete die Wormser Heimgereiden sogar als »vorgeburtliche Kindheitsstufe der Wormser Stadtgemeinde«, zustimmend F. Steinbach a. a. O.

36a) Darum übersetzten wir »Sklaven«. Zum Problem vgl. H. NEHLSEN, Sklavenrecht zwischen Antike u. MA. I. 1972. Bes. S. 58ff.

36b) RODENBERG, a. a. O. nimmt an, der lex familiae unterfielen alle, auch die aus persönlicher Freiheit stammenden Stadtbewohner. Das scheint mir zumindest nicht ganz ausgeschlossen.

37) Edition in: Th. BUYKEN u. H. CONRAD (Hg.), Die Amtleutebücher der Kölnischen Sondergemeinden, 1936, S. 221f. Dort in der Einleitung auch ausführliche Auseinandersetzungen mit den Sachfragen u. Lit. zu dieser vieldiskutierten Quelle im Rahmen der Kölner Entwicklung, zu der hier natürlich nicht Stellung bezogen werden kann. Eingehend und kritisch auch H. v. LOESCH, Das Recht des Niederichs, ZRG Germ. 52 (1932), S. 322ff. Kurz dazu F. STEINBACH, Ursprung der Kölner Stadtgemeinde, Collectanea, S. 663; erwähnt im Rahmen der Entstehung der Landgemeinde bei E. ENNEN, in: DIES. und W. JANSSEN, Deutsche Agrargeschichte, 1979, S. 181f.

nung dar. Wir wollen diese Quelle auf die Struktur genossenschaftlicher Bildungen im Umfeld eines städtischen Konzentrationsgebietes, Köln, befragen, das sich gerade in diesen Jahren in dem so schwer zu erhellenden Umwandlungsprozeß zur »mittelalterlichen Stadt« befand.

Der Niederich ist zur Zeit des Weistums noch vorstädtische Burschaft und Pfarrsprengel (das Weistum selber spricht von der *parrochia Nitherich*); sie wird 1106 in den Kölner Mauerring einbezogen und wird jetzt eine der Sondergemeinden, die sich bekanntlich in besonderer Weise durch die Führung der Schreinskarten dokumentiert haben. Die Überlieferung des Weistums stammt schon aus dieser Zeit der Eingemeindung. Wir können wiederum viele umstrittene Fragen, die in den Bereich der Kölner Stadtgeschichte gehören[38], zurückstellen und versuchen, aus den unmittelbaren Aussagen der Quelle eine Antwort auf unsere begrenzte Fragestellung zu gewinnen.

Der Niederich steht unter der erzbischöflichen Gerichtsherrschaft; sie wird am Ort durch den *comes et advocatus noster* im ungebotenen Ding dreimal jährlich ausgeübt (c. 1). Zwölf Schöffen aus dem Kreis der Geburen sind Rechtsfinder (c. 5). Die Genossenschaft *(cives nostri)* ist Nachbarschaftsgemeinde, *cives* ist also mit *gebur* zu übersetzen[39]. Die Geburen sind Besitzer einer *domus* und *hereditas*, deren Erwerb im Kreis der Geburen entweder unter Vorsitz des erzbischöflichen Amtsträgers oder des genossenschaftlichen *minister,* unter Abgabenleistung auch an die Genossenschaft, rechtsförmlich vollzogen werden muß (c. 3, 4, auch 2, 5, 7). Die Hauptstrukturen sind also durch Gerichtsverfassung, durch eine bodenrechtliche Genossenschaft und durch die Parochie bestimmt. In sie flechten sich aber personalgenossenschaftliche Beziehungen ein. Es besteht eine genossenschaftliche Verpflichtung, sich dem örtlichen Burgericht zu stellen und nicht vor die erzbischöfliche *curia* zu ziehen (c. 6). Wer dagegen verstößt, wird als Brecher der Genossenverpflichtung *(rebellis)* aus der *Karta civium* und der *communio* getilgt; die Geburenschaft leistet dem Beklagten in diesem Falle Gerichtshilfe vor dem Hochgericht (c. 6), wie sie überhaupt jeden, der in dem beschriebenen Verfahren seine *hereditas* erworben und der Genossenschaft ihre Gerechtsame geleistet hat *(nobis jure nostra* [sic] *persolverit),* gegen alle Inanspruchnahme verteidigt (c. 7).

Es gibt neben den schon erwähnten Schöffen weitere Amtsträger in der Burschaft, *ministri* und ihre *vicarii*, die wohl auch *judices* heißen, also Gerichtsvorsitz und Banngewalt ausüben können, außerdem *magistri civium* (c. 3, 4, 6). Die bei der Aufzeichnung 1150 nachgetragene Bestimmung des c. 9 gibt eine Vorschrift für den Wahlmodus von *magistri* und *ministri*: Sie müssen den Konsens sowohl der *magistri* wie aller Geburen *(cives)* erlangen, wenn die Wahl gültig sein soll.

Wir können unsere Beobachtungen zusammenfassen: Die ständisch-bodenrechtliche Genossenschaft hat im Niederich auf der Grundlage von Gericht und Parochie stark gemeindliche Züge erhalten. Gleichzeitig wird aber die Genossenschaft »alten Rechts«, die auf der

38) Dazu H. Jakobs in diesem Bande.
39) G. Köbler, Civis und ius civile, ZRG Germ. 82 (1966), S. 35ff.

Grundlage von Geburtsstand und Bodenbesitz beruht, mit Leben erfüllt und aktiviert durch Elemente der gewillkürten Personalgenossenschaft, der Einung: Eine *Communio* der Bürger, die ein Mitgliederverzeichnis oder doch die Schreinskarten führt[40], begründet einen engeren Verband der *cives* über Nachbarschaft und Gerichtsgenossenschaft hinaus mit engerem Pflichtverhältnis, Intensivierung der Rechts- und Gerichtsgenossenschaft. Sicher hat auch die Wahl von Amtsträgern diese neue Form der Genossenschaft zur Grundlage. Deren Wahl enthält sowohl Elemente einer Repräsentation der Geburen als auch, wie die Kooptations- und Zustimmungsrechte der *magistri civium* zeigen, den Ansatz einer bevorrechtigten Genossenschaft von Honoratioren, welche beginnt, die alte Burschaft zu überlagern.

Ein Blick über den Bereich des Niederich hinaus belegt die alte Vermutung, daß die neuen Elemente des Verbandslebens nicht nur aus der ländlichen Geburschaft, sondern auch aus dem »städtischen« Leben der Kaufleute stammen. In jenen Namenslisten, deren Deutung der Forschung lange Rätsel aufgegeben hat, zeigt sich die Verbindung der Kaufmannsparochie St. Martin, also einer innerstädtischen parochialen Kölner Sondergemeinde, mit der Kaufmannsgilde[41]. Aufnahmen in die Parochialgemeinde und die Gilde decken sich im 12. Jahrhundert großenteils, aber nicht vollständig. Es gibt also nichtgildemäßige Parochiale und Gildenmitglieder außerhalb von St. Martin. Doch können wir annehmen, daß die St. Martins-Parochie weitgehend von der Kaufmannsgilde bestimmt ist[42]. Diese verschwindet erst Ende des 12. Jahrhunderts im Rahmen der tiefgreifenden Umwandlung der Stadtverfassung, die auch zur Bildung der Richerzeche als Vereinigung der städtischen Führungskräfte geführt hat[43]. Wir haben also im Umkreis von Köln Ende des 11. und Anfang des 12. Jahrhunderts den mehr kaufmännisch bestimmten Typ der Parochialgemeinde, die starke einungs- und gilderechtliche Züge hat, und die mehr »bäuerlich« bestimmte Parochialgemeinde auf nachbarrechtlicher Grundlage, doch mit einungsrechtlichem Einschlag. Über wechselseitige Beeinflussungen soll hier nicht weiter spekuliert werden. Doch ist jedenfalls deutlich, daß die beiden Modelle vielfältigen Einfluß auf die sich entwickelnde Kölner kommunale Verfassung ausüben[43a]. Interessant ist auch der weitere Weg der beobachteten Niedericher Genossenschaften: Im Verlauf des 12. Jahrhunderts entwickelt sich aus den Amtleuten, die wir auch in den anderen Parochien finden, eine zu Formen patrizischen Honoratiorentums tendierende Genossenschaft der gewesenen, der amtierenden Amtleute und der Anwärter, die die Genossenschaft der Geburen langsam immer stärker zurücktreten läßt. Während die Geburschaft auf vorhandenen Rechtsgemeinschaften aufbaut, zeigt die Amtleutegenossenschaft die Züge der personalen

40) Dazu v. LOESCH a. a. O., S. 330f.

41) H. v. LOESCH, Die Kölner Kaufmannsgilde, Diss. Marburg 1904 (auch Erg. Heft 12 d. Westdt. Zs.).

42) E. ENNEN, Frühgeschichte der europäischen Stadt, S. 147.

43) H. PLANITZ, Kaufmannsgilde und städtische Eidgenossenschaft, ZRG Germ. 60 (1940), S. 29 und Die deutsche Stadt, S. 76.

43a) Auf die differenzierten »Verfassungstopographischen Studien zur Kölner Stadtgeschichte des 10. bis 12. Jhdts.« von H. JAKOBS, in: Köln, das Reich und Europa, Mitt. aus dem Stadtarchiv von Köln, 60, hg. v. H. STEHKÄMPER, 1971, konnte hier nicht eingegangen werden.

Einung und bezeichnet sich als Bruderschaft *(fraternitas)*. Diese Bezeichnung tragen im gleichen Zeitraum auch die Kaufmannsgilde, die neugeschaffenen Zünfte, schließlich auch die Richerzeche[44]. Die Bezeichnung als Bruderschaft kommt für die Amtleutengenossenschaft erst im 14. Jahrhundert außer Übung.

3. Die Situation am Marktort – Das Gandersheimer Vogtweistum von 1188

In der Zeit Friedrich Barbarossas ist der soziale Umwandlungsprozeß der städtischen Entwicklung in den Bischofsstädten schon fortgeschritten; gerade die genossenschaftlichen Strukturen sind in dieser Zeit schwer erkennbar. Leichter läßt sich ein Zwischenstand der Verschiebung hofrechtlicher zu städtisch-bürgerlichen Strukturen an Marktorten erkennen, die eine der vor- und frühstädtischen Formen dieser Zeit darstellen. Sie finden sich sowohl im deutschen Südwesten, im Südosten wie im ostdeutschen Kolonisationsgebiet[45]. Hier sei ein Beispiel auf norddeutsch-sächsischem Boden gewählt, das Gandersheimer Vogtweistum, das nicht nur für die Geschichte der Vogtei, Ministerialität und Territorialbildung, sondern auch für die Frühgeschichte der Stadt seit geraumer Zeit das Interesse der Forschung gefunden hat[46]. Kern der Siedlung ist die burgartige Anlage des Frauenstiftes *(urbs)*[47]; Otto III. verleiht ihm Marktzoll und Münze. Die Lage am Kreuzungspunkt zweier Haupthandelsstraßen erklärt die Funktion vor allem als Fernhandelsmarkt. Der Komplex von Stift, Wohnanlagen, Höfen und Markt ist so umgrenzt, daß das Weistum *intra et extra civitatum* (sic!) unterscheidet; doch sind eigentlich städtische Merkmale wie Stadtmauer und Rat erst im 14. Jahrhundert vorhanden. Anliegen des Weistums ist es, die Gerichtsverhältnisse zwischen dem Vogt und der Äbtissin zu klären, wobei, etwas vereinfacht gesagt, dem Vogt das dreimal im Jahr stattfindende ungebotene Ding in Hochgerichtssachen über Zinsbauern wie Marktleute vorbehalten bleibt, die Äbtissin dagegen die Immunitäts- wie Marktgerichtsbarkeit und Marktverwaltung bestätigt erhält. Wie im älteren Worms, so finden wir auch hier die geburtsständischen Genossenschaften, die sich über die Grenzen der klösterlichen Immunität wie der *civitas* erstrecken. Erwähnung finden vor allem Zinsbauern *(litones)*, offenbar mit unterschiedlichem (oder auch

44) Vgl. Buyken u. Conrad, a. a. O., Einleitung, bes. S. 26f.

45) Grundlegend W. Schlesinger, Forum, villa fori, ius fori. Mitteldeutsche Beiträge zur dt. Verfassungsgeschichte des MA, 1961, S. 275ff. Zum Südosten vor allem die Studien von M. Mitterauer, u. a. in: Markt und Stadt im Mittelalter, 1980.

46) Seit S. Rietschel, Markt und Stadt in ihrem rechtlichen Verhältnis. 1897.

47) Wir folgen hier der eingehenden und gründlichen Analyse von G. Kallen, Das Gandersheimer Vogtweistum von 1188. Hist. Aufs. f. Aloys Schulte. 1927, jetzt in: G. Kallen, Probleme der Rechtsordnung in Geschichte und Theorie, 1965, S. 74ff. Dort auch am Ende Edition des Weistums. – G. Kallen weist auf die typische Situation Gandersheims, vor allem auch für die parallele Situation zu den Reichenauer Gründungen Radolfzell und Allensbach hin, welche W. Schlesinger sodann ausführlicher behandelt hat.

ohne) Bodenbesitzrecht, des weiteren Hofhandwerker; von diesen Gruppen heben sich nunmehr (anders als vorher in Worms) die Ministerialen deutlich ab; im Zusammenhang mit dem Markt erscheinen Kaufleute *(mercatores)* und *homines forenses*, Marktbewohner. Sie hatten schon unter Otto III. als *negotiatores* und *habitatores loci* Kaufmannsrecht *(lex)* nach dem der Dortmunder und anderer verliehen bekommen (DO III Nr. 66, 990). Das Interessante ist nun die genaue Definition des Umfanges, in welchem die Personen anderer Rechtskreise am Marktrecht *(lex forensis)* teilhaben: Sie haben Zugang zum Markt wie die eigentlichen Marktleute *(homines forenses)*, unterliegen dem Marktrecht aber nur in Beziehung auf den um des Gewinnes willen getätigten Zwischenhandel auf dem Markt. Mit großer begrifflicher Klarheit wird dies ausgedrückt: *ratione mercationis, non ratione persone legi forensi subiacebit.* – Wenn wir die Ergebnisse, die die kurze Betrachtung für unsere Fragestellung ergibt, in allgemeinerer Form zusammenfassen, ergibt sich folgendes: Die Sicht und das Interesse des Weistums ist die Ordnung vor allem von oben, von der herrschaftlicher Seite, der Äbtissin und dem Vogt her, und zwar vor allem der gerichtlichen Verhältnisse. Unter diesem herrschaftlichen Interesse werden gerichtsgenossenschaftliche Verhältnisse eher zugunsten sachlicher Funktionen (Markt) und der Beachtung der Immunität aufgelöst. Maßgebend bleiben jedoch geburtsständische Zuordnungen, wobei stärkere Differenzierungen über die genannten Gruppen der Litonen und Ministerialen hinaus vorhanden, aber schwer zu benennen sind; sie ergeben sich auch aus dem Bodenbesitzrecht. Einen eigenen Stand bilden die Berufskaufleute *(mercatores)*, unter denen wir vor allem Fernkaufleute verstehen dürfen und die als *homines forenses*, von der Pflicht zum ungebotenen Ding abgesehen, ganz nach privilegiertem Marktrecht lebten. Die übrige Bewohnerschaft war im Interesse des Handels zum Markt zugelassen, genoß privilegiertes Marktrecht aber nur in bezug auf den auf Gewinn zielenden Marktkauf[48]. Hier bildet sich unter lokalem (Markt) und funktionalem (Marktkauf) Aspekt also eine Rechtsgenossenschaft von zunächst lockerer, aber zukunftsträchtiger Art: Das Marktrecht hat zunächst nur einen zeitweiligen Einbruch ins Hofrecht zur Folge[49], aber Hofrechtskreis und Marktrechtskreis bleiben noch gesonderte Rechtssphären (a. a. O. S. 95), in welchem das Hofrecht noch Vorrang hat, das Marktrecht sich aber als das Recht der Zukunft andeutet[50]. Es wird schon hier deutlich, wie sehr die alten geburtständischen und besitzrechtlichen ländlichen Strukturen in einem Spannungsverhältnis zum Prinzip von Markt und Handel stehen.

48) Auch hier eine Definition von begrifflicher Schärfe: *Publice vero mercationes dicuntur, quando quis res, quas infra forensem limitem emit, lucri gratia postmodum vendere intendit.* Kallen hat schon darauf hingewiesen, daß zuvor eine typisch kanonistische Formel in dem Weistum auftaucht. Wie bei Burchards Lex, so finden wir also wohl auch hier an der Wiege der Rechtsaufzeichnung die Patenschaft gelehrt-kanonistischer Denkschulung.

49) Kallen, FS. Schulte, S. 156 unter Bezugnahme auf F. Beyerle.

50) Kallen, S. 167, 168.

4. Pfalzort, Marktort, Bergbausiedlung – Die Stadtentwicklung in Goslar

Ein vierter Beobachtungsgegenstand soll uns zeitlich bis ins 13. Jahrhundert, damit in die Zeit städtischer Gemeindebildung führen; er selber, Goslar, ist gekennzeichnet durch eine Mehrheit von Siedlungskörpern, die in der späteren Stadt aufgehen, und diesen entsprechenden genossenschaftlichen Gruppen, die sich dann innerhalb der Stadt umgruppieren in Gilden und Zünfte im Rahmen einer Ratsverfassung[51]. Goslar wird in seinen Funktionen als Pfalz, für den Bergbau und als Handelsplatz eine nicht unbedeutende Stadt, ist aber andererseits doch nicht so sehr von der Dynamik städtischer Entwicklung ergriffen, daß die Spuren älterer Strukturen in einem allzu schnellen Prozeß eingeschmolzen würden. Wir können uns bei der Betrachtung weitgehend den älteren Forschungen Karl Frölichs anvertrauen[52], der zur Aufdeckung der hier interessierenden Sachverhalte zwar auch mit Rückschlußmethoden arbeiten muß, aber als ausgezeichneter Kenner der Quellenlage seine Schlüsse durch mehrfache Beweisketten abzusichern versteht und außerdem die Verbindungen zu Parallelergebnissen der gleichzeitigen Stadtgeschichtsforschung (etwa F. Beyerle, G. Kallen, H. Pirenne u. a.) schlägt. Seine Ergebnisse sind von den auf anderer Quellengrundlage gewonnenen Planitz'schen Thesen wohl zu sehr in den Hintergrund gedrängt worden, so daß auch unter diesem Gesichtspunkt, nämlich einer Überprüfung und Ergänzung der Planitz'schen These der städtischen *conjuratio* unter genossenschaftsrechtlichem Aspekt, die Heranziehung der Forschungen Karl Frölichs sinnvoll erscheint.

Ausgangspunkt kann die umfassende Rechtsbestätigung sein, die Friedrich II. 1219 der Stadt *(civitas)* gewährt[53]. Als Anlaß wird nicht nur die Treue der Stadt, sondern auch ein Konflikt zwischen den vom Kaiser gestützten *burgenses* und den *habitatores*, die die Stadtrechte angeblich ändern und mißbrauchen wollten, genannt. Während die Mehrzahl der Bestimmungen für jedermann bzw. für die Bürger *(cives)* oder Bewohner gelten, werden an einzelnen Stellen die Burgensen in ihren Rechten gestärkt, vor allem im Gerichtsstand und der Mitwirkung im Gericht; unter ihnen wiederum gelten einzelne Vorrechte besonders für die Kaufleute (c. 23). Als Sondergruppe erscheinen schließlich noch die *silvani*[54] (c. 49). Auf den

51) Kurzer Überblick und einführende Literatur Art. Goslar (U. KORNBLUM), HRG I Sp. 1756ff., sowie Dt. Städtebuch III, 1 (Niedersachsen).

52) Die folgenden Überlegungen stützen sich vor allem auf K. FRÖLICH, Die Verfassungsentwicklung von Goslar im MA. ZRG Germ. 47 (1927) S. 287–486, dort auch die ältere Lit. Der bleibende Wert, aber auch die zu geringe Beachtung dieser monumentalen monographischen Studie beruht wohl ebenso auf der differenzierten Verknüpfung topographischer, sozial- und verfassungsgeschichtlicher Beobachtungen, die oft nur mühsam nachzuvollziehen ist, auf der Beschränkung auf eine Stadt mittlerer Bedeutung wie auf der Verdrängung einer älteren Schicht der Stadtforschung, auf die wir nun schon mehrmals zurückgegriffen haben, durch die eigentlich am niederfränkischen Bereich gewonnenen Thesen von PLANITZ.

53) UB Goslar, hg. v. G. BODE F Nr. 401; KEUTGEN Urk. Nr. 152; DIESTELKAMP, Elenchus Nr. 122. Dazu eingehend FRÖLICH a. a. O., S. 396ff.

54) c. 49 unter der bezeichnenden, die *silvani* von den übrigen Bevölkerungsgruppen absetzenden Überschrift: *Hec sunt jura silvanorum.*

Kern des erwähnten Konfliktes führt das oft erwähnte Gildeverbot des c. 38: Einungen und Gilden (lat. *conjuratio, promissio* oder *societas*) sollen verboten sein mit Ausnahme derjenigen der Münzer zum Schutz vor falschen Münzen[55]. Erst die Heranziehung einer Bestimmung aus der Bestätigung des Stadtrechts durch König Heinrich von 1223 zeigt aber die Zielrichtung des Gildeverbots[56]: Die Bruderschaften der Gilden werden in dem sonst weitgehend gleichlautendem Privileg wieder zugelassen, außer denjenigen der Zimmerleute und Weber, auf daß niemand ohne Vollwort der Kaufleute den Gewandschnitt ausüben könne. Anlaß des Gildeverbots war also das Gewandschnittmonopol der Kaufleute; dies war offenbar einer der Streitpunkte zwischen Burgensen und Habitatoren. Der Verband der Kaufleute, dessen Existenz schon aus der Zollprivilegierung des Stadtrechts (für *mercatores civitatis*), dem Gewandschnittmonopol und der Erwähnung der Beschlußfassung durch Vollwort deutlich wird[57], war also von dem Gildeverbot keineswegs betroffen[58]. Während die Kaufleute, wie schon aus den Privilegierungen deutlich war, den Burgensen zugehören, erscheinen die Habitatoren, die mit ihnen im Konflikt lagen, als die in Art der Gilde oder Einung im Schwurverband organisierten Handwerker. Streitpunkt sind – zumindest auch – Vorrechte in der städtischen Wirtschaft; das auch nach dem Diplom von 1223 weitergeltende Gildeverbot für die Weber weist noch einmal auf den Gewandschnitt, das für die Zimmerleute möglicherweise auf Wirtschaftsinteressen der Waldberechtigten, der Silvanen hin. Die Münzergilde bleibt, da sie auf der Ausübung eines Hoheitsrechts beruht, unberührt von diesen Interessen und Auseinandersetzungen.

Die Forschungen Frölichs lassen erkennen, wie das Diplom von 1219 einen Blick auf die Umwandlungen älterer, aus der Siedlungsgeschichte herrührender Genossenschaften in einungsartige, in der Bürgergemeinde stehende Genossenschaften erlaubt. Die Verbindung topographischer Forschung mit verfassungsgeschichtlicher und sozialgeschichtlicher Betrachtungsweise läßt das Zusammenwachsen der Stadt aus mehreren Siedlungskernen erkennen: der Pfalz, der Bergsiedlung am Rammelsberg, der Siedlung der Waldleute am Frankenberg, der Marktsiedlung[59]. Diesen entsprechen standesrechtlich und bodenbesitzrechtlich unterschiedene, meist genossenschaftlich verbundene Gruppen[60]: Der Pfalz sind altfreie wie ministerialische Geschlechter ritterlicher Lebensweise verbunden; die Bergbau- und Waldberechtigten bilden die als *montani* bzw. *silvani* bezeichneten Gruppen, die parochial und (unter Ausschei-

55) c. 38: *Preterea datum est regali precepto, quod nulla sit conjuratio nec promissio vel societas, que Theotonice dicitur eninge vel gelde, nisi solum monetariorum ea de causa, ut caveant de falsis monetis.*

56) UB Goslar I Nr. 430 c. LII, Keutgen Urk. Nr. 152 a. E.

57) Vgl. das Privileg v. 1219, a. a. O., c. 32 (Zoll), zum Gewandschnitt und Vollwort (also einer genossenschaftlichen förmlichen Beschlußfassung) den vorerwähnten Zusatz der Bestätigung von 1223.

58) Frölich a. a. O., S. 373ff., 397ff.

59) Vgl. Frölich a. a. O., S. 295–342 (Siedlungsgeschichtliche und topographische Grundlagen der Entwicklung, mit sehr klarer Untergliederung).

60) Frölich a. a. O., S. 347–377 für die verfassungsrechtlich-soziale Gliederung vor 1219, S. 377–406 zu den Anfängen von Rat und Patriziat.

dung der zum Adel tendierenden *Erfexen*) ständisch-genossenschaftlich im Laufe der Einbeziehung in die Stadt miteinander verschmolzen werden. Die Marktsiedlung, der Kern der im 12. und 13. Jahrhundert entstehenden Stadt, kennt die seit dem 11. Jahrhundert als Fernhandelskaufleute bezeugten *mercatores* und die später bezeugten, 1219 in Gilden und Innungen verbundenen Handwerker. Die Kaufleute ihrerseits bilden schon im 11. und 12. Jahrhundert einen privilegierten Verband[61]; sie besitzen auch begünstigte Grundstücke am Markt. Ihr Verband ist vom Gildeverbot von 1219 nicht betroffen, entscheidet vielmehr mit Vollwort über Zulassung zum Privileg des Gewandschnittes. Er heißt dann 1252 selber *fraternitas* und Gilde[62].

Die Handwerker siedeln in der Marktsiedlung zu Wortrecht, was später offenbar ein Hindernis für den Zutritt zum Vollbürgerrecht der Burgensen darstellt. Ein verfassungsrechtlicher Ausgleich führt deshalb über die Angleichung des Bodenbesitzrechts ebenso wie über die Anerkennung der Handwerkereinungen und -gilden wie über den Zugang der angesehnsten zur Ratsverfassung; dieser Ausgleich zieht sich über das gesamte 13. Jahrhundert bis ins 14. Jahrhundert hin[63].

Der aufsteigenden handwerklichen Bevölkerung gegenüber bildet sich eine neue städtische Oberschicht. Kaufleute, Montanen und Silvanen und Münzer gehören ihr an, während die ritterlich-adlig lebenden, vor allem der Pfalz zugeordneten Familien aus der Stadt langsam ausscheiden, soweit nicht ministerialische Familien den Weg in die städtische Oberschicht wählen. Die neue, weiterhin nach den alten Genossenschaften untergliederte Oberschicht nimmt zunächst den Zugang und die Besetzung des Stadtrates alleine für sich in Anspruch, ehe in dem genannten Ausgleich mit den Handwerkern deren führenden Innungen, denen der Krämer, Bäcker, Fleischer und Schuhmacher, ein Anteil an der Ratsbesetzung zugestanden wird. Damit geht deren Anerkennung als »Gilde« einher, eine Bezeichnung, die jenen städtischen Genossenschaften vorbehalten bleibt, die Zugang zum Rat haben, während die übrigen quellenmäßig Innungen heißen. Außerdem gibt es einen Unterschied zwischen »großen« und »kleinen« Gilden, wobei die »großen« Gilden der Krämer, Bäcker, Fleischer,

61) Frölich a. a. O., S. 373 ff. u. ö.

62) UB Goslar II, Nr. 13 (1252 April 6). Privileg Kg. Wilhelms, betr. Rechte der Kaufleute u. a. auf Gewandschnitt, so daß niemand ohne Zustimmung ihrer *fraternitas que theutonice gelde vocatur* dieses Recht ausüben darf. Die Verbindung zu den Privilegien von 1219 und 1223 ist deutlich.

63) Vgl. Frölich a. a. O., S. 406 ff., 424 ff., 449 ff. Eine wichtige Stufe, in der die Bedeutung der Innungen und Gilden für das Sozialgefüge der Stadt besonders deutlich wird, stellt das Jahr 1290 dar: UB Goslar II Nr. 382: Aufhebung des Verbots der *fraternitates = inninge vel gelde* durch König Rudolf; Nr. 403 bis Nr. 406: Vergleich zwischen Kaufleuten und den übrigen Gilden einerseits, den Montanen und Silvanen andererseits. Es geht dabei um den Eintritt in die Gilden, bei denen auch der Stadtrat beteiligt ist. Die Gilden heißen auch *fraternitas, societas, consortium, collegium,* die der Kaufleute auch *amicicia.* Die alten Bodengenossenschaften werden dagegen nur als *silvani et montani* bezeichnet, nicht aber mit dem sonst so reich verwendeten personalgenossenschaftlichen Vokabular.

Schuhmacher offenbar schon im 12. Jahrhundert durch bevorrechtigte Hallen und Buden am ältesten Marktplatz, wohl vom König als Stadtherren eingeräumt, ausgezeichnet sind[64)].

Verbindungen der Verfassungsverhältnisse des 13. und 14. Jahrhunderts zu jenen der älteren Zeit zeigen sich in der besonderen Beziehung der Kaufleutegilde zum Rathaus, zum Stadtsiegel, zum städtischen Archiv und zur Stadtmauer[65)]; schließlich scheint auch die Organisation des Rates auf einem Sechsmännervorstand der älteren Verbände aufzubauen[66)]. Aber auch die Stellung der später ratsfähigen vier Handwerker-(bzw. Krämer-)gilden scheint durch eine besitzrechtliche Position am Markt vorgeprägt zu sein[67)].

Das Beispiel Goslars zeigt also sehr deutlich den über etwa 150 Jahre, vom Ende des 12. bis in das 14. Jahrhundert sich ziehenden Einschmelzungsprozeß unterschiedlicher Bevölkerungsgruppen in eine städtische Bürgerschaft. Am Anfang stehen sich diese als nach Bodenrecht und Siedlungsverfassung, geburtsständisch, privilegienrechtlich und bodenbesitzrechtlich getrennte, meist genossenschaftlich organisierte Gruppen gegenüber. Die Umformung erfolgt über eine konfliktreiche Anerkennung der Genossenschaften der handwerklichen Mittelschicht als berufsständische, in der städtischen Wirtschaftsverfassung bevorrechtigte Einungen, von denen einige als Gilden schließlich Zugang zum Rate erhalten. Die städtische Führungsschicht integriert Verbände von verschiedener Rechtsgrundlage; die Sonderstellung der Kaufleute ist deutlich, wobei ihr Verband schon im 11., jedenfalls im 12. Jahrhundert gilderechtliche Züge hat, aber vom Gildeverbot von 1219 nicht betroffen ist, später sich jedoch durchaus als Gilde bezeichnet. Die Kaufleute wie die anderen Verbände bewahren in dem Verschmelzungsvorgang in eine Bürgerschaft bestimmte Vorrechte, die bei Montanen und Silvanen besitzrechtlich gesichert sind, bei den Münzern auf der Regalienverwaltung beruhen, bei den Kaufleuten aber, unter Aufgabe älterer privilegialer Vorteile zugunsten der Stadt, auf der Verteidigung des Gewandschnittes gründet; außerdem organisiert die Führungsschicht von ihren Verbänden aus den Stadtrat, zu dem sie den führenden Handwerkerverbänden erst langsam im Rahmen von Verfassungskompromissen Zugang gewährt.

Insgesamt beruht die Stadtverfassung seit dem 13. Jahrhundert auf einer Anerkennung der Bürgerschaft als tragendem Verband mit dem Rat als Führungsorgan und internen verbandsrechtlich-genossenschaftlichen Gliederungen, die jedenfalls bei Kaufleuten, Krämern und Handwerkern dem moderneren, einungsrechtlich-gildeartigen Prinzip entsprechen. Wald- und Bergleute bewahren dagegen offenbar die ältere besitzrechtliche Verbandsstruktur.

64) Vgl. FRÖLICH, Verfassungsentwicklung, S. 433/444; H. ENGEMANN, Die Gilden der Stadt Goslar im 15. und 16. Jh. (Beitr. z. Geschichte der Stadt Goslar 16), 1957, S. 9f. u. ö.

65) FRÖLICH a. a. O., S. 369ff., auch S. 419ff.

66) FRÖLICH a. a. O., S. 425.

67) FRÖLICH a. a. O., S. 444 u. ö.

5. Das Bild der einungsrechtlich gegliederten Stadt in den Konstitutionen Heinrichs (VII.) und Friedrichs II.

Die verfassungsrechtliche Bedeutung der großen Reichsgesetze Friedrichs II., der *Confoederatio cum principibus ecclesiasticis* von 1220 und des *Statutum in favorem principum* von 1231/32 ist Gegenstand ausführlicher wissenschaftlicher Auseinandersetzungen gewesen[68]. Auch die Frage, welche politischen Stellungnahmen von seiten König Heinrichs und Kaiser Friedrichs zu der Rechtsstellung der geistlichen und weltlichen Fürsten einerseits, der neuen politischen Kraft der Stadtbürgerschaften andererseits sich in ihnen zeigt, ist nicht der wissenschaftlichen Aufmerksamkeit entgangen[69]. Doch sind darüber zwei Dokumente weniger ausführlich diskutiert worden, die zur gleichen Zeit im Rahmen der Auseinandersetzungen zwischen bischöflichen Stadtherren und städtischen Bürgerschaften ergangen sind: Das Reichsurteil gegen die städtischen Bündnisse unter Heinrich (VII.) von 1231[70] und das dieses Urteil aufnehmende Reichsgesetz Friedrichs II. auf dem Reichstag zu Ravenna 1232[71]. Auch hier kann es weder darum gehen, die Städtepolitik der Staufer zu analysieren, noch die Funktion der genannten Rechtsakte in einzelnen Konflikten, etwa des Wormser Bischofs mit seiner Bürgerschaft[72], aufzuhellen. Doch sei so viel festgehalten, daß sie – insofern nicht unähnlich dem Goslarer Gildeverbot von 1219 – dem Bischof als Hebel zu einem späteren Verfassungskompromiß mit der Bürgerschaft von Worms über die Besetzung und Bestellung des städtischen Rates dienten. Unser Interesse soll aber vor allem dem zugewandt sein, was sich aus dem Text der Urkunden selbst am deutlichsten ablesen läßt: Einem idealtypisierenden Bild der Verfassung der *civitates et oppide Alemannie*.

68) Vgl. dazu vor allem die Beiträge von E. SESTAN, E. KLINGELHÖFER und E. SCHRADER in dem Sammelband Stupor Mundi (Wege der Forschung 101), hg. v. G. WOLF, 1966.

69) Dazu als Darstellung des größeren Zusammenhangs H. STOOB, Formen und Wandel staufischen Verhaltens zum Städtewesen, jetzt in DERS., Forschungen z. Städtewesen in Europa, I, 1970. Als ältere Arbeit F. KNÖPP, Die Stellung Friedrichs II. und seiner beiden Söhne zu den dt. Städten. Hist. Studien 181, 1928.

70) MGH Const. II Nr. 299; ELENCHUS font. hist. urb. Deutschland, hg. v. B. DIESTELKAMP, Nr. 141.

71) MGH Const. II Nr. 156, ELENCHUS a. a. O. Nr. 147.

72) Vgl. aus den zahlreichen Urkunden, die sich mit diesem Konflikt beschäftigen, nur UB Worms I Nr. 147, Nr. 156 (Gebot Fr. II., das Stadthaus einreißen zu lassen, 1232 Mai), Nr. 158 (Kg. Heinrich hebt Räte und Bruderschaften zu Worms auf, 1232 August), Nr. 159 (Rat und Bürger berufen sich auf Privilegien und altes Recht, 1232), Nr. 160 (Vermittlung durch Kg. Heinrich, 1232 August), Nr. 163 (Rachtung zwischen Bischof und Bürgern über die Besetzung des Rates, 1233 Februar). Zur Stellung in der königlichen Städtepolitik E. MASCHKE, Die deutschen Städte der Stauferzeit, jetzt in DERS., Städte und Menschen (VSWG Beih. 68), 1980, S. 49 und E. VOIGT, Zum Charakter der »staufischen« Städtepolitik, in: Die Volksmassen, Gestalter der Geschichte, Festg. f. L. Stern, 1962, S. 19ff. bes. S. 46. Unter etwas anderem Aspekt B. DIESTELKAMP, König und Städte in salischer und staufischer Zeit, HZ Beih. 7, 1982, S. 247ff. Zu dem Gang der Ereignisse E. WINKELMANN, Kaiser Friedrich II., Bd. 2, Neudr. 1962, S. 219ff.

Die beiden Rechtsakte stellen deutlich zwei Parteien in der Stadtverfassung gegenüber: Die Stadtherren[73], *domini civitatum et opidorum,* vor allem Erzbischöfe und Bischöfe, und die *civitas,* die *universitas civium.* Es geht um die Eindämmung angeblich eingeschlichener Rechtsbräuche, nach denen die Bürgerschaften[74] verfassungsmäßige Institutionen schufen und Rechte ausübten ohne Zustimmung der Stadtherren; die gesamte Stadtordnung *(ordinacio civitatum)*[75] stehe vielmehr den geistlichen Stadtherren zu, ohne deren Zustimmung die genannten Einrichtungen unrechtmäßig seien. (In diesem Sinne erfolgt ja denn auch die Wormser Ratsrachtung.) In außerordentlich deutlicher Weise drücken die beiden Urkunden den Gegensatz zwischen fürstlicher Stadtherrschaft und genossenschaftlicher Struktur der Bürgerschaft aus: Die Stadt als *universitas civium* errichtet *communia, consilia* und setzt die Ämter *(officia)* der *magistri civium* und *rectores* ein, in ihr bilden sich Gesellschaften und Bruderschaften der Handwerker, lat. *confraternitates seu societates,* deutsch *(vulgariter)* unter den unterschiedlichsten Namen[76]. Sie werden später wiederum in einem Atem mit den Kommunen und Räten genannt[77]. Während so die Kanzlei Friedrichs in Ravenna ein klar gegliedertes Bild bürgerlich-genossenschaftlicher Stadtverfassung mit Kommune, internen städtischen Genossenschaften, Rat und Bürgermeistern als Amtsträgern entwirft, stellt das vorausgehende Reichsurteil von Worms die Bündnisse der Städte anschaulich, aber unsystematisch nebeneinander: *communiones, constitutiones, colligationes, confederationes vel conjurationes,* wiederum auf die unterschiedlichen deutschen Bezeichnungen anspielend. Gerade die nebeneinandergestellten, begrifflich nicht systematisierten Bezeichnungen heben um so deutlicher die einungsrechtliche, personalgenossenschaftliche, bündische und eidgenossenschaftliche Grundlage der verbotenen Bündnisse hervor. – Den personalgenossenschaftlichen Aufbau wollen die Verbote, wie einst schon die Maßnahmen Barbarossas gegen einzelne bürgerliche Eidgenossenschaften, treffen; natürlicherweise nicht ständische, bodenrechtliche oder herrschaftsbezogene Genossenschaften, deren Fortbestehen wir beobachten konnten. Auch die *universitas civium,* die Gesamtbürgerschaft als (passiv) rechtsfähiger Verband ist jetzt offenbar als selbstverständlich bestehend anerkannt, nur darf sie sich nicht gegen den Stadtherren als Einung oder Eidgenossenschaft (*commune,* im Reichsurteil *communio, colligatio, conjuratio*) zusammenschließen. Die rechtlich offensichtlich sehr genau formulierten Wendungen des Ravennater Gesetzes, sicher nicht ohne den Hintergrund sowohl der politischen Erfahrung mit den lombardischen Städten wie der Denkschulung der italienischen Rechtswissenschaft verständlich, trennen ganz klar die als Gegenüber des Stadtherren vorausgesetzte Bürgerschaft und

73) Reichsurteil von 1231, Elenchus Nr. 141: S. 226 Z. 34: *sine domini sui assensu,* S. 227 Z. 34: *domino civitatum et opidorum;* Reichsgesetz v. Ravenna 1232, ELENCHUS Nr. 147 c. 1, c. 4, c. 5: König, Erzbischöfe und Bischöfe als Stadtherren.

74) Reichsgesetz von 1232, c. 1 nennt ausdrücklich die *universitas civium* als Rechtssubjekt, das die genannten Zusammenschlüsse und Ämter geschaffen hat.

75) a. a. O., c. 4.

76) a. a. O., c. 2.

77) a. a. O., c. 5.

die von ihr unerlaubt errichteten genossenschaftlichen Institutionen. Das Einungsverbot hatte ganz sicher, ohne daß es ganz deutlich wird, eine Stoßrichtung auch gegen das aufkommende Phänomen eidgenossenschaftlicher Städtebünde, deren einer 1226 vom Kaiser aufgelöst worden war.

Die Unterscheidungen in Stadtherrschaft und Bürgergenossenschaft, die Abhebung der neuen Form einungsrechtlicher städtischer Genossenschaften von mehr dinglich und ständisch bestimmten Genossenschaften älterer Art, die wir in der wissenschaftlichen Genossenschaftstheorie des 19. Jahrhunderts, vor allem bei Gierke feststellen konnten, findet sich also schon deutlich zugrundegelegt in der juristisch systematisierenden, idealtypisierenden Ausdrucksweise der Gesetzgebung des letzten Stauferkaisers. Die politische Verhaltensweise des Staufers gegenüber den Städten[78], sie im Normannenreich der Staatsverwaltung eingliedernd, sie in der Lombardei letztlich scheiternd bekämpfend, in Deutschland aber auf einen Kompromiß unter Vorrang des Stadtherren drängend, ist sicher von dieser überklaren Sicht bestimmt. Wir haben schon am Beispiel Goslars gesehen, daß die tatsächlichen und genossenschaftsrechtlichen Verhältnisse in der Einzelstadt weit komplexer und mit Relikten älterer Zustände behaftet waren; doch bezeugen die beiden, letztlich vergeblichen Verbote, daß sich die neue einungsrechtlich-genossenschaftlich begründete Bürgerstadt klar erkennbar seit Anfang des 13. Jahrhunderts durchgesetzt hatte.

IV. Die genossenschaftlichen Strukturen von Gilden und Zünften

Die vorangehende Untersuchung versuchte, individualisierend, analytisch, diachronisch vorgehend, ein am exemplum begründetes, quellenmäßig fundiertes Bild von genossenschaftlichen Verbindungen im Umkreis der städtischen Siedlungszentren innerhalb der großen Umwandlungsperiode der städtischen Gesellschaft zu entwerfen. Hauptziel jenes Untersuchungsteils war es, die grundlegenden Veränderungen der sozialen Verbände im Stadtbereich in der Zeit zwischen etwa 1000 und der ersten Hälfte des 13. Jahrhunderts schärfer zu erfassen. Der folgende Abschnitt soll, auf den so gewonnenen Erkenntnissen aufbauend, Strukturen herausstellen. Er wird also generalisierend, synthetisch, synchronisch, typisierend vorgehen. Bei der im folgenden versuchten Typenbildung handelt es sich im einzelnen um Idealtypen, d. h., gewisse in der Realität und ihrer zeitgenössischen geistigen Erfassung zu findende

78) Vgl. die zit. Arbeiten von E. Maschke, H. Stoob, B. Diestelkamp, E. Sestan. Die klare Sicht des genossenschaftlichen Wesens der Städte, wie sie gerade in dem Ravennater Reichsgesetz deutlich wird, widerspricht nicht dem Urteil Sestans (a. a. O., S. 338 ff.), daß Friedrich II. die Stadt als selbständigen Organismus und zukunftwirkende Kraft nicht erfaßt habe, vor allem nicht seinem hierarchischen imperialen Herrschaftschema einfügen konnte. Im Gegenteil, die Tendenz eines generellen Verbotes gegenüber dem genossenschaftlichen Prinzip, ohne Angebot eines wirklichen Gegenkonzeptes außer dem des Kompromisses mit dem Stadtherren, bestätigt das Urteil Sestans.

Prinzipien werden isoliert und überhöht herausgearbeitet. In der Realität städtischer Verbandsbildung werden die Prinzipien dieser Typen meist in unterschiedlicher Zusammenfügung verbunden sein, etwa bodenrechtliche mit bruderschaftlichen, beide mit privilegsgenossenschaftlichen. Die Herausarbeitung von Typen kann zu einer genaueren Beschreibung der aus Typenverbindungen resultierenden konkreten historischen Verbandsbildungen dienen, gleichzeitig auch evolutionäre Prozesse deutlicher machen, indem die Verlagerung der Schwergewichte von einem Typenelement (etwa dem besitzrechtlichen) zum anderen (etwa dem bruderschaftlichen) feststellbar wird. Solche Verlagerungsvorgänge werden deshalb im folgenden kurz angedeutet. Die Typenbildung soll eine angemessenere Möglichkeit der Erfassung von Strukturen wie auch von historischen Prozessen der Veränderung ermöglichen, als es einerseits rein deskriptive Methoden (die aber doch immer wieder auf stark wertungshaltige Begriffe zurückgreifen müssen), andererseits bloße Definitionen vermögen.

1. Genossenschaften des Standes und des Bodenbesitzes

Das Wormser Hofrecht ließ uns die städtische wie außerstädtische Gesellschaft unter bischöflicher Herrschaft nach weitgehend den gleichen Prinzipien geordnet erscheinen: Geburtsständisch abgegrenzte, in verschiedenen Stufen »freier Unfreiheit« lebende Gruppen, deren Rechtsstellung und Pflichtigkeit sich nach dem Geburtsstand und nach dem Rechtsstatus des besessenen Landes richtete. Gandersheim, Stifts- und Marktort, wie auch Goslar als Pfalz- und Marktort und Platz des Bergbaus, ließen durchaus ähnliche Strukturen erkennen. Unterschiede im personalen Status und Abgabenrecht sind zugunsten größerer ständischer Gruppenbildung (etwa Fiskaline und Dagewarde in Worms, Litonen in Gandersheim) angeglichen, spielen aber offensichtlich noch für die Bildung örtlicher Genossenschaften und ihre Verfassung eine Rolle. Die Gerichtsverfassung, vor allem das Niedergericht, hat sich diesen dinglich-ständischen Strukturen angepaßt. Die ständischen wie die bodenrechtlichen Abgrenzungen sind nicht völlig dicht, aber die Herrschaft achtet durch Setzung von Rechtsnormen darauf, daß sich einzelne nicht der ständisch-bodenrechtlichen Pflichtigkeit (Bodenzins, Fron, Erbfall) entziehen. Die Strukturen sind dadurch enorm stabilisiert. Es sind genau jene Strukturen, gegen deren Auswirkungen sich im ländlichen Bereich bei stark gewandelten Verhältnissen die Forderungen der Bauernunruhen und des großen Bauernkrieges richten und die, unter wiederum gewandelten Verhältnissen, in der Phase der Liberalisierung und Verbürgerlichung der Gesellschaft durch die »Bauernbefreiung« im 19. Jahrhundert beseitigt werden – ein Zeichen der Stabilität der Grundstrukturen. Das ältere Hofrecht enthält aber eine weit größere soziale und berufliche Vielfalt als die spätere bäuerliche Bevölkerung: Die spätere handwerkliche Stadtbürgerschaft wie die Ministerialität ist in ihr noch enthalten, entsprechend ist die soziale Spannweite außerordentlich groß. In Sippenstruktur, Erbrecht und allgemeinem Fehderecht entspricht sie eher der altfreien Stammesgesellschaft; eine scharfe rechtliche Grenze verläuft erst bei den *mancipia*. Geld und Darlehensgeschäfte in Worms, die Teilhabe am Marktrecht in Gandersheim zeigen, wie auch diese Bevölkerung des Hofrechts, der freien Unfreiheit, Teilnahmemöglichkeit am Handel hat, ohne in die Gruppe der Berufskaufleute übertreten zu können oder zu müssen. Die Geburschaft des Niederich zeigt als Grundlage die Elemente der Standesgleichheit und der Genossenschaft gleichen Bodenbesitzes; sie sind aber verbunden mit intensiveren parochialen und gerichtlichen Strukturen sowie Elementen der Einung, durch die diese Geburschaft sich deutlich von dem zuvor dargestellten Typus abhebt. Dessen Charakteristik wird aber dadurch im negativen klarer: Sein eher lockerer, auch nicht an engeres Zusammenwohnen gebundener Charakter, der eher passive Charakter des genossenschaftlichen Elementes in der Verbandsbildung. Das aktive Element der Versammlung und Beschlußfassung, auch in gerichtsförmlicher Weise, geht ihm zwar nicht ab, ist aber Sache der von der Herrschaft und ihren Amtsträgern ausgehenden Initiative, erfolgt nicht auf einungsrechtlicher Grundlage. Wie noch zu zeigen sein wird, mischen sich im Niedericher Weistum hier die Elemente.

Die Kaufleute (Berufskaufleute, *mercatores*) fügen sich in die sich seit ottonischer Zeit ausbildende Marktsiedlung auch unter dem Aspekt ständischer und bodenrechtlicher Rechtsstellung ein – eine Notwendigkeit in einer (noch) von diesen Prinzipien beherrschten Gesellschaft. Sie haben jedoch unter beiden Gesichtspunkten einen eigenen Status. Intern baut sich ihr Verband nach den später darzulegenden Prinzipien auf. Der hier entwickelte Aspekt bezeichnet also nur das Gesicht, das sie einer grundherrlich-agrarischen Gesellschaft zuwenden. – Die zuvor im *portus, vicus, suburbium, wik* außerhalb der unmittelbaren ortsherrschaftlichen Sphäre wohnenden Kaufleute erhalten in der Marktsiedlung befreiten, marktanliegenden Bodenbesitz und sind durch Gewohnheit, Herkunft und/oder Privileg, vor allem durch das *ius emendi et vendendi* und *eundi et redeundi* aus dem personenrechtlichen Kreis der Unfreiheit und seinen Rechtsfolgen ausgenommen. Das Zugeständnis befreiten Bodenbesitzrechtes soll ihnen auch nach Einrücken in den örtlichen Umkreis intensiverer Herrschaftsrechte des Stadtherren ihren Freiheitsstatus sichern. Wir haben hierfür innerhalb der näher betrachteten Quellen das Beispiel Goslar. Parallelbeispiele sind, besonders wenn man archäologische Nachweise typischer bevorrechtigter Grundstücke am Markt heranzieht, zahlreich. Ein Musterbeispiel bleibt, auch wenn die Fragen der Gründungsurkunde zweifelhaft geworden sind, der älteste Bestand des Freiburger Stadtrechts[79]. Grundlage der Ansiedlung der Kaufleute ist befreiter, marktgünstiger Grundbesitz und, vor allem erbrechtlich bedeutsam, personenrechtlicher Freiheitsstatus (freilich nicht i. S. stammesrechtlicher Altfreiheit). Die Kaufleute bilden so eine Genossenschaft gleichen Grundbesitzes und gleicher persönlich-ständischer Rechtsstellung. Typisch ist aber, daß die Kaufleute dies nicht als ihr Lebensprinzip verteidigen,

79) ELENCHUS, cit., Nr. 55. W. SCHLESINGER, Das älteste Freiburger Stadtrecht, ZRG Germ. 83 (1966), S. 96–98, sowie die Untersuchungen ebd., S. 63 ff. Zur neueren Diskussion H. SCHADEK, Neuere Beiträge zum ältesten Freiburger Stadtrecht, ZGO 127 (1979), S. 391 ff. In breiterer Erörterung H. KELLER, Über den Charakter Freiburgs in der Frühzeit der Stadt, in: FS B. Schwineköper, hg. H. MAURER u. H. PATZE, 1982. Mir erscheint damit trotz der Bedenken B. DIESTELKAMPS das Dokument für die Erschließung eines Gründungsvorganges um 1120 verwendbar.

sondern in den Verschmelzungsprozeß einer Stadtbürgerschaft einbringen: Dem Prinzip von Handel und Markt entsprechen nicht diese statischen Prinzipien der agrarisch-grundherrlichen Gesellschaft. Die Kaufleute geben offenbar ihre ständischen und bodenrechtlichen Vorrechte zugunsten der Stadtbürgerschaft auf, beanspruchen jedoch, innerhalb dieser, Zugehörigkeit zur neuen Oberschicht; in Goslar etwa Gleichstellung mit Montanen, Silvanen, Ministerialen und entsprechenden Zugang zum Rat. In Restbeständen können die alten besitzrechtlichen Status noch eine Rolle spielen[80]: In vielen Städten hängt das Vollbürgerrecht zunächst noch an städtischem Hausbesitz, der Grundbesitz grenzt zuweilen einen patrizischen Bürgerstand (Burgensen) von einem eher gewerblichen Minderbürgerstand ab, in Konstanz werden Treuhandverhältnisse über Grundbesitzrechte zum Machtmittel des Altbürgertums[81]. Doch sind dies eher die noch haftenden Eierschalen eines älteren Verfassungszustandes, die meist bald von der umfassenden Bürgergenossenschaft der Stadtgemeinde abfallen[82]. Erwähnt werden soll noch, daß auch diese Elemente einer Bodenbesitzergenossenschaft enthält: Nicht nur in der Form der Gemeinde der Hausbesitzer, sondern auch als Gemeinbesitzer der Allmende Wald und Weide, wie auch der »inneren Allmende« der Straßen und Plätze (mit dem Kern wiederum des Marktplatzes)[83].

Das Prinzip von Handel und Markt, von dem die bedeutendere Stadt des Mittelalters lebte, beruhte eben auf Austausch, Zugangsmöglichkeiten, nicht auf interner ständischer Abgrenzung, rechtlicher Statuswahrung. Für den Erwerb und die Wahrung gesellschaftlicher Vorteile und Rangverhältnisse galten hier andere, elastischere Gesetzmäßigkeiten, vor allem Erwerb von Reichtum und gesellschaftlicher Zugang zur Führungsschicht[84].

80) Es sei hier etwa für Nürnberg verwiesen auf W. SCHULTHEISS, Das Bürgerrecht der Königs- und Reichsstadt Nürnberg. FS H. Heimpel, Bd. II, 1972, S. 195ff. weiterhin E. MASCHKE, Verfassung und soziale Kräfte in der deutschen Stadt des späten Mittelalters, vornehmlich in Oberdeutschland, VSWG 46 (1959), S. 289ff. und 433ff., jetzt auch in DERS., Städte und Menschen, 1980. Mehr noch unter dem Aspekt des Bürgerrechts: K. O. MÜLLER, Das Bürgerrecht in den oberschwäbischen Reichsstädten, Württ. Vj.-Hefte 1916, S. 163ff., und 1917, S. 42ff.

81) Vgl. K. BEYERLE, Grundeigentumsverhältnisse und Bürgerrecht im mittelalterlichen Konstanz. Bd. 1. T 1. Das Salmannenrecht, 1900.

82) Interessanterweise bildet eine Stadt wie Frankfurt, für die die Offenheit von Markt und Messe ein besonderes Lebensprinzip darstellt, früh einen einheitlichen und offenen Bürgerbegriff aus. Vgl. G. DILCHER, Zum Bürgerbegriff im späteren Mittelalter, in: Über Bürger, Stadt und städtische Literatur im Spätmittelalter, hg. v. J. FLECKENSTEIN und K. STACKMANN (Abh. Ak. Göttingen), 1980, S. 59ff., 102.

83) Vgl. G. DILCHER a. a. O., bes. S. 89.

84) Das zeigt, wie mehrfach zutreffend beobachtet worden ist, der Übergang von dem aristokratischen Gegensatzpaar *potens/pauper* zu dem »bürgerlichen« *dives/pauper,* vgl. z. B. W. SCHLESINGER, in: Stadt und Ministerialität, hg. v. E. MASCHKE und J. SYDOW, 1973, S. 160. Mit reichem Material belegt in dem Sammelband: Untersuchungen zur gesellschaftlichen Struktur der mittelalterlichen Städte in Europa, Vortr. und Fgen. Bd. XI, 1966.

2. *Privilegrechtliche Nutzungsgenossenschaften*

Die bisher betrachteten genossenschaftlichen Bildungen enthielten schon Gesichtspunkte des gemeinsamen Nutzens; dies ist wichtig vor allem im Bodenbesitzrecht des agrarischen Bereichs. Wenn hier das gemeinschaftliche Nutzen auf privilegsrechtlicher Grundlage[85] davon abgehoben werden soll, so sind die Übergänge schon darum fließend, weil ja Boden-(wie auch Standes-)rechte durchaus durch Privileg bestätigt oder auch begründet werden können. Was hier als eigener Typus genossenschaftlichen Wesens gemeint ist, ist die Begründung, Abschirmung und Ordnung der gegenüber dem agrarischen Bereich »künstlicheren«, auf Handel und Gewerbe begründeten städtischen Wirtschaftsordnung durch Privileg. Hier werden nicht durch Arbeit zu erwerbende Naturprodukte, sondern auf entwickelter menschlicher Tätigkeit beruhender Erwerb rechtlich zugeteilt.

In dieser Hinsicht sind die Kaufleute die älteste Privilegsgenossenschaft[86]. Neben den schon betrachteten bodenrechtlichen und standesrechtlichen Bevorrechtigungen stehen Zusicherungen nutzbarer Rechte: Recht des Zwischenhandels am Markt *(ius emendi et vendendi)*, Reiserecht, Zollbefreiung. Diese den örtlichen Kaufmannschaften seit ottonischer Zeit zugesicherten Rechte formen diese nicht nur als Rechtsgemeinschaften, sondern fordern auch eine Aktivierung genossenschaftlichen Lebens zur Verwaltung der so übertragenen Rechte. Die Magdeburger Kaufmannschaft erscheint bald als eine solche Rechtsgemeinschaft[87]; sie bedarf der Organe, die die Ausübung der Rechte regeln und überwachen können. Darüber freilich gibt es wenig Zeugnisse, doch die Bezeugung von Vorstehern, von Siegelführung, von Gildehäusern, von Archiven, von Beteiligung der Kaufmannschaften an der Ordnung und Gerichtsbarkeit des Marktes weist auf diese sachlich notwendig werdende Wendung der kaufmännischen Rechtsgenossenschaften zu organisierten, politisch-gestaltenden Körperschaften.

Ende des 11. und Anfang des 12. Jahrhunderts scheint die *universitas civium* auch dadurch begründet zu werden, daß die Privilegsrechte der Kaufleute auf die ganze Stadtbürgerschaft ausgedehnt werden[88]. Das wird durchaus den Intentionen der Kaufmannschaft entsprochen

85) Für die entwickelte Stadtkommune und ihren Bürgerbegriff ist dieser Aspekt ausführlich behandelt bei G. DILCHER a. a. O., (wie Anm. 82).

86) Das beginnt schon mit den noch nicht orts-, sondern nur personenbezogenen karolingischen Kaufmanns- (und Juden-)privilegien. Vgl. MGH Formulae Nr. 37 (S. 314f.). Weiterhin: H. PLANITZ, Die deutsche Stadt, S. 72ff. E. ENNEN, Frühgeschichte, S. 179ff.; W. SCHLESINGER, Der Markt als Frühform der deutschen Stadt, in: Vor- und Frühformen der europäischen Stadt im MA (Abh. Ak. Göttingen), hg. H. JANKUHN u. a., 1973, S. 262ff. Demnächst: G. DILCHER, Marktrecht und Kaufmannsrecht, in dem Bd. II der Abhandlungsreihe der Göttinger Symposien zum Handel (hg. v. H. Jankuhn).

87) Vgl. W. SCHLESINGER, Der Markt als Frühform a. a. O., S. 277 und DERS., Vorstufen des Städtewesens im ottonischen Sachsen, in: Die Stadt in der europäischen Geschichte, FS E. Ennen, 1972, hg. v. W. BESCH u. a., S. 235ff.

88) Zuerst in der Zollbefreiung für *Judei et ceteri Wormatienses* durch Heinrich IV. 1079, D H. IV. Nr. 267. Ein Indiz dieses Vorganges ist auch der Wechsel der Terminologie von *mercatores* zu *burgenses*

haben, die durch Einbeziehung der Handwerker in die befreite städtische Marktgesellschaft sich eine gewaltige Belebung der Wirtschaft[89], durch die Einrichtung einer Bürgergemeinde, in deren Führungsschicht sie eintraten, sich die Bildung eines politisch handlungsfähigen und gewichtigen Gemeinwesens versprechen durften[90]. Die Kaufleute werden die Wahrung ihrer wirtschaftlichen Interessen bei der Ausdehnung der Handelsprivilegien auf die Stadtbürgerschaft durch ihren Vorsprung an Kenntnissen und Kapital als gesichert angesehen haben. Darauf deuten Familiennamen und Bezeichnungen als die *wizzigsten*, die *richen* hin[91]. Eine privilegiale Bevorrechtigung in der Nutzung der städtischen Wirtschaft wurde ihnen aber gegenüber den aufsteigenden Handwerkergruppen von Bedeutung: Das Vorrecht des Gewandschnittes. Es war wohl zuvor an das Vorrecht des Zwischenhandels gebunden. Hier sollte die Gruppe der Weber vor dem Eindringen in einen gewinnbringenden, zwischen Handel und Handwerk liegenden Bereich gehindert werden, der ihnen den Aufstieg zu den Reichen ermöglicht hätte. Als Zeugnis finden wir nicht nur den Konflikt von Goslar 1219, sondern Bindung des Gewandschnitts an Kaufleutegilden, an das Gildehaus der Kaufleute, oder deren Auftreten als Gewandschneidergilde[92]. Insofern wandelt sich die ältere Kaufleutegenossenschaft häufig in eine innerstädtische Privilegsgenossenschaft zur monopolistischen Nutzung eines Sektors städtischer Wirtschaft. Sie führt dann möglicherweise wieder den Gildenamen.

Etwas anders ist die Lage bei den Münzerhausgenossenschaften. Das Münzwesen ist als Regal durch königliches Privileg eng an den Stadtherren gebunden. Auch wenn von diesem die Ausübung der Münzprägung den Münzern zu genossenschaftlicher Verwaltung übertragen wird, bleibt einerseits deren Bindung an die herrschaftliche Seite eng, andererseits haben sie im Prozeß der Bildung einer städtischen Gesellschaft weder viel zu verlieren noch zu gewinnen. Ihr Autonomiestreben ist gering, ihre Zugehörigkeit zur städtischen Führungsschicht ist durch ihre Funktionen gesichert[93].

bzw. *cives* in frühen Stadtprivilegien: etwa im Freiburger Stadtrecht innerhalb des ältesten Teils, von diesem zu jüngeren etwa in der Zollprivilegierung c. 3 bzw. Rotel c. 6, oder in der Privilegienreihe für Halberstadt, Keutgen, Urk Nr. 77; Elenchus, Nr. 38, 40, 49.

89) Die rechtliche Angleichung und gleichzeitige wirtschaftliche Verflechtung von Kaufleuten und Handwerkern unter der bischöflichen Stadtherrschaft des 11. Jhs. als wichtige Grundlage der deutschen Kommunalbewegung herausgestellt zu haben, dies erscheint ein bleibendes Verdienst von H. Planitz (vgl. Die deutsche Stadt, S. 98ff.).

90) Die Bedeutung, die die Aufhebung rechtlicher Unterscheidungen aufgrund des Unfreienstatus für die Stadtgemeinde hat, wird an den Speyrer und Wormser Privilegierungen durch Heinrich IV. von 1111 und 1114 und ihre Bestätigung und Klärungen durch Friedrich I. 1182 und 1184 deutlich. Keutgen, Urk. Nr. 21–24. Mit neuen Gesichtspunkten dazu K. Schulz, Zensualität und Stadtentwicklung, in: Beitr. z. hochma. Städtewesen, hg. B. Diestelkamp, 1982, S. 81ff.

91) Vgl. H. Planitz, Die deutsche Stadt, bes. S. 256, 260.

92) Vgl. statt anderer wiederum H. Planitz, Die deutsche Stadt, S. 261, 283f.

93) Zum Problem allgemein und zu dem Trierer Beispiel innerhalb des allgemeinen Problems von stadtherrlicher Ministerialität und Bürgerschaft K. Schulz, Ministerialität und Bürgertum in Trier, 1968, bes. S. 136ff. Zu der hier aufgeworfenen Frage aus mehr sozialgeschichtlicher Sicht auch Ders., Ministerialität als Problem der Stadtgeschichte, Rhein. Vierteljahrsbll. 32 (1968), S. 184ff.

Anders als im Bereich von Markt und Handel ist die Situation im Bereich handwerklicher Gewerbe. In der älteren Stadt ist die Gewerbeausübung ständisch und in seiner rechtlichen Ordnung dem Stadtherren unterworfen. Wir können das (gegenüber der späteren Stadt noch wenig entfaltete) städtische Handwerk sozial überwiegend dem Bereich der Unfreien und Eigenleute zuordnen, ohne damit in die Einseitigkeit der hofrechtlichen Theorie zu verfallen[94]. Die Stadtrechte aus Bischofsstädten des 12. Jahrhunderts zeigen uns die Gruppen der Handwerker (nun schon nach Berufssparten gegliedert) in strenger Anbindung an bischöfliche Amtsträger[95]. Diese Stellung läßt keinen Raum für Prinzipien der freien Einung, eines genossenschaftlichen Autonomiebereichs. Sie fallen darum unter den Typ der herrschaftlich vorgeformten Genossenschaft.

Es kann hier nicht darum gehen, die Entwicklung der frühen Zünfte nachzuzeichnen oder gar die alte Diskussion um die Zunftentstehung wiederzuerwecken[96]. Der Befund der Quellen zeigt jedoch deutlich eine im 12. Jahrhundert beginnende, im 13. Jahrhundert sich ausbreitende Erscheinung, nämlich die Gründung genossenschaftlich-einungsrechtlicher geordneter Verbände von Handwerkern, die Angehörige einer Berufssparte im Bereich der gesamten Stadt zusammenschließen[97]. Die verbandsrechtliche Grundlage dieser neuen Genossenschaften ist interessanterweise offenbar stets eine Bruderschaft *(fraternitas)*[98]; hier soll dies als Feststellung

94) Vgl. F. Lütge, Deutsche Sozial- und Wirtschaftsgeschichte, 3. Aufl. 1966, S. 81f. und 174f.; H. Lentze, Art. Handwerk, HRG I Sp. 1976ff. (dessen Ansatz einer Typologie an der Bezeichnung des Verbandes wir jedoch nicht teilen). H. Planitz, Die deutsche Stadt im MA, S. 83, S. 289ff. Aus der älteren Zunftforschung, die das Problem durch einseitige Theoriebildung in eine Sackgasse geführt hat (vgl. dazu bes. F. Irsigler u. O. G. Oexle auf dieser Tagung, Prot. Nr. 232, S. 13f. bzw. S. 17), noch immer förderlich F. Keutgen, Ämter und Zünfte, 1903, Neudr. 1965.

95) Vgl. das Augsburger Stadtrecht v. 1156, Keutgen, Urk. Nr. 125, und das älteste Straßburger Stadtrecht des 12. Jhs., a. a. O., Nr. 126, bes. c. 5 und c. 44. Nachwirkungen noch im Basler Zunftwesen des 13. Jhs., in welchem bei Keutgen Nr. 270 die Sicht der bfl. Amtsverfassung, bei Nr. 271ff. die zünftisch-genossenschaftliche Ordnung dargestellt sind.

96) Vgl. F. Irsigler, in diesem Bde. Eine relativ kritische Darstellung der älteren Zunfttheorien bei F. Keutgen a. a. O., der aber selber diesem Diskussionszusammenhang angehört. Lit. bei H. Lentze, HRG I Sp. 1183f.

97) Die Zusammenstellung der zentralen Quellenstellen bei Keutgen, Urkunden, S. 350ff., Nr. 252ff. Die beiden Gesichtspunkte (genossenschaftlicher Verband einer Berufssparte, bezogen auf das Gebiet der gesamten Stadt) werden in den Quellen sehr deutlich ausgedrückt: Mainz 1099 *textores per totam Maguncíam habitantes;* Worms 1106/07 *XIII piscatores Wormatie;* Würzburg 1128 *nostre civitatis sutores;* Köln 1149 *omnes textorici operis cultores, qui infra urbis ambitum continentur* etc.; Basel 1226 *ad petitionem pellificum Basiliensium,* Keutgen Nr. 271.

98) Die Mainzer Weber, Keutgen Nr. 252, sind beschrieben als Genossenschaft mit kirchlich-kultischen Funktionen (Kirchenrenovierung, Kerzen, Begräbnis); die *sutores* von Würzburg haben als Wachszinser ebenfalls kirchlich-liturgische Funktionen. Die Kölner Bettziechenweber 1149 heißen *fraternitas;* ebenso die Kölner Drechsler, bei denen nun schon beim Eintritt zwischen Amt/Beruf-*officium* und Bruderschaft-*fraternitas* geschieden wird. Die *fraternitas* umfaßt Männer wie Frauen, regelt Teilnahme der Brüder und Schwestern an Exequien, Totenwacht, Begräbnis. Sodann folgt die Regelung des gewerblichen Kaufver-

genügen, da auf diesen Verbandstyp erst weiter unten eingegangen werden soll. Nicht die Bruderschaft bestimmt aber den Kreis der Genossen, sondern das ausgeübte Handwerk, der Beruf, das »Amt« *(officium, opus)*[99]. Einer Bruderschaft »aufgelagert« werden Rechte und Pflichten zur Ordnung des Gewerbezweiges im Rahmen der städtischen Wirtschaft[100]: Zwangsrechte zur Ordnung des Gewerbes, das Recht genossenschaftlicher Organisation mit Eintrittsgeldern, Meisterwahl, genossenschaftlicher Rechtssetzung[101]. Der Name »Innung« kann diese verschiedenen Rechte und Funktionen bezeichnen[102]. Da sich diese Funktionen nur durchführen lassen, wenn die Genossenschaft das alleinige Recht über das Gewerbe ausübt, entsteht hier eine privilegierte Genossenschaft mit dem Recht der Nutzung (und der Pflicht der guten Verwaltung) eines Gewerbezweiges. Diese neuen handwerklichen Genossenschaften stehen damit in Parallele zu den, auf den alten Kaufleuteprivilegien von »Kaufmannschaft« und Gewandschnittes beruhenden Gilden (oder Innungen, Zünften) neuer Art, die sich ebenfalls der Stadtbürgerschaft einfügen. Doch ist bei den handwerklichen Genossenschaften die Ableitung von der Stadtherrschaft im Gründungsakt deutlich, handelt es sich doch um den Bereich stadtherrlicher Ordnungsgewalt, nicht um Königsrechte. Beim Gründungsakt sind, je

tragsrechts. Vgl. Keutgen, Urk. Nr. 252–256. In den zeitlich dann folgenden norddeutschen Innungsrechten (Keutgen Nr. 257–267, betr. Magdeburg, Braunschweig, Stendal) handelt es sich um Regelung des gewerblich-genossenschaftlichen Rechtsbereichs, doch zeigt die Bezeichnung *fraternitas-fratres* (Keutgen Nr. 263, 264 f. Stendal, wie auch in Magdeburg) das Weiterleben des bruderschaftlichen Verbandes, der Gilde oder Innung heißen kann (Keutgen Nr. 263, Nr. 264b c. 1), wie auch Zunft (Keutgen, Nr. 271 c. 5 für Basel).

99) Daß der Kreis der Genossen vom handwerklichen Beruf, nicht von einer davon unabhängigen Bruderschaft bestimmt wird, legt Keutgen, Ämter und Zünfte, S. 176ff. mit schöner Deutlichkeit dar. *Opus* bzw. *officium* als Grundlage des Verbandes wird ausdrücklich erwähnt: Worms 1106/07, Köln 1149, Köln 1178/82, Magdeburg 1152/92 und 1197, Keutgen Urkunden Nr. 253, 255, 256, 258, 259. Das Verhältnis von *fraternitas* als bruderschaftlichem Verband und *opus* als Berufszugehörigkeit wird in der Urkunde für die Kölner Bettziechenweber zweimal deutlich ausgesprochen: *... eiusdem operis cultores, fraternitatem ... conformasse ..., ut omnes textorici operis cultores ... huic fraternitati ... sponte subiciantur.*

100) In den frühesten Zunftgründungen etwa: Magdeburg 1197, Meisterwahl und Innungsrecht für die Schildmacher, Keutgen Nr. 259: *Ex eo status et honor civitatis servatur illesus et in dies accipit incrementum, ut sit respublica ordinata certisque legibus dedita sint et pareant officia singulorum.* Es handelt sich hier um eine Art »stadtbürgerliche« Arenga des bfl. Diploms; die Herkunft der Topoi wäre interessant.

101) Die Unterwerfung unter das Zwangsrecht wird schon im Fall der Kölner Bettziechenweber ausgesprochen (*fraternitati ... sponte subiciantur* etc.), als genossenschaftliche Gewalt dann ganz deutlich in Magdeburg 1183 für die Wandkrämer: *macht und gewalt, macht und fulborth.* Der Eintritt in die Genossenschaft, ev. getrennt nach *opus* und *fraternitas,* bei der Kölner Drechslerbruderschaft, 1178/82 mit festgelegten Eintrittsgeldern. Meisterwahl als genossenschaftliches Recht in den Magdeburger Zunftprivilegien für die Schuster und Schildmacher, Keutgen a. a. O. Dies nur als Hinweise, daß die Merkmale einungsrechtlich-genossenschaftlicher Ordnung schon für die Zunftgründungen des 12. Jhs. wesentlich sind. Ganz ähnlich die Basler Zunfturkunden des 13. Jhs., Keutgen Urk. Nr. 271ff.

102) Keutgen Nr. 259: *communio quod vulgo inninge.* Nr. 262: *gratia vendendi que vulgariter dicitur inninge.* Nr. 264 b) c. 1: *quadam fraternitas que inninge nuncupatur* (betr. Magdeburg, Braunschweig, Stendal).

nach dem Stand der Stadtverfassung, Bischof bzw. Stadtherr, Amsträger, Ministerialen, Stadtgemeinde, Melioren und Repräsentanten des Gemeinwesens (*magistri civium* u. ä.) beteiligt[103]. Die andersartige Rechtsgrundlage der handwerklichen Berufe in der gewerblichen Ordnungsgewalt des Stadtherrn bedingt, daß die Zünfte, anders als Kaufleute, Ministerialen u. ä., nur über politische Auseinandersetzungen Zugang zum Rat erhalten und die von ihnen geübte genossenschaftliche Ordnung ihres Gewerbezweiges stets einer Aufsicht und Kontrolle des Rates (oder auch des Stadtherrn selber) unterlagen; dies konnte sogar eine Auflösung der Zunft rechtfertigen.

Der gewerberechtliche Aspekt der Zünfte läßt sich auf diese Weise als privilegsgenossenschaftlich verstehen; die Auflagerung auf eine Bruderschaft, deren intensivere sozialen Beziehungen im folgenden geschildert werden, gibt der Privilegsgenossenschaft »Zunft« aber von Anfang an die Züge eines intimen sozialen Verbandes und der freien Einung. – Die beiden Prinzipien von Beruf, Amt einerseits und Bruderschaft andererseits stehen sich bei dieser Betrachtungsweise also nicht dichotomisch als unterschiedliche Entwicklungsstufen oder Arten von Verbänden, sondern dialektisch als sich in einer Vereinigung verbindende und ergänzende Prinzipien gegenüber.

3. *Gilden und Zünfte als Bruderschaften*

Eine der häufigsten sprachlichen Entsprechungen zu Gilde, Zunft, Innung, ist Bruderschaft, lat. *fraternitas, confraternitas* u. ä.[104]. Sie findet sich schon bei dem frühesten Auftauchen des Gilde-Namens in fränkischer Zeit[105], und sie begleitet vor allem auch die Gründungen und Bezeugungen innerstädtischer Gilden und Zünfte im 12. und 13. Jahrhundert. Es finden sich aber auch schon früh Bruderschaften, die sich nicht Gilden nennen; auch können Zunft und Bruderschaft auseinandertreten[106]. Aus der Quellensprache, also aus der zeitgenössischen Sehweise, wollen wir festhalten, daß die bruderschaftlichen Bezeichnungen sowohl der älteren Gilde wie den späteren kommunalen Gilden und Zünften anhaften, dagegen nicht den besitz-

103) Wiederum aus den bei Keutgen gesammelten älteren Zunftgründungsurkunden: Nr. 252 Mainz 1099: Erzbischof mit Zustimmung der *rectores, officiati et omnium burgensium.* Nr. 253 Worms: Bischof auf Bitten des Grafen und Rat der Optimaten, erwähnt *commune consilium urbanorum* bei Nachfolge ins *officium.* Nr. 254 Würzburg: Bischof. Nr. 255 Köln 1149: *advocatus, comes, senatores, meliores totius civitatis, vulgus.* Nr. 256 Köln: zwei *magistri civium, officiales* der Richerzeche. Nr. 257–259, Magdeburg Ende 12. Jh.: Der Erzbischof. Nr. 253 Stendal 1231: Die Markgrafen. Nr. 254 Stendal 1233 und 1251: Die *Consules.* Nr. 271 ff. Basel, 1226 ff.: Bischof mit Rat und Zustimmung von Propst, Dekan, Kapitel und Ministerialen. Keutgen Nr. 265 und 266, Wien 13. Jh.: Der Herzog.

104) Vgl. R. Schmidt-Wiegand, Gilde und Zunft, in: Das Handwerk (wie Anm. 15).

105) Bei Hincmar von Reims: *de collectis, quae geldonias vel confratrias vocant,* Schmidt-Wiegand a. a. O., S. 357, wie Anm. 18; K. Düwel, ebd., S. 399 ff.

106) Vgl. oben Anm. 98.

und standesrechtlichen Genossenschaften. Auch wenn wir (mit Oexle) den umfassenden Charakter der bruderschaftlich-gildeartigen Verbindungen bejahen, scheint es sinnvoll, die konstituierenden Mittel der Gruppenbildung von den Zwecken und Funktionen, die sie erfüllen, zu trennen; sinnvoll deshalb, weil, wie sich zeigen wird, einige Veränderungen im Laufe der Zeit so klarer zu erfassen sind.

Die konstituierenden und erneuernden Akte der Verbandsbildung der älteren Kaufmannsgilde, die fast alle schon in der erwähnten Beschreibung Alperts von Metz vorkommen, sind festliches Zusammensein bei Trunk und Mahl, sind Gemeinsamkeit des Kultes und der Totenmemoria, ist wohl vor allem ein Eid *(conjuratio)*[107]. Letzterer begründet eine nicht (aus Verwandtschaft oder Nachbarschaft) gewachsene, sondern geschaffene, »gewillkürte« rechtliche Verbindung. Aus ihr gehen jene Verpflichtungen und Funktionen hervor, die sonst in der frühmittelalterlichen Gesellschaft von der Verwandtschaft (Sippe) erfüllt werden[108]: umfassende Hilfepflichten im Falle von Not, Fehde- und Rachepflichten, Gerichts- und Eidhilfe (bis hin zum prozessualen Zweikampf), Begräbnis und Kulthandlung für den Toten, Schutz des Erbes, interner Friede einschließlich des Verbots, Konflikte vor fremder Gerichtsbarkeit auszutragen. Die sipperechtlichen Funktionen der älteren Kaufmannsgilde sind so deutlich, daß alles dafür spricht, das bruderschaftliche Verhältnis (auch) in diesem verwandtschaftsrechtlichen Sinne zu verstehen. Die »Verhältnisse der Desorganisation« (L. Brentano)[109], gegen die sich diese Gildeverbindung wendet, sind also die Strukturmerkmale der aristokratisch-agrarischen, fehde- und sippenrechtlich geordneten früh-hochmittelalterlichen Gesellschaft, die dem Kaufmann keinen ausreichenden Schutz- und Entfaltungsraum für seine soziale Existenz bot. Der privilegsrechtliche Königsschutz genügte nicht, er bedurfte der genossenschaftsrechtlichen Ergänzung.

Die Bildung der Stadtkommune seit etwa 1100 veränderte die Rahmenbedingungen grundlegend[110], damit auch die Mittel wie die Zwecke und Funktionen der Verbandsbildung

107) Der Eid ist bei Alpert nicht erwähnt; doch weist Oexle, Gilden als soz. Gruppen, wie Anm. 15, bes. S. 301 ff., ihn überzeugend als konstituierend für die ältere Gilde nach. Er ist wohl auch Grundlage des Willkürrechts = *voluntas* der Tieler Kaufleute.

108) Die umfassende Funktion der Verwandtschaft ist beschrieben bei H. Brunner, Deutsche Rechtsgeschichte, Bd. 1, § 13 und § 29 (Geschlecht und Magschaft). Ich meine nicht, daß die (berechtigte) kritische Diskussion um den Begriff der Sippe die oben beschriebene Funktion zu negieren vermag. Zu dieser Diskussion (F. Genzmer, K. Kroeschell u. a.) W. Schlesinger, in: Beitr. z. dt. Verf.gesch.d.MA I, 1963, S. 286 ff.

109) L. Brentano, Zur Geschichte der engl. Gewerkvereine (Die Arbeitergilden der Gegenwart 1), 1871, S. XII, zit. nach Oexle, Gilden als soziale Gruppen, a. a. O., S. 293, 294 f., 353.

110) Zu dem grundlegenden Unterschied der älteren zur kommunalen Stadt in den tragenden Institutionen Friede, Freiheit, Recht und Verfassung G. Dilcher, Rechtshistorische Aspekte des Stadtbegriffs, in: Vor- und Frühformen d. europ. Stadt, T. 1, hg. H. Jankuhn u. a. 1973 (Abh. AK. Göttingen). Ich möchte hier die Bezeichnung Kommune, kommunal verwenden, da er den mittelalterlichen, europäischen Charakter des Phänomens charakterisiert.

einzelner Bevölkerungsgruppen. Wenigstens für den Nordwesten Europas zeigen die Quellen, daß der Gildeverband der Kaufleute dabei in vieler Beziehung für den Bürgerverband modellhafte Funktion hat[111]; die Gottesfriedensbewegung, selber Ausdruck der sozialen und geistigen Veränderungen der Zeit, wirkte sicher in der gleichen Richtung[112]: Errichtung einer auf Eid und Friedenspflicht, grundsätzlicher Rechtsgleichheit, gemeinsamer Hilfe und Schutz begründeten und sie verbürgenden Bürgergemeinde[113].

Die grundlegenden Veränderungen der verbandsrechtlichen Rahmenbedingungen wie die damit einhergehenden sozialen Umschichtungen machen deutlich, warum die Kaufmannsgilde älterer Art im 12. Jahrhundert verschwindet. Ihre Funktion, die Existenz einer fernhandeltreibenden Bevölkerung in einer agrarischen Umwelt genossenschaftlich abzusichern, hat sie weitgehend an die Stadt abgegeben. Ihr wichtigstes Mittel der Verbandsbildung, der Eid, ist von der Stadt für den Bürgerverband übernommen worden; wegen der außerordentlich starken, z. T. andere Bindungen ausschließenden Bedeutung des promissorischen Eides ist die Anbindung von Gilde- und Zunfteiden an dem Bürgereid, die Ausgestaltung als Dienst- oder Amtseid gegenüber dem Rat oder die Ersetzung durch ein Gelöbnis angebracht[114]. Interner Friede, gewillkürtes Recht und Pflichtigkeit vor einem genossenschaftlichen Gericht, also wesentliche Inhalte der älterern Gildeverbindung, sind jetzt Inhalt des Bürgereides und erfassen damit die gesamte Bürgerschaft.

Angesichts dieser grundlegenden Umgestaltung der Rahmenbedingungen ist es um so wichtiger und interessanter, die Fortführung, ja das eigentliche Aufblühen bruderschaftlich geprägter Verbandsbildung in der neubegründeten kommunalen Stadt des 12. und 13. Jahrhunderts festzustellen und zu verfolgen. Sie alle zeigen jene Wesensmerkmale, die für die ältere Gilde prägend waren.

Gilde und Zunft behalten als Medium der Vergemeinschaftung das *convivium*. Das »zünftige« Essen und Trinken ist ja Kern auch des Zunftbrauches. Es schafft und erhält soziale Nähe und Vertrautheit. Dabei wird, den Stadtfrieden unterbauend, interner Friede eingeübt und rechtlich gesichert. Das ist deutlich in den Rechtsvorschriften, die gerade innerhalb der Zunft und beim gemeinsamen Trunk jedes ehrkränkende Schimpfwort und streitauslösende

111) S. dazu die mehrfach genannten grundlegenden Arbeiten von H. Pirenne, H. Planitz, E. Ennen mit Hinweis vor allem auf St. Omer u. Valenciennes.

112) L. v. Winterfeld, Gottesfrieden und deutsche Stadtverfassung, Hans. Gesch.bl. 52, 1927, S. 8 und Dies., ZGR Germ. 54 (1934), S. 238. Für Italien mit modernen Ansätzen H. Keller, Der Übergang zur Kommune etc., in: Betr. z. hochma. Städtewesen, hg. B. Diestelkamp. 1982, S. 65ff.

113) G. Dilcher, Zum Bürgerbegriff, wie Anm. 82.

114) Soweit ersichtlich, ist die Frage nicht zusammenfassend untersucht. Die Einrichtung »geschworener« Zunftmeister und die Eide der Zunftmitglieder zeigen aber alle eine Anbindung an den Rat, neben der Verpflichtung auf das Handwerk. Vgl. etwa R. Wissel, Des alten Handwerks Recht und Gewohnheit I, S. 416 u. ö. Zu Gelöbnis und Eid jetzt W. Reininghaus, Die Entstehung der Gesellengilden im SpätMA. (VSWG Beih. 71), 1981, S. 78ff.

Messerzücken verbieten[115]. Das *convivium* ist darüber hinaus der Ort der Einübung von Regeln des sozialen Verhaltens, einer »bürgerlichen Sozialisation«[116]. Gleichzeitig wird aber der Übertreter durch das gemeinsame Vertrinken der Bußen wieder friedestiftend in die Gemeinschaft einbezogen[117]. Das ist ein auch rechtspsychologisch wichtiger Akt der Einübung und Stiftung internen Friedens, der die Ansätze der Befriedung der städtischen Gesellschaft weit nach vorne in den Bereich der engeren sozialen Kontakte verlegt.

Das bruderschaftliche Verhältnis der städtischen Gilden und Zünfte erweist sich in der religiös-kultischen Gemeinschaft. Diese scheint aufs engste mit der Bezeichnung als Bruderschaft verbunden; zu rein religiösen Zwecken lösen sich später Bruderschaften wieder aus dem gewerblichen Zunftwesen.

Die genossenschaftliche Übernahme von Funktionen im kirchlichen Leben und die kultische Gemeinschaft mit den Toten findet sich gerade auch bei den frühen Zunftgründungen[118]. Die soziale Bedeutung dieser Tatsache für deren Stellung in der Stadt muß sehr hoch angesetzt werden. Sie bedeutet in einer im mittelalterlichen Sinne christlichen Gesellschaft die wirksamste Anerkennung ihrer sozialen Stellung. Die zunftangehörigen Handwerker müssen um ihre Rangstellung *(honor)* in der städtischen Gesellschaft nicht mehr als einzelne oder als Sippe besorgt sein, sondern wahren diese kollektiv-genossenschaftlich im Rahmen der Stadtverfassung[119]. Öffentlich-gemeinsame Teilnahme am Kult und Totenehrung schafft[120] und erneuert die Darstellung und Anerkennung von Rang und Ehre der Gilde oder Zunft im Rahmen einer städtischen Gesellschaft; gerade die bis in die Gegenwart erhaltene Teilnahme an kirchlichen Prozessionen bringt dies ja sinnfällig zum Ausdruck – auch die Stufung in Rang und

115) Diese friedesichernden Vorschriften finden sich ebenso in den Stadtrechten wie im internen Zunft- und Gilderecht. Reiches, wenn auch meist spätmittelalterlich-neuzeitliches Material zu dem internen genossenschaftlich-zünftischen Leben bietet R. Wissel, Des alten Handwerks Recht und Gewohnheit, 2 Bde. 1929. Zu dem angesprochenen Gesichtspunkt etwa Bd. 1, S. 412ff. (die Ordnung der Zusammenkünfte).

116) Im Sinne einer fortschreitenden Kontrolle von Affekten durch gesellschaftliche Mechanismen, vgl. Norbert Elias, Der Prozeß der Zivilisation, 2 Bde. 1969 u. ö., bes. Bd. 1, S. 263ff. (Über die Wandlungen der Angriffslust), bes. S. 276f. Elias hat die Bedeutung urbaner Lebensweise seit dem Hochmittelalter gegenüber dem Hofe wohl zu wenig betont.

117) Vgl. dazu für den späteren Handwerksgesellenbrauch Wissel Bd. 2, S. 61, 63. Die strengen Formalien und Ritualien dienten sowohl der Sozialisation, dem Erkennen des Genossen wie auch als »Spielform« dem Füllen der Getränkekasse.

118) Das ist schon ausführlich oben S. 100f. nachgewiesen worden, wo über die Bruderschaft als »Unterlage« der gewerblichen Privilegsgenossenschaft gehandelt wurde. Es kam wiederum auf die bei Keutgen, Urkunden, Nr. 252ff., versammelten Quellen Bezug genommen werden. Eine deutliche Verbindung der Wachszinserschaft zu der religiösen Funktion der ältesten Zünfte fällt auf.

119) *Honor* der *officia civitatis secundum ius suum* ausdrücklich angesprochen in der Urkunde für die Magdeburger Schuster, Keutgen, Nr. 258; im Rahmen von *status et honor civitatis* für die Magdeburger Schildmacher, a. a. O., Nr. 259. Auf die Bedeutung der Handwerker-Ehre im späteren Mittelalter braucht nicht eigens hingewiesen zu werden.

120) Deutlich bei der Stiftung der Bruderschaft der Drechsler in Köln, Keutgen, Nr. 256.

Ehre. Durch die kultische Gemeinsamkeit wird auch nach innen eine gemeinsame Ehre befestigt, die interne Rangkämpfe ausschließt: Besonders die unter Strafandrohung angeordnete Teilnahme an der Totenehrung beim Begräbnis schafft durch Gemeinsamkeit der Toten eine sippenrechtliche Rang- und Ehrgleichheit innerhalb von Gilde und Zunft. Die friedestiftende, verbandsbildende Kraft dessen wird uns bewußt, wenn wir die von Totschlag und Fehde durchzogene Stadt Worms der Lex Burchards vor Augen haben, in der wir sicher, wie in der alten Stammesgesellschaft und im mittelalterlichen Adel, sippenrechtliche Rangstreitigkeiten als Ursache der stetigen Fehdebereitschaft annehmen dürfen. Für die langsame Durchsetzung der Landfrieden bleibt das Standes- und Sippeninteresse des Adels am rangwahrenden Fehderecht ausschlaggebend[121)], während der interne Friede das Kennzeichen der Stadt schon des 12. Jahrhunderts ist[122)]. Dieser Stadtfriede, dessen schnelle Durchsetzung in der mittelalterlichen Stadt immer wieder verwundern muß, hat also einen soliden Untergrund, eine gesellschaftliche Substruktur in der bruderschaftlichen Untergliederung großer Teile der Stadtbevölkerung in Gilden und Zünften. In diesen intimen Bruderschaften scheint auch die Gottesfriedensbewegung eine andauerndere Nachwirkung gefunden zu haben als im Landfrieden.

Aus dem verwandtenähnlichen Verhältnis der Bruderschaft wie aus ihrem urchristlichen Verständnis ist schließlich die Pflicht zu sozialer Hilfe nicht wegzudenken. Wir fanden sie schon bei der älteren Kaufmannsgilde. Nach der Errichtung der recht- und friedewahrenden Stadtkommune, die Rache-, Fehde-, Gerichts- und Eidhilfe erübrigt, können Gilden und Zünfte sich noch stärker dem Ausbau eines »Systems der sozialen Sicherung« zuwenden, zur Sicherung der »Nahrung«, vor Krankheit und Tod[123)]. Hier zeigt sich noch stärker als unter dem kirchlich-kultischen Aspekt, daß die Bruderschaft auch Frau und Kinder der Genossen umfaßt[124)]. Deren Sicherung beim Tode des Mannes ist gerade ein wichtiger Zweck des Verbandes. Die soziale Sicherung umfaßte in der mittelalterlichen Stadt, im Gegensatz zu dem bürokratisch-staatlichen modernen Pendant, auch die psychische Umschirmung durch Ausbildung einer vertrauten, intimen, nach bekannten Regeln lebenden Gruppe. – Gerade aus der Situation einer Zuwanderer-Gesellschaft heute können wir verstehen, wie die interne genossenschaftliche Gruppierung half, die Probleme der Eingliederung ländlicher Zuwanderung in die Stadt zu lösen, indem sie den Ankömmlingen eine gefestigte, überschaubare und die gesellschaftliche Orientierung erleichternde Sozialstruktur entgegenhielt. – Das Prinzip der Bruder-

121) Otto BRUNNER, Land und Herrschaft, 1939 u. ö.

122) Vgl. G. DILCHER, Rechtshistorische Aspekte des Stadtbegriffs, wie Anm. 110 mit Hinweis auf das älteste Straßburger Stadtrecht, KEUTGEN, Urk. Nr. 126, c. 1; ebenso die *pax urbana* im ältesten Augsburger Stadtrecht, KEUTGEN, Nr. 125, Art. III, 1. Der Unterschied landrechtlichen und stadtrechtlichen Friedens ist treffend bei H. ANGERMEIER, Königtum und Landfriede im deutschen Spätmittelalter, 1966, bes. S. 11–26, hervorgehoben.

123) S. FRÖHLICH, Die soziale Sicherung bei Zünften und Gesellenverbänden, 1976. Über das System der Sicherung durch die Stadt selbst G. DILCHER, Zum Bürgerbegriff, wie Anm. 82, bes. S. 84ff., 89f., 104.

124) DILCHER a. a. O.

schaft diente schließlich dazu, daß im Spätmittelalter sowohl die in den (Meister-)Zünften nicht mehr voll integrierten handwerklichen Gesellen sich eigene Verbindungen schufen, wie auch neue Bedürfnisse einer intensiveren Religiosität in bruderschaftlichen Formen außerhalb des Zunftwesens ihre Formen finden konnten[125].

4. *Genossenschaftliche Kreise um Herrschaft und Dienst*

Eine Form genossenschaftlicher Vergemeinschaftung in der mittelalterlichen Gesellschaft ist bei der Ausrichtung der Betrachtung auf Gilden und Zünfte etwas zu kurz gekommen, wirkt aber auch in der städtischen Gesellschaft: Die Gemeinschaft von Herrschaft und Dienst. Herrschaft und Dienst sind in erster Linie nicht genossenschaftsbildend-horizontale, sondern vertikale Sozialbeziehungen. Aber die hochmittelalterlichen Gesellschaften mit ihrer starken Tendenz zu Gruppenbildungen nehmen, wie wir schon sahen, auch die Gleichheit vertikaler Beziehungen zum Ansatz, Genossenschaften auszubilden. Deutliche Beispiele sind die Dienstrechte der Ministerialen[126] und die Bildung von Kurien der Lehnsleute, die schon im beispielhaften Lehensgesetz Konrads II. von 1038[127] als *curiae parium* rechtswirksam werden. Diese Lehenskurien können wir im Rahmen unserer Typologie auffassen als Genossenschaften gleichen Bodenbesitzes (lehnrechtlicher Leihe) und Standes, aber noch mehr gleichen Herrendienstes. – Dienstrechtliche Elemente fanden wir im Bereich der Stadt in der Lex Burchards von Worms, von der ja eine Linie zu den ministerialischen Dienstrechten der Folgezeit geht. Wenn in der Forschung der letzten Jahre die Bedeutung der Ministerialität im Prozeß der Stadtbildung stark hervorgetreten ist[128], so müssen wir folgerichtig auch die Bedeutung des Dienstes für die Bildung städtischer genossenschaftlicher Strukturen in Erwägung ziehen. Sie scheint auf bei den Ministerialen, bei den über das Münzregal dem Stadtherren verbundenen Münzerhausgenossen und anderen Hausgenossenschaften. Bei dem jetzigen Forschungsstand bleibt es offen, ob die hofhörigen Handwerker einmal gruppenweise in Dienstgenossenschaften zusammengefaßt waren. Im Hofrecht Burchards zeigen sich davon keine Spuren; die Stellung des Stadtherrn zur Gewerbeverfassung, seine Mitwirkung bei manchen Zunftgründungen, die Bezeichnung als Amt *(ministerium, officium)* könnten hier Ansatz zu Überlegungen sein. Dienstrechtliche Beziehungen bestehen sicher zwischen Stadtherren und Inhabern von Hofämtern, die auch zu

125) Als Ausdruck des Genossenschaftswesens geschildert bei GIERKE, Das deutsche Genossenschaftsrecht I, S. 398ff., 426ff. neuestens dazu W. REININGHAUS, wie Anm. 114.
126) K. BOSL, Die Reichsministerialität der Salier und Staufer, 2 Bde. 1950. Die Entwicklungslinie der Dienstrechte kurz bei K. KROESCHELL, Recht und Rechtsbegriff im 12. Jh., in: Vorträge und Forschungen XII, S. 311f.
127) MGH DD Ko. II Nr. 244.
128) Vgl. statt vieler: Stadt und Ministerialität, hg. v. E. MASCHKE und J. SYDOW, 1973 mit weiteren Nachweisen.

einem ratenden und mitregierenden Kollegium zusammentreten können. Wieweit bestehen hier Beziehungen zu den frühen Formen des Rates als stadtherrlichem *consilium*? Die Frage sei hier nur aufgeworfen. – Deutlich hingewiesen sei dagegen darauf, daß Dienstrecht in erster Linie Beziehung zum Herren, erst in zweiter Linie und nicht notwendig Zugehörigkeit zu einer Genossenschaft bedeutet. Schutz und gesellschaftliche Rangwahrung, die wir als wichtigen Antrieb für genossenschaftlichen Zusammenschluß erkannt haben, können durchaus über den herrschaftlichen Dienst alleine erfolgen. Dies könnte der ministerialischen Oberschicht der oberrheinisch-süddeutschen Bischofsstädte auch lange genügt haben, ehe sie sich relativ spät in genossenschaftlichen Formen (Gesellschaft, Trinkstube, Zunft) mit bruderschaftlichem Einschlag in die städtische Gesellschaft eingefügt hat. Die Betrachtung des Dienstrechtes und seiner schwächeren genossenschaftsbildenden Kraft mag helfen, diese Entwicklungen des süddeutschen Raumes besser in das Bild einzufügen.

V. Genossenschaft, Eid, Einung; Recht und Gericht

Es bleibt noch die Aufgabe, die Ergebnisse der verschiedenen Durchgänge durch den Problembereich zusammenzufassen und noch einmal auf unsere Fragestellung, Struktur der Gilden und Zünfte, hin zu formulieren.

Der Blick auf die nicht-gildemäßig organisierten Genossenschaften im Bereich der Stadt innerhalb ihrer Entwicklung zur Kommune hat in zweierlei Hinsicht die Perspektive auch für das Verständnis der Gilden und Zünfte erweitert. Zum einen wurde deutlich, daß die vorkommunale städtische Bevölkerung regelmäßig in besitz- und standesrechtlich bestimmten Genossenschaften gegliedert war. Die älteren kaufmännischen Gilden (oder gildeähnlichen Verbände) mußten sich dieser Struktur einfügen, sie wenden der grundherrschaftlichen Welt ein entsprechendes Gesicht zu. Genossenschaften auf besitz- und standesrechtlicher Grundlage, ähnlich solche des Dienstes und Amtes, lassen sich nur sehr langsam in die intern seit dem 12./13. Jahrhundert einungsrechtlich strukturierte Stadtgemeinde einschmelzen, behalten ältere Strukturmerkmale (oft zur Status- und Interessenwahrung) zum Teil bis ins Spätmittelalter. Es darf uns darum nicht irritieren, neben typischen gildeartigen und zünftigen Verbänden auch andersartig geformte vorzufinden. Zum zweiten tritt durch die genannte Erweiterung des Blickes der eigenartige und modernere Charakter der mit Gilden und Zünften bezeichneten städtischen Genossenschaften deutlicher hervor. Sie sind Personalgenossenschaften auf einungsrechtlicher Grundlage, gründen also nicht auf vorgeformten rechtlichen Substraten, sondern auf der »gewillkürten« Einung von Personen (für die allerdings in einer mittelalterlichen Gesellschaft ein gewisser Freiheitsstatus notwendig ist, um ohne »Rebellion« eine Einung, gar auf eidlicher Grundlage, schließen zu können). Diese grundlegend neue Struktur städtischer Formen der Vergesellschaftung ist von den Verbotsgesetzen Friedrichs II. scharf erkannt worden.

Die große Bedeutung der älteren Gilden (von denen wir nur die Kaufmannsgilde betrachten konnten) liegt darin, daß in ihnen der Typus der einungsrechtlichen personalen Genossenschaft schon vor der Ausbildung der kommunalen städtischen Gesellschaft ausgeprägt wurde. Sie schaffen sich als Eidgenossenschaft *(conjuratio)* eine eigene Grundlage ihres Rechts und füllen das Leben ihres Verbandes mit den Inhalten des bruderschaftlichen Verhältnisses: Convivium, Kult und Totenmemoria, Hilfe, Frieden, Schutz. Die einungsrechtliche Grundlage, die Begründung durch Eid, die Ausfüllung mit der umfassenden und intensiven sozialen Beziehung der Bruderschaft für den Kaufmann und seine Familie ist ein Mittel, auf genossenschaftlicher Grundlage einer fernhandeltreibenden Bevölkerungsgruppe die Existenz in der aristokratisch-agrarischen, archaischen frühmittelalterlichen Gesellschaft zu sichern.

Teils unter direktem Einfluß der Gilde älterer Art, teils in komplizierteren Prozessen rechts- und sozialgeschichtlicher, herrschaftlich und genossenschaftlich bestimmter Art löst die Bürgerkommune/Stadtgemeinde die ältere Gilde in einer ihrer wichtigsten Funktionen ab: Frieden und Schutz, eine nichtagrarische, friedliche Rechtsordnung vermag sie nun zu garantieren. Sie wird auch Rechtssubjekt und Verwalter der vorher den Kaufleuten zustehenden Handels-, Markt- und Zollprivilegien, was durch Privileg oder Abstimmung mit den Stadtherren geregelt werden muß. Der Bürgereid begründet, trägt und begrenzt diesen neuen Rechtsbereich.

Wichtig für unseren Zusammenhang ist nun die Beobachtung, daß die so begründete städtische Gesellschaft sofort intern ein intensives einungsrechtliches, personalgenossenschaftliches Leben hervorbringt und damit soziale Substrukturen und Subsysteme schafft. Die damit entstehenden (jüngeren) Gilden und Innungen/Zünfte differenzieren sich zunehmend nach Berufssparten. Die rechtliche Grundlage dieser Berufstätigkeiten stellen teils Königsprivilegien (also Regalienverleihungen) über Handel, Markt, Zoll und Münze dar, teils stadtherrliche Rechte über handwerkliche Gewerbe; die ersteren bringen die Kaufleute in die Stadt ein, die letzteren gehen in den zur Autonomie strebenden Städten langsam vom Stadtherren auf Bürgerschaft und Rat über. Die berufsspezifische Ausdifferenzierung der Gilden und Zünfte hat also zwei verschiedene ältere Rechtsgrundlagen. – Die genossenschaftliche Form der Verwertung und Verwaltung privilegialer Vorrechte über berufliche Tätigkeiten hat sie mit der älteren Kaufmannsgilde gemeinsam, nur daß diese Rechte jetzt über die Stadtgemeinde *(universitas civium)* vermittelt und stärker ausdifferenziert sind.

Der soziale Kern des Verbandslebens ist (was die ältere Zunftforschung verkannte) aber das bruderschaftliche Verhältnis: Friede und Freundschaft, gemeinsame Ehre, Kult und Totenmemoria, gemeinsames Fest und Mahl, soziale Hilfe. Diese internen bruderschaftlichen Substrukturen innerhalb des Bürgerverbandes ermöglichten und festigten erst den Zusammenhalt, die Friedens- und Rechtsgemeinschaft des größeren, an Zahl oft stürmisch wachsenden Bürgerverbandes. In die bruderschaftlichen Unterverbände wird damit das genossenschaftliche Medium der sozialen Nähe, dargestellt (oder hergestellt) vor allem in *convivium* und Kultgemeinschaft, aufgenommen, das für die ältere Gilde so wichtig ist, im Verband der Gesamtbürgerschaft aber angesichts seiner Größe nicht mehr zu erhalten war.

In den kommunalen Gilden und Zünften verbinden sich also die Typenmerkmale der Privilegs- und Nutzungsgenossenschaft (das ist ihr wirtschaftlicher Aspekt) mit dem des bruderschaftlichen Verbandes (das ist ihr sozialer und religiöser Aspekt). Die Berechtigung zu dieser Scheidung ergibt sich auch daraus, daß beide Aspekte auseinanderfallen können – jemand tritt in die Bruderschaft, nicht aber in das Handwerk ein; im Spätmittelalter entwickeln sich religiöse Bruderschaften wie auch Gesellenbruderschaften neben handwerklichen Zünften. Die privilegsgenossenschaftliche Struktur begründet sich darauf, daß die mittelalterliche Stadtwirtschaft nicht als liberale Wirtschaftsgesellschaft, sondern als Nutzungsgemeinschaft der Bürger geordnet ist. Die Gewerbsgenossenschaften sind privilegierte Aussonderungen aus dieser Gesamtnutzung[129]. Daraus erklären sich auch die Aufsichtsrechte des Rates über die Zünfte. Reste der alten standes- und besitzrechtlichen Genossenschaften zeigen sich in einzelnen Städten in einem gestuften Bürgerrecht[130], wohl auch in der Rangordnung der Gilden und Zünfte und ihrem Zugang zur Besetzung des städtischen Rates[131].

Durch die Errichtung der Stadtkommune als bürgerlicher Friedens- und Rechtsgenossenschaft, begründet auf dem Bürgereid, haben sich die Rahmenbedingungen für die kommunalen Gilden und Zünfte gegenüber jenen Gilden der älteren Zeit grundlegend geändert. Die Formen wie die Funktionen der älteren Kaufmannsgilde haben sich (innerhalb einer Entwicklung mit großen Wandlungen und Differenzierungen in der Stadt) nun auf zwei Ebenen verlagert: Die der Stadtgemeinde einerseits, die der Gilden, Innungen und Zünfte andererseits.

Die Stadtgemeinde übernimmt die Abschirmung eines Gesellschaftskörpers, der auf Handel und Gewerbe beruht[132], gegenüber der agrarischen, aristokratisch-bäuerlichen Welt. Sie übernimmt die innere Befriedung dieses Gesellschaftskörpers und die Ausgestaltung seiner Rechtsordnung. Sie bedient sich (auf Grundlage freilich vielfältiger anderer, älterer Rechtsschichten) dazu des Mittels der Eidgenossenschaft *(conjuratio, communio iurata)*, des Bürgereides. Für die Bildung von Recht steht ihr, über den Eid, die Rechtsfigur der Verwillkürung, die wir auch bei der älteren Kaufmannsgilde fanden, zur Verfügung. Sie »mobilisiert« das statische Rechtsbild des Hochmittelalters und führt zu einer breit ausdifferenzierten städtischen Rechtsordnung[133].

Die Innungen und Zünfte übernehmen einen anderen Teil der Funktion der alten, »großen« Kaufmannsgilde: Sie verwalten vor allem das Erbe der Bruderschaft: Soziale Nähe, Hilfe, religiöse Gemeinschaft, Parität. Es scheint, daß sie weitgehend den Charakter des Eidesverbandes an die Stadt abgeben, sich auf Gelöbnis und auf Amtseide gegenüber der Stadt (also

129) Diese Konzeption ist breiter begründet in G. Dilcher, Zum Bürgerbegriff im späteren Mittelalter (wie Anm. 82).
130) Etwa Nürnberg, Konstanz.
131) Beispiel Goslar.
132) Es ist klar, daß diese Charakterisierung nur für die Handels- und Gewerbestadt, nicht für halbagrarische Landstädte u. ä. gilt. Jene ist es aber, die den neuen Typ und seine Rechtsform schafft.
133) Dazu grundlegend W. Ebel, Über die rechtsschöpferische Leistung des mittelalterlichen deutschen Bürgertums. Vorträge und Forschungen XI, 1966.

vertikale, nicht horizontale Eidesbindungen) beschränken. Diese Frage ist sicher noch nicht genügend untersucht; sie würde in dem Problem einer »Eideshoheit« in der mittelalterlichen Verfassung münden, innerhalb dessen dann auch der vieldiskutierte Fragekreis der Stellung der *conjuratio* anzusiedeln wäre.

Bei der Frage des Eides, die hier nur noch einmal angedeutet werden kann, konvergieren wichtige Problembereiche, die angesprochen worden sind: Parität und Einung, neue Rechtsbindung außerhalb der überkommenen Sozialstrukturen, Erzeugung neuen Rechtes als eidliche Willkür, Einfügung oder Widerspruch zu den Strukturen der Herrschaft, also dem vertikalen Gefüge, die Frage damit von Freiheit und Autonomiebereich in der mittelalterlichen Gesellschaft. Beim Eid wird dies alles prekär, weil er sich durch seine transzendentale Verankerung als »bedingte Selbstverfluchung« dem Zugriff diesseitiger Macht, ist er erst einmal geleistet, weitgehend entzieht.

Hier soll nur noch kurz die Frage der Verbindung der Genossenschaften zu autonomer Rechtsbildung und Gericht berührt werden. Wie wir sahen, waren die älteren boden- und standesrechtlichen Genossenschaften in ein herrschaftlich bestimmtes Gerichtssystem eingebunden, in welchem sie allerdings als Gerichtsumstand genossenschaftlich an der Rechtsfindung beteiligt waren. Autonome Rechtsbildung kam aber erst dort auf, wo die Genossenschaft einungsrechtlich (auf Eid) begründet ist, durch Verwillkürung: In der Tieler Gilde, andeutungsweise in der Niederricher Burschaft, in der Stadtkommune. Die innerstädtischen Gilden und Zünfte scheinen hier eine Zwischenstellung zu markieren: Als Zunft, Innung, Morgensprache, *condictum* u. ä. tragen sie den Anspruch autonomer Rechtsgenossenschaft sogar im Namen, verstehen sich (auch) als gerichtsförmliche Versammlung. Das begründet sich nach mittelalterlichem Rechtsverständnis aus dem einungsrechtlich-gewillkürten Charakter dieser Verbindungen wie aus dem Vorrang des engeren gegenüber dem weiteren Rechtskreis. Die Stadtgemeinde und der Rat lassen aber eine gewillkürte Autonomie der zünftigen Verbindungen nur sehr begrenzt zu. Das zeigt schon die Tatsache, daß diese Verbindungen ja gerade bei Gelegenheit ihrer Genehmigung durch die Organe der Stadt in das Licht der Quellen treten; es zeigt sich weiterhin in der Aufsicht, die der Rat über die gewerbliche Betätigung wie über die Rechtssatzungen der Zünfte auszuüben pflegte. Im Gegensatz zu der vom Königsprivileg gestützten, genossenschaftlich-gewillkürten »Enklave« der älteren Kaufmannsgilde, die Alpert von Metz mit Unwillen registriert, stellt also die spätere Gilde und Zunft ein dem bürgerlich-städtischen Gesellschaftskörper auch in Hinsicht auf Recht und Gericht eingefügtes Glied dar; diese Stellung vermittelt allerdings nicht nur harmonische Einfügung, sondern auch gesellschaftliche Spannungsverhältnisse und Antagonismen und dadurch ausgelöste soziale und politische Bewegungen (Zunftkämpfe, Zunftverfassung). Die Genossenschaftsbildung innerhalb der Stadt bietet also auch eine Form, in der sich die dynamischen Kräfte dieser Gesellschaft binden und politische und Verfassungsänderungen bewirken können[134].

134) Diese dynamische Funktion der kollektiven Gruppenbildung der Handwerkerschaft sieht schon deutlich O. GIERKE, Das dt. Genossenschaftsrecht I, S. 358ff.

Fragen zu Gilde, Bruderschaft und Zunft im Lichte von Kirchenrecht und Kanonistik

VON JÜRGEN SYDOW

Zur Einordnung dessen, was von diesem Bericht zu erwarten ist, scheint es mir notwendig zu sein, einige etwas ausführlichere Vorbemerkungen zu machen*. Zum Thema der Gilden – wie auch dann der Zünfte – mußte in den einzelnen Vorträgen immer wieder auch auf Texte aus dem Kirchenrecht zurückgegriffen werden. Darum geht es hier an dieser Stelle nicht, und dies wurde in den Vorgesprächen eindeutig abgeklärt, auch wenn das eine beachtliche Einengung meines Themas bedeuten mußte, die ich an einigen ganz wenigen Stellen durch eine kühne Grenzüberschreitung etwas zu korrigieren versuchte. Gegenstand meines Referats ist vielmehr das klassische kanonische Recht, und zwar in der Beschränkung auf die Quellen vom Decretum Gratiani bis zum Liber sextus Bonifaz' VIII. und auf die Kanonisten dieser Zeit bis hin ins 14. Jahrhundert. Das mag für unsere Fragestellung recht spät sein, aber es will mir scheinen, daß hieraus durchaus Anregungen oder – modern gesagt – Denkanstöße gewonnen werden können.

Wenn man sich allerdings die vorhandene Literatur ansieht, könnte man unser Vorhaben gleich wieder mutlos zur Seite legen. Auch die Bruderschaft, also jene Gemeinschaftsform, die ja zweifellos die größte Nähe zur Kirchenorganisation hat, ja eigentlich bei aller Offenheit zur »Welt« als kirchlich angesprochen werden darf, tritt im Kirchenrecht nicht eigens auf. Der französische Kirchenrechtshistoriker Gabriel Le Bras sagt in dem von ihm betreuten Bande über die kirchlichen Institutionen im Rahmen der Kirchengeschichte von Fliche-Martin über die beruflich oder religiös motivierten Bruderschaften lapidar: »Kein Text im Corpus (iuris

*) Außerdem muß ich zugestehen, daß mich bei der jetzigen Fertigstellung des Manuskripts, ohne daß dies ursprünglich zu erwarten war, infolge einer ganzen Reihe von Belastungen sowie unvorhersehbaren Behinderungen heute ähnliche Gefühle begleiten, wie sie der Hrsg. dieses Bandes bereits einmal aus gegebenem Anlaß geäußert hat: Berent SCHWINEKÖPER, Die Problematik von Begriffen wie Stauferstädte, Zähringerstädte und ähnlichen Bezeichnungen. In: Südwestdeutsche Städte im Zeitalter der Staufer. Hrsg. Erich MASCHKE und Jürgen SYDOW (Stadt in der Geschichte 6). 1980. S. 95, Anmerkung. Wegen der angedeuteten Schwierigkeiten ist es mir auch nicht möglich, den seinerzeitigen Vortrag wesentlich auszuarbeiten, sondern es muß vor allem darum gehen, die nötigen Quellenbelege eindeutig zu geben. Daß die Problematik der Themen dieses Beitrags auch von anderen Untersuchungen in diesem Band berührt wird, wie das bereits während der Tagungen der Fall war, ist mir dabei völlig bewußt.

canonici) befaßt sich mit ihnen; auch die Lehre widmet ihnen wenig Aufmerksamkeit«[1]. Zum Trost verweist er dann in einer Anmerkung auf zwei Stellen bei Gratian und auf eine Stelle im Liber Extra Gregors IX., an denen die Lehre noch am ehesten Fragen des Bruderschaftswesens aufgegriffen habe.

Am besten scheint mir unser Problem – und keineswegs nur in der Beschränkung auf die Bruderschaft – in dem 1970 erschienenen Werk »Universitas, Expressions du mouvement communautaire dans le Moyen-Age latin« von Pierre Michaud-Quantin erfaßt zu sein[2], auch wenn bezüglich der Exaktheit der Quellennachweise hier viele Wünsche offen bleiben[3]. Bei Michaud-Quantin wird auch klar, wie stark die verschiedenen Formen der Organisation mittelalterlicher Gemeinschaften ineinander übergreifen. Der aufmerksame Leser wird aber auch noch etwas weiteres entdecken, daß er nämlich, wenn er die Literatur der Kanonisten bei welcher Frage auch immer heranziehen will, sehr schnell an Grenzen kommt, die für den Einzelforscher kaum übersteigbar sind. Von der überaus lebendigen Diskussion der Kanonisten und von ihren Glossen, Apparaten, Summen, Kommentaren usw. ist nur ein Teil einigermaßen leicht zu erreichen, in einigen neueren Editionen oder in älteren Ausgaben des 19. und frühen 20. Jahrhunderts, wovon weithin Nachdrucke existieren, andere Werke sind oft nur in Drucken des 15. und 16. Jahrhunderts greifbar (von denen es lediglich einige Nachdrucke gibt), und schließlich liegen eben sehr viele Texte, die für uns wichtig wären, nur handschriftlich vor[4] und sind für ein solches Referat kaum heranzuziehen[5].

Es bedarf wohl kaum einer Rechtfertigung, daß derjenige, der sich mit kanonistischen Aspekten unserer Frage zu beschäftigen hat, Gilde, Zunft und Bruderschaft in engem Zusammenhang sieht, wie das ja auch von seinen Quellen her geboten ist. Aber es ist ja auch so, daß die Übergänge zu allen Zeiten sehr fließend gewesen sind, wie das sowohl die Kirchengeschichte als auch die Stadtgeschichtsforschung deutlich sieht, ohne daß hier die ganze einschlägige Literatur nun ausgebreitet werden muß.

Dabei fällt auf, daß, wenn ich mich nicht täusche, die Gilde weniger als die freilich auch in den Quellen besser zu erfassende Zunft in dieser Zweigesichtigkeit einer genossenschaftlichen, gesellschaftlich-wirtschaftlich bestimmten Organisation und einer religiösen Bindung gesehen wird. Aber es wäre doch wohl etwas kindlich, wenn wir uns die Gildegenossen nur als jene wüsten Kumpane vorstellen würden, wie sie Alpertus von Metz im frühen 11. Jahrhundert in

1) Gabriel Le Bras, Institutions ecclésiastiques de la Chrétienté Médiévale, Première partie, Livres II à VI (Augustin Fliche/Victor Martin, Histoire de l'Eglise 12). Paris 1964. S. 414.

2) Pierre Michaud-Quantin, Universitas, Expressions du mouvement communautaire dans le Moyen-Age latin (L'Eglise et l'Etat au Moyen Age XIII). Paris 1970.

3) Vgl. HJb 92, 1972, S. 482.

4) Eine Übersicht bei Knut Wolfgang Nörr, Die kanonistische Literatur. In: Handbuch der Quellen und Literatur der neueren europäischen Privatrechtsgeschichte 1: Mittelalter (1100–1500). Hrsg. Helmut Coing. 1973. S. 371–382.

5) Nachweise über Mikrofilmsammlungen bei Nörr, ebd. S. 368. Der Pariser Sammlung hat sich Michaud-Quantin, wie Anm. 2, bedient, so daß er manche zusätzliche Information zu bieten vermag.

seinem Bericht über die Kaufleute von Tiel schildert[6]. Es gibt aber genügend Zeugnisse, daß auch die Gilde religiöse Verpflichtungen aufstellte und nicht zuletzt schließlich für Beerdigung und Totengedächtnis der Gildegenossen sorgte. Abgesehen von einer genauen Analyse der frühesten erhaltenen Gildestatuten verweise ich auf jene Urkunde des Bischofs Radbod von Noyon und Tournai von 1089, worin den Bewohnern der Pfarrei St. Marien im *burgus* von Brügge das Bestattungsrecht *pro societate fraternitatis* im Atrium von Saint-Donatien eingeräumt wird[7]. Die ältesten Statuten einer deutschen Gilde, der Knudsgilde von Flensburg, sagen schließlich um 1200 nichts anderes[8]. Ebenso gehören die Kaufmannskirchen[9] und vielleicht doch auch in einigen Fällen, wobei man allerdings noch weiter forschen müßte, das Pfarrerwahlrecht[10] in diesen Rahmen. Möglicherweise enge Verbindungen zwischen Kaufleutegilde und Bruderschaft konnte ich selbst am Beispiel der Wallfahrtsbruderschaften nach St. Matthias in Trier, und zwar vor allem für Augsburg, zur Diskussion stellen[11].

Unbestritten ist in der Wissenschaft die Nähe von Zunft und Bruderschaft, wo infolge der stets auch feststellbaren religiösen Funktionen der Zünfte es gelegentlich schwer wird, die betreffende Institution primär entweder der einen oder der anderen Seite zuzurechnen. Auch hier darf ich wohl auf einen Literaturüberblick verzichten, und ebenso kann hier auch nicht der Gang der kirchengeschichtlichen Forschung über das Bruderschaftswesen verfolgt werden[12]. Nur kurz möchte ich noch darauf hinweisen, daß gerade auch die polnische Forschung hier sehr aktiv ist und sich vor allem darum bemüht, in das kaum durchschaubare Netz und Geflecht des mittelalterlichen Bruderschaftswesen in seinen religiösen und weltlichen Aspekten eine gewisse

6) C. VAN DE KIEFT, Recueil de textes d'histoire urbaine néerlandaise des origines au milieu du XIIIe siècle. In: Elenchus fontium historiae urbanae, Hrsg. C. VAN DE KIEFT et J. F. NIERMEIJER †. Leiden 1967. S. 424f. Nr. 12. Die feuchtfröhlichen Gildegelage verurteilt übrigens auch Anselm von Canterbury in einem zwischen 1079 und 1089 geschriebenen Brief; vgl. Ernst WERNER, Stadtluft macht frei, Frühscholastik und bürgerliche Emanzipation in der ersten Hälfte des 12. Jahrhunderts (SbbAkadLeipzig 118/5). 1976. S. 24 mit Anm. 139.

7) Mina MARTENS, Recueil de textes d'histoire urbaine belge des origines au milieu du XIIIe siècle. Elenchus, wie Anm. 6, S. 305f. Nr. 17.

8) H. C. P. SEJDELIN, Diplomatarium Flensborgense. 1. Kopenhagen 1865. S. 1ff. Vgl. jetzt auch Gerhard KRAACK, Das Gildewesen der Stadt Flensburg (SchrrGesFlensbStadtG 19). 1969.

9) Paul JOHANSEN, Die Kaufmannskirche im Ostseegebiet. In: Studien zu den Anfängen des europäischen Städtewesens (VortrrForsch 4). 1958. S. 499–525.

10) Vgl. Dietrich KURZE, Pfarrerwahlen im Mittelalter (ForschKirchlRGKR 6). 1966.

11) Jürgen SYDOW, Stadtgeschichtliche Beobachtungen am ältesten Bruderschaftsbuch von Sankt Matthias zu Trier. In: Geschichtsschreibung und geistiges Leben im Mittelalter. Fs. Heinz Löwe. Hrsg. Karl HAUCK und Hubert MORDEK. 1978. S. 450–467. Zur kirchlichen Stellung der Kaufleute in der städtischen Frühzeit äußerte sich bereits sehr dezidiert Karl FRÖLICH, Kirche und städtisches Verfassungsleben im Mittelalter. In: ZRG kan. Abt. 53, 1933, S. 256f., 260f., 264f.

12) Als letzte Zusammenfassung auf der Grundlage jahrzehntelanger Forschungen ist zu nennen Gilles Gérard MEERSSEMAN, Ordo Fraternitatis, Confraternite e pietà dei laici nel medioevo. 1–3. Roma 1977.

systematische Ordnung zu bringen[13]; Antoni Czacharowski, Thorn, hat darüber sehr klar auf einer Tagung des Südwestdeutschen Arbeitskreises für Stadtgeschichtsforschung berichtet[14].

Die enge Bindung wirtschaftlicher Zweckbindung und religiöser Aufgabenstellung wird im übrigen sichtbar auch in frühen deutschen Zunftordnungen, wie etwa bei den Webern in Mainz[15] und den Bettziechenwebern oder Drechslern in Köln[16]. Wenn man dies alles, was bisher sehr allgemein und vielleicht sogar etwas oberflächlich gesagt wurde, zusammennimmt, so kann es trotz der beinahe aussichtslos erscheinenden Ausgangslage doch sinnvoll erscheinen, kanonisches Recht und Kanonistik der klassischen Zeit noch einmal zu befragen, ob nicht auch hier Erkenntnisse zu gewinnen sind. Man sollte sich nach unseren Vorüberlegungen klar darüber sein, daß eben auch solche Texte, die von »Bruderschaft« sprechen, nicht einseitig nur auf die kirchliche Bruderschaft zu beziehen sind, sondern auch Gilde und Zunft im Blickfeld haben können.

Es wird zweckmäßigerweise mit dem Decretum Gratiani zu beginnen sein[17]. Hier stellt der Bologneser Kanonist in Distinctio 42ff. einen Katalog priesterlicher Standestugenden zusammen, mit dem er zugleich den Kirchenrechtlern auch hie und da ein Stichwort gab, Probleme zu behandeln, die unsere Fragen berühren. Gleich zu Beginn[18] bringt er einen spätantiken Konzilstext, in dem die Agape, das Liebesmahl für die Armen, als lobenswert und wichtig herausgestellt wird. Dazu weiß die im 3. Viertel des 12. Jahrhunderts verfaßte »Summa Parisiensis« zu sagen *agapes vel agapen idem est, i. e. convivium huismodi, quod fit in confrariis, quod laudatur propter pauperes*[19] und führt damit die Bruderschaft (die französische »confrérie« schimmert hier ja auch schon sprachlich sehr deutlich durch) und das Bruderschaftsmahl ganz eindeutig in die Diskussion ein.

Ebenso ergibt sich für die Kanonistik bei Distinctio 44, die über Weingenuß, Gasthausbesuch, Gastmähler usw. der Priester handelt, nochmals Gelegenheit, auf die genossenschaftlichen Festgelage einzugehen. Hier können wir Rufinus von Bologna, der seine »Summa« zwischen 1157 und 1159 schrieb, anführen. Schon zum einleitenden »Dictum« Gratians weist er

13) Vgl. dazu bereits die Artikel von Krystyna KUŻMAK, Bractwo kościelne, und Czesław STRZESZEWSKI, Cechy, in: Encyklopedia Katolicka. 2. Lublin 1976. Sp. 1013–1020 bzw. 1376–1379.

14) Antoni CZACHAROWSKI, Die Bruderschaften der mittelalterlichen Städte in der gegenwärtigen polnischen Forschung. In: Bürgerschaft und Kirche. Hg. Jürgen SYDOW (Stadt in der Geschichte 7). 1980. S. 26–37. Vgl. auch Hanna ZAREMSKA, Bractwa w średniowiecznym Krakowie. Wrocław usw. 1977.

15) Friedrich KEUTGEN, Urkunden zur städtischen Verfassungsgeschichte. 1901 (Nachdruck 1965). S. 350f. Nr. 252; dazu Ludwig FALCK, Mainz im frühen und hohen Mittelalter (Geschichte der Stadt Mainz 2). 1972. S. 161.

16) KEUTGEN, wie Anm. 15, S. 352f. Nr. 255 sowie S. 353f. Nr. 256.

17) Ausgabe von Aemilius FRIEDBERG, Corpus iuris canonici. 1. 1879 (Nachdruck 1959). Die einzelnen Texte des Decretum werden im folgenden nur in der üblichen Zitierweise, aber ohne Angabe der betreffenden Spalte der Ausgabe, angeführt.

18) D. 42 c. 1.

19) The Summa Parisiensis on the Decretum Gratiani. Hrsg. Terence P. MCLAUGHLIN. Toronto 1952. S. 38.

auf die *prava consuetudo* hin, wonach manche Leute *in diebus sollemnibus commessationes faciebant*[20]. Vor allem aber sind die Bemerkungen desselben Autors zu c. 10 dieser Distinctio interessant. Dabei geht es um ein aus dem 4. Jahrhundert stammendes Verbot des Konzils von Laodikea für Kleriker und Laien, an den noch als heidnischer Brauch angesehenen *comissalia*, ausgelassenen Gastmählern, deren Kosten durch Umlage von *symbolae* aufgebracht wurden, teilzunehmen. Der Kommentar des Rufinus von Bologna[21] hierzu ist völlig eindeutig und läßt m. E. keinen Zweifel offen, daß er ähnliche Gelage seiner Zeit im Auge hatte, wo ja ebenfalls das gemeinschaftliche Festmahl aus der Gemeinschaftskasse finanziert wurde.

Freilich – mit all dem befinden wir uns erst im Vorfeld der Erscheinungsformen dieser Gemeinschaften, so wichtig sie sicher für die Mitglieder gewesen sind. Interessanter ist schon jenes Kapitel, das auf einen Kanon des Konzils von Chalkedon zurückgeht und *coniurationum et conspirationum crimen, quod apud Grecos dicitur fratria* unter dem Klerus verurteilt[22]. Hier war schon der Gleichklang des griechischen Wortes φρατρία, dessen wirkliche Bedeutung »Sippe, Geschlecht« ja nicht verstanden wurde, mit dem lateinischen Begriff *confratria* von großer Bedeutung, so daß die Dekretisten für dieses Kapitel anscheinend eigentlich nur selten eine Kommentierung für nötig erachteten. Trotzdem seien auch hier zwei Stellen angeführt. Paucapalea, der Schüler Gratians, beschränkt sich freilich in Anknüpfung an eine entsprechende Stelle im Jesaja-Kommentar von Hieronymus mit dem Satz *Coniuratio est multorum consensus in malum*[23]. Rufinus von Bologna wird hier schon wesentlich deutlicher und bringt, aller Wahrscheinlichkeit nach auf dem Hintergrund zeitgenössischer Erfahrungen, folgenden Kommentar[24]: *Coniuratio est plurium contra aliquem in unum illicite facta iuratio. Hec autem iuratio sive conspiratio non tantum, si animi perversitate fiat, dampnatur, sed etiam, si bono zelo contra dissipatorem episcopum vel prelatum ineatur, coniuratio est dicenda et penitus reprobanda.* Hier spürt man m. E. ganz deutlich das Modell der *coniuratio* gegen einen bischöflichen Stadtherrn, die auch dann, wenn sie sich gegen einen unwürdigen Bischof richtet, verurteilt wird.

Die *coniuratio* hat in ähnlicher Weise auch andere Kanonisten beschäftigt. So stellte die Summa Parisiensis sie mit einem »Vertrag des Ungehorsams« gleich[25]. Allerdings ergaben sich Schwierigkeiten insofern, als Gratian an anderen Stellen den Eid, der für einen guten Zweck geleistet wird, durchaus als lobenswert anerkannte, z. B. zur Erlangung und Erhaltung des Friedens[26]. Trotzdem blieben die Dekretisten zunächst bei ihrer Verurteilung der Schwur-

20) RUFINUS von Bologna, Summa Decretorum. Hrsg. Heinrich SINGER. 1902 (Nachdruck 1963). S. 103.
21) Ebd.
22) C. 11 q. 1 c. 21.
23) PAUCAPALEA, Summa über das Decretum Gratiani. Hrsg. Johann Friedrich VON SCHULTE. 1890 (Nachdruck 1965). S. 78.
24) RUFINUS, wie Anm. 20, S. 311.
25) Summa Pariensis, wie Anm. 19, S. 148.
26) C. 22 q. 1 c. 1, nach dem Konzil von Toledo 653.

einung in jedem Falle[27], und erst seit der Wende zum 13. Jahrhundert läßt sich eine Differenzierung feststellen. So taucht in dem aus der französischen Schule stammenden Apparat »Ecce vicit leo« das Wort von den *confratrie illicite* auf[28], das die Frage aufwirft, ob es auch erlaubte Bruderschaften geben kann. Eine Antwort finden wir in der »Glossa ordinaria« des Johannes Teutonicus zum Dekret[29], wo die eidlich beschworenen *fraternitates,* die einem schlechten Zweck dienen, verboten bleiben, die guten Verbrüderungen aber, wobei das uns schon bekannte Kapitel über die Agape allegiert wird, als durchaus legitim angesehen werden.

Der gleichen Meinung ist dann übrigens auch Raimund von Peñaforte in seiner um 1220 verfaßten Summe, in der er Schwureinungen zu einem guten Zweck, wieder mit Hinweis auf die Distinctio über die Agape, als zulässig erklärt[30]. Daß hier auch Sätze des römischen Rechtes und der Rechtsgelehrten des 12. Jahrhunderts ihren Einfluß ausgeübt haben, steht außer Frage[31], doch überschreitet eine eingehende Analyse dieser Fragen meine Kompetenz. Immerhin muß in diesem Zusammenhang wohl schon an dieser Stelle auf einen späten Legisten, und zwar auf den in der 1. Hälfte des 14. Jahrhunderts schreibenden Bologneser Legisten Jacobus Buttrigarius, hingewiesen werden, der am Beispiel der Korbmacher von Bologna, die bei der Kirche Madonna del Monte eine Bruderschaft bilden, erklärt, daß das Recht zur Gründung einer Berufsorganisation nur durch die Bindung an den gemeinsam in einer Kirche begangenen und an diese gebundenen Gottesdienst besteht[32]. Er ist allerdings mit dieser extremen Forderung, die derart auch vorher anscheinend weder in der Kanonistik noch in der Legistik gestellt worden ist, allein geblieben, aber er zeigt m. E., wie eng die gegenseitige Verschränkung des weltlichen und geistlichen Elements war und auch im Alltag beobachtet werden konnte, wohl auch kaum zu trennen war.

Mit Raimund von Peñaforte sind wir nun allerdings schon nahe an die Dekretalen Gregors IX., den »Liber Extra«, gekommen, dessen Redaktor er ja gewesen ist[33]. Wesentlich für unsere Fragestellung ist hier vor allem eine Dekretale von Honorius III. (1216–1227) an Propst und Archidiakon von Soissons *(Dilecta in Christo)*[34], die bereits in der Compilatio V enthalten war. Darin klagt die Äbtissin von Jouarre im Bistum Meaux, daß die dortigen Priester und Kleriker, die nicht *sunt unum corpus ita, quod capitulum appellaretur,* gegen den Willen der Äbtissin *sigillum habere contendunt.* Nun ist der Gebrauch eines Siegels zweifellos ein

27) Vgl. MICHAUD-QUANTIN, wie Anm. 2, S. 242. Die Frage, ob aus den hier vorgelegten Quellenstellen auch allgemeine kanonistische und theologische Reserven gegenüber dem Eid herausgelesen werden können, wie in der Diskussion der Tagung z. T. anklang (vgl. Konstanzer Arbeitskreis für mittelalterliche Geschichte, Prot. Nr. 232), überfordert m. E. die Texte.

28) Ebd. S. 243.

29) Zu c. 11 q. 1 c. 21.

30) José RUIS SERRA (Hrsg.), San Raimundo de Penyafort, Summa iuris. Barcelona 1945. S. 20f.

31) Vgl. MICHAUD-QUANTIN, wie Anm. 2, S. 221f.

32) Ebd. S. 222.

33) Ausgabe von Aemilius FRIEDBERG, Corpus iuris canonici. 2. 1879 (Nachdruck 1959). Sp. 5–928. Zur Zitierweise vgl. Anm. 17, da ich auch bezüglich der Dekretalen diese Form wähle.

34) X 5, 31, 14.

hervorragendes Kennzeichen der Rechtsfähigkeit einer Korporation, so daß der Papst den weiteren Gebrauch dieses Siegels streng untersagt.

Es ist hier nicht der Ort, um über die Frage des authentischen Siegels[35] nachzudenken, die übrigens auch im kanonischen Recht erscheint[36], aber in diesem Zusammenhang im allgemeinen nicht von der Kanonistik kommentiert wurde[37]. Dieses Problem hat bei dieser Dekretale die Kanonisten auch nicht interessiert. Man hat vielmehr diese Stelle benutzt, um über die verschiedensten Korporationen nachzudenken, und daher sind hier Überlegungen angestellt worden, die für unsere Fragestellung wichtig sind.

Wer sich mit der Kanonistik des 13. Jahrhunderts befaßt, wird immer wieder an erster Stelle zu dem zwischen 1246 und 1254 verfaßten Dekretalenkommentar des Sinibaldus Fliscus, des späteren Papstes Innozenz IV., greifen, sicherlich »wohl des vorzüglichsten Kommentars der mittelalterlichen Kanonistik«, wie Knut Wolfgang Nörr ihn bezeichnet[38]. Sinibaldus Fliscus befaßt sich eingehend mit unseren Dekretale und hat, wie wir gleich hinzufügen dürfen, zugleich die gesamte spätere Beschäftigung damit tiefgreifend beeinflußt[39].

Der Kommentator geht davon aus, daß alle Menschen, gleich welchen Berufes, Schulmeister, Kaufleute oder Handwerker, das Recht haben, eine Gemeinschaft zu bilden, Gemeinschaftsorgane zu haben und eine gemeinsame Kasse zu führen, wenn dahinter nur ein klar erkennbarer Zweck steht: *Videtur enim quod quilibet homines cuiuscunque professionis, ut grammatici vel negotiatores, ut confrumentales vel officii vel pistores propria authoritate, si volunt, licet alii aliter dicant, possunt convenire simul et facere sibi rectorem et syndicum et arcam communem, dummodo societatem coeant vel collegium faciant pro aliqua causa.* Sinibaldus Fliscus führt dann weiter aus, daß man eine solche Korporation gründen könne auch ohne Leiter und ohne Gemeinschaftskasse sowie – das ist hier neu – ohne gemeinsame Vereinbarung *(stipulatio)*, wenn es nur eines gerechten Grundes wegen oder zur Verteidigung der eigenen Rechte bzw. zur Abwehr von Schaden in – so dürfen wir hier etwas frei übersetzen – der Ausübung der eigenen Tätigkeit bzw. zur Sicherung ordnungsgemäß durchgeführter Geschäfte, ja zur handwerklichen Qualitätskontrolle handelt: *Immo videtur, quod etiam sine rectore et sine syndico et sine arca et sine stipulatione possunt authoritate propria vel sola voluntate expressa tamen constituere collegium, dummodo pro aliqua causa iusta hoc faciant, puta ad defensionem iustititae suae et aliorum, vel ne in suis officiis fraudem faciant et consimilibus.* Was den Namen einer solchen Korporation betrifft, so reicht es nach der Darstellung von Sinibaldus Fliscus aus, wenn er klar ihre Mitglieder kennzeichnet: *Nec oportet,*

35) Außer den Handbüchern zur Siegelkunde immer noch wichtig Harry BRESSLAU, Handbuch der Urkundenlehre für Deutschland und Italien. 1. ³1958. S. 718ff. Vgl. auch Ahasher von BRANDT, Werkzeug des Historikers. 1958. S. 135–138.

36) X 2, 22, 2.

37) Vgl. BRESSLAU a. a. O.

38) Handbuch, wie Anm. 4, S. 377.

39) INNOCENTIUS IV (Sinibaldus Fliscus), Super libros quinque decretalium. Francofurti 1570 (Nachdruck 1968). Bl. 526f.

quod isti habeant aliud nomen nisi collegium grammaticorum talis loci, et sic de aliis. Demnach ist also jede Korporation erlaubt, die einem gemeinsamen Guten dient: *Immo videtur, quod licitum sit collegium omnium bonorum sodalium, qui multum facere habituri sunt simul.* Hier fehlt dann auch nicht der Hinweis auf das römische Recht, das in *De illicitis collegiis*[40] ja Kollegien zu religiösen und – wie wir heute sagen würden – gemeinnützigen Zwecken erlaubte.

In den bisher angezogenen Bemerkungen von Sinibaldus Fliscus haben wir also eine in sich recht geschlossene Theorie über eine ganze Reihe von Korporationen, unter welche zweifellos jene zu rechnen sind, die wir hier als Gilden bzw., etwas vereinfachend, als Zünfte bezeichnen. Er schließt im übrigen diesen Teil seiner Ausführungen mit einem Blick auf religiöse Korporationen ab: *Illud autem constat, quod, si faciant collegium causa religionis vel pietatis et inde nomen sumant, verbi gratia: collegium iuvantium oppressos vel collegium facientium eleemosynas et sic de ceteris, licitum est.*

Allerdings kann kein Zweifel darüber bestehen, daß dies zunächst eine Zustandsschilderung bzw. Bestandsaufnahme ist, so wertvoll diese für den Historiker sein muß. Sinibaldus Fliscus folgt hier doch sehr eng dem klassischen Aufbau einer scholastischen Quaestio und führt danach eine Reihe von Einwänden und Klarstellungen, die eigentlich nicht Gegengründe sind, vor. Das gibt ihm zugleich die Möglichkeit zur Präzisierung: *Societas est plurium corporum inter se distantium, uno nomine ei deputato, collectio.* Zugleich wird nochmals die Stellung der religiösen Korporation, also der Bruderschaft, herausgehoben: *licita collegia sunt omnia, quae sunt causa religionis.* Schließlich erfolgt ein Hinweis auf solche Korporationen, die schlechten Zwecken dienen, womit man zugleich an die Überlegungen über die im Dekret genannten Schwureinungen, auch wenn diese unter einem stolzen Namen dahergehen sollten, erinnert wird und die natürlich zu unterbinden sind: *haec collegia, licet bonum nomen habeant, tamen, quia male operantur, fit illicitum collegium et ideo destruendum.*

Sinibaldus Fliscus zieht nunmehr auch nochmals die Digesten heran, die ja in *De collegiis illicitis* eine Lehre über die Bildung von Korporationen bringen. Wenn dieses Gesetz auch die Gründung von *collegia* grundsätzlich der Billigung von *senatus* oder *princeps* unterwerfe, so seien sie, wenn sie guten Zwecken dienen, doch erlaubt wie z. B. *collegia professionum et negotiatorum et burgorum et villarum,* und der Verfasser schränkt die Genehmigungspflicht von *collegia* durch den *princeps* (der im 13. Jahrhundert nicht mehr zeitgemäße *senatus* ist hier stillschweigend fortgelassen) auf bestimmte, genau umschriebene Fälle ein, die uns an dieser Stelle nicht zu interessieren brauchen. An den Schluß seiner umfangreichen Untersuchung stellt Sinibaldus Fliscus schließlich noch einen m. E. wichtigen Satz, der festlegt, daß solche Korporationen auf freiwilliger Grundlage und ohne Beitrittszwang, womit also auch z. B. der Zunftzwang ausgeschlossen ist, zu bilden sind: *Item videtur, quod haec collegia personalia, scilicet professionum, negotiationum, officiorum et religionum, sunt voluntaria et non necessaria.*

Es kann kein Zweifel darüber bestehen, daß Sinibaldus Fliscus, dessen Autorität ohnehin unangefochten war, die weitere Beschäftigung der Kanonisten mit unserem Thema weitgehend

40) Dig. 47, 22; vgl. auch MICHAUD-QUANTIN, wie Anm. 2, S. 221 ff.

beeinflußt und bestimmt hat. Daher mögen hier bereits einige allgemeine Bemerkungen angeschlossen werden. Natürlich müssen die Ausführungen unseres Kanonisten, der sicherlich zu den führenden Vertretern dieser Wissenschaft gerechnet werden muß, auch vor dem Hintergrund jener Bemühungen der damaligen Legistik und Kanonistik gesehen werden, die Lehre über *universitas* und *corpus,* über *collegia realia* und *collegia personalia,* über die *societas voluntaria,* über die juristische Person, über die Körperschaften, über die *persona ficta,* um nur einige der hierher gehörenden Begriffe anzuführen[41], auszubilden. Die *arca communis* wiederum, die ja auch erwähnt wird, ist dem römischen Recht entlehnt[42], das in der gemeinsamen Kasse ein Element der Korporation, der *societas,* des *collegium,* der *universitas* sieht; die gemeinsame Kasse war aber andererseits auch schon in dem erwähnten Text des Decretum Gratiani eine Selbstverständlichkeit. Eine solche Korporation ist demnach auch besitzfähig und kann daher, wie Sinibaldus Fliscus sagt, einen *yconomus* bestellen. Dagegen geht er eigenartigerweise auf das in der kommentierten Dekretale ja zentrale Thema der Siegelführung nicht ein.

So sehr Sinibaldus Fliscus die Problematik dieser Gemeinschaften durchdacht hat, so enttäuschend ist ein Blick auf die entsprechende Stelle beim Hostiensis, Henricus de Segusio[43]. Er sieht die Dekretale *Dilecta in Christo* lediglich im kirchlichen Rahmen, lehnt ab, daß die Geistlichen der Äbtissin von Jouarre ein Kapitel bilden können, sondern meint, dies könne nur sein ein *corpus causa religionis, ut scil. missas celebrent tam pro vivis quam pro defunctis, vel faciendo inter se confratriam.*

Einen gewissen Abschluß der kanonistischen Beschäftigung mit den Dekretalen Gregors IX. stellt zweifellos Johannes Andreae mit seiner 1338 veröffentlichten »Novella« dar, die ja eigentlich auch schon außerhalb des auf dieser Tagung behandelten Zeitraums liegt[44]. Trotzdem vertritt er einige Gedanken, die wir dann in die Schlußanalyse einbringen müssen.

Johannes Andreae trägt zunächst, praktisch fast wörtlich, unter Bezug auf Innozenz IV. – Sinibaldus Fliscus die herrschende Lehre vor. Ebenso betont er im Sinne dieser Lehre ausdrücklich, daß diese *collegia* freiwillig sein müssen, *quod etiam illi, qui sunt de eadem professione vel negociatione, sive sint plures sive pauciores quam alii, qui iam coierunt in collegium, non cogantur illud intrare, immo qui iam intraverunt, possunt inde exire.* Die Austretenden dürfen auch ihren Anteil am Gemeinschaftseigentum wieder herausnehmen: *Exeuntes accipiunt partem de rebus communibus.* Im übrigen herrscht ein Ausschließlichkeitsgebot; denn niemand darf in zwei Kollegien zugleich sein: *non potest quis esse in duobus collegiis*

41) Vgl. MICHAUD-QUANTIN, wie Anm. 2, S. 202ff., 209, 223ff. u. a.; über die einschlägigen Bezüge zum Städtewesen Jürgen SYDOW, Elemente von Einheit und Vielfalt in der mittelalterlichen Stadt (im Lichte kirchenrechtlicher Quellen). In: Miscellanea Mediaevalia 5: Universalismus und Partikularismus im Mittelalter. 1968. S. 193ff.

42) Dig. 3, 4, 1.

43) HOSTIENSIS, In Quintum Decretalium librum. Venetiis 1581 (Nachdruck 1965). Bl. 75.

44) Joannes ANDREAE, In quintum Decretalium librum Novella Commentaria. Venetiis 1581 (Nachdruck 1963). Bl. 95A/96.

voluntariis, mit einem Hinweis auf das römische Recht, und zwar wiederum auf *De illicitis collegiis* in den Digesten[45].

Johannes Andreae behandelt im Anschluß an die kanonistische Diskussion *(Videtur tamen aliis)* dann auch das Problem, wie mit Korporationen zu verfahren ist, die aus Minderheiten gebildet werden, und schließt sich der herrschenden Lehrmeinung an, daß dann ein unterscheidender Zusatz dem Namen der Korporation beigefügt werden muß: *Videtur tamen aliis, quod, si pauciores homines unius officii ut grammaticorum, pistorum vel aliorum conveniant in uno loco ad collegium faciendum, quod non debent se vocare collegium grammaticorum illius loci, quia non proprie dicitur collegium esse ibi alicuius officii, nisi sit maior pars, sed debent se denominare ab alio officio cum aliqua actione, per quam discernantur, v. g. collegium scholarium ultra Adversam vel citra.*

Schließlich führt Johann Andreae noch jene Lehrmeinung vor, wonach eine solche Minderheit überhaupt nur unter einem kirchlichen Vorzeichen ein *collegium* bilden kann: *Alii tamen dicunt, quod pauciores de aliquo officio non possunt facere collegium, nisi assumant sibi nomen aliquam pietatem respiciens.* Diese Lehrmeinung scheint mir überaus wichtig zu sein, und zwar für Geschichte und Recht der mittelalterlichen Bruderschaft, die ja der Zunft, aber wohl auch der Gilde, so nahe steht, daß man die Zusammenhänge kaum übersehen kann, wovon noch zu sprechen sein wird.

Die Dekretalen Gregors IX. bringen im gleichen Buch eine weitere Stelle, die das hier zu behandelnde Thema berührt, wenngleich die Kanonistik dazu, soweit ich sehe, keine Ausführungen macht, die uns weiterführen, und auch kein Grund besteht, im Rahmen unserer Problematik näher darauf einzugehen. Es handelt sich um jenes Kapitel des IV. Laterankonzils von 1215, das die Begräbnisrechte der Mitglieder von Dritten Orden und von Bruderschaften bei Klöstern regelt, vor allem zur Zeit eines Interdikts[46].

Dagegen müssen wir noch ein anderes Kapitel aus dem Liber Extra heranziehen, das die Kanonisten zu Überlegungen, die für uns wichtig sind, veranlaßt hat. Es handelt sich um die Dekretale Alexanders III. *Cum ab ecclesiarum,* die sich mit der Berechtigung auch eines Plebans, also nicht des Bischofs, zur Verhängung einer kirchlichen Zensur befaßt[47]. Die Kanonistik schließt hier die Erörterung der Rechte von Leitern der verschiedenen Korporationen an.

Wieder ist es Sinibaldus Fliscus, der dazu interessante und wichtige Ausführungen macht[48]. Er spricht ihnen die ordentliche Gerichtbarkeit über die Korporationsmitglieder zu – nach dem Wortlaut ist man beinahe versucht, von »Zunft- und Gildegenossen« zu sprechen »*Qui eligitur ab his, qui sunt alicuius professionis vel negotiationis, in rectores, ordinariam iurisdictionem habent intantum, quod hi, qui de ipsa negotiatione vel professione sunt, non possunt extra eorum iurisdictionem declinare.* Der Kanonist, der an dieser Stelle die Bildung einer städtischen

45) Dig. 47, 22.
46) X 5, 33, 24.
47) X 1, 31, 3.
48) INNOCENTIUS IV, wie Anm. 39, Bl. 148.

universitas, also einer Stadt- bzw. Bürgergemeinde, nur bei Konsens des Stadt- bzw. Landesherrn für zulässig hält, erachtet bei diesen Korporationen eine solche Zustimmung nicht für nötig, sondern es muß nur gegeben sein, daß sie wirklich echte Mitglieder der jeweiligen Berufsgruppe umfassen: *sufficit, vel quod magistri vel scholares sint grammaticae, dialecticae, physicae et sic de aliis negotiationibus, quod sint pistores vel cerdones et sic de aliis.* Sie brauchen zur Bildung einer Korporation kein Privileg oder keinen Konsens: *hi enim nullo privilegio indigent vel consensu superioris, ut sunt collegia approbata a lege.*

Wenn vorhin bei Johannes Andreae davon die Rede war, daß auch mehrere, z. B. topographisch getrennte Korporationen ein und desselben Handwerks oder desselben Universitätszweiges möglich seien, wenn auch unter bestimmten Bedingungen, so vertritt Sinibaldus Fliscus – und hier folgt ihm übrigens Johannes Andreae in seinem Kommentar zu dieser Stelle der Dekretalen – die Meinung, daß eine Teilung in mehrere Korporationen nicht zulässig sei, oder daß sich geographisch getrennte Berufsgruppen, also solche, die in mehreren Orten getrennt wohnen, nicht vereinigen dürfen: *cum sit tantum una universitas omnium eorum, qui sunt eiusdem professionis vel negotiationis, qui morantur in eodem castro vel civitate, non videtur, quod possint se dividere, ut faciant plures universitates, vel etiam, quod homines eiusdem professionis vel negotiationis, qui sunt de diversis civitatibus, possunt convenire, ut unam faciant universitatem.* Dahinter steht also eine ganz klare Vorstellung davon, was eine *universitas* ist. Schließlich wird auch verdeutlicht, was an Mindestanforderungen an eine solche Korporation zu stellen ist: *sint minus ad tres.*

Der Hostiensis, Henricus de Segusio, behandelt an dieser Stelle das Thema in eigener Weise, auch wenn er Gedanken der kanonistischen Diskussion seiner Zeit offensichtlich aufgreift[49]. Auch er stellt zunächst das unbestreitbare und unanfechtbare Leitungsrecht des Vorstehers einer solchen Korporation fest: *qui eligitur ab his, qui sunt alicuius professionis vel negotiationis sive artis, sicut sunt cerdones, pistores, phisici, grammatici et similis adeo quod tam de publicis causis quam etiam de privatis, quas habent occasione societatis, socii inter se coguntur respondere sub tali rectore, nulla exceptione remota obstante.* Bezüglich der Mindestzahl ist der Hostiensis noch etwas beweglicher: *Ad hoc autem, ut sit collegium, oportet ad minus, quod sint duo vel tres simul.*

Zum Abschluß seiner Überlegungen äußerst der Hostiensis noch einen wichtigen Gedanken. Da diese Korporationen vom Recht anerkannt sind, muß der »Herr« – wer immer das ist – ihre Privilegien auch achten, kann aber andererseits eingreifen, wenn sie ihren Wirkungskreis überschreiten: *quamvis praedicta corpora sive collegia sint approbata a iure, et iustum sit, quod dominus ipsis sua privilegia servet. Si tamen suos terminos excedere et iura sive iurisdictionem domini usurpare, de iure sunt per eundem dominum refrenandi et coercendi.* Dies wirkt im übrigen beinahe wie ein Hinweis auf die immer wieder erfolgten Zunftverbote wie etwa schon in

49) Henricus de Segusio (Hostiensis), In Primum Decretalium librum. Venetiis 1581 (Nachdruck 1965). Bl. 159A.

der Reichsgesetzgebung von 1232[50], wobei auch wir uns in diesem Zusammenhang klar sein müssen, daß das Wort »Zunft« eigentlich eine unverantwortliche Verengung der vielfältigen Benennungen auf eine bestimmte, noch dazu stark politisch beeinflußte Bezeichnung ist[51]. Nicht übergangen werden soll schließlich eine der Schlußbemerkungen des Hostiensis, die seine Überlegungen ausgesprochen auf den Laienbereich bezieht: *Hoc quantum ad laicos.*

Soweit ich sehe, ist die spätere Kanonistik nicht über Innozenz IV. und den Hostiensis hinausgekommen, so daß wir damit die Behandlung dieses Kapitels der Dekretalen und seiner Kommentierung abschließen können. Es ist im Rahmen der hier zu untersuchenden Probleme auch nicht nötig, die Kanonistik bis ins 15. Jahrhundert zu verfolgen[52]. Ebensowenig bringen die späteren Bücher des Kirchenrechts wie der Liber sextus Bonifaz' VIII., die Clementinen und die Extravaganten wesentlich neue Gesichtspunkte, wenn auch immerhin der 1301 zum Liber sextus herausgebrachte Kommentar des Johannes Monachus nun auch noch das Siegel als Kennzeichen einer solchen Korporation anführt[53]: *habent archam communem, sigillum commune et unum rectorem et consimilia.*

Statt die spätmittelalterliche Kanonistik noch weiter zu verfolgen, seien hier vielmehr einige Schlußfolgerungen aus dem Material, das bisher vorgelegt wurde, gezogen. Es zeigt sich zunächst einmal, daß alle Autoren Zusammenhänge sehen, die uns vielleicht als stark vereinfacht erscheinen. Für sie besteht ja kaum ein spürbarer Unterschied zwischen Korporationen von *grammatici,* von *negotiatores* und von Angehörigen der verschiedenen *officia* bzw. *artes.* Dies mag zunächst tatsächlich nicht gerechtfertigt sein und dadurch erklärt werden, daß der Jurist eben sozusagen nach einem gemeinsamen Nenner suchen mußte. Man sollte aber m. E. auch einmal umgekehrt fragen, ob der Jurist hier nicht sehr klar gesehen hat, ob wir als Historiker bei aller Notwendigkeit der tatsächlich aus den Quellen abzuleitenden Differenzierung vielleicht darüber die verfassungsmäßigen Zusammenhänge vergessen, und zwar bei Gilde, Zunft und Bruderschaft. Daß gedankliche Verbindungslinien zu einer so wichtigen Korporation wie der Universität immer wieder gezogen werden, sei an dieser Stelle eigens betont.

In der Praxis lassen sich die einzelnen Formen oft ja ohnehin schwer trennen. Wir müssen m. E. viel stärker die Gleichartigkeit und Gleichzeitigkeit genossenschaftlicher Bewegungen in dem, was man heute Gesellschaft nennt, und in der Kirche beachten. So sollte man sich z. B. vor Augen stellen, daß die Gilden sich zur gleichen Zeit voll entwickeln, als sich auch jene Klerikergemeinschaften bildeten, wie Helmut Maurer sie trotz der ungünstigen Quellenlage

50) Diestelkamp, Quellensammlung, in Elenchus, wie Anm. 6, S. 231 Nr. 147 § 2.

51) Hier ist bereits zu verweisen auf das Diskussionsprotokoll in: Städtische Mittelschichten, Protokoll der VIII. Arbeitstagung des Arbeitskreises für südwestdeutsche Stadtgeschichtsforschung. Hrsg. Erich Maschke und Jürgen Sydow (VeröffKommGeschichtlLdKde BadWürtt B 69). 1972. S. 157–162.

52) Vgl. z. B. Baldo degli Ubaldi, Ad tres priores libros Decretalium commentaria. Lugdunis 1585 (Nachdruck 1970). Bl. 114 (zu X 1, 31, 3).

53) Johannes Monachus, Glosa aurea... super Sexto Decretalium Libro. Paris 1535 (Nachdruck 1968). S. 926 (zu in VI 5, 11, 5).

auch im südwestdeutschen Hegau ermitteln konnte[54]. Wie eng diese Formen beieinander liegen und wie sehr man deshalb wohl in einem größeren Rahmen denken muß, zeigt m. E. ein kirchenrechtlicher Text des 9. Jahrhunderts, der allerdings nicht im »Corpus iuris canonici« Aufnahme fand. Hinkmar von Reims verbietet in seinen Statuten von 852 »Vereinigungen *(collectae)*, die man im Volksmund *geldoniae* oder *confratriae* nennt«[55]. Hier sind doch tatsächlich alle Synonyma des weltlichen und kirchlichen Bereichs vereinigt, und nicht anders geht eigentlich die klassische Kanonistik vor.

Was die Gilde anlangt, so sind m. E. die Verbindungslinien zur (kirchlichen) Bruderschaft enger, als gemeinhin gesehen wird. Allerdings ist zuzugeben, daß es schwierig ist, dies im Einzelfall zu belegen – sind doch unsere Quellen sowohl für Gilde als auch für Bruderschaft in jenen Jahrhunderten, die wir als wesentlich für die Entfaltung des Gildewesens ansehen, dürftig genug. Es sei aber nochmals auf die auffälligen Belege in Augsburg hingewiesen[56]. Ebenso müssen m. E. in diesem Zusammenhang die etwas rätselhaften, jedenfalls sehr alten sogenannten Wolfgangsbruderschaften in Regensburg gesehen werden, die irgendwie in die frühe Verfassungsgeschichte der Stadt eingebaut werden müssen[57]. Der Wandel der älteren Gilden zu Korporationen, in denen auch das geistlich-religiöse Element einen bedeutenden Platz hatte, sollte wohl noch eingehender untersucht werden.

Die Nähe der Zunft zur Bruderschaft – und zwar von Anfang an – ist bekannt genug, um hier noch besonders betrachtet zu werden. Oft genug ist es ja bis in die Terminologie hinein, ja manchmal gerade wegen der Terminologie, ausgesprochen schwierig, völlig eindeutig klarzustellen, ob eine Handwerkerkorporation nun in erster Linie als kirchliche Bruderschaft, die ein bestimmtes Handwerk umfaßt, oder als Handwerkergenossenschaft, die – was im Mittelalter natürlich völlig selbstverständlich ist – zugleich auch eine starke kirchliche Komponente hat, anzusehen ist[58].

Merkmale von Gilde und Zunft sind die gemeinsame Kasse und das gemeinsame Mahl. Wir haben gesehen, daß die Kanonistik dies ebenso erkannt hat. Wenn das Korporationssiegel, von dem die Dekretale *Dilecta in Christo* ja eigentlich ausgeht, in den Kommentaren nicht in

54) Helmut MAURER, Die Hegau-Priester, Ein Beitrag zur kirchlichen Verfassungs- und Sozialgeschichte des frühen Mittelalters. In: ZRG kan. 61 (1975), S. 37–52.

55) Vgl. MICHAUD-QUANTIN, wie Anm. 2, S. 193.

56) SYDOW, Stadtgeschichtliche Beobachtungen, wie Anm. 11, S. 455f.

57) Jürgen SYDOW, Ein Bruderschaftsbuch der Regensburger Wolfgangsbruderschaften, in: Ostbairische Grenzmarken 9 (1967), S. 174–182. Die verfassungsgeschichtlichen Bemerkungen bei Paul MAI, Die acht Regensburger Bruderschaften zum hl. Wolfgang. In: Bttr. z. Gesch. d. Bistums Regensburg 6 (1972), S. 105–117, sind m. E. in der dort gebotenen Weise nicht zu halten, und das Problem muß noch einmal gründlich aufgearbeitet werden. Ob in den etwas eigenartigen Organisationsformen von Bruderschaften in polnischen Lokationsstädten, d. h. also in den dortigen Städten nach deutschem Recht (Lit. wie Anm. 14), Erinnerungen auch an die Gilde nachleben, sollte m. E. noch einmal geprüft werden.

58) Es dürfte sich hier, wie für die folgenden Abschnitte, bei den allgemeinen Hinweisen auf generelle Merkmale von Gilde und Zunft erübrigen, besondere Literaturnachweise anzufügen.

breiterer Weise behandelt wird, so könnte das auch daran liegen, daß wir aus der Zeit, in der diese kanonistischen Werke entstanden sind, ja auch kaum schon Siegel von Zünften kennen – bei Gilden und ihren Nachfolgeorganisationen (und die *negotiatores* werden ja ebenfalls immer genannt) sieht es allerdings etwas anders aus, wenn man z. B. an Gotland und an die frühen hansischen Genossenschaften denkt.

Aus der Praxis bezogen erscheinen viele der Überlegungen bei Sinibaldus Fliscus. Besonders den Zünften wird man hier den von ihm hervorgehobenen Gründungszweck ansehen dürfen: *ne in suis officiis fraudem faciant,* ein typisch zünftisches Ziel. Ebenso gehören in die Erfahrungswelt die Hinweise, daß der *princeps* bei der Gründung einer solchen Korporation mitwirken kann oder daß eine Gründung auch ohne Zustimmung des Stadtherrn möglich ist, wodurch die ganze Breite dieser Entstehungsvorgänge abgedeckt wird, außerdem seien nochmals die Bemerkungen über die Vollmachten der Korporationsoberen erwähnt. Daß nach übereinstimmender Meinung der Kanonisten diese Genossenschaften topographisch auf eine einzelne Stadt beschränkt bleiben müssen, zeigt weiterhin, daß die tatsächlichen Verhältnisse durchaus einen direkten Eingang in diese Überlegungen gefunden haben. Dagegen geht an der Wirklichkeit vorbei die Forderung, daß solche Korporationen freiwillig *(voluntaria)* sein sollen; mit der Freiwilligkeit war es in der Mitte des 13. Jahrhunderts praktisch bereits längst vorbei.

Zum Schluß seien noch zwei Bemerkungen angefügt. Dieser Bericht kann nur ein Teilgebiet abdecken. Dringend notwendig wäre eine Ergänzung, die das römische Recht und die mittelalterliche Legistik erfaßt; denn schon bei unseren Überlegungen konnten wir ja Erörterungen über die *collegia* des römischen Rechts nicht völlig ausschließen. Außerdem aber müßte natürlich die mittelalterliche Theologie herangezogen werden, doch ist dies wiederum ein eigenes Feld[59]. Während mit derartigen Forschungen weitere Bereiche des mittelalterlichen Geisteslebens und der mittelalterlichen Wissenschaft in ihrer Beschäftigung mit den Phänomenen von Gilde, Zunft usw. untersucht werden müßten, so sollte andererseits mehr Gewicht als bisher auch der Frage beigemessen werden, welchen Einfluß die Kanonistik auf die Rechtspraxis in den Städten hatte[60].

59) Schon ein Blick in die alte Veröffentlichung von Ludwig Schütz, Thomas-Lexikon, 1895 (Nachdruck 1958), S. 758, bringt z. B. unter dem Stichwort *societas* aus der Schrift »Contra impugnantes Dei cultum et religionem« das Zitat: *cum societas nihil aliud esse videatur quam adunatio hominum ad unum aliquid communiter agendum.*

60) Zur Problematik vgl. u. a. Ferdinand Elsener, Notar und Stadtschreiber. Zur Geschichte des schweizerischen Notariats. 1962.

Associations de marchands et associations de métiers en Italie de 600 a 1200

PAR P. RACINE

L'étude des associations de métier a fait l'objet dans le cadre italien de nombreuses publications depuis un siècle, où se sont affrontées deux thèses: la thèse de la continuité des associations du Bas Empire aux »arti« médiévaux, soutenue par des historiens comme L. M. Hartmann[1] ou P. S. Leicht[2]; d'autres historiens, tels A. Solmi[3] dans un premier temps, U. Monnert de Villard[4] ou F. Carli[5] ont plaidé la thèse de la discontinuité. La redécouverte du texte des »Honorantie civitatis Papie« en 1913 a porté un historien comme A. Solmi à revenir sur ses positions antérieures, et, dans l'ambiance corporatiste du régime fasciste, à prendre une attitude plus souple, proche de celle des partisans de la continuité[6]. Un historien, pourtant bien éloigné

1) L. M. HARTMANN, Zur Geschichte der Zünfte im frühen Mittelalter, dans: Zur Wirtschaftsgeschichte Italiens im Mittelalter Analekten, Gotha 1904, pp. 16–41. Il convient d'ajouter les études du même auteur sur les »associations« romaines: Urkunde einer römischen Gärtnergenossenschaft vom Jahre 1030, Fribourg/Br. 1892 et Ecclesiae S. Mariae in Via Lata Tabularium, I, Vienne 1895.

2) P. S. LEICHT, Ricerche sulle associazioni professionali in Italia dal secolo V all' XI, dans: Rendiconti della R. Accademia nazionale dei Lincei. Classe di scienze morali, storiche e filologiche, serie 6a, vol. XII, 1936, pp. 193–241, repris dans: Scritti vari di storia del diritto italiano, Milan 1943, 3 vol., t. I. IDEM, Corporazioni romane e arti medievali, Turin 1937. IDEM, Operai, artigiani, agricoltori in Italia dal sec. VI al XVI, Milan 1952. Les conclusions de P. S. Leicht sont viciées par l'ambiance corporatiste de la période fasciste dans laquelle elles ont été élaborées et par le rôle exagéré qu'il assigne aux »scholae« à l'époque byzantine et postbyzantine à Rome et à Ravenne.

3) A. SOLMI, Le associazioni in Italia avanti le origini del Comune, Modène 1898. L'auteur y développe la thèse de l'économie fermée (»economia curtense«) et de l'influence prépondérante des tribus germaniques sur le développement de l'économie à la période du premier Moyen Age, thèse qu'il abandonne après la découverte du texte des »Honorancie civitatis Papie«.

4) U. MONNERET DE VILLARD, L'organizzazione industriale nell' Italia longobarda durante l'Alto Medioevo, dans: Archivio storico lombardo 46 (1919), pp. 1–83.

5) F. CARLI, Il mercato nell' Alto Medioevo, Padoue 1934. IDEM, Il mercato nell' età del Comune, Padoue 1936.

6) Le texte des »Honoranciae civitatis Papie« a été publié pour la première fois par A. SOLMI, dans: Archivio storico lombardo 47 (1920), pp. 187–192. Il a repris le document pour en donner une large étude dans son ouvrage: L'amministrazione finanziaria del regno italico, Pavie 1932 où il abandonne totalement ses thèses de 1898 pour devenir un farouche partisan de la continuité. L'édition scientifique du texte a été réalisée par A. HOFMEISTER, pour la collection des Monumenta Germaniae Historica, série Scriptores, t. XXX,2, Hanovre 1934, pp. 1444–1453.

de toute prise de position politique, comme R. S. Lopez, s'est laissé lui aussi séduire par la thèse de la continuité dans le cadre de son étude sur les »monétaires«[7]. Cependant, peu à peu, des historiens comme C. Violante[8], les rapporteurs d'un rapport à ce même cercle en 1963–1964[9], bien qu'avec timidité, ont été amenés à nuancer les exposés antérieurs et ont tenté de mieux appréhender les réalités économiques et sociales de l'époque du haut Moyen Age.

Loin de toute théorie préconçue: continuité-discontinuité, économie fermée-économie monétaire ou économie ouverte[10], nous voudrions tenter de suivre le destin des associations de métier en Italie; le cadre chronologique dressé par les organisateurs voudrait que nous nous cantonnions à la période 600–1200; aussi nous semble-t-il adéquat de partir pour une région comme l'Italie de l'installation des Lombards, c'est à dire grosso modo les années 560–570, pour arriver au début du XIIIe siècle, lorsqu'éclatent à peu près dans toutes les villes italiennes les conflits »milites-popolo«, lorsque sont définitivement constituées les associations de métiers, les »arti«[11], qui joueront un rôle essentiel dans la vie sociale et politique des Communes italiennes.

Trois principes fondamentaux nous guideront dans cette étude. En premier lieu, nous insérerons les associations de métiers dans les structures économiques, sociales et politiques des villes. Elles sont le fruit d'une certaine réalité propre aux milieux urbains, qu'il est impossible d'ignorer. Nous nous souviendrons en second lieu que le droit traduit presque toujours une situation qu'il précède rarement. Nous serons en effet contraints de recourir souvent à une documentation d'ordre juridique; les textes juridiques auxquels nous nous référerons sont souvent postérieurs à l'époque étudiée, mais les normes qu'ils contiennent correspondent à un état de fait qui est alors en voie de se fixer, ou qui est déjà figé depuis longtemps. Mais nous ne

7) R. S. Lopez, Continuità e adattamento nel Medioevo: un millenario di storia delle associazioni di mestieri nell' Europa meridionale, dans: Studi in onore di G. Luzzatto, 4 vol., Milan 1949, t. 2, pp. 74–117. L'auteur a repris, en les étoffant, ses principales conclusions dans: An aristocracy of money in the early Middle Age, dans: Speculum, XXVIII (1953), pp. 1–43, et dans: Moneta e monetieri nell' Italia barbarica, dans: Moneta e Scambi nell' Alto Medioevo, Settimane di Studio del Centro italiano di Studi sull' Alto Medioevo, t. VIII, Spolète 1961, pp. 57–88.

8) C. Violante, La società milanese nell' età precomunale, Bari 1953, chap. II, pp. 41–70.

9) G. Fasoli-R. Manselli-G. Tabacco, La struttura sociale delle città italiane dal V al XII secolo, dans: Untersuchungen zur gesellschaftlichen Struktur der mittelalterlichen Städte in Europa, Vorträge und Forschungen XI (Reichenau Vorträge 1963–1964), Constance-Stuttgart 1966, pp. 291–320.

10) L'œuvre de A. Dopsch, Natural- und Geldwirtschaft in der Weltgeschichte, Vienne 1930, restée pratiquement ignorée en France, a exercé une influence certaine en Italie, où elle a été traduite et a déjà fait l'objet de deux éditions sous le titre: Economia naturale ed economia monetaria nella storia universale, Florence 1949 et 1967.

11) Le terme d'»arte«, qui désigne en Italie les associations de métiers de type corporatif est un terme d'ordre général propre aux villes toscanes, où il s'est imposé au XIIIe siècle. Dans les villes de l'Italie septentrionale ont été en usage des termes divers selon les villes: cf »paratico« à Plaisance ou »misterium« à Vérone.

saurions aussi oublier la médiocrité de la documentation à notre disposition pour la période qui s'étend entre le VIIe et le XIe siècle, comme les difficultés de son interprétation, étant donné qu'elle exprime des réalités économiques, sociales et politiques aux antipodes de nos schèmes actuels de pensée. Enfin, nous avons cru bon d'appuyer notre exposé sur le cas d'une ville privilégiée quant à la documentation, que nous connaissons mieux que les autres par nos recherches: Plaisance, ce qui ne nous interdira pas de voir en quoi il s'agit avec cette ville d'un exemple typique, ou en quoi notre exemple diffère à l'occasion d'autres villes comme Pavie, Milan, Crémone ou Vérone. Les territoires de l'Italie padane ou lombarde seront par là mieux représentés que le reste de l'Italie, mais nous ne nous interdirons pas de jeter un regard de temps à autre sur les territoires d'obédience byzantine, Ravenne ou Rome, lorsque l'occasion se présentera.

Nous prendrons pour point de départ le premier texte où soit mentionné à Plaisance un corps de métier à l'époque lombarde. Le 22 mars 744, le roi lombard Hildeprand confirme à l'église S. Antonino et à l'évêque Tommaso leurs possessions, à la suite d'un incendie qui a détruit leurs archives. Il renouvelle alors les dispositions de son prédécesseur Liutprand, par lesquelles le roi accordait à l'évêque une redevance de 30 livres de savon que versaient les »saponarii« au Palais royal. Cette largesse royale est l'objet d'une nouvelle confirmation par le roi lombard Rachis le 4 mars 746[12]. L'interprétation traditionnelle de ce texte, par des historiens comme P. S. Leicht[13], sur la trace de L. M. Hartmann[14], voit dans le corps des »saponarii« de Plaisance les héritiers d'une ancienne corporation romaine, qui aurait survécu à la débâcle du Bas Empire et de l'invasion lombarde.

Reprenons donc le texte à la lueur de ce que les quelques documents dont nous disposons nous livrent sur la situation économique et sociale à l'époque lombarde. A la suite de la révolte des ducs lombards, à la fin du VIe siècle, Plaisance est devenue une »curtis regia«; elle est donc rattachée directement au gouvernement royal, représenté en ville par un gastald[15]. Les

12) Les diplômes des rois Hildeprand et Rachis ont été publiés par L. M. Hartmann, Zur Wirtschaftsgeschichte..., pp. 125–129.

13) P. S. Leicht, Operai, artigiani..., p. 34.

14) L. M. Hartmann, Markt und Munera, dans: Zur Wirtschaftsgeschichte..., pp. 74–129.

15) Codice diplomatico longobardo, a cura di C. R. Bruhl (Fonti per la storia d'Italia 64), Rome 1973, n. 6, p. 21. Il s'agit du jugement du roi lombard Pertaride en date du 23 octobre 674 sur la querelle qui oppose la »curtis regia« de Plaisance à la »curtis regia« de Parme pour des définitions de confins territoriaux. Les deux »curtes« royales sont représentées au jugement chacune par leur gastald. Le texte figure dans une copie de la fin du XIIIe siècle dans le Registrum Magnum de la Commune de Plaisance, f. 96 r. v. (manuscrit déposé à la Bibliothèque communale de Plaisance) et dans une copie de la fin du XIIIe siècle dans le Registrum parvum de la même Commune, f. 63 r. v. Une partie du Registrum Magnum a été publiée par A. Corna-F. Ercole-A. Tallone, Il Registrum Magnum del Comune di Piacenza (Bibliotheca della Società storica subalpina, XCV), Turin 1921, n. 147, pp. 195–197. Sur le texte du jugement, cf G. P. Bognetti, Il gastaldato longobardo e i giudicati di Adaloaldo e Pertarido nella lite fra Parma e

habitants de Plaisance vivent ainsi au sein d'une organisation proche de celle de la »curtis« agricole, sous la surveillance du gastald royal[16]. Les »saponarii« de Plaisance, à l'image sans doute d'autres artisans, pour lesquels aucune documentation ne nous est malheureusement parvenue, versaient à la Cour royale une »pensio«. Le pieux roi Liutprand en cède une partie à l'évêque de Plaisance.

Or, la situation de Plaisance au sein du royaume lombard n'est pas très différente de celle d'autres villes à la même époque. A Vérone, au XIIe siècle, le postulant à l'entrée dans une corporation, présenté par un parrain, doit »guadiare se sub gastaldione«[17]. C. G. Mor, analysant récemment la formule, y a vu à bon droit un héritage de la période lombarde[18]. Un gastald est en effet placé encore au XIIe siècle à la tête de l'»arte«, héritier des fonctions exercées sur la ville par le fonctionnaire royal de l'époque lombarde. Les artisans payaient à la Cour royale par son intermédiaire une redevance, vraisemblablement pour justifier leur droit à se servir de matières premières pour la fabrication de corps gras[19]. L'Etat lombard contrôle donc l'exercice de certaines professions artisanales, exercées au sein des villes et passées directement sous l'emprise du gouvernement royal.

Les »saponarii« forment-ils alors une corporation, un corps de métier, ce que les Romains dénommaient »collegium« ou »corpus«[20]? Une première remarque s'impose: le texte du privilège se contente de citer les »saponarii«, sans autre précision. Il est certes possible de penser que le roi a fait don à l'évêque de la »pensio« dans la mesure où les »saponarii« disposaient à tout le moins d'une structure sommaire, leur permettant de s'acquitter par l'intermédiaire du fonctionnaire royal, le gastald, de leur redevance au Palais royal. En ce sens, ils se rapprocheraient indéniablement des divers »ministeria« dont nous aurons à reparler à travers le fameux texte des »Honorantie civitatis Papie«. Pour mieux cerner l'organisation éventuelle des »saponarii« de Plaisance, un regard attentif sur l'artisanat au sein du royaume lombard est indispensable.

Piacenza, dans: Studi di storia e diritto in onore di A. Solmi, 4 vol., Milan 1940–41, t. II, pp. 97–151, repris dans: L'età longobarda, 4 vol. Milan 1966, t. I, pp. 219–274. Sur l'organisation de l'Etat lombard, voir la contribution de C. G. Mor, Lo stato longobardo nel VII secolo, dans: Caratteri del secolo VII in Occidente, Settimane di Studio del Centro italiano di Studi sull' Alto Medioevo, t. V, Spolète 1958, pp. 271–307.

16) U. Monneret de Villard, L'organizzazione industriale..., p. 30.

17) L. Simeoni, Gli antichi statuti delle arti veronesi, Venise 1914 (Monumenti storici della R. Deputazione veneta, serie II: Statuti, vol. IV), § 3, p. 5. Sur le sens de la formule voir V. Cavallari, Guadiare se sub gastaldione, dans: Studi veronesi I (1947), pp. 25–40.

18) C. G. Mor, Gli artigiani nell' Alto Medioevo, dans: Artigianato e tecnica nella società dell' Alto Medioevo, Settimane di Studio del Centro italiano di Studi sull' Alto Medioevo, t. XVIII, Spolète 1971, pp. 195–196.

19) L'hypothèse est de C. G. Mor, dans: l'étude citée à la note précédente, p. 204.

20) Sur les »collegia« romains reste fondamentale l'œuvre de J. P. Waltzing, Etude historique sur les corporations professionnelles chez les Romains depuis les origines jusqu'à la chute de l'Empire d'Occident, Bruxelles-Louvain 1895–1899, 4 vol.

L'arrivée des Lombards en Italie a profondément bouleversé ce qui subsistait des structures romaines. Une fois passé le premier moment de la conquête, où s'enfuient ceux qui ont tout à craindre des nouveaux barbares et qui gagnent ce qui reste de territoires »romains«, la vie reprend peu à peu son cours au sein des villes. Les Lombards comprennent vite qu'elles sont des éléments vitaux de leur royaume[21)]. Mais à leur arrivée, les institutions qu'y avaient mis en place les empereurs du Bas Empire sont en complète déliquescence. Il a été longtemps de bon ton de s'appuyer sur le texte des lettres du pape Grégoire le Grand pour affirmer la survivance dans le domaine italique extra-lombard des »collegia« romains. De ce point de vue, c'est la lettre de février-mars 599, adressée à l'évêque de Naples, qui a fait l'objet de la plus grande exploitation. Le pape demande alors à l'évêque de convaincre le »vir clarissimus palatinus Johannes« de ne pas infliger des vexations nouvelles au »corpus saponariorum« de la ville[22)]. Johannes exigeait que lui soit versé le droit d'entrée dans le »corpus«, et permettait à ceux qui le voulaient de se retirer de la corporation en se prévalant de son patronage. Le texte de Grégoire, au-delà de la survivance d'une corporation de l'époque romaine, nous semble surtout traduire la décadence du système corporatif mis en place par le Bas Empire. Il est bien connu que les empereurs du Bas Empire avaient tenté de fixer héréditairement au sein des corporations les artisans qui en étaient membres et qu'ils les rendaient responsables du versement des impôts et des redevances diverses dues à l'Etat et connues sous le terme de »munera«[23)]. Or, le texte de Grégoire le Grand montre que l'Etat n'est plus en position, même à travers l'évêque, de faire respecter son autorité; les corporations sont à la recherche d'un protecteur, d'un patron, dont l'autorité peut être lourde. Le pape peut craindre de perdre les »munera« que lui versaient jusqu'alors les »saponarii« napolitains[24)]. L'image de Naples ne devait d'ailleurs pas être très différente de celle des villes du nord de l'Italie avant l'arrivée des Lombards. Le système corporatif romain est en voie de dissolution: déjà le Code théodosien avait tenté d'atténuer ce qu'il y avait de trop rigide dans le système constantinien[25)]; cependant, bien des membres des corporations fuient les villes et

21) P. M. Conti a fort bien montré que les Lombards ont compris l'importance tenue par les centres urbains sur le plan politique: ils sont, dit-il, »gangli vitali«: I »cives lunenses« e la condizione cittadina nell'età longobarda, dans: Archivio storico per le province parmensi, 4a s., XX (1968), pp. 33–64 et spécialement p. 47. A. Tagliaferri, Le diverse fasi dell' economia longobarda con particolare riguardo al commercio internazionale, dans: Problemi della civiltà e dell' economia longobarda Scritti in memoria di G. P. Bognetti, Milan 1964, pp. 227–288, observe que les Lombards ne sont pas aussi ignorants des réalités urbaines qu'on l'a souvent dit. Ils ont été notamment initiés à certaines formes de vie urbaine en Pannonie, plus particulièrement grâce aux contacts entretenus avec le monde byzantin (cf pp. 234–241).
22) M. G. H., Epistolarium, t. I, Reg. Grégoire Ier, IX, 113, p. 128.
23) L. Cracco Ruggini, Le associazioni professionali nel mondo romano-bizantino, dans: Artigianato e tecnica..., pp. 59–193, et spécialement, pp. 138–150.
24) Sur les »saponarii« de Naples, voir N. Cilento, Civiltà napoletana del Medioevo, Naples 1969, p. 150.
25) Sur cet aspect, cf les réflexions de L. Cracco Ruggini, dans l'article cité à la note 23, p. 155.

viennent se réfugier à la campagne sur les domaines des grands propriétaires fonciers pour échapper à la lourdeur des »munera«, avant même l'arrivée des Lombards[26].

Aussi, lorsque les Lombards s'installent en Italie, le système corporatif romain a pratiquement vécu. Il n'en est pas moins vrai que se recrutent des artisans au sein des villes, qui demeurent envers et contre tout des centres économiques. d'où peu à peu renaît la vie après les premiers temps des invasions lombardes[27]. Malgré les ruines accumulées par la guerre gothique, puis par les luttes entre Byzantins et Lombards, même à demi-ruralisées[28], les villes de l'Italie centro-septentrionale gardent une position de marchés, et les rois lombards sont amenés à en faire la résidence des ducs et gastalds[29]. Les textes du Codice diplomatico longobardo nous révèlent des artisans divers qui, d'une ville à l'autre, apparaissent des personnages d'une certaine importance sociale, car ils sont propriétaires fonciers, et comme hommes libres sont témoins en de nombreux marchés juridiques[30]. Mais il s'agit toujours d'individus, qui agissent en tant que personnes privées, sans qu'il y ait de leur part appartenance à un corps structuré.

Les Lombards, à leur arrivée en Italie, n'étaient d'ailleurs pas aussi ignorants des réalités de la vie urbaine, qu'on a voulu longtemps le laisser croire[31]. Certes, leurs exigences quotidiennes, leurs goûts ne sauraient être assimilés à ceux des populations parmi lesquelles ils s'installent. Pourtant, peu à peu, ils en adoptent certaines coutumes, tout en apportant en Italie certains éléments artisanaux qui leur sont propres, pour le travail des métaux par exemple. Aussi n'est-il pas étonnant que parmi les métiers les plus souvent cités paraissent les orfèvres (aurifices, orefici) et les forgerons (fabri). Mais à la différence du Bas Empire, l'orfèvre travaille tous les métaux précieux, et probablement est-il aussi »monetarius«[32]. Lorsque le roi Rotari en vient à codifier les usages lombards, il est amené à recueillir les principales dispositions touchant

26) L. Cracco Ruggini, Le associazioni professionali..., pp. 180–186.
27) U. Monneret de Villard, L'organizzazione industriale..., pp. 31–33.
28) G. P. Bognetti, Problemi di metodo e oggetti di studio nella storia delle città italiane nell' Alto Medioevo, dans: La città nell' Alto Medioevo, Settimane di Studio del Centro italiano di Studi sull' Alto Medioevo, t. VI, Spolète 1959, pp. 59–87, spécialement, p. 62, repris dans: L'età longobarda... t. IV, pp. 222–257.
29) cf l'article de P. M. Conti cité à la note 21.
30) L. Schiaparelli, Codice diplomatico longobardo, 2 vol., Rome 1929–1933, passim. Retenons-en un ou deux exemples: le 20 avril 739, à Lucques, l'orfèvre Giusto vend à l'abbesse de Ste Marie de Lucques une vigne pour six sous d'or de Lucques (t. I, n. 69, p. 212). En décembre 739, le »magister comacinus« Radperto vend une maison avec une vigne et tout ce qu'il possède à Toscanella pour 30 sous d'or (t. I, n. 71, p. 215). En janvier 773, à Trévise, Ebune, »magister calegarius« vend à un monétaire une terre pour deux sous d'or et deux trémisses (t. II, n. 278, p. 394). La présence d'artisans, négociants et monétaires comme témoins se répète souvent: cf t. II n. 130, p. 14: Garimund »monetarii testis« ou n. 171, p. 129: Cuntefrido aurifex, etc. ...
31) cf note 21.
32) U. Monneret de Villard, L'organizzazione industriale... pp. 17–18.

l'artisanat[33], et notamment ce qui concerne les fameux »maestri comacini«[34]. Ce que nous fait connaître à leur sujet le »Memoratorium« nous donne à penser qu'il s'agit d'ouvriers du bâtiment, pour lesquels est prévue la rémunération en fonction des travaux effectués[35].

Ces ouvriers du bâtiment sont des artisans, libres, qui sont d'ailleurs itinérants. Le »magister comacinus« est l'entrepreneur, l'organisateur technique des travaux de construction. Mais que ce soit l'Edit de Rotari ou le »Memoratorium«, aucun des deux textes n'évoque à leur propos l'existence d'un lien corporatif. Tout semble s'être passé dans le domaine artisanal comme dans le domaine politique et institutionnel, par la réduction d'institutions de droit public à des formes de droit privé[36].

L'Edit de Rotari marque dans la vie du royaume lombard une étape capitale: le passage des Lombards du droit coutumier au droit écrit. La stabilisation du royaume, après la révolte des ducs, s'accompagne d'un lent essor économique. Au VIIIe siècle, des marchands sont cités dans les documents du Codice diplomatico longobardo, mais surtout les rois lombards concluent des accords avec les marchands du milieu byzantin. Le pacte de Liutprand, en 715, est le document le plus connu, qui témoigne de la pénétration des »milites« de Comacchio au cœur de la vallée

33) L'édit de Rotari a été publié, avec une traduction allemande par F. Beyerle, Die Gesetze der Langobarden, Weimar 1947, pp. 1–159. La bibliographie à son sujet est immense; il est possible d'en prendre une idée à travers la contribution de E. Besta, Le fonti dell' editto di Rotari, dans: Atti del I. Congresso internazionale di studi longobardi, Spolète 1951, pp. 51–69. Des études plus récentes, retenons celle de P. Dold Alban, Zur ältesten Handschrift des Edictus Rotari, Stuttgart et Cologne 1955 et surtout le beau travail de G. P. Bognetti: L'Editto di Rotari come espediente politico di una monarchia barbarica, dans: Studi in onore di G. M. de Francesco, 2 vol. Milan 1957, t. II, pp. 235–256, repris dans: L'età longobarda... t. IV, pp. 115–135. On complètera cette dernière étude par celle du même auteur: Frammenti di uno studio sulla composizione dell' Editto di Rotari, dans: L'età longobarda... t. IV, pp. 585–609; cette dernière étude est restée malheureusement inachevée. Les principales dispositions de l'Edit de Rotari concernant l'artisanat se trouvent aux rubriques 144–145 (»De magistros commacinos«) et 146–152. C. G. Mor (Gli artigiani nell' Alto Medioevo...) pp. 204–207, a pu démontrer à partir des rubriques 344 et 346 que l'association de plusieurs »magistri commacini« était pleinement libre, et qu'elle ne se fondait pas sur des liens corporatifs.

34) Les »magistri commacini« ont déjà fait couler beaucoup d'encre, surtout le terme »comacini« ou »commacini«. Certains ont voulu voir là des artisans originaires de Côme ou à tout le moins de la zone du lac de Côme: cf G. Merzario, I maestri comacini: storia artistica di 1200 anni, 2 vol. Côme 1893. U. Monneret de Villard a été l'un des premiers à voir en eux des artisans sans aucun lien avec la région de Côme, L'organizzazione industriale... pp. 35–37. L'interprétation de G. P. Bognetti est fort nuancée à ce sujet: I capitoli 144 e 145 di Rotari e il rapporto tra Como e i »magistri commacini«, dans: Scritti di storia dell' arte in onore di M. Salmi, Rome 1961, pp. 155–171, repris dans: L'età longobarda... t. II, pp. 431–453. Pour faire le point sur ces artisans, voir M. Salmi, Maestri »comacini« o »commacini«, dans: Artigianato e tecnica... pp. 409–421.

35) U. Monneret De Villard, Note sul memoratorio dei maestri commacini, dans Archivio storico lombardo, 47 (1920), pp. 1–16. L'auteur publie le texte du Memoratorium en appendice.

36) P. M. Conti, I »cives lunenses«... p. 61.

padane, où ils apportent, à côté du sel, des épices et des étoffes précieuses[37], et d'où ils rapportent vraisemblablement des produits alimentaires[38]. La remarque a déjà été faite, que le pacte de Liutprand n'incluait pas Pavie parmi les villes touchées par les gens de Comacchio[39]. Faut-il déjà imaginer que le commerce de la capitale du royaume est entre les mains de marchands locaux? C'est de nouveau rencontrer le problème posé par le texte des »Honorantie civitatis Papie«.

La présence des marchands au cœur des villes, attestée par de nombreux documents, ne saurait encore faire illusion. Le trafic international du royaume lombard est dominé par des marchands étrangers, venus presque exclusivement des régions byzantines[40]. Les marchands des territoires lombards, eux, sont liés selon toute vraisemblance au trafic local. Leur richesse est telle, néanmoins, que le roi Aistulf les assimile pour le service militaire aux propriétaires fonciers, témoignage que richesse mobilière et richesse immobilière sont mises par le roi sur le même plan[41]. Mais les marchands ne sont pas encore très nombreux et n'ont pas encore acquis une puissance telle qu'ils soient à même d'organiser une association corporative au sein des villes. Tout au plus opèrent-ils pour le compte de la Cour, ou pour des évêques ou abbés de grands monastères, afin de faire circuler les produits agricoles ou industriels d'une »curtis« à l'autre[42].

Ainsi le diplôme du roi Liutprand s'inscrit-il dans un contexte bien propre au royaume lombard: le corps des »saponarii«, réorganisé par la royauté lombarde, travaille pour le compte du Palais royal. La royauté lombarde, qui accepte d'assumer le fait urbain italien, tire parti du regroupement des artisans, pour en exiger des redevances. Mais il faut attendre qu'elle soit bien

37) Le pacte de Liutprand a été publié dès le XVIIIe siècle par L. A. Muratori, Antiquitates italicae medii aevi, t. XIX, col. 23–26. Il a été repris par C. Troya, Codice diplomatico longobardo, dans: Storia d'Italia nel Medioevo, 4 vol. Naples 1852–1859, t. III, n. 480, p. 529, avec la date de 730. L'édition de Porro-Lambertenghi, Codex diplomaticus Longobardiae, dans: Historiae Monumenta Patriae, t. XIII, n. XV, col. 17–18 garde cette date. L. M. Hartmann a publié de nouveau le texte, qu'il a illustré dans une étude qui garde toute sa valeur, en reportant la date à 715: Comacchio und der Po-Handel, dans: Zur Wirtschaftsgeschichte... pp. 74–90. Le texte est édité en annexe de l'étude »Markt und Munera« du même recueil à la p. 123. G. P. Bognetti, La Brescia dei Goti e dei Longobardi, dans: Storia di Brescia, Brescia 1963, t. I, p. 429 retient encore la date de 730. Nous pensons que la date de 715 est plus vraisemblable: cf notre introduction »L'expansion commerciale de Plaisance au Moyen Age« dans: Corpus Statutorum Mercatorum Placentiae, Milan 1967, p. LV. Le manuscrit du pacte de Liutprand peut être consulté à la Bibliothèque Communale de Crémone (Registro Sicardi, fondo manoscritti comunali A. 6.25.).

38) F. Carli, Il mercato nell' Alto Medioevo... pp. 204–209.

39) P. Vaccari, Profilo storico di Pavia, Pavie 1950, p. 27.

40) A. Tagliaferri, Le diverse fasi dell' economia longobarda... p. 252.

41) Voir le texte des lois d'Aistulf dans l'édition de F. Beyerle, Die Gesetze der Langobarden... chap. 3–4, p. 360. Notons qu'une première allusion à la richesse des marchands figure déjà dans les lois de Liutprand en 720, chap. 18, IV, De negociatoribus vel magistris, éd. F. Beyerle, p. 186.

42) A. Tagliaferri (Le diverse fasi dell' economia longobarda... p. 252) insiste sur les liens étroits qui unissent commerce international et national à travers les »cellae« et »stationes« des évêques et abbés dans la capitale du royaume lombard, Pavie.

installée dans le pays pour qu'elle puisse bénéficier des ressources que lui fournissent certains corps de métier. En lutte avec les Byzantins, les rois lombards ont besoin de ressources financières pour équiper leur armée[43]. Aussi tolèrent-ils le trafic commercial avec les régions byzantines, dont ils tirent profit par les redevances qu'ils exigent des marchands venus des territoires byzantins; par la même occasion ils ont regroupé autour du Palais les corps de métiers les plus importants, ceux qui travaillent pour la Cour, ou pour une aristocratie capable désormais de consommer des produits de luxe. La réapparition de corps de métiers ne saurait donc faire illusion. Le système n'a plus rien à voir avec l'organisation romaine, qui entendait mettre au service de l'Etat tous les corps de métiers sans exception.

Les »Honorantie civitatis Papie« viennent d'ailleurs confirmer notre interprétation. L'on sait que, mis à part le prologue et la conclusion, la partie centrale du document a été rédigée entre 1010 et 1027[44]. En fait, elle reproduit une situation bien antérieure; l'auteur du document entend prouver que les malversations d'un évêque, conseiller de l'impératrice Théophano au temps de la minorité d'Otton III, ont dissipé les biens de la couronne. Ainsi le rédacteur se reporte-t-il au temps passé et évoque-t-il les divers »ministeria« qui sont liés à la Cour royale. Les corps de métiers qui sont alors cités: marchands, monétaires, pêcheurs, travailleurs du cuir, savonniers-parfumeurs, bateliers sont tous placés sous la protection royale[45]. De tous ces corps de métiers, la royauté tire des redevances, versées au Maître de la Chambre[46]. La situation décrite par les »Honorantie civitatis Papie« prolonge vraisemblablement un état de chose qui s'est mis en place sous les derniers rois lombards, et que reprennent à leur compte les souverains carolingiens. Au gastald, représentant du gouvernement lombard dans les villes, succède le comte carolingien; les articles véronais des Statuts, cités ci-dessus, en donnent d'ailleurs confirmation, pour lesquels le gastald au XIIe siècle reste le personnage sous la protection duquel se placent les membres des métiers[47].

Les souverains carolingiens ont donc hérité du système lombard, qu'ils ont vraisemblablement intégré à leur organisation administrative. La période carolingienne voit d'ailleurs se multiplier les signes d'enrichissement des sociétés urbaines italiennes. Certes, bien des

43) Nos connaissances sur l'armée lombarde restent limitées aux aspects techniques rappelés par O. Bertolini dans le vol. XV des Settimane di Studio del Centro italiano di Studi sull' Alto Medioevo, pp. 429–608. Nous n'avons pas le moyen, malheureusement, de pouvoir déceler les bases financières sur lesquelles vivaient les rois lombards. Il est cependant certain que Pavie est devenue au cours du VIIe siècle une capitale, siège d'une administration centrale, contrôlant les douanes et la monnaie: cf. P. Vaccari, Pavia nell' Alto Medioevo e nell'età comunale, profilo storico, Pavie 1956, pp. 20–29.

44) F. Landogna, La genesi delle Honorantie civitatis Papie, dans: Archivio storico lombardo, 49 (1922), pp. 295–331. L'éditeur du texte pour les Monumenta Germaniae Historica, A. Hofmeister, s'est rallié à la thèse de Landogna.

45) Honorantie civitatis Papie, éd. A. Hofmeister (M. G. H., Scriptores, XXX,2) § 12, 13, 14. Sur cet aspect voir A. Solmi, L'amministrazione finanziaria... pp. 141–142.

46) Honorantie civitatis Papie, § 19.

47) Le texte du Liber statutorum misteriorum et artium civitatis et burgorum Verone s'ouvre sur le serment des gastalds »de regendo suum et omnes de misterio suo«, L. Simeoni, Gli antichi statuti... pp. 3–4.

témoignages portent à voir dans Charlemagne l'organisateur d'un Empire fondé sur la richesse foncière, ne serait-ce que les capitulaires relatifs à l'organisation de l'armée, d'où sont absentes les mentions concernant des marchands, à la différence de la législation de la période lombarde... Mais nous ne saurions oublier que les marchands mentionnés dans les documents de l'époque carolingienne le sont souvent en raison de leurs propriétés foncières, signe certes de leur enrichissement, mais aussi de leur désir de s'intégrer à l'aristocratie en raison même de leur richesse foncière[48)].

Il est d'ailleurs significatif que les »Honorantie civitatis Papie« nous mettent en présence du premier »ordo mercatorum«, typique de la période médiévale. Les marchands, qualifiés par le rédacteur du document de »magni, honorabiles et multum divites«[49)], jouissent du droit de trafiquer librement, sous la protection royale, sur tous les marchés du royaume. Le privilège de Liutprand prévoyait les étapes des »milites« de Comacchio jusqu'à Plaisance, excluant donc Pavie de leur rayon d'action. Les »Honorantie civitatis Papie »mentionnent en revanche la présence des marchands vénitiens et campaniens à Pavie même[50)]. Il semble que dès l'époque lombarde la Cour royale ait eu à son service des marchands et qu'en conséquence les »milites« de Comacchio se soient ainsi trouvés exclus du trafic de la capitale. Nous n'irons pas jusqu'à penser que le système lombard ait inspiré le Capitulaire »De disciplina Palatii«[51)], mais les rapprochements avec le texte des »Honorantie civitatis Papie« en ce qui concerne les marchands n'en sont pas moins évidents. Les marchands de Pavie sont des marchands du Palais[52)], qui ont à leur tête des »magistri«, et qui ne peuvent être appelés en jugement que devant le roi ou le »magister camerae«. Leur libre activité commerciale ne peut être interrompue par les autres marchands du royaume.

Mais, que ce soit les marchands ou les artisans signalés par les »Honorantie«, tous sont étroitement dépendants du Palais. Il est vrai que l'activité commerciale ne peut s'exercer sans la protection royale, à une époque où les routes sont peu sûres et déjà soumises à des exactions de la part de certains Grands[53)]. En fait, les souverains entendent satisfaire en priorité les besoins du Palais, notamment en produits de luxe. Le système lombard, puis carolingien, recèle en lui non seulement le désir du souverain d'apporter à la Cour certains produits, plus particulièrement les articles de luxe (soie, épices), mais aussi la nécessité de développer et d'intensifier le trafic

48) C. VIOLANTE, La società milanese... pp. 41–49.
49) Honorantie civitatis Papie: § 7.
50) Ibidem, § 5 et 6.
51) Voir le texte du Capitulaire De disciplina Palatii Aquigranensis (environ 820) dans M. G. H., Legum, sectio II, Capitularia regum francorum, t. I, n. 146, p. 298.
52) H. LAURENT, Aspects de la vie économique de la Gaule franque. Marchands du Palais et marchands d'abbayes, dans: Revue historique, CLXXXIII (1938) pp. 281–297. L'auteur a bien précisé le sens de »camara«, qui au IXe siècle ne désigne pas le Trésor royal, mais l'administration domestique du Palais, soumise à la reine, dans le royaume franc.
53) Sur les conditions dans lesquelles s'exerçait le trafic, voir les ouvrages déjà cités de F. CARLI (Il mercato nell' Alto Medioevo... pp. 235–seq.) et surtout la contribution de Ph. J. JONES, La storia economica, dans: Storia d'Italia, t. 2 (Dalla caduta dell' Impero romano al secolo XVIII) Turin 1974, pp. 1646–1656.

commercial. Le resserrement des liens entre marchands et souverain fournit à l'»ordo mercatorum« le moyen de tirer profit de la protection royale.

Le système des »ministeria«, propre à la capitale du royaume qu'était Pavie, n'est pas sans faire penser à la même époque à celui de Constantinople, à tel point que récemment un historien anglais a pu comparer Pavie à une »Constantinople en miniature«[54)]. Il est certain que les liens n'ont jamais été rompus entre le monde byzantin et le monde italo-lombard, comme en témoignent les relations commerciales que nous avons déjà décelées. Les témoignages de la subsistance d'un artisanat organisé ne manquent pas dans l'Italie byzantine. Les documents ravennates du VIe siècle nous font ainsi connaître une série de gens de métiers et de commerçants dénommés »viri honesti« ou »viri devoti«[55)]. Or, les textes lombards reprennent ces termes pour qualifier les artisans ou commerçants cités dans les divers négoces juridiques[56)]. Hors du domaine ravennate, les territoires pontificaux fournissent d'autres exemples, tels les boulangers d'Otrante[57)]. Le terme de »schola« s'impose au VIe siècle, pour désigner les groupements organisés de ces artisans: le Code Justinien le donne en effet comme synonyme de »corpus«[58)]. L'existence de »scholae« pour les notaires est attestée à Rome comme à Ravenne à la fin du VIe siècle. La »schola« prend un caractère administratif et hiérarchique, avec ses propres officiers, tel le »primicerius« des notaires. L'autorité de tels officiers, toutefois, vient non pas de l'élection, mais du pouvoir à qui la »schola« est subordonnée[59)].

Faut-il penser que le système de la »schola« s'est perpétué, une fois les derniers territoires byzantins conquis par les Lombards? Des documents le donneraient à penser, qui mentionnent à Ravenne une »schola piscatorum« en 943[60)] et en 950 une »schola negociatorum«[61)]. Il ne nous

54) Ph. J. Jones, La storia economica... p. 1654.

55) Voir les exemples cités à partir de Marini, Papiri diplomatici, Rome 1805, par Ch. Diehl, Etudes sur l'administration byzantine dans l'exarchat de Ravenne (568–751), Paris 1888, p. 307.

56) Par exemple les témoins de l'acte du 25 septembre 758, instrumenté à Plaisance où un »calecarius« et un »monetarius« portent ce qualificatif: L. Schiaparelli, Codice diplomatico longobardo... t. II, n. 130, p. 14.

57) M. G. H., Epistolarium, Reg. Grégoire Ier, IX, 200: la lettre de Grégoire Ier, de juillet 599, fait allusion à un esclave de l' »ars pistorica« à Otrante, qui a fui la ville avec femme et enfant. Notons à ce sujet: a) que l' »ars pistorica« en question groupe hommes libres et esclaves. b) que la fuite des »collegiati« se poursuit à la fin du VIe siècle, malgré les efforts du pouvoir public pour maintenir sur place les membres des corporations, signe de leur décomposition.

58) Code Justinien, I, 23–27.

59) Ch. Diehl, Etudes sur l'administration byzantine... pp. 304–318. P. S. Leicht, Ricerche sulle corporazioni... pp. 215–228.

60) M. Fantuzzi, Monumenti ravennati dei secoli di mezzo, 6 vol., Venise 1801–1805, t. 4, p. 174. Les auteurs qui ont commenté le document, tel P. S. Leicht, n'ont pas suffisamment accordé d'attention au terme »enfiteuticario modo«. L'emphytéose en question doit être rapprochée des mêmes formes d'investiture pratiquées en Occident, qui permettent aux membres de l'aristocratie de mettre la main sur les terres, les droits attachés à la terre et aux biens de la puissance publique, comme sur les »pievi« et les dîmes; cf pour la région de Milan l'analyse devenue classique de C. Violante, La società milanese... pp. 75–91 et 224–233.

61) M. Fantuzzi, Monumenti ravennati..t. I, p. 133. Il est caractéristique ici que le »negociens« en question dans le document prenne lui aussi en emphytéose une partie du territoire d'une »pieve«. Un tel acte

semble pas, cependant, que l'on puisse à cette occasion parler d'une véritable association de métier dans les deux cas précités. En 943, il s'agit de pêcheurs qui reçoivent en emphytéose de l'archevêque une certaine portion de rivière, qu'ils sont autorisés à exploiter moyennant redevance. Nous pensons qu'il s'agit ici d'un cartel d'entrepreneurs, qui se sont unis pour obtenir le monopole de la pêche dans la rivière, qui, selon les formes du droit public, dépendait de l'archevêque en tant que droit régalien. Il en va de même pour la »schola negociatorum«, en laquelle nous voyons une réunion de quelques marchands, dont l'un d'entre eux fait pression sur l'archevêque pour obtenir des terres. Aucun des termes des deux textes ne porte à voir dans la »schola« une association de métier, qui serait un prolongement du »collegium« romain et de la »schola« byzantine. Le déclin de la puissance publique, puis l'organisation de métiers libres dans le cadre d'abord du royaume lombard, puis de l'Empire carolingien, ont entraîné la dissolution de la »schola« de type byzantin. Que le terme se soit maintenu n'a rien d'exceptionnel. Il se retrouve également à Rome, à partir du Xe siècle[62], mais, là aussi l'affaiblissement de la puissance publique avait entraîné l'extinction de l'institution après Grégoire le Grand. Lorsque le terme réapparaît pour les éleveurs (»schola bobacteriorum«), pour les bateliers (»schola santalariorum«), pour les producteurs de sel (»schola salinariorum«), il désigne, comme P. Toubert l'a bien démontré, des associations d'entrepreneurs, qui n'ont plus rien à voir avec les anciennes corporations[63]. Que ce soit à Rome ou à Ravenne, l'évolution a été la même: en l'absence d'un pouvoir fort, les artisans et commerçants, à l'image de ce qui se déroulait en terre lombarde, ont été amenés à secouer le joug des anciennes associations corporatives. Des associations de défense, ou des ententes entre producteurs et marchands se sont organisées, hors de toute intervention de la puissance publique.

Que les Lombards, puis les Carolingiens aient pu prendre en charge des institutions byzantines ne permet pas de conclure à une influence décisive du système corporatif byzantin sur le système corporatif lombard et carolingien. Pavie, Constantinople en miniature? Loin de nous l'idée de repousser tout rapprochement entre les deux capitales, à condition de faire la part des choses. Constantinople avec ses vingt deux corporations mentionnées dans le fameux Livre du Préfet présente un visage infiniment plus actif que celui de Pavie[64]. Il est bien vrai qu'à Pavie

ne saurait être relié à l'action d'une association de métiers. Le terme de *capitularius* ne saurait faire illusion. Il s'agit ici d'une association constituée vraisemblablement pour des motifs de défense professionnels, sans lien avec la puissance publique. L'acte en question marque la prise de possession de biens d'église par des laïcs et traduit surtout l'affaiblissement de la puissance publique, en l'occurence l'archevêque incapable de s'opposer à la pénétration laïque sur les terres d'Eglise.

62) L. M. Hartmann, Zur Geschichte der Zünfte... pp. 17–21.

63) P. Toubert, Les structures du Latium médiéval, 2 vol., Rome–Paris 1973, t. I, p. 674. L'auteur rapproche des confréries les associations professionnelles étudiées par L. M. Hartmann à partir des documents de S. Marie in Via Lata: t. II, pp. 13–28.

64) Le Livre du Préfet ou Livre de l'Eparque (Λέοντος τοῦ σοφοῦ τὸ ἐπαρχικὸν βιβλίον) a été publié par J. Nicole, d'abord avec une traduction latine en 1893, puis avec une traduction française en 1894, à partir

comme à Constantinople les corps de métiers sont étroitement dépendants de l'Etat, et plus particulièrement du Palais royal. Les deux textes par ailleurs ne sont pas un recueil de statuts corporatifs, mais un ensemble d'ordonnances étatiques sur le commerce et l'artisanat, dans la mesure où ces deux activités dépendent du Palais royal[65]. Ils règlent les relations des corps de métiers et de leurs membres avec l'Etat. Cependant, le Livre du Préfet est beaucoup plus explicite que les »Honorantie civitatis Papie« pour la vie des corps de métiers, ne serait-ce par exemple que pour la réception des nouveaux membres[66], l'exclusion et le bannissement des contrevenants[67], les relations des membres entre eux[68], ou celles des corps de métiers entre eux[69]. De ce point de vue, il dénote l'existence d'une bureaucratie plus forte, plus vivante que dans le royaume lombard. Il est l'émanation d'un Etat où l'autorité s'efforce de donner une solution aux problèmes liés à la vie économique d'une capitale surdéveloppée. Le Préfet (ou Eparque) dispose de pouvoirs considérables, qui lui sont délégués par l'Empereur pour organiser la vie des corps de métiers les plus importants pour la Palais impérial et le fonctionnement du marché urbain[70].

Dès lors, il est tentant de conclure à l'influence de l'Etat le mieux organisé, le mieux structuré, héritier d'une longue tradition administrative sur l'Etat à peine sorti de l'âge barbare. La tentation est d'autant plus forte que les relations n'ont jamais cessé entre Byzantins et

du manuscrit 23 de la Bibliothèque de Genève. Une traduction anglaise due à E. H. FRESHFIELD en a été donnée en 1938, Roman Law in the later Roman Empire, Cambridge. I. DUJCEV a repris récemment le texte avec une introduction, le texte grec, la traduction française de J. NICOLE et son commentaire et la traduction anglaise de E. H. FRESHFIELD, Variorum Reprints, Londres 1970. La meilleure étude sur Le Livre du Préfet reste celle de A. STÖCKLE, Spätrömische und byzantinische Zünfte. Untersuchungen zum sogenannten ἐπαρχικὸν βιβλίον Leos des Weisen, Leipzig 1911 (Klio, Beiheft 9). Sur l'abondante littérature qui concerne le texte, voir G. OSTROGORSKY, Histoire de l'Etat byzantin, Paris 1977,p. 244 et 279 et surtout Sp. VRYONIS, Byzantine Δημοκρατια and the guilds in the eleventh century, Dumbarton Oaks Papers, 17 (1963), pp. 289–314.

65) G. MICKWITZ, Die Kartellfunktionen der Zünfte und ihre Bedeutung bei der Entstehung des Zunftwesens, Helsingfors 1936, pp. 63–seq. Dans un article intitulé: Un problème d'influence: Byzance et l'économie de l'Occident médiéval, dans: Annales d'Histoire économique et sociale, IX (1936), G. MICKWITZ montre que la filiation entre Byzance et l'Occident ne peut être établie en ce qui concerne les banques, les entreprises industrielles et les corporations.

66) La réception se fait après qu'en ait été informé le Préfet (IV,5; VII,3; XII,2); puis interviennent des témoins membres des corporations (I,1; III,1; VI,6 et VII,3). Dans le cas des notaires, un examen a lieu devant le *primicerius* et les autres notaires. Le nouveau recruté paie un droit d'entrée variant de deux nomismata pour les *metaxopratai* (VI,2 et VII,3) à 32 nomismata pour les notaires (I,14).

67) Livre du Préfet: III,5; VI,1; X, 1–2; XIII, 1–2–3: XV,6; XVIII,5.

68) Livre du Préfet: IV,9: IX,4; X,3; XI,7; XIII,6; XVIII,5 et XIX,2 pour ce qui concerne le commerce illicite entre les membres des corporations.

69) Voir pour ce qui concerne la soie le bel article de D. SIMON, Die byzantinische Seidenzünfte, dans: Byzantinische Zeitschrift, 68 (1975), pp. 23–46.

70) E. FRANCES, L'Etat et les métiers à Byzance, dans: Byzantinoslavica, 23 (1962), pp. 231–249.

Lombards, puis entre Byzantins et territoire carolingien[71]. Il convient cependant de se rappeler que le système lombard ne procède pas directement du système romain au même titre que le système corporatif byzantin, où la continuité peut être plaidée à bon droit, du Bas Empire à la Constantinople du Xe ciècle, du Code théodosien au Livre du Préfet en passant par le Code Justinien et les novelles impériales[72]. Les souverains lombards, puis carolingiens ont été amenés à réorganiser les corps de métiers autour du Palais royal, à les soumettre au Palais royal dans un but financier. Ils ont d'ailleurs pris sous leur protection uniquement ceux qui se révélaient nécessaires à la satisfaction des besoins du Palais royal. S'il est possible d'inférer du Livre du Préfet l'existence d'autres corps de métiers dans la capitale et les autres villes de l'Empire[73], il apparaît bien prétentieux de tirer des conclusions semblables du texte des »Honorantie civitatis Papie«.

Le corps des »monetarii« porte d'ailleurs à des remarques fort instructives. R. S. Lopez a cru pouvoir conclure à la continuité de ce corps de métier depuis l'époque romaine jusqu'au XIIIe siècle[74]. Il s'est ainsi prévalu du privilège de l'hérédité au sein de la profession pour y voir une caste d'aristocrates qui se serait maintenue pendant un millénaire. Sa démonstration a déjà provoqué de vives observations de C. Violante[75], dont nous reprenons un certain nombre d'arguments. Lorsque Rotari fait restaurer les ateliers monétaires et le monopole royal, lorsqu'il fait venir des »monetarii« des territoires byzantins, même lorsqu'il adopte des mesures vraisemblablement imitées du système byzantin comme la coupure de la main pour les faux monnayeurs[76], il est bon de rappeler que n'existaient plus dans le royaume lombard des »collegia« de »monetarii« hérités de l'Empire romain. L'existence d'un »monetarius primus« ou

71) Si les historiens ont depuis longtemps considéré comme nécessaire pour la commodité de leur exposé une différence entre un domaine italien d'influence lombarde et un domaine italien d'influence byzantine (voir les exposés de P. S. Leicht et de G. Fasoli) ils n'en ont pas moins marqué l'interrelation des deux milieux; de même, malgré la thèse catastrophique de H. Pirenne, Mahomet et Charlemagne, Paris 1937, et même en réaction contre cette conception, ils n'ont pas manqué de souligner que des relations n'avaient jamais cessé entre Byzance et la Méditerranée occidentale: cf les belles pages de Ph. J. Jones: La storia economica... pp. 1615–1630, non moins que diverses contributions au cours des Settimane di studio de Spolète aux volumes V (G. Fasoli, P. Lemerle), XX (G. Tellenbach), et XXV (A. Lewis).

72) Les historiens ont souligné cette continuité du »collegium« romain aux corporations du Livre du Préfet, tels L. M. Hartmann (Zur Geschichte der Zünfte...), A. Stöckle (Spätrömische und byzantinische Zünfte... pp. 135–seq.), J. P. Waltzing (Etude historique sur les corporations... t. II p. 347). G. Ostrogorsky: Histoire de l'Empire byzantin... p. 280 reprend cette thèse.

73) G. Ostrogorsky, Histoire de l'Empire byzantin... p. 280 après d'autres historiens comme A. Stöckle ou G. Mickwitz note que le Livre du Préfet ne traite qu'une partie des corporations qui existaient à Constantinople.

74) cf note 7.

75) C. Violante, La società milanese... pp. 56–60.

76) R. S. Lopez y voit un des emprunts opéré par les Lombards près des Byzantins et soutient que les Lombards se sont inspirés du modèle byzantin, mais en le réinterprétant selon leurs propres concepts juridiques, d'où l'organisation d'une association de »monetarii« compresa e organizzata come una specie di livello collettivo«: Moneta e monetieri nell' Italia babarica, dans: Moneta e scambi... pp. 150–151.

d'un »magister monetae« ne suppose pas pour autant l'organisation d'un corps de métier; sans doute faut-il voir dans ce personnage un fonctionnaire royal. R. S. Lopez se référait d'autre part à l'édit de Pîtres de 864[77] pour y retrouver les fondements de l'organisation monétaire byzantine et lombarde, tout autant qu'il y voit les prémices du système monétaire de l'époque féodale. Sans reprendre toutes les prescriptions de l'édit, non plus que la démonstration de R. S. Lopez, il convient de lui objecter que les »monetarii«, tels qu'ils apparaissent dans le texte des »Honorantie civitatis Papie«, immédiatement après les marchands, ne constituent pas au sens où le voulait notre auteur une association jurée[78]. Comme les marchands, ils ont besoin de la protection royale pour exercer leur métier, et comme tels, ils se rassemblent autour du Palais royal et de leur protecteur.

Car si les corps de métier mentionnés dans le texte des »Honorantie civitatis Papie« sont liés au Palais royal en vertu des exigences gouvernementales, ils regardent aussi vers le souverain pour se faire garantir l'exercice et la protection de leur profession. »Ministeria« les appelle le rédacteur des »Honorantie«; ils remplissent donc une fonction près du Palais à qui ils sont redevables de »munera«, de redevances fixées par l'Etat. Le cas des marchands est le plus caractéristique. A côte de ceux protégés par la Cour, d'autres marchands, eux, se placent sous la protection ecclésiastique (évêques ou grands abbés). Ainsi obtiennent-ils d'être exemptés de droits divers et peuvent-ils se déplacer non moins librement que les marchands de Cour, lorsque l'évêque ou l'abbé ont reçu de leur côté un diplôme impérial[79]. Ces marchands, hommes libres, ne sont encore intégrés dans aucune association corporative. Ils peuvent aussi bien trafiquer pour leur compte propre que pour celui des abbés et évêques, eux mêmes intéressés au grand trafic international par les »cellae« qu'ils possèdent ou dont ils sont locataires à Pavie[80]. Dans la mesure où le trafic local en Italie du Nord est tombé entre les mains de l'Eglise (évêques ou grands monastères qui ont reçu des diplômes impériaux pour l'organisation de marchés et de foires), la protection qu'ils étendent sur les marchands est un facteur important pour le développement des affaires[81].

Ainsi, l'époque carolingienne n'a-t-elle pas été marquée par une progression importante de structures corporatives, ni pour les marchands, ni pour les artisans. Le trafic commercial, limité en ce qui concerne le commerce à grand rayon d'action, ne touche qu'un nombre réduit de consommateurs, la Cour et l'aristocratie laïque et ecclésiastique. La vie urbaine, assurément renaissante, n'est pas marquée par un essor de l'artisanat ou du travail industriel tel que des

77) Texte de l'édit dans M. G. H., Legum, sectio 2, Capitularia regum francorum, t. II, n. 273, p. 315 (chap. 3). R. S. Lopez, Continuità e adattamento... p. 103.

78) C. Violante, La società milanese... p. 59.

79) Le cas du marchand Januarius (C. D. L., n. 2II, col. 348) qui reçoit par l'intermédiaire de l'abbesse de S. Giulia de Brescia la protection royale et l'exemption du paiement des droits de tonlieu et »ripaticum« dans toutes les régions de l'Empire est bien connu. Il a été analysé par C. Violante, La società milanese... p. 62.

80) C. Milani, Intorno alla organizzazione di una città capitale. Celle e xenodochii in Pavia nell' alto medioevo, dans: Annali di scienze politiche, XV (1937), pp. 131–150.

81) F. Carli, Il mercato nell' Alto Medioevo... pp. 277–303.

regroupements professionnels locaux soient rendus indispensables. Aussi les renseignements que fournissent les »Honorantie«, dans le prolongement de l'organisation étatique lombarde, ne peuvent-ils qu'évoquer une organisation corporative liée au Palais royal, avec des corps de métiers (»monetarii«, laveurs de sables aurifères) de nature régalienne, d'autres corps (bateliers, pêcheurs) liés à des droits sur l'eau revendiqués de longue date par les souverains; les savonniers-parfumeurs, et les travailleurs du cuir jouissent, eux seuls, d'un véritable privilège corporatif. Mais à côté de ces corps de métiers, d'autres artisans exercent librement leur profession, ne serait-ce que les nombreux »aurifices« ou »fabri« signalés dans les textes lombards et carolingiens[82)], sans compter les artisans dispersés dans les »curtes«.

Transportons-nous maintenant au XIIe siècle, toujours dans la même ville de Plaisance. En 1154 sont mentionnés pour la première fois des consuls des marchands, à l'occasion du règlement d'un prêt de la Commune de Plaisance à la Commune de Gênes[83)]. En 1169, les consuls des marchands sont officiellement associés aux délibérations communales[84)]. Les consuls des métiers sont nommés pour la première fois en 1181 dans un »Breve consolare«[85)], et en 1184 ils paraissent officiellement dans une délibération communale aux côtés des consuls de la Commune et des consuls des marchands[86)]. A la fin du XIIe siècle, tandis que se poursuit la construction de la cathédrale, les corps de métiers des teinturiers, des vendeurs d'étoffe, des savetiers, des boulangers, des charrons et des pelletiers financent chacun pour leur part l'édification d'une colonne et font travailler un sculpteur pour faire représenter sur un chapiteau leurs activités[87)]. Les Statuts des Marchands, dont la première rédaction remonte à la deuxième moitié du XIIe siècle[88)] décrivent pour l'activité des marchands et des métiers qui leur sont liés: fabrication des futaines, des draps de laine, changeurs, aubergistes une situation d'association corporative, sous la direction des consuls des marchands, avec des droits d'entrée, l'organisation d'un apprentissage et une situation de monopole pour ceux qui sont appelés à exercer la profession suivant des normes strictes. Comment s'est donc réalisé le passage de l'organisaton que nous avons rencontrée dans le texte des »Honorantie civitatis Papie« à celle qui nous est offerte par les 305 premières rubriques des Statuts des Marchands?

82) Ph. J. JONES, La storia economica... p. 1654.
83) C. IMPERIALE DI SANT'ANGELO, Codice diplomatico di Genova, 2 vol., Rome 1936, n. 252 à 261, pp. 303–312. Liber Jurium Reipublicae Januensis, dans: Historiae Monumenta Patriae, t. XVI, col. 170–180.
84) C'est ce qui ressort du Breve consolare publié par G. V. BOSELLI, Delle storie piacentine libri XII, 3 vol. Plaisance 1793–1802, t. I, p. 320.
85) G. V. BOSELLI, Delle storie piacentine... t. I, p. 328.
86) A. CORNA–F. ERCOLE–A. TALLONE, Il Registrum Magnum... p. 33.
87) G. BERTI, Rilievi socio-religiosi in alcune formelle delle corporazioni, dans: Il Duomo di Piacenza (1122–1972), Atti del Convegno di studi storici in occasione dell' 850° anniversario della fondazione della Cattedrale di Piacenza, Plaisance 1975, pp. 147–181.
88) Les 305 premières rubriques sont rédigées sous la forme du breve consolare; à leur entrée en charge, les consuls des marchands juraient d'observer les normes contenues dans les Statuts. La plus ancienne addition, datée, au texte primitif remonte à novembre 1199 (rub. 248), ce qui permet de situer ainsi la première partie du texte dans la seconde moitié du XIIe siècle: cf. P. CASTIGNOLI, La tradizione degli »Statuta« ed i criteri della presente edizione, dans: Corpus Statutorum Mercatorum Placentiae... pp. LXXXIX–CIII.

Les marchands, que nous avons vus à l'époque carolingienne étroitement liés aux souverains et aux évêques et abbés, conquièrent progressivement leur autonomie, à partir du moment où l'on assiste dans tout l'Empire carolingien à la désagrégation de la puissance publique. La place prise par les marchands dans les affaires publiques va grandissant, au fur et à mesure que s'affirme leur autorité. Les témoignages ne manquent pas, qui nous mettent en présence de marchands propriétaires fonciers, mais surtout de marchands qui participent comme tels à un plaid public. En 991, par exemple, dix huit marchands sont cités par le scribe qui a rédigé l'acte officiel d'un plaid tenu par l'évêque Jean Filagate à Plaisance[89]. Il est des villes où cette autonomie se conquiert plus tôt que d'autres. En 998, à Plaisance, des marchands demeurent encore les protégés de la basilique S. Antonio[90]. En revanche, à Crémone, les marchands n'hésitent pas à s'unir pour s'en prendre aux privilèges de l'Eglise. Alors que l'évêque bénéficie de l'abaissement du pouvoir des comtes de Brescia et Sospiro par le diplôme de 916 qui lui conférait le »districtus« sur un circuit de cinq milles autour de la cité[91], alors que le roi Rodolphe en 924 lui concède les droits que percevaient les fonctionnaires royaux sur les rives de l'Adda à Crémone[92], déjà le dernier diplôme fait allusion aux »pessimi cristiani«, aux marchands de Crémone qui débarquaient leurs marchandises à l'écart du port de »Vulpariolo«. Le conflit évêque-marchands va s'amplifiant tout au long du Xe siècle, et ce n'est pas sans raison que les empereurs ottoniens doivent à chaque changement de règne confirmer les privilèges de l'évêque[93]. Le conflit atteint son paroxysme à la fin du Xe siècle, lorsque les marchands surprennent la bonne foi de l'Empereur en 996[94]; la résistance de l'évêque finira par entraîner sous Conrad II en 1027 un règlement provisoire du conflit, l'évêque recouvrant ses droits antérieurs[95]. Le conflit qui oppose à Crémone évêque et marchands est significatif de la puissance nouvelle acquise par le groupe des marchands, associés à partir du XIe siècle aux »milites«. Ils se sont substitués à une date que nous ignorons aux marchands de Comacchio et de Venise pour prendre en main le trafic de la cité et tentent d'échapper aux droits de péage et autres exigés par la puissance publique, en l'occurrence l'évêque[96].

89) C. MANARESI, Il placiti del Regnum Italiae, 3 tomes en 5 volumes, Rome, 1955–1961 (Fonti per la Storia d'Italia 92, 96/1 et 96/2, 97/1 et 97/2), t. II, n. 213, p. 279.
90) M. G. H., Dipl. regum et imperatorum Germaniae, t. II n. 268, p. 685.
91) C. D. L., n. CCCCLVIII, col 810–812.
92) L. SCHIAPARELLI, I diplomi italiani di Lodovico III e di Rodolfo II, Rome 1910 (Fonti per la Storia d'Italia, 37), p. 110.
93) Voir le récit du conflit dans U. GUALAZZINI, Il »populus« di Cremona e l'autonomia del Comune. Ricerche di storia del diritto pubblico medioevale con appendice di statuti statutari, Bologne 1940, pp. 5–seq.
94) M. UHLIRZ, Die Regesten des Kaiserreiches unter Otto III, Graz 1956, n. 1173: les marchands de Crémone obtiennent alors la liberté d'aller commercer où bon leur semble. L'Empereur revient sur ses concessions, à la requête de l'évêque, »nefanda deceptionis fraude«: diplôme du 3 août 996 dans M. G. H., Dipl. regum et imperatorum Germaniae, t. II, n. 222, p. 635.
95) M. G. H., Dipl. regum et imperatorum Germaniae, t. III, n. 172, p. 203.
96) Sur les marchands de Crémone, voir l'ouvrage de U. GUALAZZINI, Mercatores, Crémone 1955.

L'ascension sociale du groupe marchand se poursuit au XIe siècle, parallèlement à l'essor urbain. Que ce soit à Plaisance, à Milan, à Crémone ou dans les cités de l'Italie méridionale, les marchands apparaissent partout liés de près au groupe social dominant, ou à tout le moins classés immédiatement après les groupes nobiliaires. S'il est vrai que la division la plus utilisée par les gens du XIe siècle distingue »nobilitas« et »plebs«, ou de manière plus large: »majores«, »mediocres« et »minores«[97)], une telle distinction finit par ne rendre compte qu'imparfaitement de la force sociale du groupe marchand. Les fameux »monetarii« étudiés par R. S. Lopez sont déjà au IXe siècle de rang nobiliaire à Milan et à Pavie[98)]. Ainsi les marchands sont-ils parvenus à s'intégrer au groupe dominant, et font-ils partie de ceux qui contestent le pouvoir de l'évêque dans les villes. Le joug que peuvent faire peser sur eux les liens gouvernementaux: redevances financières, ou même comme dans le cas des Honorancie la limitation de l'exercice de la profession à ceux qui sont inscrits à la corporation royale est de plus en plus mal supporté. L'image des gens de Crémone peut être complètée de ce point de vue par la destruction du Palais royal de Pavie en 1025. L'organisation bureaucratique et oppressive du système des »ministeria« est rejeté par les marchands et les »monetarii«, qui profitent ainsi de la destruction du Palatium, symbole de leur dépendance[99)]. La fin du Palais de Pavie ouvre la voie à une nouvelle organisation des corps de métiers.

Le XIe siècle marque d'ailleurs le grand mouvement de développement commercial pour toute l'Italie. C'est le moment où les marchands italiens du Sud, Amalfi par exemple, ont pris position à Alexandrie comme à Constantinople[100)], le moment où les marchands de Venise s'installent en maîtres à Constantinople, où ils reçoivent d'importants privilèges commerciaux grâce notamment au chrysobulle de 1082[101)]. C'est surtout le moment où les flottes des villes

97) H. KELLER, Die soziale und politische Verfassung Mailands in den Anfängen des kommunalen Lebens, dans: Historische Zeitschrift, 1970, p. 41.

98) R. S. Lopez, An aristocracy of money... pp. 23, 35-seq. Y. RENOUARD, Les hommes d'affaires italiens du Moyen Age, Paris 1968, pp. 15, 20, 44.

99) A. SOLMI, L'amministrazione finanziaria... p. 187-seq. trouve à la révolte de Pavie en 1024 des motifs politiques, qu'il recherche dans l'orgueil municipal des gens de Pavie, mécontents de l'ascension de la cité rivale, Milan. P. VACCARI, Profilo storico di Pavia... pp. 42–43 y voit, lui, l'hostilité de l'élément italien à l'égard de la domination étrangère, position qu'il a confirmée dans son article: Classi e movimenti di classi a Pavia nell' XI secolo, dans: Bollettino della Società pavese di storia patria, 1947, pp. 37–47, repris dans: Scritti storici, pubblicati a cura della Società pavese di storia patria, Pavie 1954, pp. 5–15. Voir également dans le même volume Il particolarismo italiano ed il testo delle »Honorantiae civitatis Papie«, pp. 1–4. La position de P. VACCARI est sans nul doute excessive. Le jugement de C. VIOLANTE, La società milanese... p. 60 est certainement plus équilibré. L'auteur y voit la révolte des nouvelles forces économiques: marchands, »monetarii« contre une organisation bureaucratique oppressive.

100) M. BALARD, Amalfi et Byzance (X^e–XIIe siècles), dans: Travaux et Mémoires du Centre de Recherche d'histoire et civilisation de Byzance 6 (1976), pp. 85–95.

101) L. Fr. TAFEL-G. M. THOMAS, Urkunden zur älteren Handels- und Staatsgeschichte der Republik Venedig, Vienne 1845 (rééd. Amsterdam 1964) p. 52. Sur l'ascension de Venise, voir le volume collectif de la fondation G. CINI, La Venezia del Mille, Venise 1965.

tyrrhéniennes prennent l'offensive contre les Musulmans, les refoulant peu à peu des principales positions de la Méditerranée occidentale qu'ils avaient occupée aux IX–Xe siècles[102]. A l'offensive de l'Islam, qui s'est essoufflée à la fin du Xe siècle, succède la contre-offensive chrétienne. Une ère nouvelle s'ouvre pour l'Occident chrétien, comme pour les relations entre le monde de l'Europe occidentale et celui de la Méditerranée orientale. Les Croisades et l'installation des marchands italiens en Méditerranée orientale viendront concrétiser au XIIe siècle ce vaste mouvement d'expansion[103].

L'essor commercial s'accompagne dans toute l'Italie d'un grand essor urbain, traduit notamment par l'extension des murailles urbaines, le peuplement des faubourgs qui se développent autour des villes grâce à l'arrivée de gens venus du contado voisin[104]. Ceux qui arrivent en ville viennent s'embaucher dans les nouveaux ateliers qui sont fondés dans les faubourgs ou à l'intérieur des murs. Le travail artisanal au sein de petites officines, s'est diversifié[105]. A côté des métiers propres à l'alimentation, nécessaires dans toute agglomération urbaine (boulangers, meuniers), ont vu le jour des activités textiles, parmi lesquelles domine le travail du coton, notamment dans la vallée du Pô, en des villes comme Vérone, Crémone, Plaisance, Pavie et surtout Milan[106]. Nous ne saurions préciser le moment précis où se sont développés les nouveaux ateliers; cependant, les Statuts de métiers ou les Statuts de marchands de ces villes, dans leur conception primitive du XIIe siècle, montrent que ces activités sont bien implantées, actives et dynamiques. Il est donc vraisemblable de faire remonter à tout le moins la naissance d'une telle activité au XIe siècle. La matière première, désignée sous le nom de »bambaxium«, terme d'origine persane, était importée d'Orient par les marins vénitiens et campaniens. Au XIIe siècle, l'intervention des marins et marchands génois entraînera une distribution nouvelle de la matière première, en créant un »hinterland« propre aux deux ports de Gênes et de Venise[107], Gênes se réservant la Lombardie occidentale (Milan, Plaisance et Pavie), Venise la Lombardie orientale (Crémone, Vérone).

102) Y. Renouard, Les villes d'Italie de la fin du Xe siècle au début du XIVe siècle, 2 vol., Paris 1968 (Regards sur l'Histoire, 8–9), t. I, pp. 34–35.

103) Ph. J. Jones, La storia economica... pp. 1689–1692.

104) H. Miskimin-R. S. Lopez, The economic depression of the Renaissance, dans: Economic History Review 14 (1962), pp. 408–426. Sur le peuplement de Plaisance, cf nos propres réflexions dans l'article Ville et contado dans l'Italie communale: l'exemple de Plaisance, dans: Nuova Rivista Storica, LXI (1977), pp. 273–290.

105) Les Statuts des marchands de Plaisance parlent de *boreae* pour désigner les ateliers où travaillent les ouvriers du textile. Sans doute faut-il comprendre des ateliers situés au sous sol ou à tout le moins à l'entresol.

106) Sur le coton, voir l'article de M. F. Mazzaoui, The cotton industry of northern Italy in the late Middle Ages, dans: The Journal of economic history, 1972, p. 262–seq.

107) P. Vaccari a bien saisi le moment où s'opère le partage de l'arrière pays entre Venise et Gênes, dans sa contribution intitulée: Da Venezia a Genova: un capitolo di storia delle relazioni commerciali nell' alto medioevo, dans: Studi in onore di G. Luzzatto, 4 vol., Milan 1950, t. I, pp. 86–95, reprise dans: Scriti storici..., pp. 91–100. F. Borlandi a su admirablement en tirer parti dans son court essai: Futainiers et

Tandis que l'essor urbain porte ainsi à une diversification sociale à travers la multiplication d'ateliers artisanaux, comme à travers l'établissement de marchés et le développement des échanges commerciaux, une situation politique nouvelle s'établit dans les villes avec la naissance des Communes. L'affaiblissement de la puissance publique, comte d'abord, évêque ensuite, favorisée à partir de 1075 par la Querelle des Investitures, entraîne la formation de gouvernements urbains où les marchands tiennent une place de premier ordre[108]. Que ce soit dans les villes lombardes: Milan, Crémone, Vérone, Plaisance, ou dans les villes toscanes: Pise, Florence, Lucques, les milieux aristocratiques, où dominent notamment les propriétaires fonciers liés à l'évêque (capitanei et vavasseurs), arrachent le pouvoir au représentant du souverain dont ils usurpent les attributions régaliennes. C'est entre 1075 et 1140 que s'est accompli ce qu'on peut appeler la »révolution communale«[109]. »Commune«, tel est le terme par lequel se désignent les nouveaux gouvernements, terme qui marque la communauté d'intérêts politiques qui unit les membres appelés à participer aux Conseils urbains, mais qui symbolise aussi le groupement communautaire de ceux qui entendent se défendre et prendre en main le destin de leur ville.

C'est dans le cadre communal que prennent naissance les principales associations de métiers, qui correspondent au nouvel état économique, social et politique des villes de l'Italie centro-septentrionale. Les premiers groupements qui soient connus sont partout ceux des marchands. De même que pour Plaisance, les consuls des marchands, élus, sont mentionnés à Milan en 1159, à Pise en 1162, à Verceil en 1165, à Vérone en 1178 sous la forme de »sapientes negociatorum«, à Brescia en 1183[110]. La concordance des dates ne saurait être considérée comme fortuite; elle traduit dans toutes les villes l'effort d'organisation de la communauté des marchands afin de s'intégrer activement à la politique économique du gouvernement communal. Au moment où le gouvernement communal s'efforce un peu partout de contrôler le contado et plus particulièrement les voies commerciales qui le traversent[111], afin d'assurer le ravitaillement de la ville en

futaines dans l'Italie du Moyen Age, dans: Eventail de l'histoire vivante, Hommage à L. Febvre, 2 vol., Paris 1953, t. II, pp. 133–141. Il y dessine les deux »Lombardies du coton«, une Lombardie occidentale (Milan, Pavie, Plaisance), tournée vers Gênes, et une Lombardie orientale (Crémone, Vérone), regardant vers Venise.

108) G. Dilcher, Die Entstehung der lombardischen Stadtkommune, Aalen 1967. H. Keller, Die soziale und politische Verfassung Mailands... Idem, Pataria und Stadtverfassung. Stadtgemeinde und Reform, dans: Investiturstreit und Reichsverfassung (Vorträge und Forschungen XVII), Sigmaringen 1973, pp. 321–350.

109) G. Tabacco, La storia politica e sociale, dal tramonto dell' Impero alle prime formazioni regionali, dans: Storia d'Italia..., pp. 142–150.

110) A. Schaube, Handelsgeschichte der romanischen Völker des Mittelmeergebietes bis zum Ende der Kreuzzüge, Munich-Berlin 1908, pp. 965–970.

111) Voir pour un exemple précis notre analyse des relations entre Plaisance et Gênes par Bobbio: Le relazioni tra Piacenza e Bobbio nei secoli XII e XIII, dans: Archivio storico per le province parmensi, 4a s., XXVIII (1976), pp. 185–196.

produits alimentaires et matières premières, au moment où les gouvernements communaux concluent des accords commerciaux, encouragés d'ailleurs par la formation de la première Ligue lombarde, les marchands s'efforcent de faire valoir leur point de vue près des autorités communales. Dans la mesure où nous les avons vus proches des milieux dirigeants, économiquement et socialement, leur action s'en trouvait facilitée.

Il est d'ailleurs hautement significatif que les premiers consuls des marchands connus soient d'origine aristocratique. Le fait est patent à Plaisance, où les deux consuls de 1154, Guglielmo Siccamelica et Riccardo Surdo, sont les représentants de deux grandes familles capitanéales[112]. Les consuls des marchands des autres villes n'ont pas d'autre origine. La formule chère à R. S. Lopez du »gentilhomme-marchand«[113] est parfaitement valable pour Plaisance où les grandes familles marchandes sont toutes d'origine aristocratique aux XIIe et XIIIe siècles[114]. Le capital d'origine foncière dans les villes de l'intérieur, comme dans les villes maritimes, a constitué la capital initial engagé dans les affaires[115].

La communauté des marchands de Plaisance, sans aucun doute une des premièrs organisées en Italie, avec ses consuls propres, fait connaître par le gouvernement communal ses règlements. Elle entend d'ailleurs obtenir la protection de ce même gouvernement pour ses activités et les consuls de la Commune dans leur serment d'entrée en charge prennent l'engagement de veiller sur les intérêts des marchands[116]. La communauté des marchands de Plaisance contrôle l'activité des fabricants de futaines, depuis les premiers travaux sur la matière première jusqu'à la finition des toiles, de même que celle des fabricants des draps de laine, des aubergistes et des changeurs. Ainsi se dessine la division propre à tant de villes italiennes où la communauté des marchands prend à son compte la production des articles destinés à l'exportation, articles dont les normes sont définies avec la plus grande précision[117].

Une autre division, qui marquera profondément l'histoire urbaine italienne, se profile: la distinction entre »arts majeurs« et »arts mineurs«. A côté de la communauté des marchands, organisme para-public, le gouvernement communal étend son contrôle sur les autres corps de métiers, notamment ceux qui concernent le ravitaillement de la ville. L'image des boulangers est la plus significative. Il est vraisemblable que les boulangers (pistores) de Milan étaient organisés

112) Ce sont les consuls qui figurent sur l'acte cité à la note 83.

113) R. S. Lopez, Naissance de l'Europe, Paris 1962 (Destins du Monde 6), p. 136.

114) E. Nasalli Rocca, Il patriziato piacentino nell' età del Comune e della Signoria. Considerazioni di storia giuridica, sociale e statistica, dans: Studi storici e giuridici in memoria di A. Visconti, Milan 1955, pp. 287–355. Idem, Lineamenti della formazione e della evoluzione dei »patriziati« cittadini dall'età comunale all' età signorile, dans: Rivista internazionale delle scienze sociali, LXIII (1955), pp. 145–153.

115) Y. Renouard, Les hommes d'affaires italiens... Voir notament les chapitres consacrés à Gênes et Venise.

116) cf note 85.

117) Les rubriques des Statuts des marchands de Plaisance donnent la définition des toiles de coton (rub. 158–169). Il en va de même à Vérone: Misterium pignolatorum districtus Verone, éd. L. Simeoni, Gli antichi statuti... rub. LXIII, p. 131. D'autres statuts donnent des indications identiques.

sous la forme d'un »ministerium«, dépendant de l'archevêque au XIe siècle[118]. A Plaisance, il est possible d'inférer une semblable organisation de l'acte par lequel en 1162 l'évêque récupère les »regalia«[119]. Parmi les droits qui sont alors mentionnés figure celui du contrôle des fours et moulins, du poids du pain, et l'évêque évoque à lui les litiges entre meuniers et boulangers. Nous ne possédons plus les textes primitifs des Statuts des boulangers et des meuniers, comme des bouchers. Aussi faut-il recourir aux Statuts plus récents des XIVe et XVe siècles, voire même des siècles postérieurs pour y retrouver des mesures qui remontent vraisemblablement au XIIe siècle. A Plaisance, par exemple, le Statut des boulangers de 1437 reprend des dispositions bien antérieures pour la cuisson du pain, son poids, mais surtout il rappelle que nul ne peut cuire de pain dans un four public s'il n'est inscrit à l'»arte«[120].

Car, qu'il s'agisse d'»arts majeurs« ou d'»arts mineurs«, les Statuts renferment tous des mesures d'ordre identique. Ils prévoient l'admission à l'»arte« (à Plaisance est utilisé le terme de »paratico« pour désigner le corps de métier sans que soit bien connue son origine[121]), l'apprentissage, l'organisation du travail, la définition des normes de production, le contrôle de l'activité professionelle, sans compter bien entendu les problèmes propres à l'administration du corps de métier. Comme le donne à entendre le Statut des boulangers, nul ne peut exercer le métier s'il ne fait partie de l'»arte«. Les »arti« jouissent, sous la protection du gouvernement communal, du monopole de la profession. Au fur et à mesure que se diversifie l'activité industrielle et commerciale, de nouveaux corps de métier sont créés sous le contrôle des autorités communales, pour des buts économiques, mais aussi pour la défense des intérêts professionnels des artisans. Ces créations sont souvent facilitées par le fait que les métiers se regroupent par quartiers, voire par rues. La multiplication des »arti« témoigne de la vitalité industrielle des villes italiennes; elle porte le gouvernement communal à tenter de surveiller leur activité, en tirant à l'occasion des ressources financières du nouveau corps de métier, en permettant aussi à la production de l'»arte« de rayonner hors de la ville grâce à la protection qu'il lui accorde.

Les nouveaux corps de métiers, apparus dans les villes italiennes entre le XIe et le XIIIe siècle, sont ainsi la traduction du bouillonnement commercial et industriel qui emporte les cités italiennes dans un mouvement d'expansion qui paraissait infini. Dotés du monopole de la profession, protégés par l'Etat communal, associés même aux grandes décisions gouvernementales, comme en témoigne l'exemple de Plaisance, ils reproduisent sur le plan corporatif les

118) V. A. Visconti, Il »collegium pistorum« nelle fonti giuridiche romane e medioevali, dans: Rendiconti dell' Istituto lombardo di Scienze e Lettere, LXIV (1931), pp. 517–534.
119) A. Corna-F. Ercole-A. Tallone, Il Registrum Magnum..., n. 287, p. 365.
120) Voir le statut des boulangers de 1437 (Statuto dei fornai) publié par E. Nasalli Rocca, Statuti di corporazioni artigiane piacentine, Milan 1955, p. 63.
121) V. Pancotti, I paratici piacentini e i loro statuti, 3 vol., Plaisance 1925–1929 (Biblioteca storica piacentina 12), rattache le terme à une origine milanaise; »paratico« aurait désigné à Milan tout métier ou corps de métier organisé dès le XIe siècle, en même temps qu'il désignait le marchand qui présentait une marchandise à la foire: t. I, p. 17.

clivages de la société communale. La communauté des marchands, appelée à Plaisance »comune nuxii«[122], à laquelle se joint le corps des notaires et des juges, se retrouve au sein de la »societas militum«, alors que les autres corps de métiers participent à la »societas populi«, lorsqu'éclatent les troubles de la fin du XIIe siècle et des débuts du XIIIe entre »milites« et »popolo«[123]. Les marchands, les juges et les notaires se placent aux côtés des aristocrates; ils font partie des cercles dominants de la Commune aristocratique. Les »arts mineurs« aspirent, eux, à obtenir une participation supérieure aux affaires communales. Désormais, à la fin du XIIe siècle, la »Mercanzia«, »art majeur«, domine la hiérarchie corporative, et c'est par sa domination que se conquiert le pouvoir au XIIIe siècle. Les structures corporatives sont par là même le reflet des autres structures urbaines.

Du »collegium« romain (ou du »corpus«) à l'»arte« des XIIe–XIIIe siècles, il semblerait que des ressemblances permettent de conclure à une étroite parenté de l'un à l'autre et qu'une ligne directe mènerait ainsi de l'association de métier du Bas Empire à celle de la Commune médiévale. C'est sans compter avec les ruptures dues aux invasions lombardes, à l'arrivée des Francs en Italie; c'est aussi ne pas tenir compte de l'ambiance propre à chaque époque. Les Lombards ont balayé une organisation corporative, déjà fortement alanguie. La période lombarde puis carolingienne, a connu des métiers libres, avec des marchands, des artisans qui n'hésitent pas à se déplacer, cependant qu'un système étatique de »ministeria« a été mis en place à Pavie par les souverains. La croissance économique favorise à partir du IXe siècle l'ascension d'une classe de marchands (et »monetarii« à Pavie et Milan), qui s'intègre peu ou prou à l'aristocratie foncière. Mal à l'aise au sein du carcan administratif trop rigide des »ministeria«, elle le fait éclater et se hisse au pouvoir dans les villes, alors que le représentant de la puissance publique est dépouillé de ses pouvoirs régaliens lors de la formation des Communes. Les nouvelles associations corporatives peuvent certes reprendre les attributs des anciens »collegia« romains: monopole du métier, caractère administratif et hiérarchique de l'organisation de métier, redevances à l'Etat. En fait, la corporation médiévale s'inscrit dans une structure typiquement urbaine, et non impériale: chaque ville a ses propres corps de métiers, dotés de Statuts propres. Les corps de métiers se jalousent d'une ville à l'autre, reflet des rivalités intercommunales, et les autorités communales et corporatives ont le souci de défendre âprement les secrets de fabrication face à la concurrence des corporations des autres villes. L'organisation corporative nouvelle des XIe–XIIe siècles devient un axe essentiel des structures urbaines et conditionnera l'évolution politique des grandes Communes italiennes.

122) Le terme »nuxium« ou »nusium«, qui servait à nommer à Plaisance le collège des marchands reste inexpliqué. A Vérone, les marchands sont réunis dans la »Domus mercatorum« (L. Simeoni, Gli antichi statuti..., pp. XXXVII–XLVI).
123) Les textes touchant ces épisodes ont été publiés en régeste par L. Astegiano, Codex diplomaticus Cremonae, 2 vol., Turin 1895–1899 (Historiae Monumenta Patriae, 19–20), t. I, p. 240. Les documents originaux figurent à l'Archivio di Stato de Crémone, *Diplomatico, fondo Segreto.*

Conjuratio und Gilde im frühen Mittelalter

Ein Beitrag zum Problem der sozialgeschichtlichen Kontinuität zwischen Antike und Mittelalter

VON OTTO GERHARD OEXLE

Der Titel dieses Beitrags mag überraschen, da er eine bisher einhellig vertretene Auffassung der Forschung über die mittelalterlichen Gilden[1] in Frage stellt: die Annahme nämlich, es handle sich bei den Gilden um ein Phänomen aus der germanischen Welt, um ein besonders eindrucksvolles Zeugnis für die sogenannte »germanische Kontinuität«[2].

Die hier vorgetragene anderslautende These[3] soll in chronologischem Zurückschreiten erläutert werden, wobei die fränkischen Gilden des 8. und 9. Jahrhunderts als Ausgangspunkt dienen, an denen die ›geschworene Einung‹ *(conjuratio)* als Form der Bildung sozialer Gruppen[4] gut zu erkennen ist.

I

Das älteste Zeugnis über Gilden in der Karolingerzeit[5] ist Kapitel 16 des Kapitulars von Herstal 779. Es handelt *de sacramentis per gildonia invicem coniurantium.* Die Gilden werden in diesem Text als bereits vorhanden und bekannt vorausgesetzt und es wird bestimmt: »Über die Eide der in Gilden gegenseitig Schwörenden: niemand darf dies tun«. Zwar sollten Personenvereinigungen »in anderer Weise«, wie es heißt, erlaubt sein, nämlich in bezug auf Armenfürsorge (bzw. Vorsorge gegen Verarmung), Brand und Schiffbruch; sie sollten Vereinbarungen *(conve-*

1) Über ›Gilde‹ und ›geschworene Einung‹ als Form der Bildung sozialer Gruppen vgl. O. G. Oexle, Die mittelalterlichen Gilden: ihre Selbstdeutung und ihr Beitrag zur Formung sozialer Strukturen, in: Soziale Ordnungen im Selbstverständnis des Mittelalters 1 (Miscellanea Mediaevalia 12/1) (1979), 203–226.

2) S. dazu unten Abschnitt III und bes. die in Anm. 58 genannten Titel. Zu den folgenden Überlegungen in kürzerer Form bereits O. G. Oexle, *Conjuratio* et *ghilde* dans l'Antiquité et dans le Haut Moyen Age. Remarques sur la continuité des formes de la vie sociale, in: Francia 10 (1982), 1–19.

3) Dazu O. G. Oexle, Gilden als soziale Gruppen in der Karolingerzeit, in: H. Jankuhn (Hg.), Das Handwerk in vor- und frühgeschichtlicher Zeit 1 (1981), hier bes. die Abschnitte III, IV, VII und VIII.

4) Zur Frage nach den ›Formen‹ der Bildung sozialer Gruppen vgl. Oexle, Gilden als soziale Gruppen (wie Anm. 3), Abschnitt I, bes. S. 299f.

5) Für die Einzelheiten der im folgenden gegebenen Textinterpretationen verweise ich auf meinen in Anm. 3 genannten Beitrag über die Gilden der Karolingerzeit.

nentiae) treffen dürfen, aber, noch einmal: *nemo in hoc iurare praesumat*[6]. Es geht also ausdrücklich um den Eid, der als ein von den Schwörenden gegenseitig geleisteter Eid bezeichnet wird[7]. Die Gilde *(gildonia)* wird damit als geschworene Einung *(conjuratio)* charakterisiert. Die Anordnung von 779 wurde 789 für Aquitanien wiederholt[8]. Daß es bei diesen Verboten in erster Linie um den Eid ging, zeigt sich auch daran, daß in jenen Kapitularien des Jahres 789, in denen Karl d. Gr. zum ersten Mal das allgemeine Treueeidgebot ergehen ließ, zugleich auch das Verbot der Gilden erneuert wurde; sie werden hier auch als *coniurationes* bezeichnet[9]. In diesem Punkt noch deutlicher ist das Kapitular von Diedenhofen 805, in dem geradezu ein Katalog erlaubter und verbotener Eide aufgestellt wird: erlaubt sind der assertorische Eid vor Gericht sowie – von den promissorischen Eiden – der vasallitische Eid und der Untertaneneid; verboten sind alle Formen der *conspiratio*, und zwar die *conspiratio per sacramentum*, also die *conjuratio* im engeren Sinn, und die *conspiratio sine sacramento*, die *conspiratio per dextras firmata*, das heißt die durch Handschlag gemachte »Verschwörung«[10]. Diese Verbote wurden in der Folgezeit wiederholt[11]. Auch wenn gewiß nicht alle hier gemeinten *conjurationes* und *conspirationes* Gilden waren, so waren die Gilden doch gewiß immer mit gemeint[12].

Ein Kapitular Ludwigs d. Fr. von 821 verbot *conjurationes servorum*, also Schwureinungen von Hörigen, die »in Flandern und in den übrigen Küstengebieten gemacht werden«[13]. Dieses Verbot richtete sich an die Grundherren; unter Androhung harter Strafen wurde ihnen die Unterdrückung dieser *conjurationes servorum* befohlen. Bei diesen *conjurationes* kann es sich

6) MGH Cap. 1, S. 51 c. 16: *De sacramentis per gildonia invicem coniurantibus (= coniurantium), ut nemo facere praesumat. Alio vero modo de illorum elemosinis aut de incendio aut de naufragio, quamvis convenentias faciant, nemo in hoc iurare praesumat.*

7) Die Eidformeln solcher gegenseitiger Eide in *conjurationes* sind allerdings erst aus späteren Jahrhunderten überliefert, vgl. unten Anm. 188.

8) MGH Cap. 1, S. 66 c. 16: *De gellonia.*

9) Duplex legationis edictum von 789, c. 18 und c. 26 (MGH Cap. 1, S. 63f.); Breviarium missorum Aquitanicum, Inscriptio und c. 16 (ebd. S. 65f.). Dazu F. L. Ganshof, Charlemagne et les institutions de la monarchie franque, in: Karl der Große 1 (1965), 349–393, hier 356ff.

10) MGH Cap. 1, S. 124, c. 10. Zur Interpretation vgl. Oexle (wie Anm. 3), 303f.

11) Vgl. das Kapitular Lothars I. von 832, c. 6 (MGH Cap. 2, S. 61).

12) Regino von Prüm behandelte am Ende des 9. Jhs. in seinem Handbuch ›De synodalibus causis‹ die Gilden (II,441) in unmittelbarem Anschluß an die *conspirationes* und *coniurationes* (II,437–440). Unter den nach Regino bei der bischöflichen Visitation in den Pfarreien zu stellenden Fragen befindet sich auch diese: *Si quis coniurationes et conspirationes sectatur?* (II,5 c. 83): Reginonis libri duo de synodalibus causis et disciplinis ecclesiasticis, ed. F. G. A. Wasserschleben (1840, Nachdruck 1964), 385ff. und 216.

13) Capitula missorum c. 7 (MGH Cap. 1, S. 301): *De coniurationibus servorum quae fiunt in Flandris et Menpisco et in caeteris maritimis locis volumus ut per missos nostros indicetur dominis servorum illorum, ut constringant eos, ne ultra tales coniurationes facere praesumant; et ut sciant ipsi eorundem servorum domini, quod, cuiuscumque servi huiuscemodi coniurationem facere praesumpserint postquam eis haec nostra iussio fuerit indicata, bannum nostrum, id est sexaginta solidos, ipse dominus persolvere debeat.*

also nicht um »Bauernaufstände« gegen die Grundherren gehandelt haben, wie man oft angenommen hat, sondern um Vereinigungen von Hörigen, um Hörigengilden, die von den Grundherren offenbar toleriert, wenn nicht sogar unterstützt wurden[14]. Da diese Hörigengilden in den Küstenregionen des Reiches entstanden, wie der Text sagt, wird man annehmen dürfen, daß ihr Entstehen bedingt ist durch die seit den zwanziger Jahren des 9. Jahrhunderts wachsende Bedrohung durch die Normannen[15]. Dies war im übrigen nicht das einzige Mal, daß im 9. Jahrhundert Einwohner einer bestimmten Gegend zur Abwehr solcher Eindringlinge eine *conjuratio* bildeten. Im Jahr 859 z. B. machten die Leute zwischen Loire und Seine eine *conjuratio* gegen die Dänen[16]. Auf denselben Zusammenhang deutet auch das Gildeverbot in dem Kapitular des westfränkischen Königs Karlmann von 884. »Wir wollen«, so erklärt der König, »daß die Priester und die Helfer des Grafen den Leuten im Dorf *(villanis)* befehlen, daß sie keine Gruppe *(collecta)* bilden, die in der Sprache der Leute Gilde *(gelda)* heißt, gegen jene, die etwas geraubt haben. Vielmehr sollen sie die Sache vor den Priester bringen als dem Beauftragten des Bischofs und vor jene, die an den betreffenden Orten als Helfer des Grafen in solchen Angelegenheiten befugt sind, damit alles vernünftig und richtig geregelt wird«[17]. Dieses Verbot behandelt Ursachen und Wirkungen in einem. Es spiegelt die Auflösung der politischen Strukturen des Karlsreiches, die Unsicherheit im Land durch interne Kriege und Angriffe von außen[18], und es zeigt zugleich, wie die Menschen im ausgehenden 9. Jahrhundert in dieser Situation sich zu behaupten suchten: sie bildeten in den einzelnen Orten Gilden, welche die Sicherung von Frieden und Recht selbst in die Hand nahmen. Der König verbot diese Gilden und verwies die Leute an die traditionellen »öffentlichen« Instanzen der Kirche und des Königtums.

Faßt man die Aussagen dieser Gildenverbote von 779 bis 884 zusammen, so läßt sich erkennen, daß den Gilden von Karl dem Großen bis zur Auflösung des Karlsreiches immer umfassendere Aufgaben zugewachsen sind. Zu den privaten Bedürfnissen der gegenseitigen Hilfe in Notlagen wie Verarmung, Brand, Schiffbruch trat allmählich die quasi »öffentliche« Funktion der Wahrung von Frieden und Recht in regionalen Wirkungskreisen. Dieser

14) Zu den Einzelheiten und den divergierenden älteren Interpretationen des Verbots von 821 vgl. Oexle (wie Anm. 3), 306 mit Anm. 124.

15) Vgl. Annales regni Francorum a. 820, ed. F. Kurze, MGH SSrerGerm. (1895), 153f.

16) Annales Bertiniani a. 859, ed. F. Grat–J. Vielliard–S. Clémencet (1964), 80. Zur Interpretation ist wichtig ebd. die Anm. 1. Vgl. Oexle (wie Anm. 3), 307 mit Anm. 127.

17) Kapitular von Ver 884, c. 14 (MGH Cap. 2, S. 375): *Volumus, ut presbyteri et ministri comitis villanis praecipiant, ne collectam faciant, quam vulgo geldam vocant, contra illos, qui aliquid rapuerint. Sed causam suam ad illum presbyterum referant, qui episcopi missus est, et ad illos, qui in illis locis ministri comitis super hoc existunt, ut omnia prudenter et rationabiliter corrigantur.* Bei diesem Kapitular handelt es sich um das letzte der westfränkischen Kapitularien: F. L. Ganshof, Was waren die Kapitularien? (1961), 155.

18) W. Schlesinger, Die Auflösung des Karlsreiches, in: Karl der Große 1 (1965), 792–857; Th. Schieffer, Das Frankenreich unter der Samtherrschaft der karolingischen Dynastie (843–887), in: Th. Schieder (Hg.), Handbuch der europäischen Geschichte 1 (1976), 596–632.

Entwicklung vom Ende des 8. bis zum Ende des 9. Jahrhunderts entspricht, daß Karl d. Gr. 779 den Eid verboten, Vereinigungen ohne Eid jedoch geduldet hat, während sein Nachfolger Karlmann 884 die Gilden überhaupt verboten wissen wollte.

Neben den Verboten und Einschränkungen der Könige, die in den folgenden Jahrhunderten noch oft erneuert werden sollten – der Hinweis auf Kapitel 15 der Goldenen Bulle mag hier genügen[19] –, neben diesen Verboten von staatlicher Seite stehen jene der Kirche. Sie richteten sich nicht so sehr gegen den Eid als vielmehr gegen das gemeinsame Essen und Trinken in den Gilden, gegen das Gildemahl, das ebenfalls von grundlegender Bedeutung ist, weil das gemeinsame Essen und Trinken eines der Kernelemente des Zusammenlebens menschlicher Gruppen darstellt[20]. Schon um 800 hat Alkuin in Briefen an den Erzbischof von Canterbury Stellung genommen gegen gewisse Vereinigungen *(conventicula)*, in denen, wie er sagt, die Leute irregeführt werden; man treffe sich außerhalb der Kirchen an abgelegenen Orten, und nicht um das Beten gehe es dabei, sondern um das Trinken: *non orationibus, sed ebrietatibus serviunt*[21]. Eine andere Polemik Alkuins richtete sich gegen »sonderbare Vereinigungen, die die Leute haben, und die sie *coniurationes* nennen«[22]. Die Frage, ob Alkuin hier ausschließlich insulare Gilden meinte[23], oder ob er *conventicula* und *conjurationes* dieser Art auch aus seinem kontinentalen Wirkungskreis kannte, mag hier offen bleiben[24]. Alkuins These: *non orationibus, sed ebrietatibus serviunt*, repräsentiert gewissermaßen das Leitmotiv kirchlicher Kritik an den Gilden, und zwar das ganze Mittelalter hindurch und weit darüber hinaus[25]. In ihr werden

19) C. 15: *De conspiratoribus. Detestandas preterea et sacris legibus reprobatas conspirationes et conventiculas seu colligationes illicitas in civitatibus et extra vel inter civitatem et civitatem, inter personam et personam sive inter personam et civitatem pretextu parentele seu receptionis in cives vel alterius cuiuscumque coloris, coniurationes insuper et confederationes et pacta necnon et consuetudinem circa huiusmodi introductam, quam censemus potius corruptelam, reprobamus, dampnamus et ex certa scientia irritamus, quas civitates seu persone ciuscumque dignitatis, conditionis aut status sive inter se sive cum aliis absque auctoritate dominorum, quorum subditi vel ministeriales seu in quorum districtu consistunt, eisdem dominis nominatim non exceptis fecerunt hactenus et facere presumpserint in futuro, sicut eas per sacras divorum augustorum predecessorum nostrorum leges prohibitas non ambigitur et cassatas; ...* (ed. W. D. Fritz, Fontes iuris Germanici antiqui in usum scholarum 11, 1972, 70f.). Der Text knüpft an das entsprechende Verbot von Roncaglia 1158 an (MGH Const. 1, 246, c. 6). Vgl. die weiteren Nachweise bei Oexle (wie Anm. 1), 205 Anm. 7.

20) Vgl. G. Simmel, Soziologie der Mahlzeit, in: Ders., Brücke und Tür (1957), 243–250; Oexle (wie Anm. 3), 309ff.

21) MGH Epp. 4, S. 448 Nr. 290: *Et illa conventicula, in quibus deceptus est populus, aecclesias relinquentes et montana petentes loca, ibi non orationibus, sed ebrietatibus servientes; ...*

22) Ebd., S. 449 Nr. 291: *Sed et conventus singulares, quos solent habere et nominant coniurationes, omnino Deo non placere certissimum est nec religioni christianae convenire.*

23) Über die kontroverse Frage nach dem Vorhandensein englischer Gilden vor 800 vgl. Oexle (wie Anm. 3), 309 mit Anm. 136.

24) Ebd., 309f. mit Anm. 137.

25) Oexle (wie Anm. 1), 212f.; vgl. Ders. (wie Anm. 3), Abschnitte III–V.

die Gilden wegen ihrer Mähler mit dem Odium des Lasterhaften und Bösen versehen und dem Vorwurf heidnischen und abergläubischen Treibens ausgesetzt.

Auf dieser Linie bewegte sich auch Erzbischof Hinkmar von Reims mit dem vielzitierten 16. Kapitel seines Kapitulars vom 1. November 852[26]. Es handelt »von den Gruppen, die die Leute Gilden oder Bruderschaften nennen« *(de collectis, quas geldonias vel confratrias vocant).* Ähnlich wie nach ihm (884) König Karlmann gebot Hinkmar, daß in diesen Gruppen nur geschehen dürfe, was mit *auctoritas, utilitas* und *ratio* vereinbar sei[27]. Auch Hinkmars Text zeigt, daß die Gilden in den dörflichen Siedlungen seßhaft waren; wie der Text zudem im einzelnen erkennen läßt, setzten sich ihre Mitglieder zusammen aus Laien und Klerikern, aus Männern und Frauen[28]. Hinkmars Bestreben ging nun dahin, diese Gilden ganz und gar durch kirchliche, der Pfarrei angegliederte Vereinigungen zu ersetzen, die vom Bischof durch den Dekan und den Pfarrer beaufsichtigt werden können. Deshalb ordnete er an, die einzelnen Elemente des sozialen Lebens dieser Gruppen in diesem Sinn zurückzudrängen oder Stück für Stück zu ersetzen. Die Mähler *(comessationes)*, sagte Hinkmar, habe Gott verboten, da sie verbunden seien mit Völlerei *(gravedines)*, mit obszönen und nichtigen Vergnügungen *(turpes ac inanes letitie)*, mit Streit *(rixe)*, und oft – wie ihm berichtet worden sei – gebe es Totschlag, Haß und Entzweiungen *(sepe etiam, sicut experti sumus, usque ad homicidia et odia et dissentiones accidere solent).* An die Stelle dieser *comessationes* sollten deshalb *refectiones* treten, Mähler nämlich, die im Anschluß an einen Gottesdienst stattfinden und in denen vom Priester Eulogien ausgeteilt werden sollen. Die bei Konflikten unter den Gildemitgliedern wichtige Gildegerichtsbarkeit wollte Hinkmar einschränken und auf Ausnahmefälle begrenzt wissen; in diesem Zusammenhang bezeichnete er die Gildemitglieder als *pares*, als Gleiche. Hinkmar polemisierte auch gegen *indebite exactiones*, also unbillige, ungerechtfertigte Zahlungen, womit er wohl Mitgliedsbeiträge und Strafgebühren meinte. Den kirchlich beaufsichtigten Pfarrvereinigungen sollten dann, so wollte es Hinkmar, an Stelle der umfassenden Verpflichtung und Hilfeleistung der Gildegenossen nur noch fünf genau definierte religiöse Tätigkeitsbereiche erlaubt sein, nämlich: Gabendarbringung, Stiftungen, Gebet, Totenmemoria und karitative Tätigkeit.

26) Migne PL 125, Sp. 777f. Eine neue, bessere Edition des c. 16 nach dem Text der Hs. clm. 3851 bietet G. G. Meersseman, Ordo fraternitatis 1 (Italia Sacra 24) (1977), 36f. Für die Überlieferungszusammenhänge, insbes. die vieldiskutierte Frage nach den Kanones des sog. ›Konzils von Nantes‹ vgl. Oexle (wie Anm. 3), 325f. mit Anm. 226 und 320 mit Anm. 206.

27) Meersseman (wie Anm. 26), 36 § 1.

28) Darüber und zum Folgenden Oexle (wie Anm. 3), Abschnitt VI, bes. 328f. und 331ff. Der Text bei Meersseman (wie Anm. 26), 36f. §§ 1–5.

II

Die Gilden des 8. und 9. Jahrhunderts hatten also Männer und Frauen, Kleriker und Laien als Mitglieder; man kann sie als örtliche Gilden bezeichnen und den Sozialgebilden ›Dorf‹ und ›Pfarrei‹ zuordnen. Was die Gildeverbote dieser Zeit über die Gestalt, über die ›Form‹ der Gilden mitteilen, soll nunmehr in einer Definition zusammengefaßt werden. Für diese Definition sind drei Momente bedeutsam.

1) Die Gilden sind in ihren Zielen umfassend. Treffend hat unlängst H. Stradal im Anschluß an Otto v. Gierke die Gilde definiert als eine »Personenvereinigung zu gegenseitigem Schutz und Beistand, zu religiöser und gesellschaftlicher Tätigkeit, sowie zur beruflichen und wirtschaftlichen Förderung ihrer Mitglieder«[29]. Im Hinblick auf die karolingischen Gilden könnte man diese Formulierung erweitern, durch den Hinweis auf die latenten und notfalls auch manifesten ›politischen‹ Funktionen der Gilde. Eine konstitutive Bedeutung für den alle Lebensbereiche umfassenden Charakter der Gilde wird man dem Gildemahl beimessen dürfen, das die Mitglieder regelmäßig vereinigte und ihre Gemeinschaft immer wieder erneuerte.

2) Von seiten der Rechtsgeschichte haben jüngst G. Dilcher, K. Kroeschell und H. Stradal mit Recht Gierkes Begriff der ›freien Einung‹ neu ins Spiel gebracht[30]. Der Begriff der ›freien Einung‹ im Sinn Otto v. Gierkes meint, daß eine Vereinigung »den letzten Grund ihres Verbundenseins im freien Willen der Verbundenen« hat[31], daß sie also auf einem Vertrag, einem *pactum*, d. h. auf Konsens und freier Vereinbarung beruht. In der Tat: Gilden sind Vertragsverhältnisse[32]. Dies ist ein zweites wichtiges Element der Definition. Eben weil die Gilden des 9. Jahrhunderts auf freier Vereinbarung ihrer Mitglieder beruhten, wollte Hinkmar sie durch kirchliche Vereinigungen ersetzen, wollte er an die Stelle der ›freien Einungen‹ gewissermaßen »veranstaltete Sozietäten«[33] treten lassen. Wodurch aber wurden diese freien Einungen konstituiert?

3) Diese Frage führt zum dritten Element der Definition, zum Eid. Welche Bedeutung hatte der Eid? H. Stradal hat diese Frage in seiner Gildedefinition, aus der oben bereits zitiert wurde, in der Weise beantwortet, daß er die Gilde bezeichnete als eine »auf freier Einung beruhende, oft durch Eid bekräftigte Personenvereinigung«[34]. Nach dieser Auffassung hätte der promisso-

29) H. Stradal, Art. ›Gilde‹, in: Handwörterbuch zur deutschen Rechtsgeschichte 1, 1971, Sp. 1687–1692, Sp. 1688. Vgl. Otto von Gierke, Das deutsche Genossenschaftsrecht 1: Rechtsgeschichte der deutschen Genossenschaft (1868, Nachdruck 1954), 220 ff. Zur Bedeutung Gierkes für die Erforschung der mittelalterlichen Gilden und freien Einungen vgl. Oexle (wie Anm. 3), Abschnitt I, 293 f.

30) G. Dilcher, Art. ›Conjuratio‹, in: Handwörterbuch zur deutschen Rechtsgeschiche 1, 1971, Sp. 631–633, Sp. 631 f.; K. Kroeschell, Art. ›Einung‹, ebd., Sp. 910–912; Stradal (wie Anm. 29), Sp. 1688.

31) Gierke (wie Anm. 29), 221, vgl. 233.

32) Oexle (wie Anm. 1), 207 f. und 225.

33) Dieser Begriff nach K. Köstlin, Gilden in Schleswig-Holstein (1976), 126.

34) Stradal (wie Anm. 29), Sp. 1688.

rische Eid eine Gilde als freie Einung nicht konstituiert, sondern er wäre zum einen etwas nachträglich Hinzukommendes gewesen, zum anderen etwas, das auch fehlen konnte. Diese Auffassung wird von den Texten des 8. und 9. Jahrhunderts jedoch nicht bestätigt. Im Gegenteil: in diesen Texten wird der Eid verboten, weil er konstitutiv ist, und er wird bei dieser Gelegenheit, wie erwähnt, auch genau bezeichnet als ein von den Gildegenossen gegenseitig geleisteter Eid[35]. Auf ihn ist gegründet die spezifische Sozialstruktur der Gilde, ihre Institutionen und ihre Handlungsfähigkeit[36]. Und aus ihm resultiert deshalb auch, was der weltlichen wie der kirchlichen Obrigkeit an den Gilden so gefährlich erschien: erstens die Gleichheit als soziale Norm, die paritätische Sozialbindung also, die auch die traditionelle Trennung von Klerus und Laien überspannte; und zweitens die Schaffung einer ›gewillkürten‹[37], das heißt durch Vereinbarung, durch Vertrag gesetzten Friedens- und Rechtsordnung, die einerseits nach innen durch die eigene Gerichtsbarkeit gesichert war und die andererseits, wie bereits gezeigt werden konnte, im Notfall auch nach außen mit der Waffe verteidigt wurde. Dies alles ist Konsequenz des gegenseitig geleisteten Eides. Es ist deshalb, in Anlehnung an eine von W. Ebel getroffene begriffliche Unterscheidung[38] festzustellen, daß die Gilden der Karolingerzeit nicht ›beschworene‹, sondern ›geschworene‹ Einungen gewesen sind[39].

Daß der gegenseitige promissorische Eid als ein konstitutiver sozialer Faktor von größter Bedeutung angesehen werden muß, ist in der historischen Forschung derzeit offenbar nicht selbstverständlich[40]. Dieser Sachverhalt spiegelt tiefgehende Unterschiede zwischen den Sozialauffassungen der Moderne sowie der Gegenwart und jenen der vormodernen Epochen. In historischer, rückblickender Betrachtung hat man den Eid als das »gefährlichste aller

35) S. oben Anm. 6. Grundlegend über den gegenseitig geleisteten Eid (»serment mutuel«) P. MICHAUD-QUANTIN, Universitas. Expressions du mouvement communautaire dans le moyen-âge latin (L'Église et l'État au Moyen Age 13) (1970), 233ff.

36) Vgl. OEXLE (wie Anm. 1), 206ff.

37) Zum Begriff der ›Willkür‹ vgl. M. WEBER, Wirtschaft und Gesellschaft. Studienausgabe (^{5}1972), 416f., und W. EBEL, Die Willkür. Eine Studie zu den Denkformen des älteren deutschen Rechts (Göttinger rechtswissenschaftliche Studien 6) (1953). Im Blick auf die Gilden: OEXLE (wie Anm. 1), 209f.

38) W. EBEL, Der Bürgereid als Geltungsgrund und Gestaltungsprinzip des deutschen mittelalterlichen Stadtrechts (1958), 208; G. DILCHER, Die Entstehung der lombardischen Stadtkommune (Untersuchungen zur deutschen Staats- und Rechtsgeschichte. Neue Folge 7) (1967), 149.

39) Zur Klärung der Begriffe sei angemerkt, daß der Begriff der ›geschworenen Einung‹ *(conjuratio)* hier einen Oberbegriff darstellt, da neben den ›Gilden‹ auch die ›Kommunen‹ des früheren Mittelalters geschworene Einungen waren; vgl. OEXLE (wie Anm. 3), Abschnitt II, hier bes. 307f.

40) Widerspruch dagegen hat vor allem R. SCHNEIDER erhoben, der jüngst »vor einer zu starken Fixierung auf den Eid« warnte: Konstanzer Arbeitskreis für mittelalterliche Geschichte. Protokoll Nr. 232 über die Tagung ›Kaufmännische und gewerbliche Genossenschaften (»Gilden und Zünfte«) im frühen und hohen Mittelalter‹ I, vom 9.–12. 10. 1979, 34. Vgl. von DEMS. den Diskussionsbeitrag in: ebd., II, Protokoll Nr. 237, 113. Im Gegensatz dazu hat G. DILCHER die Bedeutung des Eides unterstrichen: a. a. O., I, 111f. und II, 26f.

Geschäfte« charakterisiert[41], eine Feststellung, die in sakral-religiöser, nicht weniger aber auch in profan-sozialer Hinsicht gilt: denn in dieser religiös bedingten »Gefährlichkeit« des promissorischen Eides beruht ja gerade seine Bedeutung für die sozialen Bindungen der Menschen vergangener Jahrhunderte. Für den modernen Menschen freilich ist diese Bedeutung des promissorischen Eides kaum noch nachvollziehbar[42]. Deshalb hat man im 20. Jahrhundert – ganz offensichtlich von unreflektierten modernen Auffassungen ausgehend – die soziale Bedeutung des Eides im Mittelalter in grundsätzlicher Weise falsch beurteilt.

In einer Auseinandersetzung mit dem Schweizer Historiker K. Meyer über den Charakter der Schweizerischen Eidgenossenschaft hat am Beginn der zwanziger Jahre dieses Jahrhunderts G. v. Below im Blick auf die *conjurationes* des Mittelalters eine Beurteilung des promissorischen Eides formuliert, die bis heute nachwirkt und die auch in der bereits zitierten Definition der Gilde durch H. Stradal begegnet. Nach Auffassung G. v. Belows ist der Eid in den mittelalterlichen *conjurationes* nämlich »nichts weiter als ein Mittel, eine oft, aber durchaus nicht immer angewandte begleitende Form und macht nicht das Wesen der Sache aus«, ja, er ist »eine Nebensache«; denn »man konnte das Ziel, das man sich setzte, auch ohne Eidesleistung erreichen«; in der Eidesleistung komme nämlich bloß zum Ausdruck, »daß man sich gegenseitig in der Ausführung dessen, was geschehen soll, nicht das rechte Vertrauen schenkt und daß man die an sich (!) bestehende Verpflichtung nicht für ausreichend hält und darum ein besonderes Verpflichtungsmittel hinzufügt«[43].

Die These v. Belows wird nicht nur von den bisher erörterten Texten des 8. und 9. Jahrhunderts widerlegt[44]. Man kann ihr auch eine grundlegende sozialgeschichtliche Erkenntnis entgegenhalten, die E. J. Hobsbawm formuliert hat und die zugleich auch einen Hinweis enthält zur forschungsgeschichtlichen Einordnung der Aussagen G. v. Belows sowie zur Erklärung ihrer anhaltenden Wirkung in der Geschichtswissenschaft. Hobsbawm machte darauf aufmerksam, daß die Sozialbewegungen der Moderne seit dem ausgehenden 18. Jahrhundert »einen überraschenden Mangel an bewußt ausgedachten Ritualen« zeigen; denn was

41) W. Ebel, Recht und Form (Recht und Staat in Geschichte und Gegenwart 449) (1975), 11.
42) Im 20. Jh. hat der promissorische Eid nur noch eine relativ geringe Bedeutung. Es gibt allerdings Ausnahmen, vgl. H. Prolingheuer, Der Fall Karl Barth 1934–1935 (1977). Zu erinnern ist auch an die Eidproblematik im Zusammenhang mit dem 20. Juli 1944. Dazu O. Bauernfeind, Eid und Frieden. Fragen zur Anwendung und zum Wesen des Eides (Forschungen zur Kirchen- und Geistesgeschichte. Neue Folge 2) (1956), 22ff.
43) G. von Below, Die Entstehung der Schweizerischen Eidgenossenschaft, in: Zeitschrift für Schweizerische Geschichte 3 (1923), 129–163, hier 154, 162 und 153. Vgl. Dens., Die Entstehung der Schweizer Eidgenossenschaft, in: Vergangenheit und Gegenwart 14 (1924), 89–95, hier 94f. Über die These Belows, der Eid sei »nur Mittel, nur Form« (1923, S. 152 und 163) und das darin implizierte Problem des Verhältnisses von Zielen und Formen in der Sozialgeschichte des vormodernen Europa, vgl. die Bemerkungen von Oexle (wie Anm. 3), Abschnitt I. Über die Herkunft der These Belows vgl. Ebel (wie Anm. 38), 7 und 204ff.
44) S. oben Abschnitt I.

ihre Mitglieder aneinanderbindet, ist offiziell »der Inhalt und nicht die Form«. In den »archaischen Sozialbewegungen Europas« dagegen spielte »die Form eine weit wichtigere Rolle, obwohl die klare moderne Unterscheidung zwischen Form und Inhalt ihren Mitgliedern fremd (gewesen) sein dürfte«; aber das eine vermochte »ohne das andere nicht recht zu bestehen«. Dem Mangel an Ritualen in den modernen Sozialbewegungen stellte Hobsbawm deshalb den »Formalismus« der vormodernen Sozialbewegungen Europas gegenüber[45]. Für die sozialgeschichtliche Erforschung sozialer Gruppen in den vormodernen Epochen des Okzidents bedeutet dies aber, daß man die ›Rituale‹ und ›Formen‹ ernst nehmen muß[46]. Nur dann vermag man überhaupt zu begreifen, warum im Fall der geschworenen Einungen einerseits dieses konstituierende »Ritual«, der gegenseitige promissorische Eid, immer wieder über Jahrhunderte hinweg Gegenstand von Verboten war, und warum andererseits die durch einen gegenseitigen Eid konstituierten Gruppen ungeachtet eben dieser Verbote ihre Ziele so erfolgreich durchzusetzen vermochten[47].

Auch von seiten der Rechtsgeschichte ist Belows These in neuerer Zeit wiederholt in Frage gestellt worden. Zwar fehlt noch immer eine umfassende Rechtsgeschichte des Eides und eine dazu gehörende Typologie vor allem der promissorischen Eide[48]. Doch hat G. Dilcher neuerdings sehr klar darauf hingewiesen, daß die These, der promissorische Eid »bestärke« lediglich eine ›an sich‹ schon vorhandene Bindung, nicht dem mittelalterlichen Rechtsdenken entspricht, sondern vielmehr an modernen Rechtsvorstellungen orientiert ist[49]. »Die Forderung, rechtsgeschichtliche Erscheinungen mit den Denkformen ihrer eigenen Zeit zu erfassen, kann kaum irgendwo mit größerem Nachdruck erhoben werden als in der Geschichte des Eides, dessen ungeheuer vielfältige Verwendung im älteren Recht allein schon die Annahme rechtfertigt, daß ihm etwas anderes oder etwas mehr innewohnt als eine das jeweilige Rechtsgeschäft

45) E. J. Hobsbawm, Sozialrebellen (Soziologische Texte 14) (1962), 197ff.

46) Ein anschauliches Beispiel dafür bietet die Geschichte der Gesellengilden seit dem 14. Jh., dazu jetzt W. Reininghaus, Die Entstehung der Gesellengilden im Spätmittelalter (Vierteljahrschrift für Sozial- und Wirtschaftsgeschichte. Beiheft 71) (1981); über die konstitutiven Rechtshandlungen ebd., 78ff. Noch im 18. und 19. Jh. begegnet der gegenseitige Eid als sozialgeschichtlich bedeutsames Phänomen, vgl. E. P. Thompson, The Making of the English Working Class (1965), bes. 509ff. mit der richtigen Feststellung: »Such oaths had a long ancestry, owing something to freemasonry, something to old guild traditions, and something to commonplace civil ceremonies, such as the burgess oath« (510).

47) Vgl. Oexle (wie Anm. 3), 300.

48) Auf diese Forschungslücke ist schon mehrfach mit Nachdruck hingewiesen worden, vgl. Ebel (wie Anm. 38), 8; G. Dilcher, in: Art. ›Eid‹, in: Handwörterbuch zur deutschen Rechtsgeschichte 1, 1971, Sp. 866–870, hier Sp. 866; W. H. Fritze, Papst und Frankenkönig (Vorträge und Forschungen. Sonderband 10) (1973), 26 Anm. 50. Einen Überblick über die mittelalterlichen Formen des Versprechenseides gab Dilcher a. a. O., Sp. 866ff. Wegweisend auch in dieser Hinsicht sind die Ausführungen von Michaud-Quantin (wie Anm. 35), 233ff.

49) Dilcher (wie Anm. 48), Sp. 868; vgl. schon Ebel (wie Anm. 38), 6ff.

bloß bestärkende Wirkung« – so hat W. Ebel schon früher festgestellt[50] und auch jüngst noch einmal betont, daß die Eidesleistung im Mittelalter ein Rechtsgeschäft oder eine prozessuale Erklärung nicht »begleitet oder bestärkt«, sondern selbst ein Rechtsgeschäft »ist«[51]. Zu demselben Ergebnis führen übrigens die Überlegungen von H. Hattenhauer über den assertorischen Eid. Auch dieser hat im Mittelalter einen anderen Charakter als in der Moderne. »Der moderne Eid soll die Aussage des Schwörenden ›bestärken, bekräftigen‹, fester machen, als sie es ohne die Eidesleistung wäre. Aber dieser Eid unterliegt der Beweiswürdigung durch den Richter. Eid und Wahrheit haben nicht notwendig miteinander zu tun«. Demgegenüber ist der assertorische Eid im Mittelalter etwas anderes: er war nicht ein Mittel zum Zweck der Wahrheitsfindung, sondern er ersetzte das Urteil und »schloß den Rechtsstreit eindeutig und endgültig ab«. Der Schwörende war es, der das Urteil sprach, indem er sich selbst das Urteil sprach. »Der Eid des alten Rechts bewies nicht etwa die Wahrheit«, sondern »er selbst war die Wahrheit«[52]. Dies alles resultierte aus der sakralen Bedeutung des Eides, welche die Leistung des assertorischen wie des promissorischen Eides zu einer »bedingten Selbstverfluchung« werden ließ[53].

Zu dem sakral-religiösen Selbsturteil in der bedingten Herabrufung des göttlichen Zornes tritt dann im Fall des Bruchs eines promissorischen Eides die Ächtung, die Verstoßung durch alle jene, mit denen sich der Eidleistende einst selbst als Person verbunden, denen er sich verpflichtet hatte[54]. Deshalb ist überall dort der Versprechenseid von größter Bedeutung, wo die sozialen Beziehungen des Individuums nicht durch Verwandtschaft und nicht durch Herrschaft konstituiert und geprägt werden, sondern durch freie Vereinbarung, durch Freiwilligkeit und Konsens[55]. Der gegenseitige promissorische Eid bewirkte Bindungen, die sogar stärker waren als jene der Verwandtschaft. Treffend hat deshalb Max Weber den Versprechenseid als »eine der universellsten Formen aller Verbrüderungsverträge« charakterisiert und gezeigt, welch einschneidende Folgen er für das Individuum hatte: er veränderte sein Leben, in dem er »eine Veränderung der rechtlichen Gesamtqualität, der universellen Stellung und des sozialen Habitus« bewirkte[56].

50) Ebel (wie Anm. 38), 7f.
51) Ebel (wie Anm. 41), 11.
52) H. Hattenhauer, Das Recht der Heiligen (Schriften zur Rechtsgeschichte 12) (1976), 73ff., die Zitate 73 und 75.
53) A. Erler, in: Art. ›Eid‹ (wie Anm. 48), Sp. 862.
54) Die sozialen und ökonomischen Folgen dieses Vorgangs konnten einschneidend sein, Oexle (wie Anm. 1), 217ff.
55) Ein Text des 9. Jhs., der Vertrag von Coulaines 843, unterscheidet in diesem Sinn drei Typen von *coniunctiones*: *consanguinitas vel familiaritas seu amicitia* (MGH Cap. 2, S. 255 c. 4). Dazu Fritze (wie Anm. 48), 25 Anm. 49.
56) Weber (wie Anm. 37), 401f.

III

Es ist nunmehr die Frage zu stellen nach der Herkunft der Gilden der Karolingerzeit als geschworenen Einungen. Daß es sich bei dem Wort ›Gilde‹ um ein Wort aus dem Germanischen handelt, ist unbestreitbar[57)]. Höchst fraglich ist hingegen, ob die seit dem 8. Jahrhundert damit bezeichnete Form der Bildung sozialer Gruppen aus dem germanischen Bereich herkommt. In der mediävistischen Forschung freilich gilt seit langem als allgemein akzeptiert, daß die *gildoniae* oder *gildae* des früheren Mittelalters ein Zeugnis sind für sogenannte »germanische Kontinuität«[58)], wobei man entweder das Vorhandensein germanischer Gilden annimmt, oder aber die Gilden des Mittelalters auf bestimmte germanische Sozialgebilde zurückführt; in diesem Sinn werden dann abwechselnd einmal die germanische Blutsbrüderschaft oder die germanischen Opfergemeinschaften oder die »kriegerisch-kultischen Männerbünde« der Germanen als Ursprung der mittelalterlichen Gilden angesehen[59)]. Im Blick auf diese Thesen, im Blick auch auf ausgedehnte philologische Kontroversen über die ursprüngliche Bedeutung des Wortes ›Gilde‹ im Germanischen ist daran zu erinnern, daß der »älteste Beleg für *Gilde* im Bereich des Deutschen« erst in Kapitel 16 von Herstal 779 begegnet[60)]. Die oft geäußerte Behauptung, daß E. Gamillscheg einen älteren galloromanisch-fränkischen Beleg für ›Gilde‹ im Sinn von »Festversammlung, Opferschmaus« nachgewiesen habe[61)], beruht auf einem Mißver-

57) Dazu und zu den philologischen Kontroversen über den ursprünglichen Sinn des Wortes ›Gilde‹ vgl. Oexle (wie Anm. 3), 335f. mit Anm. 278 (Lit.), die Beiträge von R. Schmidt-Wiegand, K. R. Grinda und K. Düwel in: Jankuhn (Hg.), Das Handwerk 1 (wie Anm. 3), 355ff., 370ff. und 399ff., sowie zuletzt R. Schmidt-Wiegand, in diesem Band S. 40.

58) Die Frage nach der ›germanischen Kontinuität‹ und das Stichwort stammen von O. Höfler, Das germanische Kontinuitätsproblem (1937). Über die mittelalterlichen Gilden als angebliche Zeugen dieser »Kontinuität« ebd., 27ff.; vgl. auch Dens., Volkskunde und politische Geschichte, in: Historische Zeitschrift 162 (1940), 1–18, 4ff. Zur Nachwirkung von Höflers Themenstellung vgl. K. Bosl, Die germanische Kontinuität im deutschen Mittelalter (Adel – König – Kirche), in: Ders., Frühformen der Gesellschaft im mittelalterlichen Europa (1964), 80–105, bes. 82ff. Zur wissenschaftsgeschichtlichen Einordnung dieses Zugangs zur mittelalterlichen Gilde O. G. Oexle, Die mittelalterliche Zunft als Forschungsproblem. Ein Beitrag zur Wissenschaftsgeschichte der Moderne, in: Blätter für deutsche Landesgeschichte 118 (1982), 1–44, 32ff.

59) Ein Überblick über die verschiedenen Thesen zur angenommenen ›germanischen Kontinuität‹ der mittelalterlichen Gilden bei Oexle (wie Anm. 3), 334ff. mit den in Anm. 273 bis 276 angegebenen Titeln.

60) Dazu R. Schmidt-Wiegand, Stammesrecht und Volkssprache in karolingischer Zeit, in: H. Beumann–W. Schröder (Hgg.), Aspekte der Nationenbildung im Mittelalter (Nationes 1) (1978), 171–203, 181.

61) Vgl. É. Coornaert, Les ghildes médiévales (V^{e}–XIVe siècles). Définition – évolution, in: Revue historique 199 (1948), 22–55 und 208–243, hier 31; J. Deschamps, Les confréries au moyen âge (1958), 32; É. Benveniste, Le vocabulaire des institutions indo-européennes 1 (1969), 72; F. Petri, Die Anfänge des mittelalterlichen Städtewesens in den Niederlanden und dem angrenzenden Frankreich, in: Studien zu den Anfängen des europäischen Städtewesens (Vorträge und Forschungen 4) (^{4}1975), 227–295, hier 290 mit Anm. 203.

ständnis[62]. Das in diesem Zusammenhang ebenfalls gern zitierte 22. Kapitel von Tacitus' ›Germania‹ – *saepe ad convivia procedunt armati. diem noctemque continuare potando nulli probrum* – beweist die Bedeutung des gemeinsamen Essens und Trinkens bei verschiedenen Anlässen und in verschiedenen sozialen Gruppen auch bei den Germanen[63]. Einen Beweis für die Existenz von germanischen Gilden enthält es nicht. In der germanischen Welt gibt es also, wie hier nur angedeutet werden kann, für Gilden keinen einzigen Beleg[64]. Und die Ableitung der mittelalterlichen Gilden aus der germanischen Blutsbrüderschaft oder aus Männerbünden scheitert daran, daß sie nicht zu erklären vermag, wie man sich die Umwandlung einer nur Männer umfassenden Gruppe in eine Männer und Frauen gleichermaßen vereinigende Gilde vorzustellen hat. M. Pappenheim hat seinerzeit dieses Problem erkannt. Einen entsprechenden Einwand gegen seine These einer Kontinuität zwischen Gilde und germanischer Blutsbrüderschaft suchte er zu entkräften mit der Annahme, es sei die Mitgliedschaft von Frauen in den Gilden »ein der Gilde nicht wesentliches, anderen Verhältnissen seine Entstehung verdankendes Accedens«, das erst spät in Erscheinung getreten sei, und zwar als Folge einer »Einwirkung der Kirche auf die Gilden«[65]. Aber diese Erklärung scheitert daran, daß Frauen – wie oben erwähnt – schon in der Karolingerzeit Mitglieder von Gilden waren. Und die Annahme, »die Kirche« habe sich gerade in diesem Punkt für die Frauen eingesetzt, wird man nicht ernstlich erwägen können; sie stünde im Gegensatz zu all dem, was in der Kirche seit ihren Anfängen über die Rechte der Frau in der Gesellschaft gelehrt worden ist[66].

Mit der These von der germanischen Herkunft der Gilde ist eine zweite These verbunden, die sich zur ersten komplementär verhält, so daß sich beide gegenseitig zu stützen scheinen: die Annahme nämlich, daß die Gilden des früheren Mittelalters »im Heidentum wurzelnde Kultgenossenschaften« (W. Schlesinger) gewesen seien, daß sie einen »heidnisch-kultischen Charakter« (R. Sprandel) gehabt hätten, weil es sich bei ihnen um eine »Fortsetzung der alten heidnischen Gilden« (J. Dhondt) gehandelt habe[67].

Diese ebenfalls allgemein akzeptierte zweite Annahme beruft sich etwa auf das bereits erörterte 16. Kapitel von Hinkmars Kapitular aus dem Jahr 852[68], wo Hinkmar die Mähler der

62) Dazu Oexle (wie Anm. 3), 335 Anm. 277. Das Zitat aus der ›Germania‹ c. 22, ed. E. Koestermann (1970), 18.

63) Der Rückschluß von diesen *convivia* der Germanen auf reale germanische Gilden findet sich z. B. bei Benveniste (wie Anm. 61), 73.

64) Vgl. Oexle (wie Anm. 3), 335.

65) M. Pappenheim, Die altdänischen Schutzgilden (1885), 49, 52ff.; das Zitat 54. Ähnlich E. Ennen, Frühgeschichte der europäischen Stadt (1953), 79.

66) Vgl. Oexle (wie Anm. 3), 337.

67) W. Schlesinger, Zur Frühgeschichte des norddeutschen Städtewesens, in: Lüneburger Blätter 17 (1966), 5–22, 10; R. Sprandel, Gewerbe und Handel 500–900, Teil B: Das 9. Jahrhundert im östlichen Karolingerreich, in: H. Aubin–W. Zorn (Hgg.), Handbuch der deutschen Wirtschafts- und Sozialgeschichte 1 (1971), 122–132, 128; J. Dhondt, Das frühe Mittelalter (Fischer Weltgeschichte 10) (1968), 120. Weitere Nachweise bei Oexle (wie Anm. 3), 312f. Anm. 153 und 154.

68) S. oben Abschnitt I mit Anm. 26.

Gilden als teuflisch und heidnisch bezeichnete und deshalb verbot[69]. Sie stützt sich auch auf Kapitel 14 desselben Kapitulars, wo Hinkmar den Priestern seiner Diözese Vorschriften machte über ihr Verhalten bei Mählern, zu denen sie eingeladen sind[70]. Vor allem zwei Typen von Mählern hatte Hinkmar dabei vor Augen: das Totenmahl und das Gildemahl. Priester, die daran teilnehmen, sollen – so heißt es – das Trinken *in amore sanctorum* oder *in amore animae* des Toten sowie lautes Lachen und Händeklatschen sein lassen; und vor allem sollten sie verhindern, daß man in ihrer Gegenwart nichtsnutzige Geschichten *(fabulae inanes)* erzählt oder singt, daß obszöne Vorführungen mit Bären und Tänzerinnen geboten werden oder daß die Leute *larvae daemonum* tragen; denn dies alles sei von den heiligen Canones verboten, weil es teuflisch sei. Hinkmar selbst hat solche Gebote immer wieder erneuert, andere Bischöfe des 9. Jahrhunderts taten es ihm gleich[71].

Die in diesen Verboten erwähnten Vorgänge sind nun immer wieder als Ausdrucksformen wirklichen germanischen Heidentums in den Gilden der Karolingerzeit interpretiert worden[72].

Der direkte Rückschluß von dem Text dieser Verbote auf soziale Wirklichkeit läßt indessen einen entscheidenden Sachverhalt außer acht. Die Äußerungen Hinkmars und anderer Bischöfe stehen nämlich im Christentum in einer langen Tradition entschieden negativer Einstellungen zum Essen und Trinken, zu profaner Geselligkeit und Unterhaltung, zu Witz und Scherz, zu Spiel, Tanz und szenischen Vorführungen. Dieses Spektrum der Ablehnungen ist seit dem 3. Jahrhundert von den christlichen Kirchenvätern reich entfaltet worden und hat sich schon früh in die synodale Gesetzgebung hinein ausgewirkt. Es wurzelt ganz und gar in einigen wenigen Texten des Neuen Testaments wie an anderer Stelle ausführlicher dargelegt wurde[73]. Wenn Hinkmar in Kapitel 16 seines Kapitulars den Gilden ihre *comessationes* untersagt, weil es dabei nicht ohne *gravedines* und Obszönitäten, nicht ohne *rixe, homicidia, odia* und *dissentiones* abgehe, so stammen alle diese Stichwörter entweder aus dem jesuanischen Diktum Lk. 21,34[74] oder aus dem paulinischen Lasterkatalog Gal. 5,19ff., der *fornicatio, immunditia, impudicitia, luxuria*, aber auch *rixae, dissensiones* und *homicidia* sowie *ebrietates* und *comissationes* als offenkundige »Werke des Fleisches« bezeichnet[75]. Seit Paulus ist im Christentum alles, was mit dem Stichwort *comessatio* benannt werden kann, ein Indikator heidnischer

69) S. oben im Text nach Anm. 28.

70) C. 14 (Migne PL 125, Sp. 776). Zur Interpretation vgl. Oexle (wie Anm. 3), 311f. Zur Textgestaltung ebd., Anm. 147.

71) Vgl. Hinkmars Schrift ›De ecclesiis et capellis‹ von 857/58, ed. W. Gundlach, in: Zeitschrift für Kirchengeschichte 10 (1889), 93–144, hier 121. Ferner die ›Capitula‹ des Bischofs Walter von Orléans, c. 17 (Migne PL 119, Sp. 738f.); weitere Nachweise bei Oexle (wie Anm. 3), 312 und 319.

72) Vgl. die Nachweise bei Oexle (wie Anm. 3), 312f. mit Anm. 153 und 154.

73) Ebd., Abschnitt IV, 314ff.

74) Lk. 21,34: *Attendite autem vobis, ne forte graventur corda vestra in crapula et ebrietate et curis huius vitae.*

75) Gal. 5,19ff.: *Manifesta sunt autem opera carnis, quae sunt fornicatio, immunditia, impudicitia, luxuria, idolorum servitus, veneficia, inimicitiae, contentiones, aemulationes, irae, rixae, dissensiones, sectae, invidiae, homicidia, ebrietates, comissationes et his similia.*

Gesinnung. Dieser gesamte Strom von Stellungnahmen und Wertungen aus der christlichen Spätantike wurde in der Karolingerzeit in vollem Umfang wiederaufgenommen[76] und begegnet deshalb auch bei Hinkmar.

Mit dieser Feststellung soll indessen keineswegs behauptet werden, es habe in den Gilden der Karolingerzeit überhaupt keine Elemente von Heidentum oder Aberglauben gegeben. Nicht dies sei bestritten, sondern vielmehr die Annahme, solche Elemente von Heidentum seien für die karolingischen Gilden prinzipiell charakteristisch und wesentlich gewesen. Diese Traditionszusammenhänge feststellen heißt auch nicht, die Äußerungen Hinkmars und anderer als bloße traditionelle Floskeln abzutun[77]. Dies wäre methodisch völlig verfehlt. Diese Verbote haben nämlich durchaus eine Bedeutung, das heißt: sie beziehen sich durchaus auf soziale Wirklichkeit. Diese ist indessen nicht in dem grundsätzlich heidnischen Charakter der Gilden zu sehen, sondern vielmehr – wie hier nur angedeutet werden kann[78] – in der besonderen Sozialstruktur der Gilden, die Anstoß erregte. Zu diesen anstößigen Elementen der Gilden gehörte das Mahl, dazu gehörte gewiß auch die Mitgliedschaft von Frauen und Klerikern. Vor allem dürfte entscheidend gewesen sein, daß die Gilde als geschworene Einung ein Sozialgebilde war, das von außen, also auch von der weltlichen und der kirchlichen Obrigkeit her, nicht einsehbar und deshalb nicht kontrollierbar war. Wir haben es also bei den Gilden im Wesentlichen nicht mit realen verwerflichen oder paganen Praktiken zu tun, sondern mit einem Sozialgebilde, das bei Außenstehenden Mutmaßungen über solche Praktiken provozierte oder Außenstehende veranlaßte, die Gilden mit dem Hinweis auf solche Praktiken zu diffamieren und mit Hilfe derartiger Diffamierungen Gildeverbote zu rechtfertigen. So ist es verständlich, daß die Tradition dieser Gildediffamierungen sich sogar bis zum Ende des 18. Jahrhunderts lückenlos nachweisen läßt[79].

76) Vgl. die Nachweise bei OEXLE (wie Anm. 3), 318ff.

77) Diese Bemerkung richtet sich gegen die Folgerung, die D. HARMENING, Superstitio. Überlieferungs- und theoriegeschichtliche Untersuchungen zur kirchlich-theologischen Aberglaubensliteratur des Mittelalters (1979), aus seinen verdienstvollen überlieferungsgeschichtlichen Überblicken gezogen hat: es sei nämlich das kirchliche Bild vom Aberglauben »nahezu ausschließlich literarisch-traditionell«, es fixiere »im wesentlichen spätantiken Aberglauben« und sei »angesichts zeitlich und räumlich anderer Verhältnisse als Fiktion anzusehen« (318).

78) Ausführlicher dazu OEXLE (wie Anm. 3), Abschnitt V, 321ff. Zu den methodischen Problemen vgl. auch DENS., Mahl und Spende im mittelalterlichen Totenkult, in: Frühmittelalterliche Studien 18 (1984), bes. die Abschnitte V und VI.

79) Erinnert sei an Luthers Verurteilung der Bruderschaften seiner Zeit wegen ihres »heidnischen, ja säuischen Wesens«: ›Von den Bruderschaften‹ (1519), in: Weimarer Ausgabe 2 (1884), 754. Zu den Diffamierungen der Freimaurerbruderschaften und der christlichen Bruderschaften in der Neuzeit mit analogen Argumenten vgl. M. AGULHON, Pénitents et Francs-Maçons de l'ancienne Provence (1968), 132ff. und 206ff., sowie R. AMTMANN, Die Bußbruderschaften in Frankreich (Arbeiten aus dem Seminar für Völkerkunde der Johann-Wolfgang-Goethe-Universität Frankfurt am Main 7) (1977), 129ff. Über denselben Zusammenhang in einem anderen Kontext W. REININGHAUS, Die Gesellenvereinigungen am Ende des Alten Reiches. Die Bilanz von dreihundert Jahren Sozialdisziplinierung, in: U. ENGELHARDT (Hg.), Handwerker in der Industrialisierung (Industrielle Welt 37) (1984), 219–241, 225ff.

Im Blick auf die bisher in der Diskussion über die Herkunft der Gilden vorgebrachten Beweismittel und Argumente muß also festgestellt werden, daß die Gilde des frühen Mittelalters im ganzen offenbar kein geeignetes Phänomen ist, um eine sogenannte »germanische Kontinuität« nachzuweisen.

IV

Von dieser Feststellung ausgehend können jetzt in der Kontinuitätsfrage neue Wege beschritten werden. Sie eröffnen sich durch Untersuchungen zur Geschichte von Wort und Begriff *›conjuratio‹*.

Unter den Bezeichnungen für Gilden in der Karolingerzeit ist neben den Wörtern *gilda, gildonia, confratria* und *conventiculum* auch *conjuratio* bezeugt[80]. Außerdem gibt es im 8. und 9. Jahrhundert eine Reihe allgemeiner Verbote von *conjurationes* und *conspirationes*, die – wie bereits festgestellt wurde – sich nicht ausschließlich gegen Gilden, jedoch auch gegen Gilden gerichtet haben[81]. Daneben tritt nun im 8. und 9. Jahrhundert ein weiterer Typus des Verbots von *conjurationes* und *conspirationes* in Erscheinung, der nicht allgemein gehalten, sondern an einen bestimmten Personenkreis gerichtet ist: an Kleriker und Mönche nämlich, denen verboten wird, *conjurationes* und *conspirationes* gegen ihren Bischof zu machen.

Verbote dieser Art finden sich u. a. in der ›Admonitio generalis‹ von 789, in den Akten des Frankfurter Konzils von 794, in den Akten der großen westfränkischen Reichsversammlung von Pîtres 862[82], außerdem mehrfach in bischöflichen Kapitularien der Karolingerzeit[83], in der Kapitulariensammlung des sogenannten Benedictus Levita[84] sowie im kirchenrechtlichen Handbuch des Regino von Prüm[85].

80) S. die oben in den Anm. 6, 8, 17, 26 sowie 21 und 22 zitierten Texte.

81) S. oben Anm. 10 bis 12.

82) Admonitio generalis 789 c. 29 (MGH Cap. 1, 56); Konzil von Frankfurt 794 c. 31 (ebd., 77); Reichsversammlung von Pîtres 862 c. 4 (MGH Cap. 2, 309).

83) Vgl. das ostfränkische Bischofskapitular vom Anfang des 9. Jhs. (clm. 6241) c. 4, ed. E. Seckel, Studien zu Benedictus Levita II–V, in: Neues Archiv 29 (1904), 275–331, hier 287; Remigius von Chur, Canones pro sua dioecesi c. 43 (Migne PL 102, Sp. 1108); Wulfhad von Bourges, Epistola pastoralis (MGH Epp. 6, S. 190 Nr. 27).

84) Benedictus Levita, Kapitulariensammlung I,71 und I,189, vgl. III,159 (MGH Leges II/2, 49, 55 und 112); vgl. ferner die zahlreichen Äußerungen betr. das *superbire* von Klerikern gegen ihren Bischof: I,76; II,302; III,154 u. ö. (a. a. O., 50, 88, 112). Der c. 24 des Konzils von Orléans 538 (s. unten Anm. 113) wird aufgenommen ebd., III,274 (a. a. O., 120). Auch bei Ps.-Isidor wird im 9. Jh. das Thema ausführlich behandelt: als Verbot von *conspirationes* der *plebes contra episcopos* P. Hinschius (Hg.), Decretales Pseudo-Isidorianae (1863, Nachdruck 1963), 138; = Decr. c. 22 C. XI q. 1, E. Friedberg (Hg.), Corpus iuris canonici 1 (1879, Nachdruck 1955), Sp. 632.

85) Regino von Prüm, De synodalibus causis II,437ff. (wie Anm. 12), 385f.

Zum Teil benennen diese Texte auch die kirchenrechtliche Auctoritas, auf die sie sich beziehen, nämlich die Akten des Konzils von Chalcedon, 451[86]. In der Tat wurde 451 in Kanon 18 des Chalcedonense folgendes Verbot erlassen: »Das Verbrechen der *coniuratio* und *conspiratio* ist von den staatlichen Gesetzen ganz und gar verboten; um so mehr besteht Anlaß zur Mahnung, daß dies auch in der Kirche Gottes nicht geschieht. Wenn nun also Kleriker oder Mönche dabei ertappt werden, daß sie eine *coniuratio* oder *conspiratio* machen oder heimliche Feindseligkeiten gegen die Bischöfe oder ihre Mitkleriker betreiben, dann sollen sie mit Amtsverlust bestraft werden«[87].

Es sei zunächst der geschichtliche Kontext dieses *conjurationes*-Verbots von Chalcedon erörtert. Im Anschluß daran soll dann die Wirkungsgeschichte dieses Verbots erhellt werden, welche für die hier zu erörternde Kontinuitätsfrage höchst ergiebig ist.

Neben der Erörterung und Entscheidung der großen dogmatischen Fragen hat das Konzil von Chalcedon eine Reihe kirchenrechtlicher Bestimmungen von großer Bedeutung getroffen. Zu ihnen gehört u. a. Kanon 4, der zum ersten Mal das Verhältnis von Mönchtum und Bischofsamt regelte, indem er die Klöster der besonderen Aufsicht der Bischöfe unterstellte und den Mönchen befahl, in ihrem Kloster zu verbleiben und sich überhaupt aus allen weltlichen und kirchlichen Angelegenheiten herauszuhalten[88]. Konkreter Hintergrund dieses Kanons 4 waren, wie man weiß, die turbulenten kirchenpolitischen und dogmatischen Auseinandersetzungen, die dem Chalcedonense vorausgingen und in deren Mittelpunkt die monophysitische Lehre des Konstantinopler Archimandriten Eutyches stand[89]; dieser Mann war das »Haupt der mönchischen Kreise Konstantinopels und darüber hinaus der ganzen Mönchspartei des Orients«[90]. Nicht nur im Lager der Monophysiten, aber vor allem dort, haben monastische

86) Vgl. c. 4 von Pîtres 862 (MGH Cap. 2, 309), wo es heißt: *Nos quoque episcopi auctoritate Dei et sacrorum canonum, sicut sancti pontifices DCXXX in Chalcedonensi concilio conspirationem fieri prohibuerunt et sicut cetera concilia episcoporum huiusmodi perniciosa facta vetuerunt, et nos prohibemus; ...*

87) E. SCHWARTZ (Hg.), Acta conciliorum oecumenicorum II/2/2 (1936), 38: *Coniurationis vel conspirationis crimen apud extrinsecus leges penitus amputatur, multo magis in ecclesia dei hoc ne fiat, oportet prohiberi. igitur si clerici aut monachi inuenti fuerint coniurati aut per coniurationem calumniam machinantes episcopis uel clericis, proprium amittant gradum* (Collectio prisca). Die beiden anderen Versionen ebd., 58 und 91; die hier abgedruckte spanische Version ordnet auch das griechische Lemma zu: *Coniurationum et conspirationum crimen, quod apud Graecos dicitur fratrias* usw.

88) C. 4, SCHWARTZ (wie Anm. 87), 34. Dazu grundlegend H. R. BITTERMANN, The Council of Chalcedon and Episcopal Jurisdiction, in: Speculum 13 (1938), 198–203, und vor allem L. UEDING, Die Kanones von Chalkedon in ihrer Bedeutung für Mönchtum und Klerus, in: A. GRILLMEIER–H. BACHT (Hgg.), Das Konzil von Chalkedon 2 (1953), 569–676, bes. 604ff.; zur Wirkung umfassend 620ff.

89) E. CASPAR, Geschichte des Papsttums von den Anfängen bis zur Höhe der Weltherrschaft 1 (1930), 464ff.; K. BAUS–E. EWIG, Die Reichskirche nach Konstantin dem Großen, = H. JEDIN (Hg.), Handbuch der Kirchengeschichte II/1 (1973), 116ff.

90) CASPAR (wie Anm. 89), 464; zu Eutyches: H. BACHT, Die Rolle des orientalischen Mönchtums in den kirchenpolitischen Auseinandersetzungen um Chalkedon (431–519), in: GRILLMEIER–BACHT (wie Anm. 88), 193–314, 206ff.

Gruppen eine außerordentliche Rolle gespielt[91]; auf der tumultuarischen »Räubersynode« von 449 beherrschten sie die Szene. Gegen diesen Fanatismus und gegen die geradezu als umstürzlerisch empfundene Dynamik und Agitation umherziehender Mönchsgruppen und der hier mittuenden Kleriker ist Kanon 4 gerichtet[92], der übrigens von Kaiser Marcian selbst formuliert und vorgelegt wurde[93]; er sollte den Unruhestiftern aus dem Mönchtum oder solchen, »die unter der Maske des Mönchtums ganz andere Ziele... verfolg(t)en, das Handwerk legen«[94]. Deshalb wurde Kanon 4 zusätzlich durch verschiedene begleitende Bestimmungen ergänzt[95], mit denen Mönchen und Klerikern Möglichkeiten zu unerwünschten Einmischungen genommen werden sollten. Zu diesen disziplinarischen Maßnahmen gehörte auch Kanon 18, der Gruppenbildungen von Klerikern und Mönchen mit umstürzlerischen Zielen unterbinden sollte.

Mit den »staatlichen Gesetzen«, an die Kanon 18 begründend anknüpfte, sind vermutlich zwei Typen von Verboten gemeint. Zum einen handelt es sich dabei um allgemeine Verbote von Aufruhr *(seditio)* und um die Bestrafung jener, die *seditio* selbst vorbereiten und andere dazu anstiften, wie ein Kaisergesetz von 384 bestimmte[96]. Zum anderen dürften jene zahlreichen Kaisergesetze gemeint sein, in denen seit dem Ende des 4. Jahrhunderts private Zusammenkünfte vor allem von häretischen Gruppen verboten wurden, die man als *congregationes, conventus, coetus, concilia, conciliabula* oder *conventicula* bezeichnete. Ein Gesetz der Kaiser Gratian, Valentinian und Theodosius von 383 gebot: *ad nullam tamen ecclesiam haereticae superstitionis turba conveniat, aut, si forte convenerit, a conventiculis suis sine aliqua mora*

91) J. M. Besse, Les moines d'Orient antérieurs au Concile de Chalcédoine (1900), 397ff., und bes. Bacht (wie Anm. 90), mit der Zusammenfassung 292ff. (»Das östliche Mönchtum als Massenbewegung«).

92) Andere Beispiele für solche Aktionen bei Ueding (wie Anm. 88), 612. Vgl. für das ausgehende 4. Jh. Baus–Ewig (wie Anm. 89), 407.

93) Bacht (wie Anm. 90), 240f.; Ueding (wie Anm. 88), 604ff.

94) Ueding (wie Anm. 88), 606. Daß c. 4 über diesen seinen Anlaß hinaus das Verhältnis von Mönchtum und Amtskirche auf eine neue Ebene stellte und deshalb geradezu eine neue Phase in der Geschichte des Mönchtums einleitete, braucht hier nicht erörtert zu werden. Vgl. dazu L. Ueding, Geschichte der Klostergründungen der frühen Merowingerzeit (Historische Studien 261) (1935, Nachdruck 1965), 40ff.; Ders., (wie Anm. 88), 617ff.

95) Mönche sollen nicht im Heer dienen oder öffentliche Ämter bekleiden (c. 7); Kleriker und Mönche dürfen sich nicht ohne Erlaubnis des Bischofs in der Hauptstadt aufhalten (c. 23). In den Kreis dieser Maßnahmen gehört auch der berühmte c. 6, das Verbot der absoluten Ordination von Klerikern; dazu V. Fuchs, Der Ordinationstitel von seiner Entstehung bis auf Innozenz III. (Kanonistische Studien und Texte 4) (1930, Nachdruck 1963), 118ff.

96) Codex Theodosianus IX,33, 1, ed. Th. Mommsen, Bd. I/2 (^{3}1962), 486: *Si quis contra evidentissimam iussionem suscipere plebem et adversus publicam disciplinam defendere fortasse temptaverit, multam gravissimam sustinebunt.* Der Text wurde übernommen in den Codex Iustinianus IX,30, 1, ed. P. Krueger, Corpus iuris civilis 2 (1906), 385: *De seditiosis et his qui plebem audent contra publicam quietem colligere. Si quis contra* usw.

propulsetur[97]. Ein Gesetz der Kaiser Arcadius und Honorius aus dem Jahr 404 verbot unerlaubte Versammlungen in Privathäusern, wobei es aber offensichtlich nicht nur um Häretiker ging: *Conventicula illicita extra ecclesiam in privatis aedibus celebrari prohibemus, proscriptionis domus periculo imminente, si dominus eius in ea clericos nova ac tumultuosa conventicula extra ecclesiam celebrantes susceperit*[98]. Ein *conventicula*-Verbot Kaiser Marcians aus dem Jahre 451 stellte solche in den Kirchen und anderswo, sowohl in Städten wie in kleineren Orten sich versammelnden Gruppen in einen Zusammenhang mit Tumult und Aufruhr[99]. Der in dieser Gesetzgebung der christlichen Kaiser begegnende pejorative Sinn des Wortes ›*conventiculum*‹ ist im Christentum übrigens schon im 3. Jahrhundert nachzuweisen[100]. Möglicherweise hat hier auch die ältere Kaisergesetzgebung gegen die vielfach als Zentren von Aufruhr und sozialer Agitation geltenden Kollegien[101] nachgewirkt.

Auch im kirchlichen Bereich hatte Kanon 18 von Chalcedon Vorläufer, wie beispielsweise ein Verbot des Konzils von Antiochien (341) zeigt, welches Priestern und Diakonen die Bildung privater Gruppen *(collectae, congregationes)* außerhalb der Kirchen untersagte[102]. Dasselbe *congregationes*-Verbot für Priester und Kleriker findet sich in einzelnen Bestimmungen der sogenannten ›Constitutiones Apostolorum‹ vom Ende des 4. Jahrhunderts[103].

Die Wirkungsgeschichte des Kanons 18 von Chalcedon hat nun eine grundlegende Bedeutung für die Frage nach der Herkunft der Gilden und geschworenen Einungen des frühen Mittelalters.

97) Cod. Theod. XVI,5, 10, MOMMSEN (wie Anm. 96), 859; vgl. auch ebd. XVI,5, 3, 4, 5, 6, 9, 11, 12, 14, 15, 19, 20, 24, 26 u. ö., a. a. O., 855ff. In XVI,5,15 wird das Verbot mit dem *conspiratio*-Vorwurf verknüpft. Vgl. H. MAISONNEUVE, Études sur l'origine de l'inquisition (L'Église et l'État au Moyen Age 7) (^{2}1960), 29ff., bes. 30 Anm. 10; R. ZERFASS, Der Streit um die Laienpredigt (Untersuchungen zur praktischen Theologie 2) (1974), 156f.

98) Cod. Iust. I,3,15, KRUEGER (wie Anm. 96), 20.

99) Cod. Iust. I,12,5, KRUEGER (wie Anm. 96), 66: *Denuntiamus vobis omnibus, ut in sacrosanctis ecclesiis... abstineatis omni seditione. nemo conclamationibus utatur, nemo moveat tumultum aut impetum committat vel conventicula collecta multitudine in qualibet parte civitatis vel vici vel cuiuscumque loci colligere aut celebrare conetur...*

100) P. HERRMANN–J. H. WASZINK–C. COLPE–B. KÖTTING, Art. ›Genossenschaft‹, in: Reallexikon für Antike und Christentum 10 (1978), Sp. 83–155, hier Sp. 149. Vgl. ferner A. BLAISE, Dictionnaire latin-français des auteurs chrétiens (1954), 219.

101) Dazu unten Anm. 297.

102) Mansi 2, Sp. 1310 (c. 5): *Si quis presbyter vel diaconus proprio contempto episcopo, ab ecclesia seipsum segregaverit, & privatim congregationem effecerit* usw. Vgl. Acta conciliorum oecumenicorum II/3/2 (1936), 124 mit dem Text: *Si quis presbyter aut diaconus suum contemnens episcopum a communione semet ipsum suspendit ecclesiae et secretius collectam fecit* usw. Dazu Ch. J. HEFELE–H. LECLERCQ, Histoire des conciles I/2, Paris 1907, 702ff., bes. 716.

103) Constitutiones apostolorum VIII,31 *(Si quis presbyter contempto suo episcopo seorsum congregationem fecerit et aliud altare erexerit, ... deponatur tanquam dominandi cupidus..., et reliqui clerici, quicunque ei se adiunxerint; laici vero segregentur)* und VIII,55 *(Si quis clericus episcopum contumelia affecerit iniuste, deponatur)*; ed. F. X. FUNK, Didascalia et Constitutiones Apostolorum 1 (1905), 573 und 583.

Allgemeine Hinweise zur Wirkungsgeschichte der disziplinären und kirchenrechtlichen Kanones von Chalcedon hat L. Ueding gegeben[104], wobei Kanon 18 allerdings etwas zu kurz gekommen ist. Wenn wir uns im Folgenden auf die Wirkungsgeschichte von Kanon 18 im Westen beschränken[105], so ist zeitlich als erstes die »Verschwörung« *(conjuratio)* von Ravennater Klerikern gegen ihren Bischof Ecclesius aus den zwanziger Jahren des 6. Jahrhunderts zu nennen und das *conjurationes*-Verbot, das Papst Felix IV. (526–530) aus diesem Anlaß ausgesprochen hat. Anlaß für diese »Verschwörung«, an deren Spitze der Archidiakon stand, war ein Streit um die Nutzungsrechte am Kirchengut[106]. Papst Felix IV., den beide Parteien um Vermittlung gebeten hatten, mahnte den Bischof zu *pax* und *justitia,* verurteilte aber auch die Kleriker und deren *altercationes, seditiones* und *pravitates,* welche die kirchliche Disziplin zerrüttet hätten[107]. Seine Bestimmung: *Nullam cuniurationem, nullum cunventiculum, quod vel apud laicos esse non potest inpunitum, in ecclesia Dei ullus facere temptet ex clero*[108], nimmt unmittelbar Bezug auf Kanon 18 des Konzils von Chalcedon, auch wenn das nicht ausdrücklich festgestellt wird. Gerne wüßte man, ob die Verwendung der Bezeichnung *conjuratio* und *conventiculum* in dem Papstbrief – in Anlehnung an den Sprachgebrauch der christlichen Kaisergesetzgebung und des Chalcedonense – lediglich das Aufrührerische, das »Verschwörerische« einer solchen Gruppenbildung im Ravennater Klerus hervorkehren und tadeln will, oder ob man bei der *conjuratio* innerhalb des Ravennater Klerus bereits an bestimmte Formen der Gruppenbildung denken darf, d.h. einen Sprachbrauch voraussetzen darf, wie er drei Jahrhunderte später bei Alkuin erscheint, der mit den Wörtern *conjuratio* und *conventiculum* die Gilden und geschworenen Einungen seiner Zeit bezeichnet hat[109].

Während also bei der Ravennater *conjuratio* unklar bleibt, ob es sich hier um eine wirkliche Schwureinung von Klerikern gehandelt hat, sehen wir in diesem Punkt klarer, wenn wir das erste gallofränkische Verbot von *conjurationes clericorum* in die Betrachtung einbeziehen, das aus derselben Zeit stammt[110]. Es handelt sich dabei um Kanon 24 des dritten Konzils von Orléans, Mai 538, das zu den großen merowingischen Reichskonzilien gehört: in Orléans

104) UEDING (wie Anm. 94), 41ff.; DERS., (wie Anm. 88), 620ff.

105) Im Osten wurde c. 18 wiederaufgenommen in c. 34 des zweiten Trullanum (691/92) betr. das *conjurationis vel sodalitatis (phratrias) crimen* (Mansi 11, Sp. 959). Die Bezugnahmen im Westen erfolgten also früher.

106) Agnellus, Liber Pontificalis ecclesiae Ravennatis c. 60 (MGH SSrerLangob., 319ff.). Die Mitglieder der beiden Parteien, die sich dann an den Papst wandten, sind ebd., S. 321, mit Namen verzeichnet. Streitpunkt war das dem Klerus zukommende Viertel *(quarta)* am *patrimonium Ravennensis ecclesiae*. Zum Hintergrund vgl. H. E. FEINE, Kirchliche Rechtsgeschichte. Die katholische Kirche (^{4}1964), 132f., und SCHIEFFER (wie unten Anm. 177), 261ff. mit weiteren Titeln.

107) A.a.O., 321 und 319 (= JK. 877).

108) Ebd., 320.

109) S. oben Abschnitt I mit Anm. 21 und 22.

110) Von den im folgenden zu erörternden gallofränkischen Texten hat UEDING (wie Anm. 88), 629, nur den Text der Synode von Narbonne 589 erfaßt; s. unten Anm. 189. Auf die weiteren Texte, Orléans 538 und Clichy 626/27, machte aufmerksam O. HARTWIG, Untersuchungen über die ersten Anfänge des Gildewesens, in: Forschungen zur Deutschen Geschichte 1 (1862), 135–163, 158f.

waren damals 26 Bischöfe selbst anwesend oder hatten sich zumindest vertreten lassen, unter ihnen die Metropoliten von Lyon, Vienne, Sens, Bourges und Rouen[111]. Daß dieser Kanon 24 von Orléans für die Geschichte der mittelalterlichen Gilden eine grundsätzliche Bedeutung hat, ist im übrigen bereits 1862 von O. Hartwig in seinen ›Untersuchungen über die ersten Anfänge des Gildewesens‹ angedeutet worden[112], ein Hinweis, der in der folgenden Zeit von der Forschung jedoch ohne Ausnahme übersehen wurde.

Kanon 24 von Orléans lautet folgendermaßen: »Gewisse Kleriker haben sich, wie sich herausgestellt hat, neuerdings *(nuper)* an vielen Orten *(multis locis)* durch Anstiftung des Teufels vermittelst einer *conjuratio* aufrührerisch untereinander verbunden. Dies ist, wie man inzwischen weiß, durch untereinander gegebene Eide und durch Aufzeichnung einer *chartula* gemacht worden. Diese Anmaßung *(praesumptio)* kann durch keinerlei Entschuldigung bemäntelt werden. Vielmehr soll, da die Sache nun aufgedeckt und vor ein Konzil gebracht wurde, gegen die Anmaßlichen *(praesumptores)* je nach Person und Weihegrad von den zu diesem Zeitpunkt versammelten Bischöfen vorgegangen werden. Denn: es soll doch die *caritas*, gemäß dem Gebot des Herrn, aus dem Herzen und nicht auf Grund der Aufzeichnung einer *chartula* oder auf Grund einer *conjuratio* geleistet werden. Was aber über die Heiligen Schriften hinausgeht, das muß durch bischöfliche Auctoritas und Gewalt unterbunden werden«[113].

Der Kanon spricht von einem Phänomen, das – wie die Bischöfe eigens feststellen – damals erstens neu war und das zweitens damals an vielen Orten zugleich aufgetreten ist. Es handelt sich um Gruppen von Klerikern, die *conjurationes* genannt wurden, weil die Kleriker sich durch einen gegenseitig geleisteten Eid zusammengeschlossen hatten. Der Eid war die konstitutive Rechtshandlung. Die *conjurationes* waren also geschworene Klerikereinungen. Offenbar waren jeweils Kleriker verschiedener Weihegrade beteiligt. Neben der Leistung des gegenseitigen Eides wird die Aufzeichnung einer *chartula* genannt. Handelte es sich dabei um die Statuten einer solchen *conjuratio*, wie Hartwig angenommen hat, oder um eine alternativ zum Eid gegebene schriftliche Promissio[114]? Wahrscheinlicher ist, daß es sich um eine Urkunde

111) Vgl. C. de Clercq, La législation religieuse franque de Clovis à Charlemagne (507–814) (Université de Louvain. Recueil de travaux publiés par les membres des Conférences d'Histoire et de Philologie, 2e série, 38e fasc.) (1936), 20ff.; E. Ewig, Beobachtungen zu den Bischofslisten der merowingischen Konzilien und Bischofsprivilegien, in: Festschrift Franz Petri (1970), 171–193, 172f.

112) Hartwig (wie Anm. 110), 158ff. Hartwig hat diese Bestimmungen allerdings irrtümlich als ein Verbot von »Vereinen von Geistlichen und Laien« aufgefaßt (158).

113) MGH Conc. 1, S. 80: *Si qui clericorum, ut nuper multis locis diabolo instigante actum fuisse perpatuit, revelli auctoritate se in unum coniuratione intercedente collegerint et aut sacramenta inter se data aut chartulam conscriptam fuisse patuerit, nullis excusationibus haec praesumtio praevelitur, sed res detecta, cum in sinodo ventum fuerit, in praesumturibus iuxta personarum et ordenum qualitatem a ponteficibus, qui tunc in unum collicti fuerint, vindicetur; quia, sicut caritas ex praeceptis dominicis corde, non cartolae conscriptione est vel coniurationibus exibenda, ita, quod supra sacras admittetur scripturas, auctoritate et districtione pontificali est repraemendo.* Vgl. auch CCL 148 A, 123.

114) Hartwig (wie Anm. 110), 158; die Deutung auf eine »schriftliche Promission« neuerdings bei R. Schneider, Brüdergemeine und Schwurfreundschaft (Historische Studien 388) (1964), 89.

handelte, deren Aufzeichnung auf die Rechtshandlung des gegenseitigen Eides folgte und diese schriftlich festhielt[115].

Was aber war das Ziel dieser gallofränkischen Kleriker-*Conjurationes*? Worin liegt das »Teuflische«, worin liegt die »Anmaßung« und »Überheblichkeit«, die ihnen von den Bischöfen vorgeworfen wurde? – ein sehr schwerwiegender Vorwurf übrigens, da er an die Lehre Augustins von der Selbstüberhebung *(superbia)* als der Wurzel alles Bösen anknüpft[116]. Handelt es sich also auch 538 um kirchenpolitisch agitierende Gruppen, wie sie 451 in Chalcedon verboten worden waren? Die Begründung des Verbots von Orléans läßt indessen als Ziel der Kleriker-*Conjurationes* von 538 etwas anderes erkennen: es wird in dem Verbot als *caritas* bezeichnet. Die *caritas* nämlich, so begründen die Bischöfe ihr Verbot, solle aus dem Herzen entspringen und nicht auf Grund eines Eides oder einer Urkunde geleistet werden. Ging es bei dieser *caritas* vielleicht um Hilfe, zu der man sich gegenseitig verpflichtete oder die man anderen, bedürftigen Dritten, zukommen lassen wollte[117]?

Im Zusammenhang seiner Untersuchungen zur *caritas*-Terminologie des früheren Mittelalters ist R. Schneider auf den Text aus Orléans aufmerksam geworden, den er mit Recht als eine »Schlüsselstelle« charakterisierte[118]. Schneider hat allerdings, von seiner Fragestellung her, weder die Art des Eides noch den Charakter dieser *conjurationes clericorum* erkennen und auch nicht die Kontexte ermitteln können, in denen dieses Verbot steht[119]. Er deutete die Verbotsbegründung dahingehend, daß es den Bischöfen in Orléans um ein Verbot der Übung »profaner« und »heidnischer« *caritas* gegangen sei, der sie die »christlich-kirchliche« *caritas* entgegengestellt hätten[120]. Aber, so muß man im Blick auf die höchst bedeutsame Geschichte des *caritas*-Begriffs im Christentum[121] seit seinen Anfängen fragen, sollten wirklich Bischöfe damals diesen Begriff zur Bezeichnung unchristlicher, heidnischer Praktiken verwendet haben? Und was hätte man sich unter Übungen »heidnischer« oder »profaner« *caritas* bei Priestern des

115) Man vergleiche dazu aus dem 8. Jh. die berühmte Formel Nr. 43 von Tours über den Eintritt eines Freien in die *potestas* oder das *mundoburdum* durch Kommendation (MGH Formulae, 158: *Qui se in alterius potestate commendat);* danach schafft die über die Rechtshandlung aufgezeichnete Urkunde »eine zusätzliche Verpflichtung« zu dem »juristischen Hauptakt«, der Kommendation: so F.-L. Ganshof, Was ist das Lehnswesen? (1961), 6. Über das »Nebeneinander und Ineinander von Schwur und Beurkundung« bei Conjurationes des Spätmittelalters vgl. H. Obenaus, Recht und Verfassung der Gesellschaften mit St. Jörgenschild in Schwaben (Veröffentlichungen des Max-Planck-Instituts für Geschichte 7) (1961), 164ff., das Zitat 165.

116) Vgl. K. Flasch, Augustin. Einführung in sein Denken (1980), 104ff. u. ö.

117) Worin diese gegenseitige Hilfe bestand, kann erst dann näher bestimmt werden, wenn der Kreis der Mitglieder dieser Klerikergruppen genauer bestimmt ist; dazu unten Abschnitt V.

118) Schneider (wie Anm. 114), 89.

119) Schneider (ebd.) spricht von »heimlichen Schwurgemeinschaften von Klerikern«.

120) Ebd., 89ff.: »die zur christlich-kirchlichen caritas fraterna verpflichteten Kleriker« seien untereinander »eine profane caritas-Beziehung eingegangen« (90); ihr caritas-Schwur sei »heidnischer Natur« gewesen (91); »mit caritas selbst« sei eine »nichtchristliche Vorstellung bezeichnet« worden (91).

121) Vgl. H. Pétré, Caritas (Spicilegium sacrum Lovaniense. Études et documents 22), 1948; Schneider (wie Anm. 114), 54ff.; Michaud-Quantin (wie Anm. 35), 197f.

6. Jahrhunderts konkret vorzustellen? Sieht man genauer hin, so unterstellt denn auch das Verbot den Klerikern gar nichts »Profanes« oder »Heidnisches«; es bestreitet gar nicht, daß das, was diese Kleriker als *caritas* übten, christlich sei. Vielmehr stellte es den Grund für die Übung ihrer *caritas* in Frage, indem es *cor* und *conjuratio*, christliche Gesinnung und Schwureinung in einen Gegensatz rückt. Mit anderen Worten: der Leistung von *caritas* aus umfassender christlicher Gesinnung wird gegenübergestellt eine Leistung von *caritas* auf Grund einer bestimmten Rechtshandlung, des gegenseitigen Eides, die eine besondere Gruppe von Menschen vereinigt und diese Menschen zur Leistung von *caritas* untereinander, innerhalb dieser einen Gruppe verpflichtet. Nicht um den Gegensatz heidnisch-profaner und christlich-kirchlicher *caritas* geht es in diesem Verbot, sondern um den Gegensatz von allgemeiner und partikulärer *caritas*.

Diese textimmanente Interpretation des Kanon 24 läßt sich in das geistige Umfeld der Spätantike einordnen. Denn das Argument, das hier zum ersten Mal gegen eine geschworene Einung gerichtet wurde, hatte – in anderen Zusammenhängen – in der Alten Kirche schon seit langem eine bedeutsame Rolle gespielt, so etwa bei der Beurteilung privater Bindungen und Freundschaften, die von manchen christlichen Autoren wegen ihres partikulären Charakters mit Zurückhaltung betrachtet wurden[122]. Von den Mönchsvätern wurden deshalb Partikularfreundschaften innerhalb der monastischen Gemeinschaften nicht geduldet[123]. Aber auch die monastischen Gruppen in ihrer Gesamtheit wurden im Zeichen des Problems partikulärer Bindungen scharfer Kritik unterzogen. Bekanntlich haben führende Vertreter des alten Mönchtums die Entstehung des Mönchtums geschichtlich so gedeutet, daß der Wille zu einer unbedingten *vita apostolica* die streng Gesinnten zur Trennung von den größer und deshalb auch laxer gewordenen Gemeinden veranlaßt habe[124]. Die antimonastische Kritik, die seit dem 4. Jahrhundert von Bischöfen und Laien geäußert wurde, richtete sich eben gegen diese Sonderung und den in dieser historischen Selbstdeutung laut werdenden Anspruch[125].

Das Argument der Bischöfe gegen die geschworenen Klerikereinungen oder Klerikergilden von 538 sollte übrigens noch eine große Zukunft vor sich haben. Dies sei angedeutet mit dem Hinweis auf die Polemik John Wyclifs (gest. 1384) gegen die Gilden und Bruderschaften *(fraternytes or gildis)* seiner Zeit; Wyclif bediente sich dabei nämlich des *caritas*-Arguments, wenn er von den Gilden behauptete: *thei conspiren many false errours aghenst the comyn*

122) Dazu L. VISCHER, Das Problem der Freundschaft bei den Kirchenvätern. Basilius der Große, Gregor von Nazianz und Chrysostomus, in: Theologische Zeitschrift 9 (1953), 173–200; K. TREU, Art. ›Freundschaft‹, in: Reallexikon für Antike und Christentum 8 (1972), Sp. 418–434; W. POPKES, Art. ›Gemeinschaft‹, ebd. 9 (1976), Sp. 1100–1145, Sp. 1138. Vgl. auch die unten in Abschnitt VII erörterte Stellungnahme des Johannes Cassian zu dieser Frage.

123) TREU (wie Anm. 122), Sp. 431.

124) Johannes Cassian, Collationes XVIII,5, ed. E. PICHERY, Bd. 3 (Sources chrétiennes 64) (1959), 14ff.; Institutiones II,5, ed. J.-Cl. GUY (Sources chrétiennes 109) (1965), 64ff. Weitere Nachweise bei POPKES (wie Anm. 122), Sp. 1139.

125) Zusammenfassend dazu BAUS–EWIG (wie Anm. 89), 407ff.

fraternyte of Crist, that alle Cristene men token in here cristendom, and aghenst comyn charite and comyn profit of Cristene men. And therto thei conspiren to bere up eche other, ghe, in wrong, and oppresse othere men in here right bi here witt and power[126]. Ein ähnliches Argument verwendete Nikolaus von Cues, als er sich 1451 als päpstlicher Legat in Deutschland entschieden gegen die Errichtung neuer Bruderschaften wandte mit der Begründung, daß sie dem Gebot der Einheit widersprächen[127]. Und mit denselben Argumenten begründete Martin Luther 1519 seine theologische Widerlegung der Gilden und Bruderschaften seiner Zeit, an denen er, wie er sagte, »kein rechtes Gefallen« finden könne, »besonders nicht an denjenigen, die sich so völlig sich selber zuwenden, als wollten sie allein gen Himmel fahren«[128].

Das Problem der Entstehung und der Behauptung partikulärer Gruppen im Christentum sowie ihrer Zuordnung zu den Gesamtgemeinden, das in den genannten antiken sowie früh- und spätmittelalterlichen Texten behandelt ist, spiegelt sich übrigens in der Geschichte der Verwendung der Anrede ›Bruder‹ oder ›Schwester‹ für den Mitchristen. Wie man weiß, war die Bruder/Schwester-Anrede in den christlichen Gemeinden ursprünglich die allgemein übliche[129]. Mit dem raschen Wachstum der Gemeinden wurde sie seltener und kam schließlich als allgemeine Anrede ganz außer Gebrauch, während sie gleichzeitig in der exklusiven Einschränkung auf kleinere Personenkreise und -gruppen lebendig blieb. Schon im 3. Jahrhundert war die Bruder-Anrede im wesentlichen eingeschränkt auf den Kreis der Kleriker und Bischöfe, es zeigt sich also in diesem Vorgang die schon früh recht scharf ausgebildete Trennung von Klerikern und Laien; andererseits begegnet die Bruder-Anrede von Anfang an in den Gruppen der gemeinsam lebenden Mönche[130]. Einen anderen Bereich, in dem diese Anrede lebendig blieb, bildeten die gnostischen Gruppen und überhaupt die *conventicula* der Häretiker[131], woran sich auch in den folgenden Jahrhunderten des Mittelalters und der Neuzeit nichts

126) John Wyclif, The grete sentence of curs expouned, c. 28, ed. Th. Arnold, Select English Works of John Wyclif 3 (1871), 333.

127) E. Vansteenberghe, Le cardinal Nicolas de Cues (1401–1464) (1920), 101f. Zum Hintergrund vgl. E. Meuthen, Nikolaus von Kues 1401–1464 (^{2}1967), 108ff. – Weitere Nachweise für diese Art der Argumentation bei G. Le Bras, Les confréries chrétiennes, in: Ders., Études de sociologie religieuse 2 (1956), 423–462, 456.

128) ›Auslegung deutsch des Vaterunsers für die einfältigen Laien‹ (1519), in: Weimarer Ausgabe 2 (1884), 114.

129) Vgl. die Bemerkung Tertullians über die *communicatio pacis et appellatio fraternitatis et contesseratio hospitalitatis* der Christen in ›De praescriptione haereticorum‹ 20, 8 (CCL 1, 202).

130) Vgl. K. H. Schelkle, Art. ›Bruder‹, in: Reallexikon für Antike und Christentum 2 (1954), Sp. 631–640, Sp. 640; J. Ratzinger, Art. ›Fraternité‹, in: Dictionnaire de Spiritualité 5 (1964), Sp. 1141–1167, bes. Sp. 1151f., der von einem »double rétrécissement« des Brüderlichkeitsgedankens spricht (1152); Herrmann–Waszink–Colpe–Kötting (wie Anm. 100), 145. Aufschlußreich ist die bei Titus von Bostra (gest. nach 378) und Johannes Chrysostomus (gest. 407) begegnende Polemik gegen die Einschränkung des Bruder-Attributs auf monastische und andere partikulare Gruppen (Ratzinger a. a. O., 1155).

131) Herrmann–Waszink–Colpe–Kötting (wie Anm. 100), 145.

änderte[132]. Es darf aber auch nicht vergessen werden, daß es für die in der Gesamtgemeinde obsolet gewordene Anrede von Anfang an einen weiteren Anwendungsbereich gab: die freien Vereinigungen von Laien und Klerikern innerhalb der Gemeinden nämlich, die man mit dem allerdings sehr problematischen Begriff der ›Bruderschaft‹ zu bezeichnen gewohnt ist[133]. In der Gesamtheit partikulärer Gruppen im Christentum bilden diese sogenannten ›Bruderschaften‹ einen durchaus eigenen Typus[134]. Seine Geschichte ist freilich noch wenig erforscht[135] und auch die Zusammenhänge mit dem Phänomen der geschworenen Einung bedürfen noch der Erhellung[136]. Schon jetzt kann allerdings darauf aufmerksam gemacht werden, daß – ungeachtet aller Unterschiede, die zwischen den einzelnen Erscheinungsformen solcher Sondergruppen bestehen – die Einstellungen der weltlichen Obrigkeit und der kirchlichen Amtsträger diesen Gruppen gegenüber identisch sind, gleichgültig, ob es sich um heterodoxe und häretische ›Konventikel‹ oder um dogmatisch orthodoxe Sondergruppen innerhalb der Gemeinden, also um ›Bruderschaften‹ handelte. Wenn die Bischöfe 538 gegen die Klerikergilden den Vorwurf des Hochmuts und der Anmaßung erheben – und andere Verbote solcher Klerikereinungen aus

132) Über die ›Bruder‹-Anrede bei häretischen Gruppen des Mittelalters vgl. z. B. R. E. LERNER, The Heresy of the Free Spirit in the Later Middle Ages (1972), 92f. u. ö.

133) Die Problematik des Bruderschafts-Begriffs resultiert aus den sehr divergierenden, geschichtlich bedingten Besetzungen dieses Begriffs; darüber jetzt L. REMLING, Bruderschaften als Forschungsgegenstand, in: Jahrbuch für Volkskunde, NF 3 (1980), 89–112, und OEXLE (wie Anm. 3), Abschnitt I. Der Begriff ›Bruderschaft‹ wird in der vorliegenden Untersuchung deshalb ganz vermieden.

134) Vgl. dazu die treffenden Bemerkungen von LE BRAS (wie Anm. 127), 425, und von DESCHAMPS (wie Anm. 61), 41ff., bes. 45f.; hier (46) die Feststellung: »En Occident l'élan spirituel trouva un mode d'expression dans le monachisme d'une part et dans des associations plus indépendantes d'autre part«. Die monastischen Gruppen und die freien Einungen und Gilden stimmen zwar in vielen analogen Momenten überein, wie ein Blick auf Eid und Promissio, auf manche Lebensnormen, auf die ›Bruder‹-Anrede zeigt. Und in beiden Fällen handelt es sich, im Bezug zur Gesamtgemeinde, um partikuläre Gruppen. Gleichwohl ist, vor allem im Hinblick auf anderslautende Forschungsmeinungen (dazu OEXLE, wie Anm. 3, 338 mit Anm. 295), zu betonen, daß die ›bruderschaftlichen‹ Vereinigungen des mittelalterlichen Gildentypus nicht aus dem Mönchtum hervorgegangen sind. Die soziale Struktur der monastischen Gruppe ist ja auch allein schon durch die bedeutsame, dominierende Stellung des Abtes eine völlig andere. Zur These einer Entstehung der sog. ›Bruderschaften‹ aus den monastischen ›Verbrüderungen‹ hat bereits MICHAUD-QUANTIN (wie Anm. 35), 182 Anm. 21, klar festgestellt: »sans nier qu'il ait pu y avoir quelques cas de ce type, une telle évolution paraît peu probable au plan général, il s'agit de deux mouvements d'inspiration différente«.

135) Vgl. dazu unten Anm. 258.

136) Dazu zahlreiche Hinweise bei MICHAUD-QUANTIN (wie Anm. 35), 179ff.; ferner M.-D. CHENU, »Fraternitas«. Évangile et condition socioculturelle, in: Revue d'Histoire de la Spiritualité 49 (1973), 385–400, 390ff., der seine Überlegungen aber erst mit dem 12. Jh. einsetzen läßt; OEXLE (wie Anm. 1), 215f. Über die Bedeutung des Brüderlichkeitsgedankens in den Kommunen des 11. und 12. Jhs. vgl. CHENU a. a. O., 390f., und vor allem H. KELLER, Die Entstehung der italienischen Stadtkommunen als Problem der Sozialgeschichte, in: Frühmittelalterliche Studien 10 (1976), 169–211, bes. 204f.; DERS., Einwohnergemeinde und Kommune: Probleme der italienischen Stadtverfassung im 11. Jahrhundert, in: Historische Zeitschrift 224 (1977), 561–579, 570ff.

der Zeit um 600 folgten ihnen darin, wie noch zu zeigen sein wird –, so kehrt dieser Vorwurf in den Gildeverboten Karls d. Gr. und Ludwigs d. Fr. von 779 und 821 wieder[137]. Dieser Vorwurf ist aber auch in der antiken wie in der mittelalterlichen kirchlichen Auffassung vom Häretiker fest verankert[138]. Den häretischen Gruppen hat man außerdem *species pietatis* vorgeworfen, d. h. den Schein geheuchelter Frömmigkeit[139]. Aber gerade dies ist es wiederum, was Erzbischof Hinkmar von Reims oder auch Alkuin im 9. Jahrhundert gegen die Gilden ihrer Zeit polemisch vortrugen: *non orationibus, sed ebrietatibus serviunt*[140].

V

Vergleicht man Kanon 18 von Chalcedon 451 mit Kanon 24 von Orléans 538, so zeigt sich, daß in beiden Fällen die Bezeichnung *conjuratio* Verwendung fand und daß in beiden Fällen diese *conjurationes* verboten wurden. Es wird aber deutlich, daß diese *conjurationes*-Verbote Verschiedenes meinten. Die *conjurationes* der Mönche und Kleriker in der Mitte des 5. Jahrhunderts bleiben in ihrer Struktur unbestimmt, es hat sich dabei wohl um »Verschwörungen« im allgemeinen Sinn von Aufruhr *(seditio)* gehandelt, um okkasionelle Gruppen, deren unkontrollierbare Wirksamkeit man fürchtete[141]. In den gallofränkischen *conjurationes clericorum* der ersten Hälfte des 6. Jahrhunderts hingegen treten uns soziale Gruppen entgegen, die durch den Verbotstext selbst sehr genau definiert und charakterisiert werden: ihre Mitglieder hatten sich durch einen gegenseitigen promissorischen Eid verbunden, und das Ziel der so konstituierten Einung war *caritas*, umfassende gegenseitige Hilfe. Diese Aussagen erlauben es, die *conjurationes clericorum* des 6. Jahrhunderts als geschworene Einungen zu bezeichnen. Nimmt man an, daß die gegenseitige Verpflichtung zu Hilfe und *caritas* auch hier im gemeinsamen Essen und Trinken ihren Ausdruck fand, wie das später bei den örtlichen Gilden der Karolingerzeit der Fall war, so wird man auch diese Klerikereinungen des 6. Jahrhunderts als Gilden im Sinn der eingangs gegebenen Definition bezeichnen dürfen.

Diese Feststellung zeigt also, daß die Konzilsväter von Orléans 538 durchaus recht hatten, wenn sie die *conjurationes clericorum* ihrer Zeit als etwas erst neuerdings Aufgetretenes

137) S. unten Anm. 189 und 194; die Verbote von 779 und 821 oben Anm. 6 und 13.

138) H. GRUNDMANN, Der Typus des Ketzers in mittelalterlicher Anschauung, in: Festschrift Walter Goetz (1927), 91–107, 94 ff.

139) Ebd., 94 f. und 96 ff.

140) S. oben Anm. 21 (Alkuin) und im Text nach Anm. 28 (Hinkmar). Aus späterer Zeit vgl. die Verurteilungen z. B. von Avignon 1326 (c. 37, Mansi 25, 763 f.) und Lavaur 1368 (c. 14, Mansi 26, 496).

141) Auch in späterer Zeit gab es solche *conjurationes*, z. T. unter Beteiligung von Klerikern, die »nicht als eine auf Dauer angelegte Eidgenossenschaft« zu betrachten sind: D. DEMANDT, Stadtherrschaft und Stadtfreiheit im Spannungsfeld von Geistlichkeit und Bürgerschaft in Mainz (11.–15. Jahrhundert) (Geschichtliche Landeskunde 15) (1977), 50 ff., das Zitat 56. Davon zu unterscheiden sind die durch Eid konstituierten Klerikereinungen, s. unten Anm. 209.

bezeichneten. Die Richtigkeit ihrer Annahme kann nun aber zusätzlich überprüft werden anhand der Frage, ob sich denn in der ersten Hälfte des 6. Jahrhunderts spezifische Bedingungen nachweisen lassen, die ein solches neues Phänomen gewissermaßen ans Licht treten lassen konnten. Es müssen dies auch Bedingungen sein, die eine Erklärung dafür geben, daß dieses Neue »an vielen Orten« gleichzeitig aufgetreten ist.

Diese Bedingungen sind gegeben in der spezifischen Situation des Klerus auf dem Lande, wie sie sich seit Beginn des 6. Jahrhunderts darstellte[142)].

Die Ausbreitung des Christentums auf dem Land begann in Gallien am Ende des 4. Jahrhunderts mit der Tätigkeit von Bischöfen aber auch von christlichen Grundbesitzern, die Oratorien und Kirchen bauten oder bei deren Finanzierung mithalfen[143)]. Bereits damals traten zwei Typen ländlicher Kirchen in Erscheinung: die vom Bischof gegründete Pfarrkirche und das auf privatem Grund und Boden gegründete Sakralgebäude mit oder ohne Pfarrkirchenfunktion[144)]. Die dadurch entstandene komplexe kirchenrechtliche Situation ist auf Synoden des 5. Jahrhunderts eingehend erörtert worden[145)]. Je mehr die Christianisierung voranschritt und je mehr, seit dem Beginn des 6. Jahrhunderts, auch die germanischen Grundherren in Gallien die orthodoxe Form des Christentums übernahmen, um so schwieriger wurde die Unterscheidung von *ecclesia* = Pfarrkirche und grundherrschaftlichem Oratorium, zumal auf diesen Domänen doch die überwiegende Zahl der Bevölkerung lebte[146)].

Mit Beginn des 6. Jahrhunderts traten deshalb plötzlich zwei Phänomene zutage, die sich überlagerten und gegenseitig beeinflußten: einmal die rasche Vermehrung der Pfarrkirchen auf dem Land, zum anderen die Ausstattung der grundherrschaftlichen Oratorien mit Pfarrechten. In beiden Vorgängen zeichnete sich zugleich eine Vermehrung des Klerus auf dem Lande ab. Das erste Konzil von Orléans 511 behandelte den Status der Pfarrkirchen, die, wie es hieß, »an verschiedenen Orten erbaut sind und täglich erbaut werden«[147)]. Ein Konzil in Arles unter

142) Grundlegend É. GRIFFE, Problèmes de la Paroisse, in: La Maison-Dieu 36 (1953), 33–62, und DERS., La Gaule chrétienne à l'époque romaine 3 (1965), 260ff. Von den älteren Titeln bleibt ergiebig IMBART DE LA TOUR, Les paroisses rurales du IVe au XIe siècle (1900). Neuere zusammenfassende Darstellungen gaben BAUS–EWIG (wie Anm. 89), 214ff., und H. J. VOGT, in: H. JEDIN (Hg.), Handbuch der Kirchengeschichte II/2 (1975), 221ff. Zur Orientierung über die neueren Forschungsansätze vgl. J. GAUDEMET, La paroisse au moyen âge, in: Revue d'Histoire de l'Église de France 59 (1973), 5–21.

143) GRIFFE 1953 (wie Anm. 142), 39ff. und 45. Als *ecclesia domestica* bezeichnete Paulinus die Gründung des Sulpicius Severus in *Primuliacum*. Vgl. auch J. FONTAINE (Hg.), Vie de S. Martin 2 (Sources chrétiennes 134) (1968), 713ff.

144) GRIFFE 1953 (wie Anm. 142), 44ff.

145) Konzil von Orange 441 c. 9 (CCL 148, 80f.); ferner c. 36 und 37 der Kanonessammlung, die unter dem Namen ›Zweites Konzil von Arles‹ geführt wird (442–506) (ebd. 121f.). Beide Texte wurden ausführlich analysiert von IMBART DE LA TOUR (wie Anm. 142), 178ff. Dort, wo Bischöfe als Grundherren solche Oratorien errichtet hatten, war die Unterscheidung von Oratorium und Pfarrkirche aber wohl immer schon mehr abstrakter Natur, GRIFFE 1953 (wie Anm. 142), 53.

146) GRIFFE 1953 (wie Anm. 142), 51.

147) Orléans 511 c. 17 (CCL 148A, 9).

Vorsitz des Cäsarius stellte 524 fest, es müßten jetzt mehr Kleriker ordiniert werden, da die Zahl der Kirchen wachse[148]. In der zweiten Hälfte des 6. Jahrhunderts konnte Gregor von Tours (573–594) in seiner Chronik mit Stolz darauf hinweisen, daß er »an vielen Orten« *(in multis locis)* Oratorien und Kirchen geweiht habe[149], und Bischof Aunarius von Auxerre schrieb im Jahr 586 an Papst Pelagius II., daß es in seiner Diözese geradezu einen Überfluß gebe an »neuen Kirchen«[150]. In demselben Zeitraum, seit dem Beginn des 6. Jahrhunderts, begann sich auch die selbständige Vermögensverwaltung der Kirchen auf dem Lande durchzusetzen und wurde den Priestern auf dem Lande das Predigtrecht erteilt, ja sogar die Predigtpflicht ausdrücklich eingeschärft[151].

Seit dem Beginn des 6. Jahrhunderts wurden aber auch die privat gegründeten Oratorien der *villae* immer ausführlicher ein Gegenstand der bischöflichen Gesetzgebung, weil ihre Ausstattung mit Pfarrechten nicht mehr aufzuhalten war. Das Konzil von Agde, auf dem sich 506 die Bischöfe Aquitaniens und der Narbonensis versammelten, hatte sich mit der Pfarrfunktion der *oratoria in agro, extra parrocias,* zu befassen, *in quibus legitimus est ordinariusque conuentus,* und man ordnete an, daß die Kolonen zwar an den sechs Hauptfesten des Jahres die bischöfliche Kirche in der Stadt oder die nächste Pfarrkirche auf dem Land aufzusuchen hätten, daß aber zur Erleichterung des Kirchgangs *(propter fatigationem familiae)* an den übrigen Festen in diesen *oratoria* Gottesdienst gehalten werden dürfe[152]. Das erste Konzil von Orléans 511 beschränkte dann die Zahl der Feste, an denen nicht auf der Grundherrschaft *(in villa)* Gottesdienst gehalten werden dürfe, bereits auf drei, und auch hierfür sollte es Ausnahmen geben[153]. Reliquien sollten in den grundherrschaftlichen Oratorien *(in oratoriis uillarebus)* nur niedergelegt werden, so bestimmte 517 das burgundische Reichskonzil von Epao, wenn ein Pfarrpriester aus der Nachbarschaft hier Gottesdienst halten könne; gebe es keinen, dann sollten solche Oratorien erst geweiht werden, wenn die Subsistenz in Nahrung und Kleidung für einen Priester gesichert sei[154]. Das vierte Konzil von Orléans 541 schließlich mußte gegen die Sitte vorgehen, daß die *priores ciues* der Städte das Osterfest außerhalb feiern[155]. Die Väter dieses Konzils gingen im übrigen bereits davon aus, daß die Oratorien auf den Domänen der *potentes* Pfarrkirchen sind. Bezüglich dieser *parrociae in potentum domibus constitutae* wird lediglich noch einschränkend bestimmt, daß alle dort tätigen Priester dem bischöflichen Archidiakon unterstellt sein sollen

148) Arles 524 c. 2 (CCL 148 A, 43): *quia crescente ecclesiarum numiro necesse est nobis plures clericos ordinare.*

149) Historiae X,31, MGH SSrerMerov. I/1, ed. altera (1951), 535.

150) MGH Epp. 3, 450 Nr. 10 (Pelagius an Aunarius): *Quod vero in vestris regionibus habundare indicatis aecclesias novas, gratulanter suscipimus.*

151) Vogt (wie Anm. 142), 223.

152) Agde 506 c. 21 (CCL 148, 202f.).

153) Orléans 511 c. 25 (CCL 148 A, 11).

154) Epao 517 c. 25 (ebd. 30).

155) Orléans 541 c. 3 (ebd. 132f.). Ähnlich bereits das Konzil von Clermont 535 c. 15 über die *ciues natu maiores* (ebd. 109).

und vom Grundherrn *(dominus rei)* oder seinem Beauftragten nicht bei der Ausübung ihrer pastoralen und kirchlichen Pflichten behindert werden dürfen[156]; ferner, daß ein Grundherr, »der auf seinem Grund und Boden eine Pfarrei *(dioecesis)* hat oder haben will«, für eine angemessene Ausstattung auch des Priesters zu sorgen habe[157]; und schließlich, daß die Grundherren *(domini praediorum)* in ihren Oratorien keine fremden Kleriker gegen den Willen des Bischofs einsetzen dürfen[158]. In diesen Zusammenhang gehört auch das in Gallien erstmals 511 erlassene, 538 und 549 wiederholte Verbot, einen Sklaven oder Kolonen zum Kleriker zu machen[159].

Was bedeutete nun diese stürmische Entwicklung für den einzelnen Kleriker oder Priester auf dem Lande? Am Anfang des 6. Jahrhunderts unterschieden die Bischöfe auf ihren Konzilien zwei Gruppen von Priestern: die *ciuitatenses presbyteri uel clerici*, den Klerus in der Stadt, und die *diocesani presbyteri uel clerici*, den Pfarrklerus auf dem Land[160], der auch mit den Bezeichnungen *clerici parrociani* oder *uicani* benannt wurde[161]. Dazu traten dann immer deutlicher als eine dritte Gruppe die Priester der grundherrlichen Oratorien. So gliederten die Bischöfe des Konzils von Clermont 535 den gesamten Klerus in drei Gruppen, je nachdem die Priester oder Diakone *in ciuitate*, *in parrochiis* oder *in uillolis* arbeiteten[162].

Die bischöfliche Sorge für die Priester auf dem Land, also für die zweite und die dritte dieser Gruppen, konzentrierte sich damals vor allem auf zwei Bereiche: zum einen ging es um die Geeignetheit der Kleriker[163] und eine zumindest rudimentäre Bildung und Ausbildung vor der Weihe[164]; Fertigkeit im Lesen und Schreiben galt als Mindestvoraussetzung für die Weihe zum Priester und Diakon[165]. Zum anderen stand die Moral der Kleriker im Vordergrund, die Besorgnis über Verwicklungen in weltliche Angelegenheiten wie Geldgeschäfte, Jagd, Waffentragen, aufwendige Kleidung[166], und natürlich vor allem die Sorge um die Ehelosigkeit, zumindest die Enthaltsamkeit der Kleriker nach ihrer Weihe[167], worüber u.a. auch 538 in

156) Orléans 541 c. 26 (ebd. 139).
157) C. 33 (ebd. 140).
158) C. 7 (ebd. 133f.).
159) Orléans 511 c. 8; Orléans 538 c. 29; Orléans 549 c. 6 (CCL 148A, 7, 124, 150). Zur Geschichte des Verbots A. SCHULTE, Der Adel und die deutsche Kirche im Mittelalter (^{3}1958), 75f.
160) Agde 506 c. 22 (CCL 148, 203).
161) Orléans 541 c. 6; Tours 567 c. 5 und c. 20 (CCL 148A, 133, 178 und 183). Zur Bedeutungsentwicklung von *›parrochia‹* und *›diocesis‹* vgl. die zusammenfassenden Bemerkungen von VOGT (wie Anm. 142), 226f.
162) Clermont 535 c. 15 (CCL 148A, 109).
163) Vgl. Arles 524 c. 2 und Orléans 538 c. 6 (ebd. 43f. und 116f.).
164) Orléans 549 c. 9 (ebd. 151).
165) Orléans 533 c. 16; Narbonne 589 c. 11 (ebd. 101 und 256).
166) VOGT (wie Anm. 142), 229.
167) Deshalb wurde vorgeschrieben, daß nur nahe Verwandte des Priesters für seinen Haushalt sorgen dürften: Clermont 535 c. 16; Tours 567 c. 10 und 20 (CCL 148A, 109f., 179, 183). Vgl. VOGT (wie Anm. 142), 230ff. und M. BOELENS, Die Klerikerehe in der Gesetzgebung der Kirche unter besonderer Berücksichtigung der Strafe (1968), bes. 52ff. und 69ff.

Orléans beraten und beschlossen wurde[168]. In diesem Thema war das Problem der sozialen Bindungen des einzelnen Klerikers und Priesters berührt. Im Blick auf solche Kleriker, die bis zu ihrer Weihe verheiratet gewesen waren, schärfte 567 das Konzil von Tours ein, daß kein Priester mit seiner *presbiteria*, kein Diakon mit seiner *diaconissa*, kein Subdiakon mit seiner *subdiaconissa* mehr Umgang haben dürfe[169]. Für das Alltagsleben des einzelnen Klerikers ergab sich daraus eine sehr starke Isolation. Die Bischöfe der Mitte des 6. Jahrhunderts haben diese Gefahr offenbar selbst erkannt. Deshalb versuchten sie, den Kleriker und Priester auf dem Land an den Bischof und dessen städtischen Klerus zu binden. Deshalb wurde den Klerikern auf dem Land in der ersten Hälfte des 6. Jahrhunderts auch immer wieder eingeschärft, daß sie von sich aus den Kontakt zum Bischof und zum städtischen Klerus suchen sollten, etwa, indem sie zumindest an den großen Festen am bischöflichen Gottesdienst in der Stadt teilnahmen. Ausdrücklich befahl Kanon 15 des Konzils von Clermont 535 den Priestern *in uillolis*, an den Hauptfesten *nullatenus alibi nisi cum episcopo suo in ciuitate* zu feiern[170]. Es war dies ein sehr merkwürdiges Gebot, da es doch entweder voraussetzte, daß die gesamte auf einer *villa* lebende Gemeinde sich an diesen Festen mit in die Stadt begab, oder, daß der Priester seine Gemeinde an diesen Festen sich selbst überließ.

Daß die Gefahr der Isolierung des Klerikers auf dem Land und der daraus möglicherweise resultierenden Mißstände gesehen wurde, bezeugt im übrigen auch eine Einrichtung, von der wir allerdings erst in der zweiten Hälfte des 6. Jahrhundert hören: das Amt des ländlichen Archipresbyters. An größeren Orten wurden solche Archipresbyter vom Bischof eingesetzt und mit Leitungsbefugnissen und der Aufsicht über mehrere Kleriker ausgestattet[171]. Trotzdem gab es im 6. Jahrhundert keinerlei Vorkehrungen, die den Klerus auf dem Land zu wirklichen sozialen Gruppen hätten zusammenschließen können, wie sie im 9. Jahrhundert in Gestalt der nach Dekanaten gruppierten ländlichen Priester-Kalenden vor allem im westfränkischen, aber auch im ostfränkischen Bereich anzutreffen sind[172]. Im Gegenteil: im 6. Jahrhundert blieb der ländliche Klerus dem Bischof direkt unterstellt[173]. Und doch fehlte es zugleich an Einrichtungen, welche diese direkte Unterordnung mit Leben hätten erfüllen können, die den ländlichen Klerus wirklich mit dem in der Stadt residierenden Bischof hätten verbinden können:

168) Orléans 538 c. 2 (CCL 148 A, 114f.): *Vt nullus clericorum a subdiacono et supra, qui uxores in proposito suo adcipere inhibentur, propriae, si forte iam habeat, misciatur uxori. Quod si fecerit, laica communione contentus iuxta priorum canonum statuta ab officio deponatur. ...*

169) Tours 567 c. 20 (CCL 148 A, 184). Über den Bischof und seine *episcopia* ebd. c. 14, 181.

170) Clermont 535 c. 15 (ebd. 109).

171) Erwähnt im Konzil von Tours 567 c. 7 und c. 20 (CCL 148 A, 178 und 183f.). Dazu J. B. Sägmüller, Die Entwicklung des Archipresbyterats und Dekanats bis zum Ende des Karolingerreichs (1898), 29ff.; Imbart de la Tour (wie Anm. 142), 74ff.; A. Heintz, Die Anfänge des Landdekanates im Rahmen der kirchlichen Verfassungsgeschichte des Erzbistums Trier (Trierer Theologische Studien 3) (1951), 23ff.; Griffe 1953 (wie Anm. 142), 56ff.; Vogt (wie Anm. 142), 233f.; zuletzt Schieffer (wie unten Anm. 177), 105.

172) Dazu unten Abschnitt VI.

173) Griffe 1953 (wie Anm. 142), 49ff.

von Visitationsreisen der Bischöfe hören wir im 6. Jahrhundert wenig[174] und auch Diözesansynoden waren offenbar selten oder haben gar nicht stattgefunden[175].

Zur möglichen Isolierung des einzelnen Klerikers in seiner ländlichen Umwelt trat also Fremdheit und Distanz gegenüber dem Bischof, und dies gewiß nicht nur im räumlichen, sondern auch im sozialen Sinn[176]. Diese Situation des Landklerikers in der ersten Hälfte des 6. Jahrhunderts tritt um so krasser zutage, wenn man sie mit der Lage des Klerikers in der Stadt zur selben Zeit vergleicht. Wie jüngst R. Schieffer zusammenfassend gezeigt hat, wurde in der ersten Hälfte des 6. Jahrhunderts in den gallofränkischen Bischofsstädten die *vita communis* des städtischen Klerus in Gemeinschaft mit dem Bischof als Norm verwirklicht. Unter *vita communis* verstand man damals: gemeinsame Feier des Gottesdienstes, Gemeinsamkeit des Lebensraumes in Wohnung und Arbeit und schließlich die gemeinsame materielle Versorgung der städtischen Kleriker aus dem Kirchengut[177]. Diese Lebensform wurde in den dreißiger Jahren des 6. Jahrhunderts in Gallien in dem Wort *›canonicus‹* zum ersten Mal begrifflich gefaßt[178]. Das austrasische Konzil von Clermont 535, das, wie erwähnt, in Kanon 15 für die Priester und Diakone der grundherrschaftlichen *villae* die Pflicht zur Teilnahme am bischöflichen Gottesdienst festsetzte, faßte in demselben Kanon die Priester und Diakone in der Stadt und in den Landpfarreien unter dem Begriff *canonici* zusammen[179]. Bei einem *canonicus* handelte es sich demnach um einen Kleriker, dessen Name im Kanon, dem Verzeichnis der bischöflichen Kleriker steht[180]. Daraus ergaben sich für ihn seine Pflichten, daraus konnte er aber auch einen Versorgungsanspruch ableiten. In dieser Sicht taucht der Begriff *canonicus* dann zum zweiten Mal 538 in Kanon 12 des Konzils von Orléans auf.

Kanon 12 von Orléans 538 machte nämlich klar, daß Kleriker, die ihre Pflichten vernachlässigen, nicht mehr zu den *canonici clerici* zählen sollen und keinen Unterhalt *(stipendia aut munera)* aus dem Kirchengut empfangen dürfen[181]. Welche Kleriker hiermit vor allem gemeint waren, ergibt sich aus der beigefügten Erläuterung, daß solche nachlässigen *clerici* sich gern mit dem Hinweis auf die Grundherren entschuldigen: *excusationem de patrociniis quorumcumque,*

174) Bekannt ist das Beispiel des Cäsarius von Arles, vgl. Césaire d'Arles, Sermons au peuple 1, ed. M.-J. DELAGE (Sources chrétiennes 175) (1971), 122ff.; VOGT (wie Anm. 142), 227.

175) Die ältesten Akten einer Diözesansynode, soweit solche erhalten blieben, sind die von Auxerre aus der Zeit 561/605; es ist dies die einzige derartige Synode in Gallien aus dem 6. Jh. (CCL 148A, 264ff.). C. 7 gebietet (ebd. 266) die Abhaltung von Diözesansynoden einmal im Jahr – aber sie sollen in der Bischofsstadt stattfinden!

176) Vgl. VOGT (wie Anm. 142), 227.

177) R. SCHIEFFER, Die Entstehung von Domkapiteln in Deutschland (Bonner Historische Forschungen 43) (1976), 100ff., 106ff., 122ff.

178) Ebd., 100f.

179) Clermont 535 c. 15 (CCL 148A, 109); dazu SCHIEFFER (wie Anm. 177), 100f. mit den älteren Titeln.

180) J. SIEGWART, Der gallo-fränkische Kanonikerbegriff, in: Zeitschrift für Schweizerische Kirchengeschichte 61 (1967), 193–244, 195f., 216ff.; SCHIEFFER (wie Anm. 177), 124.

181) Orléans 538 c. 12 (CCL 148A, 119). Dazu SCHIEFFER (wie Anm. 177), 101.

ne officium inpleant, praetendunt[182]. Haben die Bischöfe 535 in Clermont die Rechte und Pflichten eines *canonicus* definiert, so machten sie also 538 in Orléans aufmerksam auf die wirtschaftlichen Sanktionen gegen den, der diese Pflichten nicht erfüllen will oder kann.

Es spricht nun manches dafür, daß dieser Kanon 12 von Orléans 538 und das oben erörterte Verbot der Klerikereinungen in Kanon 24 desselben Konzils in ein und denselben Zusammenhang gehören, daß Kanon 12 und Kanon 24 von Orléans gewissermaßen verschiedene Aspekte ein und desselben sozialen Phänomens beleuchten. Kanon 12 zeigt das Bemühen der Bischöfe, den ländlichen Klerus und insbesondere die Priester der *villae* geistig und materiell an den Bischof zu binden und mit Hilfe des drei Jahre zuvor neu eingeführten Begriffs *›canonicus‹* zu definieren, wer bischöflicher Kleriker sei, und auszugrenzen, wer es nicht sein könne. Kanon 24 zeigt, daß viele Kleriker auf dem Land an vielen Orten – und man wird dabei wiederum vor allem an die Priester auf den *villae* denken – in den dreißiger Jahren des 6. Jahrhunderts dazu übergegangen sind, die Probleme ihrer Situation und die Frage nach ihrer sozialen Bindung auf einem ganz anderen Wege zu lösen: indem sie sich in geschworenen Einungen zusammentaten und gegenseitige *caritas* zum Ziel dieser Einungen machten. Solche Vereinigungen, die eine durch gegenseitigen Eid geschaffene ›horizontale‹ und egalitäre Sozialbindung verwirklichten[183], sind dem ›vertikalen‹ und hierarchischen Prinzip der Unterordnung des einzelnen *canonicus* unter den Bischof diametral entgegengesetzt. Deshalb wurden sie verboten[184]. Dabei kann man nicht ausschließen, daß die unter dem Leitwort *›vita communis‹* sich in der ersten Hälfte des 6. Jahrhunderts vollziehende Gruppenbildung im städtischen Klerus einen Anstoß gegeben hat zur Gruppenbildung des Klerus auf dem Land, auch wenn diese ohne Mitwirkung des Bischofs und in einer völlig anderen Form erfolgte.

Da nunmehr der Kreis der Mitglieder jener Klerikereinungen näher charakterisiert werden kann, ist jetzt auch genauer anzugeben, worum es ihnen gegangen sein könnte, wenn sie *caritas* zum Ziel ihrer Vereinigungen machten. Ohne Zweifel war dabei karitative Tätigkeit gegenüber Dritten, gegenüber bedürftigen Außenstehenden nicht ausgeschlossen. Im wesentlichen aber dürfte es sich hierbei um eine Vereinbarung zur Leistung gegenseitiger Hilfe *(caritas mutua)* gehandelt haben, deren Inhalt und Maß sich aus den Lebensumständen dieser Kleriker, ihrer pastoralen Tätigkeit und ihrem ländlichen Lebensbereich ergab. Vermutlich gehörte, wie später bei den örtlichen Gilden der Karolingerzeit, gemeinsames Gebet, Gottesdienst, Totenmemo-

182) Vgl. SCHIEFFER (wie Anm. 177), 103f. S. auch die Bestimmung des Konzils von Mâcon 581/83 c. 10 (CCL 148A, 225): *Vt presbyteri, diaconi uel quolibet ordine clereci episcopo suo oboedienti deuotione subiaceant et non alibi dies feriatos nisi in episcopi sui obsequio liceat tenere aut caelebrare. Quod si quis per quacumque contumaciam aut cuiuscumque patrocinio hoc facere fortasse distulerit, ab officio regradetur.* Über *patrocinium = mundiburdium* in diesem Zusammenhang auch G. WAITZ, Deutsche Verfassungsgeschichte II/1 (^{4}1953), 253 mit Anm. 4.

183) Über die ›horizontale‹ Sozialbindung auf Grund des gegenseitig geleisteten Eides MICHAUD-QUANTIN (wie Anm. 35), 238.

184) Es wird hier sehr deutlich das der geschworenen Einung an sich innewohnende oppositionelle, ja ›revolutionäre‹ Moment; vgl. DILCHER (wie Anm. 38), 86 und 151; OEXLE (wie Anm. 1), 208.

ria, aber auch das gemeinsame Essen und Trinken und die Geselligkeit zu den prägenden Elementen ihrer Zusammenkünfte. Dazu kam Rat und Hilfe in allem, was die Amtspflichten betraf[185]. Gewiß wird man aber auch an gegenseitige Hilfe in allen Alltagssituationen sowie in außerordentlichen Notlagen denken dürfen: Versorgung im Krankheitsfall, Sicherung der Subsistenz, z. B. auch dort, wo ein Eigenkirchenpriester durch seinen Grundherrn schlecht ausgestattet worden war[186]. Die zur Beschreibung der gegenseitigen Unterstützung hier verwendete Formulierung von ›Rat und Hilfe‹, *consilium et auxilium*, ist mit Bedacht gewählt worden. Zwar begegnet sie bekanntlich zuerst im Bereich einer anderen Form frühmittelalterlicher Gruppenbildung, der Vasallität[187], doch wissen wir aus späterer Zeit, daß die umfassende Leistung von *consilium et auxilium* in gegenseitiger Liebe *(mutua caritas)* Inhalt des gegenseitigen Eides geschworener Einungen sein konnte[188].

Die Vermutung, daß unter den Landklerikern, die sich zu *conjurationes* zusammenschlossen, die Kleriker der *villae* wohl besonders beteiligt waren, wird gestützt durch den Text eines zweiten Verbots von *conjurationes clericorum* aus dem 6. Jahrhundert. Es belegt außerdem das Vorhandensein solcher Klerikergilden in der südlichen Gallia, im damals westgotischen Septimanien. Ein Konzil, das im November 589 in Narbonne den Erzbischof Migetius mit zahlreichen Suffraganen vereinigte, bestimmte in Kanon 5 unter Hinweis auf Chalcedon Kanon 18: *conciliabula vel conjurationes non fiant clericorum*, und gab dazu die Erläuterung: *quae sub patrocinio solebant fieri laicorum*[189]. Demnach haben Klerikergilden in Septimanien,

185) Vgl. dazu unten Abschnitt VI über die Priesterkalenden des 9. Jhs., wo dieses Moment in Erscheinung tritt; außerdem OEXLE (wie Anm. 3), Abschnitt VIII, 341 ff.

186) Vgl. dazu die oben Anm. 154 und 157 zitierten kirchlichen Vorschriften über die Ausstattung der ländlichen Kirchen und der dort tätigen Priester.

187) Über das Aufkommen der Formel ›*consilium et auxilium*‹ in der Vasallität GANSHOF (wie Anm. 115), 58 mit Anm. 12 und 90 ff.

188) Eine genaue Beschreibung des Inhalts eines solchen Eides gibt z. B. die Bischofsgeschichte von Auxerre in ihrem Bericht über die ›*conjuratio*‹ der sog. *Capuciati* aus den 1180er Jahren, ein Bericht, der auch in vielen anderen Momenten mit dem Text von 538 übereinstimmt: einfache Leute *(plebei)* seien vom Teufel dazu verführt worden, in gefährlicher Überheblichkeit *(periculosa praesumptio)* einen Aufstand gegen die Oberen *(rebellio superiorum)* zu machen; dessen Grundlage sei eine *confoederatio* durch gegenseitigen Eid gewesen, der zu gegenseitiger *caritas*, sowie zu *consilium et auxilium* verpflichtet habe: ... *sub obtentu mutuae caritatis, praestitis juramentis confoederabantur ad invicem, quod sibi in necessitatibus suis mutuum ferrent consilium et auxilium contra omnes*... (Recueil des Historiens des Gaules et de la France 18, 1822, 729).

189) Mansi 9, 1015 f.: *Secundum concilium Nicaenum* (!) *sanctissimum conciliabula vel conjurationes non fiant clericorum, quae sub patrocinio solebant fieri laicorum. Nec unusquisque de inferiore gradu seniorem sibi elatus aut increpet aut injuriet. Quod si quis praetermisso tam justae censurae ordine ausus fuerit facere, districtione saevissima corrigatur, ut sub poenitentiae nomine vitia recedant: id est anno uno in monasterio sciat abjicere superbiam unde inflatur, quod est diabolus; & addiscat humiliationem Christi, quia per ipsam mortem gustare dignatus est.* Vgl. auch CCL 148 A, 255. Von Interesse ist im Zusammenhang mit dem *superbia*-Vorwurf auch die Bemerkung über die Überheblichkeit der gemeinten Kleriker mit niedrigeren Weihegraden gegenüber Höhergestellten. Das könnte sich allgemein auf die Haltung der in der *conjuratio*

die hier mit dem alten Diffamierungsbegriff *conciliabulum* belegt wurden[190], sich also unter dem Schutz von Grundherren gebildet. Dies erinnert an die *conjurationes servorum* des 9. Jahrhunderts, deren Unterdrückung Ludwig d. Fr. den Grundherren befohlen hat[191]. Man kann auch nicht ausschließen, daß aus dem Verbot von 589 die Befürchtung spricht, daß diese Klerikereinungen unter den Einfluß der *laici* und *potentes*, also mächtiger Grundherren geraten könnten[192]. Bereits in der Mitte des 6. Jahrhunderts hatte schon ein anderes südgallisches Konzil, das Metropolitankonzil von Eauze (551), zum ersten Mal verboten, daß Kleriker unter Mißachtung ihres Bischofs in den Schutz *(patrocinium)* eines Laien sich begeben[193]. Auch in diesem Faktum wird übrigens etwas sichtbar von der schwierigen Situation des Landklerus im 6. Jahrhundert. Die Flucht von Klerikern *ad patrocinia laicorum* und die Bildung von *conjurationes clericorum* – beides sind Konsequenzen derselben Situation großer Teile des Klerus auf dem Land. Deshalb konnten, wie Kanon 5 von Narbonne (589) zeigt, auch beide Konsequenzen zugleich in Erscheinung treten oder miteinander in Verbindung gebracht werden.

Im fränkischen Bereich wurde das *conjurationes*-Verbot am Anfang des 7. Jahrhunderts erneut erlassen. Die Bischöfe des wieder vereinigten Frankenreiches hatten sich 626/27 in Clichy abermals zu befassen mit »Klerikern, die sich aufrührerisch durch Eide und Urkunde« in einer geschworenen Einung *(sacramentis se aut scriptura coniuratione)* verbunden hatten[194].

zusammengeschlossenen Kleriker gegenüber dem Bischof beziehen, könnte aber vielleicht auch ein Hinweis sein auf die in den *conjurationes* hergestellte egalitäre Ordnung, die die hierarchischen Weihegrade beiseiteschiebt. In diesem letzteren Sinn verbot im 9. Jh. Erzbischof Hinkmar von Reims den Klerikern und Priestern in ihren Kalenden, beim gemeinsamen Mahl eine egalitäre Sitzordnung einzuhalten. Dazu Oexle (wie Anm. 3), 346 mit Anm. 339.

190) Vgl. oben Anm. 97 und Blaise (wie Anm. 100), 187. Im Cod. Theod. XVI,5,19 ein Verbot der *funesta conciliabula* von Häretikern aus dem Jahr 389, Mommsen (wie Anm. 96), 862; vgl. auch ebd. XVI,5,5 (856).

191) S. oben Abschnitt I, Anm. 13.

192) Es ist auch darauf hinzuweisen, daß Papst Felix IV. in seiner Entscheidung des Ravennater Streits (s. oben S. 169) Folgendes anordnete: *Clerici vero vel monachi ad indebitum optinendum ordinem vel locum potentium patrocinia non requirant, per quae aut non faciendo ingratus, aut faciendo iniustus videatur episcopus* (Liber Pontificalis ecclesiae Ravennatis c. 60, MGH SSrerLangob., 319).

193) Vgl. die folgenden Verbote: Eauze 551 c. 4 (CCL 148 A, 164): *... si quis spreto suo pontifice ad laici patrocinia fortasse confugerit, cum fuerit a suo episcopo repetitus et laicus eum defensare uoluerit, similis eos excommunicationis poena percellat;* Paris 614 c. 5 (ebd. 276) und das Edikt Chlothars II., c. 3 (ebd. 283): *Si quis clerecus, quolibet honore monitus, in contimtu episcopo suo uel praetermisso, ad principem aut ad potentioris quasque personas ambulare uel sibi patrocinia elegerit expetendum, non recipiatur...*; Chalon-sur-Saône 647/53 c. 15 (ebd. 306); Bordeaux 662/75 c. 2 (ebd. 312).

194) MGH Conc. 1, 197 c. 3: *Si clerici revellionis ausu sacramentis se aut scriptura coniuratione constrinxerint atque insidias episcopo suo aut contra se calleda allegatione confecerint, cum etiam saecularibus sit legibus omnino prohibitum, si admoniti emendare contempserint, gradu proprio omnino priventur, sic tamen ut, si quas etiam causas se contra episcopo suo aut inter se habuerunt, proxima synodo requirantur.* Vgl. auch CCL 148 A, 292.

Dasselbe Verbot erscheint in den nach Text und Unterschriften identischen, bei Flodoard überlieferten Akten eines Konzils von Reims, welches – unter der Voraussetzung, daß es überhaupt ein solches Konzil gegeben hat und es sich nicht um einen Irrtum Flodoards handelt[195] – »nur im Anschluß an Clichy getagt haben kann«[196].

Aus der folgenden Zeit hören wir nichts mehr von geschworenen Klerikereinungen. Zwar wird in der Karolingerzeit, wie bereits erwähnt, wieder an Kanon 18 von Chalcedon angeknüpft; aber im Gegensatz zu den Verboten von 538, 589 und 626/27 lassen diese karolingischen Verbote, darin ihrer Vorlage aus dem 5. Jahrhundert ähnlich, jeden Hinweis auf eine spezifische Sozialstruktur und auf besondere, spezifische Ziele dieser *conjurationes* vermissen[197]. Deshalb stellt sich die Frage, was aus den Klerikergilden des 6. und des frühen 7. Jahrhunderts geworden ist.

VI

Blickt man von den Klerikergilden des 6. und frühen 7. Jahrhunderts auf die örtlichen Gilden des 8. und 9. Jahrhunderts, in denen Kleriker und Laien vereinigt waren, so könnte die Annahme naheliegen, daß die späteren Ortsgilden aus den Klerikergilden sich entwickelt haben. Dies ist jedoch wenig wahrscheinlich. Eher könnte man vermuten, daß das Beispiel der Klerikervereinigungen anregend gewirkt hat im Kreis der ländlichen laikalen Bevölkerung. Es ist aber auch nicht ausgeschlossen, daß es schon im 6. und 7. Jahrhundert Zusammenschlüsse von Klerikern mit Laien gegeben hat, die den späteren Ortsgilden vergleichbar sind. Freilich sind bisher keine Zeugnisse über solche Gruppen bekannt. Aber es ist festzustellen, daß das erste derartige Ortsgilden bezeugende Verbot, das Kapitular von Herstal 779, das Vorhandensein solcher Gilden als etwas Selbstverständliches erscheinen läßt. Der Sachverhalt, daß von solchen Gilden vor dem ausgehenden 8. Jahrhundert nichts überliefert ist, könnte seinen Grund darin haben, daß es im Frankenreich während des 7. und frühen 8. Jahrhunderts keine Königsmacht gab, mit der die Gilden hätten kollidieren können; dann wäre es kein Zufall, daß der Konflikt mit dem Königtum erst in den Anfängen Karls d. Gr. zutage trat.

Eine direkte Antwort auf die Frage, was aus den Klerikergilden der Merowingerzeit geworden ist, könnte sich daraus ergeben, daß im 9. Jahrhundert erstmals eine von Bischöfen geschaffene Organisationsform für den Pfarrklerus auf dem Lande erkennbar wird. Es sind dies die sogenannten Kalenden (›*Kalendae*‹) der Priester, die wir aus bischöflichen Kapitularien vor allem des fränkischen Westens kennen, die es aber auch im ostfränkischen Bereich im

195) Nach DE CLERCQ (wie Anm. 111), 65 f. (vgl. auch DENS. in: CCL 148 A, 298) handelt es sich um eine irrtümliche, Flodoard zuzuschreibende Dublette zu Clichy.
196) EWIG (wie Anm. 111), 176; vgl. auch 193. Vgl. den Text in: MGH Conc. 1, 203 (c. 2).
197) S. oben S. 165 mit Anm. 83 bis 85.

9. Jahrhundert gegeben hat[198]. Im Westen faßten sie den ländlichen Klerus nach Dekanaten *(per decanias)* zusammen[199]. Die Landpriester trafen sich bei monatlichen Zusammenkünften, die drei Elemente umfaßten: einen gemeinsamen Gottesdienst, eine Konferenz und ein gemeinsames Mahl, das wiederum in der uns schon bekannten Weise Gegenstand bischöflicher Mahnungen, Warnungen und Verbote war[200].

P. Michaud-Quantin hat auf den Doppelcharakter dieser Priesterkalenden aufmerksam gemacht[201]. Sie hatten nämlich einerseits einen offiziellen amtskirchlichen Status; in der Erzdiözese Reims wurden sie vom Dekan geleitet und beaufsichtigt. Vermutlich war die Mitgliedschaft obligatorisch[202]. Um freie oder gar um geschworene Einungen hat es sich dabei gewiß nicht mehr gehandelt. Andererseits aber gehörte zum Ritus der Kalendenversammlungen das gemeinsame Essen und Trinken, und dabei wurde, wie wir aus Hinkmars Kritik an diesem Sachverhalt wissen, eine egalitäre Sitzordnung eingehalten[203]. Die Kalendenmitglieder redeten sich mit *frater* an und benannten ihre Vereinigungen, wie Bischof Walter von Orléans mitteilt, mit der Bezeichnung *consortium*. Dies alles sind Elemente, die offenkundig dem Sozialtypus der Gilde, der geschworenen Einung entstammen.

Aus diesem Befund läßt sich die These ableiten, daß wir von Klerikergilden in der Art des 6. und 7. Jahrhunderts in karolingischer Zeit deshalb nichts mehr hören, weil es sie gar nicht mehr gab. An ihre Stelle sind die Priesterkalenden getreten. Anders gesagt: die Bischöfe des 6. und 7. Jahrhunderts suchten das Problem der sozialen Bindung des Landklerus allein mit Verordnungen zu lösen, die den Klerus unmittelbar an den Bischof banden, den Landkleriker also, ungeachtet seiner besonderen Situation, der Lebensweise und Lebensnorm des städtischen Klerikers zu unterwerfen suchten, während die regionalen Klerikereinungen verboten wurden. Die Bischöfe des 9. Jahrhunderts dagegen haben das in der Bildung der örtlichen und regionalen Klerikereinungen zutage getretene Bedürfnis nach einer Bindung des ländlichen Klerikers in

198) Zum Folgenden Oexle (wie Anm. 3), Abschnitt VIII, 341 ff. Die einschlägigen Texte des 9. und beginnenden 10. Jhs. sind zusammengestellt ebd. 344 Anm. 329. Zum Thema ferner H. Maurer, Die Hegau-Priester, in: Zeitschrift für Rechtgeschichte 92, Kanonist. Abt. 61 (1975), 37–52; K. Schmid, Bemerkungen zum Konstanzer Klerus der Karolingerzeit. Mit einem Hinweis auf religiöse Bruderschaften in seinem Umkreis, in: Freiburger Diözesan-Archiv 100 (1980), 26–58; Th. Helmert, Kalendae, Kalenden, Kalende, in: Archiv für Diplomatik 26 (1980), 1–55, 25 ff.

199) Die Wendung *per decanias* begegnet bei Hinkmar von Reims in seiner Schrift ›De ecclesiis et capellis‹ (wie oben Anm. 71), 121: *ut in unoquoque mense statuta die per singulas decanias simul conveniant...*

200) Hinkmar von Reims, Kapitular von 852, c. 14 und 15 (Migne PL 125, 776 f.) und ›De ecclesiis et capellis‹ (wie Anm. 71), 121 f.; Walter von Orléans, Capitula c. 17 (Migne PL 119, 738 f.).

201) Michaud-Quantin (wie Anm. 35), 91. Bereits Sägmüller (wie Anm. 171), 56 ff. hat die ›Kalenden‹ des 9. Jhs. nicht nur als »Schöpfung des Bischofs« zwecks Verstärkung der kirchlichen Aufsicht erklärt (60 f.), sondern auch das genossenschaftliche Moment darin erkannt; er führte dieses allerdings auf die Gebetsverbrüderungen zurück (63 f.). Dazu aber das oben Anm. 134 Gesagte.

202) So G. G. Meersseman, Die Klerikervereine von Karl dem Großen bis Innozenz III., in: Zeitschrift für Schweizerische Kirchengeschichte 46 (1952), 1–42 und 81–112, hier 3; Michaud-Quantin (wie Anm. 35), 91.

203) Dazu Oexle (wie Anm. 3), 346 mit Anm. 339.

seinem Wirkungskreis aufgegriffen[204], sie haben diesem Bedürfnis nach Vereinigungen im Rahmen einer bischöflich-amtskirchlichen Institution stattgegeben und dabei gewisse Elemente der geschworenen Einung und Gilde in diese Institution übernommen oder vielleicht sogar übernehmen müssen.

Ein analoger Vorgang ist übrigens im weltlichen Bereich vom ausgehenden 9. zum beginnenden 10. Jahrhundert zu beobachten. Die örtlichen Gilden, die sich – wie wir gesehen haben – in der zweiten Hälfte des 9. Jahrhunderts zur Sicherung gegen Raub und Plünderung gebildet hatten, wurden durch das Kapitular König Karlmanns von 884 ganz und gar verboten[205]. Ein halbes Jahrhundert danach aber, in den zwanziger und dreißiger Jahren des 10. Jahrhunderts, läßt sich in England wie in Deutschland beobachten, daß das Königtum Gilden der bäuerlichen Bevölkerung als Elemente staatlicher Ordnung verwendete, ihnen freilich damit auch Grenzen setzte. In Deutschland hat König Heinrich I. 926 in seiner sogenannten ›Burgenordnung‹ *agrarii milites*, das heißt bewaffnete Bauern zum Schutz des Landes gegen die Ungarn eingesetzt, und einige Hinweise in den Quellen lassen vermuten, daß diese Gruppen bewaffneter Bauern in Form von Gilden organisiert waren[206]. Und aus der Zeit König Athelstans von England (924–939) kennen wir die Londoner sogenannte ›Friedensgilde‹, die mit der Sicherung des Landfriedens und dem Schutz der Bevölkerung vor Raub und Plünderung beauftragt war. Ihre schriftlich erhaltene Rechtsgrundlage, die sogenannten ›Iudicia ciuitatis Lundonię‹, sind gebildet aus einer Verbindung von königlichem Recht, zwischen Bischöfen und anderen Großen vereinbartem Recht und schließlich von gewillkürtem Gilderecht[207]. Treffend hat F. Stenton dies als eine bemerkenswerte Form von »constitution-making« bezeichnet[208].

Zu diesen von den Klerikereinungen des 6. und 7. Jahrhunderts ausgehenden Ausblicken auf spätere Jahrhunderte gehört auch die Feststellung, daß die geschworene Einung nicht nur bei der Entstehung der Priesterkalenden als Moment eingewirkt hat, sondern daß ganz unabhängig davon in späteren Jahrhunderten immer wieder im Klerus solche Einungen auftraten, deren Geschichte allerdings noch nicht erforscht ist[209]. Als ein Beispiel sei die Londoner Klerikereinung aus dem 12. Jahrhundert genannt, deren Statuten überliefert sind. Sie zeigen, daß diese sich *fraternitas* nennende Vereinigung eine durch Eid konstituierte, gewillkürte Einung

204) Über die Gefahr der Isolierung des Einzelnen im Landklerus, vor allem bei Eigenkirchenpriestern, auch in der Karolingerzeit, vgl. die Feststellungen von J. A. Jungmann, in: H. Jedin (Hg.), Handbuch der Kirchengeschichte III/1 (1966), 350f. S. auch A. Borst, Lebensformen im Mittelalter (1973), 522ff.

205) S. oben Anm. 17.

206) Die Texte dazu: Miracula Sancti Wigberhti c. 5 (MGH SS 4, 225), vgl. C. Erdmann, Die Burgenordnung Heinrichs I., in: Ders., Ottonische Studien (1968), 131–173, 131ff.; Widukind von Corvey, Sachsengeschichte I,35, ed. H.-E. Lohmann–P. Hirsch, MGH SSrerGerm. (1935), 48f. Zur Interpretation der Texte und zur Auseinandersetzung mit der Forschung Oexle (wie Anm. 3), 349f.

207) Ediert von F. Liebermann, Die Gesetze der Angelsachsen 1 (1903), 173ff.

208) F. M. Stenton, Anglo-Saxon England (The Oxford History of England 2) (^{3}1971), 355.

209) Vgl. die Hinweise bei Gierke (wie Anm. 29), 238f. und 498f. Als eine neuere lokale Studie empfiehlt sich die Darstellung der Mainzer Klerikereinungen durch Demandt (wie Anm. 141), 107ff.

war[210]. Selbstverständlich standen auch diese späteren Klerikereinungen stets unter dem Druck bischöflicher Verbote, die in den einzelnen Diözesen in Abständen immer wieder erneuert wurden[211]. Deshalb erstaunt es nicht, daß solche Einungen zur Widerlegung des »Verschwörungs«- und Aufruhrverdachts entweder mit salvatorischen Klauseln Gehorsam gegen den Bischof und Unterwerfung unter das kirchliche Recht versprachen (so zum Beispiel die Statuten der Londoner Klerikergilde[212]) oder aber zumindest ausdrücklich betonten, daß die Vereinigung *non propter aliquam conspirationem seu rebelliam prelatorum* gemacht worden sei[213]. Auch versuchte man offensichtlich, den mit dem Eidverbot verknüpften Sanktionen dadurch zu entgehen, daß man an die Stelle des gegenseitigen Eides ein gegenseitiges Gelöbnis treten ließ, welches jedoch ebenfalls dauerhafte soziale Bindungen zu schaffen vermochte[214]. Dieser Austausch der konstitutiven Rechtshandlungen kommt zum Beispiel in den Statuten einer nordalpinen *fraternitas inter seculares sacerdotes* aus dem 12. und 13. Jahrhundert deutlich zum Ausdruck[215]. Auch in der *unio et confoederatio* oder *societas* des Mainzer Sekundarklerus von

210) In § 37 der Statuten heißt es: ... *unusquisque fratrum sacramento corporaliter prestito huic fraternitati se sponte obligavit et nulla obligatio maior est quam voluntaria...* (MEERSSEMAN, wie Anm. 26, 176). Zweck der Vereinigung war gegenseitige Totenmemoria, aber auch umfassende gegenseitige Hilfe *etiam in vita... tam in adversitate quam in prosperitate,* und zwar *in quacumque tribulatione... non tantum in civitate Londoniarum sed remocius extra civitatem per spatium unius miliaris...* (§ 16, a. a. O. 174). Diese Klerikergilde nahm später auch Laien beiderlei Geschlechts auf, vgl. MEERSSEMAN, 169ff.

211) Vgl. die französischen *conjuratio*-Verbote des 13./14. Jhs. bei OEXLE (wie Anm. 1), 205, Anm. 7 und 8. Als Beispiel aus dem deutschen Raum seien die Mainzer Verbote genannt. Ein Mainzer Konzil von 1310 exkommunizierte alle Kleriker, Mönche und Kanoniker, *qui colligationes sive foederationes* (bzw. *conjurationes sive confoederationes*) *ullas fecerint fidei vel juramenti interposita cautione;* es ging also um die durch Gelöbnis oder Eid konstituierten Einungen (Mansi 25, 310). Das Verbot ist mit demselben Wortlaut bereits 1261 erlassen worden (ebd. 23, 1084); das Verbot von 1310 knüpfte zugleich an ein *conjurationes*-Verbot der Synode von Fritzlar 1243 an, s. Ch.-J. HEFELE–H. LECLERCQ, Histoire des conciles V/2 (1913), 1625ff. Aber schon 1233 hat eine Mainzer Synode ein Verbot aller *confederationes vel colligationes* von Kanonikern ausgesprochen: F. J. MONE, Kirchenverordnungen der Bistümer Mainz und Straßburg, in: Zeitschrift für die Geschichte des Oberrheins 3 (1852), 129–150, hier 138 c. 24.

212) In § 2 der Statuten heißt es (MEERSSEMAN, wie Anm. 26, 173): *Ut autem hoc in posterum melius et firmius observaretur, ...fraternitatem in hunc modum ordinarunt, salvo in omnibus iure ecclesiastico et prelatorum salva debita reverentia et canonica obbedientia.*

213) So in einer *fraternitas inter seculares sacerdotes* des 12. oder 13. Jhs., deren Statuten MEERSSEMAN (wie Anm. 26), 121ff. publiziert hat. Hier heißt es (§ 3, 122): *Hoc modo contrahitur fraternitas inter seculares sacerdotes, qui merita sua apud Deum cupiunt adaugere: Duo viri discreti vel tres aut plures congregati primo verbis, deinde voto solempni roborantes, compromittant, non propter aliquam conspirationem seu rebelliam prelatorum, sed propter salutem animarum,* ... Offensichtlich war hier der Eid durch ein Gelöbnis *(votum)* mit gesprochener Formel und rechtssymbolischer Geste ersetzt; vgl. dazu oben Anm. 211 und unten Anm. 214.

214) Dazu G. BUCHDA, Art. ›Gelöbnis‹, in: Handwörterbuch zur deutschen Rechtsgeschichte 1 (1971), 1490–1494, 1492. Die oben Anm. 211 zitierten Mainzer Verbote beziehen sich deshalb sowohl auf den Eid *(juramentum)* wie auf das Gelöbnis *(fides).* Zum Handgestus vgl. A. ERLER, Art. ›Handschlag‹, in: Handwörterbuch 1 (1971), 1974–1975.

215) S. oben Anm. 213.

1326, die eine ältere Einung *(unio)* erneuern sollte, wurde ein gegenseitiges Versprechen mit Handgestus an Eides Statt geleistet, eine *fides corporalis prestita loco juramenti*[216]. Das in einer gegenseitigen Handreichung oder einer anderen Handgeste sichtbar werdende Treuegelöbnis ist in seiner sozialen Wirkung, der Schaffung gegenseitiger Bindungen, dem gegenseitigen promissorischen Eid vergleichbar[217].

VII

R. Schieffer hat jüngst sehr klar herausgearbeitet, daß die Definition des *canonicus* auf den Konzilien von 535 und 538 Indiz ist für einen Wandel, in dem das Problem der Kontinuität und Diskontinuität zwischen Antike und Mittelalter zutage tritt. Die kirchenrechtliche Kontinuität war damals im wesentlichen auf die *civitas* beschränkt, die *canonici* waren »gewissermaßen zum Überrest der altkirchlichen Rechtsordnung in einer gewandelten Umwelt geworden«, eine »Besonderheit«, die dem ganz anders strukturierten Bereich des Christentums auf dem Lande gegenüberstand[218].

Die *conjurationes clericorum*, auf die in diesem Beitrag aufmerksam gemacht werden soll, erscheinen an eben dieser Stelle der Diskontinuität des kirchlichen Lebens. Im Gegensatz zur Kontinuität der Lebensform des städtischen Klerus im Zeichen der *vita communis* war die geschworene Einung des ländlichen Klerus etwas Neues. Soweit wir bisher feststellen konnten, trat hier die Form der Gilde, der geschworenen Einung zum ersten Mal im Mittelalter in Erscheinung. Deshalb wurde auch, soweit wir sehen, 538 in Orléans in der Geschichte des mittelalterlichen Okzidents zum ersten Mal das Verhältnis von ›Herrschaft‹ und ›freier Einung‹ erörtert und in gesetzlichen Regelungen behandelt, ein Problem, das in den folgenden Jahrhunderten eine höchst bedeutsame Rolle spielen sollte.

Daß die in den dreißiger Jahren des 6. Jahrhunderts an vielen Orten gleichzeitig entstandenen Klerikergilden etwas Neues darstellten, wird im übrigen an der traditionsbildenden Funktion sichtbar, die das *conjurationes*-Verbot von 538 in der Auseinandersetzung von ›Herrschaft‹ und ›freier Einung‹ während der folgenden Jahrhunderte haben sollte. Es fällt nämlich auf, daß die spätere Masse der kirchenrechtlichen *conjurationes*-Verbote – mit der einzigen Ausnahme von Chalcedon c. 18 – nur frühmittelalterliches Material enthält; mit anderen Worten: in dem Kampf gegen die *perniciosa facta* der geschworenen Einungen (so die fränkischen Bischöfe in Pîtres 862[219]) konnte man sich offenbar auf keine antike Verbotstradition stützen. Regino von Prüm, der am Ende des 9. Jahrhunderts in seinem kirchenrechtlichen Handbuch alle ihm bekannten Verbote von *conjurationes, confratriae* und *consortia* zusammen-

216) S. A. WÜRDTWEIN, Subsidia diplomatica 12 (1778, Nachdruck 1969), 354ff. Nr. 108, das Zitat 355. Zu dieser Mainzer Klerikereinung und den späteren Einungen jetzt DEMANDT (wie Anm. 141), 107ff., bes. 110f.

217) Dazu REININGHAUS (wie Anm. 46), 78ff.

218) SCHIEFFER (wie Anm. 177), 103ff. und 122ff.; die Zitate 124f. und 123.

219) S. oben Anm. 86.

stellte[220], konnte Hinkmars c. 16 von 852 zitieren; er fügte dann c. 18 von Chalcedon hinzu sowie die einschlägigen Texte der ›Admonitio generalis‹ von 789, des Kapitulars von Diedenhofen 805 und der Reichsversammlung von Pîtres 862, die er z. T. der Kapitulariensammlung des Ansegis von Sens entnommen hatte. Auch Gratian hatte später für den Abschnitt über *conjurationes* in seinem ›Decretum‹[221] lediglich c. 18 von Chalcedon zur Verfügung, den er gleich dreimal in den drei bekannten Versionen zitierte; dazu stellte er c. 24 von Orléans 538 und ein einschlägiges Stück Pseudo-Calixt, das aus dem pseudo-isidorischen Material des 9. Jahrhunderts stammt[222]. Ganz ähnlich ist die Situation im Bereich des weltlichen Rechts. Wenn die Juristen des 12., 13. oder 14. Jahrhunderts, im Blick auf die Bedeutung der *conjurationes* und des gegenseitigen Eides in ihrer eigenen Gegenwart, normative Aussagen des römischen Rechts darüber ermitteln wollten, so bot ihnen das ›Corpus iuris‹ Justinians aus dem 6. Jahrhundert zu diesem Thema nichts, da das ›Corpus‹ diese für die kirchenrechtlich und profanrechtlich interessierten Autoren des Mittelalters so bedeutsame Frage überhaupt nicht erörtert[223]; für die Bekämpfung der *conventicula et coniurationes in civitatibus et extra*[224], für ein rechtliches Vorgehen gegen die *detestandae conspirationes et conventicula seu colligationes illicitae* und *conjurationes*[225] bot das ›Corpus iuris‹ keine Handhabe. Allein schon das Wort ›*conjuratio*‹ begegnet im ›Corpus‹ ganz selten, und wenn es verwendet wird, so hat es nur den allgemeinen Sinn von ›Verschwörung‹[226].

Auch diese Sachverhalte geben einen Fingerzeig dafür, daß mit den gallofränkischen Klerikereinungen der ersten Hälfte des 6. Jahrhunderts in der Tat ein sozialgeschichtlich neues Phänomen auftritt, und zugleich: daß dieses Phänomen auch unmittelbar einem neuen kritischen Interesse begegnete. Diese Feststellung führt sogleich zur nächsten Frage, der Frage nämlich, ob denn auch die Form der geschworenen Einung *(conjuratio)*, die im frühen Mittelalter unter relativ genau zu bestimmenden neuen Umständen so markant in Erscheinung trat, an sich eigentlich etwas Neues gewesen ist.

Ebenso wie für die Gilde ist natürlich auch für die *conjuratio* die These einer exklusiv germanischen Herkunft bereits aufgestellt worden[227]. Auch diese These wird man aber als

220) S. oben Anm. 12. Dazu die oben Anm. 82 genannten Texte; vgl. Ansegis I,29 und III,9 (MGH Cap. 1, 400 und 426).

221) Decr. c. 21–25 C. XI q. 1, FRIEDBERG (wie Anm. 84), 632f. Zur Rezeption der oben Anm. 26 und 70 zitierten Texte Hinkmars in den späteren kirchenrechtlichen Sammlungen (u. a. Burchard, Ivo, Gratian) vgl. OEXLE (wie Anm. 3), 320 Anm. 205.

222) S. oben Anm. 84.

223) MICHAUD-QUANTIN (wie Anm. 35), 234.

224) So das Verbot Friedrichs I. von Roncaglia 1158 (MGH Const. 1, 246, c. 6).

225) So c. 15 der Goldenen Bulle Karls IV., s. oben Anm. 19.

226) Vgl. H. HEUMANN–E. SECKEL, Handlexikon zu den Quellen des römischen Rechts ([10]1958), 94.

227) Vgl. die Behauptung DHONDTS (wie Anm. 67), 119 über die »beschworene Vereinigung, die aus Männern Brüder machte«: »Die Behauptung, daß diese Beziehung überall bestanden habe, wäre allerdings gewagt; denn die beschworene Vereinigung war anscheinend – jedenfalls so lange, bis im 12. und 13. Jahrhundert neue Bindungen horizontaler Art auftauchten – auf die germanische Welt beschränkt«.

unwahrscheinlich beiseitelegen können, da die aus den Verboten von 538, 589 und 626/27 zu erschließenden Verbreitungsgebiete der gallofränkischen Klerikereinungen, zu denen auch die südliche Gallia gehörte, einer solchen Annahme klar widersprechen. Die anzunehmende regionale Verbreitung der Klerikereinungen des 6. Jahrhunderts fordert vielmehr dazu auf, nach dem Vorhandensein von *conjurationes* als Form der Bildung sozialer Gruppen in der Übergangszeit von der Antike zum Mittelalter und in der Antike selbst Ausschau zu halten.

Einem solchen Ansatz ist in der Forschung der Weg bereits gebahnt durch neuere Fragestellungen und Ergebnisse, die im Zusammenhang dieser Untersuchung erwähnt werden müssen.

Im Blick auf das Problem des promissorischen Eides ist zunächst darauf hinzuweisen, daß die lange Zeit unangefochtene Lehre von der spezifisch germanischen Treue *(fides)* in den letzten beiden Jahrzehnten gründlich revidiert worden ist. Das Ergebnis dieser Revision hat W. Kienast jüngst mit den Worten zusammengefaßt: »Eine spezifisch germanische Treue in dem umfassenden Sinn, daß sie den entscheidenden Wesenspunkt der späteren germanisch-deutschen Verfassungsgeschichte bildete, hat niemals existiert«[228]. Bereits zuvor hat G. Dilcher darauf hingewiesen, daß der »dem Gefolgschaftseid in der Form nachgebildete« allgemeine Untertaneneid des Frühmittelalters »der Sache nach... wohl eher Vorbilder im römischen Staat der Spätantike« hat[229]. Hinzugefügt sei, daß weitere soziale Bindungen promissorischer Art offensichtlich in der Übergangszeit von der Antike zum Mittelalter aufkamen; dazu gehören die monastische Promissio und der suburbikarische Bischofseid[230].

Neben neuen Formen des promissorischen Eides begegnen aber auch neue Formen der Bildung sozialer Gruppen, die durch Eid konstituiert sind. Es sei hier an das vielschichtige und noch keineswegs gelöste Problem der Vasallität erinnert[231], vor allem aber an jene »Beziehung des merowingisch-fränkischen Gesellungsrechts«, die W. Fritze erforscht und als ›Schwurfreundschaft‹ bezeichnet hat[232]. Auch in der sogenannten ›Schwurfreundschaft‹ begegnet eine Form sozialer Bindung, die auf einer eidlichen, rechtsförmlichen Promissio beruhte, wodurch ein gegenseitiges Friedensverhältnis unter den Schwurfreunden geschaffen und Parität unter ihnen bewirkt wurde[233]. Als eine »der Friedenssicherung dienende Selbsthilfe-Beziehung«[234]

228) W. Kienast, Germanische Treue und »Königsheil«, in: Historische Zeitschrift 227 (1978), 265–324, 267, der die seit 1959 vor allem durch F. Graus und K. Kroeschell geförderte Revision älterer Auffassungen zusammenfaßte.
229) Dilcher (wie Anm. 48), 867.
230) Dazu Fritze (wie Anm. 48), 58ff.
231) Dazu jetzt wieder J. Le Goff, Le rituel symbolique de la vassalité, in: Ders., Pour un autre Moyen Age (1977), 349–420, bes. 389ff. Aus der älteren Forschung bleibt grundlegend die Behandlung des Problems durch H. Mitteis, Lehnrecht und Staatsgewalt (1933, Nachdruck 1958), 16ff., und durch M. Bloch, La société féodale (1939/40, Nachdruck 1968), 209ff.
232) W. Fritze, Die fränkische Schwurfreundschaft der Merowingerzeit, in: Zeitschrift für Rechtsgeschichte 71, Germ. Abt. (1954), 74–125; Ders. (wie Anm. 48), 24ff., das Zitat ebd. 25.
233) Fritze 1973 (wie Anm. 48), 25f.
234) Ebd., 27.

zeigt die fränkische ›Schwurfreundschaft‹ eine überraschende Ähnlichkeit mit der Gilde, die mit dieser Bezeichnung ebenfalls treffend charakterisiert wäre. Damit wird die Frage nach der Nähe zwischen ›Schwurfreundschaft‹ einerseits, ›Gilde‹ und ›geschworener Einung‹ andererseits berührt; für die Zeit des 8. und 9. Jahrhunderts hat Fritze selbst darauf hingewiesen, daß die »Schwurfreundschaft« und die »Schwurgilde« der Karolingerzeit miteinander »verwandt« seien[235] – ohne dies allerdings näher zu erläutern. Diese Frage bedarf noch der Klärung, ebenso wie die Frage nach der Herkunft der beiden Phänomene. Die Herkunft der ›Schwurfreundschaft‹ liegt vorerst noch im Dunkeln. Fritze hat »starke Wurzeln im germanischen«, darüber hinaus aber »im alteuropäischen Gesellungsdenken« insgesamt angenommen und deshalb die Frage gestellt, ob die ›Schwurfreundschaft‹ überhaupt »als spezifisch fränkische Sonderform des Freundschaftsrechts bezeichnet werden kann«[236]. Bemerkenswerterweise hat Fritze nicht ausschließen wollen, daß »die Entstehung der Schwurfreundschaft in das sich feudalisierende römische Gallien der Wende des 4. und 5. Jahrhunderts« zu setzen sei[237].

Anhand von zwei Texten über *conjurationes* soll nun die Aufmerksamkeit auf das bisher weitgehend vernachlässigte Problem der geschworenen Einung in der Romania während des 5. und 6. Jahrhunderts gelenkt werden. Es handelt sich um einen Brief Papst Gregors d. Gr. von 599 und einen Passus aus den ›Collationes‹ des Johannes Cassian (gest. 430/35).

1) Das Schreiben Papst Gregors d. Gr. aus dem Jahr 599 behandelt eine existenzbedrohende Situation, in die eine Vereinigung von Seifensiedern *(saponarii)* in Neapel geraten war, weshalb sie den Papst um Hilfe ersucht hatte[238]. Die Mitglieder bezeichneten ihre Vereinigung als *corpus* oder *ars*[239]. Grundlage dieser Vereinigung bildete ein Vertrag der Mitglieder, ein *pactum*, das in dem Papstbrief eingehend charakterisiert wird. Demnach handelte es sich um ein *pactum inter se de quibusdam rationabilibus artis suae capitulis iuxta priscam consuetudinem omnium consensu interposita (esse) poena confectum atque id sacramento interveniente firmatum.* Es war dies also eine gegenseitig vereinbarte Satzung, die altes Recht enthielt und die *rationabilia artis* regelte, sich demnach mit dem Recht der Gruppe einschließlich der Normen für die Ausübung des Handwerks befaßte. Die Gruppe wie ihre Satzung war durch Konsens statuiert, der im Eid *(sacramentum)* zum Ausdruck kam[240], dergestalt, daß Übertretungen und

235) Ebd., 34 Anm. 86.

236) Ebd., 26. Eine stärkere Betonung der germanischen Elemente noch bei FRITZE 1954 (wie Anm. 232).

237) FRITZE 1973 (wie Anm. 48), 27 Anm. 53.

238) Gregor d. Gr. ep. IX,113 (MGH Epp. 2, 118f.). Zu diesem Text G. MICKWITZ, Die Kartellfunktion der Zünfte und ihre Bedeutung bei der Entstehung des Zunftwesens (1936, Nachdruck 1968), 183f. und bes. P. S. LEICHT, Corporazioni romane e arti medievali (Saggi 4) (1937), 57ff. Vgl. auch P. RACINE, Les associations de métiers en Italie durant le haut Moyen Age, in: Nuova Rivista Storica 64 (1980), 505–523, 506.

239) ›*Ars*‹ meint in diesem Text sowohl die handwerkliche Tätigkeit als auch die Gruppe derer, die sie ausüben. Allgemein dazu MICHAUD-QUANTIN (wie Anm. 35), 167ff. bes. 174.

240) Die Formulierung *sacramento interveniente* im Brief des Papstes entspricht der Formulierung *coniuratione intercedente* in dem Verbot der Klerikereinungen von 538, s. oben Anm. 113.

Verstöße gegen die gemachte Satzung von den Mitgliedern selbst geahndet wurden *(poena interposita)*. Sie übten also eine vereinigungsinterne Gerichtsbarkeit aus. Von neuen Mitgliedern, so erfahren wir weiter, wurde nicht nur ein Eid verlangt, sondern auch eine Eintrittsgebühr *(introitura)*[241]. Es handelt sich bei dieser Vereinigung von Handwerkern in Neapel also um eine freie und geschworene Einung, um eine auf Eid gegründete *conjuratio*, auch wenn diese Bezeichnung im Text nicht verwendet wird[242].

Diese Deutung wird bestätigt durch die Umstände, die zur Abfassung des Papstbriefes führten und die der Brief auch deutlich zur Sprache bringt. Die existenzbedrohende Situation dieser Handwerkereinung war verursacht durch einen gewissen *Iohannes vir clarissimus palatinus*, der ihr schweren Unbill zugefügt hatte. Unter anderem forderte er das Versprechen, daß neue Mitglieder die Eintrittsgebühr an ihn selbst entrichten sollten[243]. Außerdem versuchte er, die Einung dadurch zu zerstören, daß er einzelnen ihrer Mitglieder seinen Schutz *(defensio, tuitio, patrocinium)* aufdrängte und sie dadurch zur Verletzung des *pactum*, ja sogar zum Austritt aus der Einung ermunterte, weil sie sich auf seine *defensio* verlassen könnten und deshalb von der Strafgewalt der Einung nichts zu befürchten hätten[244]. Mit seinem Schreiben vom Frühjahr 599 stellte sich der Papst jedoch mit aller Entschiedenheit auf die Seite der geschworenen Einung und unterstützte sie gegen den weltlichen Machthaber. Er forderte den Bischof von Neapel auf, seinerseits die Handwerker zu unterstützen und zu verhindern, daß ihnen ein Unrecht zugefügt wird. Vor allem aber sollte er auch den Mitgliedern der Einung jenes andere Unrecht vor Augen halten, das sie selbst begingen, wenn sie den Pressionen und Lockungen des Genannten nachgäben. Gregor hat diese seine Entscheidung ausführlich begründet, und er teilte seine Begründung in Worten mit, die noch einmal aufs deutlichste die grundlegende Bedeutung des Eides für die Einung der *saponarii* von Neapel zeigen. Der Papst stellte nämlich heraus, daß die irgendwelcher Vorteile wegen begangene Verletzung des *pactum* zugleich die religiöse Verfehlung des Eidbruchs *(periurium)* darstelle, und machte damit die Verbindung von Eid und *pactum* deutlich: ... *providendum est*, so schrieb Gregor, *ut et pactum, ubi sacramenta sunt praestita, conservetur et cum dispendio animae suae temporalia lucra*

241) S. unten Anm. 243.

242) So bereits Leicht (wie Anm. 238), 58: »Il fondamento, per il quale i collegiati sono obbligati a far parte del collegio, non si trova infatti in disposizioni di diritto pubblico, ma nel *sacramentum* prestato da essi, e nella *lex collegii*, chiamata con linguaggio ormai quasi medievale *pactum*«.

243) A. a. O. 118: ... *eos promittere sibi compellat* (sc. Iohannes), *ut, si quis arti eorum sociari voluerit, quicquid commodi de introitura eius accesserit, ipsi proficiat...*

244) Ebd., 118f.: ... *adiciens quoque* (sc. der an den Papst entsandte Beauftragte des *corpus* und Überbringer des päpstlichen Schreibens) *pactum inter se... confectum atque id sacramento interveniente firmatum et nunc ab eo* (sc. Iohannes) *velle quosdam ex suis, eius scilicet patrocinio fretos, abscedere atque ita eum* (sc. *pactum*) *contravenire cupientibus tuitionem impendere, ut, quod dici grave est, plus in defensione ipsius praesumptionem habeant, quam de poena penuriam vel de sacramento praestito possint habere formidinem.*

contraveniendo non appetant, ne et periurii discrimen incurrant et commoda prave desiderata non capiant[245].

Der Papstbrief von 599 ist mit den bischöflichen *conjurationes*-Verboten von 538, 589 und 626/27 sehr gut vergleichbar: offensichtlich sind die in allen Fällen zutagetretenden Formen der Gruppenbildung identisch, auch wenn es sich im einen Fall um italische Handwerker, im anderen um gallofränkische Kleriker handelte. Völlig verschieden sind allerdings die jeweiligen Einstellungen der kirchlichen Amtsträger, die sich mit den geschworenen Einungen befaßten. Den gallofränkischen Bischöfen waren die geschworenen Einungen ihrer Kleriker unerwünscht, während Papst Gregor die neapolitanischen Handwerker mit größter Eindringlichkeit zur Aufrechterhaltung ihrer Vereinigung und zur Einhaltung des *pactum* aufforderte – um des Eides willen, den sie geschworen hatten. Die hier zutagetretende scheinbare Inkonsequenz in ›kirchlichen‹ Stellungnahmen zum gegenseitigen Eid und zur geschworenen Einung ist nur auf den ersten Blick überraschend. Sie läßt sich durch die verschiedene Zusammensetzung der Gruppen und die unterschiedliche Situation erklären. Vor allem aber ist darauf hinzuweisen, daß diese »Inkonsequenz« der kirchlichen Obrigkeit gegenüber geschworenen Einungen nichts Ungewöhnliches ist und in späterer Zeit in noch drastischerer Form in Erscheinung treten sollte[246]. Auch daraus ergibt sich, daß es in erster Linie pragmatische und kirchen-

245) Ebd., 119. – Es ist übrigens höchst aufschlußreich, (1) diese Situation der neapolitanischen *saponarii* zu vergleichen mit der Situation der Studenten von Bologna am Beginn des 13. Jhs., während des Konflikts ihrer durch Konsens gesetzten und geschworenen Einung *(societas)* mit der Stadt Bologna, welche von den Studenten eine *promissio* mit dem Verzicht auf das Recht der Freizügigkeit verlangte, und (2) die Argumente Gregors d. Gr. von 599 zu vergleichen mit den Argumenten, mit denen Papst Honorius III. 1217 die Bologneser Studenten-*societas* aufforderte, unter allen Umständen ihre *societas* und deren in der Satzung manifestierte Autonomie *(libertas scolarium)* gegen die Forderung der Stadt aufrechtzuerhalten, d. h. lieber die Stadt zu verlassen, als die geschworene *libertas* preiszugeben und damit einen Eidbruch zu begehen: *...Quapropter Universitatem vestram monemus... quatenus... observetis, ut et infamie notam et rerum dispendium omnino vitetis, de Civitate exire quam periurii reatum incurrere potius eligentes si ad alterum predictorum per Potestatem* (d. h. den Podestà) *vos contigerit artari. Vos enim Societatem dissolvere aut Statutum illud contra libertatem Scolarium vestris Statutis inserere non potestis qui utrumque servare, et quam potestis diligentius procurare, fide interposita promisistis.* Dieser Text ist ediert bei H. RASHDALL, The Universities of Europe in the Middle Ages, New Edition 1 (1936), 585 Nr. I. Zur Interpretation vgl. OEXLE (wie Anm. 1), 220. Der Vergleich der beiden Texte von 599 und 1217 zeigt eine in beiden Fällen identische Form der Gruppenbildung, eine gleichartige Bedrohung, der die Gruppen ausgesetzt waren, und eine in beiden Fällen gleichartige Stellungnahme des Papstes in dem Konflikt, der ihm vorgetragen worden war.

246) Ein anschauliches Beispiel dafür bietet die Geschichte der Universitäten: Innozenz III. hat 1208/09 die geschworene Einung *(societas)* der Pariser Magister mitsamt Satzungsautonomie und Gerichtsbarkeit anerkannt, sein Nachfolger Honorius III. jedoch hat 1221 diese geschworene Einung als *conspiratio* geschmäht, den Eid, das Willkürrecht und die eigene Rechtsprechung zum Vorwurf gemacht (vgl. OEXLE, wie Anm. 1, 219f.), derselbe Papst also, der zur selben Zeit die Bologneser Studenten-*societas* zur Einhaltung ihrer geschworenen Einung und deren Autonomie *(libertas scolarium)* mahnte und sie damit in ihrem Kampf gegen die Stadt unterstützte (s. oben Anm. 245). Was in Paris ein Vergehen war, galt also in Bologna – zum selben Zeitpunkt und in den Augen ein und desselben Papstes – als sittliche Pflicht.

politische Beweggründe waren, die zu den Verboten der gallofränkischen Klerikereinungen führten[247].

2) Der Papstbrief von 599 und die gallofränkischen *conjurationes*-Verbote des 6./7. Jahrhunderts skizzieren eine erhebliche räumliche Streuung von geschworenen Einungen in dieser Übergangszeit, und sie zeigen zugleich eine überraschende Vielfalt, was die Zusammensetzung solcher Gruppen nach Stand und Schicht der Mitglieder betrifft. Durch den zweiten hier zu erörternden Text tritt nun noch das Moment der zeitlichen Erstreckung hinzu.

Es handelt sich um einen Passus aus dem 16. Buch im zweiten Teil der ›Collationes‹ des Abtes Johannes Cassian, den er in seinem südgallischen Wirkungskreis (Marseille) geschrieben und wohl 426 dem Abt Honoratus von Lérins gewidmet hat[248]. Die ›Collationes‹ wollen in Dialogform die Lebensnormen des Mönchtums erläutern. Das 16. Buch handelt *De amicitia*, es geht also auch hier – wie schon bei anderen Autoren der christlichen Spätantike und des frühen Mittelalters, von denen bereits die Rede war – um die Frage der Vereinbarkeit von Freundschaften mit einer wahrhaft christlichen Lebensführung[249]. Am Beginn des Buches behandelt Cassian verschiedene Arten von *amicitiae sodalitates*, welche die Menschen in der *dilectionis societas* zusammenbinden, und er erwähnt auch, was die Menschen im einzelnen in dieser Weise zueinander führt: nämlich Bekanntschaft und gemeinsame Interessen in den verschiedenen beruflichen und privaten Tätigkeiten *(negotiationis seu militiae uel artis ac studii similitudo atque conmunio)*, sodann die Hoffnung auf Gewinn *(lucrum)* oder die Begierde *(libido)* oder die Verwandtschaft *(consanguinitas)* oder aber *uariae necessitates*, die vielfältigen Wechselfälle und Notlagen des Alltags also[250]. Er will daran zeigen, daß weder die Gunst einer Empfehlung noch die Bedeutsamkeit eines Dienstes oder einer Wohltat, auch nicht der Inhalt eines Vertrags und nicht einmal die Not naturgegebener Bedürfnisse dauerhafte Bindungen schaffen können; dies könne vielmehr allein durch die Übereinstimmung im Streben nach dem Guten *(similitudo uirtutum)* bewirkt werden[251]. Von den verschiedenen Formen, in denen Freundschaften sich konstituieren können, spricht Cassian dann eingehend im letzten Absatz des Buches, wo er auch von jenen Menschen spricht, die das Freundschaftsbündnis *(foedus amicitiarum)* auf eine *conjuratio* gründen – in der vergeblichen Hoffnung, durch den Eid, durch die geschworene Einung, eine wirkliche und unauflösliche Einheit *(indisrupta, uera concordia)* und untrennbare Gemeinschaft *(indiuidua societas)* herstellen zu können[252]. Für Johannes Cassian ist also der gegenseitige Eid in der *conjuratio* das festeste Mittel sozialer Bindung. Aber selbst diese

247) S. oben S. 181ff.

248) Zur Datierung s. E. Pichery (Hg.), Jean Cassien, Conférences 1 (Sources chrétiennes 42) (1955), 28f.

249) S. oben S. 172.

250) Johannes Cassian, Collationes XVI,2, ed. E. Pichery, Bd. 2 (Sources chrétiennes 54) (1958), 223 und 224.

251) Ebd., XVI,3, a. a. O. 224.

252) Ebd., XVI,28, a. a. O. 246f.: *Illud quoque multis est experimentis saepissime conprobatum nullo modo eos, qui amicitiarum foedus coniurationis iniere principio, indisruptam potuisse seruare concordiam, siue quod eam non pro desiderio perfectionis nec pro apostolicae caritatis imperio, sed pro amore terreno et per*

Hoffnung sei töricht, so fährt er fort, weil die Menschen ja ihre *conjuratio* nicht um der Vollkommenheit willen *(pro desiderio perfectionis)* machten, oder um dem biblischen Gebot der *caritas* zu gehorchen *(pro apostolicae caritatis imperio),* sondern vielmehr bloß aus irdischer Zuneigung *(pro amore terreno)* oder aus Not *(per necessitatem)* an der *conjuratio* festhielten, oder dies nur deshalb täten, weil sie das *uinculum pacti,* die gegenseitige Vereinbarung einzuhalten suchten. Wer aber nur aus solchen Motiven das durch die *conjuratio* gemachte *foedus amicitiarum* einhalte – so schließt Cassian seine Betrachtung –, den könne der Böse in seiner List um so leichter dadurch zu Fall bringen, daß er ihn nicht nur zum Bruch der *amicitia,* sondern darüber hinaus auch noch zum Bruch des Eides *(sacramentum)* veranlassen könne.

Johannes Cassian spricht von der Hinfälligkeit sozialer Bindungen, auch bei bestem Wollen der Menschen, die sie untereinander eingehen, wenn diese Bindungen nur um irdischer Ziele willen eingegangen werden, und er demonstriert dies an der stärksten möglichen Bindung, die er kennt: der auf einen gegenseitigen Eid gegründeten, der *conjuratio.* Und mehr noch: diese vermeintlich festeste soziale Bindung erscheint zugleich, des Eides wegen, in spiritueller Hinsicht als die gefährlichste. Auch wer auf eine *conjuratio* sich stützen möchte, unterliegt der Täuschung und begibt sich zudem in eine ganze besondere Gefahr.

Für die sozialgeschichtliche Frage nach der Herkunft der geschworenen Einungen ist Cassians Text besonders wertvoll, weil er für seinen spirituellen Gedankengang offenkundig Beispiele aus dem Alltagsleben seiner Zeit herausgreift, unter ihnen die *conjuratio.* Die durch Eid konstituierte Form der Gruppenbildung ist für ihn offenbar etwas Alltägliches, etwas Geläufiges; sie ist jedenfalls nichts, was ihm an und für sich in irgendeiner Weise befremdlich oder gar anstößig erschiene. Bemerkenswert ist außerdem die Vielheit der Ziele und Zwecke, die von Cassian im Zusammenhang mit der Form der *conjuratio* genannt werden. Bereits hier also, in der ersten Hälfte des 5. Jahrhunderts, wird die *conjuratio* als jene umfassende soziale Bindung charakterisiert, wie sie im frühen Mittelalter vor allem am Beispiel der Gilden der Karolingerzeit faßbar geworden ist[253].

VIII

Von diesen Feststellungen ausgehend sei nunmehr schließlich die Frage nach dem gegenseitigen promissorischen Eid und nach der geschworenen Einung *(conjuratio)* in der christlichen und der heidnischen Antike vor 400 gestellt. Damit werden die durch die herkömmliche Epochenunterteilung gesetzten Grenzen überschritten. Gleichwohl erscheint diese Grenzüberschreitung erforderlich, um auf einige sozialgeschichtlich bedeutsame Sachverhalte aufmerksam zu

necessitatem ac uinculum pacti retinere conati sunt, siue quod ille callidissimus inimicus, ut eos praeuaricatores sui faciat sacramenti, celerius ad inrumpenda amicitiarum uincla praecipitat. Certissima ergo est prudentissimorum uirorum illa sententia concordiam ueram et indiuiduam societatem nisi inter emendatos mores eiusdemque uirtutis ac propositi uiros stare non posse.

253) S. oben die Abschnitte I und II.

machen, die von der Mittelalterforschung bisher nicht beachtet worden sind. Es versteht sich, daß mit den folgenden Überlegungen eher Fragen aufgeworfen, als abschließende Antworten gegeben werden sollen.

Von Interesse wären im Rahmen dieser Fragerichtung genauere Untersuchungen über die Formen freier Vereinigungen im Christentum des 3. und 4. Jahrhunderts, hat doch das Christentum, auch nachdem es Staatsreligion geworden war, »mehr genossenschaftsfördernd als genossenschaftshemmend gewirkt«[254]. Allerdings fehlt es vorerst an einer umfassenden Sozialgeschichte des christlichen Vereinigungswesens[255]. Deshalb müssen ein paar vereinzelte Hinweise genügen. Gerne wüßte man Näheres über jene in Privathäusern stattfindenden Versammlungen von Klerikern und Laien, die in der ersten Hälfte des 5. Jahrhunderts als *conventicula illicita* verboten wurden, obwohl es sich dabei offenbar nicht um häretische Gruppen gehandelt hat[256]. Außerdem hören wir von Mählern *(convivia)*, die von Klerikern und Laien aus einer gemeinsamen Kasse finanziert und gemeinsam gehalten wurden; wir wissen deshalb von ihnen, weil sie im 4. und 5. Jahrhundert von der kirchlichen Obrigkeit verboten wurden[257]. Ähnlich undeutlich bleiben auch jene Vereinigungen, die seit dem 4. Jahrhundert an verschiedenen Orten sich bildeten – gerade auch in den großen Städten, wo sie am besten faßbar werden – und deren Mitglieder sich als *Spudaioi* oder *Philoponoi* bezeichneten[258]; sie verdankten ihre Entstehung denselben Motiven, die auch in der Entstehung des Mönchtums wirkten: dem Bedürfnis, in den größer gewordenen Gemeinden gleichwohl die ursprüngliche

254) Herrmann–Waszink–Colpe–Kötting (wie Anm. 100), 151.

255) Zum Überblick vgl. den in Anm. 100 genannten Art. ›Genossenschaft‹. Von besonderem Interesse für die Fragestellung wäre eine eingehende Untersuchung der Vereinigungen für Begräbnis und Totenkult, gerade auch unter dem Gesichtspunkt ihres Zusammenhangs mit den heidnisch-römischen *›collegia funeraticia‹*.

256) S. oben Anm. 98.

257) Zuerst in der unter dem Namen der sog. Synode von Laodicäa (343/381) laufenden Kanonessammlung, hier c. 55, Ch.-J. Hefele–H. Leclercq, Histoire des conciles 1 (1907), 1023; vgl. außerdem Martin von Braga, Kanonessammlung c. 61 (ed. C. W. Barlow, Martini episcopi Bracarensis opera omnia, Papers and Monographs of the American Academy in Rome 12, 1950, 139): *Non liceat sacerdotes vel clericos sed nec religiosos laicos convivia facere de confertis;* Ferrandus von Karthago, Breviatio canonum c. 114 (CCL 149, 297): *Vt diaconi uel quilibet clerici aut etiam laici christiani ex symbolis conuiuium non celebrent.* Diese Verbote sind zu unterscheiden von den zur selben Zeit einsetzenden Verboten von Agapen im Kirchenraum, vgl. Laodicäa c. 28 (a. a. O. 1015); Breviarium Hipponense (397) c. 29 (CCL 149, 41; vgl. auch ebd. 185 und 293). Vgl. auch die gallischen *convivia*-Verbote Orléans 533 c. 12 und Auxerre 561/605 c. 9 (CCL 148 A, 100 und 266).

258) Derartige Gruppen kennt man aus Konstantinopel, Alexandrien, Beirut, Antiochien und anderen Orten: S. Pétridès, Spoudaei et philopones, in: Échos d'Orient 7 (1904), 341–348; H. Leclercq, Art. ›Confréries‹, in: Dictionnaire d'Archéologie Chrétienne et de Liturgie 3/2 (1914), 2553–2560; J. Duhr, La confrérie dans la vie de l'Église, in: Revue d'Histoire Ecclésiastique 35 (1939), 437–478, 440 ff.; H.-G. Beck, Kirche und theologische Literatur im byzantinischen Reich (Byzantinisches Handbuch II/1) (1959), 138 f.; zuletzt Herrmann–Waszink–Colpe–Kötting (wie Anm. 100), 151 f.

Strenge der *›vita apostolica‹* zu verwirklichen[259]. Deshalb sind diese Gruppen von den monastischen oft nicht klar zu unterscheiden[260], obwohl sie soziologisch wohl einem anderen Typus angehören dürften[261].

Bei der Beobachtung von Formen der Vereinigung in den christlichen Gemeinden des 3. und 4. Jahrhunderts wäre insbesondere neben den genuin christlichen Momenten auch das Moment der Übernahme antiker Formen zu bedenken, womit einerseits das Problem der christlichen Gemeinde als Träger von Kontinuität[262], andererseits die Frage nach der Kontinuität in den kleinen Ordnungen des Alltagslebens berührt ist[263].

Bekanntlich hat Tertullian an der Wende zum 3. Jahrhundert in apologetischer Absicht und zur Demonstration der Loyalität und Harmlosigkeit der Christengemeinden diese seiner heidnischen Umwelt als erlaubte Vereinigung *(corpus)* im Sinne eines *›collegium licitum‹* (des Gegenteils also einer *›factio illicita‹*) geschildert[264], wobei er die einzelnen Elemente des gemeinschaftlichen Lebens analog zu den Kollegien hervorhob: die von einem Vorsitzenden geleiteten Versammlungen *(coitio, coetus et congregatio)*, auf der auch eine vereinigungsinterne Gerichtsbarkeit geübt wurde *(nam et iudicatur magno cum pondere)*; die gemeinsame Kasse *(arca)*, zu der jeder freiwillig seinen Beitrag *(stips)* leistete und aus der Arme, Waisen, Alte und in Not geratene Mitglieder versorgt wurden; die gegenseitige ›Bruder‹-Anrede, die alle als eine *fraternitas* zusammenband, in deren Gemeinschaft *(consortium)* allen alles gemeinsam war *(omnia indiscreta sunt apud nos)*; und selbstverständlich auch die gemeinsamen Mähler *(convivia)*. Diese Schilderung Tertullians bedeutet bekanntlich nicht, daß die Gemeinden sich als *›collegium‹* begriffen oder gar organisiert hätten[265], wohl aber, daß auch in den christlichen Gemeinden die Organisationsform des Kollegiums als einer ursprünglich freien Vereinigung mit Satzungsrecht[266] bekannt war. Das ist auch daraus zu ersehen, daß der Begriff des

259) PÉTRIDÈS (wie Anm. 258), 346f.
260) BECK (wie Anm. 258), 138 bezeichnete sie als »Sonderform mönchischen oder quasi-mönchischen Lebens« und als »Zwischenform zwischen Welt- und Mönchsleben«.
261) Dazu oben S. 174 mit Anm. 134.
262) Dazu H. AUBIN, Vom Altertum zum Mittelalter (1949), 26ff. und 77ff.
263) Dazu die Bemerkungen von Ch. MEIER, Kontinuität – Diskontinuität im Übergang von der Antike zum Mittelalter, in: H. TRÜMPY (Hg.), Kontinuität – Diskontinuität in den Geisteswissenschaften (1973), 52–94, 88ff., bes. 90.
264) Tertullian, Apologeticum 39,1ff. (CCL 1, 150ff.); zur Frage *licitum/illicitum* ebd. 39,20 (153). Vgl. A. BECK, Römisches Recht bei Tertullian und Cyprian (Schriften der Königsberger Gelehrten Gesellschaft, Geisteswiss. Kl. 7/2) (1930), 75ff., bes. 81f.
265) Dies war die vieldiskutierte These von DE ROSSI, s. dazu HERRMANN–WASZINK–COLPE–KÖTTING (wie Anm. 100), 146ff. Der Begriff ›collegium‹ wird in diesem Text ja auch nicht verwendet.
266) M. KASER, Das römische Privatrecht 1 (Handbuch der Altertumswissenschaft X/3/3/1) (1955) 259ff. Aus der unübersehbaren Menge der Titel zum Thema sei nur genannt die neuere Gesamtdarstellung von F. M. DE ROBERTIS, Storia delle corporazioni e del regime associativo nel mondo Romano, 2 Bde, o.J. (1971); vgl. auch L. CRACCO RUGGINI, Le associazioni professionali nel mondo romano-bizantino, in:

›collegium‹ bei christlichen Autoren oft verwendet wurde, etwa wenn Cyprian von Karthago in Analogie zu den heidnischen *collegia sacerdotum* von der *collegialitas sacerdotalis* spricht[267]. Deshalb wurde auch der alte römische Rechtssatz, wonach sich ein Kollegium durch den Zusammentritt von mindestens drei Personen bildet *(tres faciunt collegium)*[268], unbefangen auf die Gemeinden angewendet[269]. Im 4. Jahrhundert hat man auch vom *collegium* der Diakone gesprochen[270]; in ähnlicher Weise wurden die Begriffe *›societas‹* und *›corpus‹* zur Bezeichnung von Gruppen innerhalb der Gemeinden verwendet[271]. Dieser Sprachbrauch ist auch unter dem Gesichtspunkt zu sehen, daß die römischen Kollegien wegen der Vielfalt von Hilfe, die ihre Mitglieder in den verschiedensten Situationen von ihren Genossen erfuhren, durchaus als Konkurrenz für die christlichen Gemeinden angesehen werden konnten[272].

Die Kontinuitätsfrage ist vor allem auch im Blick auf die Mitgliedschaft von Frauen zu stellen. In den Gilden der Karolingerzeit finden sich Frauen als Mitglieder, und dies bleibt so bei allen Vereinigungen des Gildentypus im Mittelalter: die Migliedschaft von Frauen ist die Regel[273]. In den frühen Christengemeinden bildeten Frauen von Anfang an – trotz der ebenfalls schon sehr früh aufkommenden Tendenz zur Minderstellung der Frau in der Gemeinde – allein schon zahlenmäßig einen starken Anteil und hatten eine bedeutende Rolle im Gemeindeleben[274]. Es gibt Indizien dafür, daß im 2. und 3. Jahrhundert der Anteil der Frauen mancherorts weit größer war als der der Männer[275]. Außerdem hat man in den christlichen Gemeinden die Gleichstellung der Frau und die damit verbundene religiöse Selbständigkeit »in bisher nicht gekannter Weise« verwirklicht, so daß die Frauen ein hohes Maß an Selbständigkeit

Artigianato e tecnica nella società dell' alto medioevo occidentale 1 (Settimane di Studio del Centro italiano di studi sull' alto medioevo 18/1) (1971), 59–193 und den Überblick bei HERRMANN–WASZINK–COLPE–KÖTTING (wie Anm. 100).

267) HERRMANN–WASZINK–COLPE–KÖTTING (wie Anm. 100), 148. Vgl. auch die Nachweise im Thesaurus linguae latinae 3 (1906/12), 1591ff. und bei BLAISE (wie Anm. 100), 168. Ferner A. VILELA, La condition collégiale des prêtres au IIIe siècle (Théologie historique 14) (1971), 331. Über den mittelalterlichen Wortgebrauch MICHAUD-QUANTIN (wie Anm. 35), 70ff. Zur Frage der Priester-›Kollegien‹ auch G. D'ERCOLE, Die Priesterkollegien in der Urkirche, in: Concilium 2 (1966), 487–492.

268) Th. MOMMSEN–P. KRUEGER (Hgg.), Corpus iuris civilis 1: Institutiones (1908), 912 (l. 85, D. 50,16).

269) Tertullian, De exhortatione castitatis 7,3 (CCL 2, 1025): *ubi tres, ecclesia est, licet laici.*

270) HERRMANN–WASZINK–COLPE–KÖTTING (wie Anm. 100), 148.

271) Cyprian ep. 68,3 (CSEL 3/2, 746). Vgl. HERRMANN–WASZINK–COLPE–KÖTTING (wie Anm. 100), 148f.

272) Darüber H. GÜLZOW, Christentum und Sklaverei in den ersten drei Jahrhunderten (1969), 142ff.

273) S. oben S. 155 sowie OEXLE (wie Anm. 1), 208f. und DERS. (wie Anm. 3), 328 und 331.

274) A. VON HARNACK, Die Mission und Ausbreitung des Christentums in den ersten drei Jahrhunderten 2 ([4]1924), 589ff.; J. LEIPOLDT, Die Frau in der antiken Welt und im Urchristentum (1954), bes. 186ff.; H. GÜLZOW, Soziale Gegebenheiten der altkirchlichen Mission, in: H. FROHNES–U. W. KNORR (Hgg.), Die Alte Kirche (Kirchengeschichte als Missionsgeschichte 1) (1974), 189–226, 200ff.

275) GÜLZOW (wie Anm. 274), 200.

und Verantwortung auch im Dienst der Gemeinde hatten[276]. Darin wiederum wird aber auch eine Übereinstimmung mit dem heidnisch-antiken Vereinigungswesen sichtbar; denn in den antiken Kollegien begegnen vielfach Frauen als Mitglieder und haben dort sogar Ämter bekleidet[277].

Hält man, von dem *conjuratio*-Text des Johannes Cassian ausgehend, nach geschworenen Einungen und promissorischen Eiden im Christentum des 3. und 4. Jahrhunderts Ausschau, so ist allerdings das Ergebnis bisher negativ. Deshalb soll der Kreis der Beobachtungen erweitert, soll nach gegenseitigen Eiden und nach *conjurationes* als sozialen Gruppen in der römischen Antike insgesamt gefragt werden[278]. Dabei werden dann auch Hinweise zu *conjuratio* und Eid im Christentum sich einstellen.

1) In seinen enzyklopädisch angelegten ›Etymologien‹ erläuterte im 7. Jahrhundert Isidor von Sevilla einen antiken Begriff von ›*conjuratio*‹, bei dem es sich um ein *vocabulum militiae*, d. h. einen Terminus technicus aus dem Militärwesen handelt. Es geht hier um die drei Formen der Truppenaushebung, die Isidor als *sacramentum, evocatio* und *coniuratio* unterscheidet. Zur *coniuratio* bemerkt er: *Coniuratio, quae fit in tumultu, quando vicinum urbis periculum singulos iurare non patitur, sed repente colligitur multitudo et tumultuosa in ira conflatur. Haec èt tumultuatio dicitur*[279]. *Conjuratio* meint demnach eine in Zeiten höchster Not, bei drängenden Angriffen vorgenommene Form der Truppenvereidigung unter tumultuarischen Umständen. Isidors Definition von *conjuratio* ist teilweise ein Zitat aus dem ›Aeneis‹-Kommentar des Servius aus der Zeit um 400[280]. Für unsere Fragestellung ist die bei Servius und Isidor behandelte Form der Truppenvereidigung deshalb von Bedeutung, weil bei ihr im Gegensatz zur regulären Form der Aushebung und Vereidigung *(legitima militia)* an die Stelle des Fahneneides *(sacramentum)*, den der einzelne Soldat gegenüber dem Beamten leistete, ein Eid trat, den die Soldaten sich untereinander gegenseitig leisteten, womit sie sich wechselseitig zu

276) Ebd., 201 f.

277) W. LIEBENAM, Zur Geschichte und Organisation des römischen Vereinswesens (1890, Nachdruck 1964), 173 f.; vgl. auch F. POLAND, Geschichte des griechischen Vereinswesens (Preisschriften gekrönt und herausgegeben von der Fürstlich Jablonowski'schen Gesellschaft zu Leipzig 38) (1909), 289 ff.

278) Zum Folgenden bes. die begriffsgeschichtlichen Untersuchungen von J. HELLEGOUARC'H, Le vocabulaire latin des relations et des partis politiques sous la République ([2]1972), 95 ff. und von W. HOBEN, Terminologische Studien zu den Sklavenerhebungen der römischen Republik (Forschungen zur antiken Sklaverei 9) (1978), 6 ff. und 28 ff.

279) Etymologiae sive origines IX,3,55, ed. W. M. LINDSAY, Bd. 1 (1911, Nachdruck 1962). Es wäre zu prüfen, inwieweit mittelalterliche Auffassungen über *conjurationes* auch mit geprägt sind von dieser Auffassung Isidors: *coniuratio = tumultuatio.* Man vergleiche z. B. die Charakterisierung der Kommune *(conjuratio)* von Beauvais durch Ivo von Chartres (ep. 77, MIGNE PL 162, 99): *turbulenta conjuratio factae communionis.*

280) Servius, Commentarius in Vergilii Aeneidos VII,614, ed. G. THILO–H. HAGEN, Bd. 2 (1884), 174: *coniuratio, quae fit in tumultu, id est Italico bello et Gallico, quando vicinum urbis periculum singulos iurare non patitur, ut inter Fabios fuit; ...* Vgl. auch ebd. II,157, Bd. 1 (1881), 246.

Hilfe und Beistand im Kampf verpflichteten[281]. Von derartigen Eiden berichtet schon in augusteischer Zeit Livius in seiner Schilderung der Aushebung des Jahres 216 v. Chr., die der Schlacht von Cannae voraufging. Livius beschreibt zunächst einen älteren Usus, daß nämlich die Reiter in den Dekurien, die *pedites* in den Centurien sich freiwillig untereinander durch Eide banden: *sua voluntate ipsi inter sese decuriati equites, centuriati pedites coniurabant sese fugae atque formidinis ergo non abituros neque ex ordine recessuros nisi teli sumendi aut aptandi et aut hostis feriendi aut civis servandi causa;* diese Schwurform des *voluntarium inter ipsos foedus* sei damals auf die Militärtribunen übertragen und zur gesetzmäßigen eidlichen Verpflichtung *(legitima iuris iurandi adactio)* gemacht worden[282]. Die Frage nach der Herkunft dieser Form der *conjuratio*[283] mag in unserem Zusammenhang ebenso auf sich beruhen wie die Frage nach dem Verhältnis dieser militärischen *conjuratio* zu anderen Erscheinungsformen der »Verschwörung«[284]. Es wäre aber interessant festzustellen, in welchem Ausmaß diese alte Form der *conjuratio* in Zeiten geminderter oder gefährdeter staatlicher Macht wieder in Erscheinung trat[285], vor allem, ob es dergleichen Vorgänge in der Spätantike, in der Auflösung des römischen Staates noch oder wieder gegeben hat. Mit anderen Worten: es ginge darum zu ermitteln, ob Servius in seiner *conjuratio*-Definition (der dann Isidor folgte) ausschließlich antiquarisches Wissen wiedergab, oder ob sein Hinweis irgendeinen Bezug zur Gegenwart, also der Zeit um 400 hatte. Diese Frage kann jedenfalls nicht von vornherein als unsinnig erscheinen, da – wie oben erörtert – Johannes Cassian um 400 in seinen Ausführungen über die verschiedenen Arten der *amicitia* und deren Begründung durch *conjuratio* sowie die darin zum

281) Dazu FIEBIGER, Art. ›Coniuratio‹, in: Paulys Real-Encyclopädie IV/1 (1900), 885 und neuerdings bes. J. BLEICKEN, Coniuratio. Die Schwurszene auf den Münzen und Gemmen der römischen Republik, in: Jahrbuch für Numismatik und Geldgeschichte 13 (1963), 51–70, bes. 53ff. und (z. T. abweichend) H. U. INSTINSKY, Schwurszene und Coniuratio, in: ebd. 14 (1964), 83–87. Zuletzt S. WEINSTOCK, Divus Julius (1971), 223ff.; HELLEGOUARC'H (wie Anm. 278), 95; HOBEN (wie Anm. 278), 6f.
282) Livius XXII,38, 1–5, ed. W. WEISSENBORN–M. MÜLLER (^{2}1905), 329. Zur Interpretation INSTINSKY (wie Anm. 281), 83f., gegen die Deutung von BLEICKEN (wie Anm. 281), 56f. INSTINSKY möchte die von Livius berichtete Art der *conjuratio* nicht gleichsetzen »mit der ebenso genannten Form irregulärer Aushebung und Massenvereidigung in der Situation des *tumultus* oder sonstiger Notlagen« (85).
283) Vgl. dazu K. LATTE, Zwei Exkurse zum römischen Staatsrecht, in: Nachrichten von der Gesellschaft der Wissenschaften zu Göttingen, Phil-hist. Kl., Neue Folge, Fachgruppe I: Nachrichten aus der Altertumswissenschaft 1 (1936), 58–77, bes. 66ff.
284) HOBEN (wie Anm. 278) hält die militärische *conjuratio* (d. h. die unkonventionelle Vereidigung im Notfall) für den »historischen Ursprung der coniuratio« (6) und nimmt »eine Weiterentwicklung der ursprünglichen militärischen *coniuratio*« (7), ja sogar einen »nahezu gerade nachvollziehbaren Weg« an, »den die *coniuratio* von der objektiv staatserhaltenden Notmaßnahme in die Perversion der Verschwörung subversiven Charakters genommen hat« (8). Anders hingegen HELLEGOUARC'H (wie Anm. 278), 96, der vielmehr die religiösen *conjurationes* vom Typus der Bacchanalien-Vereinigungen (s. unten S. 203) für die ältesten hielt.
285) BLEICKEN (wie Anm. 281), 56.

Zuge kommenden menschlichen Bedürfnisse und Notlagen auch die *similitudo atque conmunio militiae* genannt hat[286].

2) Im Gegensatz zu dieser militärischen Form der *conjuratio* ist dieses Wort bekanntlich aber vor allem verwendet worden »zur Bezeichnung einer Vereinigung von Personen oder Völkern mit dem Ziel, gegen eine bestimmte Person, Gruppe oder Einrichtung zu kämpfen«[287]. Es geht hier also um den allgemeinen Sinn von ›*conjuratio*‹ als »Verschwörung«. Hierbei konnte es sich um *conjurationes* äußerer Feinde (Völker, Staaten) gegen Rom handeln oder um »Verschwörungen« *contra rem publicam* oder *adversus cives et patriam*[288]; auch Sklavenaufstände wurden als *conjurationes* bezeichnet[289]. Selbst wenn man für all dies eine eher die Form als die Inhalte solcher »Verschwörungen« berücksichtigende Definition zu ermitteln sucht[290], bleibt festzustellen, daß *conjuratio* hier, im Gegensatz zu dem gleichlautenden *vocabulum militae*, in jedem Fall »eine durchaus negative Sinngebung« hat[291]. In diesem Zusammenhang erscheint *conjuratio*, wenn engere Bindungen in Gruppen gemeint sind, geradezu als negativ besetzter Gegenbegriff zum Begriff der ›*amicitia*‹[292]. Dieser negative Begriff der ›Verschwörung‹ prägt – es wurde bereits erwähnt – das *conjuratio*-Verbot in Kanon 18 des Konzils von Chalcedon. Von diesem ausschließlich negativ besetzten *conjuratio*-Begriff her dürfte es zu erklären sein, daß

286) S. oben Anm. 250.

287) Hoben (wie Anm. 278), 7.

288) Dazu das in den Art. ›coniuratio‹ und ›coniuro‹ des Thesaurus linguae latinae 4 (1906/09), 338–341 zusammengestellte Material und die zahlreichen Hinweise bei Hellegouarc'h (wie Anm. 278), 95ff., und Hoben (wie Anm. 278), 7ff.

289) Hoben (wie Anm. 278), 28ff.

290) Vgl. Hellegouarc'h (wie Anm. 278), 96: »Aussi *coniuratio* peut-il se dire de toutes les associations qui sont fondées sur la *fides* et qui comportent la prestation d'un serment«. In einem Gegensatz zu dieser Definition steht allerdings die ebd. 97 vertretene Annahme, der Eid sei oft oder meist nur Nebensache gewesen: »Le serment même n'y a souvent qu'un rôle accessoire«, und: »... le plus souvent, il n'est pas fait la moindre allusion à la prestation d'un serment et si, dans beaucoup de cas, on peut sans doute en supposer l'existence, il n'est pas l'élément essentiel de la *coniuratio* qui apparaît alors surtout comme la coalition d'un ensemble d'individus dirigées contre quelqu'un«. Ebenso Hoben (wie Anm. 278), 7: »Die Eidesleistung ist nicht integraler Bestandteil, aber häufiger Begleitumstand«; man vergleiche dazu Hobens Definition der *conjuratio* als eine »in der Regel durch Eid bekräftigte Vereinigung« (8). Es gibt also in der Alten Geschichte eine analoge Problematik der Beurteilung des promissorischen Eides wie in der Mediaevistik, s. oben Abschnitt II. Bei Hellegouarc'h und Hoben wird wohl zu schnell von der Nicht-Erwähnung eines Eides in den Texten auf dessen Nicht-Vorhandensein in der Realität geschlossen; dazu auch die Bemerkung von Hoben a. a. O., 28 Anm. 7.

291) Hoben (wie Anm. 278), 7; vgl. Hellegouarc'h (wie Anm. 278), 96: »*coniuratio* a une valeur nettement péjorative«. Auf diesen allgemeinen pejorativen Sinn des Wortes bezieht sich um 400 ausdrücklich Servius in seinem Kommentar zur ›Aeneis‹ (VIII,5, Bd. 2, wie Anm. 280, 200), zum Lemma ›*CONIURAT*‹: *nota de re bona coniurationem dici posse: nam coniuratio τῶν μέσων est.* Dazu Hellegouarc'h a. a. O., 96.

292) Hellegouarc'h (wie Anm. 278), 97: »Aussi pouvons-nous conclure que la *coniuratio*, comme la *coitio*, est une forme péjorative de l'*amicitia*, mais qu'elle comporte, plus que la notion précédente, une idée d'association étroite qui lui permet de s'opposer plus fortement au sens honnête que comporte l'*amicitia*«.

unter den zahlreichen Bezeichnungen für ›Korporationen‹ und ›Kollegien‹ das Wort *conjuratio* bzw. sein griechisches Äquivalent συνωμοσία nicht begegnet[293], ein Sachverhalt, der zugleich auf die relativ geringe Bedeutung des Eides in den Kollegien hinweist, obwohl auch in der antiken Welt in Vereinigungen dieser Art der Eid der Mitglieder bezeugt ist, so in attischen Handwerkervereinigungen und in den politischen Vereinigungen Griechenlands[294]. Auch hieran wird übrigens noch einmal deutlich, daß solche Eide in Vereinigungen dieser Art nichts spezifisch Germanisches sein können, worauf im übrigen bereits G. Le Bras und P. Michaud-Quantin hingewiesen haben[295].

Allerdings weiß man von diesen Vereinigungen wenig, »aus dem einfachen Grunde, weil sie fast immer verbotene Vereine waren und deshalb ihre Satzung sorgfältig geheim hielten«[296]. Für römische Kollegien ist der Eid, soweit feststellbar, überhaupt nicht bezeugt. Auch dies dürfte seinen Grund darin haben, daß der römische Staat und seine Behörden besonders seit dem 1. Jahrhundert v. Chr. vor allem den ausgesprochen politischen Vereinigungen *(sodalitates, factiones)*, darüber hinaus aber allen Kollegien mit dem stärksten Mißtrauen begegneten[297]. Ein berühmtes Beispiel dafür aus dem 2. Jahrhundert n. Chr. bietet die Antwort Kaiser Trajans an den jüngeren Plinius auf dessen Anfrage, ob in Nicomedia ein *collegium fabrorum* als Feuerwehr gegründet werden dürfe[298]. Der entscheidende Punkt für die Ablehnung war übrigens die Abhaltung von Versammlungen *(coetus)*[299]. Aber auch die Mähler, die den Mitgliedern solcher Vereinigungen wichtig waren, galten als Herde politischer Unruhen und darüber hinaus als Anlässe für schwere moralische Verirrungen und geheime Verbrechen[300]. Ein später Zeuge solcher negativer Einstellungen gegenüber den Kollegien ist wiederum Isidor von Sevilla in seinen ›Etymologien‹, wenn er das Wort *›collegiati‹* in der folgenden Weise erläutert: *Collegiati dicuntur, quod ex eorum collegio custodiisque deputentur, qui facinus aliquod commiserunt. Est enim sordidissimum genus hominum patre incerto progenitum*[301]. Somit bleibt also die Frage offen, ob und in welchem Umfang es in den römischen Kollegien

293) Vgl. die Liste der Bezeichnungen bei DE ROBERTIS 1 (wie Anm. 266), 10 mit Anm. 34 (nach J. P. WALTZING).

294) E. ZIEBARTH, Das griechische Vereinswesen (Preisschriften gekrönt und herausgegeben von der Fürstlich Jablonowski'schen Gesellschaft zu Leipzig 34) (1896), 141 f.; vgl. auch ebd., 92 ff., über den Eid in politischen Vereinigungen; POLAND (wie Anm. 277), 499.

295) LE BRAS (wie Anm. 127), 428 Anm. 1; MICHAUD-QUANTIN (wie Anm. 35), 234.

296) ZIEBARTH (wie Anm. 294), 93.

297) Vgl. die Senatsbeschlüsse von 64 und 56 v. Chr., die Aufhebung sämtlicher Kollegien durch Caesar und die Lex Iulia de collegiis des Augustus. Dazu DE ROBERTIS 1 (wie Anm. 266), 83 ff., 116 ff. und 195 ff., und zuletzt HERRMANN–WASZINK–COLPE–KÖTTING (wie Anm. 100), 110 f.

298) Plinius ep. 10, 33 f., ed. M. SCHUSTER–R. HANSLIK (1958), 324 f.; vgl. auch ep. 10, 92 f., ebd., 353 f.

299) HERRMANN–WASZINK–COLPE–KÖTTING (wie Anm. 100), 111 f.

300) B. REICKE, Diakonie, Festfreude und Zelos in Verbindung mit der altchristlichen Agapenfeier (Uppsala Universitets Årsskrift 1951/5) (1951), bes. 320 ff.

301) Etymologiae IX,4, 29 (wie Anm. 279).

Eide der Mitglieder gegeben hat, die aus den genannten Gründen verheimlicht wurden, und ob solche Eide gar »üblich« waren, wie angenommen worden ist[302] oder doch eher selten[303].

3) Sehr viel deutlicher tritt die *conjuratio* als eine durch gegenseitigen Eid konstituierte Gruppe im Bereich primär religiöser Vereinigungen in Erscheinung. Die grundlegende Bedeutung des Eides in solchen Vereinigungen zeigt nachdrücklich der Senatsbeschluß gegen die Vereinigungen der Dionysos-Verehrer, das ›Senatusconsultum de Bacchanalibus‹ aus dem Jahr 186 v. Chr. Dieses Verbot richtete sich nämlich in erster Linie gegen die gegenseitigen Eide und zugleich gegen alle nur denkbaren Formen des Gelobens, Versprechens und Sichverpflichtens[304]. Es hat also bei diesen Gruppen sich um wirkliche *conjurationes* in jenem rechtlich-sozialen Sinn des Wortes gehandelt, den man aus der mittelalterlichen Geschichte kennt. Auch in anderen religiösen Vereinigungen dieser Art begegnet in römischer Zeit der Eid, der beim Eintritt in die Gruppe zu leisten war[305]. Es muß hervorgehoben werden, daß der Senatsbeschluß von 186 die Abhaltung von Versammlungen zum Zwecke eines Bacchanals durchaus weiterhin erlaubte, jedoch unter der Voraussetzung, daß bei dem zuständigen Magistrat ein entsprechender Antrag gestellt wurde und somit eine Aufsicht und Kontrolle möglich war[306]. Auch dieser Sachverhalt zeigt, daß es wirklich in erster Linie um den Eid und nichts anderes ging: der gegenseitige Eid war für die Behörden das Anstoßerregende; denn er war für die Mitglieder der Gruppe und deren Bestand das zentrale Moment[307].

Dies zu betonen ist wichtig, weil in augusteischer Zeit Livius den Senatsbeschluß von 186 in einem höchst merkwürdigen Bericht über die Unterdrückung der Bacchanalien behandelt hat,

302) So Le Bras (wie Anm. 127), 428 Anm. 1; vorsichtiger Michaud-Quantin (wie Anm. 35), 234, mit dem Hinweis auf die Tatsache, daß der Eid im antiken Recht nicht erörtert wird (s. oben S. 189 und unten Anm. 303).

303) Von seiten der römischen Juristen ist zu dieser Frage nichts zu erfahren. Sie haben sich ganz allgemein für die Kollegien wenig interessiert und das Vereinsrecht kaum bearbeitet, s. Kaser (wie Anm. 266), 263f., und Ders., Römisches Privatrecht ([7]1972), 75. Behandelt wird nur die Gründung durch Vereinbarung der ersten Mitglieder, wobei die Mindestzahl dreier Mitglieder festgesetzt ist (s. oben Anm. 268); doch ging es bei dieser Norm lediglich um eine juristische Formulierung der Möglichkeit zur Mehrheitsbildung, Liebenam (wie Anm. 277), 169. Entsprechend hörte das *collegium* auf, zu bestehen, wenn die Zahl der Mitglieder auf weniger als drei sank, vgl. L. Schnorr von Carolsfeld, Geschichte der juristischen Person 1 (1933, Nachdruck 1969), 385.

304) C. G. Bruns, Fontes iuris Romani antiqui 1 ([7]1909), 165 Nr. 36: *Neve post hac inter sed conioura(se nev)e comvovise neve conspondise neve compromesise velet, neve quisquam fidem inter sed dedise velet.* Zu diesem Passus bes. E. Fraenkel, Senatus consultum de Bacchanalibus, in: Hermes 67 (1932), 369–396, 371f. Die Bedeutung dieses Kerns des Verbots ist bei Hellegouarc'h (wie Anm. 278), 96, und bei Hoben (wie Anm. 278), 11, nicht erkannt. Allgemein de Robertis 1 (wie Anm. 266), 56ff., und K. Christ, Krise und Untergang der römischen Republik (1979), 111f.

305) Vgl. z.B. M. J. Vermaseren, Mithras. Geschichte eines Kultes (1965), 105ff.

306) Bruns (wie Anm. 304), 165 Z. 4ff. und 15ff.

307) Vgl. damit die Einzelheiten und die Gesamttendenz des Gildeverbots Karls d.Gr. von 779, oben Abschnitt I mit Anm. 6.

dabei jedoch ganz andere Dinge in den Vordergrund rückte[308]. Dieser Bericht darf keineswegs, wie es immer wieder geschieht, als eine selbstverständliche Interpretationshilfe für den um rund zwei Jahrhunderte älteren Senatsbeschluß verwendet werden[308a]. Livius stellt diese Gruppen nämlich als *clandestinae coniurationes* vor, die *occulta et nocturna sacra* feiern, welche mit Trunk und Schmaus beginnen und dann in Unzucht, Promiskuität und Mord, mit *stupra et caedes* enden[309]. Er schilderte also jene *coniurationes* und ihre Mysterien »von vornherein als Brutstätten aller erdenklichen Schändlichkeiten«[310]: die Mitglieder leisten Gelübde, so behauptet er, *in quibus nefanda coniuratio in omne facinus ac libidinem continebatur*[311]. Die religiösen Ziele dieser Vereinigungen waren seiner Auffassung nach überhaupt nur Schein und Täuschung und ein Deckmantel schlimmster Verbrechen: *deorum numen praetenditur sceleribus*[312]. Neben dem eher am Rande erwähnten Eid rückt also hier vor allem das Mahl in den Mittelpunkt des Interesses und wird Ausgangspunkt für alle Vorwürfe. Wie man weiß, hat Livius zur Schilderung der Bacchanalien einen zu seiner Zeit bereits ausgeformten Katalog von Beschuldigungen und Diffamierungen benutzt[313]. In ihnen kam nicht so sehr die soziale Wirklichkeit solcher Vereinigungen zur Sprache, sondern vielmehr die Vorstellung und Befürchtung jener, die solchen Vereinigungen nicht angehörten. Vor allem das Töten und Essen eines menschlichen Opfers galt in diesem Sinne als ein Vorgang, der mit dem Eid in einer *conjuratio* dieser Art aufs engste verbunden sei: die »kannibalische Eidmahlzeit«[314] sei es, so

308) Livius XXXIX,8ff., ed. W. WEISSENBORN–M. MÜLLER (1959), 8ff. Dazu M. GELZER, Die Unterdrückung der Bacchanalien bei Livius, in: DERS., Kleine Schriften 3 (1964), 256–269. Vgl. auch die Bemerkungen von DE ROBERTIS (wie Anm. 266), 65f., über den Bericht des Livius als »Projektion« von Auffassungen der Zeit des Augustus. Lehrreich ist der Parallelfall der Geschichte der Darstellung der catilinarischen Verschwörung. Dazu bei R. FREUDENBERGER, Der Vorwurf ritueller Verbrechen gegen die Christen im 2. und 3. Jahrhundert, in: Theologische Zeitschrift herausgegeben von der Theologischen Fakultät der Universität Basel 23 (1967), 97–107, 97 die Feststellung: »Cicero, der unermüdliche und unerbittliche Gegner Catilinas, weiß von grausigen Ritualen der bekämpften Coniuratio noch nichts; Sallust (Catil. 22, 1–3) stellt sie als unglaubwürdige Rumores hin. Dennoch werden seit dem 2. Jahrhundert n. Chr. diese fürchterlichen Rituale schon als für Catilina feststehende Tatsachen angeführt«, u. a. bei Plutarch, Cassius Dio und Tertullian. Vgl. dazu auch E. BICKERMANN, Ritualmord und Eselskult, in: Monatsschrift für Geschichte und Wissenschaft des Judentums, NF 35 (1927), 171–187 und 255–264, 175 sowie F. J. DÖLGER, Sacramentum infanticidii, in: Antike und Christentum 4 (1934), 188–228, bes. 208ff.

308a) Vgl. neuerdings z. B. HOBEN (wie Anm. 278), 11, und CHRIST (wie Anm. 304), 111f. Zur Geschichte dieser »cause célèbre in der Forschung« (so A. HEUSS, Römische Geschichte, 1960, 547) vgl. auch S. RICCOBONO, Fontes Iuris Romani Antejustiniani 1 (^{2}1941), 240f.

309) Livius XXXIX,8, 3–8; 14,8; 18,3f., a. a. O., 8f., 13, 17f.

310) So GELZER (wie Anm. 308), 267.

311) Livius XXXIX,18,3, a. a. O., 17.

312) Ebd., 16,7, a. a. O., 16.

313) Darüber die eingehenden Untersuchungen von BICKERMANN (wie Anm. 308), bes. 173ff.; DÖLGER (wie Anm. 308), bes. 207ff.; FREUDENBERGER (wie Anm. 308).

314) BICKERMANN (wie Anm. 308), 174.

wurde behauptet, welche die Schwörenden zusammenbinde, das vergossene Menschenblut sei das *pignus conjurationis*, das Unterpfand der ›Verschwörung‹ oder ›Schwureinung‹[315].

Dieses Konvolut von Unterstellungen, Verdächtigungen und Diffamierungen wurde nicht nur – z. B. in der hellenistischen Literatur – gegen die ›Verschwörungen‹ der Juden vorgebracht[316], sondern im 1. und 2. Jahrhundert n. Chr. bekanntlich in unheilvoller Weise auch gegen die Gemeinden der Christen gerichtet, denen man *scelera, flagitia, atrocia, pudenda* und *odium generis humani* vorwarf, also schwere und besonders widerliche kriminelle Handlungen, Unzucht und Ritualmorde, sowie verschwörerische Umtriebe[317]. Von diesen Dingen spricht auch Plinius in seinem berühmten Brief an Kaiser Trajan, in dem er von Erfahrungen mit Christengemeinden in Kleinasien berichtet[318].

Daß dieser Bericht des Plinius bis in die Einzelheiten hinein an die Schilderung der Bacchanalien bei Livius erinnert, ist wohl kein Zufall[319]. Unter Verwendung der Aussagen christlicher Apostaten weist Plinius auf zwei Momente hin, die offenbar für die Christengruppen eine grundlegende Bedeutung hatten, nämlich die gemeinsamen Mähler und daneben die gegenseitige Bindung der Christen durch ein *sacramentum*. Über den Sinn dieses Wortes in diesem Text hat es bekanntlich große Kontroversen gegeben[320], wobei es vor allem um die Frage geht, ob *›sacramentum‹* hier irgendeine religiöse Weihehandlung bezeichnen soll oder aber den unmittelbaren Sinn einer religiösen Verpflichtung durch Eid hat[321]. Die Annahme, daß *›sacramentum‹* hier einen Eid meint, wird freilich gestützt durch den Gesamtsinn, den der Bericht hat. Der Brief trifft nämlich die Feststellung, daß die Befragung der Apostaten den völlig harmlosen Charakter sowohl des Mahles als auch des *sacramentum*, des Eides also, ans Licht gebracht habe; nicht zum Bösen, sondern im Gegenteil, zum Guten verpflichten sich die Christen durch ihren gegenseitigen Eid: *seque sacramento non in scelus aliquod obstringere, sed*

315) So im 2. Jh. n. Chr. Florus, Epitom. II,12,4 (ed. C. HALM, 1863, 78), über die Verschwörung des Catilina: *additum est pignus coniurationis sanguis humanus.*

316) Darüber BICKERMANN (wie Anm. 308), 173 ff., und DÖLGER (wie Anm. 308), 207 ff.

317) Vgl. Plinius, ep. 10, 96, SCHUSTER-HANSLIK (wie Anm. 298), 355 ff.; Tacitus, Ann. XV,44, ed. E. KOESTERMANN (1965), 356; Tertullian, Apologeticum 7–9 (CCL 1, 98 ff.). Dazu vor allem H. NESSELHAUF, Der Ursprung des Problems »Staat und Kirche« (Konstanzer Universitätsreden 14) (1975), bes. 17 ff. Vgl. auch K. BRINGMANN, Christentum und römischer Staat im ersten und zweiten Jahrhundert n. Chr., in: Geschichte in Wissenschaft und Unterricht 29 (1978), 1–18, bes. 3 ff.

318) Plinius ep. 10, 96, SCHUSTER-HANSLIK (wie Anm. 298), 355 ff.

319) Dazu R. M. GRANT, Pliny and the Christians, in: The Harvard Theological Review 41 (1948), 273–274; R. FREUDENBERGER, Das Verhalten der römischen Behörden gegen die Christen im 2. Jahrhundert, dargestellt am Brief des Plinius an Trajan und den Reskripten Trajans und Hadrians (1967), 165 ff., bes. 169.

320) Zur Vielfalt der Meinungen über das hier mit dem Wort *›sacramentum‹* »eigentlich« Gemeinte vgl. die aus unterschiedlichen Perspektiven gegebenen Überblicke bei GRANT (wie Anm. 319), 274; J. A. JUNGMANN, Missarum Sollemnia 1 ([5]1962), 23 f.; A. N. SHERWIN-WHITE, The Letters of Pliny (1966), 702 ff., bes. 706; FREUDENBERGER (wie Anm. 319), 166 mit Anm. 48.

321) Die Alternative »Weihehandlung«/»religiöse Eidverpflichtung« bei DÖLGER (wie Anm. 308), 207.

ne furta, ne latrocinia, ne adulteria committerent, ne fidem fallerent, ne depositum appellati abnegarent. quibus peractis morem sibi discedendi fuisse rursusque coeundi ad capiendum cibum, promiscuum tamen et innoxium[322]. Mit anderen Worten: Plinius bezieht sich auf die gängigen Vorurteile und Diffamierungen gegenüber *conjurationes,* wie sie bei Livius in anderem Zusammenhang erscheinen, er schildert die Christengruppen als wirkliche ›Verschwörungen‹ oder ›Schwureinungen‹, – als Schwureinungen freilich, die völlig ungefährlich und harmlos sind[323]. Und deshalb fügt er hinzu, die Christen hätten auf Grund des vom Kaiser veranlaßten und von Plinius ausgesprochenen Verbots von Vereinigungen *(hetaeriae)* sogar auf diese harmlosen Übungen verzichtet.

Daß die Christengruppen als *conjurationes* verdächtigt wurden, mit allen politischen, sozialen und strafrechtlichen Implikationen eines solchen Verdachts, läßt sich bekanntlich auch aus den Äußerungen der christlichen Apologeten ablesen. Deren Verteidigung setzte »genau dort an, wo der Angriff erfolgte, der Angriff gegen das Christentum als eine schwerster Verbrechen verdächtige Vereinigung«[324]. Deshalb hat Tertullian in seinem ›Apologeticum‹ den im Zusammenhang mit den Mählern der Christen erhobenen Vorwurf der *occultorum facinorum infamia* mit besonderem Nachdruck zurückgewiesen[325]. Und mit dem Vorwurf der eidlichen Einung *(foedus)* im Zeichen der ›kannibalischen Mahlzeit‹ hat sich der Apologet Minucius Felix auseinandergesetzt[326]. Hierher gehört wohl auch, daß man den Christen im 3. Jahrhundert die Abhaltung von *conciliabula* verbot[327], und daß Bischof Cyprian von Karthago im Jahre 250 zum Tode verurteilt wurde, u. a. weil er sich verruchter verschwörerischer Umtriebe schuldig gemacht, nämlich *plurimos nefariae conspirationis homines* um sich versammelt habe[328].

Was in den Beschuldigungen außenstehender Nicht-Christen gegen die Christengruppen geäußert wurde und was die Apologeten zu widerlegen suchten, ist aber offenbar auch Gegenstand von Kontroversen unter den Christen selbst gewesen. Bereits im 1. Jahrhundert scheint es Auseinandersetzungen darüber gegeben zu haben. Die bekannten Warnungen des Apostels Paulus vor Schwelgereien und Gelagen in den von ihm gegründeten und betreuten Gemeinden wurzeln wohl nicht nur in moralischen Erwägungen, sondern sie haben auch einen

322) Plinius, ep. 10, 96, 7, Schuster–Hanslik (wie Anm. 298), 356.

323) Freudenberger (wie Anm. 319), 166. Vgl. auch Nesselhauf (wie Anm. 317), 20ff., bes. 22, der ebenfalls eine Eidverpflichtung annimmt.

324) Nesselhauf (wie Anm. 317), 23.

325) Apologeticum 6, 11 und dann umfassend c. 7–9 (CCL 1, 98ff.).

326) Vgl. Minucius Felix, Octavius c. 9 (CSEL 2, 13) über das Töten und Verzehren eines neugeborenen Kindes: *hac foederantur hostia, hac conscientia sceleris ad silentium mutuum pignerantur.*

327) Acta proconsularia s. Cypriani c. 1 (Jüngere Fassung): *Praeceperunt etiam* (sc. die Kaiser Valerianus und Gallienus), *ne in aliquibus locis conciliabula faciant nec coemeteria ingrediantur,* R. Reitzenstein, Die Nachrichten über den Tod Cyprians (Sitzungsberichte der Heidelberger Akademie der Wissenschaften, Phil.-hist. Kl., Jahrgang 1913, 14. Abh.) (1913), 13.

328) Ebd., 21 (Ältere Fassung); vgl. ebd.: *et ideo, cum sis nequissimi criminis auctor et signifer deprehensus,...*

ganz realen politisch-sozialen Hintergrund. Manches deutet nämlich darauf hin, daß es Paulus auch darum ging, Gefahren vorzubeugen, die aus der Abhaltung von Mählern erwachsen konnten[329], – sei es, daß in den Gemeinden eine aus eschatologischer Ungeduld genährte, in Gelagen und Mählern sich konkretisierende Agitation aufkäme, oder sei es, daß die Gemeinden durch einen bloßen Verdacht in dieser Richtung nach außen ins Zwielicht geraten könnten, daß man sie der Illoyalität gegenüber der Obrigkeit bezichtigen könnte[330]. Da das gemeinsame Essen und Trinken als »ein Ausdruck politisch-sozialer Opposition«[331] galt, mußte verhindert werden, daß die Christen mit den seit jeher in Vereinigungen sich konkretisierenden, gegen die Obrigkeit gerichteten Strömungen zusammengebracht wurden[332]. In derselben Absicht stellte am Ende des 1. Jahrhunderts der Verfasser des Ersten Klemensbriefes das Gelage in einen Zusammenhang mit Streit, Unordnung, Aufruhr und umstürzlerischem Treiben, wovor er die Christen in Korinth nachdrücklich warnen wollte[333]. Solche Zeugnisse werfen aber immer wieder die Frage auf, ob die Christengruppen der ersten Jahrhunderte bloß als *conjurationes* d. h. als ›Verschwörungen‹ oder ›Schwureinungen‹ verdächtigt wurden, oder ob sie vielleicht nicht auch wirklich *conjurationes* im sozialen Sinn des Wortes, das heißt: geschworene Einungen gewesen sind.

IX

In den zuletzt erörterten Texten tritt in einer sehr grundsätzlichen Form das methodische Problem auf, eine bestimmte soziale Wirklichkeit nur erfassen zu können durch Auffassungen und Darstellungen von ihr: Auffassungen, die sich nicht um eine angemessene Wiedergabe dieser Wirklichkeit bemühen, sondern sie in Verzerrungen und Diffamierungen spiegeln, oder aber Darstellungen, die, in konträrem Bezug zu solchen Diffamierungen, das Inkriminierte verschweigen oder verharmlosen. Das Problem solcher Diffamierungen ist bereits im Zusammenhang der frühmittelalterlichen Gilden und geschworenen Einungen aufgetaucht, die wir nur anhand von Verboten und von Verbote begründenden Diffamierungen als soziale Phänomene erfassen können[334].

Die Analogien zwischen den antiken und den mittelalterlichen Stellungnahmen Außenstehender zum Phänomen der *conjuratio* sind damit aber nicht erschöpft. Viel erstaunlicher ist es,

329) Darauf machte aufmerksam REICKE (wie Anm. 300), 294ff. und 308ff.
330) Ebd., 304, 308ff., 368ff.; vgl. HERRMANN–WASZINK–COLPE–KÖTTING (wie Anm. 100), 146.
331) So REICKE (wie Anm. 300), 350.
332) Nach Sueton (Cl. 25, 4, ed. M. IHM, 1958, 209) wurden durch Kaiser Claudius *Iudaei impulsore Chresto assidue tumultuantes* aus Rom vertrieben; vgl. auch Apg. 18, 2. Dazu REICKE (wie Anm. 300), 298 und 373ff., der auch darauf aufmerksam machte, daß nach 1 Clem. 5, 1ff., die neronianische Verfolgung der römischen Gemeinde »wegen Zelos« selbstverschuldet gewesen sei, ed. J. A. FISCHER, Die apostolischen Väter (Schriften des Urchristentums 1) (1964), 30.
333) 1 Clem. 3, 1–3 und 30, 1, FISCHER (wie Anm. 332), 26 und 60; dazu REICKE (wie Anm. 300), 373ff.
334) S. oben bes. die Abschnitte I, III und IV.

daß bis in die Einzelheiten hinein eine inhaltliche Übereinstimmung in den erhobenen Vorwürfen besteht.

Was Livius den *clandestinae coniurationes* der Dionysos-Vereinigungen vorwarf: *deorum numen praetenditur sceleribus*[335], d. h. Religion sei ihnen nur ein Vorwand für anderes, das kehrt – es wurde bereits erwähnt – im Mittelalter als Vorwurf wieder, wenn es um geschworene Einungen geht: wenn die Bischöfe in Orléans 538 die Klerikereinungen beschuldigen, im Zeichen der *caritas* »Teuflisches« zu tun; wenn Alkuin den *conjurationes* und *conventicula* seiner Zeit vorhält: *non orationibus, sed ebrietatibus serviunt;* wenn Hinkmar von Reims von den Ortsgilden behauptet, daß sie unter dem Deckmantel der Frömmigkeit Totschlag und Unzucht verüben[336]. Anschuldigungen derselben Art begegnen abermals in der ersten Beschreibung einer mittelalterlichen Kaufmannsgilde, die der Mönch Alpert von Metz um 1020 verfaßt hat. »Nicht aus Schmähsucht«, so betonte Alpert, »sondern voll tiefsten Bedauerns über solche Zustände« müsse er zur Illustration der Lebensformen *(mores et instituta)* der Kaufleute von Tiel am Niederrhein berichten, daß sie an höheren Festen nicht etwa Gott dienen, sondern vielmehr dem Trunk einen Gottesdienst feiern: *in celebrioribus festis quasi solempniter ebrietati inserviunt*[337]. Und wenn derselbe Autor von den Tieler Gildekaufleuten sagt, daß sie zurückgeforderte Darlehen ableugnen und dies sogar mit einem falschen Eid beschwören[338], wenn er ihre Zuchtlosigkeit und Obszönität hervorhebt und als besonderes Merkmal ihrer Verworfenheit mitteilt, daß sie Ehebruch nicht für etwas Schlechtes halten *(adulterium in culpam non ducunt)*[339], so finden sich in diesem Katalog »ruchloser Verbrechen« *(nefaria scelera)* nicht nur vertraute Elemente frühmittelalterlicher Gildekritik wieder[340], sondern es erinnert dies alles zugleich wiederum an Livius' Behauptung, die Mitglieder der Dionysos-*Conjurationes* seien befleckt durch *falsa testimonia, signa adulterina, subjectio testamentorum* und andere Arten des Betrugs[341]. Dieselben Punkte finden sich, wie nicht anders zu erwarten, auch im Plinius-Brief, hier freilich in der Form der Negation, da der Verfasser des Briefes sich ja

335) S. oben Anm. 312.

336) S. oben Anm. 113, 21, 28.

337) Alperti Mettensis de diversitate temporum II,20, ed. A. HULSHOF (Werken uitgegeven door het historisch genootschap Utrecht, Derde Serie, Nr. 37) (1916), 49f., das Zitat 50. Zur Stellung dieser Beschreibung und des beschriebenen Phänomens in der Geschichte der mittelalterlichen Gilden OEXLE (wie Anm. 1), 210 und 217f., sowie DERS. (wie Anm. 3), Abschnitt IX.

338) A. a. O., 50: *Si quis quicquam ab alio mutuum sive accommodatum acceperit, et ille ad constitutas inducias rem suam repetit, constanti animo inficias it, et sine mora se nihil ab illo accepisse jurat. Et si quis deprehensus fuerit publice pejurasse, a nullo posse redargui confirmant. Si rem quoque una manu tenuerit, si tantilla est ut pugno includi possit, cum altera juramento denegabit.*

339) Ebd.: *Adulterium in culpam non ducunt. Quamdiu uxor tacuerit, virum per nefaria scelera sordescere licitum habent, et talia agentem neminem preter uxorem in synodo interpellare debere. Summo mane potationibus student, et quisquis ibi altiori voce turpes sermones ad excitandum risum et ad vinum indocile vulgus provocandum protulerit, magnam apud eos fert laudem.*

340) S. oben Abschnitt III.

341) Livius XXXIX,8, 7 und 18, 4, WEISSENBORN–MÜLLER (wie Anm 308), 8 und 17f. Mit dem dritten Vorwurf ist die Unterschlagung von Testamenten gemeint.

von der Harmlosigkeit der Christen-*Conjurationes* überzeugt hatte: zu den eidlich geschworenen Normen der Christen gehöre es, so stellte er fest, daß sie *adulteria* nicht begehen und Hinterlegtes, wenn es zurückgefordert wird, nicht abstreiten[342].

Wie soll man sich solche Übereinstimmungen zwischen *conjurationes*-Schilderungen des 1. und 2. und solchen des 9. und 11. Jahrhunderts erklären? Die Antwort auf diese Frage liegt mit Sicherheit nicht in der Annahme einer literarischen Vermittlung; Alpert von Metz hat zur Formulierung seines Berichts über die Sitten von Gildekaufleuten seiner Zeit doch gewiß nicht den Livius-Bericht oder den Brief des Plinius herangezogen.

In diesem Zusammenhang ist noch auf eine andere merkwürdige Übereinstimmung zwischen den antiken und den mittelalterlichen Stellungnahmen zu *conjurationes* aufmerksam zu machen. Es geht hierbei um die Frage nach den Absichten, aber auch nach dem geistigen Rang jener, die Vorwürfe dieser Art gegen solche Gruppen lautwerden ließen. Im Blick auf die Beschuldigungen, die von namhaften Repräsentanten des römischen Staates und von Angehörigen der römischen Führungsschichten gegen die Christengruppen erhoben wurden[343], hat H. Nesselhauf verdeutlicht, daß die aus der späteren Perspektive des modernen Historikers offenkundige Absurdität dieser horrenden Vorwürfe in höchstem Maße erklärungsbedürftig ist. Für eine Erklärung bieten sich zunächst zwei Möglichkeiten: entweder geht man davon aus, daß solche Anschuldigungen ernst genommen, gewissermaßen also in voller Naivität vorgetragen worden sind, – oder aber man geht davon aus, daß diese Anschuldigungen nur als ein Vorwand gebraucht wurden, um sich der Christen »auf geschickte Art zu entledigen«[344]. Eben diese Alternative der Deutungen drängt sich nun auch im Blick auf die Diffamierungen mittelalterlicher Schwureinungen auf. Angesichts der Äußerungen der gallofränkischen Bischöfe von 538, der Verdächtigungen Hinkmars von Reims, der Behauptungen Alperts von Metz möchte man fragen, ob solche Äußerungen eigentlich das Resultat einer ungewöhnlichen Unkenntnis, ja sogar von Weltfremdheit sind, oder aber – im Gegenteil – Ausdruck besonderer Tücke und Gerissenheit, die solche Diffamierungen bewußt fingiert, um die damit diffamierten Gruppen dann um so wirkungsvoller bekämpfen zu können.

Diese Alternative ist indessen in keinem der genannten Fälle zwingend. Am Beispiel der Auffassungen über die Christen des 1. und 2. Jahrhunderts hat H. Nesselhauf mit Recht vor »voreiliger Besserwisserei« gewarnt; man müsse nämlich berücksichtigen, »daß das Christentum sich für die damalige Welt anders darstellte als für spätere Generationen«. Denn »der christliche Kult vollzog sich zu jener Zeit nicht im Lichte der Öffentlichkeit und vor aller Augen wie später und heute, er war ein Geheimkult und setzte sich wie alle Geheimkulte dem Verdacht aus, daß es in ihm nicht geheuer zugehe«[345]. Solche Äußerungen sind also nur zu verstehen,

342) Plinius, ep. 10, 96, 7, Schuster–Hanslik (wie Anm. 298), 356: *ne depositum appellati abnegarent.*

343) S. die oben Anm. 317 genannten heidnischen Autoren.

344) Nesselhauf (wie Anm. 317), 23f.

345) Ebd., 24, mit Hinweis auf die in 1 Kor. 5, 1ff., und Apg. 5, 1–11, geschilderten Vorgänge und deren Wirkung bei einem heidnischen Leser.

wenn man sie als Wahrnehmungsweisen einer ganz bestimmten sozialen Wirklichkeit und als Reaktion auf diese begreift[346]. Diese Wirklichkeit ist die einer Sondergruppe, die von außen nicht einsehbar und kontrollierbar erscheint und deshalb Verdächtigungen in Gang setzt[347]. Neben dem allgemeinen Status der nach außen abgeschlossenen partikulären Gruppe sind es dann aber auch einzelne Elemente des sozialen Lebens in diesen Gruppen, die in den Deutungen und Diffamierungen Außenstehender oder der Obrigkeit, der staatlichen und später der kirchlichen Instanzen eine Rolle spielen, gewissermaßen als Kristallisationspunkte der Diffamierung. Dazu gehören immer das gemeinsame Mahl und der Eid. Sie sind für die Gruppe von grundlegender Bedeutung und beschäftigen deshalb auch das Denken Außenstehender.

Am Beispiel der frühmittelalterlichen Gilden konnte bereits gezeigt werden, in welchem Ausmaß die gegen sie gerichteten Vorwürfe sich auf den Eid und das gemeinsame Mahl bezogen[348]. Im einzelnen konnte die Mitgliedschaft von Frauen und Klerikern, konnten aber auch der gegenseitige Eid und das Mahl als konstitutive und deshalb anstößige Faktoren und Elemente erkannt werden, die den Diffamierungen letztlich zugrundeliegen. Durch Eid und Mahl bildeten sich geschlossene Gruppen, die als ›horizontale‹ Gefüge sozialer Bindungen nicht in das Geflecht ›vertikal‹ geordneter, d. h. auf Über- und Unterordnung ausgerichteter Verfassungsstrukturen der staatlichen und der kirchlichen, vom König und von den Bischöfen gesetzten und verkörperten Ordnungen ›passen‹. Wenn man nun auch im Fall der antiken, in Inhalt und Form vergleichbaren Diffamierungen auf die Unterstellung eines bloßen Tradierens

346) Die Interpretation dieser Vorwürfe als bloße Floskeln und leere sog. ›Topoi‹ (vgl. z. B. Bickermann, wie Anm. 308, 175 und 177: »bewährte Muster«; »›Topos‹ der ›conjuratio‹«) ist also auch in diesem Fall nicht sinnvoll; s. oben Anm. 77.

347) Ein bezeichnendes Beispiel dafür bietet die Geschichte der Polemik gegen Häretiker, vgl. dazu bereits oben S. 167f. Schon Irenäus, Origenes und Eusebius erhoben gegen die Gnostiker und andere häretische Gruppen den Vorwurf der Libertinage und der Unzucht, wozu sich dann auch der Vorwurf kannibalischer Mähler gesellte: Dölger (wie Anm. 308), 217ff., und Freudenberger (wie Anm. 308), 105ff. Bezeichnenderweise hat Tertullian nach seiner Hinwendung zum Montanismus die Mähler der Orthodoxen in eben der Weise diffamiert, die er zuvor in seiner Auseinandersetzung mit den Anschuldigungen von heidnischer Seite (s. oben Anm. 317) so entschieden bekämpft hatte: De jejunio c. 17 (CCL 2, 1276f.). Dieselben Vorwürfe kehren dann seit dem 11. Jh. in den Schilderungen der geheimen Riten von Häretikergruppen wieder, dazu Grundmann (wie Anm. 138), 104ff.; N. Cohn, Europe's Inner Demons (1975), 16ff. und 32ff.; J.-Cl. Schmitt, Mort d'une hérésie. L'Église et les clercs face aux béguines et aux béghards du Rhin supérieur du XIVe au XVe siècle (Civilisations et Sociétés 56) (1978). Die Übereinstimmungen zwischen der Polemik gegen die Christen des 1. und 2. Jhs. und jener gegen Häretiker seit dem 11. Jh. (im Westen wie auch im byzantinischen Bereich) sind so frappant, daß Grundmann die Frage »nach literarischer Abhängigkeit« gestellt (a. a. O., 103, vgl. 105 Anm. 2) und auch positiv beantwortet hat (ebd., 105 Anm. 3). Wichtiger als die im einzelnen wohl kaum nachweisbaren literarischen Abhängigkeiten sind indessen die Zusammenhänge zwischen dem Status partikulärer Gruppen und den durch diesen Status ausgelösten Deutungen der Außenstehenden. Zu diesem Problem auch die Bemerkungen von D. Kurze, Häresie und Minderheit im Mittelalter, in: Historische Zeitschrift 229 (1979), 529–573, 557ff.

348) S. oben Abschnitt III.

floskelhafter Wendungen und leerer sogenannter ›Topoi‹ verzichtet, wenn man also auch für die Zeit der Antike annimmt, daß die Art der Diffamierung solcher Gruppen etwas mit der sozialen Wirklichkeit, mit der Struktur dieser Gruppen zu tun hat, dann ist zu prüfen, ob nicht die Kontinuität der Fremddeutungen und der von außen kommenden Diffamierungen, die sich gegen das Mahl und den Eid richteten, ein Indikator sein könnte für die Kontinuität des Phänomens selbst, das hier gemeint ist, der geschworenen Einung. Die *conjuratio* als Form der Gruppenbildung könnte dann als antikes Erbe aufgefaßt werden, wobei die Rolle des *conjuratio*-Phänomens im Christentum und also die Bedeutung des Christentums für diese vermutete Kontinuität näher zu erörtern wäre.

Daß wir über christliche *conjurationes* so wenig Genaues wissen, läßt sich für die ersten drei Jahrhunderte unschwer aus der prekären Situation der Christengemeinden erklären. Und für die Zeit seit der Wende des 4. Jahrhunderts, als das Christentum Staatsreligion wurde und die Kirche sich auch in ihren Amtsstrukturen machtvoll entfaltete, konnte wiederum keinerlei Interesse bestehen, geschworene Einungen zuzulassen oder gar zu fördern, selbst wenn sie nicht häretischer Natur waren[349]. Vermutlich hat die Existenz häretischer Gruppen auf die Ausbreitung oder Durchsetzung von *conjurationes* dämpfend gewirkt, vergleichbar der Situation im späteren Mittelalter, wo man den Zusammenhang zwischen der Bekämpfung der Häretiker und dem Verbot der Schwureinungen sehr gut beobachten kann[350]. Mit den Ausführungen des Johannes Cassian am Beginn des 5. Jahrhunderts, der die *conjuratio* als Form der Bildung sozialer Gruppen als etwas völlig Selbstverständliches und Alltägliches vorstellt, wird jedoch der Übertritt in eine neue Epoche gewissermaßen angedeutet. Bei Cassian ist nicht mehr, wie bei den antiken Autoren, *amicitia* der Gegenbegriff zu *conjuratio*[351]; vielmehr ist hier die *conjuratio* die dauerhafteste Form, in der die Menschen *amicitia* verwirklichen zu können vermeinen. Zwar sind auch im frühen Mittelalter die *conjurationes* wiederum Gegenstand von Verboten, wie die Geschichte der *conjurationes* seit der ersten Hälfte des 6. Jahrhunderts und in der Karolingerzeit sichtbar macht: noch immer muß – wie schon in der Antike – das Phänomen aus den Deutungen und Diffamierungen der Verbote herausgearbeitet werden. Gleichwohl zeigen diese Verbote, wie sich die geschworene Einung nunmehr in aller Öffentlichkeit durchsetzt. Dies erklärt auch, daß nunmehr zum *conjuratio*-Phänomen positive Stellungnahmen gegeben werden. Was Johannes Cassian um 400 beiläufig andeutete, wird manifest in dem Eingreifen Papst Gregors d. Gr. um 600 zugunsten der geschworenen Einung neapolitanischer Handwerker. Die Ausbreitung der geschworenen Einung läßt sich auch an den Gilden der Karolingerzeit erkennen, die vom Ende des 8. bis zum Ende des 9. Jahrhunderts immer weitere Bereiche menschlichen Zusammenlebens und schließlich, im Zusammenbruch der staatlichen Ordnung des Karlsreiches, auch die Wahrnehmung ›öffentlicher‹ Aufgaben an sich zogen.

349) Vgl. die *conventicula*-Verbote des 5. Jhs., oben Anm. 98 und 99.
350) Michaud-Quantin (wie Anm. 35), 228f.
351) S. oben Anm. 292.

Diese Geschichte der geschworenen Einung von der Antike bis zur Karolingerzeit zeigt also nicht nur Momente der Kontinuität in der Übernahme einer eigentlich antiken Form der Bildung sozialer Gruppen im Mittelalter. Vielmehr werden in diesem Prozeß auch Momente des Wandels und neue Phänomene sichtbar. Denn selbst wenn der gegenseitige Eid und die geschworene Einung Elemente antiker Gruppenbildung sind, so ist doch unübersehbar, daß die geschworene Einung im Mittelalter sozialgeschichtlich eine ganz andere Bedeutsamkeit erlangte, als sie in der Antike jemals haben konnte. In einer Verallgemeinerung des oben zu Kontinuität und Diskontinuität in der Geschichte des städtischen und ländlichen Klerus Bemerkten[352] könnte man vielleicht sagen, daß gerade das Ans-Licht-Treten und die rasche Verbreitung der *conjuratio* ein interessanter Indikator ist für den Wandel, der die Welt der Antike von der des Mittelalters trennt. Vielleicht darf man das Hervortreten der *conjuratio* mit dem Beginn jener Epoche, die man das Mittelalter nennt, mit zwei für diesen Übergang charakteristischen Vorgängen in Beziehung setzen. Es ist dies einmal das Zerbrechen der festen staatlichen Ordnungen, in denen in römischer Zeit die Vereinigungen, seien sie nun vorwiegend beruflicher, politischer oder eher religiöser Art, immer einer scharfen Kontrolle unterworfen waren. Es ist dies zum anderen die Tatsache, daß eben diese staatliche Ordnung vieles geregelt hatte, was nach deren Zerbrechen auf andere Weise, durch Selbsthilfe der Menschen geordnet werden mußte. Das Verschwinden der antiken staatlichen Ordnungen im römischen Westen befreite das Vereinigungswesen von allen Kontrollen und es gab zugleich neue Motive dafür, daß die Menschen sich in neuer Weise in Gruppen von großer sozialer Bindekraft zusammenschlossen – weil sie dies tun mußten. Was in der Antike nur schattenhaft sichtbar war, die durch gegenseitigen Eid konstituierte Gruppe, und was auch im frühen Mittelalter zunächst nur in Verboten erschließbar wird, ist dann seit dem 11. Jahrhundert, in dem großen Wandlungsprozeß, der das frühe vom hohen Mittelalter trennt, auch in Selbstzeugnissen in Erscheinung getreten[353]. Und zugleich zeigte sich auch im 11. Jahrhundert die fortschreitende Ausbreitung des Phänomens der *conjuratio* darin, daß nun neben die ältere Gilde auch die Kommune als eine weitere Form der geschworenen Einung tritt[354]. So begründete die aus der Antike stammende Form der geschworenen Einung in neuen Zusammenhängen und in einer gewandelten Welt etwas Neues.

Eine solche Betrachtung schließt im übrigen nicht aus, daß von diesen Ergebnissen ausgehend nun auch erneut nach Elementen aus der Welt der Germanen gefragt werden kann, die in diesen Zusammenhang eingegangen sind. Auch dabei käme es indessen darauf an, nicht nur nach »Wurzeln« zu fragen, sondern auch das Neue zu sehen, in welchem solche »Wurzeln«

352) S. oben S. 180 und 188.

353) Die ältesten Selbstzeugnisse geschworener Einungen auf dem Kontinent sind die Statuten von Kaufmannsgilden aus dem ausgehenden 11. Jh. Etwas älter sind die ersten Statuten englischer Gilden. Vgl. OEXLE (wie Anm. 1), 204.

354) Über den Zusammenhang von ›Gilde‹ und ›Kommune‹ vgl. OEXLE (wie Anm. 3), 307f.

aufgehen[355]. Mit anderen Worten: bei der Frage nach der Herkunft jener Form des sozialen Lebens, die man als ›geschworene Einung‹ bezeichnet, ging es nicht etwa darum, der »Sucht nach den Ursprüngen« zu frönen, sondern vielmehr darum, ein bedeutsames historisches Phänomen im Blick auf seinen spezifischen »Augenblick« schärfer zu beleuchten und es als Ergebnis einer »sozialen Gesamtsituation« zu begreifen[356]. Seit dem Übergang von der Antike zum Mittelalter ist im europäischen Okzident die *conjuratio* in ihren verschiedenen Erscheinungsformen eine für den Okzident charakteristische Form der Gruppenbildung geworden[357], welche die Sozialgeschichte, aber auch die religiösen, die wirtschaftlichen und die politischen Verhältnisse des europäischen Okzidents tiefgehend geprägt hat.

355) Dazu die Bemerkung von O. Brunner, Das Problem einer europäischen Sozialgeschichte, in: Ders., Neue Wege der Verfassungs- und Sozialgeschichte (^{2}1968), 80–102, 94 Anm. 61: »So wichtig die Herausarbeitung der drei ›Wurzeln‹ der europäischen Geschichte, Antike, Christentum und die neuen, in der Hauptsache germanischen Wanderungsvölker, immer bleibt, so läßt sich aus ihnen nicht alles Folgende herleiten. Indem sie zusammentreten, entsteht etwas Neues«, mit dem Hinweis auf eine gleichlautende Feststellung von H. Aubin, Die Frage nach der Scheide zwischen Altertum und Mittelalter (1951), wieder in: P. E. Hübinger (Hg.), Zur Frage der Periodengrenze zwischen Altertum und Mittelalter (Wege der Forschung 51) (1969), 93–113, 111 ff. In dieselbe Richtung gehen auch die Überlegungen von Le Goff (wie Anm. 231), 391, über »origines«, »structure« und »fonction«.

356) Über die »hantise des origines« bei Historikern vgl. M. Bloch, Apologie pour l'histoire ou métier d'historien (^{7}1974), 37 ff., mit der Bemerkung: »Jamais, en un mot, un phénomène historique ne s'explique pleinement en dehors de l'étude de son moment« (41), und der für die Entstehung der Vasallität und des Lehnswesens geltenden Feststellung: »La féodalité européenne, dans ses institutions caractéristiques, ne fut par un archaïque tissu de survivances. Durant une certaine phase de notre passé, elle naquit de toute une ambiance sociale« (ebd.). In diesem Sinne sind auch die vorliegenden Erörterungen über die ›geschworenen Einungen‹ zu verstehen.

357) Dazu bereits Weber (wie Anm. 37), 431 ff., und O. Hintze, Weltgeschichtliche Bedingungen der Repräsentativverfassung (1931), wieder in: Ders., Staat und Verfassung. Gesammelte Abhandlungen 1 (^{3}1970), 140–185, 163 f. und 175 f. Vgl. Ebenso M. Bloch, La société féodale (1939/40), Nachdruck 1968, 492 f., der auf den ›revolutionären‹ Charakter der Kommunen hinweist (»le ferment proprement révolutionnaire, violemment antipathique à un monde hiérarchisé«) und ihren Gegensatz zur Welt der Vasallität und des Lehnswesens betont: »... en substituant à la promesse d'obéissance, rémunérée par la protection, la promesse d'entraide, ils apportaient à l'Europe un élément de vie sociale nouveau, profondément étranger à l'esprit qu'il est permis de dire féodal« (493).

VERZEICHNIS DER SIGLEN

CCL	Corpus Christianorum. Series latina
CSEL	Corpus Scriptorum Ecclesiasticorum Latinorum
Mansi	J. D. Mansi, Sacrorum conciliorum nova et amplissima collectio
MGH	Monumenta Germaniae Historica
– Cap.	– Capitularia regum Francorum
– Conc.	– Concilia
– Const.	– Constitutiones et acta publica imperatorum et regum
– Epp.	– Epistolae
– SS	– Scriptores
– SSrerGerm.	– Scriptores rerum Germanicarum
– SSrerLangob.	– Scriptores rerum Langobardicarum et Italicarum saec. VI–IX
– SSrerMerov.	– Scriptores rerum Merovingicarum
MIGNE PL	– J.-P. Migne, Patrologiae cursus completus. Series latina

Gilds in England before the Black Death

by NATALIE FRYDE

The study of gilds has not been a prominent feature of either of the two most recent renaissances in the study of local history. The first of these, in the late nineteenth century, produced the famous series of Victoria County Histories and saw the founding of a large number of antiquarian societies and local history journals. The second, which has taken place in the last generation, has comprised a series of monographs on different towns and, to a lesser extent, more specialized studies of patriciates, merchants and urban records. It has accompanied, and been stimulated by, significant advances in research in medieval commercial history over the same period. I refer to the works of Postan and Carus-Wilson and, less well-known on the Continent, to more recent studies by Paul Harvey[1] and Edward Miller[2]. Continental scholarship – and the brilliant paper by Hektor Ammann on »Deutschland und die Tuchindustrie Nordwest-Europas« immediately springs to mind as a prominent example[3] – has also enabled us to picture the changes in the English economy in the general setting of the economic developments taking place throughout western Europe in the late twelfth and thirteenth centuries. For none of these scholars have gilds been more than a sideline but they have provided new material and the basic revisions in our understanding of the commercial and urban background of the day, neither of which were available to the classic writers on gilds in the last century, Charles Gross[4] and Toulmin Smith[5].

It is not merely a matter of having more material at our disposal than Gross and Toulmin Smith enjoyed. It is also a matter of different presuppositions. Gross was hamstrung by the favourite contemporary preoccupation with the question of whether the fundamental institutions of the High Middle Ages in England were Germanic or Romanist in origin. This was a theme which permeated many aspects of the constitutional and legal history of the end of the

1) P. D. A. HARVEY, The English Trade in Wool and Cloth 1150–1250: some problems and suggestions, in: Produzione Commercio e Consumo dei Panni di Lana, a cura di M. SPALLANZANI. Atti della Secunda Settimana di Studio (Istituto Internazionale di Storia Economica F. Datini, Firenze 1976), pp. 369–75.
2) E. MILLER, The Fortunes of the English Textile Industry during the Thirteenth Century, Economic History Review, 2nd ser. vol. XVIII, no. 1 (1965), pp. 64–82.
3) Hektor AMMANN, Deutschland und die Tuchindustrie Nordwest-Europas im Mittelalter, HG 72/1954, pp. 1–61.
4) Charles GROSS, The Gild Merchant (2 vols. Oxford, 1890).
5) Toulmin SMITH, English Gilds (London 1870).

nineteenth century. Toulmin Smith's book had a different slant although it was not so much the attitude of the original author as of the editor who completed the book after his death. This was the famous Frankfurt economist, Lujo Brentano. His interest in the study of gilds had been kindled by an on-the-spot survey of the English trade union movement which he had undertaken at the request of the Royal Statistical Bureau in Berlin in 1868. He was deeply influenced by early socialist ideas and his whole conception was inspired by the belief that the same spirit which had brought the trade unions into being so early in England had also been responsible for the inception of the gilds as early as the Anglo-Saxon period. The conclusion to his introduction attains a somewhat euphoric note: »So the era of the working classes comes first to development on English soil. And as in the earlier Middle Ages from the days of Charlemagne the Frith gilds, and in the thirteenth and fourtenth centuries the craft gilds, so now the Trade Unions will be the great engines for obtaining the sway«[6].

This thesis, as doubtful historically as it was prophetically, illustrates precisely how well gilds can serve as a subject to which prevailing social and economic dogma can particularly easily become attached. Nowadays, Marxist thinking and categories, in their comprehensive picture of patrician gilds of cloth merchants attempting to dominate their economic subordinates through the membership and rules of the *gilda mercatoria,* can clearly be seen behind the thinking of historians who would immediately dissassociate themselves from Marxism. This conventional picture of employee weavers gradually falling victim to great capitalist cloth merchants through the latter's domination of the merchant gild (and the exclusion of the weavers from the gild) calls for considerable modification in the study of English gilds before 1350.

There have, however, also been important advances made in recent English historiography which contribute substantially to our understanding of gilds in medieval urban societies. Tait began this line of study in the *Medieval English Borough* as far back as 1936[7]. He was the first to stress that in some towns the gild provided the first administration independent of the town lord, set up by the townsfolk themselves, regardless of whether the lord was the king, a nobleman or a great abbot. More recently, Professor Martin has confirmed the vital role of the gild organization as an alternative borough government in an article which explains that a large proportion of the so-called borough records which survive from the thirteenth century are, in fact, gild records[8]. There were infinite varieties to the roles which the gild merchant organization played in the formation of urban governments. Some towns like Canterbury had extremely ancient gilds, possibly survivals from the Anglo-Saxon period, which fell into disuse at the end of the eleventh century and are totally insignificant in the twelfth[9]. Other prominent

6) IBID. p. cxcviii. The tendency to romanticize the English gilds is discussed by Eileen Power, English Craft Gilds in the Middle Ages, History 4 (1919–20), pp. 212–14.
7) The Medieval English Borough (Manchester 1936).
8) G. H. MARTIN, The English Borough in the Thirteenth Century, Transactions of the Royal Historical Society, 5th ser. 13 (1963), p. 131.
9) William URRY, Canterbury under the Angevin Kings (London 1967), pp. 124–32.

towns like Northampton do not appear to have developed a gild merchant at all until the fourteenth century. In Oxford the gild merchant served as the town government throughout the Middle Ages. In Stratford-on-Avon »it acted as a sort of shadow governement behind the official screen of the portmoot«[10]. In Leicester the gild administration developed along parallel lines to the borough administration, had some of the same personnel and really served as something like an »economic committee«[11]. London's gild merchant remains a mysterious body and apparently only one single reference to it occurs in the thirteenth century. This reference, in a charter granting an Italian merchant membership of the gild, has been regarded by most historians as a slip of the pen[12]. Those familiar with medieval charters of privilege will appreciate how seldom slips of the pen occur in what are extremely carefully drafted documents and although a single reference reflects the minor role which this gild must have played, it should not be taken to preclude its existence.

The role of the gilds in the development of urban government is not one which I wish to develop much today, for it has been more than adequately treated elsewhere. In general, I want to look at them in their social and economic scene and, in particular, I want to show how their development reflects differing commercial and industrial developments from town to town. We cannot, however, avoid beginning by discussing the well-worn theme of their origins and whether they survived the Norman Conquest of 1066. The Anglo-Saxon gilds appear in many centres in southern and south-eastern England in the pre-Norman period. This implies that they cannot be associated with any one particular kingdom. They fulfilled such obvious social, religious and commercial needs that their spontaneous appearance in different regions, and in different parts of Europe for that matter, is probable. They do not appear in the Celtic lands. Since urban life was by no means totally excluded from the Celtic lands, despite their predominantly rural character, we must look for the crucial element in their appearance elsewhere. The implication of their absence from Scotland, Ireland and Wales may be that the fundamental purpose of the gilds was social and legal rather than religious since the Celtic lands had, of course, been converted to Christianity before the Anglo-Saxon kingdoms. Their need for a gild system was much less pressing than in England since elaborate kinship customs which served the same social and peace-keeping functions as the gilds served in England remained effective longer. Giraldus Cambrensis, although himself of partly Norman descent, shared his Welsh countrymens' puzzlement at the English institution of the gildhall in the late twelfth century and ironically identified it with the local tavern[13]. Drinking and feasting, the important

10) R. H. HILTON, The Small Town as Part of Peasant Society, The English Peasantry in the Later Middle Ages (Oxford 1975), p. 93.

11) Mary BATESON, Records of the Borough of Leicester (London 1899), pp. xlvi–xlvii.

12) C. G. CRUMP, London and the Gild Merchant, English Historical Review, XVIII (1903), p. 315. W. PAGE, London, its Origins and Early Development (London 1929), pp. 101–2.

13) Giraldi CAMBRENSIS, Gemma Ecclesiastica, D. II. Opera, (ed.) J. S. BREWER, Rolls ser. (1862) II, p. 258.

celebratory side to the gild's activities earned the more outspoken displeasure of St. Anselm who wrote: ›in gilda aut in conventu eorum qui ad inebriendum solum conveniunt bibere audeant‹ [14].

This festive, ritualistic side reflected the fact that gilds were an entirely artificial device created by society as a substitute for the social and peace-keeping functions exercized in more primitive times by the kinship groups. When the strong government of the Norman kings established itself and the need for the gild as a peace-keeping body faded, the gild assumed some of the powers which those rulers neglected, especially economic regulations, for instance tolls, weights and measures. From the time of the Angevins onwards, a dynasty keen to impose its own economic regulations, the role of the gilds in England began to be curtailed. Measures like Richard I's unification of weights and measures, controls on the export of foodstuffs and even regulations on retailing like those demanding that all goods on sale should be clearly and openly displayed so that customers could see what they were buying, removed the ground from under the feet of the gild merchant. This extension of royal control over commercial regulations developed further in the thirteenth and fourteenth centuries and, by the time that Richard II inaugurated an enquiry into them in 1388, the function of most gilds was primarily social and religious [15]. The latter side of their activities had been greatly strengthened by the Black Death when the horrors of the Plague led to an astounding increase in popular piety and a new wave of religious foundations including gilds.

If we see the gild as society's response to its need for self-regulation, it is no surprise to find that early gilds are not solely urban institutions in England, a country which remained predominantly rural throughout the Middle Ages. Naturally, gilds appear most often in towns where the bonds of kin and protection were loosest and the need for economic regulation greatest but, by the late eleventh century, the abbey town of Battle had two gild halls, for the tenants of the abbey within the town and a third »ad opus rusticorum qui sunt extra villam« [16]. The chronicler of Battle Abbey describes them as communal brewing and drinking centres and corporate peace-keeping bodies. In this, it has been suggested that they were filling the same function as the tithing gild in Athelstan's laws. The latter assembled once a month over a drink to see that the town's customs were being fulfilleed. This would seem to provide an interesting instance of the adoption of an Anglo-Saxon institution by a purely Norman settlement such as Battle, the very abbey set up by William the Conqueror to celebrate and commemorate the victory at Hastings. Even in the more developed England of the thirteenth century, we still find rural gilds: a tiny village like Binham in Norfolk had a husbandmen's gild with a shrine in the local church at the end of the thirteenth century [17].

14) E. Coornaert, Les Ghilds medievales, Revue Historique, vol. 199 (1948) p. 40.

15) This emerges clearly from the returns to the commission published by Toulmin Smith.

16) Eleanor Searle, Lordship and Community. Battle Abbey and its Banlieu 1066–1538 (Toronto 1974), p. 85.

17) C. Homans, The English Villager in the Thirteenth Century (New York 1960), p. 456 n. 17.

The burthen of other recent monographs has been to fix the dates of the beginnings of the Norman gilds to a point so near the Norman Conquest as to suggest that they are, in some cases, survivals from Anglo-Saxon times. The invasion and conquest of England by the Normans dealt a terrible blow to Anglo-Saxon urban life, with a large number of houses in most towns being demolished to make way for a royal or seignurial castle whose ruins often still dominate the town today[18]. However, institutions have a way of surviving better than the buildings which house them. If we accept literally the evidence of certain charters of confirmation, then the merchant gilds of Lincoln and Winchester date from the period of Edward the Confessor. There is an understandable tendency amongst historians nowadays to regard all claims of origin for medieval institutions or foundations back to the Anglo-Saxon period with a high degree of suspicion. There is no real reason to suspect, however that the Anglo-Norman burgesses in some towns had anything in particular to gain by claiming mythical antecedents for their gilds, especially as their counterparts in other towns did not do so.

The clearest case of continuity in the existence of a gild from Anglo-Saxon times through the Norman period comes from London. The evidence only became available after the classic monograph on gilds appeared: the *Regesta Anglo-Normannorum*[19] shows that the London gild, like the pre-conquest bodies in Cambridge and Canterbury, was known as the *Cnihtengild*, a name which should not, of course, be narrowly translated as knight but which represents a generic term for a moderately wealthy landowner. In 1126 Henry I, a very legalistic monarch notified the bishop of London that he had confirmed to the canons of Holy Trinity the *soc* of the English *Cnihtengild* and the land pertaining to it together with the church of St. Botulph, to be held according to the same terms which the men of the gild had enjoyed at the time of Edward the Confessor and which William I and William II had then bestowed by writ. The charter is genuine and confirms a number of features which were characteristic of another well-known early *Cnihtengild*, that of Canterbury. Firstly, it was a semi-religious organization and associated with a particular church. Secondly, it was a landowning body. Thirdly, it had revenue collecting rights and fourthly, from the post-Norman period, it held these rights by grant from the Crown. These four principles remain fundamental to both merchant and craft gilds down to the time of the Reformation. The earliest post Conquest merchant gilds appear in Winchester, Dover, Lewes and Chichester. All of them are recorded by 1100. Oxford and Burford joined them not much later.

Craft gilds have proven antecedents almost as old. They first appear in Oxford, Winchester and London rendering dues in the first surviving Pipe Roll of 1130. This brings us to one of the fundamental distinctions between merchant and craft gilds. A royal charter of privilege was

18) Economic Institutions in the Towns of Medieval England, La Ville. Recueils de la Société Jean Bodin. Institutions économiques et sociales VII (Bruxelles 1955), p. 537.
19) Charles Johnson and H. A. Cronne (eds.), Regesta Anglo-Normannorum 1066–1154, vol. II (Oxford 1956), no. 663, p. 36. J. H. Round, The Commune of London and other Studies (London 1899), pp. 102–110.

sufficient to legalize a merchant gild for once and for all. Craft gilds, on the contrary, paid an annual fee to confirm their right of existence.

The privileges bestowed by the grant of gild merchant were fairly uniform: retail trade within the town was restricted to gild members as was, in some cases, the right to keep a tavern. Wholesale trade between non gild members was forbidden and even the purchase from gild members of certain vital commodities like wool, cloth, hides and corn was restricted. Outsiders might enter and leave the town for purposes of wholesale trading only and for only a limited number of days, varying from place to place to between 14 and 40. Members of the gild were freed from all local tolls and dues. The only outsiders to be excepted from tolls were »King's Merchants«. In some places gild membership was hereditary and occasionally people also left the gild voluntarily and presumably began to pay tolls. These gild regulations were imposed and administered in the court known as the *morganspreche*. When we are considering the possible antecedents of the gild, it is worth noting that although most legal and administrative terminology in England rapidly became Anglo-Norman after the Conquest, the term of the court, like that of the institution itself, remained Anglo-Saxon.

The records of these *morganspreche* are very disappointing from the point of view of reflecting commercial realities, being reather desultory records preoccupied with membership and with the failure of people to appear at meetings[20]. One thing, however, emerges clearly. They are far from revealing assemblies of active merchants or from reflecting controls imposed by an oligarchic merchant elite. They are extremely comprehensive in membership, include inhabitants from the villages around the towns, some of them modest folk and they are quite the reverse of being exclusive. On the contrary, they reveal the preoccupation with people taking up membership and contributing to the gild funds through the fee which membership entailed. As a result, the gild became a huge body: Wallingford gild had 180 members and Dublin 275 in the early thirteenth century, Shrewsbury had 326 members in 1219 and Leicester even more. In the latter, membership of the gild merchant, like knighthood in feudal society, was imposed upon all those owning goods worth more than a certain amount per annum. In Bury St Edmunds, almost every adult male, including mere servants of the abbey, was a member of the gild merchant. It is therefore not surprising that the great twelfth century legal work composed before 1199 and associated with the name of Ranulf Glanville should associate membership of the gild merchant with membership of the commune of a town or with citizenship[22].

There were both general political and particular economic reasons for this very wide membership. Firstly, strong royal and seignurial authority meant that the merchant gild in

20) Gross, cit supra, pp. 4–12 (Andover), pp. 136–45 (Leicester), Calendar of the Shrewsbury Borough Records, in: Transactions of the Shropshire Archaeological and Natural History Society, 2nd ser. VIII (1896), pp. 21–43.
21) M. D. Lobel, The Borough of Bury St. Edmunds (Oxford 1935), pp. 72–3.
22) G. D. G. Hall (ed.), The Treatise on the Laws and Customs of the Realm of England called Glanvill (London 1965), p. 58. »Item si quis nativus per unum annum et diem in aliqua villa privilegiata manseat ita quod in eorum communem scilicet gildam tanquam civis receptus fuerit eo ipso a villenagio liberatur.«

England served as the townsfolks' own communal organization. Secondly, clear absence of interest by the aforesaid lords in the mundane but necessary duties of keeping the town walls in good repair and untertaking the upkeep of roads and bridges meant that the gild, as the only alternative authority, assumed responsibility for such affairs. The heavy charges which this entailed brought an undertstandable desire to widen membership so that the burden of expense could be distributed more broadly: in Leicester and Bristol for instance, the gild was responsible for road, bridge and wall building and the gild chest fulfilled the role of a town treasury. There is no evidence that gilds became more exclusive in the fourteenth century; rather the reverse. In Kings Lynn, it came to include members of the aristocracy. That of Coventry, founded as late as 1340 and uniting the town in its membership for the first time, »included members from practically all parts of England and even abroad and included men and women of all but the lowest rank«[23]. The wide nature of membership must have had the effect of making many of the originally exclusive privileges of the gild merchant meaningless. It is this erosion which may explain its very early disappearance from important commercial centres like Canterbury and London where its existence had become irrelevent. In conclusion, it is clear that in many cases the gild was far from being either an exclusive or an oligarchic institution.

The peculiar situation in which the gilds developed in England deserves a more thorough explanation. After William the Conqueror overran England, the English towns were placed in an entirely different position from their continental counterparts. William regarded the whole land as his personal fief which he could, and did, apportion at will amongst his followers in return for certain feudal obligations. He retained important strategic centres like London, York and Oxford but granted to his barons many important commercial and industrial centres. By descent or regrant, these remained in the hands of the nobility: to give a few notable instances: Leicester belonged consecutively to the Beaumont and Montfort earls and then passed to the house of Lancaster; Boston, the favoured port of the Hanse, belonged to the earls of Richmond while Stamford was granted to Earl Warenne at the beginning of the thirteenth century in recompense for lands which he had lost in Normandy. These lords were as reluctant as the king to release their hold over the town. It was not until a later date that even relatively important towns obtained the right to collect the revenue due to the Crown free from control by royal officials. London obtained this right in 1130 but this was exemptional. Otherwise, the practice did not become widespread until the notoriously efficient revenue collector, Richard I, became anxious to speed the flow of money into his Treasury to finance the Third Crusade[24]. By 1189 only five towns, London, Lincoln, Cambridge, Northampton and Shrewsbury had obtained it. Thereafter, the process grew apace.

The third alternative authority controlling the town, if not the King or a great lay magnate, was a great ecclesiastic whether a bishop or an abbot. If anything, control by literate and

23) Levi Fox, The Early History of Coventry, History XXX (1945), pp. 30–1; Calendar of Patent Rolls (1266–72), pp. 278–9 (9 March 1268).
24) A. L. Poole, From Domesday Book to Magna Carta (Oxford 1950–1), pp. 350–1.

dynamic ecclesiastics or by conservative religious corporations was even more stringent. Nevertheless, in the case of a co-operative lord interested in promoting the prosperity of the town, it could be extremely beneficial economically. The examples of St. Albans and Bury St. Edmunds, abbatial towns which became major commercial and industrial centres, are excellent examples of this. Another is St. Ives, converted by the abbey of Ramsey from the unpromising manor with the perhaps appropriate name of Slepe into the formidable cloth centre and international fair town of St. Ives[25)]. When the burgesses in these abbatial towns later came to resent the control of their overlords and sought vigorously, often with bloody results, to free themselves, the gild merchant became the medium of protest and almost every townsmen became a member.

Relations between the lords of the towns and gild merchant within them reveal enormous variations according to personalities, local conditions and commercial considerations. In Leicester they were good. In Bury St. Edmunds, as we have already mentioned, they became extremely bad and the abbot bitterly resented that so many townsmen were free from tolls through membership of the gild merchant, especially as the gild became an organ of opposition to the abbot's authority[26)]. In Coventry, where lordship of the town was divided between the Prior of Coventry and the Earl of Chester, when the Prior and Convent obtained a licence to set up a gild merchant in 1267, the earl's townsmen who saw the gild as a threat to their own organization, rose in rebellion, attacked the prior's men and destroyed the royal charter[27)]. Opposition here had a great deal to do with hatred of the prior and little to do with commercial considerations since the grant would almost certainly have been beneficial to the town. In contrast, Alan Basset lord of Wycombe tried to do precisely the opposite and attempted to get rid of the gild merchant and allow free trade in hides and wool in the town. The burgesses, in this case synonymous with the gild, brought an action against him in the King's Court (Curia Regis) claiming that they had their gild merchant by charter from King John[28)]. In another recorded case, however, we find that the lord could be more restrictive than the town: in Totnes in Devon, the merchant gild had actually taken it upon itself to remove tolls on outsiders in order to attract traders to the town. The lord, in this case William de la Zouche, brought an action against the gild for loss of tolls[29)]. Thus, we can see gild policy regarded in two entirely different lights and its attitude being determined by different commercial conditions in the various towns. At Wycombe, lying very favourably in Buckinghamshire not far north-west of London at the edge of an important wool-producing area and at the junction of several roads, the town was a natural focus for merchants whose competition for the purchase of wool and cloth posed a

25) W. DUNN MACRAY (ed.), Chronicon Abbatiae Ramesiensis (London 1886), pp. 24–5.
26) LOBEL, cit. supra.
27) Levi FOX, cit. supra.
28) Curia Regis Rolls of the Reign of Henry III, vol. XI, 7–9 Henry III (London 1955), p. 415, no. 2055.
29) Hugh R. WATKIN, The History of Totnes Priory and Medieval Town, vol. I (Torquay 1914), pp. 198–9.

threat to the local traders. This attitude also appears in Leicester. Totnes, in remote Devon, had the contrary problem, that of attracting merchants to the south-west where there was no particularly attractive commodity to buy (except for tin and lead with which Totnes was not associated). One could cite many other diverse needs which the gild merchant served according to local needs: Northampton pleaded for a gild in the middle of the thirteenth century »because the town is so far from the sea«. Berwick wanted one at the end of the century to prevent outsiders from shipping wool from the town. To some extent the gild was regarded as an economic cure-all.

Local commercial factors were only one element which influenced the development of the gild merchant. Another was the influence of the Crown. The unusual capacity of the English Crown to exert its authority effectively limited the development of the gild merchant in all sorts of ways. The comprehensive jurisdiction of the royal courts, which recognize no difference between people save between men and women or between villein and freeman limited the gild merchants' possible role as a peace-keeping and legal institution. Gilds, in fact, tried to make rules which threatened the monopoly of the royal court and sought to create legal enclaves within the town. This can be clearly seen in the enactment of the Winchester citizens in early Henry III's reign that no member of the gild merchant should be impleaded outside the city walls on any plea save to do with tenurial problems outside the walls, excepting those who were moneyers or royal officials[30]. The Crown was rightly suspicious of the legal and semi-legal pretensions of the gilds. This was exacerbated when the religious aspects of gild membership were used as an occasion for members to exclude themselves from royal jurisdiction and to place themselves under ecclesiastical authority, as we shall see in a striking case in 1299.

The Crown's suspicion of gilds was amply manifested in the occasional royal enquiries into them. In 1179 Henry II made an enquiry into illegal gilds and found eighteen in London alone[31]. Many had a purely religious purpose but early craft gilds of clothworkers and pepperers also appear among those uncovered. Bodmin, Barnstaple and Axbridge were also discovered to have illegal gilds. Richard and John continued to exercize tight control over adulterine gilds operating without royal charter or annual permission and thereby depriving the Crown of revenue. Successive monarchs made good this loss of revenue with heavy fines which gave these illegal gilds an uneasy existence. Lords other than the King joined the Crown in exacting a fee for permission to have a gild, even in the case of a religious gild on the lands of the abbey of Ramsey[32].

This is documented by two cases from the reign of Edward I, a king peculiarly sensitive to threats to his authority. In 1299 a group of London metalworkers, apparently craftsmen in iron since they were manufacturers of spurs, were brought before the mayoral court and accused of

30) Curia Regis Rolls of the Reign of Henry III, vol. XIII, 11–14 Henry III (London 1955), p. 242, no. 1112.
31) Poole, cit. supra.
32) Chronicon Abbatiae Ramesiensis cit. supra, p. 237.

assuming virtual royal powers, a charge which came close to treason[33]. Their accuser claimed that »whereas no parliament can take place dealing with the affairs of the realm without the King and Council, nevertheless the defendants secretly made a corporate oath and held a »parliament« and confederacy and the confederacy was such that if anyone offended against any citizen the others would support him and that none was allowed to work with any others but themselves and that they had a chest for contributions«. The crux of the whole prosecution case was that they had impleaded persons who had offended against them before the ecclesiastical courts in lay pleas and had drawn up an agreement to enforce these practices. Their regulations, incidently, included a number of industrial clauses including the stipulation that members should not use sea-coal at night »propter putridem carbonis marine«. Any extension of the power of ecclesiastical courts had been a delicate issue since the violent conflict between Henry II and Becket and was hardly likely to pass without opposition from Edward I. The defendant who brought the case to light had actually even been excommunicated by the Archdeacon's court in London at the behest of the smiths.

In 1306 the same King Edward I actually intervened himself in a case brought before the justices itinerant at York[34]. A group of citizens, led by Andrew Bolingbroke sometime mayor, was prosecuted by another for forming an association, bound by sworn oath, to ensure that all members of this sworn confraternity paid a minimum of taxes at the expense of the community in general. The gild was also combining to aid members in legal actions regardless of right and wrong and was trying all cases between members itself, keeping the revenue from the fines and by-passing the royal courts. The defendants pleaded that they had only sought to establish a religous and charitable organization but this did not deter the King from imposing the mammoth fine of £120 on them. The case was actually concluded in London because, as soon as it had come to royal ears, the king's advocate himself had been despatched to pursue it on behalf of the king as well as of the aggrieved citizens. The same preoccupation directed other royal enquiries into gilds for the rest of the Middle Ages: in 1321 the Eyre of London attacked the weaver's gild for holding an illegal court which the justices claimed was infringing royal jurisdiction[35]. In 1387 an enquiry uncovered a large illegal gild in Chipping Camden whose members, both townsmen and countrymen, had allegedly combined to organize and perpetrate crimes of violence against the neighbouring wool-producing towns of Northleach and Winchcombe. Their activity apparently had a commercial bias, for one Richard Dunning, merchant of Northleach claimed that he was being prevented by threats from travelling to the fairs and markets in the region[36]. This is certainly an example of the dark side of gild activities.

33) A. H. Thomas, Illustrations of the Medieval Municipal History of London from the Guildhall Records, Transactions of the Royal Historical Society, fourth ser. (London 1921), p. 91.

34) G. O. Sayles, The Dissolution of a gild in York in 1306, EHR LV (1940), pp. 83–103.

35) H. Cam, The Eyre of London 1321, vol. I (Selden Society, vol. 85), pp. 166–8. Natalie Fryde, The Tyranny and Fall of Edward II (Cambridge 1979), pp. 169–72.

36) R. H. Hilton, The English Peasantry in the Later Middle Ages (Oxford 1975), pp. 92–3.

The underlying danger of subversion of royal authority, tendency to protectionism and criminality occasioned a massive investigation of gilds in 1388, of which unfortunately the returns of the commercial and industrial gilds do not survive[35]. It was the arch-despots, the Tudors, who finally took the ground from under the feet of the gilds, firstly by confiscating their lands as part of the seizure of chantry lands during the Reformation and secondly by severely restricting their control over their apprentices.

Strong royal authority limited not only the jurisdictional pretensions of the gilds but even their economic and commercial power. Part of the raison d'être of the gilds was the regulation of trading and production by their members. As far as commerce was concerned, this authority was assumed by the Crown from the time of Henry II. The chief right implied in the gild merchant was to limit retail and wholesale trade within a town to members and to free them from tolls but royal charters of exemption to foreign merchants, expecially Germans and to favoured English towns removed whole categories of merchants from such restrictions and undermined the privileges of merchant gilds. The wide range of exemptions must have made the operation of the privilege extremely difficult, as we can see from the case of Coventry since it appears that many Englishmen could not distinguish between a German (who enjoyed extensive privileges) and a Fleming who did not, a merchant of Bristol who had wide rights of freedom from tolls throughout the realm from one of Taunton who did not.

The Crown also made ordinances about weights and measures, for foodstuffs like bread and ale which, on the Continent, were controlled by the towns themselves. Richard I apparently first created a uniform system of weights and measures[37], an action which in itself would have limited local controls and he also attempted to »clean up« retail trading in cloth by making shopkeepers put goods on display. John, who inaugurated a customs system, made even more detailed provisions about the price of cloth, even imposing on Winchester the price which might be asked for its black and white cloth. Henry III revised the assize of cloth and introduced a close official scrutiny of fairs by bailiffs[38]. Temporary regulations further limited the freedom of action of merchants, for example restrictions on the export of corn, arms, horses and wool. This royal economic policy developed even further in the fourteenth century when wool became almost as important as dynastic marriage as an instrument of royal foreign policy.

The appropriation of so many aspects of the legal and commercial control of trade by the Crown inevitably emasculated the gilds. It is not surprising, therefore, that the proceedings of the *morganspreche,* as I have indicated, are rather pathetic documents written in the simplest Latin in the thirteenth century, providing evidence that there was difficulty in obtaining attendance of members at meetings. As the Middle Ages wore on and the gild merchant

37) W. Stubbs (ed.), Chronicles and Memorials of the Reign of Richard I, vol. I, Itinerarium Regis Ricardi (Rolls ser. London 1864), pp. 448.

38) W. R. Powell, English Administrative Families in the Twelfth and Thirteenth Centuries with special reference to the Cornhill Family (Thesis submitted for the degree of B. Litt. of the University of Oxford 1952). T. H. Lloyd, The English Wool Trade in the Middle Ages (Cambridge 1977), pp. 7–14.

established the right of its members to enjoy freedom from tolls and monopoly in the retail trade, the interest of the more prosperous folk who ran the gild turned to other important and pressing problems of urban life. In England, this tended to revolve around their relationship with the crown and with its local officials. It included dealing with royal demands for military service, tallages, taxation and parliamentary representation. This direct relationship with an effective royal central authority is in great contrast to the Continent where towns retained far greater autonomous powers and where demands for taxation were fewer and mostly ineffective.

London was an exception to this rule. It developed as a monstrous urban growth in the south-east of a predominantly rural land. As I have noted, its gild merchant receives only one mention in thirteenth century sources and the antecedents of the Gildhall, whether in the ancient Cnihtengild, the gild merchant or one of the craft companies are uncertain. Despite its exceptionally early urban development, its earliest recognizable patrician class had its origin in the surrounding countryside rather than anyone group of merchants within the city or identification with any particular gild[39]. Any notion of a patrician group of cloth merchants dominating London's government as it did that of the Flemish cities would be quite anachronistic. The earliest known mayor, Henry fitzAilwin, had no obvious connexions with any gild[40]. His successors in the thirteenth century belonged either to the goldsmiths' gild, one of the oldest in the city or to the fishmongers gild but early on, the gild system in London ceased to have an easily defined meaning except in the retail trade. Every citizen of London could deal freely in certain basic commodities such as corn, wool, metals and, in practice, wine. The provenance of mayors is difficult to gauge and, later on, people often belonged to a number of different gilds at the same time. The political importance of London makes the history of its leading commercial gilds into something unique but a closer study would exceed the limits of this paper. The city did strive to control the craft gilds but without much obvious success. In 1202 an attempt to abolish the weavers' gild, clearly a very prosperous one and rendering an annual fee equivalent to the rent of a good manor, was thwarted by King John[41]. He refused to permit its abolition by the city unless the authorities paid the equivalent of its annual fee, which the city was not prepared to do. It was probably also for financial reasons that Henry III again intervened on behalf of the weavers' gild in 1249 when he took their charter of liberties, threatened by the mayor, into the Exchequer for safe-keeping[42]. In both cases, the struggle was based less on commercial considerations than on the city's authority's dislike of the powerful enclave of weavers concentrated in Southwark belonging to the bishop of Winchester outside the city's jurisdiction. The Crown apparently regarded the gild as a useful counterbalance to the city authorities with whom they periodically came into bitter conflict.

39) S. Reynolds, The Rulers of London in the Twelfth Century, History vol. LVII (1972), pp. 337–57.

40) Christopher Brooke, London 800–1216 (London 1975), p. 24.

41) Poole, cit. supra, p. 87.

42) Public Record Office, Lord Treasurer's Remembrancer's Memoranda Roll (transcript, Round Room) 6 Henry III, p. 112.

The same caution needs to be employed in reviewing the struggle between the gild of weavers and the burellers which recurrently troubled the city in the reign of Edward I. The burellers were no more great cloth merchants than were the city authorities, rather were they middlemen supplying the weavers not only with wool but also with dyes and tools for their work. They also collected cloth from them for sale to the big clothiers. Their speciality was the rough, dark cloth, burel in which London specialized. When the dispute between the two was brought to the royal court in 1300 the burellers criticized the weavers for their restrictive practices, for reducing productivity, taking long holidays after Christmas when trade was slack and also, in this case, for holding a special court[43]. The weavers were found guilty but fined only the tiny sum of £5. 6s. 8d. The final victory was clearly theirs because, by the next generation, the burellers' gild had disappeared.

Evidence about the status and functioning of the craft gilds outside London in the twelfth century is scanty. The same crafts organized themselves into gilds early on in different towns, for example the goldsmiths, cordwainers and weavers and, to judge by the annual fees which they paid to the Crown for the privilege of functioning, they were extremely prosperous institutions. Of these gilds, the weavers are the only group about which evidence permits us to say more.

Pressure by the gilds has been used as an explanation for the movement of the weavers to the countryside and relocation of the cloth industry. This was seen as an attempt to avoid the stifling regulations imposed by merchant and craft gilds and the burdensome gild dues. The development of fulling mills in the clean streams of the countryside is also stated to have been a basic cause for this shift. This, in turn, is thought to have brought about a decline in the textile gilds who could no longer afford to meet their financial obligations to the Crown. Hence, on the Pipe Rolls we find arrears of their annual fee mounting up in such prominent cloth towns as Lincoln, Beverley and Northampton. This thesis needs careful reexamination. Since it involves a basic recapitulation of much work on thirteenth century commercial history, obviously we can do little more here than make a few suggestive criticisms of it.

In the first place, evidence has suggested that the merchant gilds had difficulty in enforcing membership of the gild and payment of dues and attendance at the morganspreche. It is not improbable that the failure of the craft gilds to meet their obligations to the crown lay partly in a crisis in the power of the craft gilds as well as in the textile industry in general. Secondly, we do not have to look to gild control to explain the flight from towns like Lincoln, Beverley and Northampton of the cloth industry. There were other positive and negative reasons for this. The positive reason includes the establishment by great lay and ecclesiastical lords of fulling mills on their land and the encouragement of industry which this brought. A point which has escaped notice is that such great lords could offer effective protection which the towns ceased to be able to do in the second half of the thirteenth century. Many of the major towns, especially Northampton, Lincoln and Winchester were hard hit by the decline in governmental control

43) A. H. THOMAS, Municipal History, cit. supra, p. 93.

before the actual Civil War of 1258–65, then by the Civil War itself and its aftermath which included ravaging of parts of the country by bands of freebooting »disinherited« rebels and their followers. Statements in chronicles and figures showing declining income from fairs reflect this[43].

Secondly, there is another reason for he decline of the weavers' gild which has nothing to do with rigid regulations. This was competition from the Flemings[44]. Such competition can be best understood if we compare it with the competition which the present day western European textile industry faces from the factories of the Far Fast. Their success made them the object of hatred in England and attacks on Flemings remained a feature of English life until they culminated in the massacres of Flemings in London during the Peasants' Revolt of 1381.

Evidence that weavers were suffering from grave restrictions placed upon them by capitalist clothiers or by merchant gilds is far harder to find. Perhaps the picture has been too much influenced by the situation in Flanders and Italy. English weavers could not be controlled in the way that their continental counterparts were, since the English weaver was not dependent on the import of wool by any great capitalist but could himself buy it from a merchant in the town or from a farmer in the countryside if he so desired. We must remember that there is no English gild ordinance which prohibits the retail purchase of wool by a weaver or indeed, in many places, the wholesale purchase of wool if the weaver's needs are sufficently great. It is very significant that all legal actions brought by weavers in the Curia Regis (and weavers seem to have been a litigious group) are disputes about land with no echo of a relationship with an employer. This may well have been because the relationship with the cloth merchant in England was rather a loose one. Stamford cloths may have been exported in the thirteenth century to Venice, Genoa and beyond but we have very little idea of the quantities involved and even less of the industrial organization which produced them. The greatest capitalist operating in England in the pre-Plague era, it is worth remembering, were wool exporters and not cloth merchants whether one thinks of William Cade of Saint-Omer in the twelfth century, Terricus of Cologne, Laurence of Ludlow or the Florentines in the thirteenth or William de La Pole of Hull or Tidmann Limburg of Dortmund-Cologne in the fourteenth century. In the case of Terricus, a prominent wool exporter and cloth merchant of the mid-thirteenth century about whose activities a surprising amount of information survives, there is evidence of his organization of the final processes of cloth production the stretching and dyeing but nothing to show control over a group of weavers[45]. When we look at the basis of the fame of English cloth in the thirteenth century, then we find that it was colour not quality of weaving which determined price differences and it is in the dyeing processes, dependent on the import of expensive raw materials like woad and

44) E. MILLER, The Fortunes of the English Textile Industry during the Thirteenth Century, Economic History Review, vol. XVIII, no. 1 (1965), pp. 71–4. P. HARVEY, cit. supra, p. 374.

45) See my forthcoming book Großkapital und Fernhandel in Nordwesteuropa unter den ersten vier Plantagenets: Terricus von Köln, königlicher Hoflieferant und Großkaufmann in Stamford 1223–1247.

grain, that we find big businessmen of the cloth industry functioning. Repeated legislation about the size of cloth also suggests a rather loose control over weavers and an industrial organization which was not very effective.

All the evidence therefore suggests that in England royal authority was exceptionally effective in restricting the development of gilds whose financial and legal pretensions it suspected. How far royal ability to exact annual renders from gilds or fines from illegal gilds actually prevented the development of formal organizations is unanswerable but is notable that in crisis situations, for example the destruction of the Flemish looms in Northampton, the gild organization is not mentioned abeing the motivating force. Similarly in the attack on foreign cap makers in Fleet Street in London in 1319, there is no evidence that any particular gild lay behind the attack[46]. The necessity to pay gild dues to the Crown may have led to the establishment of more informal organizations and *ad hoc* groups when it came to real issues rather than the gradual consolidation of formal organizations. Paucity of evidence about the actual functioning of gilds is quite remarkable as is their failure to use the royal courts. In conclusion, far from exercising a strangle-hold, surviving evidence suggests that they played a rather limited role in England before the Plague.

46) Cam, Eyre of London, cit supra, pp. 166–8.

Die dänischen St. Knudsgilden
– mit besonderer Berücksichtigung der Gilden in Schleswig und Flensburg –

VON HANS-FRIEDRICH SCHÜTT

EINLEITUNG

Dieser Aufsatz faßt die Ergebnisse der Arbeiten von Gerhard Kraack[1)], Erich Hoffmann[2)] und der Arbeiten des Verfassers[3)] zum Thema »St. Knudsgilde« zusammen. Das Verdienst, als erster nachdrücklich auf die Rolle der dänischen Knudsgilden im Ostseehandel aufmerksam

1) Gerhard KRAACK, Das Gildewesen der Stadt Flensburg, Schriften der Gesellschaft für Flensburger Stadtgeschichte (SFSt) Nr. 19, Flensburg 1969.

2) Erich HOFFMANN, Beiträge zur Geschichte der Stadt Schleswig, Zeitschrift der Gesellschaft für Schleswig-Holsteinische Geschichte (ZSHG), Band 105, 1980, S. 27f.; Erich HOFFMANN, Die Schleswiger Knudsgilde als mögliches Bindeglied zwischen westmitteleuropäischem und nordischem Gildewesen, in: Gilde und Korporation in den nordeuropäischen Städten des späten Mittelalters, hg. von Klaus FRIEDLAND, Köln/Wien 1984. Zur Frage der Heiligen des Königsgeschlechts: Erich HOFFMANN, Königserhebung und Thronfolgeordnung in Dänemark bis zum Ausgang des Mittelalters, Bln. 1976; Erich HOFFMANN, Die heiligen Könige bei den Angelsachsen und den skandinavischen Völkern. Königsheiliger und Königshaus, Neum. 1975; Erich HOFFMANN, Das Bild Knut Lawards in den erzählenden Quellen des 12. und 13. Jahrhunderts, in: Hagiography and Medieval Literature, Odensee 1982 S. 111f.

3) Hans-Friedrich SCHÜTT, Flensburger Stadtrecht, SFSt Nr. 12, Flensburg 1958, bes. S. 61f.; Hans-Friedrich SCHÜTT, Die St. Knudsgilde zu Flensburg, ZSHG Bd. 87, 1962, S. 97f.; Hans-Friedrich SCHÜTT, Gilde und Stadt, ZSHG Bd. 105, 1980, S. 77f. Der Aufsatz ist – im Gegensatz zu dem hier vorgelegten – mit Blickrichtung nach Norden abgefaßt. Er soll verdeutlichen, daß das dänische Gildewesen mehr

gemacht zu haben (1946), gebührt dem schwedischen Historiker L. Weibull[4]. Veranlassung für seinen Aufsatz war sicher u. a. die übermäßige Betonung der Rolle der Hanse durch deutsche Historiker vor 1945[5] und die Umwertung des Deutschlandbildes seit dieser Zeit[6]. Weibulls Anregungen erwiesen sich jedoch als ungewöhnlich fruchtbar. Allgemein geläufig war die Vorstellung skandinavischer See- und Handelsvorherrschaft im Ostseebereich bis zum 12. Jahrhundert und deutscher Handelsvorherrschaft seit dem 12. Jahrhundert. Es zeigte sich nun, daß eine nähere Untersuchung der Knudsgilden und der Städte Schleswig und Lübeck im zwölften und beginnenden 13. Jahrhundert geeignet waren, die Zeit und die Vorgänge des Übergangs von der skandinavischen zu der deutschen Dominanz im Ostseeraum deutlicher zu erkennen. Für Schleswig sind gerade in den letzten Jahren durch die Forschungen Christian Radtkes[7], Volker Vogels[8] und Heinz Stoobs[9] grundlegend neue Erkenntnisse gewonnen, die es gestatten, die Funktion Schleswigs in dieser Zeit des Übergangs angemessen einzuordnen und zu bewerten.

Die deutsche Forschung stand der Behauptung, daß außer der Hanse – oder ihrer Vorgängerorganisation – eine dänische Kaufmannsgenossenschaft Handel von einiger Bedeutung in der Ostsee getrieben habe, anfangs skeptisch gegenüber – soweit sie überhaupt Kenntnis davon nehmen wollte[10]. Der Schwerpunkt gemeinsamer skandinavischer stadtgeschichtlicher Bemühungen andererseits lag zunächst mehr in der vergleichenden Urbanisationsforschung[11].

gemeinsame Züge mit westlichen und südlichen Gilden hat, als bisher angenommen wurde und daß andererseits Unterschiede zu norwegischen und wohl auch zu allerdings nur undeutlich faßbaren schwedischen Gilden bestehen. Wiederholungen sind leider nicht vermeidbar. Hans-Friedrich SCHÜTT, Zur Bedeutung der Knudsgilden für die Stadtentwicklung der Schleswiger Stadtrechtsfamilie, in: Lübecker Schriften zur Archäologie und Kulturgeschichte Bd. 7, Bonn 1983, S. 243f.

4) Laurids WEIBULL, St. Knut i Österled, in: Scandia Bd. 17, 1946, S. 84f.

5) Durch Fritz Rörig und seine Schule.

6) Auf die umfangreiche skandinavische Literatur, die in diesen Komplex hineingehört, sei hier nicht eingegangen.

7) Christian RADTKE, Aula und Castellum, Überlegungen zur Topographie und Struktur des Königshofes in Schleswig, Beiträge zur Schleswiger Stadtgeschichte (BSSt), Heft 22, 1977, S. 29f.; Christian RADTKE, Schleswig und Soest, in: Soest, Stadt – Territorium – Reich, Soest 1981 S. 433f.

8) Zusammenfassend zuletzt Volker VOGEL, Archäologische Stadtkernforschung in Schleswig 1969–1982, in: Ausgrabungen in Schleswig, Bd. 1 Neum. 1983, S. 9f.

9) Hans-Friedrich SCHÜTT, Zur Wirtschaftspolitik im Mittelalter im heutigen Land Schleswig-Holstein, BSSt Heft 12, 1967, S. 3f.; Heinz STOOB, Schleswig, Deutscher Städteatlas I, 9, 1973; Heinz STOOB, Schleswig–Lübeck–Wisby, in: ZVLG Bd. 59, 1979 S. 7f. Dazu: Erich HOFFMANN, Schleswig und Lübeck im 12. und 13. Jahrhundert, in: Beiträge zur Schleswiger Stadtgeschichte Heft 26, 1981 S. 26f.; Erich HOFFMANN, Die schrittweise Ablösung Schleswigs durch Lübeck als wichtigstes Seehandelszentrum an der westlichen Ostsee, in: Lübecker Schriften zur Archäologie und Kulturgeschichte Bd. 7, 1983 S. 39f.

10) Das gilt nicht für die landesgeschichtliche Forschung in Schleswig-Holstein. Als Beispiel können gelten die Bemerkungen Herbert Schwarzwälders in HGBl. Jg. 81, 1963, S. 212.

11) Z. B. Hans ANDERSSON, Zentralorte, Ortschaften und Städte in Skandinavien, einige methodische Probleme, in: Kiel Papers '72, Frühe Städte im westlichen Ostseeraum, Hg. H. HINZ, Neum. 1973, S. 23f.; Urbaniseringsprosessen i Norden, Bd. I–III, hg. von Grethe AUTÉN BLOM, Oslo/Bergen/Tromsö

Schwedische Arbeiten warnten vor einer Überschätzung der Bedeutung der Knudsgilde-Organisation[12a)].

1975 veröffentlichte dann der Schwede Curt Wallin seine Forschungen über die St. Knudsgilden in Schweden[12b)], 1980 erschien eine grundlegende Arbeit des dänischen Historikers Hans Torben Gilkaer über die dänischen Knudsgilden[12c)].

Den beiden Tagungen auf der Reichenau über »Kaufmännische und gewerbliche Genossenschaften«, für die u. a. dieser Aufsatz erstellt wurde, folgte eine Tagung in Budapest im Jahre 1982, deren Ergebnisse 1984 im Druck vorliegen werden[12d)]. Die intensiver gewordene Beschäftigung mit der Geschichte des frühen dänischen Gildewesens kann vielleicht auch über den regionalen Ansatz hinaus interessant sein, da sie womöglich geeignet ist, bei bisher ungelösten Fragen der Geschichte der frühen Stadt im Einzugsgebiet des Nord- und Ostseehandels anregend zu wirken.

1. Schwedische und norwegische Gilden

1.1 Schwedische Gilden

Die direkte schriftliche Überlieferung des schwedischen Gildewesens setzt erst sehr spät ein, wenn man von den runographischen Quellen über Gilden aus dem 11. Jahrhundert absieht.

Bereits 1910 wurde man auf die Runensteine von Sigtuna und Bjälbo aufmerksam. Die beiden Sigtuna-Steine wurden nach dem Wortlaut der Inschriften »Frisa kiltar« gesetzt; ihre Deutung ist umstritten. Meist ist man der Ansicht, daß es sich um eine Gilde in Sigtuna handelte, die entweder aus Friesen bestand oder aber einer solchen, in der Friesen und Schweden Mitglieder waren. Auf dem Bjälkar-Stein steht, daß »trikiar« den Stein »kilta sin« setzte. Hier ist fraglich, um welche Art Gilde es sich überhaupt gehandelt hat[13)]. 1960 wurde in

1977, mit einer Zusammenstellung der für die Thematik für relevant gehaltenen Literatur; hierzu gehört auch das umfangreiche Gesamtforschungsprojekt »Middelalderbyen«, das unter Leitung von Ole Schiørring an der Universität Aarkus seit 1979 läuft.

12a) Z. B. Hugo Yrwing, in: Gotlands Medeltid, 1978 S. 117f.; Karl Gallén, En festskrift om St. Knut Laward, FHT Bd. 56, 1971, S. 82 (Bespr. der Schrift von L. Weibull, s. Anm. 4)

12b) Curt Wallin, Knutsgillena i det medeltida Sverige, in: Historisk arkiv Bd. 16, Stockholm 1975. Hier ist die Literatur zur Forschung über die St. Knudsgilde bis 1974 auf S. 227f. zusammengestellt.

12c) Hans Torben Gilkaer, In honori sancti Kanuti martyris. Konge og Knudsgilder i det 12. aarhundrede, in: Scandia Bd. 46, 1980, S. 121f.

12d) Gemeinschaftsformen des Bürgertums, Köln 1984.

13) Otto von Friesen, Ur Sigtunas äldsta historia, in: Upplands fornminnes förenings tidskrift Bd XXVI 1909, S. 11f.; Henrik Schück, Birka, in: UUÅ, Program, S. 19f.; Adolf Schück, Studier rörande det svenska stadsväsendets uppkomst och äldsta udvekling. Uppsala 1926; Aksel Erhard Christensen, Birka uden Frisere, in: Maritime Studier, tilegnet Knud Klem, in: Handels- og Søfartsmuseets aarbog 1966, S. 17f.; C. Wallin, Knutsgillena (Anm. 12b) S. 65.

der Gegend von Linköping ein Runenstein gefunden, der eine Schiffsdarstellung aufweist – wie übrigens auch ein in der Nähe liegender Stein – und den eine bisher nicht entzifferte Gruppe von Leuten »gilda sinn« errichtet hat. Man nimmt an, daß es sich hier um eine Gilde von Bauernkaufleuten gehandelt hat[14].

Lediglich indirekt, u. a. auch durch Gildesiegel, ist die Existenz einer Reihe von St. Knudsgilden in Schweden überliefert. Es konnten sieben nachgewiesen werden, nämlich für Uppsala, Sigtuna, Stockholm, Strangnäs, Torshälla, Västerås und Linköping. C. Wallin meint[15], daß zwei Voraussetzungen für die Entstehung der St. Knudsgilden in Schweden wesentlich waren: Einmal war der heilige Knud durch den Einfluß des im dänischen Reich belegenen Erzbistums Lund den Schweden durchaus geläufig; zum anderen war Schweden in der Zeit von 1196 bis 1208 von der Ostseegroßmacht Dänemark abhängig, nach 1210 eng mit ihr verbunden. Die Knudsgilden in Schweden müssen also wohl in die Wirtschaftspolitik der dänischen Waldemare eingeordnet werden.

Auch der norwegische Kult des Heiligen Olaf hat nach Schweden eingewirkt. Es lassen sich 15 Olafsgilden nachweisen, drei weitere sind fraglich. Bei fünf dieser Gilden ist ihr Siegel überliefert[16]. Ihre Verbindung mit Norwegen und ihre Funktion sind nicht bekannt.

Das eigenständige schwedische Gildewesen scheint, soweit es die desolate Quellenlage erkennen läßt, nicht wie in Norwegen und in Dänemark unter dem Einfluß und im Interesse des Königstums unter Anknüpfung an heimische Trink-Gilde-Tradition weiterentwickelt worden zu sein. Denn es lassen sich nur drei mit Städten verbundene Gilden nachweisen, die dem schwedischen Königsheiligen St. Erich (Erik Jedvardsson) zugewiesen werden konnten. Alle drei Gilden waren im Uppland beheimatet: in Uppsala, Stockholm und Sparrsätra. Von einer wirtschaftlich-politischen Bedeutung dieser Gilden ist nichts bekannt. Es ist bisher eine St. Erichsgilde außerhalb Schwedens bekannt: aus Danzig. Aber diese Gilde war an die Kapelle St. Olaf und St. Erich in Danzig gebunden[17].

Die älteste, schriftlich belegte Gilde war eine Priestergilde, eine Art Kaland in Enköping, die seit 1307 nachgewiesen ist. Erheblich älter ist die Katharinengilde zu Skara, die zwar erst 1401 in einer Urkunde auftaucht, übrigens anläßlich der Gründung einer St. Nikolai-Kirche[18], bei der aber erschlossen werden konnte, daß sie bereits am Ende des 12. Jahrhunderts bestand[19]. Am besten bezeugt ist die Heiligleichnamsgilde zu Stockholm. Zu ihren Mitgliedern zählten auch Angehörige der Königsfamilie. Das in Schweden wirklich faßbare und durchaus bedeutende

14) Sven B. F. Jansson, Tönevalla kyrkas runstenar, in: Medelanden av Östergötlands och Linköpings stads museum, Linköping 1960/61; C. Wallin, Knutsgillena (Anm. 12b) S. 65.

15) C. Wallin, Knutsgillena (Anm. 12b) a. versch. O.

16) C. Wallin, Knutsgillena (Anm. 12b) S. 127f.

17) C. Wallin, Nordiska Eriksgillen, in: Knutsgillena (Anm. 12b) S. 132f.

18) Zu den Kirchen St. Nikolai im Ostseeraum s. zuletzt E. Hoffmann, Beiträge (Anm. 2) S. 57f.

19) Adolf Schück, Studier (Anm. 13) S. 225; C. Wallin, Svenska medeltidsgillen helgade Sta. Katarina av Alexandria, in: Knutsgillena (Anm. 12b) S. 179.

spätmittelalterliche Gildewesen[20] scheint aus dänischen und deutschen Vorbildern entwickelt zu sein.

Sicher hat es auch in Schweden eine breite Tradition der heimischen Trinkgilden gegeben. St. Erich als Gildeheiliger war im ländlichen Uppland anscheinend nicht selten. (Nationalheiliger ganz Schwedens wurde er erst in der Mitte des 15. Jahrhunderts.)

1.2 Norwegische Gilden

Einen Einblick in das norwegische Gildewesen zu gewinnen, ist insofern schwierig, als man zwar einerseits durch Ortsnamen, Gebäudebezeichnungen und Hinweise in den Sagas weiß, daß das Gildewesen eine erhebliche Bedeutung hatte[21], andererseits aber nur über drei Gildesatzungen genauer unterrichtet ist[22]. Als Blütezeit des Gildewesens gilt das 12. und 13. Jahrhundert[23]. Da der zeitliche Abstand von einer Gildesatzung zur nächsten etwa hundert Jahre beträgt, kann man – bei aller Vorsicht – eine gewisse Entwicklung erkennen. Es handelt sich um folgende Gildesatzungen: eine Schrage für eine Gilde im Trøndelag aus dem 12. Jahrhundert, das sogenannte Bartholinsche Statut aus dem 13. Jahrhundert und schließlich die auf 1394 datierte Satzung der Gilde zu Onarheim, die letzteren beiden für Sunnhordland. Johnsen[24] hat die letzten beiden Satzungen derselben Gilde zugeschrieben[25]. Die »Große Gilde« (Miklagildet) von Nidaros (Drontheim) ist von G. Authén Blom genauer untersucht worden[26]. Über die Gründung dieser Gilde durch König Olaf (Kyrre) sind wir durch eine Mitteilung in der Heimskringla unterrichtet. Diese Notiz berichtet, daß bei der Gründung an die Opfergelage (Hvirfingsdrykkur) angeknüpft wurde. Das Jahresgildefest fiel zusammen mit

20) C. Wallin, Knutsgillena (Anm. 12b); H. Hildebrand, Medeltidsgillene i Sverige, Hist. Bibl., Bd. III 1876; A. Schück, Det svenska stadsväsendets uppkomst och äldsta utveckling, Uppsala 1926, a. versch. O. Zusammenfassend dargestellt in: Kulturhistorisk Leksikon for nordisk Middelalder, Bd. V, Kphg. 1960, S. 311. Dort weitere Lit.

21) Zum norwegischen Gildewesen s. neuerdings Grethe Authén Blom, Der Ursprung der Gilden in Norwegen und ihre Entwicklung in den Städten während des Mittelalters, in: Gilde und Korporation in den nordeuropäischen Städten des späten Mittelalters, Köln/Wien 1984. Ein Überblick von der gleichen Autorin über das norwegische Gildewesen befindet sich in Kulturhistorisk Leksikon for nordisk Middelalder, Bd. V, Kphg. 1960, S. 312f.

22) Gustav Storm, En gammel Gildeskraa fra Trondhjem, in: Sproglig-historiske Studier, Kristiania 1896, S. 217; M. Pappenheim, Ein altnorwegisches Schutzgildestatut, Breslau 1888, S. 273f.; dort s. a. S. 160f.; Oskar Albert Johnsen, Tre Gildeskraaer fra Middelalderen, Kristiania (Oslo) 1920.

23) Einen allgemeinen Überblick mit ags.-norw.-dän. Gemeinsamkeiten gibt A. Bugge, in: The earliest Guilds of Northmen in England, Norway and Denmark, in: Sproglige og historiske afhandlinger viede S. Bugges minde, Kristiana 1908, S. 197–205.

24) Oscar Albert Johnsen, Gildevaesent i Norge i Middelalderen, NHT Bd. 5, 1924, S. 73f., hier S. 77f.

25) Der selben Ansicht ist C. Wallin, Knutsgillena (s. Anm. 12b) S. 129.

26) Grethe Authén Blom, Miklagildet, in Trondheim bys histoire, Bd. I, Trondheim 1956, S. 440f.

dem St. Olafsfest (28. Juli bis 3. August). Die Gilde hatte anscheinend im Trøndelag ein breites Einzugsgebiet und war keineswegs auf Drontheim beschränkt. Wenn die »Große Gilde« sich auch »Olafsgilde« nannte, so läßt das darauf schließen, daß die Gilde durch die Bindung an Olaf als ihren Gildeheiligen sich aus den übrigen Gilden heraushob und dadurch zu der »Großen Gilde« wurde[27]. Die sehr ansehnliche Gildehalle dieser Gilde diente auch als »rette tingsted«[28]. Eine spätere Quelle berichtet, daß Bürger und vornehme Bauern der Umgegend in dieser Gildehalle ihre Feste feierten und daß für Übernachtungen vorgesorgt war[29]. Es ist aber umstritten, ob die Schrage aus Drontheim, die ihrem Inhalt nach in den Anfang des 12. Jahrhunderts datiert wird, mit der Miklagilde oder Olafsgilde identisch ist – aus dem Text ist eine eindeutige Identifikation nicht zu entnehmen[30].

Auch, wenn keine Verbindung zwischen der aus Quellenzeugnissen bekannten Miklagilde und dieser Gildesatzung besteht – was eher unwahrscheinlich ist – kann diese älteste norwegische Gildesatzung doch, vor allem im Vergleich mit den beiden anderen erhaltenen Gildesatzungen, allerlei über das Gildewesen in der frühen Zeit Norwegens aussagen.

Denn die sehr ins einzelne gehenden Bestimmungen der drei Schragen geben einen höchst anschaulichen Einblick in die Vorbereitungen und das Zeremoniell bei den Opfergelagen. Die heidnisch-religiöse Grundlage der Gilden und ihre Christianisierung und Umwandlung durch den König[31] über den Gildeheiligen, der einen Altar in der Kirche hatte, werden im norwegischen Gildewesen deutlich. Auch die zweite wichtige Funktion, die der gegenseitigen Hilfeleistung, wird sehr anschaulich. Sie reicht von der Blutrache[32] – die infolge der allgemeinen Rechtsentwicklung unterdrückt wird und daher in der dritten Schrage nicht mehr auftaucht – über die Auslösung aus der Kriegsgefangenschaft bis zu gegenseitiger Hilfeleistung bei Brand und Krankheit. Von besonderem Interesse in dem Zusammenhang dieser Arbeit ist, daß nach dem Bartholin'schen Statut den Gildebrüdern, die Schiffahrt und Kaufmannschaft betreiben, der Verlust ihrer Ladung durch Raub und Schiffbruch ersetzt werden konnte. Die Mitglieder dieser drei Gilden, die einen weiten Bezirk umfaßten, waren jedoch offensichtlich durchweg Bauern, ihre Zentren mögen in den Städten gelegen haben. Thingzentrum, Gildezentrum, kirchliches Zentrum und Königssitz fielen zusammen. Das deutet zusätzlich darauf hin, daß die Gilden von den Königen als Organisationsmittel eingesetzt wurden. Die Bauern, die in den Gilden organisiert waren, gingen aber auch auf Kauffahrt. Die Gildestatute sind dementsprechend auf den auch seefahrenden Bauernkaufmann eingerichtet. Die Nur-Kaufleute, die in

27) Olaf Kyrre hatte selbst teil an der Geltung des »heiligen Spitzenahns«, Olaf des Heiligen. Die Bindung der Gilde an Olaf den Heiligen band sie auch an ihn. Vgl. Erich HOFFMANN, Die heiligen Könige bei den Angelsachsen und den skandinavischen Völkern, Qu FGSH, Bd. 69, Neum. 1975, S. 86f.

28) G. A. BLOM, Miklagildet (Anm. 26) S. 444.

29) G. A. BLOM, Miklagildet (Anm. 26) S. 444.

30) G. A. BLOM, Miklagildet (Anm. 26) S. 444.

31) O. JOHNSEN, Gildevaesenet (Anm. 24) S. 93.

32) Es handelte sich ebenso wie bei der dänischen Blutracheverpflichtung um eine Hilfsverpflichtung für die betroffene Familie.

dem Bartholinschen Statut Art. 30 erwähnt werden[33], spielten innerhalb der Gilde offensichtlich eine Nebenrolle.

Wie weit der Kult des heiligen Olaf im norwegischen Gildewesen schlechtweg verbreitet war, ist nicht recht zu erkennen[34]. Es ist kaum anzunehmen, daß er auf das Tröndelag beschränkt war. Eine erste Zusammenstellung der St. Olafsgilden hat C. Wallin vorgenommen[35]. Er setzt für Norwegen drei an: Nidaros (Drontheim), Onarheim und Tönsberg. Außerhalb Norwegens kann er St. Olaf für Schweden 15 mal nachweisen: Arboga, Asker, Frötuna, Kärnbo, Kalmar, Köping, Linköping, Norrköping, Örebro, Östhammar, Stockholm, Torshälla, Västerås, Vingåker. Fünf sind als Gilden durch Siegel nachgewiesen. Vier weitere St. Olafsgilden in Schweden sind nicht eindeutig nachzuweisen. In Dänemark gab es vier St. Olafsgilden: in Hadersleben, Naestved, Store Heddinge und Malmö. Außerdem ist St. Olaf nachzuweisen in Island, Finnland (Ulfsby), Wisby, Reval, Nowgorod und mehrere Male in Niederdeutschland, wobei der Nachweis der Verehrung des Heiligen Olaf nicht bedeuten muß, daß auch eine Olafsgilde bestand.

Es gab in Norwegen auch ein städtisches Gildewesen, das jedoch unter relativ starker Einwirkung der Rechtsform deutscher Gilden und Zünfte sich herausgebildet zu haben scheint. Die bedeutendste Stadt war Bergen[36]. Das Statut der St. Mariengilde zu Bergen, die 1276 zum ersten Mal erwähnt wird[37a], weist wegen des Patronyms und der vermuteten Verbindung zum Stadtregiment[37b] Parallelen zur dänischen Knudsgilde auf. Bei den später auftauchenden städtischen Gilden versuchte der König mit Nachdruck, die direkte Abhängigkeit der Gilden vom Königtum weiterhin durchzusetzen – eine Rechtsform, die die deutschen Kaufleute und Handwerker nicht mehr kannten. Spektakuläre Folge dieses Gegensatzes ist wohl das Verbot König Erik Magnussohns von 1293/94, sich zu Gilden selbst zusammenzuschließen und sich eigene Satzungen zu geben[37c]. Ein näheres Eingehen auf die Entwicklung des städtischen Gildewesens erübrigt sich, da seine Organisationsform nur bedingt als für Norwegen typisch angesehen werden kann.

Einstweilen kann man zusammenfassend und grob verkürzt vielleicht feststellen, daß folgende Elemente in Norwegen deutlich hervortreten: 1. als Grundlage des Gildewesens die heidnischen Opfergelage, die, je länger desto mehr (gerade dies ist bei einem Vergleich der drei Satzungen – Schrage im Tröndelag, Bartholin'sches Statut, Satzung der Gilde zu Onarheim –

33) M. Pappenheim, Schutzgildestatut (Anm. 22) S. 151. Daß Pappenheim in dieser Gilde eine städtische Schwurgilde sieht, ist wohl kaum richtig.

34) Klaus Friedland, Sanct Olav als Schutzpatron nordeuropäischer Kaufleute, Acta Visbyensia VI, 1981.

35) C. Wallin, Knutsgillena (Anm. 12b) S. 131.

36) Zur Geschichte von Bergen vgl. neuerdings Knud Helle: Bergen Bys historie Bd. I, Oslo 1982.

37a) Im Stadtrecht König Magnus, NgL. II S. 127, Nr. 14.

37b) Vergleiche die Aufsätze von G. A. Blom über Gilden in Norwegen (Anm. 21), dort weitere Literatur.

37c) NgL III Nr. 6. S. im übrigen die Aufsätze von G. A. Blom (Anm. 21).

gut zu erkennen) verchristlicht werden. 2. Die auf religiöser Grundlage durch Schwur befestigte gegenseitige Hilfeleistung, die von brüderlicher Hilfeleistung bei Krankheit, Grabgeleit bis zu versicherungsähnlichen Ausgleichsleistungen bei materiellen Verlusten reichte. 3. Die herrschaftliche Komponente, die einmal durch die Aktivität des Königs gegeben war, zum anderen durch die Verbindung, die die Gildeheiligen zum Königsamt herstellten. Während diese drei Komponenten durchaus nicht auf Norwegen beschränkt sind, ist die norwegische Gilde zum Unterschied vom südlichen Gildewesen bäuerlich und flächenmäßig strukturiert und in die allgemeine Gerichtsverfassung eingebunden[38].

1.3 Skandinavische Händler und ihre Organisationsform

Die Absätze über das Gildewesen in Schweden und in Norwegen zeigen, daß man von einem skandinavischen Gildewesen schlechtweg nur bedingt sprechen kann; stellen sich Schweden und Norwegen schon unterschiedlich dar, so unterscheidet sich das dänische Gildewesen wiederum von dem dieser beiden Länder.

Das ist um so interessanter, als die Sozialstruktur in den drei skandinavischen Reichen einander recht ähnlich war. Die seefahrenden Nordländer wurden nach dem Tode Kaiser Ludwigs des Frommen zum Schrecken West- und Mitteleuropas. Es war kein Händlervolk, das über See fuhr, sondern eine kriegerische, seefahrende Bauernbevölkerung, die ständisch durchaus differenziert war. Der vielberufene skandinavische Bauernkaufmann ist genug bezeugt, vor allem in den Sagas[39]. Es war vor dem 12. Jahrhundert eine Frage des Naturells[40] und der Zweckmäßigkeit, ob ein Langschiff oder ein Lastschiff ausgerüstet wurde. Sehr anschaulich wird dieses Nebeneinander in der Saga von Asbjörn Seehundstöter[41]. Die ständische Qualität der Träger dieses Handels deckt sich jedoch nicht mit dem Begriff des Bauern, da diejenigen, die Schiffe ausrüsten und auch bemannen konnten, in der Regel der Bauernaristokratie oder den Häuptlingen zugeordnet werden müssen. Man hat in Norwegen

38) Diese norwegische Besonderheit hat verwandtschaftliche Züge im angelsächsischen Gildewesen. Auf mögliche wechselseitige Einflüsse hat schon Alexander Bugge in: Altschwedische Gilden, in Vjschr Sozial Wirtschafts G Bd. XI, S. 129f., und in: The earliest Guilds of Northmen in England, Norway and Denmark (Sproglige of historiske Afhandlinger viede Sophus Bugges Minde, Kristiania 1908) hingewiesen, hauptsächlich unter Verwendung der Pflicht zur Blutrache.

39) Der erste Bericht über die Reise Ottars ist bekannt genug. Zeugnisse in den Sagas sind zu häufig, um einzeln aufgeführt zu werden. Bei diesen und folgenden Belegen aus der Sagaliteratur ist klar, daß der historische Ereigniswert der Quelle sehr unterschiedlich, u. U. nur sehr gering ist. Verwendbar sind die Sagas aber fast immer als Belege für Zustände, Lebensverhältnisse und die Möglichkeit der geschilderten Vorkommnisse, unter Berücksichtigung der Abfassungszeit. Zur grundsätzlichen Diskussion vgl. Danmarks Historie (Anm. 61) S. 26f. und, im Hinblick auf die Saxo-Kritik, S. 214f. An neueren deutschen Publikationen wären zu nennen: Karl Hauck, Zur germanisch-deutschen Heldensage 1961; Klaus von See, Germanische Heldensage 1971; Die Isländersaga, Wege der Forschung, Bd. 151, Darmstadt 1974.

40) Max Pappenheim, Altnordische Handelsgesellschaften, S. 107, u. a. Beispiele aus der Sagaliteratur.

41) Aus der Heimskringla. Gedr. i. der Slg. Thule, Bd. XV, S. 196f. 1. Hälfte des 11. Jhs.

und neuerdings auch in Schonen die alten Markthandelsplätze, in denen nur eine relativ kleine ständige Bevölkerung nachgewiesen werden kann, und die in der Regel mit dem Begriff »Kaupang« oder »Köbing« erfaßt werden können, als zentrale Handelsorte dieses Bauernhandels erkannt[42]. Von ihnen unterschieden werden müssen die Königsstädte, in denen Fernhändler dominierten, und deren Konkurrenz anscheinend die meisten Köbinge zum Erlöschen brachte. Auch in Schleswig-Holstein ist das Nebeneinander von »Bauernhandel« und »Stadthandel« recht lange, bis zum Ende des 16. Jahrhunderts nachzuweisen[43].

Der Streit darüber, ob die Wikinger in erster Linie Handel getrieben oder Beutezüge unternommen haben, ist müßig. Denn erstens war beides möglich und wurde geübt. Zweitens waren auch die Beutezüge eine Art Beschaffung – zwischen Raub und kaufmännischem Tun war die Grenze fließend. Neben dem einheimischen Bauernkaufmann gab es auch Berufskaufleute im skandinavischen Raum. Man darf aber die Frage nach den Berufskaufleuten nicht unter nationalen Kategorien sehen. Genauso, wie ein heidnischer Skandinavier vor ca. 1000 nach der Primsigning[44a] als Kaufmann unter dem Schutz des ost- und westfränkischen oder englischen Königs reisen konnte, war es umgekehrt auch z. B. Friesen möglich, unter dem Schutz skandinavischer Herrscher als Kaufmann sich zu betätigen. Ähnlich dürfte es bei den schwedischen Knudsgilden gewesen sein: schwedische und dänische Kaufleute mögen unter dem Schutz des dänischen Königs gereist sein. Und auch in Norwegen ist gegebenenfalls eine Mitgliedschaft von Kaufleuten (und Handwerkern) fremder Herkunft neben Einheimischen vorstellbar, vor allem natürlich bei den späten städtischen Gilden.

Die Organisationsformen der Gilde waren vielfältig. Wenn man die gemeinsame Grundlage des Gildewesens schlechtweg in der libatio sieht, dann ist die kaufmännische Gilde nur eine Spezialform des Gildewesens[44b]. Die wirtschaftliche Zwecksetzung läßt eine solche Unterscheidung zu. Sie wird der Wirklichkeit aber nur bedingt gerecht. Denn erst durch die Verbindung mit dem Königsgeschlecht – eine Verbindung, die eng in die Kulthandlungen der Gilde verwoben wurde – konnte eine Gilde sich, geschützt durch den König, dauernd und erfolgreich wirtschaftlicher Zielsetzung widmen. Der Königsschutz hob sie aus der großen Zahl der Trinkgilden, der »Hwirwinger« heraus und machte sie zur Obergilde, dem »summum convivium« (Dänemark) oder der Miklagilde = »Große Gilde« (Norwegen). Wie der

42) Asbjörn A. Herteig, Archäologie und Stadtgeschichte; Erik Chinthio, Variationsmuster in dem frühmittelalterlichen Städtewesen Schonens. Beide Aufsätze in: Kiel Papers '72. Frühe Städte im westlichen Ostseeraum.

43) Adolf Jürgens, Zur Schleswig-Holsteinischen Handelsgeschichte des 16. und 17. Jahrhunderts, Bln. 1914, S. 68f.; H. F. Schütt, Gilde und Stadt (Anm. 3) S. 111f. Dort auch weitere Literatur.

44a) Helge Ljungberg, Die nordische Religion und das Christentum. Studien über den nordischen Religionswechsel zur Wikingerzeit, Gütersloh 1940, S. 138.

44b) E. Coornaert, Les Ghildes Médiévales (V.–XIV Siècles), Définition-Evolution, in: Revue Historique Jg. 72, T. 199 S. 42f. (»La ghilde est la même chose que le hvirfingr et sa libatio la même que la drykkia«) im Anschluß an Maurice Cahen: La libatio. Etudes sur le vocabulaire religieux de vieux – scandinave, Paris 1921, S. 94f.

Königsschutz im Zusammenspiel zwischen dem norwegischen und dänischen König funktionierte, darauf vermag möglicherweise die Saga vom Blut-Egil einen Hinweis zu geben[44c]. Wenn man sich fragt, worin angesichts der alten Tradition, die die Kauffahrt unter Königsschutz in Skandinavien aufweist, die fördernde Anregung bestehen kann, die aus dem niederdeutsch-friesischen Bereich abzuleiten ist[44d], dann muß man wohl an die besondere Form der berufsbezogenen Kaufmannsgilde denken, die sich, angepaßt an skandinavische Verhältnisse, in Dänemark durchsetzen konnte. Der Mangel an Quellen aus jener Zeit gestattet es uns kaum, die Vielfalt des skandinavischen Gildewesens präziser zu erkennen und in ihrer jeweiligen Eigenart zu unterscheiden[44e]. So ist aus dem Herzogtum Schleswig nur ein »Hwirdving« bekannt: im Artikel 20 des Apenrader Stadtrechts[44f] taucht an dritter Stelle, nach dem »convivium sancti Nicolai« ein »sancti Nicolai hwirdving« auf. Die rechtliche Gleichsetzung mit den beiden anderen Gilden und die privilegierte Stellung innerhalb des Stadtrechts selbst läßt vermuten, daß es sich um eine Kaufmannsgilde gehandelt hat, die aber – ebenso wie das convivium Sancti Nicolai – die besondere Verbindung mit dem Königsgeschlecht entbehrte. Daß hier trotzdem die Obergilde mit den beiden Nikolaigilden gleichgesetzt wurde, erklärt sich zwanglos durch die späte Zeit der Abfassung des Stadtrechts (1335). Die Vermutung hat einiges für sich, daß das convivium St. Nicolai eine ursprünglich deutsch bestimmte, das Hwirdving eine ursprünglich dänisch bestimmte Einrichtung gewesen ist[44g]. Zu denken gibt allerdings das Patronym St. Nikolai, besonders wenn man die Überlegungen Erich Hoffmanns zur Rolle dieses Heiligen in Dänemark mit berücksichtigt[44h]. Die Kaufleute-Gilde braucht also nicht auf die Obergilde beschränkt zu werden.

Wenn man sich auf die Erscheinung der dänischen, mit dem Herrschergeschlecht besonders verbundenen Obergilde beschränkt, dann kann man wohl feststellen, daß ihre Entstehung zum Unterschied von der schwedischen und norwegischen, aufs engste mit der gewiß im Verhältnis zur Gesamtbevölkerung sehr kleinen Anzahl von Berufskaufleuten des dänischen Reiches zusammenhängt; ihr Ursprung ist nach einhelliger Meinung der gegenwärtigen Forschung, im deutsch-dänischen Grenzgebiet, in der Stadt Schleswig zu suchen.

44c) Vgl. S. 245f.
44d) Otto Gerhard OEXLE ist in: Gilden als soziale Gruppen in der Karolingerzeit, in: Das Handwerk in vor- und frühgeschichtlicher Zeit, Teil I Historische und rechtshistorische Beiträge, Gött. 1981 S. 284f. der Frühzeit der Gilden im Karolingerreich nachgegangen. Er meint S. 348f., daß es Kaufmannsgilden vor 1020 (Alpert von Metz' Bericht über Tiel) kaum gegeben haben könne. Diese seine Ausführungen überzeugen nicht unbedingt, da er lediglich die wenigen Quellen entgegengesetzt interpretiert und da er, ausgehend von der herkömmlichen Auffassung der Gilde als freier Einung, den herrschaftlichen Bezug vernachlässigt.
44e) Erich Hoffmann unterscheidet im Anschluß an eine Anregung von Poul Johannes JÖRGENSEN in Dansk Retshistorie, Kphg. 1965[3] S. 447 auf Grund des Gildeverbots im Kopenhagener Stadtrecht, gedr. DgK Bd. 3, S. 15 Art 1, convivia = Gilde von sodalicia = Hwirwing. Erich HOFFMANN, Die Schleswiger Knutsgilde als mögliches Bindeglied (Anm. 2).
44f) Apenrader Stadtrecht Art. 20, gedr. DgK Bd. 1, S. 247f.
44g) S. Anm. 44e.
44h) E. HOFFMANN, Beiträge (Anm. 2) S. 57f.

2. Dänische Gilden

2.1 Nachrichten über Schleswig[45)]

Schriftliche Quellen berichten über Schleswig erstmals im Zusammenhang mit der Auseinandersetzung zwischen Karl dem Großen und Göttrik. Die neueren archäologischen Ergebnisse zeigen aber, daß sowohl die Siedlung Schleswig als auch die Befestigungen des Danewerks, die man bisher ebenfalls in ihren ältesten Teilen auf Göttrik[46)] zurückführte, erheblich älter sind; die – außerhalb des Halbkreiswalles – belegene ältere Siedlung wird in das achte Jahrhundert, erste Befestigungen des Danewerks werden dendrochronologisch auf 737 datiert[47a)]. In welche geschichtlichen Zusammenhänge die Befestigungsanlagen einzuordnen sind, ist noch unklar[47b)]. Das mindert aber nicht das Gewicht der Aussagen der Annalen[48)], nach denen Göttrik 804 mit seiner Flotte in Schleswig (»ad locum, qui dicitur Sliesthorp«) lag und mit Karl dem Großen durch Gesandte Verbindung aufnahm, und daß Göttrik 808 während eines Kriegszuges gegen die Abotriten Kaufleute aus Rerik nach Schleswig (»ad portum, qui Sliesthorp dicitur«) umsiedelte. Nach neueren dendrochronologischen Ergebnissen ist die Kernsiedlung Schleswig, die den Eindruck planmäßiger Anlage macht, und die bei den bisherigen Grabungen angeschnitten wurde, in dieser Zeit entstanden[49)]. Aus diesen wenigen Nachrichten wird deutlich: Schleswig war um 800 schon ein Handelsort von Bedeutung.

45) Zu diesem Abschnitt vgl. E. Hoffmann, Beiträge (Anm. 2) S. 27f.; H. F. Schütt, Gilde und Stadt, S. 93f. Bei diesen beiden Aufsätzen die weitere Literatur. Die Bezeichnung »Schleswig« ist eine nur von Deutschen gebrauchte Namensform. Die nordgermanische Bezeichnung war »Hedeby«. Beide Namensformen laufen während der ganzen in diesem Aufsatz behandelten Zeit nebeneinander her. Das ist zu beachten, wenn im folgenden im Interesse der Einheitlichkeit lediglich »Schleswig« auftaucht.

46) Auf das Jahr 808, nach: Annales regni Francorum, gedr. in: Ausgewählte Quellen zur deutschen Geschichte im Mittelalter, Bd. V, hrsg. von Rudolf Buchner, Darmstadt 1977, S. 88.

47a) Das gilt für den Nordwall und den Hauptwall. Eine Probedatierung vom Ostende des Doppelwalls datiert weitere bauliche Aktivitäten am Danewark auf 968 und führt damit in die Zeit Ottos I. Dieter Eckstein, Kurt Schietzel, Zur dendrochronologischen Gliederung und Datierung der Baubefunde von Haithabu, in: Berichte über Ausgrabungen in Haithabu, Bericht 11, 1977, S. 141f. Der Kograben, der immer zum Rätselraten Anlaß gegeben hat, konnte neuerdings datiert werden. W. Schlesinger, Unkonventionelle Gedanken zur Geschichte von Schleswig/Haithabu, in: Aus Reichsgeschichte und nordischer Geschichte, Kieler historische Studien, Bd. 16, Stuttgart 1972, S. 76, bringt den Kograben mit Göttriks Befestigungswerk zusammen. Neuere Arbeitsergebnisse dänischer Forscher weisen ihn König Sven Gabelbart zu: H. H. Andersen, Fragen der Danewerkforschung, in: Ausgrabungen in Deutschland, Teil 3, Frühmittelalter II, Monographien des Römisch-Germanischen Zentralmuseums zu Mainz, Mainz 1975, Bd. 1, 3, S. 87f.

47b) Hans Valdemar Gregersen, Den danske kongemagt ved vikingetidens begyndelse, Sönderjyske Aarböger (Sö Aa) 1983, S. 5f. Gregersen stellt die spärliche schriftliche Überlieferung zusammen und versucht, sie mit den archäologischen Ergebnissen in Übereinstimmung zu bringen – auch mit den Ringwallen in Nordfriesland.

48) Annales regni Francorum (Anm. 46) S. 90; H. V. Gregersen, Den danske Kongemagt (Anm. 47b) S. 7f., S. 13f.

49) Nach den von D. Eckstein und K. Schietzel vorgelegten Ergebnissen (Anm. 47a).

Erst im Zusammenhang mit den Missionsversuchen Ansgars in den Jahren nach 849 wird Schleswig wieder erwähnt. Stadtherr war König Horich von Dänemark. Er bewilligte die Errichtung einer Kirche in Schleswig, dem »Hafenplatz seines Reiches, wo Händler aus aller Welt zusammenkamen«[50]. Es gab hier schon Christen, die in Dorestad und Hamburg getauft waren. Rimbert berichtet, daß infolge der Duldung des Christentums in Schleswig nun auch christliche Händler aus Sachsen wie aus Dorestad nach Schleswig unbehelligt[51] kommen konnten und daß dadurch der Handel sich sehr belebt hätte. Ansgar stand auf der Seereise nach Birka, die er 852 antrat, unter dem Schutz des dänischen Königs[52], wie er schon 830 von Birka nach Westen unter dem Schutz des dortigen Königs Björn gereist war[53]. Nach dem gewaltsamen Tode König Horichs kam es bei dem Regierungsantritt seines gleichnamigen Nachfolgers zu einer heidnischen Reaktion. Der Stadtgraf Schleswigs[54], Hovi, ließ die Kirche schließen, verbot den christlichen Kult und verjagte den Priester. Es kam indessen bald wieder zum Ausgleich: König Horich der Jüngere setzte den Wikgrafen ab und bewilligte außer den bisherigen Zugeständnissen auch noch den Gebrauch einer Glocke sowie die Errichtung einer Kirche in Ripen[55]. Die Schleswiger Händler dürften auch bei dem Friedensvorschlag des Königs Siegfried an König Ludwig den Deutschen von 873 mit eingeschlossen gewesen sein, wenn es heißt: »und damit die Händler beider Reiche, wenn sie hinüber und herüber gingen und die Waren mitbrächten, in Frieden kaufen und verkaufen sollten«[56]. Ein solches Angebot hatte nur Sinn, wenn der König in der Lage war, die Händler am Handelsort und womöglich auch unterwegs zu schützen[57]. Aus jener Zeit (etwa 880) dürfte auch die Episode stammen, die die »Vita Rimberti« über Rimbert berichtet: Er habe, als er auf einer Reise nach Dänemark sich in Schleswig aufhielt – wo ja eine kleine christliche Gemeinde mit einer Kirche bestand –, eine Menge Christensklaven in Ketten vorbeiführen sehen. Er verkaufte sein Pferd, um wenigstens eine Nonne, die sich unter ihnen befand, zu befreien[58]. Die Bedeutung der Handelsware

50) »portus«; in: Vita Anskarii, in: Quellen des 9. und 11. Jhs. zur Geschichte der Hamburgischen Kirche und des Reiches, Darmstadt 1973, Kap. 24, S. 80/81.

51) »absque ulla pavore«, Vita Anskarii, Kap. 24, S. 80.

52) Vita Anskarii, Kap. 26, S. 86.

53) Vita Anskarii, Kap. 11, S. 42.

54) »comes vici« Vita Anskarii, Kap. 31, S. 100.

55) »in alio quoque vico regni sui Ripa vocato« Vita Anskarii, Kap. 32, S. 101.

56) »... ut negatiatores utriusque regni invicem transeuntes et mercimonia deferentes emerent et venderent pacifice«; Ann. Fuldensis, S. 88.

57) Vergl. hierzu die zweifelnde Bemerkung SCHLESINGERS, in: Unkonventionelle Gedanken (Anm. 47a) S. 78. Ein friedlicher Vollzug des Handels ohne nachdrückliche Friedenssicherung durch den König dürfte indessen kaum möglich gewesen sein.

58) Vitae Anskarii et Rimberti, MGH, Script rer. Germ. in usum schol. (ed. G. Waitz 1884) Kap. 18. Vgl. Adam VON BREMEN, Bischofsgeschichte der Hamburger Kirche, in: Quellen des 9. und 11. Jahrhunderts zur Geschichte der hamburgischen Kirche und des Reiches, Darmstadt 1973, I, Kap. 41. Nach der Vita Rimberti, Cap. 18, kaufte er für sein Pferd nur eine Nonne frei. In der Wertrelation erscheint dies durchaus wahrscheinlich. Adam überhöht den Freikauf und läßt Rimbert alle Gefangenen loskaufen.

»Sklaven« wird hier auch für Schleswig schlaglichtartig deutlich; deutlich wird dadurch auch der innere Zusammenhang zwischen Wikingerzügen und einem Handelsort wie Schleswig: Wenn auch die Sklaven – und Erlöse aus »kidnapping« – wohl einen wesentlichen Ertrag der Wikingerzüge darstellten, dürften auch andere Gegenstände, die über den täglichen Gebrauch hinausgingen und die z. B. aus Klöstern und Kirchen geraubt wurden, jedenfalls zum Teil verkauft worden sein. Raub und Kaufmannschaft lagen recht nahe zusammen. Große Marktstädte wie Schleswig waren Plätze, an denen das geraubte Gut seine Interessenten fand. Insofern dürfte die Behauptung, daß die Wikingerzüge neben den Handelsfahrten zu einer Belebung städtischen Lebens beitrugen, durchaus berechtigt sein[59]. In der Folgezeit, während der das auseinandergebrochene Reich Karls des Großen den Höhepunkt der Normanneneinfälle über sich ergehen lassen mußte[60], hört man nichts über Schleswig.

Die Kämpfe des 10. Jahrhunderts, in die Schleswig verstrickt wurde, haben die Stadt sicher in Mitleidenschaft gezogen. Von dauernder Auswirkung war der zweimalige Machtwechsel, der sich vollzog. Eine schwedische Königsfamilie faßte in Schleswig Fuß und gebot am Anfang des 10. Jahrhunderts in Schleswig[61]. 934 machte König Heinrich I. der schwedischen Dynastie ein Ende und bezog Schleswig in den deutschen Machtbereich ein. Wann die Mark Schleswig eingerichtet wurde, ist umstritten[62]. Auf jeden Fall dürfte zur Zeit Ottos I. sowohl die Stadt Schleswig als auch die Mark Schleswig in der Hand des Reiches und damit auch der Schutzherr der Händler in Schleswig der deutsche König gewesen sein.

Aus der Zeit Ottos I. stammt der arabische Bericht des Juden Ibrahim Ibn Jakub at Tartuschi[63] über Schleswig, den Georg Jakob[64] auf 973 datierte, der aber nach den Erkenntnissen T. Kowalskis auf 965/66 zu datieren ist[65]. Ibrahim Ibn Jakub war wohl Kaufmann, vielleicht speziell Sklavenhändler, der Schleswig auf einer ausgedehnten Reise besuchte. Er bezeichnet Schleswig als »eine sehr große Stadt am äußersten Ende des Weltmeeres«. »Die Stadt ist arm an Gütern und Segen. Die Hauptnahrung der Bewohner besteht aus Fischen.« Ihre Bewohner sind »Siriusanbeter«. Es gibt außerdem eine kleine christliche

59) A. E. Christensen, Vikingetidens Danmark på oldhistorisk baggrund, Kphg. 1969, a. versch. O.

60) Zu den Normanneneinfällen zuletzt Horst Zettel, Das Bild der Normannen und der Normanneneinfälle, München 1977. Etwas anders sieht A. E. Christensen es, in: Vikingetidens Danmark. Für ihn ist die angreifende Macht das fränkische Kaisertum.

61) Über die Geschichte Dänemarks in diesen Jahrzehnten weiß man nichts Sicheres. Vgl. A. E. Christensen, Vikingetidens Danmark (Anm. 59) S. 197f. Danmarks Historie, Bd. 1. Kphg. 1977, S. 159f.

62) Diese Vorgänge sind unklar und sehr umstritten.

63) Er hieß mit vollem Namen Ibrahim Ibn Jakub al-Israili at Turtuši = aus Tortosa.

64) Georg Jacob, Arabische Berichte von Gesandten an germanische Fürstenhöfe aus dem 9. und 10. Jahrhundert, Bln u. Leipzig 1927, S. 29.

65) Über die Reise Ibrahim Ibn Jakubs berichtet Charlotte Warnke, Bermerkungen zur Reise Ibrahim Ibn Jakubs durch die Slawenländer im 10. Jahrhundert, in: Giessener Abhandlungen zur Agrar- und Wirtschaftsforschung des europäischen Ostens, Bd. 32 Wiesbaden 1965, S. 393f. Sie wertet die Neubearbeitung T. Kowalskis von 1946 aus, die die Darstellung Georg Jacobs berichtigt und ergänzt.

Gemeinde, die eine Kirche besitzt. Über den heidnischen Kult berichtet Tartuschi: »Sie feiern ein Fest, an dem sie alle zusammenkommen, um den Gott zu ehren und um zu essen und zu trinken. Wer ein Opfertier schlachtet, errichtet an der Tür seines Geweses Pfähle und tut das Opfertier darauf, sei es ein Rind oder ein Widder oder ein Ziegenbock oder ein Schwein, damit die Leute wissen, daß er es seinem Gott zu Ehren opfert.« Ferner berichtet er: »Werden einem von ihnen Kinder geboren, so wirft er sie ins Meer, um sich die Ausgaben zu sparen.« Auch meint er: »Nie hörte ich häßlicheren Gesang als den Gesang der Schleswiger, und das ist ein Gebrumm, das aus ihren Kehlen herauskommt, gleich dem Gebell der Hunde, nur noch viehischer als dies.« Schließlich fiel ihm auf: »daß das Recht der Scheidung bei ihnen den Frauen zusteht: das Weib scheidet sich selbst, wann sie will.« Der Bericht des reisenden Arabers hat einen hohen Realitätsgehalt – nicht nur im Bezug auf das bekannte Wort: »Frisia non cantat.« Die Kennzeichnung Schleswigs als »sehr große Stadt«, die aber ärmlich wirkt, dürfte bei einem Besucher, der aus dem Mittelmeerraum kam, nahe liegen. Besucher aus dem skandinavischen Raum empfanden das naturgemäß anders. Die Feststellung, daß die große Mehrzahl der Bewohner auch zur Zeit Kaiser Ottos I. Heiden waren und die Christengemeinde mit ihrer Kirche eine kleine Minderheit darstellte, dürfte im Prinzip kaum Zweifel erwecken. 965 hatte Otto I. die Kirchen in Schleswig, Ripen und Aarhus zu Bischofskirchen erhöht[66]. Der Bericht ist geeignet, den Gegensatz zwischen Anspruch und Wirklichkeit zu beleuchten. So beschreibt der Araber dann auch recht anschaulich die heidnischen Opfergilden oder Opfergelage in ihrer Kombination aus Kultdienst, Essen und Trinken. Auch die Nachricht von der Kindestötung braucht nicht in das Gebiet der Fabel verwiesen zu werden. Es war nicht selbstverständlich, daß Kinder von dem Familienoberhaupt anerkannt und aufgenommen wurden; wenn nicht, wurden sie ausgesetzt[67]. Daß der erwähnte Gesang auch zu den Opferfesten gehörte, ist möglich. Es ist bekannt, daß bei Opfergilden gesungen wurde[68]. Der Zustand der Trunkenheit pflegt Chorgesänge zwar lauter, aber nicht wohltönender zu machen. Die Behauptung, daß die Frau in Schleswig eine rechtlich bessere Stellung innehatte, braucht jedenfalls in dieser allgemeinen Bedeutung ebenfalls nicht auf Fehlinformation zu beruhen[69].

Nach dem Tode Ottos II. wird Schleswig von Harald (Blauzahn) wiedererobert worden sein. Die Eroberung Englands, die 980 mit ersten Wikingerzügen begann, zu den großen »Danegeld«-Zahlungen führte und 1013 in der endgültigen Unterwerfung Englands durch Sven Gabelbart mündete, ließ Dänemark und – so ist wohl anzunehmen – auch Schleswig sich vorwiegend nach England orientieren, soweit es um die westlichen Verbindungen ging. Einflüsse des englischen Städtewesens auf Schleswig sind nicht auszuschließen. 1035 verstarb Knud, der Sohn und Nachfolger Svens, und wurde in Winchester, der Stadt, der er vor anderen

66) SHRU, Bd. 1, Nr. 28.

67) Wilhelm GRÖNBECH, Kultur und Religion der Germanen, Darmstadt 1954, Bd. I, S. 299.

68) Gesänge bei Opfergilden oder Trinkgelagen sind relativ häufig bezeugt. Vgl. auch GRÖNBECH, Kultur und Religion, Bd. I, S. 246. Als Beispiel aus Gildequellen: Art. 42 der Erichsgilde in Kallehave, C. NYROP, Danmarks Gilde – og Lavsskraaer, Bd. 1, Kphg. 1899, S. 66.

69) Vgl. H.-F. SCHÜTT, Gilde und Stadt (Anm. 3) S. 134.

den Vorzug gab, aufgebahrt. Sein Reich, eine Schöpfung einer genialen Persönlichkeit, zerfiel. Schon unter König Sven Estridson, der 1047 in Dänemark folgte, wandte sich die dänische Politik wieder dem Kontinent zu. Die dänische Wikingerzeit war zu Ende. Dem entsprach eine steigende politische Bedeutung Schleswigs. 1042 trafen sich in Schleswig König Magnus von Dänemark und Norwegen und Herzog Bernhard II. von Sachsen anläßlich der Heirat von Bernhards Sohn Ordulf mit der Schwester des Königs Magnus. Anwesend waren auch der Bremer Erzbischof und eine Reihe von Bischöfen. 1050 wurde Schleswig ein Opfer der Auseinandersetzungen König Haralds von Norwegen mit Sven Estridson. Die Schäden müssen aber schnell wieder beseitigt sein. Denn 1053 verhandelten König Sven Estridson und Erzbischof Adalbert miteinander in Schleswig – ein Treffen, das wegen seines repräsentativen Charakters auch die notwendigen repräsentativen Bauten wie Bischofskirche, Bischofsresidenz, Königshof voraussetzt. Für 1063 hatte Erzbischof Adalbert eine große Bischofssynode im Rahmen seiner nordischen Patriarchatspläne in Schleswig geplant – auch dies setzt repräsentative Gebäude voraus. Man hatte schon seit längerer Zeit angenommen, daß Dom und Königssitz schon im 11. Jahrhundert am Nordufer der Schlei gelegen haben. Kürzlich ist die bisher nur theoretisch erschlossene Königspfalz in Schleswig gefunden worden. Sie ist nach dem archäologischen Befund wohl von Waldemar I. nach deutschem Vorbild errichtet worden. Es gibt jedoch erste, wenn auch recht vage Anhaltspunkte für eine ältere Anlage, die zur Zeit Sven Estridsons erbaut sein könnte[70a]. 1066 ist eine nochmalige Eroberung und Zerstörung der südlichen Halbkreiswallstadt Hedeby/Schleswig, diesmal durch die Abotriten, bezeugt. Nach der herkömmlichen Lehrmeinung ist dies Veranlassung dazu gewesen, die Siedlung im Halbkreiswall am Noor zu verlassen und am Nordufer der Schlei eine neue Stadt Schleswig im Schutz des Domes und des Königshofes anzulegen[70b].

Die nächste Erwähnung Schleswigs stammt aus den Jahren 1085 und 1086, den letzten beiden Regierungsjahren König Knuds des Heiligen. 1085 hielt er eine Versammlung mit den Großen des dänischen Reiches in Schleswig ab. Als er von den aufständischen Jüten bedroht wurde, floh er 1086 nach Schleswig und konnte von dort weiter nach Fünen segeln. Er hatte in Schleswig offensichtlich eine feste Stütze. Aelnoth berichtet, er habe »Fremde und Ausländer« rechtlich gestützt[71]. In dieser Rolle des Beschützers fremder Reisender, speziell Kaufleute, ist er in der Knytlingasaga später dargestellt worden[72]: Er hatte einen Angehörigen der südjütischen Häuptlingsschicht namens Egil auf Bornholm eingesetzt. Egil konnte von seiner Neigung, Wikingfahrten durchzuführen, trotz des Friedensgebots des Königs nicht lassen. Es

70a) Vgl. hierzu E. Hoffmann, Beiträge (Anm. 2) S. 27 und zur Frage der Kontinuität H. F. Schütt, Gilde und Stadt (Anm. 3) S. 101.
70b) Volker Vogel, Archäologische Stadtkernforschung in Schleswig 1969–1982, in: Ausgrabungen in Schleswig, Berichte u. Studien Bd. 1, Neum. 1983, S. 28f.
71) Aelnoth XIV, VSD, 101.
72) Die hier geschilderte Auseinandersetzung zwischen Knud und Egil nach: Die Geschichten von den Orkaden, Dänemark und der Jomsburg, Thule, Bd. 19, Düsseldorf 1966, S. 262f. Der Quellenwert dieser Geschichte ist übrigens verhältnismäßig gut.

war daher schon wiederholt zu Zusammenstößen zwischen dem König und Egil (genannt »Blut-Egil«) gekommen. Die Einkünfte aus seinen Wikingfahrten nutzte Egil, um sich eine große Gefolgschaft zu halten und repräsentativ zu leben. Eines Tages ging von Norwegen ein Schiff mit Kaufleuten in die Ostsee ab. Die Fahrt des Schiffes konnte bis zur Insel Bornholm verfolgt werden. Dort verschwand das Schiff aber spurlos. Der norwegische König, der zu Knud ein gutes Verhältnis hatte, bat diesen, er möge sich doch einmal um die Kaufleute kümmern. Knud kam dieser Aufforderung nach, entdeckte, daß das Schiff von Egil gekapert, ausgeraubt und mit den Kaufleuten anschließend verbrannt war. Die Ladung war sehr kostbar gewesen, denn Egil befand sich seitdem in glänzenden Vermögensverhältnissen. Der König ließ jedoch Egil als Raubmörder hängen, was ihm von den Standesgenossen Egils sehr verdacht wurde. Interessant an dieser Geschichte ist einmal, daß König Knud derartige Bemühungen zugeschrieben werden. Zum anderen sieht man hier aber die Wirksamkeit des Königsschutzes. Der norwegische König hätte sich nicht um das Schicksal dieses Schiffes gekümmert, wenn die Kaufleute nicht unter seinem Schutz gereist wären. Die Kränkung dieses Königsschutzes dürfte Knud den Heiligen veranlaßt haben, einzugreifen. Es ist übrigens anzunehmen, daß der norwegische König an derartigen Handelsfahrten beteiligt war.

Schon unter König Sven Estridson waren Verbindungen des dänischen Königshauses mit Flandern angebahnt worden, die aus der gemeinsamen Gegnerschaft gegen Wilhelm den Eroberer erwuchsen. Da gleichzeitig sich das Niederrheingebiet zum bürgerlich-industriellen Zentrum Nordwesteuropas entwickelte, sind intensivere Handelsbeziehungen zwischen Schleswig und dem Niederrheingebiet gerade in dieser Zeit recht wahrscheinlich. Die besondere Aufmerksamkeit, die König Knud der Stadt schenkt, wird auch aus neueren Grabungsergebnissen deutlich: Die ersten größeren Kai-Anlagen, die gefunden wurden, werden in seine Regierungszeit und die seines Bruders und Nachfolgers Olaf (Hunger) datiert[73)]. Seit 1095 folgte ein weiterer Sohn Sven Estridsens, König Erich Eiegod, dessen Regierungszeit in gutem Andenken geblieben ist. Als besonders rühmenswert, weil vom allgemeinen Brauch abweichend, weiß man später über seine Tätigkeit vor der Übernahme der Regierung zu berichten, daß er »immer in der Ostsee heerte und Krieg gegen die Heiden führte, aber alle Christen ließ er in Frieden fahren und so auch die Kaufleute«[74]. Erich starb schon 1103. Ihm folgte König Niels, der letzte der fünf Söhne Sven Estridsens, die nacheinander regierten. Er war ein verhältnismäßig schwacher Regent. Drei Jahre später folgte Herzog Lothar dem letzten Billungerherzog in Sachsen. Mit diesem energischen Sachsenherzog wurde deutsche Reichspolitik an der Nordgrenze des Reiches wieder spürbar, und so blieb es bis zum Sturz Heinrichs des Löwen, in gewissem Sinne bis zum Tode Heinrichs VI. Lothar setzte 1111 Adolf von Schauenburg als Graf von Holstein ein. Das südliche Grenzgebiet Dänemarks mit Schleswig als Mittelpunkt war

73) Volker Vogel, Die ärchäologischen Ausgrabungen im Stadtkern von Schleswig, BSSt Bd. 19, 1974, S. 37f.; V. Vogel, Die Anfänge des Schleswiger Hafens, BSSt Bd. 22, 1977, S. 21f.; V. Vogel, Archäologische Stadtkernforschung (Anm. 70b) S. 22f.

74) Aus: Die Geschichten von den Orkaden, S. 309.

dem Jarl Eilif anvertraut. In den Auseinandersetzungen, die nach dem Regierungsantritt König Niels zwischen ihm und dem Abotritenfürsten Heinrich entstanden, vermochte Eilif Schleswig und das südliche Jütland nicht zu schützen. König Niels konnte angeblich nur unter dem Schutz der »Friesen« in der Stadt Schleswig sicher übernachten[75a]. Eilif wurde 1115 durch Knud Laward, den einzigen legitimen Sohn Erich Ejegods, als Grenzjarl ersetzt.

Zu dieser Zeit hatte die »Nordstadt« Schleswig die Funktion der alten Stadt Hedeby – Schleswig am Noor voll übernommen. Christian Radtke ist es gelungen, mit vielen Einzelnachrichten das rühmende Bild, das Adam von Bremen von der in seiner Zeit so bedeutenden Stadt Schleswig zeichnet[75b], für manche Zeitpunkte oder Zeiträume mit Leben zu erfüllen[75c]. Seine Annahme, daß die alte Verbindung zwischen Soest und Schleswig, die ja schon im Reiseweg des arabischen Chronisten anklingt, mit dem Export von Salzhering aus Schleswig, der auch archäologisch für einen erheblichen Zeitraum wahrscheinlich gemacht werden konnte, zusammenhinge, erscheint plausibel[75d]. Er weist auch mit Recht auf den Umfang und die weitgesteckten Exportziele des Pelzwerks[75e] hin, das über Schleswig nach West-, Mittel- und Südeuropa vermittelt wurde, auf die Bedeutung des Wachs- und Honighandels[75f] und – in umgekehrter Richtung – des Handels mit Tuchen, Erzeugnissen des Metallgewerbes und Wein[75g].

Im Rahmen dieses Handelsverkehrs dürfte der niederrheinische und der westfälische Kaufman seit eh und je ein gewichtiger Handelspartner der Schleswiger gewesen sein. Die Vermutung liegt nahe, daß er auch in Schleswig seßhaft geworden und auf die Gestaltung des Schleswiger Rechtslebens Einfluß genommen hat.

Frahm hatte in seinem grundlegenden Aufsatz 1936[75h] auf massive flandrische Einflüsse hingewiesen und festgestellt, daß Schleswig rechtlich eine Sonderstellung in Dänemark eingenommen habe. Im Anschluß an den programmatischen Artikel Heinrich Reinckes[75i] ist der Nachweis geführt worden[75k], daß das eheliche Güterrecht und das Erbrecht in der Stadt Schleswig sich vom jütischen Landrecht, das in dem Herzogtum Schleswig angewendet wurde, bzw. vom dänischen Recht schlechthin unterschied, vielmehr mit dem von Dortmund

75a) Historia St. Kanuti, Passio, VSD, S. 191.
75b) Adam von Bremen (Anm. 58) L 7 Kap. 1, S. 435.
75c) Christian Radtke, Schleswig und Soest, in: Soest: Stadt-Territorium-Reich, Festschrift Soest 1981, S. 433f.
75d) C. Radtke, Schleswig und Soest (Anm. 75c) S. 434. Dort auch in Anm. 5 der archäologische Nachweis.
75e) C. Radtke, Schleswig und Soest (Anm. 75c) S. 437f.
75f) C. Radtke, Schleswig und Soest (Anm. 75c) S. 438.
75g) C. Radtke, Schleswig und Soest (Anm. 75c) S. 439.
75h) Friedrich Frahm, Das Stadtrecht der Schleswiger und ihre Heimat, ZSHG Bd. 64, 1936, S. 1f.
75i) Heinrich Reincke, Kölner, Soester, Lübecker und Hamburger Recht in ihren gegenseitigen Beziehungen, HGBl 69, 1950, S. 36f.
75k) Kurt Deissner, Zum Güter- und Erbrecht im ältesten Schleswiger Stadtrecht, jur. Diss. Kiel 1965.

übereinstimmte – eine Feststellung, die insofern interessant ist, weil das Dortmunder Recht nicht auf Dortmund beschränkt war, sondern ausgestrahlt hat[75l].

Diese Feststellungen sind zwingend, soweit sie nachweisen, daß die im Schleswiger Stadtrecht zu findenden Regelungen der Gütergemeinschaft und des damit zusammenhängenden Hälftenerbrechts dänischem Recht widersprechen und eine Selbständigkeit des Schleswiger Stadtrechts auf diesem Rechtsgebiet mit sich geführt haben. Schwieriger fällt die Beantwortung der Frage, welche Personengruppe als Rechtsträger für diese Schleswiger Besonderheit verantwortlich zeichnet. Schleswig ist eine sehr alte Stadt, auch als Rechtsgebilde, allerdings nur unter der Voraussetzung, daß man trotz des Wechsels von der Halbkreiswallsiedlung (Hedeby – Schleswig) zur Nordstadt (Schleswig) rechtliche Kontinuität voraussetzt. Bei der internationalen Bedeutung Schleswigs vom 9. bis 13. Jahrhundert haben ja ganz verschiedene Einflüsse im Laufe der Jahrhunderte auf Schleswig eingewirkt, so daß eine breite Palette von Einwirkungsmöglichkeiten näher zu untersuchen wäre.

Wenn man jedoch einen rechtlichen Neubeginn – sei er ganz oder teilweise – mit der Anlage der Nordstadt verbindet, dann kann man sich auf Grund der wichtigsten Handelsverbindungen Schleswigs im 11. und 12. Jahrhundert eher auf das Gebiet von Flandern bis Westfalen konzentrieren.

Aus St. Omer (Flandern) und Valenciennes (Hennegau) sind Kaufmanns-Gildesatzungen erhalten, die zu einem durchaus ergiebigen Vergleich mit dem in Schleswig erschließbaren Gildewesen herangezogen worden sind[75m].

Seit dem beginnenden 12. Jahrhundert dürfte der niederrheinische und westfälische Kaufmann (Köln, Dortmund, Soest) noch stärker in Schleswig in Erscheinung getreten sein. Darauf kann der Art. 29 des Schleswiger Stadtrechts[75n] hindeuten, wenn unter den Schleswig besuchenden Kaufleuten die aus Sachsen kommenden an erster Stelle genannt werden. Andererseits bezeugen die »fraternitas Danica« in Köln, die man wohl als eine Kölner Fernhandelsgilde der Dänemarkfahrer auffassen muß, die berühmten »Schleswiker« der Stadt Soest und die Leute, auf die sich der Artikel 15 des Medebacher Stadtrechts (»negotietur in Datia vel Rucia«) bezieht, die Bedeutung, die der Schleswig-Handel am Niederrhein und in Westfalen hatte[75o]. Die genossenschaftliche Organisation dieser Kaufleute war in Schleswig also bekannt genug, ganz besonders zu der Zeit, die der Abfassung des ältesten Teiles des Schleswiger Stadtrechts und des ältesten Teiles der Knudsgildeschrage unmittelbar vorangeht.

75l) Luise von Winterfeld, Die stadtrechtlichen Verflechtungen in Westfalen, in: Der Raum Westfalen, S. 173f., Münster 1955.

75m) Frauke Hans, West- und Mitteleuropäische Einflüsse auf das Schleswiger Stadtrecht, wiss. Prüf.Arbeit masch.schr. vervielf. Kiel 1983.

75n) DgK Bd. I, S. 8.

75o) C. Radtke, Schleswig und Soest (Anm. 75c) S. 455f. Dort ist auch die einschlägige Literatur nachgewiesen. Der Medebacher Stadtrechtsartikel 15 ist abgedruckt in Friedrich Keutgen, Urkunden zur städtischen Verfassungsgeschichte, Bln. 1901 (Reprint 1965) S. 146.

2.2 *Knud Laward und die Schleswiger Gilde*

1115 war Knud Laward durch König Niels als Nachfolger Eilifs eingesetzt worden und hatte wie dieser die Funktion eines »Grenzjarls«, d. h. er hatte im Auftrag des Königs das südliche dänische Grenzgebiet zu schützen. Er wird in den Quellen zwar als erster »dux« von Schleswig bezeichnet, hatte aber keinesfalls in dem Sinne die Stellung eines Herzogs inne, wie die späteren Herzöge von Schleswig. Seine Funktion kann eher als die eines Statthalters bezeichnet werden. Er dürfte über das umfangreiche Königsgut im Grenzgebiet verfügt haben. Wie weit sein Aufgabenbereich sich nach Norden erstreckte, ist unklar – im Rahmen der Küstensicherung reichte er sicher über den eigentlichen Grenzgürtel hinaus. Daß er das Recht hatte, im Kriegsfall das Aufgebot der drei südjütischen Syssel zu nutzen, hat E. Hoffmann erwogen[76]. Außerdem waren Knud Laward aber die stadtherrlichen Rechte in Schleswig vom König übertragen[77]. Knud hat die Abotriten schnell zum Frieden gezwungen. Er ging energisch gegen Räuber und Piraten vor, auch wenn es sich um einflußreiche Leute handelte, und sicherte durch Befestigungen den Handelsweg von der Nordsee zur Ostsee über Schleswig. Die Stadt Schleswig selbst wurde vielleicht auch schon von Knud Laward wirksam befestigt[78]. Knud Laward garantierte also im Auftrag des Königs den Königsschutz, der das Gedeihen der Handelsstadt Schleswig sicherte. Er zog die Abgaben ein, wobei er die Zölle, wie die Knytlingasage behauptet, nach deutschem Vorbild organisierte[79]. Nach wie vor dürfte er auch als Entgeld für die Gewährung des Kauffriedens von wohlhabenden Fremden Gaben empfangen haben, die er allerdings unter Umständen mit Gegengaben erwidern mußte. Besonders eng verbunden war er mit der Schleswiger Gilde, deren »senior« und »defensor« er war[80]. Diese aus einer späteren Zeit stammende Angabe der Seeländischen Chronik ist geeignet, Skepsis hervorzurufen[81]. Jedoch sprechen sowohl die Ereignisse in Schleswig nach seinem Tode als auch das Verhältnis seines

76) Zur Stellung Knud Lawards s. E. Hoffmann, Beiträge (Anm. 2) S. 34f. Die Meinung Hoffmanns scheint plausibel; wenn Knud Laward auch reich war und eine umfangreiche Gefolgschaft gehabt haben dürfte, war er für den Kriegsfall auf mehr Leute angewiesen, als der Grenzgürtel stellen konnte – zumal das Gebiet zwischen Eider und Schlei sehr menschenleer war. Grundsätzlich zu Knud Lawards Herrschaftsrechten: Horst Windmann, Schleswig als Territorium, Qu FGSH Bd. 30, Neum. 1954, S. 19f. Dort weitere Literatur.

77) Horst Windmann, Schleswig (Anm. 76) S. 27f.; Horst Windmann, Schleswig, Stadt und Herrschaft im 12. Jhdt. BSSt Heft 3, 1958, S. 11f.

78) E. Hoffmann, Beiträge (Anm. 2) S. 36.

79) Man muß unterscheiden zwischen der Schutzabgabe der Kaufleute, die schon lange üblich war, den Zöllen im Sinne von Waren-Passierzöllen, die Knud Laward eingeführt haben dürfte, und Licenten, unseren Ein- und Ausfuhrzöllen, die erst im 17. Jahrhundert eingeführt wurden. Vgl. hierzu Peter Kall, Das Zollwesen in Flensburg und im deutsch-dänischen Grenzgebiet, SFSt Nr. 28, 1978, S. 19f.

80) Nach der Seeländischen Chronik, SMD, Bd. 2, S. 33.

81) Vgl. hierzu die Bemerkungen von Horst Windmann, Schleswig – Stadt und Herrschaft, BSSt, Heft 3, 1958, S. 113f.

Sohnes Waldemar I. zur späteren Knudsgilde dafür, daß er nicht nur im üblichen Sinn den Schutz und Frieden der Gilde sicherte, also nicht nur als »defensor« wirkte, sondern auch als Ältermann zu den Gildebrüdern in einem Bruderschaftsverhältnis stand. War schon die Gewährung des konsequenten Schutzes für die Gildebrüder mit Vorteilen für ihn verbunden, so dürfte das Bruderschaftsverhältnis bei der Verwandtschaft zum Institut der kaufmännischen Gütergemeinschaft (félag) ihm weitere Einkünfte eingebracht haben. Hinweise für solche Beteiligung sind auch für König Waldemar I. überliefert[82].

Die Ehefrau Knuds war eine Tochter des Fürsten von Nowgorod. Auch diese engen Beziehungen dürften für Schleswig im allgemeinen, für Knud Laward im besonderen durchaus vorteilhaft gewesen sein. Ein besonders enges Verhältnis unterhielt er zu Herzog Lothar. Er war an dessen Hof erzogen worden und hat anscheinend das gute Verhältnis zu Lothar erhalten, auch nachdem dieser 1125 König geworden war. Als 1127 Fürst Heinrich starb, belehnte König Lothar Knud Laward mit dem Abotritenland. Bei der engen Verbindung der deutschen Kaufleute mit dem König war die Lehnsabhängigkeit des Fürsten Heinrich und seines Nachfolgers Knud vom Reich für die Rechtsstellung des deutschen Kaufmanns wichtig. Wieweit sich die Rechtslage für den deutschen – speziell natürlich den sächsischen – Kaufmann auch in Schleswig dadurch änderte, daß der die Stadtherrschaft ausübende Jarl von Schleswig ein Lehnsmann des Reiches wurde, ist schwer abzuschätzen. Falls er den Schutz der deutschen Kaufleute zusätzlich übernahm, dürfte auch diese Funktion seine Einkünfte und seine Machtstellung erhöht haben. Die schnell wachsende Macht Knud Lawards ließ bei König Niels und dessen energischem Sohn Magnus Befürchtungen wachsen, daß Knud nach dem Tode Niels dänischer König werden wollte. Um dem zuvorzukommen, wurde Knud Laward 1131 bei Ringsted durch Magnus ermordet. Die erhoffte Befestigung seiner Herrschaft erreichte Magnus hierdurch nicht. Die Folge war vielmehr ein innerdänischer Bürgerkrieg, der bis 1157 dauerte und Dänemark schwächte. Bis 1137 war andererseits mit König Lothar die deutsche Reichspolitik im Norden sehr aktiv. Im Norden und Nordosten des Reiches wurde das deutsche Königtum wieder zur Geltung gebracht[83]. Während Knud Lawards Halbbruder Erich den Kampf gegen König Niels und Magnus aufnahm, verschob König Lothar den Zug nach Rom und zog nach Norden, um für die Ermordung seines Lehnsmannes Rechenschaft zu fordern. Er begnügte sich dann, ohne daß es zu Kämpfen kam, mit der Zahlung einer erheblichen Sühnesumme und der Anerkennung des Vasallitätsverhältnisses. In feierlicher Form wurde die

82) Erwähnt in Skyum-Nielsen: Kvinde og Slave, Kphg. 1971, S. 117, nach: Materials for the history of Thomas Becket; Archbishop of Canterbury hg. von J. C. Robertson, 1875. Zur Beteiligung des Königs s. a. C. RADTKE, Schleswig und Soest (Anm. 75c) S. 458f.

83) Hierzu Franz Josef SCHMALE, Lothar III. und Friedrich I. als Könige und Kaiser, in: Vorträge und Forschungen XII, S. 33f.; Karl JORDAN, Heinrich der Löwe, Eine Biographie, Mn. 1979, S. 20; Wilhelm KOPPE, Schleswig und die Schleswiger, in: Städtewesen und Bürgertum als geschichtliche Kräfte, Gedächtnisschrift Fritz Rörig, Lübeck 1953, S. 95f. Die Qualitäten des gewichtigen Aufsatzes von W. Koppe werden von der dänischen Forschung verkannt.

Lehnsnahme durch Magnus auf dem Reichstag in Halberstadt nach der Kaiserkrönung Lothars wiederholt. Eine nochmalige Anerkennung des Lehnsbandes dürfte in Magdeburg Pfingsten 1135 durch Gesandte König Erichs erfolgt sein[84]. Mit der Lehnsnahme König Waldemars I. 1162 von Kaiser Friedrich I. wird die Folge der Lehnsnahmen abgeschlossen. Gewisse Folgen der Lehnsnahmen dürften insofern bestanden haben, als die Schutzpflicht für die Kaufleute des Deutschen Reiches, die ja zum deutschen König in einem besonderen Schutzverhältnis standen, mit dem Lehnsverhältnis übernommen wurde. Auf die Lebens- und Arbeitsbedingungen der deutschen Kaufleute, die sich in Dänemark aufhielten, dürfte das Lehnsverhältnis nicht ohne Einfluß geblieben sein. Daß die sächsischen Gäste auch in Schleswig zahlreich waren, ergibt sich schon aus der Lage der Dinge. Der schon erwähnte Passus im Medebacher Stadtrecht[85] gehört in diese Zeit wie auch die wirklich auf Schleswig gerichtete Handelsaktivität der Gilde der Schleswigfahrer in Soest[86].

Die Stadt Schleswig hatte sich nach der Ermordung Knud Lawards nicht König Niels und Magnus ergeben, sondern den Halbbruder Knud Lawards, Erich, der es unternahm, den Tod Knud Lawards zu rächen, als ihren Stadtherrn anerkannt. Nach wechselnden Kämpfen, bei denen Erich in der Regel den kürzeren zog, gelang ihm 1134 in Fotvik der entscheidende Schlag: König Niels und Magnus wurden entscheidend geschlagen, Magnus fiel, König Niels glückte es, zu entkommen. Er floh durch Jütland nach Süden und erschien vor Schleswig. Er wurde eingelassen. Als er aber mitten in der Stadt war, läuteten plötzlich die Glocken[87], die Gildebrüder strömten zusammen und töteten den König mit seinem Gefolge vor dem Dom. Auf die Warnung, daß die Schleswiger »burgenses districtissimam legem tenent in convivio suo, quo appellatur Hezlag, nec sinunt inultum esse, quicumque alicui convivarum illorum damnum sive mortem intulerit« soll König Niels geantwortet haben: »num quid timendum est nobis a pellipariis et sutoribus istis?« Und so kam es, daß »vindicatus est sanguis iustus de manu impiorum«[88]. Aufgrund dieser Vorgänge wird die Schleswiger Gilde zum erstenmal in den Quellen erwähnt. Die Bezeichnung »Hezlag« hat schon Wilda[89] beschäftigt. Sie dürfte im Anschluß an Wilda und La Cour[90] wohl als »hetslag« zu lesen und damit als Schwurgilde zu

84) Annales Magdeburgenses 1135.
85) In F. Keutgen, Urkunden zur städt. Verfassungsgeschichte, Bln. 1901, S. 146, Art. 18.
86) Theodor Ilgen, Zur Orts- und Wirtschaftsgeschichte Soests im Mittelalter; in: HGBll Bd. 9, 1899, S. 115f.
87) Über die Rolle der Glocke in der Entwicklung der Stadtverfassung vgl. Hans Planitz, Die deutsche Stadt im Mittelalter, Graz/Köln 1965², S. 116. Über die St. Knudsgilde und die Glocke s. Art. 50 der Odenseer, Art. 44 und 45 der Malmöer Satzung. C. Nyrop (Anm. 97) S. 30, 44. Kennzeichnend ist auch, daß zwei Gildesiegel nur auf den Glocken überliefert sind (Nyborg und Lykkesholm). C. Wallin, Knutsgillena (Anm. 12b) S. 120, 121.
88) SM II, S. 33f.; Saxo Lib. XIII Cap. XI, § 13. Auf die Gleichsetzung burgenses = Obergilde hat M. Pappenheim, Die altdänischen Schutzgilden, Breslau 1885, S. 109, hingewiesen.
89) Wilhelm Eduard Wilda, Das Gildewesen im Mittelalter, Halle 1831, Neudr. Aalen 1964, S. 72f.
90) La Cour, in: Sönderjyllands Historie Bd. 1, Kphg. 1930, S. 352.

deuten sein[91]. Daß die Schwurverpflichtung der Gildemitglieder auch die Rachepflicht einschloß, wird bei dem Totschlag an König Niels deutlich sichtbar. Sie vollzogen hier die Rache, zu der sie in gleicher Weise sich verpflichtet wußten wie Erich, der nun als König Erich (Emune) folgte.

Auch in der Folgezeit hatte Schleswig unter den Auseinandersetzungen um den dänischen Thron zu leiden. Erst mit dem Sieg Waldemars I. über Sven (Grathe) 1157 kehrte Ruhe ein. Zur gleichen Zeit fand der deutsche Kaufmann in Herzog Heinrich dem Löwen wieder eine feste Stütze; seit der Zweitgründung Lübecks erhielt er zudem eine günstigere Alternative zum bisher über Schleswig oder Dänemark betriebenen Handel. Die Kanonisation Knud Lawards wurde von Waldemar I. betrieben und 1169/70 zugleich mit der Ernennung seines Sohnes Knud zum Mitregenten Wirklichkeit[92]. Die enge Verbindung der Schleswiger Gilde zum König konnte nach 1157 sich wieder auswirken. Daß Knud Laward nun auch ihr Gildeheiliger wurde, hat diese Bindung sehr gestärkt[93]. Von Schleswig aus dürfte sich die Organisation der St. Knudsgilde über das dänische Reich ausgebreitet haben.

2.3 Die Städtepolitik der Waldemare und die St. Knudsgilde

Unter den großen Königen Waldemar I., Knud VI. und Waldemar II. erlebte Dänemark die Glanzzeit seiner Geschichte, in der offensiv-erfolgreicher Machtpolitik nach außen, die den Frieden sicherte, ein sehr effektiver Landesausbau im Innern entsprach. Zum Landesausbau gehört die Welle von Städtegründungen oder Städteneugründungen im Anschluß an ältere Siedlungen, die in der »Waldemarszeit«, wie diese Epoche genannt wird, Dänemarks soziale und wirtschaftliche Struktur grundlegend veränderte. Erik Cinthio[94] hat in Schonen untersucht, wie die neuen waldemarischen Gründungsstädte sich zwischen die wikingerzeitlichen Köbinge schoben. Dies kann darauf hindeuten, daß der Berufskaufmann in der Gründungsstadt die alten Zentren des Bauernkaufmanns verdrängte. Die waldemarische Städtepolitik[95] kann von der Entwicklung der St. Knudsgilde und ihrer Ableger nicht getrennt werden. Denn in den neugegründeten Städten läßt sich oft auch eine St. Knudsgilde nachweisen. Die enge Verbindung der St. Knudsgilde mit ihrem Schutzherrn, dem dänischen König, kommt auch darin zum

91) Nach Rücksprache mit Wolfgang Laur, Schleswig. Aus adän. Hets-Lag, Hets = die Genitiv-Form von Gelübde, Eid. Die anderen Alternativen, die schon Wilda anführt, »lex Hethensis«, (lex ist sicher falsch, es müßte »Hedeby-Gilde« übersetzt werden) das auf Heth(e)slagh zurückgehen müßte, und Hath-Lag, das mit »vornehmster Gilde« übersetzt werden müßte, sind nach Wolfgang Laur philologisch nicht haltbar.

92) E. Hoffmann, Königserhebung und Thronfolgeordnung in Dänemark bis zum Ausgang des Mittelalters, 1976, S. 93f.; H. F. Schütt, Die Knudsgilde (Anm. 3) S. 60.

93) Entgegen früher geäußerter Ansicht von Hal Koch, Den danske Kirkes Historie I, S. 176, ist der Bezug zu Knud Laward gesichert durch das »Sigillum confratrum Sancti Kanuti Ducis de Sleswic«, aus P. B. Grandjean, Dansk Sigillografi, Kphg. 1944, S. 10.

94) Erik Cinthio, Variationsmuster in dem frühmittelalterlichen Städtewesen Schonen, in: Kiel Papers '72, Frühe Städte im westlichen Ostseeraum. Symposion.

95) Hierzu zuletzt E. Hoffmann, Beiträge (Anm. 2) S. 40f. Dort weitere Literatur.

Ausdruck, daß die Gildesynoden der Älterleute der Knudsgilden des dänischen Reiches in Ringsted, dem Wallfahrtsort mit der Grabkirche des hl. Knud, dem heiligen Zentrum des regierenden Königsgeschlechtes, abgehalten wurden. Die Kaufleute der Knudsgilden trugen zur repräsentativen Ausgestaltung des Zentralheiligtums in Ringsted durch Abgaben bei:[96a] Erst im 14. Jahrhundert wurden die Gildesynoden nach Skanör verlegt[96b]. Das besonders enge Verhältnis König Waldemars I. zu den Knudsgilden wird auch deutlich durch das Privileg von 1177[96c], das er für den Hof der nach Gotland fahrenden St. Knudsgildebrüder in Wisby ausstellte. Er nahm sie unter seinen Schutz und wurde selbst Mitglied. Er versprach, gegen alle Konkurrenz den Bau ihres Gildehauses und ihr Gildeleben nach Kräften zu fördern. Dieses Privileg sollte wohl die Knudsgildekaufleute auf Gotland gegenüber den von Heinrich dem Löwen geförderten deutschen Gotlandfahrern stützen[97]. Die Expansionspolitik der Waldemare in den Ostseeraum erfolgte ursprünglich in Zusammenarbeit, dann aber auf jeden Fall gleichzeitig mit der deutschen. Als König Knud VI. und Waldemar II. die innerdeutschen Wirren nach dem Tode Heinrichs VI. ausnutzen und nicht nur Holstein, sondern auch die aufstrebende Konkurrenz Schleswigs, Lübeck und Hamburg erobern konnten, hatten sie die beiden wichtigen Handelsorganisationen in ihrer Hand: ihre eigenen Knudsgilden und die über Lübeck in das Ostseegebiet reisende Organisation der deutschen Kaufleute. Es mag sein, daß in der Zeit, als der dänische König auch Stadtherr Lübecks war (1201 bis 1225), eine gewisse Interessen-Aufteilung geübt wurde. Daß in Reval eine Knudsgilde nachweisbar ist, verwundert nicht, da Estland Teil des dänischen Ostseeimperiums war. Auf eine Aufteilung kann aber folgendes hinweisen: In die beiden ersten Jahrzehnte des 13. Jahrhunderts, als Waldemar II. auch in Schweden erheblichen Einfluß ausübte, wird die Entstehung einer ganzen Reihe von Knudsgildeniederlassungen in schwedischen Städten datiert, vor allem im Raum des Mälarseengebiets[98], die vielleicht ursprünglich einen ähnlichen Rechtsstatus gehabt haben dürften wie andere exterritoriale Gildeniederlassungen der Zeit, ähnlich auch wie der Hof der Knudsgildebrüder in Wisby. Wenn auch Schleswig wichtiger Mittelpunkt des Waldemarischen Großreichs blieb, dürfte eine entschiedene Förderung der Knudsgilden in Konkurrenz zum deutschen Kaufmann erst nach 1225 wieder eingesetzt haben[99]. Dafür spricht auch, daß erst 1231 nach langer Pause wieder eine Synode der Knudsgilden in Ringsted stattfand[100].

96a) H. T. Gilkaer, In honori (Anm. 12c) S. 148.

96b) Zu den Gildesynoden s. G. Kraack, Das Gildewesen (Anm. 1) S. 20f. Dort weitere Literatur.

96c) H. T. Gilkaer, In honori (Anm. 12c) S. 129, zur Datierungsfrage S. 140f.

97) Gedr. bei C. Nyrop, Gilde – og Lavsskraaer, Kphg. 1900, Bd. I, S. 3f. Das Siegel der Gilde von ca. 1325 hat die Umschrift »Sigillum Theuthunicorum in Wisbi de guilda sancti Kanuti«. Neuerdings gedr. Dipl. dan. R 1, Bd. 3, Nr. 63. Die Umschrift mahnt zur Vorsicht davor, die Gilden national, nicht herrschaftlich einzuordnen.

98) C. Wallin, Knutsgillena (Anm. 12b).

99) So H. F. Schütt 1962, in: Die St.-Knuds-Gilde (Anm. 3) S. 62, Anm. 20, Hans-Friedrich Schütt, Zur Wirtschaftspolitik im hohen Mittelalter im heutigen Land Schleswig-Holstein, BSSt Heft 12, 1967, S. 7, E. Hoffmann, Beiträge (Anm. 2) S. 45f.

100) E. Hoffmann, Beiträge (Anm. 2) S. 47.

Während der dänischen Herrschaft, nicht zuletzt auch durch Ausnützen des Herrschaftswechsels, scheint Lübeck die Vormachtstellung im Ostseehandel errungen zu haben. Andererseits schwand mit Waldemars II. Sturz, vor allem nach seinem Tod, der politische Einfluß Dänemarks im Ostseeraum. Die St. Knudsgilden verloren ihren machtpolitischen Rückhalt, den Konkurrenzkampf gegen die Organisation des deutschen Kaufmanns bestehen zu können. Wirtschaftspolitisch war die hervorragende Stellung des dänischen Handels schon dadurch entscheidend geschwächt, daß der Handel in die Ostsee an Schleswig vorbei, über Lübeck abgewickelt werden konnte und im 13. Jahrhundert in schnell steigendem Maße abgewickelt wurde. Für die Städte des dänischen Reiches jedoch und auch für die Entwicklung der städtischen Verfassung behielten die St. Knudsgilden Bedeutung. Die enge Verbindung zu den Königen blieb bestehen, führte aber auch zu etlichen Veränderungen. Die Verehrung Knud Lawards als Gildeheiliger war für die Christoph-Linie des dänischen Königshauses bei den Auseinandersetzungen um die Thronfolge nicht vorteilhaft. Sie versuchte, ihn seit ca. 1260 durch den 1250 ermordeten König Erich (Plogpenning) zu ersetzen. Die »Erichsgilden«, die diesem Bemühen ihre Namensgebung verdanken und die nicht mit den schwedischen Erichsgilden verwechselt werden dürfen, gliederten sich in den Zusammenhang der Knudsgilden ein. St. Erichsgilden lassen sich nachweisen in Naestved, Kallehave, Röddinge, Kopenhagen und Stege. Bei zwei weiteren ist die Überlieferung unsicher. Mittelpunkt des St. Erichskults wurde wiederum Ringsted, wo König Erich seine letzte Ruhe fand. Dynastische Gründe führten schließlich auch dazu, daß seit ca. 1300, mit dem Malmöer Gildestatut, der heilige König Knud, der 1086 in Odense erschlagen worden war, als Gildeheiliger sich endgültig durchsetzte und Knud-Herzog verdrängte[101].

Die Zahl der nachgewiesenen Knudsgilden einschließlich der dänischen Erichsgilden ist stattlich. Es waren maximal 53, davon 44 im dänischen Reich (davon vier im Herzogtum Schleswig, neun im ehemals dänischen Südschweden, vier auf Bornholm, davon eine fraglich und zwei nicht örtlich fixierbar), eine in Estland (Reval), eine in Wisby, sieben in Schweden. Eine in Finnland ist umstritten[102].

Im 14. Jahrhundert löste sich der Verband der Knudsgilden auf. Auch die dänischen Städte gerieten in den hansischen Einflußbereich. Eine ganze Reihe von Einzelknudsgilden bildeten sich in den Städten zu Patriziergilden um, die ihre Vorrechte noch recht lange behalten konnten[103]. Teilweise existieren sie noch heute[104].

101) Zu dem Wechsel der Gildeheiligen s. G. Kraack, Das Gildewesen (Anm. 1) S. 20f. Dort auch weitere Literatur.

102) Eine neue und übersichtliche Zusammenstellung bei C. Wallin, Knutsgillena (Anm. 12b) S. 117f., mit Kartenskizze.

103) G. Kraack, Das Gildewesen (Anm. 1) S. 21. G. Kraack hat diese Entwicklung am Beispiel der Flensburger St. Knudsgilde dargestellt, S. 49f.

104) Die Knudsgilden wurden zu Patriziergilden, in denen sich gesellschaftliche Zielsetzung mit Schützengildenform verband. Bis in die Gegenwart haben sich die Knudsgilden von Lund, Malmö, Ystad und Reval (bis zum zweiten Weltkrieg) erhalten. Die Knudsgilde zu Flensburg ist eine national-romantische

2.4 Mond und Stern

Gemeinschaften im Mittelalter standen oft unter einem einigenden Symbol. Das Mittelalter schied nicht zwischen Symbol und Bedeutung. Das, was wir als Symbol, als Zeichen für einen Bedeutungsinhalt nehmen, hatte im Mittelalter die Bedeutung, die Kraft in sich. So war es z. B. mit dem Tatzenkreuz, das die Kaufleute des deutschen Königs – und auch des französischen Königs - im Top ihrer Schiffe zeigten. Horstmann[105] hat diese Zusammenhänge in wünschenswerter Deutlichkeit herausgestellt. Der reisende christliche Kaufmann, der Königsschutz und das Kreuz – sie gehören zusammen und verdeutlichen den durch den König garantierten christlichen Frieden, in dessen Schutz und zu dessen Dienst die Kaufleute reisten. Noch die Siegel der Hansestädte zeigen in der Regel dieses Kreuz als Symbol der Kaufleute des deutschen Reiches.

Man kann mit einiger Wahrscheinlichkeit annehmen, daß auch die St. Knudsgilden ihr Symbol gehabt haben. In den Quellen erfahren wir darüber nichts. Hinweise vermögen auch hier die Siegel zu geben, zumal eine recht große Zahl von ihnen erhalten ist. Die Auswertung dieser Hinweise hat notwendigerweise einen hypothetischen Charakter, der als Unsicherheitsmoment bei den Ausführungen dieses Kapitels zu berücksichtigen bleibt. Zudem gibt es anscheinend auf diesem Gebiet kaum Vorarbeiten, so daß die folgenden Bemerkungen sich einstweilen auf die Materie beschränken, die im Rahmen der Thematik »Schleswig« und »Die St. Knudsgilden« herangezogen werden muß.

Es ist schon früher aufgefallen, daß die meisten Siegel der St. Knudsgilden einen thronenden König zeigen, der rechts von einem Stern, links von einem – meist aufgehenden – Halbmond flankiert ist. Man hat versucht, die Königsdarstellung bzw. das Fehlen der Königsfigur mit dem Wechsel der Gildeheiligen von Herzog Knud zu König Knud bzw. zu König Erich, einem Wechsel, der wiederum mit dynastischen Auseinandersetzungen verflochten ist, zusammenzubringen, um näheren Aufschluß über die Gildegeschichte und ihr Verhältnis zum Königshaus zu gewinnen. G. Kraack[106] ist dieser Frage nachgegangen, und man kann seiner abgewogenen Darstellung folgen. Ihm ist sicher auch darin beizupflichten, daß im Zweifelsfall die Darstellung einer Königsfigur durchaus nicht zu bedeuten braucht, daß König Knud an die Stelle Knud Lawards als Gildeheiliger getreten ist. Die auf den meisten Gildesiegeln zu findenden Königsfiguren dürften in erster Linie den Schutz symbolisieren, den die Gilde vom regierenden König erhielt.

Neugründung von 1846/50 – aus einer älteren Schützengilde (St. Johannis) heraus, die Knudsgilden in Landskrona, Skanör – Falsterbo und Tommarp sind nach dem zweiten Weltkrieg wieder gegründet. Neuerdings finden auch wieder Synoden der Älterleute statt, so z. B. 1955 auf Glimmingehus (in Schweden). Die Kontinuität der Knudsgilde in Schleswig ist wenig wahrscheinlich. Vgl. hierzu: Lauritz Weibull, Sankt Knuts Gille, Malmö 1956; Adolph Wolff, Die St. Johannis-Schützengilde keine St. Knuds-Gilde; in: Aus Flensburgs Vorzeit, Flensburg 1887, S. 105f., G. Kraack, Das Gildewesen (Anm. 1) S. 118; Altstädter St. Knutsgilde, Schleswig 1980.

105) Hans Horstmann, Vor- und Frühgeschichte des europäischen Flaggenwesens, Bremen 1971.

106) G. Kraack, Das Gildewesen (Anm. 1) S. 20f. Dort auch die weitere Literatur.

König mit Mond und Stern zeigen folgende St. Knudsgildesiegel[107]: Aalborg (Dänemark, 1275[108]), Falsterbro (Dänemark, etwa 1350[109]), die St. Erichsgilde von Kallehave (Dänemark, etwa 1275[110]), Lund I u. II (Dänemark, etwa 1250 u. f.), Malmö I und II (Dänemark, etwa 1300 u. etwa 1500), Ringsted II (Dänemark, etwa 1300), Ripen (Dänemark, etwa 1300), Schleswig II (Dänemark, etwa 1350), Slagelse (Dänemark, etwa 1300), Stege (Dänemark, etwa 1300? [111]), Vordingborg (Dänemark, etwa 1300), Tommerup (Dänemark, etwa 1275), Ystad I und II (Dänemark, etwa 1275 und etwa 1300). König ohne Mond und Stern zeigen folgende St. Knudsgilden: Alandia (Aland) (Hintergrund mit sechsstrahligen Sternchen gefüllt, Bornholm oder Finnland, etwa 1330[112]), Kolding (Dänemark, etwa 1290), Laesoe (Hintergrund mit Gitterwerk und Sternchen, Dänemark, 1350), Laholm (Dänemark, etwa 1425), Landskrona (sechs Kronen rechts, fünf Kronen links, Dänemark, etwa 1420), Nyborg (Dänemark, etwa 1325), Odense (Dänemark, etwa 1250), Randers (Dänemark), Reval (urspr. zu Dänemark, etwa 1325), Sigtuna (Schweden, etwa 1300), Uppsala (Schweden, etwa 1350), Västeraas (Schweden, etwa 1320[113]), Wisby (Gotland, etwa 1325). Das älteste Siegel (etwa 1270) der Einwohner von Ringsted, des Ortes, der für den Kult des hl. Knud besondere Bedeutung hatte, zeigt in der Mitte die hl. Maria mit dem Kind. Auf der rechten Seite einen Stern, darüber eine segnende (oder schwörende?) Hand. Außerdem sind noch ein Mann und ein König abgebildet. Eine überzeugende Deutung dieses Siegels gibt es bisher nicht[114]. Die Symbole Mond und Stern tauchen auch auf einigen Stadtsiegeln auf[115]: dem von Aalborg, Aarhus, Grenaa, Kopenhagen, Malmö, Nyborg, Rönneby, Schleswig, Slangerup, Storeheddinge, Svendborg, Sölvitsborg, Trelleborg, Tommerup (?), z. T. verbunden mit Bau- bzw. Befestigungswerken. Nur Mond und sechsstrahligen Stern zeigt das Siegel der Stadt Nykjöbing[116]. Wenn man die St. Knudsgilden, die nicht im Bereich des dänischen Königs beheimatet waren, ausnimmt, stehen 18 Siegeln, die Mond und Stern zeigen, elf (zwölf) solche gegenüber, bei denen diese Symbole nicht zu

107) Paul Bredo GRANJEAN, Danske Gilders Segl fra Middelalderen, Kphg. 1948.

108) Henry PETERSEN, Knud Lawards Helgentilbedelse; Kilden og Capellet ved Haraldssted, in: Aarböger for nordisk Oldkyndighed og Historie, Kphg. 1885, S. 15f.; C. NYROP, St. Knudsgildernes Segl, S. 8.

109) C. NYROP, St. Knudsgildernes Segl, S. 10. C. WALLIN, Knutsgillena (Anm. 12b) S. 120 schätzt auf ca. 1300.

110) C. NYROP, St. Knudsgildernes Segl, S. 6; Fritze LINDAHL, To middelalderlige seglstampe fra Stege, in: Nationalmuseets Arbejdsmark, 1969, S. 107f.

111) Fritze LINDAHL, To middelalderlige seglstampe, S. 109; C. NYROP, St. Knudsgildernes Segl, S. 13; C. WALLIN, Knutsgillena (Anm. 12b) S. 119 datiert auf 1290–1310.

112) C. NYROP, St. Knudsgildernes Segl, S. 8. C. WALLIN, Knutsgillena (Anm. 12b) S. 135 gibt einen Überblick über die bisherigen Lokalisierungsversuche. Er selbst entscheidet sich für Allinge auf Bornholm.

113) C. NYROP, St. Knudsgildernes Segl, S. 14. C. WALLIN (Anm. 12b) S. 122 datiert auf etwa 1400.

114) Paul NÖRLUND, Knud Laward og Erik Plogpenning i Ringsted Kirke, in: Aarböger for Nordisk Oldkyndighed og Historie, III. R., 13. Bd., S. 123f., bes. S. 133.

115) Paul Bredo GRANDJEAN, Danske Köbstaeders Segl indtil 1660, Kphg. 1937.

116) P. B. GRANDJEAN, Dansk Sigillografi, S. 181. G. meint, der zunehmende Mond symbolisiere das »Ny« im Stadtnamen.

finden sind[117]. Außerdem sind sie auf 14 Stadtsiegeln zu finden, einmal nicht als Beiwerk, sondern als Siegelinhalt. Bei zweien dieser Städte, Schleswig und Kopenhagen, wissen wir, daß die Gilde eine erhebliche Rolle gespielt hat.

Da die beiden Symbole Mond und Stern bei den gleichzeitigen dänischen Königs- und Herzogssiegeln nicht nachzuweisen sind[118], liegt es nahe, sie der Ebene der mit dem Königtum eng verbundenen städtischen Genossenschaften, eben den Gilden, zuzuweisen. Man kann unter dieser Voraussetzung also mit einiger Berechtigung vermuten, daß der auf den Siegeln dargestellte Herrscher die Abhängigkeit vom und die Verbindung zum Herrscher darstellt – vereinfacht gesagt den Königsschutz –, die Symbole Mond und Stern jedoch den Knudsgilden zuzuweisen sind.

Die beiden Symbole Mond und Stern sind bisher nur von H. Philippsen[119] mit der St. Knudsgilde in Verbindung gebracht worden. Er meint, »für die Königsgilden müssen diese Zeichen vermutlich eine symbolische Bedeutung gehabt haben, die uns unbekannt geworden ist«. Daß C. Nyrop der Ansicht sein konnte, Mond und Stern seien deshalb nicht für die Knudsgilden typisch, weil sie auch im Kopenhagener Wappen zu finden seien[120], ist aus dem damaligen Forschungsstand zu erklären und eine insofern verständliche irrtümliche Voraussetzung. P. B. Grandjean, der bedeutende dänische Sphragist, glaubt eher an die Verwendung als Füllornamentik[121]. Die Verwendung beider Symbole als Schmuckelement ist jedoch nicht sehr wahrscheinlich, denn die Gestaltung der Siegel mit Schmuckelementen ist im dänischen Bereich erst in der späten Gotik anzutreffen. Schmuckelemente sind zu erkennen an der stilistischen Gesamtgestaltung des Siegels und der großen Variabilität der Gestaltung. Die stereotype Wiederholung des zunehmenden Mondes und des sechsstrahligen Sternes schließt ihre Verwendung als bloßes Schmuckelement weitgehend aus.

Nicht als Schmuckelement gedacht sind wohl die Symbole, die man auf den Bleisteuermarken bei der Burg von Skanör gefunden hat[122]. Diese Bleisteuermarken, die in der Zeit von 1200–1400 angefertigt wurden, zeigen auf der einen Seite entweder Majuskeln oder Symbole. Die Bedeutung der Symbole (und auch der Majuskeln) ist noch nicht geklärt. Da die Quittungsnotiz aber auf der anderen Seite zu finden ist, dürften die Symbole wahrscheinlich eine auf den Zahler zu beziehende Bedeutung haben. Unter diesen Symbolen befinden sich auch Mond und Stern, teils einzeln, auch vereinigt.

117) Die Differenz zu H. F. Schütt, Gilde und Stadt (Anm. 3) S. 128 erklärt sich dadurch, daß die Städte, bei denen zwei motivgleiche Siegel nachgewiesen sind, nur einmal gezählt waren. Da es jedoch auch motivverschiedene Doppelüberlieferung gibt, müssen beide Siegel gezählt werden.

118) Henry Petersen, A. Thiset, Danske kongelige Siggiller samt sonderjyske Hertugers etc., 1085–1554, Kphg. 1917.

119) H. Philippsen, Siegel und Wappen der Stadt Schleswig und der Schleswiger Knudsgilde, Schleswig 1926.

120) C. Nyrop, St. Knudsgildernes Segl, in: Tidsskrift for Kunstindustri, Jg. 1899, Kphg., S. 1f.

121) Paul Bredo Granjean, Dansk Sigillografi, Kphg. 1944, S. 201.

122) Otto Rydbeck, Medeltida kontrollmärker av bly, in: Forvännen, Bd. 23, 1928, S. 150f.

Es erscheint relativ wenig lohnend, dem Vorkommen des kombinierten Symbols Mond und Stern schlechtweg nachzugehen oder gar Vermutungen über einen allgemeinen Bedeutungsinhalt anzustellen. Auch erscheint es wenig lohnend, zusätzlich nichtdänische Herrschersiegel zum Vergleich heranzuziehen. Denn daß diese Symbole mit einiger Berechtigung im dänischen Bereich und im 13./14. Jahrhundert den St. Knudsgilden zugewiesen werden können, beruht gerade darauf, daß sie auf dänischen Gilde- und Städtesiegeln vorkommen, auf den – oft gleich oder ähnlich gestalteten – gleichzeitigen dänischen Herrschersiegeln aber nicht. So sind die kombinierten Symbole bei den deutschen Herrschersiegeln auch kaum zu finden[123]. Vereinzelt ist nachzuweisen die Kombination Sonne und Mond, so bei dem Siegel Kaiser Ottos IV. 1198[124]. Die Kombination Sonne und Mond dürfte wohl in dem besonders im Deutschen Reich ausgebildeten romanischen Symbolismus[125] in den christologischen Symbolkreis einzuordnen sein. Am bekanntesten ist die Darstellung von Sonne und Mond aus den Kreuzigungsdarstellungen romanischer Kleinkunst. Im zweiten Teil dieses Abschnitts wird jedoch der mögliche Fall einer Überschneidung beider Symbolkombinationen angeschnitten.

Auch die an sich interessantere Überprüfung der Ebene »Stadt« im deutschen (incl. holländischen)[126] Raum, die den Versuch beinhaltet, Friesland miteinzubeziehen, ergibt wenig. Zwar läßt sich die kombinierte Anwendung von Mond und Stern in Stadtwappen nach Siebmacher in 22 Fällen (von 5360 Wappen) nachweisen. Jedoch gibt es anscheinend schon in Schlesien (fünf Städte) einen autonom entwickelten Bereich dieser Symbole[127]. Im übrigen bleiben bei näherer Untersuchung nur neun Wappen übrig, bei denen mittelalterliche, motivklare Siegelüberlieferung vorliegt. Unter diesen Städten befindet sich Dokkum in Friesland. Man könnte auch die Überprüfung der Städtesiegel auf den gesamten Nordseeküstenbereich ausdehnen. So finden sich Mond und Stern z. B. im Wappen von Plymouth[128].

Ertragreicher, als das Vorkommen in dem näheren Umkreis des dänischen Reiches zu untersuchen – von weiter entferntem Vorkommen ganz zu schweigen – oder einem allgemeinen Bedeutungsinhalt nachzuspüren, ist es, zum eigentlichen Gegenstand dieser Untersuchung, zum Bereich um Schleswig, zurückzukehren. Bei den Siegeln der holsteinischen Grafen kommt

123) Eine Ausnahme bildet z. B. ein Goldbrakteat Markgraf Konrads von Wettin, abgebildet in: Brakteaten der Stauferzeit 1138–1254, Aus der Münzsammlung der Deutschen Bundesbank, Frft./Main 1977, Abb. 40. = Relativiert durch Abb. 38.

124) Nach wie vor gibt den besten Überblick die Arbeit von J. G. Reuter, Sonne, Mond und Sterne auf Siegeln und Münzen des Mittelalters, was sie bedeuten? Nürnberg 1804. Dort ist auch das Siegel Kaiser Ottos IV. abgebildet. (Auch bei Otto Posse, Die Siegel der deutschen Kaiser und Könige Bd. 1).

125) Alois Dempf, Sacrum Imperium, Mn. 1954², Nachdr. 1973⁴.

126) Siebmachers großes Wappenbuch Bd. 6: Wappen der Städte und Märkte in Deutschland und den angrenzenden Ländern, Neustadt 1977²; Corpus Sigillorum Neerlandicorum – De nederlandsche Zegels tot 1300, Bd. 1 – 3 S. – Gravenhage 1937–40.

127) Nach Siebmacher Bd. 6.

128) Abgebildet bei Otfried Neubecker, Heraldik, Frkft./Main 1977, S. 140.

– mit einer anscheinend unbedeutenden Ausnahme[129] – die Kombination Mond und Stern nicht vor[130]. Das gleiche gilt für die holsteinischen Städtesiegel, mit der einen, allerdings interessanten Ausnahme des Hamburger Sekrets von 1309[131]. Anders sieht es im nordfriesischen Bereich aus. Dort kommen Mond und Stern sowohl in St. Peter/Ulstorp – als Hardessiegel der Utholm-Harde (Eiderstedt) verwandt[132] –, auf dem Siegel der »Radlude unde meyne bunden to Edomsheret«[133] (Strand) wie auch als Siegel der Horsbüllharde (Wiedingharde)[134] vor. Für die Goesharde wird das gleiche angenommen[135]. In unmittelbarer Nachbarschaft Schleswigs bildeten Mond und Stern das Siegel der Bonden der Nieharde[136].

Dieser durch die Verwendung von Mond und Stern gegebenen Motivgleichheit zwischen dem Siegel der Stadt Schleswig (und denen der Knudsgilden) und den – mit Ausnahme der Nieharde – an der Westküste gelegenen Harden entspricht erstens die Gleichheit der organisatorischen Ebene (der Verband der Ratleute und Bauern einer Harde), zweitens die engen wirtschaftlichen und familiären Verbindungen zwischen Schleswig und Nordfriesland, die allerdings außerordentlich schwer zu fassen sind[137].

Wenn man nach dem bisher Dargelegten nun der Ansicht ist, die vereinigten Symbole »zunehmender Mond« plus »sechsstrahliger Stern« im Raum des alten dänischen Reiches der St. Knudsgilde bzw. im Kern dem Bereich der Stadt Schleswig zuweisen zu können, dann kann man fragen, welche Bedeutung diese Symbole in diesem erst sehr spät christianisierten Bereich gehabt haben könnten.

Die zentrale Bedeutung des Polarsterns für die mittelalterliche Seefahrt im Nordeuropäischen Raum ist bekannt. Besondere Patronin der Schiffer war die hl. Maria als »maris stella«[138]. Das Sternsymbol (und auch das Mondsymbol) jedes für sich allein ist im Bereich der

129) Bei Heilwig, Wwe. Graf Heinrichs I., 1304 (bei einem späteren Siegel nicht mehr).

130) Holsteinische und Lauenburgische Siegel des M.a., aus den Archiven der Stadt Lübeck, hg. von C. J. Milde, Lübeck 1859f.; Zu Dithmarschen: Schleswig-Holsteinische Siegel des Mittelalters, III. Abtlg., 1. Heft, Landschaft Dithmarschen, hg. von Karl Boie, Kiel 1926.

131) Siebmachers Wappenbuch Bd. 6 (Anm. 126) mit Holst. und Lauenburg. Siegel von C. J. Milde (Anm. 130).

132) 1376. Schleswig-Holsteinische Siegel des Mittelalters, III. Abtlg., 2. Heft, Landschaft Nordfriesland, hg. von Karl Boie, Neum. 1931, S. 11.

133) 1398. Schl.-Holst. Siegel, Nordfriesland, S. 15.

134) 1359. Schl.-Holst. Siegel, Nordfriesland, S. 24.

135) Nach Goslar Carstens, Hans Schlotfeld, Schleswig-Holsteinische Kreis- und Ortswappen, Neum. 1964.

136) Sigillum Bundonum de Nyhaereth (Urk. 1499, angebl. zuerst überliefert 1472: O. H. Moller, Duc. Slesv.) in: Slesvigske Köbstaeders og Herreders Segl indtil 1660, hg. von Poul Bredo Grandjean, Kphg. 1953, Tafel 11.

137) H. F. Schütt, Gilde und Stadt (Anm. 3) S. 112.

138) Matthias Zender, Heiligenverehrung im Hanseraum, in: Hans. Gbll., 92. Jg., 1974, S. 4, weist darauf hin, daß die alliterierenden Wörter: Maria = maris stella ebenso wie der Vers »succure cadenti« den mittelalterlichen Seefahrer zu Maria als besonderer Patronin geführt haben.

Nordseeküste häufig zu finden[139]. Es könnte naheliegen, auch das Sternsymbol der Knudsgilde im Zusammenhang mit der Verehrung der hl. Maria zu sehen, da es eine Reihe von Quellenzeugnissen gibt, die auf eine besondere Bedeutung des Marienkultes für die St. Knudsgilde verweisen: Die zentrale Stellung des Mariendienstes in Ringsted, der Grabkirche des hl. Knud, die durch das Marien-Patrozinium gegeben und durch das Siegel bezeugt ist[140], die Vorschrift der Erichsgilde zu Kallehave[141], drei Minnen bei den Gildegelagen zu trinken: die erste zu Ehren des hl. Erichs, die zweite zu Ehren des Heilands, die dritte zu Ehren der hl. Jungfrau Maria[142], die Patrozinien von Kirchen, die als zentrale Gründungskirchen der St. Knudsgilde gelten können: im Herzogtum Schleswig in Flensburg – der Gildealtar der St. Knudsgilde befand sich in der St. Marienkirche, obgleich das Gildehaus der St. Knudsbrüder im Kirchspiel St. Nikolai lag – und in Hadersleben; in Reichsdänemark hat E. Cinthio auf das St.-Marien-Patrozinium bei Städten, die sich auf Königsgrund am Ende des 12. Jahrhunderts zu Städten entwickelten, hingewiesen[143]. Seine interessanten Forschungsergebnisse über Schonen[144], die zwischen älteren Köbing-Orten die Anlage neuer Städte feststellen, die als königliche Gründungen angesehen werden können: Bei Köpinge Helsingborg, bei Löddeköpinge Lund, bei Hököpinge Malmö, bei Stora Köpinge Ystad und Tommarp usw., lassen es lohnend erscheinen, auch hier der Rolle der St. Knudsgilde und dem St.-Marien-Patrozinium

139) D. L. GALBREATH, Handbüchlein der Heraldik, Lausanne 1948², S. 113, 117f.; Werner WOLF, Der Mond im deutschen Volksglauben, in: Bausteine zur Volkskunde und Religionswissenschaft, Heft 2, Bühl 1929; J. G. REUTER, Sonne, Mond und Sterne auf Siegeln und Münzen des Mittelalters, was sie bedeuten? Nürnberg 1804. – Die Inanspruchnahme des Mondes als Mariensymbol muß mit Vorsicht geschehen. Gängig ist die Verbindung der heiligen Maria mit der Mondsichel erst im Spätmittelalter bei der »Mondsichel-Madonna« oder der »Apokalyptischen Madonna«. Dies ist auch zu beachten bei den Ausführungen von Goslar Carstens über die nordfriesischen Wappen in Goslar CARSTENS, Wappen und Wappenmarken in Friesland, in Jg. des nordfriesischen Instituts Bd. IV, 1955/56. Auch die Deutung des Sternes als Mariensymbol ist nur eine Möglichkeit unter anderen. Interessant für stadtgeschichtliche Siegel aus dem Nordseeküstenbereich ist die Deutung des Sternsymbols als Gerichtszeichen bei Berent SCHWINEKÖPER, Zur Deutung des Freiburger Stadtsiegels, in: Schau – ins – Land, Heft 78, 1960, S. 3f.

140) Siehe o. S. 256.

141) Art. 48 bei M. PAPPENHEIM. Es bleibt hier die Frage, wieweit von der Erichsgilde auf den gesamten St.-Knudsgilde-Verband rückgeschlossen werden kann. Daß jedoch das Minnentrinken für die heilige Maria weitverbreitet war, erweist auch die Bartholinsche (norwegische) Schrage des 13. Jahrhunderts, Art. 22: M. PAPPENHEIM, Ein Altnorwegisches Schutzgildestatut (Anm. 22) S. 151.

142) Ein vergoldeter Kelch in der Kirche Krummendiek von 1515 mit den Namen Erich, Jesus und Maria ist vielleicht für die Minnen in der St. Erichsgilde in Kallehave verwendet worden. C. WALLIN, Knutsgillena (Anm. 12b) S. 134.

143) Erik CINTHIO, Heiligenpatrone und Kirchenbauten während des frühen Mittelalters, in: Acta Visbyensia III. Visby symposiet 1967, Visby 1969. Vgl. a. zum Marienpatrozinium: Paul JOHANNSEN, Die Kaufmannskirche in: Acta Visbyensia I, Visby symposiet för historiska vetenskaper 1963, Uppsala 1965, S. 86.

144) Ein zusammenfassender Bericht von Erik CINTHIO, Variationsmuster in dem frühmittelalterlichen Städtewesen Schonens, liegt vor in: Kiel Papers '72. Frühe Städte im westlichen Ostseeraum, Symposion.

in diesen Städten Aufmerksamkeit zuzuwenden. In diesem Zusammenhang muß erwähnt werden, daß auch zwei St. Mariengilden auf ihren Siegeln das Mond- und Sternsymbol zeigen: Die St. Mariengilden in Rönneby und Sölvesborg[145].

St. Maria als »stella maris« – bei solchen weit zurückreichenden Glaubensvorstellungen darf man wohl nach heidnischen entsprechenden Vorstellungen fragen, zumal auch im skandinavischen Raum die christliche Mission nur zu verstehen ist, wenn man berücksichtigt, wie sehr die Mission darauf angewiesen war, an heidnische Vorstellungen anzuknüpfen. Die Bedeutung von Sternen in der germanischen Mythologie ist vielfältig und vieldeutig[146], wie überhaupt der Bereich vorchristlicher Glaubensvorstellungen bei den Nordgermanen nur schwer faßbar ist. Als eine Deutungsmöglichkeit, die mit einigem Recht vertretbar erscheint, sei auf den vorchristlichen Bedeutungsinhalt des Polarsterns hingewiesen, soweit er von der bisherigen Forschung erschlossen werden konnte.

Der Polarstern – es war nicht immer derselbe Stern, der in dieser Position stand[147] – war für die Schiffer schlechtweg »Der Stern«, der Hauptstern des Himmels[148]. Man stellte ihn sich in der vorchristlichen Zeit bei den Germanen des Nord- und Ostseeraumes als Drehpunkt der Welt (als Spitze der Weltachse?) vor. Er wurde mit dem Gott Tir, Ti oder Tyr, dem Kriegsgott, in Verbindung gebracht bzw. auch mit der T-Rune. Der Vers 17 aus dem ags. Runenlied aus der Zeit um 900 sagt zur T-Rune: »Tir ist der Zeichen eines, hält Treue wohl gegen die Edelinge, immer ist es auf der Fahrt über der Nächte Genebel, nimmer weicht es.« Es wird vermutet, daß der Weltnagel auf der Spitze der Weltsäule (vgl. hierzu möglicherweise die Irminsul) mit diesen religiösen Vorstellungen in Verbindung gebracht werden kann, zumal der Polarstern auch verallgemeinernd »Weltnagel« genannt wurde. J. de Vries meint, daß Irmin eine andere Bezeichnung für Tyr war. In diesem Zusammenhang muß auch auf den Speer hingewiesen werden, der im Tyr-Kult wichtig ist: als Attribut des Gottes; als Bezugspunkt der Dingversammlung mit seiner nach oben gerichteten Spitze; als Symbol bei kriegerischen Entscheidungen. Der Tyr-Kult, der hauptsächlich in Friesland und Dänemark nachgewiesen ist, trat dann jedoch anscheinend nach 1000, also nach Einsetzen der Christianisierung, in den Hintergrund. Besser faßbar als die Tyr-Verehrung ist der Odin-Kult, von dem man annimmt, daß er erst in jüngerer Zeit des germanischen Heidentums zentrale Bedeutung erlangte. Auch im Rahmen des Odin-Kultes hat dabei der Speer gewichtige Bedeutung – auch dann noch, wenn man der Geschichte von Odins Selbstopfer nur bedingten Aussagewert zubilligt[148]. So könnte auch möglicherweise die Odinsverehrung für die Verwendung des Sternsymbols Bedeutung gehabt haben.

145) P. B. Grandjean – Danske Gilders Segl (Anm. 107).

146) Jan de Vries, Altgermanische Religionsgeschichte Bd. I u. II, Bln. 1970³, § 432, 434, 496, 532 über die Verbindung mit Heldenmythen, Halbgöttern, Riesen, Göttern. Karl Hauck, Ostnordische Bilder – Edda, aus: Zur germanischen Heldensage, hg. von Karl Hauck, Darmstadt 1961, S. 47, zu Heroen.

147) Um 800 war es 32 Carmelopardalis Hevelii, nach O. S. Reuter, Germ. Himmelskunde, S. 200.

148) Jan de Vries, Altgermanische Religionsgeschichte, Bd. I, Bln. 1970³, § 336.

Wie weit man diesen Ergebnissen und Darstellungen, die hier als Arbeitshypothese vorgetragen werden, folgen kann, bleibe dahingestellt. Auf jeden Fall spielte »Der Stern« in der heidnischen Religion Nordeuropas eine wichtige Rolle[149)]. So kann auch verständlicher werden, wenn Al Tartuschi in seinem Bericht über Schleswig sagt, die Schleswiger seien »Sirius-Anbeter«[150)]. Denn für die Anwohner des Mittelmeeres war der Sirius »Der Stern« aufgrund seiner zentralen Bedeutung für die Sommerchronologie, die Wärme, das Feuer und das Fieber[151)].

Auch über die vorchristlichen Vorstellungen, die mit dem Mond zusammenhängen, gibt es eine Fülle von Aussagen[152)], von denen einige, die erwägenswert sein könnten, hier nebeneinandergestellt seien: Die Bedeutung des zunehmenden Mondes könnte man vielleicht mit den monatlichen Zusammenkünften der Gilden zusammenbringen. Noch die Fristensetzung der St. Knudsgildesatzung von Flensburg Art. 6 läßt diese monatlichen Gildeversammlungstermine erkennen. Man hat auch die Opfergelagetermine mit der Mondzeitrechnung in Verbindung gebracht[153)]. Die besondere Bedeutung des Eides, dessen Ableistung mit den Gildegelagen und den Gildeversammlungen verbunden war, hat vor allem A. Hamel herausgestellt[154)]. Beachtung verdient auch der Termin der Frühlings-Tag- und Nachtgleiche, zu dem die Sichel des Mondes fast waagerecht liegend untergeht[155)]. Als mögliches verbindendes Symbol zwischen zunehmendem Mond und Opfergelagen wird übrigens auch das Trinkhorn angesehen[155)], das aus den Gildeschätzen des Mittelalters und der Neuzeit bekannt genug ist.

Einen gewissen zusätzlichen Hinweis auf die Glaubensvorstellungen, die im 12. (13.) Jahrhundert im dänischen Raum mit den Symbolen Mond und Stern verbunden waren, vermag

149) Mit dieser kaum bezweifelbaren Aussage mag es hier sein Bewenden haben. Der Gesamtkomplex und die Einzelproblematik bei Jan DE VRIES, Altermanische Religionsgeschichte, Bd. 1 und 2, Bln. 1970[3]; O. S. REUTER, Germanische Himmelskunde, Untersuchungen zur Geschichte des Geistes, Mn. 1934; Axel OLRIK, Irminsul og gudestötter, Kphg. 1910.

150) Vgl. S. 243.

151) O. S. REUTER, Germanische Himmelskunde, S. 187; W. GUNDEL, Sterne und Sternbilder im Glauben des Altertums und der Neuzeit, Bonn, Leipzig 1922.

152) Beiseite gelassen sind z. B. die an sich zentralen Hypothesen über die Gleichsetzung Halbmond = Boot, vgl. Gustav SCHWANTES, Geschichte Schleswig-Holsteins Bd. 1, Neum. 1939, S. 494f.; W. WOLF, Der Mond im deutschen Volksglauben, S. 18, oder die Auseinandersetzung über alternative Interpretation der Sonnenscheiben als Mondscheiben, vgl. Jan DE VRIES, Altgermanische Religionsgeschichte § 81, 197, 253, 305.

153) Vgl. hierzu O. S. REUTER, Germanische Himmelskunde, S. 358f.; Werner WOLF, Der Mond im deutschen Volksglauben, in: Bausteine zur Volkskunde und Religionswissenschaft, Heft 2, Brühl 1929. Wolf betont vor allem auch die langdauernde Bedeutung des Symbols des zunehmenden Mondes als Glückssymbol im deutschen Volksglauben; Jan DE VRIES, Altgerm. Religionsgeschichte, Bd. 1, § 81, § 197.

154) A. G. VON HAMEL, Ijslands Odinsgeloof, Meededeelingen der Koninklijke Akademie van Wetenschapen. Afd. Letterkde., Deel 82, Serie B, Nr. 3, Amsterdam 1936; dazu Jan DE VRIES, Altgerm. Religionsgeschichte, Bd. 1, § 253.

155) Jan DE VRIES, Altgermanische Religionsgeschichte, Bd. 1, § 397, nach Ohlmarks. Die Verbindung zu Heimdahl bei Vries, § 492.

unter Umständen eine kleine Serie von Emaille-Reliquiaren zu geben, die sich von den in den Zentren derartiger Emaillearbeiten (Meuse, Köln, Limoges) angefertigten Reliquiaren grundsätzlich unterscheiden und von P. Nörlund dem dänischen Raum, unter Umständen der Stadt Schleswig zugeordnet werden[156]. Die Kästen sind als besondere Gruppe an ihrer extremen Farbigkeit, ihrer primitiven Gestaltung und den großen, mit Rundköpfen versehenen Nägeln zu erkennen. Die stilkritische Untersuchung der Reliquiare weist in die Zeit von 1075 bis 1150. Es ist die Vermutung geäußert worden, daß sie als Reisealtäre dienten, zumal einige mit Sicherheit auf dem Deckel ein kleines Kruzifix trugen. Für eine Zuordnung zum dänischen Raum, die schon O. v. Falke erwogen hatte[157], waren für Nörlund drei Gründe maßgebend[158]: 1. Ein Reliquiar (III) wurde in Ellund, ca. 35 km nördlich von Schleswig in der Nähe der Heerstraße in einem Moor gefunden – das einzige, bei dem man weiß, wo es in der Entstehungszeit zu lokalisieren ist[159a]; 2. Der Stil deutet auf die in Dänemark im 11./12. Jahrhundert, in der endenden Wikingerzeit und beginnenden christlichen Zeit vorhandene Mischung aus irischen, englischen, deutschen und byzantinischen Stilelementen; 3. das agnus dei von dem erhaltenen Deckelkruzifix eines Reliquiars (III) hat stilistisch recht enge Parallelen im dänischen Raum.

Die inhaltliche Gestaltung der auf den Reliquiaren dargestellten Motive scheint Nörlunds Ergebnis nicht zu widersprechen, wie eine nähere Betrachtung der Kreuzigungsszene ergibt. Auf sieben (acht) der insgesamt neun ganz oder teilweise erhaltenen Reliquiaren ist in stereotyp gleicher Form die Kreuzigungsszene dargestellt (bei einem achten ist es wegen des fragmentarischen Erhaltungszustandes nicht zu entscheiden): Christus am Kreuz, links (vom Betrachter gesehen) Longinus, der mit der Lanze sticht, und Maria, darüber Sonne oder Stern, rechts Stephaton, dem Kanon nach mit dem Essigschwamm auf dem Stengel und dem Essiggefäß, sowie Johannes, darüber der liegende Halbmond. An sich folgt diese Kreuzigungsszene der im 10. bis 13. Jahrhundert anzutreffenden vereinfachenden Darstellung, die die reicher ausgestattete und differenzierende Form der karolingischen Renaissance ablöst, die sich wiederum auf spätantike Vorbilder zurückführen läßt. Sonne und Mond über dem waagerechten Kreuzbalken, die u. U. ihr Antlitz verhüllen, symbolisieren in diesem Zusammenhang die Finsternis. Stern statt Sonne ist im Kanon dieser Darstellungsform ungewöhnlich; das Sternsymbol ist in diesem Zusammenhang – nach den Schilderungen der Kreuzigung in den Evangelien – auch wenig sinnvoll.

Innerhalb der Kreuzigungsszene hat die Gestalt des speerstechenden Longinus eine zentrale Bedeutung. Sie gipfelt in der Gralssage und der Verbindung mit dem Abendmahlsgesche-

156) Poul Nørlund, An Early Group of Enamelled Reliquiaries, in: Acta Archaeologica Vol. IV, 1933, S. 1f. Dort weitere Literatur.

157) O. v. Falke und Frauberger, Deutsche Schmelzeisen des Mittelalters, S. 114.

158) P. Nörlund, An Early Group, S. 26.

159a) Dieses 1872 nordwestlich von Flensburg beim Torfgraben gefundene Reliquiar wurde von einem dänisch gesinnten Lehrer über die Grenze gebracht und befindet sich daher heute im Nationalmuseum Kopenhagen. Sönderjysk Maanedsskrift Jg. 1980, S. 209f.

hen[159b)]. Die heilige Lanze des deutschen Reiches und die Umformung der Mauritius-Legende gehören ebenfalls in den Umkreis der Longinuslegende hinein[159c)]. Die Bedeutung des speerstechenden Longinus für den Kult der skandinavischen Königs-Heiligen hat Erich Hoffmann herausgestellt[159d)]; sowohl bei dem Märtyrertod König Knud des Heiligen, Olaf des Heiligen als auch Knud Lawards dient die Speerwunde in der Seite zur Kennzeichnung des »rex iustus« – nach gegebenem Vorbild. Auch bei angelsächsischen Königen klingt eine imitatio Christi an, jedoch ohne den Speerstich[159e)].

Knud Laward, der Gildeheilige der St. Knudsgilde, gehört in diesen Gesamtzusammenhang hinein. In seiner Vita findet sich nicht nur die Speerwunde wieder, sondern auch ein Anklang an das agnus dei.[159f)].

Eine Erklärung des Glaubensinhalts der auf den Reliquiaren wiedergegebenen Kreuzigungsszene soll an dieser Stelle nicht versucht werden. Es sollen nur vier Feststellungen getroffen werden, die vielleicht geeignet sind, einige alternative Gesichtspunkte zum Verständnis der Kreuzigungsszene anzudeuten. 1. Das Martyrium der heiligen Könige konnte in der Vorstellungswelt der Skandinavier dem Opfertod Christi am Kreuz angenähert sein. 2. Das Sonnensymbol über dem linken Teil des Kreuzquerbalkens (vom Betrachter aus gesehen) scheint über den mehrstrahligen Stern in den sechsstrahligen Stern abgewandelt zu sein. Diese Problematik ist bisher nicht erkannt worden[159g)]. 3. Die Tätigkeit des Stephaton kann vielleicht, jedenfalls nach dem Zeugnis der Reliquiare I und III, vor allem auch nach der Farbgebung bei I, als abgewandelt gegenüber dem oben erwähnten üblichen Bildkanon erscheinen: Denn Stephaton kann hier auch so dargestellt sein, daß er das heilige Opferblut auffängt. Der Kessel in seiner Rechten kann dabei aufgrund der Farbgebung einer »Opferszene« ebenso zugeordnet werden wie der sechsstrahlige Stern. Die Farbgebung bei Reliquiar I ist nicht in gleicher Weise angelegt. Das von Stephaton gehandhabte Gerät läßt sich jedoch nicht deutlich definieren; man braucht es dabei nicht unbedingt mit einer Tränkung in Verbindung zu bringen; es kann daher

159b) Konrad BURDACH, Der Gral. Forschungen über seinen Ursprung und seinen Zusammenhang mit der Longinuslegende, hg. von Johannes Rathöfer, Stuttgart 1974.
159c) Percy Ernst SCHRAMM, Herrschaftszeichen und Staatssymbolik, Bd. I–III, Stuttgart 1954, in Bd. II, 1955, S. 492f. Dort auch die weitere umfangreiche Literatur.
159d) E. HOFFMANN, Heil. Könige (Anm. 29) S. 48f., 120, 165. Vgl. hierzu auch das vergossene »sanguis iustus« des Knud Laward, S. 251.
159e) Betr. die weitläufigen Zusammenhänge der von Wodan (Odin) abgeleiteten Könige, der christlichen »heiligen Könige«, der Opferung und des Einflusses dieser Vorstellungen auf die Christianisierung s. die Literatur nach dem Stande von 1975 bei E. HOFFMANN, Heil. Könige (Anm. 29) S. 48f.
159f) Historia Sancti Kanuti Ducis, V. S. D., Lectio VIII, S. 200 u. S. 242f. Dazu E. HOFFMANN, Das Bild Knut Lawards (Anm. 2).
159g) Mit der Darstellung der Kreuzigungszene hat sich P. NÖRLUND, An Early Group, nicht weiter beschäftigt. Er hätte sonst nicht die gängige abendländische Beschreibung der Kreuzigungszene völlig unverändert wiedergeben können (S. 13): »All the representations of the Crucifixion have Stefaton and Longinus under the arms of the cross, Sol and Luna (usually with human faces) above them, and Mary and John at the sides.«

vielleicht ebenfalls auf die linke Seite Christi gerichtet sein[159h]. 4. Auf der linken Seite des Kreuzes bilden rein äußerlich Longinus mit der Lanze, Maria und der (sechsstrahlige) Stern eine Einheit, auf der rechten Seite Stephaton, sein Kessel mit dem Getränk, St. Johannis und der liegende Halbmond.

Abschließend kann man vielleicht folgendes feststellen: die Kultvorstellungen, die in der St. Knudsgilde mit den Symbolen »Halbmond« (wohl zunehmender Mond) und »sechsstrahliger Stern« verbunden wurden, sind uns nicht bekannt. Es ist nur über die Siegel erschließbar, daß diese Symbole aller Wahrscheinlichkeit nach Bedeutung für die St. Knudsgilde hatten. Vielleicht können die Reliquiare ein wenig über den Bedeutungsinhalt erschließen. Es ist dabei zu berücksichtigen, daß die Lokalisierung der Reliquiare noch nicht voll gesichert ist und daß eine breit angelegte Untersuchung über die Einflüsse, die in den Motiven verarbeitet sind, noch fehlt. Nicht zu bezweifeln ist, daß Mond und Stern auch hier eine gewisse Bedeutung haben. Sonst wäre das Sonnensymbol kaum ins Sternsymbol abgewandelt worden.

Ähnlich, wie man im Gesamtzusammenhang der Geschichte der Stadt Schleswig an die Bedeutung erinnern kann, die Tartuschi dem Stern für die Schleswiger beimißt, kann man auch fragen, welche Symbole (»signa«) dem heiligen Ansgar Königsschutz bei seinen Reisen von Schleswig und von Birka gaben[159i]. Die Antwort können wir nicht wissen. Man kann nur vermuten, daß diese »signa« in ihrem Symbolgehalt auf Macht und Heil der Sippe des Königs hinwiesen[159k]. Insgesamt begegnen wir bei dem Gegenstand dieses Abschnitts Vorstellungen, die nur schemenhaft in Ansätzen in der Zeit des Übergangs vom Wikingerstaat zum hochmittelalterlichen Staat sichtbar gemacht werden können.

2.5 Die Funktion der Gilden

Seit Mitte des 13. Jahrhunderts begann die Ratsverfassung nach deutschem, speziell lübischem Vorbild sich in dänischen Städten durchzusetzen. Die Gilde hat also sowohl vor als auch nach Einführung der Ratsverfassung ihre Bedeutung gehabt.

Da sowohl Stadtrechte als auch Gildesatzungen aus dem dänischen Reichsgebiet erhalten sind, kann man versuchen, die Rolle der Gilden innerhalb des Städtewesens zu untersuchen. Am Beginn steht das Schleswiger Stadtrecht von ca. 1200[159l] und die Flensburger St. Knudsgil-

159h) In roter Emaille sind wiedergegeben bei Reliquiar I die beiden Seiten Christi, die becherartige Verdickung auf dem Stengel des Stephaton, die er an die Seite Christi hält, sein Kessel, Mond und Stern. Die Rot-Einfärbung der beiden Seiten Christi läßt eine Absicht bei der Einfärbung vermuten, die über die Absicht hinausgeht, Kontrast zu erzielen. Zu einer besser abgesicherten Aussage kann man erst gelangen, wenn man alle in Frage kommenden Reliquiare genau untersucht.

159i) Rimbert, Vita Anskarii, Kap. 11 u. Kap. 26.

159k) E. Hoffmann, Heil. Könige (Anm. 2) Königserhebung (Anm. 2).

159l) DGK Bd. 1, S. 3f. Zum Schleswiger Stadtrecht vor allem Friedrich Frahm, Das Stadtrecht der Schleswiger und ihre Heimat, ZSHG Bd. 64, 1936, S. 1f.

desatzung von ca. 1200[159m]; beide Satzungen stammen aus einer Zeit, als die dänische Ostseegroßmacht unter König Knud VI. ihren Gipfel erreicht hatte. Die große Serie der Stadtrechte setzt nach 1260 ein. Außer der Flensburger St. Knudsgildesatzung muß man für einen informativen Vergleich die Gildesatzung von Odense von ca. 1245[159n] und die Malmöer Satzung von 1256[159o] heranziehen. Denn die Malmöer Satzung, die von den 18 Älterleuten der Synode der St. Knudsgilden in ihrer Sitzung am 7. September 1256 in Skanör verabschiedet worden war, bildete das Muster für die folgenden Satzungen, die nur geringfügige Änderungen aufweisen[159p].

König Knud VI. hat, wie aus der Flensburger Gildesatzung hervorgeht, die Gildebrüder vom heiligen Knud um 1200 in seinen Schutz und seinen Frieden aufgenommen, in gleicher Weise wie die, die ihm täglich dienen. Die Kaufleute vom heiligen Knud standen also, deutschrechtlich gesprochen, unter Königsmunt. Er versprach, daß er jedwedes Unrecht, das ihnen widerfuhr, mit seinem königlichen Schwert rächen wolle. Ein ähnlicher Schutzbrief begleitet auch die Odenseer Satzung, ausgestellt vom König Erich (Plogpenning).

Die Knudsgildebrüder selbst sagen in der Einleitung zu ihrer Schrage, welche beiden Hauptzwecke sie mit ihrem Zusammenschluß verfolgen: Sie wollen erstens im Interesse ihres eigenen Heils und ihrer Seligkeit die Gilde zu Ehren Gottes und des heiligen Knud halten. Das ist die altbekannte und überall zu findende kultisch-religiöse Grundlage der libatio. Zum anderen soll die Gilde ihre Brüder im In- und Ausland schützen vor allem Schaden. Einleitung und Präambel zeigen also deutlich drei Komponenten: den religiösen Bezug, den herrschaftlichen Bezug in Form des Königsschutzes und die genossenschaftliche Form. In der ältesten Schicht[159q] der Flensburger Knudsgildesatzung fehlen Artikel, die auf die erste Zwecksetzung Bezug nehmen. Dagegen widmen sich alle Artikel der Schutzfunktion. Das zeigt nicht etwa, daß der religiöse Zweck ins Hintertreffen geraten sei. Es dürfte gerade umgekehrt gewesen sein, der religiöse Zweck verstand sich von selbst, auch die Formen der herkömmlichen Opfergelage mit ihren Minnen zu Ehren der Heiligen, vor allem des heiligen Knud (und ev. Christus und der heiligen Maria). Heikel und zu regeln waren die Bestimmungen zum gegenseitigen Schutz.

Zum näheren Verständnis sei der Rechtszustand im Herzogtum Schleswig im hohen und späten Mittelalter kurz skizziert: Bis 1241, bis zum Erlaß der großen jütischen Rechtskodifikation, hatte der König nur einen sehr mittelbaren Einfluß auf die Gerichtsorganisation. Sie blieb auch nach Erlaß des »Jyske Lov«, wie das jütische Recht allgemein genannt wird, weitgehend Volksgerichtsbarkeit. Fehden und Blutrache wurden erst nach 1241 bekämpft. In den Städten

159m) Gedr. bei Max PAPPENHEIM, Die altdänischen Schutzgilden, Breslau 1885, S. 441f., Weitere Drucke und Lit. bei H. F. SCHÜTT, Gilde und Stadt (Anm. 3) S. 112f. Dort auch eine Beschreibung der Handschrift.

159n) Gedr. bei C. NYROP, Gilde og Lav (Anm. 97) S. 18f.

159o) Gedr. bei C. NYROP, Gilde og Lav (Anm. 97) S. 33f.

159p) H. F. SCHÜTT, Gilde u. Stadt (Anm. 3) S. 113.

159q) Zur Schichtung s. H. F. SCHÜTT, Gilde u. Stadt (Anm. 3) S. 114.

finden sich noch im 15. Jahrhundert Blutfehden, die ganze Geschlechter ausrotten, auf dem Lande noch im 16. Jahrhundert. Offensichtlich deckte der Königsschutz das Totschlagsdelikt vor 1241 nur bedingt ab. Das Stadtrecht von Schleswig von 1200, in das königliche Privilegien und königliche Anordnungen eingeflossen sind, kennt nur den Totschlag von ungefähr[159r)]. Der Totschläger ging also nur insofern ein größeres Risiko ein, als die Buße wegen des städtischen Friedensbereiches sehr hoch war – vorausgesetzt, daß der Totschlag in der Stadt geschah. Das Risiko, einen St. Knudsgildebruder innerhalb oder auch außerhalb des städtischen Friedensbereiches zu erschlagen, war allerdings sehr hoch. Auch hier war eine hohe Buße an den König zu erlegen, weil der Gildebruder königliche Friedensqualität in sich trug. Aber gleichzeitig stieg für den Täter das persönliche Risiko. Denn die Gildebrüder waren zur Blutrache verpflichtet. Es war zwar nicht so, daß die Gilde, wie man aus Wilda bis Pappenheim und Frahm entnehmen könnte, an die Stelle des Familienverbands – oder der Sippe – trat. Aber sie übernahm wesentliche Funktionen des Familienverbandes. Die Pflicht zur Blutrache bzw. die Entscheidung, ob statt dessen Buße genommen werden sollte, verblieb der Familie. Aber die Durchsetzung ihres Anspruchs bzw. die Durchführung der Blutrache lag im Bedarfsfall bei der Gilde. Das war notwendig, da in der landrechtlichen Umgebung feste und große Familienverbände ihr Fehden durchführten und da andererseits in der Stadt die Familien kleiner und die Kaufleute meist auf Reisen waren. Die Verpflichtung zur Blutrache kann also in die sonstigen Hilfsverpflichtungen, die die Gildebrüder aneinander banden, eingegliedert werden. Sie entsprach bis zur großen dänischen Rechtsreform von 1241 den durch die Rechtszustände des Landes gegebenen Notwendigkeiten. Der Unterschied zu anderen, gleichzeitigen weiter südlich beheimateten Gilden, die diese Blutracheverpflichtung nicht kennen, darf daher nicht überbewertet werden. In den späteren Fassungen der Knudsgildesatzungen nach Malmöer Muster wird dann auch die Blutrache immer mehr eliminiert, je mehr die Gerichte zuständig werden – wenigstens formell.

Die Hilfspflicht trat für die Gildebrüder auch ein, wenn ein Gildebruder selbst einen Totschlag begangen hatte. Die Gildebrüder mußten ihn dann vor der Rache der Betroffenen schützen, sie mußten ihm ein Pferd zur Verfügung stellen, ein Boot, Geld und was er brauchte. Die Hilfspflicht erstreckte sich auch auf die Hilfe vor Gericht. Dabei handelte es sich in der Regel um Eideshilfe oder Bürgschaft. Die Gildesatzungen schrieben vor, daß jeder Bruder seinem Gildebruder durch die Teilnahme am Eidesbeweis helfen müsse. Die Eideshelfer werden auf der Gildeversammlung durch das Los bestimmt. Trotzdem ist die Funktion der Gildeeide der Knudsgilde, das läßt das Schleswiger Stadtrecht deutlich erkennen, nicht mit dem Institut der gerichtlichen Eideshilfe völlig identisch. Die uns geläufigsten und zweifellos auch wichtigsten Hilfsverpflichtungen, die in den Gildestatuten enthalten sind, beziehen sich auf die Fahrtgemeinschaft[159s)]. Die gegenseitige Hilfsverpflichtung erwuchs in ihren entscheidenden Teilen durch die eidliche Verpflichtung, die man mit dem Eintritt in die Gilde ablegte und die

159r) Zum Totschlag s. H. F. SCHÜTT, Gilde u. Stadt (Anm. 3) S. 115f. mit den Nachweisen.
159s) Zur Fahrtgemeinschaft s. H. F. SCHÜTT, Gilde und Stadt, (Anm. 3) S. 119.

lediglich innerhalb der Fahrtgemeinschaft zum Tragen kam. Dementsprechend lesen wir über gegenseitige Hilfe bei Schiffbruch, über die Verpflichtung, Gildebrüder aus heidnischer Gefangenschaft freizukaufen. Die Verpflichtungen, Bürgschaften für Gildebrüder zu stellen, bei handfesten Auseinandersetzungen Gildebrüdern beizustehen, Gildebrüdern bei Totschlägen zur Flucht zu verhelfen, Gerichtshilfe zu leisten, finanziell jederzeit einzuspringen, alle diese Hilfsverpflichtungen gelten zwar auch für den heimischen Bereich, in erster Linie aber für den reisenden Knudsgildebruder. Das war keine Theorie. Wir hören z. B. 1294, wie zweimal zwölf Schleswiger und Flensburger Kaufleute – aller Wahrscheinlichkeit nach Knudsgildebrüder – für drei Schleswiger und Flensburger in Stralsund Bürgschaft leisten[160a)].

Die Hilfsbestimmungen bei materiellen Verlusten der Gildebrüder wurden in den jüngeren Fassungen der Knudsgildeschragen präzisiert. So bestimmte die Odenseer Schrage, daß ein Gildebruder, der sein Haus durch Brand verlor, 3 Pfennig von jedem Gildebruder haben solle. Mit der Skanör-Mustersatzung von 1256 wurde festgesetzt, daß Beiträge in ähnlicher Größenordnung zu zahlen waren, wenn ein Gildebruder gefangen gehalten wurde, wenn ihm seine Güter beschlagnahmt wurden oder wenn er Schiffbruch erlitten hatte und weniger Güter dabei gerettet hatte, als für eine Mark Wert. Es ist hervorgehoben worden[160b)], daß die Gilde dadurch die Funktion einer Versicherung auf Gegenseitigkeit übernahm. Das ist schon richtig. Jedoch dürfte es angesichts der sehr weitgehenden Hilfsverpflichtungen, die in der ältesten (Flensburger) Gildesatzung aufgeführt sind, nicht richtig sein, Hilfsverpflichtungen als nicht existent anzusehen, weil sie nicht mit aufgeführt sind. Eine Hilfsverpflichtung bei schuldlos erlittenem und totalem Brandschaden z. B. dürfte wohl eine der grundlegenden Aufgaben der Gilde gewesen sein. Neu war wohl die Festsetzung des Mindestbetrages in der Odenseer Schrage – wie auch die Festsetzung von festen Beträgen in den späteren Schragen bei den anderen aufgeführten Schadensfällen. Es handelt sich also eher um eine Formalisierung.

Die Strafen, die die Gildebrüder erwarteten, die ihren Eid brachen und ihre Hilfspflicht versäumten, waren härter, als sie sich heutigen Lesern der Satzungen dem ersten Eindruck nach darstellen. Dort steht entweder, sie sollten zum Neiding erklärt werden oder sie sollten um eine gewisse Stufe weniger wert sein. Wenn die Gilde eines ihrer Mitglieder zum Neiding erklärte, dann bedeutete das, daß sein Leben und sein Vermögen jede schützenswerte Qualität verlor. Er konnte bußlos erschlagen, seine Habe ihm geraubt werden.

Es war keineswegs so, daß er nur der Neiding der Gildebrüder wurde. Sondern die Aberkennung aller den Menschen in eine menschliche Umgebung einbettenden religiös fundierten Werte galt für die Allgemeinheit. Es gab nämlich auch den milderen Sonderfall, wo er lediglich der Neiding aller Gildebrüder wurde[161)]. Und wenn er für weniger wert erklärt wurde, dann bedeutete das eine Ehrherabsetzung in allen Dingen des täglichen Lebens, eine

160a) Hildegard THIERFELDER, Das älteste Rostocker Stadtbuch, Göttingen 1967, S. 71.
160b) M. PAPPENHEIM, Schutzgilden (Anm. 88) S. 414; H. T. GILKAER, In honori (Anm. 12c) S. 134.
161) Das war der Fall, wenn er einen Gildebruder erschlug. (Art. 4 der Flensburger Schrage, Art. 1 der Odenser Schrage). Vgl. zum Neiding H. F. SCHÜTT, Gilde und Stadt (Anm. 3) S. 116f.

Herabsetzung, die heutiges Denken und Fühlen kaum berühren würde, damals aber das ganze Leben entscheidend änderte[162].

Die Gilde strafte auch härter, und zwar bei »Heerwerk«, wir würden sagen Hausfriedensbruch. Die Täter wurden erschlagen, ihr Haus und ihre Habe verbrannt[163]. Im übrigen fungierte das Gildegericht eher im Sinne eines Schiedsgerichts, das Differenzen aller Art vor der Gildeversammlung entschied. Zwei Grundbestimmungen gab es, die immer wiederkehren und die in die Stadtrechte übernommen wurden: Einmal, daß kein Gildebruder irgendwelche Gerichte gegen einen Gildebruder anrufen dürfe, und zweitens, daß Entscheidungen, durch die Streitfälle zwischen Gildebrüdern in der Gildeversammlung beigelegt waren, nicht wieder aufgerührt werden dürften[164].

2.6 Gilde und Stadt im Schleswiger Stadtrecht

In nur sieben Artikeln tritt die Gilde im Schleswiger Stadtrecht in Erscheinung. Der Grund ihrer Aufnahme ist keineswegs einheitlich: Artikel 65[165] stellt den einzigen Fall dar, wo Gilderecht und Stadtrecht kollidieren. Denn er verbietet dem Stadtgericht, Klagen von Gildebrüdern wegen Körperverletzung anzunehmen. Diese Bestimmung wird verständlich, wenn man in den Gildesatzungen liest, daß es den Gildemitgliedern streng verboten war, Körperverletzungen vor öffentlichen Gerichten einzuklagen. Der Rachevollzug sollte wohl bei der Gilde liegen, oder, wenn es sich um Gildebrüder handelte, dem Schiedsspruch des Gildegerichts überlassen bleiben. Im Artikel 66 wird der besonders geschützte Status eines Gildebruders lediglich als Maßstab für den Königsschutz für unverheiratete Bürger benutzt, die ja des Rückhalts der Großfamilie entbehrten[166]. Der Eidesbeweis durch Gildebrüder für Gildebrüder wird verlangt bei Streitigkeiten mit Landleuten, als Äquivalent zu deren leistungsfähigen Familieneidesbeweisen. Das entspricht den durch die landrechtliche Umgebung vorgegebenen Notwendigkeiten, ähnlich wie für die Gilde die Blutracheverpflichtung notwendig war. Entsprechend war im jütischen Landrecht, dem »Jyske Lov« II 113 die Eidesleistung durch »naefnd af hans höghaestae lagh« zugelassen[167]. Völlig anders ist die Funktion der Gilde bei zwei anderen Artikeln, die mit gildischen Funktionen nichts zu tun zu haben scheinen[168].

162) Einen gedanklichen Zugang zu dieser Vorstellungswelt vermag der »Verruf« bei den Gesellenbruderschaften des 18. Jahrhunderts zu vermitteln.
163) Diese Regelung ist in der Geschichte der Gilden bzw. der frühen Städte oft bezeugt.
164) Vgl. H. F. Schütt, Gilde und Stadt (Anm. 3) S. 118.
165) Vgl. H. F. Schütt, Gilde und Stadt (Anm. 3) S. 124f.
166) Vgl. zu dieser Materie H. F. Schütt, Gilde und Stadt (Anm. 3) S. 124.
167) Peter Skautrup, Den jyske Lov, Kphg. 1941, II, 113. Auch bei Klaus von See: Das jütische Recht, Weimar 1960.
168) Art. 2, 3 u. 4 des Schleswiger Stadtrechts. Vgl. hierzu H. F. Schütt, Gilde und Stadt (Anm. 3) S. 122f., 125.

Hier handelt es sich um Delikte, bei denen der Gildeeid gefordert wird, ganz gleich, ob es sich bei den Beschuldigten um Gildemitglieder der Obergilde oder aber um sonstige Bürger handelt. Hier hat der Gildeeid also nicht die Funktion des helfenden Eidesbeweises, sondern nähert sich dem Institut der Neffninger (Geschworenen), eines Instituts, das sich im Laufe des 13. Jahrhunderts herausbildete, der Wahrheitsfindung diente und aus den angesehensten Bürgern, d. h. dem Meliorat benannt wurde.

2.7 Gilde und Stadt in der Flensburger Gildesatzung und im Flensburger Stadtrecht

Die Stadtgemeinde taucht in der Gildesatzung der Flensburger Knudsgildesatzung nicht auf. Trotzdem gibt es auch hier einige Anhaltspunkte. Innerhalb der Stadt waren das Gildehaus und der (umfriedete) Gildehof ein extra gefriedeter Bereich. Wer den Frieden in diesem Gebiet brach, mußte die Friedensbuße in Höhe von 40 Mark zahlen (Art. 30, 31). In einem späten Artikel (Art. 55) wird festgesetzt, daß man am zweiten Tag des Gildefestes »moldskod« festsetzen solle. Pappenheim übersetzt »moldskod« mit »Grundzins«, von muld = Erde[169]. Das erscheint nicht unwahrscheinlich. Skod bzw. Schot war, im Gegensatz zu den Abgaben, die an den Landesherrn zu zahlen waren, eine innerstädtische Umlage, die von Jahr zu Jahr berechnet wurde, die dazu diente, innerstädtische Kosten zu decken, und zwar in der Weise, daß den führenden, wohlhabenden Bürgern die Auslagen, die sie im Interesse der Allgemeinheit gehabt hatten, ersetzt wurden. Die Formulierung des Artikels zielt nicht auf den Rechtsinhalt, sondern auf den Zeitpunkt – eben den zweiten Tag der Gildefeier –, an dem diese Berechnung durchgeführt werden soll. Es ist daher nicht anzunehmen, daß der Rechtsinhalt neu war. Dieser Artikel ist vielmehr etwa in der Zeit niedergeschrieben worden (etwa 1390), in der auch Flensburg begann, aufgrund einer Vereinbarung mit seinem Landesherrn (damals Graf Gerhard VI. von Schauenburg-Holstein in seiner Eigenschaft als Herzog von Schleswig) statt der alten landesherrlichen Abgaben eine »jarlike rechte bede« als Pauschalabgabe in einer Summe zu zahlen[170]. Damit erhielt »de schate«, also die bürgerliche Umlage, eine erhöhte Bedeutung. Eine gesamtbürgerschaftliche Willkür, die den modus der Schot-Erhebung festsetzt, findet sich im Anhang des Kodex der Knudsgilde. Man kann daher mit einiger Berechtigung vermuten, daß es sich bei der Festsetzung von »skod« oder »schote« nicht etwa um eine innergildische Abgabenberechnung handelte, sondern daß die Gilde die bürgerschaftliche Umlage berechnete.

Eine weitere Verschränkung von Gilde und Stadtgemeinde wird sichtbar im Flensburger Stadtrecht. Dort heißt es im Artikel 131 der dänischen Fassung[171], daß der »Ältermann« der

169) M. Pappenheim, Schutzgilden (Anm. 159m) S. 452.
170) Hans-Friedrich Schütt, in: Flensburg, Geschichte einer Grenzstadt, SFSt Nr. 17, Flensburg 1966, S. 53f.
171) DGK Bd. 1, S. 134.

St. Knudsgilde mit Zustimmung der würdigsten Ratleute das Recht haben solle, Ratleute ein- oder abzusetzen[172]. Dieser Artikel dürfte kaum so aufzufassen sein, daß er neues Recht setzen sollte. Das würde der Zielrichtung des Artikels und der Gesamtentwicklung der Gilde im Verhältnis zur Stadtgemeinde widersprechen. Es dürfte vielmehr so sein, daß seine Aufzeichnung notwendig geworden war, weil bei dem steigenden Schwergewicht des Rates das Vorrecht des St.-Knudsgilde-Ältermanns nicht mehr unbestritten war[173]. Der Artikel schließt mit dem Vermerk, daß der Ältermann und die Ratleute nach eigenem Gutdünken im Interesse der Allgemeinheit vorgehen sollten und niemand anderes. Das weist darauf hin, daß Streitigkeiten vorangegangen sind. Wer dem Ältermann der Knudsgilde sein Recht streitig gemacht hat, wissen wir nicht. Es kann nur aus der allgemeinen politischen Lage der Zeit kurz vor und um 1300 geschlossen werden, daß eventuell niederdeutsche Kaufleute, die sich in der Stadt niedergelassen hatten, versucht haben, den Einfluß des Rates zu stärken und den der Knudsgilde zurückzudrängen[174]. Daß im Bereich der Städte des dänischen Reiches im 13. Jahrhundert durch das herrschaftlich legitimierte Meliorat der St. Knudsgilde Einfluß auf das Stadtregiment genommen wurde, geht auch daraus hervor, daß am Ende des 13. Jahrhunderts ein Schreiben von »advocatus et consules ceterique meliores in Kaldyng« (Kolding) in Lübeck einging. Das Siegel dieses Schreibens enthielt die Umschrift »sigillum sancti Kanuti de Kalding«[175].

Wenn auch nur wenige Verbindungen zwischen Gilde und Stadtgemeinde sichtbar werden, so sind sie doch gewichtig. Bei der Rolle der Gilde innerhalb der Stadt muß man sich vergegenwärtigen, daß sie nicht nur aufgrund ihres engen Verhältnisses zum König besonderen Schutz genoß, sondern auch als von ihm abhängiger und daher besonders geeigneter Personenverband zur Erfüllung von Aufgaben innerhalb der Stadt in erster Linie verfügbar war. Wenn man diesen herrschaftlichen Bezug und die dadurch von Beginn an gegebene Vorzugsstellung berücksichtigt, ist die Entwicklung von der »Schutzgilde« zur Obergilde durchaus zu verstehen[176]. Gleichzeitig erkennt man, daß beide Begriffe, die ja Kunstbegriffe sind, sich nicht in dieser Art zeitlich voneinander abgrenzen lassen, weil sie verschiedene Funktionen der Gilde meinen: Eine Führungsstellung gehörte zum Wesen der bevorrechteten Gilde. Die Schutzfunk-

172) »Aldaerman of knutz gild maeth frammaerst rathmenz rath, scul rathmen i takae, oc af saettae, sum them thyk, for almenz goghaen, oc engi arnaen man.« Wenn Pappenheim, Schutzgilden (Anm. 159 m) S. 7 meint, daß die St. Knudsgilden niemals namentlich in den Stadtrechten der Schleswiger Stadtrechtsfamilie auftauchen, dann hat er diesen Paragraphen wohl nicht mit im Auge gehabt.

173) H. F. Schütt, Flensburger Stadtrecht SFSt Nr. 12, Flensburg 1957, S. 61, im Gegensatz zu Fr. Frahm, Das Stadtrecht der Schleswiger und ihre Heimat, ZSHG Bd. 64, 1936, S. 1 f., hier S. 21 f. Vgl. a. G. Kraack, Gildewesen (Anm. 1) S. 47.

174) Um 1300 regierte Herzog Waldemar IV., der Kaufleuten aus dem hansischen Bereich nicht ablehnend gegenüber gestanden haben dürfte. Vgl. H. F. Schütt, Ein Schleswiger Stadtbuchfragment. ZSHG Bd. 104, 1979, S. 152.

175) G. Kraack, Das Gildewesen (Anm. 1) S. 172, Anm. 131.

176) G. Kraack, Das Gildewesen (Anm. 1) S. 18.

tion schwand jedoch um so mehr, wie das allgemeine Gerichtswesen ausgebaut wurde. Wenn schon ein Kunstbegriff für die St. Knudsgilden gebraucht werden soll, dann sollte man den von Frahm vorgeschlagenen Begriff »Obergilde«[177] verwenden, der sich zudem an den Sprachgebrauch des 13. Jahrhunderts anlehnt.

3. Stadtrecht und Gilderecht im Flensburger und Schleswiger Beispiel

Der älteste Teil des Schleswiger Stadtrechts und die älteren Teile des Statuts der Flensburger St. Knudsgilde werden in die gleiche Zeit datiert. Beide Städte waren rechtlich eng miteinander verwandt. Es ist also in diesem Fall möglich, das Verhältnis von Stadtrecht und Gilderecht zueinander zu beobachten.

Daß Stadtrecht umfassender ist, versteht sich. Stadtrecht ist auf das Stadtgebiet bezogen, muß »territorial« aufgefaßt werden und will alle Bürger und Einwohner erfassen. Die Gilde ist ein Personenverband, sie umfaßt nur einen Teil der Einwohnerschaft. Wenn auch der herrschaftliche Bezug für die Obergilde in der Art der St. Knudsgilde wesensbestimmend ist, so wird doch das innergildische Leben durch willkürliche Beschlüsse der Gildeversammlung geregelt, soweit diese Beschlüsse nicht landesherrlich legitimiertem Recht widersprechen. Gilderecht ist also in der Regel Willkürrecht. Für Gildesatzungen kann man diese Gleichsetzung treffen, für Stadtrecht jedoch nur bedingt[178]. In den Rechten der Schleswiger Stadtrechtsfamilie sind drei verschiedene Rechtskreise enthalten: die Stadtgemeinde, die Gilden und die Familien. Die Gilden ersetzen keineswegs die Familie. Sie treten nur wie Familienverbände oder Sippen – und das ist nur ein Teil ihrer Funktion – für die Familie in Konfliktsfällen ein. Im übrigen liegt die Funktion der Gilde im übergeordnet kultischen, sozialen und wirtschaftlichen Bereich. Sie ist daher nach 1200 zwischen der Familie und der Stadtgemeinde anzusiedeln.

3.1 Zu den Elementen des Stadtrechts

Ein wesentlicher Teil des Stadtrechts hat seinen Ursprung außerhalb der Stadtgemeinde, er ist der Initiative des Landesherren zuzuweisen und hat entweder Privilegien – oder Verordnungscharakter. Verdeutlicht werden möge dies an Art. 1 und Art. 56[179] des Schleswiger Stadtrechts, zwei Artikeln, die Hasse[180] und Frahm[181] Interpretationsschwierigkeiten bereitet haben.

177) F. Frahm, Das Stadtrecht der Schleswiger (Anm. 173) S. 19; so auch G. Kraack, Das Gildewesen, S. 17.
178) Wilhelm Ebel, Die Willkür, Göttingen 1953.
179) DGK Bd. 1, S. 3 und 12.
180) P. Hasse, Das Schleswiger Stadtrecht, Kiel 1880, S. 36, 56, 81, 90.
181) F. Frahm, Das Stadtrecht der Schleswiger (Anm. 173) S. 65.

Siegel der
St. Knudsgilde Ringsted

Siegel der
St. Knudsgilde Vordingborg

Siegel der Stadt Schleswig. (Urk. 1336, Juli 20, LAS Urk. Abtlg. 186 Nr. 13a)

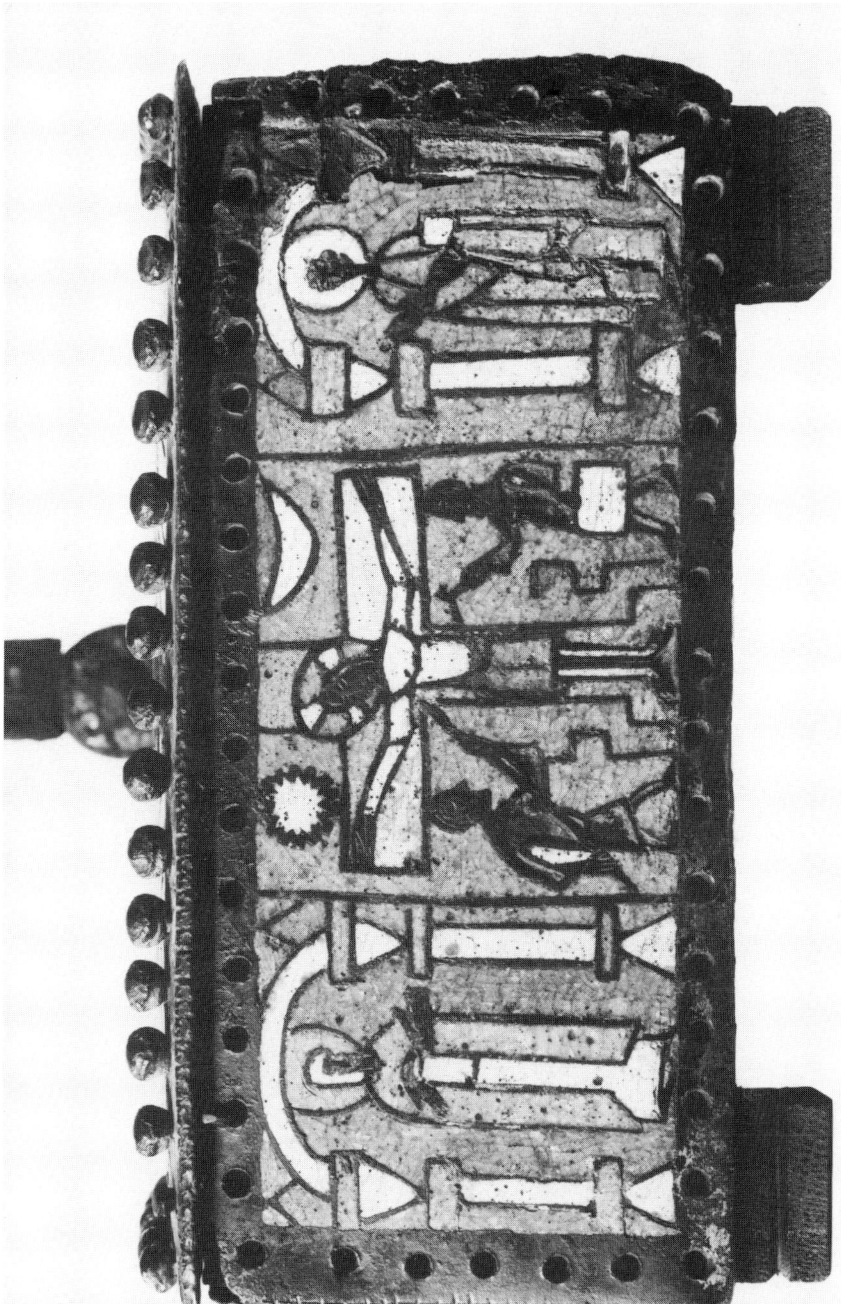

Fröslenskrinet (Reliquiar III), Nationalmuseum Kopenhagen

Reliquiar I, Hildesheimer Domschatz

Hasse (aber auch Frahm) sieht das Stadtrecht eindimensional. Während Hasse das Vorbild für den Art. 1 bei Andreas Suneson findet, meint er, daß für Art. 56 der Schleswig-Flensburger Vertrag von 1282, Juni 28[182], bzw. Jyske Lov II, 11[183] als Muster oder Vorbild angesehen werden müsse. Frahm meint, der Artikel 56 sei zusätzlich eingeschoben, weil er »Seereisen Schleswiger Bürger voraussetzt«. Zweifellos ist der Rechtsinhalt beider Artikel im Prinzip gleich: Er betrifft den Gerichtsstand der Schleswiger Bürger in Schleswig bzw. das Nichtzuständigsein anderer Gerichte. Aber der Art. 1 hat Privilegiencharakter: Er befreit die Schleswiger Bürger von der Verpflichtung, sich vor dem König, Herzog oder einem anderen Fürsten verantworten zu müssen, wenn sie nicht vorher Gelegenheit hatten, »infra menia civitatis« vor Gericht zu stehen – es sei denn, es handele sich um Majestätsverbrechen. Dieses Privileg dürfte vom Landesherrn stammen. Der Artikel 56 hingegen enthält die willkürliche Verpflichtung aller Bürger, ihren Mitbürger nicht vor einem anderen Gericht als dem Schleswiger Stadtgericht zu verklagen. Der Art. 56 findet sich stereotyp in den Gildesatzungen und ist von dort sowohl in das Schleswiger Stadtrecht als auch in den Vertrag zwischen den Städten Flensburg und Schleswig übernommen worden. Die Parallelität beider Artikel ist also nur eine scheinbare: Sie zeigen vielmehr, wie landesherrliches Privileg und bürgerschaftliche Willkür gildischer Provenienz im Stadtrecht zusammenfließen. Der Verfasser hält an seiner bereits früher dargelegten Ansicht, daß die Stadtrechte der Schleswiger Stadtrechtsfamilie nicht eindimensional gesehen werden dürfen, fest[184].

Wenn die spröde Materie von Rechtssatzungen in den historischen Gesamtzusammenhang eingeordnet und als Quelle nutzbar gemacht werden soll, ist es notwendig, die innerstädtischen Strukturen der Abfassungszeit zu berücksichtigen. Solange die Stadt nicht als »autonom« anzusehen ist – ein Rechtszustand, der sich auf eine Reihe deutscher Städte nach 1200 beschränkt –, ist bei der Aufzeichnung ihres Rechts in erster Linie der Wille des Landesherrn in Betracht zu ziehen[185]. Da im folgenden die Rechte der Schleswiger Stadtrechtsfamilie als Exempel herangezogen werden, kann die Rolle des Landesherrn dementsprechend eingesetzt werden. Der Schutz des Landesherrn schuf die Grundvoraussetzungen, um überhaupt einen Handelsort entstehen zu lassen. Der Landesherr schützte die Siedlung und die Verkehrsverbindungen. Er stellte die Handelsstadt unter einen besonderen Frieden und sonderte sie von der ländlichen Umgebung und der landrechtlichen Gerichtsbarkeit ab. Er schuf dadurch die Voraussetzungen für das Gedeihen von Handel und Handwerk. Er zog andererseits Abgaben mannigfacher Art ein. Drei Bereiche können also generell als »landesherrlich bestimmt«

182) H. C. P. Sejdelin, Diplomatarium Flensborgense, Bd. 1, Kphg. 1865, S. 11, Nr. 3.

183) Peter Skautrup, Den jyske Lov, Kphg. 1941, S. 58/59.

184) H. F. Schütt, Flensburger Stadtrecht (Anm. 173). Die Untersuchung des Flensburger Stadtrechts ist unter dieser vom üblichen rechtshistorischen Schema abweichenden Voraussetzung vorgenommen worden. Zustimmung oder Ablehnung ist nicht geäußert worden.

185) Elsa Sjöholm in ihrer Arbeit: Gesetze als Quellen mittelalterlicher Geschichte des Nordens, Stockholm 1976, hat eindringlich davor gewarnt, den Willen des Gesetzgebers zu unterschätzen.

angesehen werden: die städtische Immunität, das Strafrecht und das Abgabewesen. Es gibt selbstverständlich Ausnahmen. Der Diebstahl z. B. wurde zur Zeit des Schleswiger Stadtrechts noch von der Familie gesühnt. Die Bestrafung von Diebstahl taucht nur deshalb in dem Stadtrecht auf, weil sichergestellt werden sollte, daß der Familienvater den Dieb an der für Diebe vorgesehenen Richtstätte aufhing[186a]. Auch in die Fehde- und Blutrache-Auseinandersetzungen hat der Landesherr anscheinend nicht eingegriffen, ebensowenig ursprünglich in Heerwerksverbrechen. Diese Bereiche waren der Familie oder, falls notwendig, der durch die Gilde unterstützten Familie überlassen. Trotz dieser Ausnahmen kann man den herrschaftlichen Bereich, wie oben gesehen, pauschal, im einzelnen aber recht exakt abgrenzen. Die Entwicklung der rechtlichen Materie, die diesem Bereich zugewiesen und an Hand späterer Stadtrechtsredaktionen, Privilegien und einzelner Rechtsfälle verfolgt werden kann, gibt Auskunft über den landesherrlich-politischen Einfluß und seine Auswirkungen auf die Stadt, kaum über andere historische Fragestellungen. Die nähere Untersuchung der strafrechtlichen Materie im Schleswiger und im Flensburger Stadtrecht bestätigt diese Feststellung[186b].

Als einen zweiten besonderen Rechtsbereich muß man das »familiengebundene Recht« herausgreifen, denn die Familie bildete einen eigenen kleinen Rechtskreis, dessen rechtliche Regelungen allerdings zum Teil gar nicht in den Stadtrechten erscheinen. Dagegen erscheinen Erbrecht, eheliches Güterrecht und verwandte Rechtsbereiche, die auf das engste mit der Familie verbunden sind, durchaus in den Stadtrechten. Wenn es auch vorkam, daß in das familiengebundene Recht von seiten des Landesherrn eingegriffen wurde, so lagen solche Eingriffe doch durchweg einerseits den Intentionen der Landesherrschaft fern, andererseits war es ihnen auch nur sehr schwer möglich, familiengeprägtes Recht zu ändern. Nicht umsonst ist gerade dieser Rechtsbereich in der gesamten Rechtsentwicklung durch die Jahrhunderte besonders konservativ. Aus diesem Grunde ist die Untersuchung des ehelichen Güterrechts und des Erbrechts im Schleswiger und Flensburger Stadtrecht so interessant[186c].

Ein weiterer Rechtskreis innerhalb der Stadtgemeinde, der Stadtrechtsartikel in die Stadtrechtskodifikation gebracht hat, ist das Kirchspiel oder die Feldkommune, von denen es in jeder größeren Stadt eine ganze Reihe gab. Ein näheres Eingehen auf diesen Komplex kann hier unterbleiben. Und schließlich blieben innerhalb der Stadtgemeinde die Gilden als Personenverbände bestehen, auch die führende St. Knudsgilde, die ihre besondere Qualität der Verbindung mit dem Landesherrn verdankte. Es gibt einige Artikel, die direkt aus den Gildestatuten in die Stadtrechte übernommen wurden. Im übrigen ist die innere Verwandtschaft zwischen den Willküren, die innerhalb der Stadtrechte das stadtordnende und stadtgestaltende Recht steuern, und den aus den Gildesatzungen bekannten willkürlichen Gildesatzungen nach Form, Art der Entstehung, Zielrichtung und manchmal auch dem Inhalt nach derart eng, daß der Einfluß der

186a) DGK Bd. 1, Art. 14, 17, S. 6.
186b) G. Jessen, Das Strafrecht im ältesten Schleswiger Stadtrecht, jur. Diss. Kiel 1957.
186c) K. Deissner, Zum Güter- und Erbrecht (Anm. 75k).

Obergilden in diesen Rechtsbereichen indirekt spürbar genug ist. Das Gilderecht, soweit es nicht seine innere Berechtigung in dem engeren Aufgabenkreis zwischen Stadtgemeinde und Familie hatte und in den späteren Gildesatzungen in den Bestimmungen über Gildefeiern, karitativ-soziale und eventuell auch berufsspezifische Aufgaben seinen Niederschlag fand, verschwand sowohl aus den Gildesatzungen als auch aus den Stadtrechten. Es ist daher ein Trugschluß, aus dem Schweigen über Gilden in den Stadtrechten nach Einführung der Ratsverfassung zu schließen, daß die Gilden keine Rolle mehr spielten. Das gildisch organisierte Meliorat dürfte vielmehr eine stadtpolitische Rolle innerhalb der Bürgerschaft bei der Abfassung der bürgerschaftlichen Willküren gespielt haben, die teils als Willküren abgesagt wurden, teils Eingang in die Stadtrechte fanden.

3.2 Gilde und Rat

Mit der Autorisierung der Ratsversammlung durch den Landesherrn, die in der Delegation der Gerichtsbarkeit gipfelte, wurde auf die Dauer der unmittelbare Bezug der Knudsgilde zum Landesherrn unterbrochen – auch wenn die Knudsgilde den maßgeblichen Einfluß auf den Rat noch lange behielt. Denn, wer im Rat saß, war für die gesamte Stadtgemeinde zuständig. Das führte zu schweren Auseinandersetzungen zwischen gildischen und bürgerschaftlichen Grundprinzipien: Noch um 1400 hatte der Rat Schwierigkeiten, Friedensbrecher in der Stadt dinghaft zu machen, weil deren Gildebrüder im Interesse der Wahrung ihrer Ehre ihnen zur Flucht verhalfen[187]. Diese und auch damit verbundene niederdeutsch-dänische Gegensätze dürften zu den schweren Auseinandersetzungen in der Stadt geführt haben, die die Herzöge wiederholt veranlaßten, zugunsten der Ratsherrschaft einzugreifen[188]. Die Stadt als herrschaftlich legitimierter Rechtskreis, der Rat als obrigkeitlich legitimiertes Gremium, standen daher auch erst am Abschluß einer langen Entwicklung, als sie nicht nur die Gerichtsbarkeit ausübten, gar den Stadtvogt dem Ratsgericht weitgehend einordneten, sondern als sie durch Beigeordnete oder auch ohne Beigeordnete die Aufsicht über die Gilden in der Stadt ausübten – auch über die hochberühmte und geachtete St. Knudsgilde.

Ob diese in unmittelbarer Nachbarschaft der norddeutschen Stadtrechte zu beobachtende Entwicklung nicht vielleicht doch für Norddeutschland den einen oder anderen Fingerzeig zur Lösung noch offener Fragen zu geben vermag, gerade angesichts der Unsicherheit bei der Beurteilung des an sich hier und dort bezeugten gildischen norddeutschen Meliorats und angesichts der bisher zu gering bewerteten Rolle des Stadtherrn vor 1200, das bleibe einstweilen eine als Anregung gemeinte Frage. Denn die Bestimmungen, die der Knudsgilde einen besonderen Charakter verleihen, die Blutracheverpflichtung, Eideshilfen usw., sind nicht

187) Otto SCHÜTT, Der Stadt Flensburg Olde Willkoer, SFSt Nr. 13, Flensburg 1960.
188) Sejdelin Dipl. Fl., Bd. 1 (Anm. 182) Nr. 11, 13.

typisch, sondern durch den Rechtszustand des Landes, in dem die Gilde wirkte, zu erklären. Interessanter noch ist ihre Stellung innerhalb der Stadtgemeinde. Insbesondere ist mit zu bedenken, daß die Stadt Lübeck die überregionale Funktion Schleswigs übernahm, in entscheidender Zeit sogar unter der Ägide der dänischen Könige Knud VI. und Waldemar II.[189].

189) Zur dänischen Lübeckpolitik: Tore NYBERG, Kreuzzug und Handel in der Ostsee zur dänischen Zeit Lübecks, in: Lübeck 1226, Reichsfreiheit und frühe Stadt, Lübeck 1976, S. 173f. Zum Verhältnis Schleswig-Lübeck: Karl JORDAN, Lübeck unter Graf Adolf II. und Heinrich dem Löwen, in: Lübeck 1226, S. 149. Vgl. zu beiden Erich HOFFMANN, Die Bedeutung der Schlacht von Bornhöved für die deutsche und skandinavische Geschichte, ZLGA 57 (1977) S. 9ff. Zu Lübecks früher Entwicklung zuletzt: Burchard SCHEPER, Über Ratsgewalt und Gemeinde in nordwestdeutschen Hansestädten des Mittelalters, in: Nds. Jb. f. Landesgeschichte, Jg. 49, 1977, S. 91f. Bernhard am Ende: Studien zur Verfassungsgeschichte Lübecks im 12. und 13. Jahrhundert. Veröffentlichungen zur Geschichte der Hansestadt Lübeck, hrsg. vom Archiv Lübeck, R. B. Bd. 2, Lübeck 1975.

Bruderschaft und Gemeinde: Köln im 12. Jahrhundert

VON HERMANN JAKOBS

Peter Classen zum Gedächtnis

Unter den Themen, an denen sich der Zusammenhang zwischen dem Zeitgeist der Kirchenreform und aufziehender Stadtfreiheit verdeutlichen läßt, verdient das Bruderschaftswesen stärkere Beachtung. Die seit dem 11./12. Jahrhundert rapide fortschreitende gesellschaftliche, wirtschaftliche und berufliche Differenzierung spiegelt sich in einer bemerkenswerten Ausbreitung bruderschaftlicher Hilfe und bruderschaftlichen Anspruchs und führt in eine ganz eigentümliche, von Gruppen getragene »Entdeckung des Individuums«[1)].

Köln ist ein Beispiel, in dem das Mit- und Nebeneinander von Gemeinden und Gemeinschaften in den ersten Phasen der kommunalen Entfaltung bereits sehr komplex ist[2)]. Mit dem Rückgriff auf das 11./12. Jahrhundert wird aber nicht etwa eine beliebige oder eine bestimmte Entwicklungsphase ausgegrenzt, vielmehr die Formierung einer Ausgangskonstellation untersucht, an deren weiterer Entwicklung verfassungs- und sozialgeschichtliche Forschung schlechterdings nie vorbeigehen konnte. Die »Revolution« von 1396 war eine Umwälzung des Kölner Korporationswesens[3)].

Das Thema »Bruderschaft und Gemeinde« verfolgt mich seit meinen Kölner Jahren. Damals und noch einmal in Heidelberg war Joachim Dahlhaus kritischer Diskussionspartner, der sich in manchen Punkten durchgesetzt hat. Das Manuskript wurde von Philipp Schwahn gründlich durchgesehen und um manchen Beleg ergänzt. Beiden, dem Mitarbeiter und dem Schüler, bin ich dankbar verpflichtet.

1) C. Morris, The Discovery of the Individual, 1050–1200 (London 1972). H. Jakobs, Stadtgemeinde, 26ff. Hinweise auf weitere Literatur. Über die Bedeutung des »Berufs« auf dem »geschichtlichen Weg des wirtschaftenden Menschen in die soziale Freiheit und politische Verantwortung«, vgl. F. Steinbach, in: Collectanea, 742–775. Ansätze zu relativer Breitenwirkung scheinen bereits im frühen 11. Jh. erkennbar zu werden: G. Waitz, Deutsche Verfassungsgeschichte ²V (Berlin 1893; ND Graz 1955) 483; H. Fichtenau, Soziale Mobilität in Quellen des 10. und frühen 11. Jhs., in: Wirtschafts- und sozialhistorische Beiträge. Festschr. für A. Hoffmann. Hrsg. von H. Knittler (München 1979) 11–29. Die »Individualisierung« ist im Mittelalter gruppenbezogen, also gerade nicht als Reduktion des genossenschaftlichen Elements zu verstehen; vgl. W. Ullmann, The Individual and Society in the Middle Ages (Baltimore 1966) 56. Anders H. Bayer, Zur Soziologie des mittelalterlichen Individualisierungsprozesses, in: Archiv f. Kulturgesch. 58 (1976) 115–153, bes. 123ff. Vgl. Oexle, Die mittelalterlichen Gilden (wie Anm. 6) 223ff.
2) Lau, 2f., 72, 160ff.; Strait, 18ff., 47ff., 138ff.
3) K. Militzer, Ursachen und Folgen der innerstädtischen Auseinandersetzungen in Köln in der zweiten Hälfte des 14. Jhs. (Köln 1980), insbes. 231ff., zum Begriff »Revolution«: 143ff.

Unsere Problematik beginnt beim Sozialvokabular[4]. *Fraternitas* ist noch weniger als andere Gemeinschaftsbegriffe spezifisch ausdeutbar[5]. Für seine Zwecke hat O. G. Oexle[6] dem Begriff Gilde, der insbesondere in deutscher Forschung auf die Bedeutung »Kaufmannsgenossenschaft« eingeengt ist, einen größeren historischen Spielraum, aber engere substanzielle Bedeutung gegeben. Für ihn ist Gilde eine innere Form der Einung, Erscheinungsform der *coniuratio* und in der Hauptsache Gemeinschaftsform der Gegenbewegung, auch in der kommunalen *pax*. Solche funktionale Sprachregelung oder idealtypische Abgrenzung ist von heuristischem Wert. Man könnte sich gewiß auch auf ein Wort einigen, das die »Form« von Gemeinschaftsbildung meint, die nicht durch Brudereid fundiert und repetiert wird. Klassifizierung der Befunde des Einzelfalls würde dadurch freilich nicht überflüssig; und deshalb, aber auch weil *fraternitas* der Oberbegriff aller Kölner Quellen des 12. Jahrhunderts ist, arbeitet die folgende Untersuchung mit dem vagen Wort Bruderschaft. Aus der Form der Bruderschaft, deren Zielsetzung von den Gebetsverbrüderungen über professionelle Verbände bis zu den sogenannten rein religiösen Bruderschaften reicht[7], ersteht in Köln, wie überhaupt in der mittelalterlichen Sozialgeschichte, eine Synonymie, eine Übereinstimmung auf den ersten Blick, die über der notwendigen wissenschaftlichen Zergliederung nicht verloren gehen darf.

Mit der Klassifizierung der Einzelbefunde geraten wir in die subtilste Fessel des Historismus: die Geschichtlichkeit unserer Nomina selber. Oexle[8] hat den Finger darauf gelegt, daß nicht nur die staatlichen, sondern auch die sozialen Gemeinschaftsbegriffe über die Historiographie des 19. Jahrhunderts wie über einen politisch-sozialen Austauschreaktor gelaufen sind.

4) Dazu die Beiträge in diesem Bande von G. Dilcher, F. Irsigler, O. G. Oexle und R. Schmidt-Wiegand. Unter dem Titel »Universitas« hat P. Michaud-Quantin (Paris 1970) das Vokabular früh- und hochmittelalterlicher Vergemeinschaftung und Einung – rund 40 »expressions du mouvement communautaire« – untersucht. Das aus einem weiten Raum zusammengetragene Material ist gut geordnet und zu einer Art Normensammlung des Gemeinschaftsdenkens gediehen, die durchaus auch auf Spuren der lokalen institutionellen und gesellschaftlichen Wirklichkeiten zu führen vermag. Unter der Kapitelüberschrift »La confrérie« (179ff.) finden sich in drei Paragraphen *fraternitas, gilda* und *caritas* abgehandelt. Die Kriterien der Abgrenzung sind akzidentiell, und in ihrem Zusammenhang wichtige »Äußerungen« wie *coniuratio, convivium* und *pax* mußten auch an anderen Stellen behandelt werden.

5) Michaud-Quantin (wie Anm. 4) 179ff.; G. le Bras, Les confréries chrétiennes, in: Le Bras, Études de sociologie religieuse 2 (Paris 1956) 423–462; L. Remling, Bruderschaften als Forschungsgegenstand, in: Jahrb. für Volkskunde NF 3 (Würzburg 1980) 89–111.

6) Die mittelalterlichen Gilden: ihre Selbstdeutung und ihr Beitrag zur Formung sozialer Strukturen, in: Miscellanea mediaevalia. Hrsg. von A. Zimmermann. Bd. 12/1 (Berlin – New York 1979) 203–226; vgl. insbes. 204–212. Oexle, Gilden als soziale Gruppen in der Karolingerzeit, in: Das Handwerk in vor- und frühgeschichtlicher Zeit. Teil I. Hrsg. von H. Jankuhn u. a. (Göttingen 1981) 284–354; vgl. auch insbes. 298; 307f.; vgl. auch Oexle, Die mittelalterliche Zunft als Forschungsproblem, in: BDLG 118 (1982), sowie in diesem Band, S. 151ff.

7) Vgl. den sonst nicht sonderlich instruktiven Artikel »Bruderschaft« im Lexikon des Mittelalters II 738ff.

8) Gilden als soziale Gruppen (wie Anm. 6) 287ff.; Oexle, Die funktionale Dreiteilung der ›Gesellschaft‹ bei Adalbero von Laon, in: Frühmittelalterliche Studien 12 (1978) 1ff., ferner in diesem Band, S. 151ff.

Mit Begriffen wie Genossenschaft, Korporation, Assoziation oder Verband werfen wir nur neue Probleme auf. Auch an der Kölner Forschung ließe sich das Einfließen von Vorstellungen und emotionalen Schwingungen beobachten, die an modernen Sachverhalten wie z. B. der juristischen Person, dem ökonomischen Interesse oder dem solidarischen Verhalten orientiert sind. Insbesondere ist zu beobachten, daß auf den »religiösen Charakter« der Bruderschaften immer eigens hingewiesen werden muß[9].

*

Aus der Betrachtung der Kölner Bruderschaften des 11./12. Jahrhunderts müssen wir drei alte Spitäler wegen Quellenmangels ausschließen[10]. Immerhin läßt sich der Charakter der Bruderschaften, von denen die Häuser betreut wurden, noch halbwegs erkennen und von daher auch behaupten, daß sie unsere Thematik nicht wesentlich bereichern könnten. Als alte erzbischöfliche Stiftungen standen das Lupus- und das Margarethenspital fest in kirchlicher Verwaltung. Es lassen sich Rudimente frühmittelalterlicher Matrikelorganisation nachweisen, und die Brüder waren auch über das 12. Jahrhundert hinaus buchstäblich Pfründner[11]. Mitgliedschaft in der seit 1170/85 bezeugten Heiliggeistbruderschaft[12], deren Spital vielleicht schon eine Gründung Annos II. war, erwarb man im Spätmittelalter wahrscheinlich durch Stiftung. Diese Laienbruderschaft scheint aber bereits im 12. Jahrhundert selbständige bürgerliche Verwaltung gewesen zu sein; jedenfalls ernannte der Rat von sich aus Provisoren, nachdem das Spital (etwa 1267) an die Stadt gekommen war[13]. Von gemeindegeschichtlicher wie von personenrechtlicher Bedeu-

9) Lau, 195 ff., behandelt die religiösen Bruderschaften, Zünfte u. a. als »Genossenschaften der Bürger«. Koebner bringt gute Beobachtungen zur Bedeutung des Bruderschaftsgedankens in der »Amtsverfassung« (476 ff., 485 ff.), deren Bewertung freilich den sozialromantischen Grundauffassungen des Buches unterliegt. »An den Handlungen, die die Zunft zur Kirche in Beziehung setzen, ist nicht das Heil, nicht die innere Seite der Religion das Wesentliche, sondern die äußere, der Kult, die Ehrerweisung« (374); *fraternitas* sei ein Titel, in dem »die rechtliche Bedeutung des Zeremonialsystems« zum Ausdruck komme (378), das als ein Formprinzip des antiken Verbandswesens auflebe (373 ff.). Th. Buyken und H. Conrad bringen in der Einleitung zu ihrer Edition der »Amtleutebücher« ein Kapitel: »Die Amtleutegenossenschaft als Bruderschaft« (26* ff.). E. Ennen nennt die *fraternitas mercatorum gilde* einen »Berufsverband der Kaufleute« (128); die Zunft der Drechsler sei »nicht nur ein Handwerksamt (officium fratrum), sondern auch eine religiös-gesellige Vereinigung«. »Zur Bruderschaft in diesem weiteren Sinn haben auch Frauen Zutritt« (148). *Officium fratrum* der Drechslerurkunde § 3 (wie Anm. 91) würde ich »Handwerk der Brüder« übersetzen: *Alii vero, qui de officio eorum fratrum non fuerint et predictam fraternitatem habere curaverint...;* über weibliche Mitgliedschaft vgl. Oexle, Die mittelalterlichen Gilden (wie Anm. 6) 208 f.; Oexle, Gilden als soziale Gruppen (wie Anm. 6) 331.

10) F. H. Mies, Die Kölner Hospitäler (Diss. Bonn 1922); vgl. Oediger, Reg. Nr. 46.

11) Mies (wie Anm. 10) 4 ff. und 96 ff.; Ennen-Eckertz I 609 Nr. 112.

12) F. F. Schaefer, Das Hospital zum hl. Geist auf dem Domhofe zu Köln (Diss. Münster 1910), insbes. 7 ff.; Keussen I 155*.

13) Schaefer (wie Anm. 12) 10; S. Reicke, Das deutsche Spital und sein Recht im Mittelalter. Bd. I. II (Stuttgart 1932); vgl. I 202.

tung ist, daß die Brüder füreinander vor Gericht eintraten[14]. Man darf das vielleicht als Reflex früherer Gestellung von Eideshelfern durch die Bruderschaft verstehen.

Kompliziert sind hingegen die Zusammenhänge zwischen der Spitalbruderschaft beim Kloster (Groß-)St. Martin und der Gemeinde St. Brigiden in der Rheinvorstadt. Sie werden weiter unten zur Sprache kommen. Quellentypologisch und sachlich nicht sicher einzustufen ist schließlich das Fragment einer Kölner Namenliste von etwa 1080[15]. Es vermittelt außer der Erstnennung der Pfarreien St. Alban und Klein-St. Martin auch einen Hinweis auf die rechtliche Zuordnung der Martinspfarrei im Marktviertel zur Äbtissin von Maria im Kapitol[16]; aber die gebetsbruderschaftliche Zielsetzung der Liste, die man jedenfalls vermuten möchte, ist noch nicht aufgeklärt. Die Mitgliedschaft war offenbar nicht auf die Stadt Köln beschränkt. Die Kölner Pfarrerbruderschaft verdankt ihre Entstehung einer Stiftung für das Jahrgedächtnis des Erzbischofs Rainald von Dassel aus dem Jahre 1172[17].

Die Abhandlung folgt dieser Gliederung:

I. Die Bruderschaften der Amtleute, der Schöffen und der Richerzeche
II. Die Zünfte des 12. Jahrhunderts und die Gilde
III. Die Spitalbruderschaft bei der Abtei St. Martin

I.

Die Schöffen und die Amtleute verrichteten Aufgaben in Gemeinden, die zuerst vorgestellt werden müssen. Als Gesamtgemeinde traten die Kölner in der Gerichtsgemeinde am Kölner Hochgericht[18], im 12. Jahrhundert aber auch als Gemeindeversammlung vor dem Bürgerhaus zusammen. Diese »Bürgerversammlung«[19], nur selten bezeugt, heißt im Spätmittelalter Morgensprache[20]. In ihr holte der Rat von der Rathauslaube aus formelle Zustimmung für seine Vorschläge ein. Das Maß innerer oder geistiger Bindung können wir auf der Ebene von Gericht und Versammlung mehr erahnen als erkennen. Untersuchungen darüber stehen

14) SCHAEFER (wie Anm. 12) 10 Anm. 2.

15) R. SCHÜTZEICHEL, Die Kölner Namenliste des Londoner MS. Harley 2805, in: Namenforschung. FS für A. Bach zum 75. Geb. Hrsg. von R. SCHÜTZEICHEL und M. ZENDER (Heidelberg 1965) 97–126, insbes. 102f.

16) JAKOBS, Studien, 97, 113, besonders Anm. 241.

17) F. GESCHER, Der Kölner Stadtdechant und die Vereinigung der stadtkölnischen Pfarrer, in: MStAK 40 (1929) 163–236; Geschichte des Erzbistums Köln. Bd. 1: Das Bistum Köln von den Anfängen bis zum Ende des 12. Jhs. Neu bearb. von F. W. OEDIGER ²(Köln 1972) 215.

18) LAU, 5ff.; KOEBNER, 224ff.; VON LOESCH, Grundlagen, 118ff., 147ff.; F. STEINBACH, Der Ursprung der Kölner Stadtgemeinde, in: RhVjbll. 19 (1954) 273–285; auch in: Collectanea, 659–670; STRAIT, 18ff.

19) KOEBNER, 455ff., »Bürgerversammlung« 467; VON LOESCH, Grundlagen 151ff.: »Die Gemeindeversammlung (Morgensprache)«.

20) Unter dem Namen *commune colloquium matutinum* erst 1269 bezeugt: ENNEN-ECKERTZ II 556 Nr. 508.

aus[21]. Wir dürfen annehmen, daß die alltägliche Lebensgemeinschaft unter der Gesamtgemeinde, der Nachbarschaftsverband, unmittelbarer erlebt wurde. Die Kölner Sondergemeinden[22] lassen sich drei Typen zuordnen. Die Hauptgruppe wird von den Pfarreien gestellt: St. Columba, St. Laurenz, St. Alban, St. Peter und (cum grano salis) St. Aposteln in der Altstadt, Klein-St. Martin und St. Brigida im Marktviertel. Die Pfarreien haben kein eigenes Schöffenkollegium und – zumindest im Ansatz ihrer Entwicklung – keine eigenen Richter. Davon abzuheben sind zwei Gebilde, die sich nicht an Pfarrgrenzen halten. Ihre Grenzen werden von der Umwallung im Norden und Süden vor den römischen Haupttoren gezogen, die aus dem Jahre 1106 stammt: Niederich und Airsbach (Oversburg). Selbstverständlich ist das Gemeindeleben in Nachbarschaftsverbänden auch hier älter, für die größeren Teile hatte es seine Zentren in den Pfarrkirchen St. Kunibert (beim Stift St. Kunibert) und St. Johann Baptist (als einer Nebenkirche von St. Severin). Die Burschaft Niederich heißt im 12. Jahrhundert durchaus auch Parochie. Niederich und Airsbach werden aber durch eigene Schöffenkollegien und Richter vertreten[23]. Eigene Schöffenbänke haben ebenfalls die drei Verbände, die – in Zuordnung zu den Stiften St. Severin und St. Gereon und dem Kloster St. Pantaleon – hofrechtlichen Ursprungs *(villae)* sind[24].

Die interne Entwicklung der Sondergemeinden ist im 12. Jahrhundert nur punktuell zu fassen. Besonders wichtig ist die freiwillige Gerichtsbarkeit der »Parochien«. Sie erstreckt sich vor allem – pars pro toto – auf »Liegenschaftssachen« – »Klagen um Eigen«[25]. Dafür wurde im Niederich ein eigenes Schöffenkolleg eingerichtet. Über diese Untergerichtsbildung ist gleich ausführlicher zu handeln. Sie ist jedenfalls älter als die via moderna in den Pfarreien: Schreinsgerichtsbarkeit, die sich auf das Gemeindezeugnis stützt. Die ältesten Schreinskarten stammen aus Klein-St. Martin und aus St. Laurenz, ein Vorrang der »Kaufmanns-« vor der »Ministerialenpfarrei« ist möglich, aber nicht sicher zu erweisen[25a]. Anfangs haben jedenfalls die Richter des Hochgerichts, vor allem der Untergraf und der Untervogt, Anteil an dem Verfahren, sie treten aber rasch hinter gewählte Meister zurück, die das Zeugnis im Namen der Parochie geben. Hier beginnt die Geschichte der Amtleute[26].

Die Schreinstätigkeit wurde dann im Niederich zusätzlich aufgenommen, und darüber ist es hier zum Streit zwischen »Gericht« und »Behörde« gekommen. Die erste Spur davon haben wir

21) Vgl. E. Ennen, 93; Jakobs, Stadtgemeinde, 19f., Anm. 20.
22) Lau, 160ff.; Keussen I 41*–43*, 47* ff.; Seeliger (wie Anm. 68) 44–61; E. Ennen, 190, Anm. 84a, kündigt eine grundlegende Untersuchung über die Sondergemeinden von Regina Keul an.
23) Lau, 30ff.
24) Ebd., 38ff.
25) K. Beyerle, Schreinswesen, 418ff. »Liegenschaftssachen«, insbes. Auflassungen, stellen natürlich nur einen Teil der vor der Gemeinde getätigten Rechtsgeschäfte dar; vgl. 429f., 449ff.; Niederich: ebd., 392ff.; Hoeniger, Schreinsurkunden.
25a) Vgl. Strait, 55 Anm. 25.
26) Vgl. Beyerle, Schreinswesen, 476ff.; über die Rolle der Unterrichter 483ff. Buyken-Conrad, Einleitung.

in dem berühmten Niedericher Weistum[27]. Um 1150 hat der älteste hier tätig gewesene Schreinsschreiber die *Traditiones et leges in parrochia Nitherich* in neun Artikeln aufgezeichnet (I)[28]. Seiner Form nach ist die Aufzeichnung ein Weistum über Rechte, die auf jeden Fall älter sind. Eine Ergänzung der Zeit um 1300 (II)[29] nimmt auf den älteren Text Bezug. Sie belegt den Fortgang der Entwicklung und den Ausgang der Rivalität. Wir müssen uns auf die vielbesprochenen Texte einlassen.

27) H. VON LOESCH, Das Recht des Niederichs, in: ZRG GA 52 (1932) 322–336; LEWALD, 374, 376f.; am besten: BEYERLE, Schreinswesen, 392ff.

28) Abdruck nach BEYERLE, Schreinswesen, 501f. (B), und BUYKEN-CONRAD, 221f. (C); dort S. 64* mit Anm. 5 zur Datierung. Wir übernehmen die durch Schriftvergleich mit den Schreinskarten begründeten Datierungsansätze von HOENIGER II 1, 51.

I (um 1150)

Hee sunt traditiones et leges nobis a patribus nostris et antecessoribus tradite et iura nobis relicta in parrochia Nitherich.

[1] Comes et advocatus noster tria habent placita legalia: primum post natale domini, secundum post pascha, tertium post nativitatem sancti Johannis baptiste, determinatis diebus.

[2] In his placitis legalibus quilibet civium nostrorum, quicquid de hereditate sua tractare habent vel respondere inpetenti, persolvent et determinabunt apud nos, non alibi, et hoc iure nostro.

[3] Si aliquis civium nostrorum domum aut hereditatem aliquam sibi comparaverit presente comite vel advocato, metretam vini ipsis persolvent (!) in ius suum. Si autem ministri nostri, vicarii scilicet eorum, supersunt comparationi supradictę, ipsis denarius I persolvetur in ius suum, et hoc nostro iure tenemus.

[4] Sed si quisquam civium nostrorum (nostrum C) insuper bannum ab ipsis iudicibus super hereditatem suam rogaverit, maldrinum avenę persolvet.

[5] In his autem legalibus placitis XII senatores nostrę parrochię super hereditates nostras iura dicent et diiudicabunt, postquam episcopus aut suus potens nuntius eos interpellaverit.

[6] Omnis vero civium nostrorum (nostrum C) querimoniam facturus de cive suo, coram magistris civium et senatoribus et iudicibus nostris eum interpellet. Si autem ille, qui inpetitur, nequaquam inpetenti respondere voluerit et rebellaverit, rebellis de karta civium et communione nostra repudiabitur, et nos impetentem iure suo et sua querimonia ad curiam coram iudicibus adiuvabimus.

[7] Quicunque vero hereditatem aliquam inter nos comparaverit et nobis iura (jure C) nostra persolverit, nostrum est, illi succurrere et defendere contra quemlibet impetentem.

[8] Hec iura parrochię nostrę antecessoribus nostris tradita sunt ab Arnoldo comite nostro et nobis posteris relicta. Quę si quis infidelis et dei adversarius infringere vel adnichilare studuerit, omnipotentis dei odium incurrat et cruciatibus eternę pene cum diabolo et suis angelis in eternum dampnatus deputetur. Amen.

[9] Si quandoque magister eligendus est, quod quidem fiet legali placito, vel si opus fuerit nobis ministro, consensu magistrorum et civium eligantur. Et si alterutra pars horum magistrorum vel civium electioni non consenserint, irrita sit electio.

29) Abdruck nach BEYERLE, Schreinswesen, 502f. (B), und BUYKEN-CONRAD, 222f.:

II (1302?)

[1] Ad declarandum iura et leges comitis, advocati, senatorum scilicet duodecim scabinorum, et officiatorum parrochie de Niderig statutum est, quod in tribus legalibus placitis, scilicet post nativitatem domini, post pascha et post festum beati Johannis, domus officiatorum aperietur comiti, advocato et senatoribus seu scabinis, et in antea ipsa domus non aperietur scabinis ad placitandum, nisi sit de voluntate officiatorum.

[2] Item quicunque fuerit comes, debet esse senator seu scabinus, et quicunque erit scabinus seu senator, debet esse heredatus infra parrochiam de Niderich et residens in eadem, ut eo melius de hiis, que emergunt in eadem parrochia, se valeant expedire.

Die Finder des Weistums sprechen vom *comes noster* Arnold, der ihren Vorfahren das aufgezeichnete Recht verliehen habe (I 8). Die Identität Arnolds mit dem Burggrafen gleichen Namens, der seit den 1070er Jahren bis 1095 bezeugt wird[30] und dessen Nachfolger Franco 1109[31] auftaucht, ist in Zweifel gezogen worden, aber nie mit plausiblen Gründen[32]. Der Richter im Niederich ist *potens nuntius* des Erzbischofs (I 5), das Gericht also als ein Untergericht des Hochgerichts zu verstehen[33]. Das Niedericher Gericht hält wie das Hochgericht und zeitlich in unmittelbarem Anschluß an seine Termine drei *legalia placita* jährlich (I 1). Für den Auflassungsakt bietet das Gericht drei Formen der Sicherung an: richterliche Bannlegung (I 1.4), Auflassung vor den Richtern (und Zeugen) oder Auflassung vor den Stellvertretern der Richter aus der Parochie selber (*ministri*, I 3). Zugleich vertritt das (neugebildete) Schöffenkolleg (I 5) die Gemeinde.

Etwas verwirrend, aber doch plausibel ist die Einführung der »Gemeindespitzen«. Der uns vorliegende Text ist mit dem Wissen der Zeit um 1150 aufgezeichnet, kann freilich eine ältere Notiz abgeschrieben, kann aber ebensogut jüngere Rechtsentwicklungen berücksichtigt haben. Nach Ausweis der Artikel I 8.9 (aber auch eines siebenzeiligen Artikels 10, der leider ausradiert

[3] Item quidquid per ipsos senatores seu *(fehlt B)* optentum determinatum fuerit seu *(fehlt B)* coram eis, quod vulgariter dicitur irdincke [!], hoc ipsi senatores indicabunt (iudicabunt *B*) et protestabuntur officiatis, ut ipsi illud, secundum quod optentum [est], in scrinio suo conscribant et conservent, prout est consuetum, salvo ipsis senatoribus seu scabinis de hoc iure suo, scilicet de quolibet testimonio unus denarius, et nichil ultra iuris habebunt in scriptura ipsorum officiatorum.
[4] Praeterea ipsi senatores nichil iuris vel dominii habent in domo ipsorum officiatorum preter quod (quam *B*) predictum.
[5] Item quicunque de cetero aliquam domum vel hereditatem vendere et remittere voluerit, hoc faciet coram officiatis secundum consuetudinem domus et carte sue. Et quicunque habet necesse de banno comitis, dabit pro iure banni quatuor denarios, ita si est domus integra.

30) Lau, 31 Anm. 3: 1083–1095; Oediger, Reg. Nrr. 1058. 1213 (dort aber die Namensform *Arnulfus*).

31) Knipping, Reg. Nr. 64.

32) Koebner, 565ff.; von Loesch, Niederich (wie Anm. 27) 324f. – Unsere Interpretation geht davon aus, daß die *ministri* des Niederich um 1100 Stellvertreter des Burggrafen und des Stadtvogts und nicht eigener Richter des Niederichs waren; so auch Beyerle, Schreinswesen, 396 Anm. 2, sowie Strait, 54 Anm. 23: Burggraf, Stadtvogt, Graf und Vogt des Niederich und deren *ministri* – »This seems to be too many judges for one parish.« Die *ministri* waren aber keine Amtleute (so Beyerle 393, wo er vom »Amtleutezeugnis« spricht, 397 Anm. [3] und 399); vgl. Buyken-Conrad 11*. Es ist richtig, daß die *ministri* aus der urkundlichen Überlieferung verschwinden; aber sie sind vermutlich nach 1150 zu *comes* und *advocatus* im Niederich selber geworden (II). Ob man sie für die Zeit um 1150 als Schöffenmeister ansehen darf (vgl. die Erwägung bei Buyken-Conrad, 11*), steht dahin; die Zeugengebühr von 1 Denar in I 3 und II 3 rücken *ministri* und *scabini* aber jedenfalls zusammen.

33) Beyerle, Schreinswesen, 394; dagegen H. von Loesch, Niederich (wie Anm. 27) 327; Steinbach, Ursprung (wie Anm. 18) 277f. bzw. 663f. – E. Ennen, 121, ergänzt zu Recht Steinbachs Auffassung über die Entstehung der Sondergemeinden mit Hinweisen auf die Bedeutung von Nachbarschaft, Kirchspiel und Einungsrecht. Das berührt den ursprünglichen Status des Niedericher Gerichts als eines Delegats aber nicht.

wurde) ist beides geschehen [34]; und mit Sicherheit ist die Bezeichnung der Schöffen als *senatores* Ausdrucksweise von 1150 [35]. Das *Amen* von I 8 setzt ein Textende, I 9 ist ein Zusatz, der über die Wahl der Meister und Richter handelt [36]: der *magistri civium* (I 6) und der *ministri,* die *vicarii* der Hochrichter sind (I 3). Beide – und das heißt: Gemeinde- und Richteramt – scheinen um 1150 in Konkurrenz zu liegen. Wann immer ein Bürgermeister zu wählen ist, soll das im *legale placitum* (und nicht – wie wohl sonst in den Parochien – in einer Bürgerversammlung) geschehen, und wenn ein neuer *minister* nötig ist (der selbstverständlich nur im ordentlichen Ding gewählt werden kann, weil er Richter ist), soll dieser, genauso wie der *magister,* nicht ohne die Zustimmung der (amtierenden und gewesenen) Bürgermeister *(pars magistrorum)* und der *cives* (etwa allein durch die Schöffen) gewählt werden. Dieser Befund ist eigenartig, liegt aber im Trend der Zeit. Noch ist das Wahlrecht der *cives,* das doch wohl mehr als die förmliche Akklamation beinhaltet [37], für beide Ämter erhalten, aber es gibt bereits ein »Vetorecht« der *magistri.* Im übrigen werden die *ministri* – die *magistri* keineswegs so eindeutig wie U. Lewald übersetzt [38] – nur nach Bedarf, also für längere Amtszeiten oder auf Lebenszeit gewählt.

Das Weistum II belegt den Ausgang der Rivalität zwischen Gerichts- und Gemeindeamt in einem entscheidenden Punkt. Es geht um die Schreinsführung, die im Niederich um 1150 zumindest noch nicht alt gewesen sein kann [38a]. Das Richterzeugnis des Weistums I war mit der mündlichen Verhandlung gegeben. Darüber konnte man gewiß eine Urkunde ausstellen, aber an Schreinseintragung ist um 1100 nicht zu denken. Herren des Schreins im Niederich sind aber – wie in allen Parochien – die Amtleute geworden *(officiati),* nicht die Schöffen, die es nur unter den besonderen Bedingungen der Gesamtstadt (Schöffenschrein) und zweier erbvogteilicher Bezirke (Gereon und Eigelstein) zur Führung eines Schreins gebracht haben [39]. Der Niederich kennt deshalb die Besonderheit, die auch vom Hochgericht bekannt ist [39a], daß die Schöffen gegebenenfalls den Amtleuten ihr Urteil mitteilen (II 3). In der Regel dürfte also die Schreinsführung ohne Richterzeugnis erfolgt sein (II 5), so wie es auch in den Parochien ohne Schöffenkolleg über das 12. Jahrhundert hin üblich wird; doch ist – wie gesagt – auch in den Parochien die Mitwirkung der (Unter-)Richter auf den ältesten Schreinskarten noch häufig bezeugt. Allerdings hat ihre Mitwirkung, »rechtlich betrachtet, den Charakter eines Qualitäts-

34) Buyken-Conrad, 13* Anm. 28, 222 Anm. g; Beyerle, Schreinswesen, 396f. Anm. 3.
35) Jakobs, Stadtsiegel, 34 Anm. 136.
36) Buyken-Conrad, 9*ff.; Strait 55 Anm. 26. – Beyerle, Schreinswesen, 397 Anm. [3], hält die *magistri civium* für eine »Kopie der Schöffenmeister«; vgl. dazu (Anm. 32) die Auffassung von Buyken-Conrad, die näher liegt.
37) Koebner, 490 Anm. 1, weist Vorstellungen von demokratischer Wahl ab und will auf »zustimmende oder ablehnende Gesamterklärung« der Gemeinde hinaus. Immerhin bedurfte sie der Einung auf einen Wahlvorschlag.
38) Lewald, 377.
38a) Hoeniger II 1, 44f.
39) Lau, 171f.
39a) Lau, 172.

zeugnisses«[40]. Im Niederich überlebt aber das ursprüngliche Richterzeugnis aus dem ungebotenen Ding (I 2.3) in der dreimaligen Öffnung der *domus officiatorum* zur Tagung des Gerichts (II 1) unter Vorsitz des *comes*. Aus dem *minister* der Gemeinde, dem *vicarius* der Hochrichter, ist also (längst vor 1300) ein Graf des Niederich geworden. Den Denar für das Richterzeugnis (I 3) erhalten nun die Schöffen (II 3), während der Graf vier Denare für die richterliche Bannlegung bezieht (II 5), die um 1100 noch einen Malter Hafer kostet (I 4) und in der Frühzeit vermutlich noch regelmäßig dem Burggrafen selber zufällt. Dem ordentlichen Ding können aber auch die *ministri* (I 3) vorsitzen; und der *potens nuntius* des Erzbischofs (Gewaltbote, *fronegewelde)*[40a], der vor den Schöffen die Urteilsfrage stellt (I 5), kann der Burggraf, der Stadtvogt oder ihr *vicarius* sein. Es verdient Erwähnung, daß der berühmte, wohl 1237 auf das Jahr 1169 gefälschte Burggrafenschied, der für das *iudicium de hereditatibus infra Coloniam sitis* dem Burggrafen ausschließlichen und alleinigen Vorsitz im *wizzeht dinc* zuschreibt, gegen einen fast 150 Jahre zuvor von einem Amtsvorgänger im Niederich gebilligten und gewiß stadtherrlich geförderten Brauch angehen muß[41].

Prüfstein der Interpretation des Niedericher Weistums sind aber die Artikel I 5 und 6. Es sind die Artikel, in denen die Schöffen *senatores* genannt werden. Auffallend ist, daß in I 6 von streitender Gerichtsbarkeit die Rede ist, I 7 aber, wenn er die auf Empfang der Gebühr gegründete Defensionspflicht hervorhebt, den eigentlichen Abschluß der Artikel 1–4 bringt, die ausschließlich von der (freiwilligen) Liegenschaftsgerichtsbarkeit handeln. Unmöglich wären für die Zeit um 1100 aber auch die Artikel I 5.6 nicht, sofern man *scabini* statt *senatores* liest[41a]. *Karta civium* (I 6) könnte allerdings nur »Bürgerliste«[41b], nicht Schreinskarte bedeuten, *curia* ist das Hochgericht. Der Satz muß aber als Einungsrecht gelten[41c]. Eigentlich »frühreif« für die Zeit um 1100 wirken die *magistri civium* – ihr Auftauchen als solche wie als Mitrichter neben Schöffen und Richtern, vor denen Klage erhoben werden soll. Es gibt aus keiner Kölner Parochie ein Zeugnis, das auf die Existenz von Bürgermeistern vor etwa 1130 schließen ließe[42]. Aber auch dies könnte der Überlieferung anzulasten sein, eben den

40) Vgl. Anm. 26. K. BEYERLE, Die Urkundenfälschungen des Kölner Burggrafen Heinrich III. von Arberg (Deutschrechtl. Beiträge IX. 4. Heidelberg 1913) 290ff.; dort S. 304ff. zum vollständigen Verschwinden der Richter um 1190; ferner BEYERLE, Schreinswesen, 483ff.; Zitat 486.

40a) Vgl. HOENIGER I: Laurenz 2 I 5; 3 III 3; 3 III 7.

41) K. BEYERLE, Urkundenfälschungen (wie Anm. 40), Edition 398ff.: §§ 1.7; vgl. seine Ausführungen 224–253, insbes. 238–244, 258–262, 270–275. – Zu den Hintergründen der Fälschung jetzt M. GROTEN, Zu den Fälschungen des Kölner Burggrafenschiedes und der Urkunde über die Erbverleihung der Stadtvogtei von angeblich 1169, in: RhVjbll. 46 (1982) 48–80.

41a) Vgl. Anm. 35.

41b) BEYERLE, Urkundenfälschungen (wie Anm. 40), 242 Anm. 3.

41c) BEYERLE, Urkundenfälschungen, 242f. Anm. 3; VON LOESCH, Niederich (wie Anm. 27), 327, 330f.; BEYERLE, Schreinswesen, 394 Anm. 1, 395, KOEBNER 353f.; H. CONRAD, Liegenschaftsübereignung und Grundbucheintragung in Köln während des Mittelalters (Weimar 1935) 85ff.

42) BUYKEN-CONRAD, 10*, 17*ff.

»Anfängen des Schreinswesens« um 1130, die nun nicht nur die einschlägigen Überlieferungen erwarten lassen, vielmehr auch überhaupt den Aufstieg der Bürgermeister fördern. Für die Existenz von Burmeistern und Geburhäusern im 11. Jahrhundert konnte aber früher schon ein Argument beigebracht werden[43].

Weil der Niederich ein eigenes Gericht hatte, traten »bürgerliche« *magistri* und gerichtliche, die Hochrichter vertretende *ministri* hier in Konkurrenz. Über die *magistri* handeln wir nun im allgemeinen, d. h. für alle Sondergemeinden und für die ganze Stadt, wenn wir ihr Verhältnis zu den *officiati* (II 1.3.4.5) darstellen. Wir kommen damit auf einen springenden Punkt unserer Themenstellung. Die Führungsgruppen der Kölner Gemeinden hatten sich auf allen Ebenen bruderschaftlich organisiert. In der Regel läßt sich für diese Korporationen über den Namen *fraternitas* hinaus ein religiöser Aufgabenbereich sicher nachweisen. In den Bruderschaften leisten auf ein Jahr gewählte Meister ihren Dienst. Er besteht in verschiedenen Verpflichtungen, darunter solchen gegenüber kirchlichen Institutionen, vor allem aber in der Ausrichtung eines Conviviums für das Kollegium. Das gilt für das Schöffenkollegium, die Amtleutekollegien und die Richerzeche[44].

Amtleutekollegien und Richerzeche können erst im 12. Jahrhundert entstanden sein, während das Schöffenkollegium so alt ist wie das stadtkölnische Hochgericht[44a], aber kaum als Bruderschaft. Insofern sich diese Kollegien alle im 12. Jahrhundert nach einem genossenschaftlichen System von drei Klassen zusammensetzen, muß es in der Entstehungsgeschichte gemeinsame oder wechselseitige Abhängigkeiten geben. Die drei Klassen sind: Anwärter *(fratres)* – Dienende *(magistri)* – Verdiente *(officiati)*. Der »Schlüssel« zum Verständnis liegt also darin, daß »Dienende« (Bürger-/Schöffenmeister) nach ihrer Amtszeit in die Gruppe der Amtleute treten, die das Bruderschaftsleben wesentlich bestimmen. Anwärter für den Dienst aber sind die unverdienten *fratres*. Sie werden kooptiert.

Im Schöffenkollegium bemißt sich das Verdienst am Amt des Schöffenmeisters (seit 1171 bezeugt). Ein Schöffenmeister, der ins Glied der verdienten Schöffenamtleute eintritt, bleibt natürlich auch weiterhin Schöffe. Die Anwartschaft auf dieses Amt liegt bei den Schöffenbrüdern. Das Auftauchen der *fratres* um 1135/42 ist ein sicherer terminus ante quem für die bruderschaftliche Organisation des Kollegiums; denn nach der Stellung der *fratres* im bruderschaftlichen Gebäude können sie nur als Schlußsteine gelten[45]. Der Burggrafenschied erwähnt

43) Jakobs, Studien, 116f.

44) Lau, 23ff. (Schöffenkollegium), 78ff. (Richerzeche), 164ff., sowie Buyken-Conrad, 26*ff. (Amtleutekollegien); Koebner, 476ff., 485ff.

44a) Vgl. Lau, 23.

45) *Magister senatorum* (1171) in: Ennen-Eckertz I 564 Nr. 80; *senatores et fratres* (1135/42) in: Martin 1 V 1 = Hoeniger I 19. – Über Mitgliederzahlen sind wir gut unterrichtet; 1103 gaben 12 *scabini* Zeugnis: Knipping, Reg. Nr. 28; H. Jakobs, Die Kölner Ministerialität, in: AHVNrh 172 (1970) 219f.; 1180 amtierten 28 Schöffen, die *fratres* eingeschlossen: Ennen-Eckertz I 585 Nr. 94; 1178 waren 23 *senatores* und 22 *confratres eorum* Zeugen: ebd. 577f. Nr. 90. Vgl. auch Lau, 28f.

sie zwar nicht, ist aber mit Sicherheit nicht darin eine Fälschung, daß er den Schöffen selber das Wahlrecht zur Ergänzung des Kollegs zuspricht (§ 10)[46].

Die Amtleutekollegien sind als Bruderschaften der gewesenen Bürgermeister entstanden[47]. Die *magistri* wurden mit Sicherheit ursprünglich von allen Parochianen gewählt. Mit dem Votum der *pars magistrorum* des Niedericher Weistums (I 9) steht allem Anschein nach das Wahlrecht der *cives* auf der Kippe. In den Bruderschaften der Amtleute sind also die Bürgermeister die »Dienenden«, die nach ihrer Amtszeit in die Gruppe der Amtleute treten und – darin den Schöffen am Gericht vergleichbar – dauernd bei der Schreinsgerichtsbarkeit mitwirken. Anders als beim Schöffenkolleg sind die *fratres* als Anwärter für die Parochialämter im 12. Jahrhundert noch nicht direkt bezeugt[48]. Sie gehören indessen zum System. Indiz dafür, daß die Bürgermeister sich in Bruderschaften zusammengeschlossen haben, ist überall das Aufkommen der Titel *officiales/officiati/ammannen* für die gewesenen Meister[49]. Die jeweils zweiten Karten aus St. Laurenz (1135/65) und St. Martin (1142/56) geben das Signal.

Die Richerzeche hat sich analog zu den Amtleutekollegien der Sondergemeinden als Kollegium aus gewesenen Bürgermeistern für die Gesamtstadt gebildet. Sie hat also das Meistersystem der Sondergemeinden kopiert, allerdings im Kompromiß mit den Schöffen; denn von den zwei Bürgermeistern der Gesamtstadt ist einer immer Schöffe. Die bruderschaftliche Verflechtung oder auch Verfilzung von Schöffenkolleg und Richerzeche ist also von Anfang an gegeben. Die von W. Herborn abgerundete Interpretation[50] sieht im Mauerbau als einer neuen gesamtstädtischen Aufgabe die Legitimation, die in kürzester Frist die vagierenden sozialen und politischen Ambitionen in eine Bruderschaft geführt hätte. Tatsächlich hatte der Erzbischof Philipp von Heinsberg im Jahre 1174 noch die *magistri parrochiarum*, die als ein *magistratus urbis* neben den Schöffen die Stadt vertraten, gleichsam wie eine landständische Vertretung nach den Prälaten der Kölner Kirche und dem Lehnshof behandelt und allen besondere Bürgschaften für seine »Kriegsanleihe« gegeben[51]. W. Herborn hat die Richerzechenliste von 1179/82[51a] so interpretiert, daß seit etwa 1171/75 die Sondergemeinden und die Schöffen jährlich je einen *magister civium* bestimmt, diese beiden aber wiederum nach Ablauf

46) Beyerle, Urkundenfälschungen (wie Anm. 40), 401.

47) Buyken-Conrad, 10*ff., 14*ff.; Beyerle, Schreinswesen 346ff., 476ff.; Conrad, Liegenschaftsübereignung (wie Anm. 41c) 20ff.

48) Lau, 165 Anm. 6, hat erwogen, ob die ca. 1142/56 einmal – Martin 2 I 20 = Hoeniger I 24f. – hinter den *seniores magistri* genannten *honestae personae* unverdiente Amtleute sein könnten; Buyken-Conrad 16*f.

49) Lau, 165; Buyken-Conrad, 17*ff. (vgl. ihre Einschränkungen 15*f.) haben die Befunde quer durch die Sondergemeinden gesichtet.

50) Zur Rekonstruktion und Edition der Kölner Bürgermeisterliste bis zum Ende des Ancien Régime, in: RhVjbll. 36 (1972) 147ff.

51) Ennen-Eckertz I 570f. Nr. 85; Knipping, Reg. Nr. 1010; Herborn (wie Anm. 50) 149, 153; M. Groten, 116.

51a) Wie Anm. 53.

ihrer Amtszeit nicht ins Glied zurückgetreten seien, vielmehr als gewesene Meister den Grundstock der neuen Bruderschaft, ihre *officiales,* gestellt hätten.

Immerhin gewinnt die Entstehungsgeschichte der Richerzeche nun doch an historischer Dimension. Die *divites* als gesamtstädtische Amtspersonen können ursprünglich nur die Bürgermeister der Parochien gewesen sein, so daß die einmalige und frühe Bezeichnung des gesamtstädtischen Bürgerhauses als *domus divitum* (1135/59)[52] einen ganz bestimmten Sinn hätte: Haus der Bürgermeister der Sondergemeinden als gesamtstädtischer Handlungsträger[52a]. In demselben Haus tagte um 1179/82 das *capitulum officialium de richirzegcheide.* Das Haus heißt nun *domus burgensium*[53]. Im übrigen fällt es schwer, das »Amt auf dem Bürgerhause« in eine behördengeschichtliche Typologie einzuordnen: Ernennung der Bürgermeister, Auftreten als »Oberbehörde« über den Sondergemeinden, Ausübung der Zunfthoheit, der Handels- und Gewerbepolizei – nur in der Ausübung von Gerichtsbarkeit konnten Anspruch und tatsächliche Geltung nicht zur Deckung gebracht werden. Das alles ist in der Hauptsache aus spätmittelalterlichen Quellen eruiert[54].

*

Wir wenden uns den *fraternitates* in der frühen kommunalen Verfassungsentwicklung zu. Ihre Bedeutung wurde immer schon an einem handgreiflichen Effekt bemessen und dieser als das erstrebte Ziel bewertet. F. Lau formulierte, daß das rechtserhebliche Ziel des bruderschaftlichen Abschlusses die Abwehr von Fremdbestimmung auf den Nachwuchs, »Zurückdrängung der Gesamtheit der ursprünglich Berechtigten zu Gunsten einer durch gemeinsame Interessen verbundenen, bevorzugten Minderheit« gewesen sei[55]. Man darf den Effekt als Mediatisierung des Ding- und des Kirchenvolkes oder der Gemeinde interpretieren. Das Niedericher Weistum gibt diesem Urteil Orientierung, weil es die Entwicklung auf dem Stand des halben Weges festgehalten hat: »die Organisation [war] noch nicht völlig bruderschaftlich«[56].

Die Frage nach dem Recht, unter dem Bruderschaften Gemeinden anführten, ist zweimal angegangen worden, und zwar mit Theorien über die Entstehung der Amtleutekollegien. R. Koebner[57] suchte die Erklärung in einem Amtsbegriff, der Genossenpflicht und Besitzrecht am Amt in sich vereine. Er rückte dann die verdienten Bürgermeister auf eine Ebene mit

52) Laurenz 2 III 6 = Hoeniger I 227; vgl. Keussen I 143.
52a) Anders M. Groten; vgl. meinen Nachtrag (unten, nach Anm. 142).
53) von Loesch, Zunfturkunden I 34 Nr. 13; Lau, 310f.
54) Lau, 76ff., Zitate 92 u. 86; Koebner, 418–420, 477ff.; H. M. Klinkenberg, Zur Interpretation des Großen Schied von 1258, in: JKGV 25 (1950) 91–127; K. Schulz, Richerzeche, Meliorat und Ministerialität in Köln, in: Köln, das Reich und Europa (MStAK 60. 1971) 149–172; Strait, 70ff.; E. Ennen 121, 126ff., 156ff.
55) Lau, 165; vgl. auch Koebner, 492: »Selbstergänzung... ist ein bruderschaftlicher Grundsatz«; Buyken-Conrad, 14*ff., 23*ff.
56) Koebner, 490 Anm. 1.
57) Eb. 485ff., Zitat 489.

Handwerksmeistern, die ebenfalls ihr Amt, d.h. ihr Handwerk, weitervermittelten; und Koebner nannte die Amtleutekollegien »Behörden-Zünfte«, deren bruderschaftliche Form dem Gilderitual entstamme. Buyken und Conrad[58] gingen so weit, freiwilligen und gildemäßigen Zusammenschluß der Amtleute unter dem »Gedanken der germanischen Schwurbrüderschaft« zu behaupten.

Eine generelle Antwort, die für Schöffen- und Amtleutekollegien wie für die Richerzeche gleichermaßen gültig wäre, ist offensichtlich nicht möglich, obgleich das angesichts der Synonymie ihrer Strukturen nicht einfach selbstverständlich ist. Während die Formierung des Schöffenkollegs als Bruderschaft, die mit dem ältesten Beleg für Schöffenbrüder um 1140 erfreulich früh datiert wird[59], nicht ohne stadtherrliche Billigung denkbar ist, hat die Richerzeche auf keinen Fall die Anerkennung als »Behörde« durch den Stadtherrn gefunden. Neben den Schöffen hat der Erzbischof noch bis zum Großen Schied von 1258 keine Bruderschaft dulden wollen, die für die Gesamtstadt handelte[60]. An das Recht der bruderschaftlichen Anfänge in den Parochien soll nun eine berühmte Urkunde[61] heranführen.

Im Jahre 1159 wurde ein *decretum* erlassen. Das ganze Volk trug den Beschluß, angeführt von *rectores* und *iudices*: in allen *fraternitates* und in den *officia*, d.h. in den Amtleutekollegien und Schreinsämtern, sollte auf zehn Jahre kein *magister* und *officialis*, kein dienender und kein verdienter Meister, ausgewechselt, neu aufgenommen, überhaupt auf irgendeine Weise ersetzt werden. Der Sache nach ist ganz eindeutig einem Interesse Genüge getan, das auf Schließung der Bruderschaften drängt. Notwendige Voraussetzung dafür war die Aussetzung des Wahlrechts

58) S. 27*.

59) Vgl. Anm. 45.

60) Lau, 72ff. über »Das Schöffenkollegium als höchste Kommunalbehörde«. Bezeichnend für den stadtherrlichen Umgang mit der Richerzeche ist bereits der Mauerschied von 1180 (Ennen-Eckertz I 582ff. Nr. 94), dessen Zeugenliste die Bürgermeister und die Amtleute der Richerzeche – natürlich ohne Titel – unter die Schöffen und unter die *cives* einreiht; vgl. Herborn (wie Anm. 50) 121, 150f. Die Haltung des Erzbischofs ist 1258 im Großen Schied verhärtet; vgl. Klinkenberg (wie Anm. 54); H. Jakobs, Vescovi e città in Germania, in: I poteri temporali dei Vescovi in Italia e in Germania nel Medioevo, a cura di C. G. Mor e H. Schmidinger (Annali dell' Istituto storico italo-germanico. Quaderno 3. Bologna 1979) 325ff.

61) Ennen-Eckertz I 550f. Nr. 73:
In nomine sanctę et indiuiduę Trinitatis. Rectorum, iudicum ac tocius populi Sanctę Colonię pari uoto ac unanimi consensu incommutabile decretum. Rei publicę status salutari consilio tunc ordinatus esse cognoscitur, quando generali bono omnium equali pietatę prouidetur. Nos itaque utilitati uniuersorum pię consulentes communiter per totam sacrosanctam Coloniam statuimus, ut in cunctis fraternitatibus aut officijs, quę ciuilem respiciunt iusticiam, in x annis nemo magister aut officialis homo mutetur, innouetur aut aliquo modo substituatur. Idque sub periculo anathematis et dampno x marcarum, si non fideliter seruatum fuerit, puniri decreuimus. Si quis ergo diues aut pauper huius nostrę constitucionis cyrographum infringere attemptauerit, de anathematę, ut statuimus, ubi conueniens est, districte respondebit et nobis in commune pro suo excessu x marcas absque aliqua remissione componet.
Acta sunt hęc omnium uotis in id ipsum consentientibus. Anno dominicę incarnationis MCLVIIII. et hęc abinde usque in finem decimi anni seruanda erunt. In nomine domini fideliter Amen.

der Parochianen. Sie erfolgte auf zehn Jahre[62]. Aufbürdung des Bürgermeisteramtes auf so lange Zeit wäre aber unzumutbar, wenn sie nicht den Amtsinhabern gerecht würde. An Entschädigung zu denken, liegt also nahe; und deshalb nehmen wir an, daß das *decretum* der Preis war, den »die Stadt« für eine Leistung fordern konnte. Dafür läßt sich geltend machen:
1. Die Aktion fällt ins erste Regierungsjahr Rainalds von Dassel[63]. Er erfuhr von seiner Wahl, die Ende Mai oder Anfang Juni 1159 erfolgt war, etwa im Juli in Neu-Lodi und zog sofort nach Köln, um seine Herrschaft anzutreten (geweiht wurde er nicht), mehr noch, um dem Kaiser frische Truppen zu holen. Die Kölner Königschronik[64] berichtet, daß er ehrenvoll von den *capitaneis et civibus Coloniensis ecclesiae* aufgenommen worden und nach rascher Abwicklung seiner Geschäfte mit 300 auserlesenen Rittern zu seinem Kaiser in die Lombardei zurückgekehrt sei. Das war im Oktober[65].
2. In einer vergleichbaren Situation (d.h. vor Antritt eines Italienzuges) hat 15 Jahre später (1174) Philipp von Heinsberg Anleihen gemacht[66]; und diesmal nahmen die *magistri parrochiarum* in anerkannter Stellung als *magistratus urbis* neben den Schöffen besondere Bürgschaften. Auch für 1159 eine Forderung auf »städtische Beihilfe« anzunehmen, legen die Mainzer Vorgänge nahe[66a]. Rainald scheint aber keine Rückzahlung aus erzbischöflichen Einnahmen zugesichert zu haben.
3. Im 13. Jahrhundert ist das zinslose Darlehen als Dienst der Meister für die Gemeinde als ein steuertechnisches Hilfsmittel gelegentlich bezeugt, noch erkennbar[67]. Es konnte aus städtischen Einnahmen zurückfließen, vielleicht auch auf die Parochianen umgelegt werden.

Wer aber waren die *rectores* und *iudices* an der Spitze der *sacrosancta Colonia*? Daß die *iudices* Richter waren, sicherlich an der Spitze der Schöffen, stünde außer Frage, wenn die *rectores* nicht die Richter sind. Tatsächlich hat sich die Forschung aber durchweg auf rein

62) KOEBNER, 491 Anm.: »Es wird... auf 10 Jahre verboten, daß Einzelpersonen die ›Erneuerung‹ oder ›Substitution‹ von Amtleuten und Meistern bewirken. Das heißt: es wird verboten, daß Amtsträger – Amtleute oder dienende Meister – ihre Ämter an andere Personen abtreten. Wer ein Amt übernimmt, darf sich weder der Amtspflicht entziehen, noch aus seinem Amte ein veräußerliches Objekt machen.« Das liefe auf eine nicht gerade plausible Abstellung von Mißbrauch auf Zeit (10 Jahre?) hinaus – Vgl. L. VON WINTERFELD, Neue Untersuchungen über die Anfänge des Gemeinwesens der Stadt Köln, in: Vierteljahrschr. für Sozial- u. Wirtschaftsgesch. 18 (1925) 16: Tendenz, die Mitgliederzahl der Amtleutegenossenschaften »behördlich« klein zu halten.

63) KNIPPING, Reg. S. 110 und Nr. 818/19 u. 822.

64) Rec. I, ed. G. WAITZ, MGH Scr. rer. Germ. (Hannover 1880) 102; KNIPPING, Reg. Nr. 676.

65) KNIPPING, Reg. Nr. 683.

66) Wie Anm. 51.

66a) Vgl. Anm. 76.

67) KOEBNER, 292, 476, 485ff. – Die Sondergemeinden haben in der Stadt am frühesten Steuersysteme entwickelt; vgl. H. KEUSSEN, Die Entwicklung der älteren Kölner Verfassung und ihre topographische Grundlage, in: WZ 28 (1909), insbes. 500 Anm. 175; BEYERLE, Schreinswesen, 368f. Eine gesamtstädtische *communis civium collecta*, eine *civilium collectarum exactio*, taucht 1154 als Forderung gegenüber den Bewohnern der *villa s. Pantaleonis* im Zusammenhang mit dem geplanten Mauerbau auf: ENNEN-ECKERTZ I 542 f. Nr. 67; KNIPPING, Reg. Nr. 571.

»bürgerliche« Ämter festgelegt und Kombinationen mit Bürgermeistern, Richtern und Schöffen durchgespielt[68]. Nur Th. Ilgen hat einmal die *rectores* mit den Pfarrern identifizieren wollen[69]. Richtig war auf jeden Fall, daß er mit Geistlichen gerechnet hat[70].

Dafür sprechen die folgenden Argumente: 1. Es geht um den Sachbetreff Bruderschaft. 2. Die Urkunde apostrophiert mehrfach die *Sancta Colonia* als den Träger der Verfügung, deren Siegel sie auch benützte[70a]; sie nennt die Verfügung ein *decretum*. 3. Das Verbot ergeht bei Strafe von Anathem und 10 Mark Buße, die dem Heiligen Köln *in commune* zu zahlen ist.

Anathemandrohung und (nominell) 120-Schilling-Buße (doppelter Königsbann) machen das Dekret zu einem (Gottes-)Friedensstatut; das hat bereits Luise von Winterfeld gemeint[71]. Die nunmehr gesuchte Würde, die – bei Abwesenheit oder auch bei fehlender Weihe des Bischofs – unter seiner *auctoritas* Exkommunikationsgewalt besaß, war die des Dompropstes[72]. Er stand notwendig an der Spitze der *rectores*. Er stand auch an der Spitze des berühmten Priorenkollegs des Kölner Erzstifts, das aber aus mehreren Gründen in der Urkunde nicht gemeint sein kann.

Das Priorenkolleg hat sich nie als Gemeinschaft von *rectores* bezeichnet. Gegen eine Gleichsetzung der *rectores* mit den *priores* spräche auch die politische Konstellation der Kölner Stadtgeschichte um die Mitte des 12. Jahrhunderts. In der großen Krise nach der Absetzung Arnolds I. 1148 war zwischen Stadt und Erzbischof, genau genommen zwischen der Stadt und dem Dompropst, nämlich Arnold von Wied, dem Erzbischof von 1151 bis 1156, ein Einvernehmen erwachsen, das die dukale Friedenspolitik des neuen Kirchenfürsten wesentlich

68) Kopfregest von Ennen-Eckertz: »Bürgermeister, Schöffen und die gesammte Bürgerschaft«; Lau 75, 162: »Schöffen«/»Behörde«; O. Oppermann, Zur mittelalterlichen Verfassungsgeschichte von Freiburg i. Br., Köln und Niedersachsen, in: WZ 25 (1906) 306: *rectores* = die mit der Führung des Siegels betrauten Mitglieder des »Senatorenkollegiums« (das für Oppermann nicht identisch ist mit dem Schöffenkolleg; ebd. 308); G. Seeliger, Studien zur älteren Verfassungsgeschichte Kölns (Abh. d. Phil.-Hist. Kl. der Kgl. Sächs. Gesellsch. d. Wissenschaften. Bd. 26 Nr. III. Leipzig 1909) 64ff.: *rectores* = Bürgermeister der Parochien; ablehnend Keussen I 70* Anm. 3; Koebner, 299f. Anm., Zitat 300 Anm.: stehen *rectores* und *iudices* nebeneinander, wolle »man zwei Gruppen von Personen, deren jede Richterbefugnisse ausübt, charakterisieren«; ausweichend: Buyken-Conrad, 16*: »Gesamtgemeinde«; Lewald, 385: Schöffen als »Oberbehörde«.

69) Th. Ilgen, Quellen zur inneren Geschichte der rheinischen Territorien. Herzogtum Kleve. I: Ämter und Gerichte. 1. Bd.: Darstellung (Bonn 1921) 425f.

70) Vom Wort her ist der Beweis natürlich nicht möglich; vgl. aber immerhin die *rectores ecclesiarum* in der Arenga von Ennen-Eckertz I 545 Nr. 70; Knipping, Reg. Nr. 607 zu 1155.

70a) Vgl. Ennen-Eckertz I, Tafel 1.

71) Gottesfrieden und deutsche Stadtverfassung, in: Hansische Geschichtsblätter 52. Jg. 1927 (Bd. 32, ersch. 1928) 25ff., 39f. – Die Poenformel im Niedericher Weistum (oben, Anm. 28, I 8) und die *censura ecclesiastica* im Burggrafenschied (wie Anm. 41) §§ 8.9.11 relativieren das Gesagte natürlich nicht.

72) Vgl. Knipping, Reg. Nr. 602 und Groten, 122f. – Dompropst war damals ein nicht weiter bekannter Aldhelm (Groten, 243). – Rainald wurde erst 1165 zum Priester und Bischof geweiht (Knipping, Reg. Nr. 819. 822).

mitgetragen hat[73]. Die Prioren schauten hingegen mehr auf das Erzstift und auf den Adel im Land als auf die Stadt. Nach Arnolds II. Tod hatten sie und das konkurrierende Domkapitel jeweils eigene Kandidaten gewählt. Die Entscheidung zwischen beiden fiel durch den Kaiser zugunsten des Domkapitels und Friedrichs II. von Berg[74]. Er starb bereits 1158 in Pavia; und nun wurde nach kaiserlichem Wunsch Rainald von Dassel *a clero et populo* gewählt[75]. Vielleicht ginge die Behauptung zu weit, daß das Priorenkolleg, dessen ausschließliches Wahlrecht das Domkapitel von 1131 bis 1225 hinnehmen mußte, nach 1156 nun 1158 ein zweites Mal regelrecht vom Domkapitel überspielt worden sei; es könnte auch Einvernehmen unter der kaiserlichen Autorität geherrscht haben. Immerhin mußten dann die Prioren entgegen eingefahrener Gewohnheit einen Mann wählen oder mitwählen, der nicht Mitglied ihres Kollegiums war.

Wir fassen unsere Erklärung der Urkunde zusammen: Die Amtleutekollegien waren 1159 veranstaltete Bruderschaften der *Sancta Colonia,* die ihrerseits durch den Dompropst mit Geistlichkeit und durch Richter und Schöffen handelte. Rainald von Dassel hat – wohl in gutem Einvernehmen mit den *divites* – die parochiale Aufbringung von Sondermitteln über die Bürgermeister und Amtleute geregelt, deren Interessen mit Schließung der Bruderschaften auf 10 Jahre gewahrt und unter Friedensrecht gestellt wurden. Zum Vergleich: Arnold von Selenhofen mußte um diese Zeit die Kirchenstrafen verhängen – Vorspiel des Mainzer Bischofsmordes von 1160[76].

Der lokale und in seiner Art einmalige Vorgang ist doch nur eine von vielen Aktionen, in denen sich Einheiten des Frühmittelalters auflösten, gegeneinander abgrenzten, zu komplizierteren Strukturen fortentwickelten. Die *ecclesia Coloniensis* differenzierte sich in deutlicher Relation zum Anwachsen des erzbischöflichen Herrschaftswillens: als Rat der Prioren *(= familiares),* als Rat der adligen wie ministerialischen Vasallen, als Land der *nobiles.* 1159 haben die Amtleute eine besondere Verfügungsgewalt über die Gemeinden gewonnen. Sie war zeitlich limitiert, aber dennoch folgenschwer. 1174 verhandelte Philipp von Heinsberg mit den parochialen Bürgermeistern neben den Schöffen nach den *prelati, nobiles* und *ministeriales* wie mit einer landständischen Vertretung[77]. Wenig später, im Schied von 1180, hatte der Stadtherr es mit der Richerzeche zu tun, die er nachweislich nicht mehr als Sprecher akzeptierte[78]. Sie war dennoch die neue Kraft, und zwar als Hort für die Entstehung von Geschlechterbewußt-

73) H. Wolter, Arnold von Wied, Kanzler Konrads III. und Erzbischof von Köln (Köln 1973) 27ff., 127ff.; Jakobs, Stadtsiegel, 21ff.
74) H. Wolter, Erzbf. Friedrich II. von Köln (1156–1158), in: JKGV 46 (1975) 1–50; Groten, 115, 117ff., 147f.
75) Knipping, Reg. Nr. 674, 675, S. 110; Groten, 119ff., 147.
76) L. Falck, Mainz im frühen und hohen Mittelalter (Gesch. der Stadt Mainz II. Düsseldorf 1972) 152f.; V. Pfaff, Das Papsttum und die Freiheit der Bischofsstädte im 12. Jh., in: Arch. f. Diplomatik 25 (1979) 70f.
77) Vgl. Anm. 51.
78) Vgl. Anm 60.

sein, das sich nunmehr mit der Stadt identifizieren wird wie die *nobilitas* mit dem Land[79]. Die Elemente zur verfassungsrechtlichen »Abschließung« von Oberschicht und damit zur Entstehung von Patriziat im strengen Sinne, d. h. mit Anspruch auf die Ämter, sind 1159 erkennbar: Einstehen mit Reichtum für die Gemeinde, Zusicherung des Amtes für die Leistung, Sanktion durch die Gemeinde selber mit den Machtmitteln ihrer Friedenssatzung, handelnd in der Einheit von Kirche und Stadt.

Die *primores* des Aufstandes von 1074 wie die *meliores* bis zur Mitte des 12. Jahrhunderts waren nichts am Hofe[80], als Schöffen blieben sie es unter Gerichtsgewalt. Sozialer Hort für ständische Exklusivität wurden die Bruderschaften, die den Abschluß auch durch Mitgliedschaft in mehreren Bruderschaften förderten, dennoch auf kirchlichem Gebiet die Mitwirkung der Parochianen in der Unmittelbarkeit des Zusammenlebens nicht ausschalten konnten[81]. Der Abschluß sollte sich auf höherer Ebene vollziehen, in der Richerzeche[82]. Als ein *capitulum* tagte die Richerzeche auf der *domus burgensium*[83]. Vor diesem Befund ließe sich über »Herrschaftszeichen« handeln. In Köln erscheint das Domkapitel seit 1143 unter dem Titel *capitulum*[84]. Wir müssen unser Verständnis an ein geistiges Klima in der Stadt anpassen, das von Strömungen aufgebaut wurde, die zwischen Domkapitel und der *domus* der Bürger hin- und hergingen. In ihm war um 1149 das schöne Stadtsiegel gediehen, das die Einheit der *Sancta Colonia* als Himmelsstadt des Hl. Petrus darstellt[85]. Bildlich steht es dem um zwei Jahrzehnte älteren Peterssiegel des Domstifts nahe[86]. Das Domkapitel gewann seit 1164 – seit der Überführung der Hl. Drei Könige – stetig an Bedeutung[87].

79) H. Stehkämper, Über die rechtliche Absicherung der Stadt Köln gegen eine erzbischöfliche Landesherrschaft vor 1288, in: Die Stadt in der europäischen Geschichte. Festschr. E. Ennen. Hrsg. von W. Besch u. a. (Bonn 1972) 343–377, insbes. 364f., 376f.

80) Über die *primores civitatis*, ihren Zusammenhalt *propter generis affinitatem*, ihre *inepta consilia* u. a. vgl. Lamperti Hersfeldensis Annales ad a. 1074, in: Lamperti monachi Hersfeldensis opera, ed. O. Holder-Egger, MGH Scr. rer. Germ. (Hannover–Leipzig 1894) 186f. – Die Befreiung der *villa s. Pantaleonis* von Steuerzahlung (vgl. Anm. 67) ist am Hofe, im Gericht *(audientia)* Arnolds II. *presentibus et consentientibus pluribus tam clericis quam laicis, liberis et ministerialibus* gefallen und führt in einer solchen ständisch angelegten Liste der »Räte« erstmals die Namen von Bürgern; vgl. Groten, 116f. Etwas anderes ist die Versammlung der Schöffen und *viri illustres* zur Weistumsfindung (z. B. 1103; wie Anm. 45). – Schulz (wie Anm. 54) führt auf die Probleme von Meliorat und Patriziat in der Entwicklung der Ministerialität und berücksichtigt die einschlägige Literatur; vgl. auch Strait und die unten, Anm. 132, vorkommenden Titel.

81) Buyken-Conrad, 14*f., 24*ff.; Beyerle, Schreinswesen, 351ff.

82) Zur Deutung des Namens vgl. Koebner, 487f., 494ff., der aus der lexikalischen Interpretation von mhd. *zeche* als »Verrichtung, die in einer bestimmten Folge unter mehreren umgeht« (M. Lexer, Mittelhochdt. Handwörterbuch III, Leipzig 1878, col. 1037) Schlüsse gezogen hat. »Zeche« ist mit ags. *tiohh* »Truppe, Schar, Gesellschaft« verwandt: R. Schmidt-Wiegand, in diesem Band, S. 37ff.

83) Wie Anm. 53.

84) Knipping, Reg. Nr. 416; Groten, 176 Anm. 39.

85) Jakobs, Stadtsiegel, 6ff., 15f., 26f., 29ff., Tafel 3 Abb. 3.

86) Zur Datierung des Domkapitelsiegels ebd. 8f. Anm. 31, Tafel 3 Abb. 11a; anders Groten, 176f.

87) Groten, 211ff.

II.

Die Präparierung und Auswertung der gilde- und zunftgeschichtlichen Kölner Quellen wird nahezu ausschließlich H. von Loesch verdankt[88], wenngleich manches nach ihm anders gesehen wurde. Über die Gilde geben die Erwähnung eines *praepositus negotiatorum* für das frühe 11. Jahrhundert[89] und eine Namenliste der Jahre von rund 1130 bis 1170[90] die einzigen und nur kümmerlichen Nachrichten, und aus dem 12. Jahrhundert weiß man auch über die Zünfte nur wenig. Gründungsurkunden und Statuten sind vor 1247 für fünf Zünfte erhalten: Bettziechenweber (1149), Drechsler (1179–82), Filzhutmacher (1225), Wollenweber (1230) und Gewandschneider (1247)[91]. Die zuletzt genannte nahm einen dominierenden Rang ein und ist schon deshalb den älteren Zünften zuzurechnen[92]. Sie teilte alle am Tuchschnitt Beteiligten in sechs Klassen, und in der obersten Klasse der eigentlichen Gewandschneider waren im 13. Jahrhundert viele Geschlechter vertreten. E. Ennen[93] hat eine communis opinio zusammengefaßt, die sich auf von Loeschs Argumentation stützt: Die Bettziechenweberurkunde gestatte den Rückschluß auf Abspaltung der neuen Bruderschaft aus einer bereits vorhandenen der *textores peplorum* (Leinen? Obergewandstoff? Kopftuch?). Für eine Wolltuchweberzunft gibt es Anhaltspunkte um 1150, für Zünfte der Bäcker, Goldschmiede, Gewandschneider, Kürschner, Schuhmacher sprechen Hinweise – zumeist auf Häuser – in den Schreinskarten der zweiten Hälfte des 12. Jahrhunderts. Die Zahl von über 20 Zünften bis zur Mitte des 13. Jahrhunderts, die von H. von Loesch veranschlagt wurde, könnte etwas hoch gegriffen sein. »Kaufmännische Korporationen« sind aus Köln vor der Mitte des 14. Jahrhunderts (Jakobsbruderschaft der Waidhändler[94]) wider Erwarten schlecht bezeugt: die *fraternitas Danica*[95] einmal zum Jahre 1246.

Einen annähernd vollständigen Überblick über das spätmittelalterliche Zunftwesen gibt die

88) VON LOESCH, Kaufmannsgilde; vgl. auch Hans. Geschichtsblätter 12 (1906) 419–426. – DERS., Zunfturkunden I, mit einer grundlegenden einleitenden Abhandlung.

89) Vita Heriberti archiep. Coloniensis auctore Lantberto, c. 9, ed. G. H. PERTZ, MGH Scr. IV (Hannover 1841) 748; vgl. OEDIGER, Reg. Nr. 670; H. MÜLLER, Heribert, Kanzler Ottos III. und Erzbischof von Köln (Köln 1977) 225.

90) Vgl. Anm. 102 und 103; LEWALD 380–382.

91) Bettziechenweber: VON LOESCH, Zunfturkunden I 25 Nr. 10. Drechsler: VON LOESCH I 34 Nr. 13 (vgl. Anm. 53). Die übrigen eb. I 106 Nr. 37, II 478 Nr. 731, I 50 Nr. 23. Vgl. von LOESCH, Zunfturkunden II 727.

92) Hierzu und zum Folgenden die Einleitung VON LOESCHS zu den Zunfturkunden, hier insbes. I 47*, 55*f., 96*, 126*–128*; LAU, 218ff.

93) E. ENNEN, 147; B. BERTHOLD (wie Anm. 139) 241; VON LOESCH, Zunfturkunden I 47*, 53*f. Anm. 4.

94) LAU, 217.

95) Vgl. W. KOPPE, Schleswig und die Schleswiger (1066–1134), in: Städtewesen und Bürgertum als geschichtliche Kräfte. Gedächtnisschrift F. Rörig. Hrsg. v. A. VON BRANDT u. W. KOPPE (Lübeck 1953) 95–120; insbes. 109f.; LAU, 216f.

Kodifikation des Verbundbriefes von 1396[96]. Die Zünfte waren nun in Gaffeln integriert. Die ganze Gemeinde war in 22 Gaffeln eingeteilt worden. Der Name »Gaffel« wurde von kaufmännisch geprägten Korporationen übernommen, deren älteste ungefähr 30 Jahre früher bezeugt werden. Jetzt handelten die Gaffeln als politische Verbände, die nur noch teilweise Identität von Zunft und Gaffel bzw. einer alten Gaffel mit einer neuen zeigten. Die wirtschaftlichen Verbände der Zünfte blieben in den Gaffeln durchaus mit eigenen Meistern und Genossen bestehen.

Pia spe perhennis vitae hatten sich die Bettziechenweber unter Führung von vier namentlich genannten Männern ihres Gewerbes zusammengeschlossen, dann fand die Bruderschaft 1149 in einer Versammlung auf der *domus civium* Anerkennung: durch den Untervogt und den Untergrafen, zwölf Schöffen, neunzehn *meliores* und den *vulgus*. Darüber wurde eine Urkunde ausgestellt, an der erstmals das Kölner Stadtsiegel hängt[97]. Dreißig Jahre später wurde *fraternitas* – ebenfalls mit dem Stadtsiegel – von den zwei Bürgermeistern an der Spitze der Amtleute der Richerzeche auf deren Beschluß verliehen (Drechslerurkunde). Diese Kompetenz vermochte die Richerzeche bis 1372 aufrechtzuerhalten, wenn auch nicht ohne Konkurrenz des Rates[98].

Die Bettziechenweberurkunde formuliert mit aller Schärfe bereits den »Zunftzwang«: *ut omnes textorici operis cultores scilicet culcitrarum pulvinarium, qui infra urbis ambitum continentur, sive indigene sive alienigene huic fraternitati... sponte subiciantur,* und sie droht den *obviantes et subire non coacti nolentes* Zwangsmaßnahmen an. Die Drechslerurkunde bringt dergleichen nicht. Mitglied wird man durch Einstandsgebühr. Das gilt sogar für ein *leirkint.* Die Urkunde bezeugt außerdem die Mitgliedschaft von Frauen – diese im Rahmen der Bestimmungen über den Totenpomp. Zum Schutzpatron hat sie sich Johannes Evangelist gewählt. Ein Drechslerpatron ist der Lieblingsjünger aber nie gewesen. Vielleicht ist das Patrozinium zusammen mit der Offenheit der Bruderschaft für Nichtdrechsler (sie zahlen mit 24 Denaren nur ein Sechstel der Aufnahmegebühr eines Drechslers und die Hälfte eines Lehrlings) ein Hinweis auf den *amor Johannis*[99] und den kultischen Mittelpunkt der Bruderschaft: ein Minnetrinken (in diesem Falle sicherlich am 26. Dezember).

Von Loesch hat bereits klargestellt, daß die Hofrechts- oder Ämtertheorie an den Kölner Stiftungs- oder Bestätigungsurkunden keine Stütze finde[100]. Vielleicht nennen auch deshalb die Kölner noch bis weit ins 14. Jahrhundert hinein ihre Zünfte konsequent *fraternitas,* erst danach

96) W. Stein, Akten zur Geschichte der Verfassung und Verwaltung der Stadt Köln im 14. u. 15. Jh. Bd. I (Bonn 1893) 187–198; Lau, 197ff.; W. Herborn, Die politische Führungsschicht der Stadt Köln im Spätmittelalter (Bonn 1977) 303ff.; Militzer (wie Anm. 3); Ders., Die Kölner Gaffeln in der zweiten Hälfte des 14. und zu Beginn des 15. Jhs., in: RhVjbll. 47 (1983) 124–143.

97) Wie Anm. 91; Jakobs, Stadtsiegel, 2. u. ö., 15f.; Ennen-Eckertz I 329f. Nr. 1.

98) Wie Anm. 53; Herborn (wie Anm. 50) 92 Anm. 15; Lau, 141.

99) K. Hauck, Rituelle Speisegemeinschaft im 10. und 11. Jh., in: Studium generale 3 (1950) 616.

100) Zunfturkunden I 49*ff.

Ämter. Direkte erzbischöflich-stadtherrliche Bruderschaftsverleihung ist in Köln jedenfalls nicht bezeugt, wird allerdings sehr spät einmal behauptet[101].

Der historische Abstand zwischen der Urkunde für die Bettziechenweber von 1149 und der für die Drechsler von 1180 bemißt sich als fortgeschrittene Paralyse der eidgenössischen Einung. Eine Bruderschaft bilden und mit Recht ausstatten – wie dem Zunftzwang –, dann vor der Bürgerversammlung Bestätigung einholen, ist die Terminologie von 1149 *(fraternitatem conformare – fraternitas a fratribus iure disposita – eam in domo civium confirmatam suscipere).* 30 Jahre später verleiht die Richerzeche den Drechslern auf ihre Bitte Bruderschaft: *petentibus fraternitatem concedere.* Die Grenzen zwischen anerkannter und veranstalteter Bruderschaft sind sicherlich fließend; aber wir halten fest, daß die einzige aus dem 12. Jahrhundert überlieferte Äußerung der Richerzeche ihr Anspruch auf Zunfthoheit ist. Es spricht für sich, daß die städtische Oberschicht und nicht die Stadtherrschaft die Verleihung von Bruderschaftsrecht an sich gezogen hat. Die »Gilde als Form« ist ausgehöhlt durch die Bruderschaft als von der Richerzeche veranstaltete Sozietät.

Die erwähnte Namenliste der Kölner Gilde ist mit anderen Listen von R. Hoeniger[102] ediert worden, und zwar in der Folge: »Großbürgerlisten« (BL 1.2), Gildeliste (GL), Bürgerlisten der Martinspfarre (BLM I. II mit Fortsetzung III). Die Auswertung der Listen steht bis heute im wesentlichen auf dem Stand von 1904, d. h. der Marburger Dissertation von H. von Loesch[103].

Ohne seine Argumentation hier nachzuzeichnen, werden folgende Ergebnisse übernommen: die Listen stammen allesamt aus Klein-St. Martin, BL 1.2 und BLM I. II/III sind Grundsteuerlisten, BL 1.2 um 1130/40 (Stammliste; Nachträge laut Hoeniger bis 1170/80), BLM I.II/III um 1159/69 angelegt. Alle diese Listen enthalten bedeutende identische Stammgruppen, es scheinen demnach unterschiedliche Steuern (kirchliche und städtische?) abgezeichnet zu sein. Die sogenannte Gildeliste ist wie BL 1.2 etwa 1130/40 angelegt. Ihre Anordnung ist durchschaubar. Sie ist zunächst keine reine Gildeliste, verzeichnet vielmehr *burscaph et fraternitatem*[103a]; statt *fraternitas* steht auch *coifman,* so in den Kolumnentiteln und in erklärenden Zusätzen zu einzelnen Namen[103b]. Die Liste ist bis etwa 1170 geführt, verzeichnet aber in ihrer Spätzeit für etwa 213 Personen nur noch die Gildezugehörigkeit. So erklärt sich die Dorsualnotiz: *fraternitas mercatorum gilde.* Als Listen über die Neuverleihung von Burschaft dienen nun die (zu diesem Zeitpunkt sonst ausrangierten) Steuerlisten BL 1.2. Wiederum halten Aufschriften die neue Bestimmung fest: *bursgeph/burschaf.* Auch in ihnen kommt gelegentlich noch der Hinweis auf die Zugehörigkeit zur Gilde vor[103c]. Insgesamt haben nur wenige Gildemitglieder keine Burschaft, vier Fünftel erhalten sie gleichzeitig, ein weiterer Teil vorher

101) Vgl. ebd. 59*.
102) Hoeniger II 2, 46ff.
103) von Loesch, Kaufmannsgilde, insbes. 12ff.; Hoeniger II 2, 7ff.
103a) Hoeniger II 2, 10.
103b) Hoeniger II 2, 9f.; von Loesch, Kaufmannsgilde, 14.
103c) Hoeniger II 2, 10.

oder nachher. Umgekehrt ist die Zahl der Geburen ohne Gilde aber relativ hoch. In einer ersten Folge (Kolumne I/III[103d]) stehen nur 65 Gildemitglieder gegen 129 Geburen, wobei außerdem noch 13 Gildemitgliedern (3 davon ganz gestrichen) die Burschaft abgeht. In einer anderen Folge (Kolumne IV/II[103e]) stehen 201 Geburen 157 Gildemitglieder gegenüber; 31 Gildemitglieder sind nicht Teilhaber an der Burschaft. Es gibt sodann viele Nachträge zu den Kolumnen. Soweit Gilde und Burschaft parallelisiert sind, zählte von Loesch 491 neue Gildemitglieder und 634 neue Bürger. Unklar bleibt vor allem die Bedeutung der Zeichen, nicht zuletzt weil mehr als 20 angewandt sind. Kombination der Zeichen bis zu fünf kommt vor. Es geht vielleicht u. a. um Gebühren, deren Zahlung, Stundung und Teilzahlung. Insgesamt verzeichnet die Liste 704 Gildemitglieder, doch sind zweifellos Personen mehrfach eingetragen, ohne daß sich der Grund sicher ausmachen ließe. Da die Gildeliste wie die Burschaftsliste nur Neuaufnahmen festhält, finden sich enttäuschend wenige sonst aus Zeugenlisten und Schreinskarten bekannte Persönlichkeiten der Zeit wieder. Dafür konnten dank häufiger Herkunftsangaben die Listen gute statistische Grundlagen für die Einstufung der Zuwanderer abgeben. Frauennamen fehlen. Der Zugang würde unter der Annahme einer Führung der Gildeliste über 40 Jahre etwa 18 neue Mitglieder pro Jahr ergeben. Durch Schätzungen in Relation zur Zahl der Grundsteuerpflichtigen in Klein-St. Martin (300 bis 350) kam von Loesch zum Ansatz von 200 bis 300 gleichzeitigen Gildemitgliedern für die Mitte des 12. Jahrhunderts. Bis auf wenige Handwerker, die wahrscheinlich Handel betrieben[103f], wurden nur Kaufleute aufgenommen. Daß sie alle auf die »Rechte der Kölner Kaufleute in der Fremde Anspruch machten«[104], ist unwahrscheinlich. Es ist nicht einmal auszumachen, ob die an der Londoner Gildehalle privilegierten Kölner[105] in der Liste verzeichnet sind. Sofern die hohe Mitgliederzahl wirklich von Kaufleuten gestellt wird, läge der Schluß nahe, daß die Gilde jeglichen nennenswerten Handel ihren Mitgliedern vorbehielt, der Detailhandel am Ort im 12. Jahrhundert die Gilde also wesentlich bestimmt hätte[106]. Wie die Ausgliederung der Gewandschneider verlaufen ist, weiß man nicht genau[107], und schließlich ist die Gilde spurlos verschwunden.

Die jedenfalls um 1150 noch weitgehende Personengleichheit in Gilde und Gemeinde St. Martin wurde zum Argument für eine Variante der sogenannten Gildetheorie in der Stadtgeschichte: daß nämlich die Kölner Sondergemeinde ihrem Ursprung nach die Gilde gewesen sei. Darüber hinaus hat Kölner Forschung das Vorbild für die Meisterordnung der

103d) Von Loesch, Kaufmannsgilde, Beilagen 53–56.

103e) Ebd. 56–61.

103f) Ebd. 37f.: es sei sehr wahrscheinlich, daß nur solche Handwerker, die ihr Handwerk nicht ausübten, aufgenommen worden seien.

104) Koebner, 215f.

105) Hansisches Urkundenbuch. Bearb. von K. Höhlbaum. Bd. I (Halle 1876) 8 Nr. 13. 14; Köln und England. Ausstellung im Histor. Archiv der Stadt Köln. Mai–Juni 1965 (o. O. o. J.) 9ff. Nr. 10 a. b., Abb.; von Loesch, Kaufmannsgilde, 43.

106) So von Loesch, Kaufmannsgilde, 38, 40.

107) Von Loesch, Kaufmannsgilde, 45f.; Lau, 128, 218ff.; von Loesch, Zunfturkunden I 27*, 55*f., 69; Keussen, I 42.

Bruderschaften auf allen Ebenen in der Gildeverfassung gesucht[108]. Die These, daß das Meistersystem aus der Gilde stamme, kann sich auf formale Anhaltspunkte stützen, ist aber substanziell falsch: die Gilde ist egalitär[108a] und kooptiert keine *fratres* als Anwärter auf das Meisteramt, anders formuliert: sie kennt keine Gemeinde unter sich.

Die Gilde ist aber älter als die Parochie Klein-St. Martin. Wenn im 12. Jahrhundert das Parochialamt »die Aufnahme der Gildemitglieder [vollzog]«[109] – oder auch weniger scharf: wenn die Gilde in eine Ordnung veranstalteter Bruderschaften integriert war, hatte sie ihr Wesen als Schwurbruderschaft aufgegeben. Trotz der stadtherrlichen Kontrolle durch den *praepositus negotiatorum,* der als »Mittler zwischen Erzbischof und Gilde« gelten darf[110], war die Ausgangssituation des 11. oder vielleicht des 10. Jahrhunderts[111] darin doch sicherlich umgekehrt, daß die Gilde sich ihrem Schwurbruder als ein Hort für den Zulauf in die Stadt anbieten konnte. Das Gemeinte läßt sich an einer Variante des Satzes »Stadtluft macht frei« verdeutlichen: »Wenn ein Unfreier über Jahr und Tag an privilegiertem Ort wohnt, *ita quod in eorum communam scilicet gildam tanquam civis receptus fuerit,* ist er *eo ipso* frei von Hörigkeit.« Die Quelle – es handelt sich um den Traktat des Ranulf Glanville *De legibus et consuetudinibus regni Angliae* von etwa 1180[112] – bringt natürlich keine Aussage über Kölner Verhältnisse des 12. Jahrhunderts. In ihr verhalten sich jedoch *communa* und *gilda* zueinander wie der allgemeine zu einem besonderen Weg[113], der in England im 12. Jahrhundert mit variierendem Gewicht der Gilde vielfach belegt ist – bis hin zur Identität von »portmoot« und »morning-speech«[114]. Übernahme gesamtstädtischer Aufgaben durch Gilden ist auch im nordfranzösisch-flandrischen Raum erkennbar[115]. Was es bedeutet, daß die alte Bürgerversammlung auf dem Platz vor dem Kölner Bürgerhaus (Rathaus) 1269 erstmals als *commune colloquium matutinum* bezeichnet wird[116], ist wegen der späten Überlieferung allerdings nicht mehr auszuloten. Hingegen könnte durch Ranulf die Parallelisierung von Gilde und Burschaft – sie

108) Vgl. insbes. von Loesch, Kaufmannsgilde, 39ff. und H. Planitz, Das Kölner Recht und seine Verbreitung in der späteren Kaiserzeit, in: ZRG GA 55 (1935) 139–141. – Alles Wesentliche dazu in der kritischen Stellungnahme von U. Lewald, 380–382; vgl. auch Jakobs, Studien, 50ff.; von Loesch, Grundlagen 110, 170.

108a) Vgl. Oexle, Die mittelalterlichen Gilden (wie Anm. 6) 208.

109) So Koebner, 429.

110) H. Müller (wie Anm. 89); Jakobs, Studien, 61, 121f.

111) Von Loesch, Kaufmannsgilde, 43ff.

112) The treatise on the laws and customs of the realm of England commonly called Glanvill, V 5, ed. G. D. G. Hall (London and Edinburgh 1965) 58.

113) Vgl. Michaud-Quantin (wie Anm. 4), 195 (mit Irrtum auf S. 165).

114) Vgl. N. Fryde, in diesem Band, S. 215ff.; J. Tait, The medieval English Borough (Manchester 1936; ND New York–Manchester 1968) 222ff. – Das Siegel der Stadt Gloucester bringt um 1200 die Umschrift: SIGILLVM BVRGENSIVM DE GILDA MERCATORVM GLOVCESTRIE (Tait 230).

115) H. Pirenne, Les villes et les institutions urbaines I ^{2}(Paris–Bruxelles 1939) 406; vgl. E. Ennen, Frühgeschichte der europ. Stadt (Bonn 1953; ND 1981) 170.

116) Vgl. Anm. 19 und 20.

kommt in der Form, daß die Gilde den Kostenüberschuß von der *potatio* dem gemeinen Nutz stiftet, auch in St. Omer vor[117] – geradezu nach ihren ursprünglichen, im 12. Jahrhundert selbstverständlich überholten Intentionen erklärt werden.

Impulse der Gilde auf das Kölner Gemeindeleben hätten wir nach allem vor dem 12. Jahrhundert zu suchen. Sie nachzuweisen, fehlen jedoch die Quellen. An der Erschließung des Marktviertels, seit dem 10. Jahrhundert unter Hofzins, wird auch die Gilde beteiligt gewesen sein[118]. Weitere Überlegungen können den Kölner Aufstand von 1074[119] und das Auftauchen der Parochie Klein-St. Martin um 1080[120] zum Ausgang nehmen. *Mercatores opulentissimi* waren Anführer des Aufstandes gegen den Erzbischof Anno. Lampert von Hersfeld, der darüber berichtet, dürfte mit seiner Bemerkung über das Gebaren der Städter *inter vina et epulas* auf die Gildemähler anspielen. Wenn wir annehmen, daß 1074 die Gilde in der *coniurata manus civium*[121] geführt hat, wurde sie auch vom Strafgericht Annos II. betroffen[122]. Die Parochie Klein-St. Martin, die um 1080 auftaucht, hat aber zur Zeit des Aufstands vielleicht noch nicht existiert. Ihre Anfänge sind ein Problem sui generis[123], ihm ist mit einer weiteren Hypothese vielleicht nur schlecht gedient: daß nämlich über die Pfarrfrage in der Beilegung des Konflikts entschieden wurde[124]. Doch gilt unabhängig davon, daß sich die

117) Coutumes de la gilde marchande de Saint-Omer, publ. par G. Epinas et H. Pirenne, in: Le Moyen Age 14 (1901) 196 (c. 27).

118) Vgl. Jakobs, Studien, 75ff. Die dort S. 76 geäußerte Vermutung, daß der älteste Kölner Markt (bis zum 10. Jh.) innerhalb der Römermauern gelegen habe – im Kirchspiel St. Laurenz –, läßt sich m. E. konkretisieren: die topographischen Voraussetzungen und herrschaftlichen Spuren für einen Straßenmarkt wären im Bereich »Hohe Straße« über »Am Hof« hinunter bis in die »Große Neugasse« gegeben. Auf dieser Linie lagen die Pfalz (der Hof), Kacks (Pranger), Hacht (Gefängnis) und die herrschaftliche Fettwage; vgl. Keussen II 287 (Tafel XVI: Hacht). Die Fettwage (II 309) könnte schon in der Zollurkunde von 1103 gemeint sein (Knipping, Reg. Nr. 28). Die Verbindungen zum Rhein hinunter, dann in die Gewerbe- und das Judenviertel nach Süden sowie über die »Hohe Straße« nach Nord und Süd über die Stadt hinaus waren gut.

119) Wie Anm. 80.

120) In der Anm. 15 gen. Namenliste; vgl. auch Anm. 16.

121) Zusatz zu Lamperts Annalen in der Vita Annonis (ed. R. Koepke, MGH Scr.XI 493, geschrieben 1104/1105; D. Lück, Die Vita Annonis und die Annalen des Lampert von Hersfeld, in: RhVjbll. 37, 1973, S. 117); vgl. Jakobs, Studien 122; E. Ennen, 119.

122) Lampert von Hersfeld (wie Anm. 80) 191ff.

123) Jakobs, Studien, 109–114.

124) Nicht daß die Pfarrfrage vor dem Anlaß – der Schiffsrequirierung durch Anno II. – direkte Ursache für den Aufstand von 1074 gewesen sei, aber sie könnte geschwelt haben. Um diese Zeit stand die kirchliche Neugliederung der südlichen Vorstadt jedenfalls an: Jakobs, Studien, 122; vgl. ebd. 97, 103: vor 1059 Gründung des Stifts St. Georg vor dem Südtor der Römerstadt; 1067 (?) Maria Lyskirchen am Rheinufer an St. Georg übertragen (vgl. Oediger, Reg. Nr. 970); 1070 Caesariusreliquien an die von Anno errichtete *capella* St. Jakob, die hernach Pfarrkirche in Zuordnung zu St. Georg ist; vgl. E. Hegel, Die Entstehung des mittelalterlichen Pfarrsystems der Stadt Köln, in: Die Kunstdenkmäler im Landesteil Nordrhein. Beiheft 2: Kölner Untersuchungen (Ratingen 1950) 77f. Merkwürdig ist die Rolle, die St. Georg, der Heilige und sein Stift, in Lamperts Bericht über den Aufstand spielt: 13. April (Palmsonntag): das Gesicht

sozialen und ökonomischen Ambitionen der Gilde in einer Parochie entfalten konnten und auch tatsächlich entfaltet haben. Schließlich wurden die wirtschaftlichen Interessen der Kaufleute zur Sache der Stadt und interstädtischer Verträge gemacht[125].

III.

Im 12. Jahrhundert finden Bruderschafts- und Gemeindeleben auch im Spitalwesen zu neuartiger Zusammenarbeit. Eine Bruderschaft beim Kloster Groß-St. Martin hebt sich mit ihren Ansprüchen früh von den zahlreichen Nachfahren im ältesten Kölner Bruderschaftswesen ab, das rechtlich an kirchliche Institute gebunden war[126]. Im Jahre 1142 schlichtete der Erzbischof Arnold I.[127] einen Streit zwischen der Abtei St. Martin und *laycos fratres*, die der Erzbischof *nostros burgenses* nannte. Diese waren *in orationes et fraternitatem monachorum* aufgenommen worden und hatten aus ihren Mitteln, aber auf abteilichem Grund, eine *hospitalis domus* errichtet. Das wird nur einige Jahre zurückgelegen haben. Nun fordern sie, daß der *provisor* des Spitals einer der *laici fratres* sein soll. Der Erzbischof sagte deutlich, daß ihm die Einsicht in solche Forderung abgehe, ein Mönch Provisor sein müsse. Aber der Abt – allerdings nach Beilegung einer *controversia* – sei einverstanden, einen Laien als Provisor unter seiner Oberaufsicht zu bestallen. Dann erließ Arnold I. ein interessantes Spitalstatut, das »die erste nachweisbare bürgerschaftliche Einflußnahme auf ein Spital« bezeugt[128].

Eine im Kloster St. Martin angefertigte, nicht vollzogene Urkunde auf den Namen des Erzbischofs Arnold II. (von 1155)[129] nahm sich des Spitals erneut an. Die Urkunde erwähnt ein ganz altes verfallenes Hospital »am Altermarkt«, das mit seinen Erträgen einem anderen Hospital (sicherlich der Neugründung laut Urkunde von 1142) *in porticu* der Abtei (das ist ebenfalls am Altermarkt) geschenkt, von den Mönchen neu eingerichtet, dann im Stadtbrand von 1150[130] zerstört und nun in einer *secundaria restauratione* von den Mönchen wieder eingerichtet worden sei. Wir lassen auf sich beruhen, daß die – wohl zur Vorlage in Rom

eines Fremden, von den Bürgern als Vertreibung des Bösen – in Gestalt eines Raben – durch St. Georg erklärt (Lampert a. a. O. 193); 23. April (Georgstag): der Erzbischof predigte nach der Messe in St. Georg vor dem Volk und mahnte, das bevorstehende Unheil durch Buße abzuwenden. Am selben Tag brach der Aufruhr los (a. a. O. 187f.); 26. April Friedensverhandlung: der Erzbischof lud nach der Feier des Hochamts in St. Georg alle Schuldigen *episcopali banno ad satisfactionem;* sie zogen barfuß und in wollenen Gewändern heran, wurden dann auf den nächsten Tag zum Dom geladen, um *secundum canonum scita* Buße auf sich zu nehmen (a. a. O. 191 f.).

125) E. Ennen, 140ff.; Jakobs, Stadtsiegel, 19ff.

126) Mies (wie Anm. 10) 45ff.; über das Spital bei St. Martin vgl. Mies, 20ff.; Reicke (wie Anm. 13) I 200ff.; von Loesch, Grundlagen, 184ff.

127) Ennen-Eckertz I 525ff. Nr. 58; zum Datum vgl. Knipping, Reg. Nr. 408.

128) Vgl. Reicke (wie Anm. 13) I 200ff.; Zitat 202.

129) Ennen-Eckertz I 545f. Nr. 70 von 1155; zum Datum vgl. Knipping, Reg. Nr. 607.

130) Chronica regia Coloniensis, ed. G. Waitz (wie Anm. 64) 87.

angefertigte Urkunde[131] – die Eigenleistung des Klosters betont und die Verdienste der *burgensium honoratiores... sub quorum cura et ipsa domus habebatur,* auf die Abtretung reduziert. Auch diese *burgenses honoratiores* waren in die Gebetsbruderschaft des Klosters aufgenommen worden. Unter den namentlich genannten finden wir Mitglieder der damals führenden Familien, die Ahnen der Geschlechter Scherfgin, Grin, Raitze und Parfuse[132]. Von zwei Spitälern ist in der Folgezeit nie mehr die Rede[133]. Zum Jahre 1235 erfahren wir dann beiläufig, daß die *provisio* des Hospitals *in foro s. Brigide* den *officialibus s. Brigide* übertragen worden sei[134]. Die Parochie, mit deren Errichtung der pfarrechtliche Wildwuchs des Marktviertels in Abgrenzung zu Klein-St. Martin auffallend rational bereinigt wurde, könnte um 1150 entstanden sein[135]. Der personellen Verflechtung von Spitalbruderschaft und Parochialämtern in der Frühgeschichte der Pfarrei St. Brigida hatte die Abtei St. Martin wohl nicht lange etwas entgegenzusetzen.

*

131) Privileg Hadrians IV. für das Kloster St. Martin (JAFFÉ-LOEWENFELD, Regesta pontificum Romanorum II Nr. 10394; ENNEN-ECKERTZ I 548ff. Nr. 72), in das die Angelegenheit sicherlich mittels der Urkunde von 1155 gebracht worden ist.

132) Als Stammväter bzw. Mitglieder erster oder zweiter Generation späterer Geschlechter oder herausragender Familien im 12. Jh. sind bekannt: *Richolfus magnus* = der Ältere = Scherfgin: F. LAU, Das Kölner Patriziat bis zum Jahre 1325, in: MStAK 26 (1895) 139–41; L. VON WINTERFELD, Handel, Kapital und Patriziat in Köln bis 1400 (Pfingstblätter des Hansischen Geschichtsvereins 16. Lübeck 1925) 47f.; STRAIT 110f., 125, 130. Ein Konrad *Serfwin / Scerfwin* steht in der Gildeliste und in BL 2 (HOENIGER II 2, 24, 48), die Familie ist im Besitz von Verkaufsständen. Mitgliedschaft in der Richerzeche ist erst lange nach 1200 nachweisbar; vgl. HERBORN (wie Anm. 50) 121f.: 1271/72. *Richwinus Canus et Herimannus frater eius, Uogul filius ipsius Herimanni* = Canus / Grin: F. LAU, in: MStAK 25 (1894) 378–81; VON WINTERFELD, Handel, 26–30; K. SCHULZ (wie Anm. 54) 159f.; STRAIT, 94, 107–110. In der Tabelle bei STRAIT 124/25 wäre auf die Verbindung von »9. Canus« mit »18. Grin« hinzuweisen. Rigwin Grin (vgl. VON WINTERFELD 27) hat Verkaufsstände, ein Gottfried ist um 1190 Amtmann von St. Laurenz. *Marcman Hoiger* = de Hoie (Huy a. d. Maas): R. HOENIGER, Die älteste Urkunde der Kölner Richerzeche, in: Beiträge zur Geschichte vornehmlich Kölns u. d. Rheinlande. Zum 80. Geburtstag G. von Mevissens (Köln 1895) 265f., Anm. 1–3; K. SCHULZ, 160–162; STRAIT, 88–90. Marcman ist Mitglied des Amtleutekollegiums von St. Martin (HOENIGER I 18: Mart. 1 IV 11; 24f.: Mart. 2 I 20). Gildemitgliedschaft Emelrichs (HOENIGER II 2, 49; STRAIT 89 Anm. 54; HOENIGER, Richerzeche, 266), Verkaufsstände. *Gerardus Niger:* HOENIGER, Richerzeche 257; K. SCHULZ, 158; STRAIT, 95f. Ein *Albertus Niger* ist Amtmann von St. Martin (1142/56: HOENIGER I 25: Mart. 2 I 20). *Herimannus filius Razonis* = Raitze: LAU, in: MStAK 26 (1895) 137f.; HOENIGER, Richerzeche, 261f.; VON WINTERFELD, Handel, 10; K. SCHULZ, 158f.; STRAIT, 103ff. Razo war Gildemitglied (HOENIGER II 2, 54) und Ministeriale von St. Pantaleon, Hermann wiederum Ministeriale von St. Pantaleon. *Richolfus Sparwere:* SCHULZ 166f. (Stammvater der Parfuse?). Er oder sein Sohn Richolf könnte identisch sein mit Richolf *de s. Brigida* 1155 (vgl. Anm. 135).

133) Die Spitäler sind zusammengeblieben. Eine Schenkung von 1238 zeigt wohl an, was aus ihnen geworden ist: die Damen *super Hospitale manentes* und die *pauperes inferius* erhalten jeweils die Hälfte (ENNEN-ECKERTZ II 189 Nr. 190; vgl. auch ebd. 155 Nr. 154).

134) ENNEN-ECKERTZ II 155 Nr. 154; KEUSSEN I 102f.

135) 1155 (?) erscheint wohl einer der Spitalbrüder als *Richolfus de s. Brigida* (vgl. Anm. 132 am Schluß) in einer Zollurkunde für Kornelimünster: L. KORTH, Urkunden aus dem Stadtarchiv von Köln, in:

Die Geschichte der Bruderschaften ist ein brauchbares Kriterium zur Gliederung der kommunalen Bewegung in Köln:

1. Phase: Impulse der Gilde. Sie werden in eine Parochie mit Gebietshoheit überführt. Der Effekt ist die nachhaltige Eliminierung der Schwureinung.
2. Phase: sie steht ganz im Zeichen der Parochie und der Ausbildung freiwilliger Gerichtsbarkeit.
3. Phase: Mediatisierung der Parochianen durch Amtleutebruderschaften und Formierung der Richerzeche, die sich bruderschaftlich legitimiert, wenngleich Einheirat[135a] erforderlich wird.

Erste Konkurrenz ersteht der Richerzeche im Rat des 13. Jahrhunderts. Über die Anfänge des Rates sind schon »so viele verschiedene Ansichten ausgesprochen worden, wie es der Mangel an allen bezüglichen Nachrichten überhaupt zuließ«. Dieser Stoßseufzer steht nicht etwa in dem jüngsten Versuch, den Anfängen des Rats auf die Spur zu kommen, sondern in F. Laus Verfassungsgeschichte von 1898[136]. Das eine urkundliche Zeugnis für *consules* im Jahre 1216[137] ist allerdings äußerst dürftig. Immerhin heißt es in dem Klagepunkt klipp und klar, daß Engelbert einen Rat unterdrückt habe[138], eben weil die Stadt nicht *de consilio non iuratorum* regiert werden sollte. B. Berthold, die sich zuletzt an der Problematik versucht hat[139], folgt im wesentlichen Lau, nur wird seine Konzeption klassenkämpferisch zugespitzt auf den Konflikt der *fraternitates* mit dem Schöffenkolleg[139a]. Caesarius von Heisterbach berichtet darüber in der Vita Engelberti[140], der Erzbischof habe einen Streit zwischen den

AHVNrh 41 (1884) 101–103. Die Urkunde wirft diplomatische Probleme auf, ist aber kaum wesentlich später anzusetzen und am wenigsten in der Zeugenliste anfechtbar; vgl. JAKOBS, Stadtsiegel, 15f., Anm. 52. Ob *de sancta Brigida* die bloße Kirche oder bereits die Pfarrei meint, ist allerdings nicht sicher zu entscheiden; JAKOBS, Studien 98, 114.

135a) E. ENNEN, 127. – Ich hatte die Formierung der Richerzeche ursprünglich als eine 4. Phase angesetzt, rücke sie nach Kenntnis von der Studie M. GROTENS (vgl. unten, nach Anm. 142) aber nahe an Phase 3.

136) LAU, 99, Anm. 2.

137) Westfälisches Urkunden-Buch Bd. III. Bearb. von R. WILMANS (Münster 1871) 892 Nr. 1702. LAU, 98, hielt die *consules* für Ratsherren; H. M. KLINKENBERG (wie Anm. 54) 101ff. denkt wegen der Reihenfolge (*iudex, consules, scabini* statt der später eingespielten *scabini, consules*) an die Bürgermeister der Gesamtstadt, und ihm folgt E. ENNEN, 154.

138) Großer Schied I 43, ENNEN-ECKERTZ II 385 Nr. 384.

139) B. BERTHOLD, Sozialökonomische Differenzierung und innerstädtische Auseinandersetzungen in Köln im 13. Jh., in: Stadt und Städtebürgertum in der deutschen Geschichte des 13. Jhs., hrsg. von B. TÖPFER (Berlin 1976) 229–287, insbes. 231f., 243ff.; LAU, 98ff.

139a) Deshalb stellte sie die Mitgliedschaft von Schöffen im Rat bis zum Ende des 13. Jhs. in Frage (S. 248f.); vgl. aber LAU, 98f., Anm. 3.

140) III 37, ed. F. ZSCHAECK, Leben, Leiden und Wunder des hl. Engelbert, Erzbischofs von Köln, in: Die Wundergeschichten des Caesarius von Heisterbach. Hrsg. von A. HILKA, Bd. III (Bonn 1937) 305. Der »Held« dieses Wunders am Grabe Engelberts ist ein *pellifex* Erwin, der in der Aktion Engelberts seinerzeit vier Mark gezahlt haben soll.

Schöffen und den *fraternitates* – Lau übersetzt: Zünfte[141] – beizulegen sich bemüht und, als die »Bruderschaften« sich weigerten, von ihnen 4000 Mark eingetrieben. Berthold motiviert den Konflikt aus der Notlage des Erzbischofs, der nach dem langen Kölner Schisma von 1205 bis 1216 Unsummen zur Tilgung der erzstiftischen Schulden habe aufbringen müssen und der »sein« Schöffenkollegium als Eintreibungsbehörde eingesetzt habe. In den *fraternitates*, die den Widerstand trugen, sieht sie die Zünfte und nichtpatrizische und möglicherweise auch patrizische Mitglieder der Amtleutekollegien der Sondergemeinden, die gemeinsam agierten, geführt von einer wirtschaftlich potenten Oberschicht, die nunmehr den Ausschluß von der Richerzeche und vom Schöffenkolleg durch Schaffung des Rates und damit einer städtischen Behörde für ein neues Patriziat zu kompensieren trachtete[142]. Man kann wohl auch fragen, ob das Ansehen der *divites* nicht in dem Maße bei den Parochianen, Amtleutekollegien und Zünften fragwürdig wurde, in dem sie die einst selber oder zumindest vorbildlich und wohl auch hauptsächlich getragenen Sonderlasten (1159, 1174, Thronstreit seit 1198) aufteilen mußten oder wollten. Unabhängig von der unklaren Ratsfrage signalisiert der Streit von 1216, daß die kommunale Bewegung darin an ihr Ende gelangt ist, daß Amtleute, Schöffen und Richerzeche, wenngleich auch zuvor nicht konkurrenzlos untereinander, nun der Stadtherrschaft gegenüber nie mehr geschlossen agieren werden. Sozialgeschichtlich bedeutet erst dieses Ende Geschlechterherrschaft.

141) LAU, 99 Anm. 1. VON LOESCH, Zunfturkunden I 47*, schließt u. a. aus dem Bericht des Caesarius auf durchgebildete Zunftverfassungen für die stärker besetzten Gewerbe; Stellungnahme zu seinen weiteren Anhaltspunkten bei BERTHOLD (wie Anm. 139) 240f.
142) BERTHOLD (wie Anm. 139) 231f., 240ff.; E. ENNEN, 154.

Zwei wichtige Arbeiten sind nachzutragen: Wolfgang PETERS, Die Gründung des Benediktinerinnenklosters St. Mauritius. Einige Beobachtungen zu den Beziehungen zwischen Geistlichkeit, Bürgertum und Stadtgemeinde in Köln im 12. Jh., in: JKGV 54 (1983) 135–166; Manfred GROTEN, Die Kölner Richerzeche im 12. Jh. Mit einer Bürgermeisterliste (demnächst in: RhVjbll. Herr GROTEN hat mir in dankenswerter Weise sein Manuskript ausgeliehen). PETERS interpretiert den Schied Arnolds I. von 1144 (KNIPPING, Reg. n. 418), der einen Streit zwischen dem Kölner Bürger Hermann und dem Abt von St. Pantaleon betr. Rechte an St. Mauritius schlichtet. Die Mitwirkung der *senatores* (Schöffen) war dabei besonders zu würdigen. An den Schluß seiner umsichtigen Gedankenführung stellt der Autor gleichsam als kleine Sensation die Interpretation eines Befundes, der bislang überhaupt nicht bemerkt worden ist: links neben dem in heraldischem Sinne rechts befindlichen Rest des Siegels Arnolds I. zeigt die bischöfliche Urkunde etwa an der Stelle, wo normalerweise das bischöfliche Siegel angebracht wurde, ein Loch, das zweifellos ebenfalls zur Anbringung eines Siegels benutzt worden, nun aber »leer« ist. In der Corroboratio angekündigt wird nur das bischöfliche Siegel. Die Befestigung des (durchgedrückten) Siegels war äußerst exzentrisch geraten, und daraus, aber vielleicht auch aus der Art des Loches, das allem Anschein nach nicht durch Kreuzschnitt gewonnen worden war und deshalb dem kopflastigen Siegel nicht den nötigen Halt geben konnte, erklärt sich sein Abfallen besonders gut. Daß das abgefallene Siegel das Stadtsiegel gewesen sein müsse, begründet PETERS mit den Radiendurchmessern einer Wölbungsspur auf dem Pergament. Dabei handelt es sich aber keineswegs um den sonst üblichen Fleckabdruck des Doppelrandes vom Stadtsiegel (vgl. JAKOBS, Stadtsiegel, S. 18f.), vielmehr um einen Wulst im Pergament, der auf der

Schauseite nach vorne gewölbt, auf der Rückseite also als »eingedrückt« ertastet und auch gesehen werden kann. Diese Wölbung ist nicht selten bei durchgedrückten Siegeln anzutreffen. Sie wird sicherlich schon durch die Wärme angeregt, die sich bei der Besiegelung auf das Pergament überträgt. Die Wölbung ist natürlich immer größer als das Siegel. (Ein gutes Vergleichsbeispiel fiel mir mit der Urkunde Arnolds II. für St. Gereon von 1155 in die Hände: KNIPPING, Reg. n. 606; Hist. Archiv der Stadt Köln, St. Gereon n. 3.)

Damit berühre ich schon das Ergebnis der jüngsten Forschung über die Richerzeche. Als Sensation gefaßt, lautet es: Verleihung des Bruderschaftsrechts der Richerzeche durch den Erzbischof Friedrich I. mitsamt dem Recht zur Führung des Siegels, das zum Stadtsiegel wurde, in den Jahren 1114/1119. Die Siegelfrage lasse ich auf sich beruhen. Hohen Respekt verdient indessen der methodische Schritt, mit dem GROTEN uns auf einen Schlag eine lange Liste von gesamtstädtischen Kölner Bürgermeistern des 12. und frühen 13. Jhs. liefert. Von ihnen kannte man bislang nur die 15 Namen, die in der Drechslerurkunde überliefert werden. Die Liste der Bürgermeister erreicht aber nun die Zahl, die man angesichts des jährlichen Wechsels der zwei Meister für 70 Jahre erwarten darf: 140. Es sind die Männer, die in den Schreinskarten als *domini* erscheinen. Daß Richerzeche und gesamtstädtische Bürgermeister zusammengehören wie Ei und Henne, steht außer Frage – aber sind die sechs *domini* der ältesten Schreinskarten (allen voran der 1135/42 als verstorben verzeichnete Waldo) bereits notwendig gesamtstädtische Bürgermeister gewesen? Vier von ihnen sind hohe Ministerialen (94 Konrad, 117 Richwin Canus, 128 Waldo, 131 Werner) und zwei von ihnen (34 Vogelo, 108 Otto) *magistri civium* von Sondergemeinden gewesen. Der *Dominus*-Titel erklärt sich als mit dem Adel konkurrierende Ambition, und deshalb wäre ich vorsichtig mit der Unterstellung von Regeln ohne Ausnahmen für Übergangszeiten. Aber daß die Richerzeche mit ihren *domini*, den jährlich wechselnden Bruderschaftsmeistern, entschieden früher als 1180 entstanden ist, daß sie auf der *domus divitum* (1135/59; vgl. oben, S. 292) tagte, steht nunmehr außer Frage. Der Eindruck, daß in der Stadt Köln unter dem Erzbischof Arnold I. Entscheidendes passiert ist, verdichtet sich immer mehr. Auf diesen Befund ist eine lange und verdiente Forschung nun fraglos umzustellen. Das sollte in Ruhe und als Arbeit am Thema »Bruderschaft und Gemeinde« geschehen.

ABKÜRZUNGEN UND MEHRFACH ZITIERTE WERKE

AHVNrh = Annalen des Histor. Vereins für den Niederrhein.

K. Beyerle, Die Anfänge des Kölner Schreinswesens, in: ZRG GA 51 (1931) 318–509.

Die Amtleutebücher der kölnischen Sondergemeinden. Hrsg. von Th. Buyken und H. Conrad (Weimar 1936).

E. Ennen, Kölner Wirtschaft im Früh- und Hochmittelalter, in: Zwei Jahrtausende Kölner Wirtschaft. Bd. 1. Hrsg. von H. Kellenbenz unter Mitarbeit von K. van Eyll (Köln 1975) 87–193.

Quellen zur Geschichte der Stadt Köln. Hrsg. von L. Ennen und G. Eckertz, Bd. I. II. (Köln 1860. 1863, ND Aalen 1970).

M. Groten, Priorenkolleg und Domkapitel von Köln im Hohen Mittelalter (Bonn 1980).

Kölner Schreinsurkunden des zwölften Jahrhunderts. Hrsg. von R. Hoeniger. Bd. I. II 1.2 (Bonn 1884/88. 1893. 1894).

H. Jakobs, Stadtgemeinde und Bürgertum um 1100, in: Beiträge zum hochmittelalterlichen Städtewesen. Hrsg. von B. Diestelkamp (Städteforschung. Reihe A. Bd. 11. Köln–Wien 1982) 14–54.

–, Eugen III. und die Anfänge europäischer Stadtsiegel (Köln–Wien 1980).

–, Verfassungstopographische Studien zur Kölner Stadtgeschichte des 10. bis 12. Jahrhunderts, in: Köln, das Reich und Europa (MStAK. Hrsg. von H. Stehkämper. 60. Heft. Köln 1971) 49–123.

JKGV = Jahrbuch des Kölnischen Geschichtsvereins.

H. Keussen, Topographie der Stadt Köln im Mittelalter. Bd. I. II (Bonn 1910).

Knipping, Reg. *s.* Regesten.

R. Koebner, Die Anfänge des Gemeinwesens der Stadt Köln (Bonn 1922).

F. Lau, Entwicklung der kommunalen Verfassung und Verwaltung der Stadt Köln bis zum Jahre 1396 (Bonn 1898, ND Amsterdam 1969).

U. Lewald, Köln im Investiturstreit, in: Investiturstreit und Reichsverfassung. Hrsg. von J. Fleckenstein (Vorträge und Forschungen XVII. 1973) 373–393.

MStAK = Mitteilungen aus dem Stadtarchiv von Köln.

Die Regesten der Erzbischöfe von Köln im Mittelalter. Bd. 1: Bearb. von F. W. Oediger. Bd. 2: Bearb. von R. Knipping (Bonn 1954/61. 1901).

RhVjbll. = Rheinische Vierteljahrsblätter.

Collectanea F. Steinbach. Hrsg. von F. Petri und G. Droege (Bonn 1967).

P. Strait, Cologne in the twelfth century (Gainesville/Florida 1974).

H. von Loesch, Die Grundlagen der ältesten Kölner Gemeindeverfassung, in: ZRG GA 53 (1933) 89–207.

–, Die Kölner Kaufmannsgilde im zwölften Jahrhundert, in: WZ Erg.-Heft 12 (Trier 1904).

–, Die Kölner Zunfturkunden nebst anderen Kölner Gewerbeurkunden bis zum Jahre 1500. Bd. I. II (Bonn 1907).

WZ = Westdeutsche Zeitschrift für Geschichte und Kunst.

ZRG GA = Zeitschrift der Savigny-Stiftung für Rechtsgeschichte. Germanistische Abteilung.

Patriziergesellschaften und Zünfte in den mittel- und oberrheinischen Bischofsstädten

VON KNUT SCHULZ

Wenn mit dem Begriff der Patriziergesellschaften im Titel dieses Beitrags von der Formulierung des Rahmenthemas der Tagung, nämlich »kaufmännische Genossenschaften« bzw. »Gilden« abgewichen wird, dann kommt damit schon andeutungsweise zum Ausdruck, daß in den zu behandelnden Städten nicht etwa nur der Begriff der Gilden fehlt, sondern auch kaufmännische Genossenschaften, die es selbstverständlich auch hier gab, keine vergleichbare Erscheinungsform wie in niederdeutschen und nordwesteuropäischen Bereichen aufgewiesen haben. Es steht zwar dahin, ob die meines Wissens bisher nicht gebräuchliche Wortprägung »Patriziergesellschaften« als ein andersartiges Gegenstück zu den niederdeutschen Gilden oder gar als fest umrissener Begriff für eine allgemeinere Anwendung sich als brauchbar erweisen wird[1]. Als Arbeitstitel scheint sie mir in diesem Rahmen aber durchaus verwendbar und auch geeignet, einen wichtigen Unterschied von vornherein deutlich zu machen, nämlich daß in den hier zu behandelnden Städten die für den Gang der städtischen Entwicklung wesentlichen Gruppenbildungen einen anderen Charakter – ich drücke mich vorläufig bewußt vage aus – keinen in erster Linie gildeartigen Charakter gehabt haben.

Mit dem Tagungsthema insgesamt und speziell mit dem Begriff der Patriziergesellschaften rückt die Diskussion, die in den letzten Jahren gerade auch im Zusammenhang mit den rheinischen Bischofsstädten um den Fragenkomplex Ministerialität und Bürgertum geführt worden ist, wieder in das Blickfeld. Es soll zwar nicht noch einmal die damit zusammenhängende Problematik hier aufgerollt werden, wohl aber ist es erforderlich, auf die wesentliche Rolle der stadtgesessenen Ministerialität gelegentlich hinzuweisen, ohne die die Entwicklung in den rheinischen Bischofsstädten vom 11./12. bis zum 14. Jahrhundert nicht adäquat zu erfassen ist[2].

1) Dieser von Herrn Schwineköper als Tagungsleiter in Absprache mit mir gewählte Begriff hat natürlich den Nachteil, daß man mit ihm vorrangig den meist erst seit dem Ende des 13. Jahrhunderts erreichten Entwicklungsstand assoziiert.

2) Die wichtigste neuere Literatur dazu sei hier im Überblick genannt: Stadt und Ministerialität, hrsg. von E. Maschke und. J. Sydow. Veröff. d. Komm. f. geschichtl. Landeskunde in Baden-Württemberg, Reihe B, Forschungen 76. Bd., Stuttgart 1973. – Ministerialität im Pfälzer Raum, hrsg. v. F. L. Wagner,

Wenn zuvor von den rheinischen Bischofsstädten die Rede war, so ist diese Formulierung insofern richtig, als mit Ausnahme von Köln diese Städtegruppe hier insgesamt berücksichtigt werden soll, nämlich Trier, Mainz, Worms, Speyer, Straßburg und Basel. Angesichts der Bedeutung dieser Städte und des Platzes, den sie in der Forschungsdiskussion einnehmen, wäre es vermessen, auch nur die wichtigsten Probleme darlegen zu wollen. Vielmehr wird es im folgenden vor allem darum gehen müssen, die Kunst des hoffentlich richtigen Fortlassens zu üben. Das bedeutet unter anderem, daß ich erst mit der Wende vom 11. zum 12. Jahrhundert meine Ausführungen beginnen werde.

Gewiß gibt es eine ganze Anzahl von Belegen für genossenschaftliche Gebilde in früherer Zeit; eines der bekanntesten Beispiele ist vielleicht die »societas parafridorum« der Wormser Fiskalinen, die unter Wahrung ihrer Rechtsstellung und mit ihren Besitzungen von König Arnulf 897 der Wormser Kirche geschenkt wurden[3]. Wenn im Wormser Hofrecht von 1023/25 die Fiskalinen als privilegierte Gruppe innerhalb des Hofrechtsverbandes und in Verbindung mit dem berühmten Artikel 29 als die Kerngruppe der entstehenden Ministerialität in Erscheinung treten, dann dürfte ein direkter Zusammenhang mit der spätkarolingischen Zeit ziemlich sicher sein[4]. Wenn aber nach einer Zeitspanne von weiteren rund 180 Jahren über den Begriff des consilium eine Verbindung von den Fiskalinen des Wormser Hofrechts zu dem Wormser Stadtrat um die Wende vom 12. zum 13. Jahrhundert hergestellt wird, dann ist dieser vermutete Zusammenhang als Spekulation zu bewerten[5]. Auch der Hinweis, daß in dem Diplom Friedrich Barbarossas von 1165 für die Wormser Münzerhausgenossen genauso wie einst für die Fiskalinen des Wormser Hofrechts bestimmt wird, daß sie zu keinem geringeren Amt im Dienste des Kaisers bzw. des Bischofs als den vier klassischen Hofämtern herangezogen werden dürften, vermag nichts über den Fortbestand der Fiskalinen als eigenständige Gruppe auszusa-

Speyer 1975. – K. Schulz, Ministerialität und Bürgertum in Trier. Rhein. Archiv 66, Bonn 1968. Ders., Die Ministerialität als Problem der Stadtgeschichte. Rhein. Vjbll. 32, 1968, S. 184–219. – H. Mosbacher, Kammerhandwerk, Ministerialität und Bürgertum in Straßburg. ZGO 119, 1971, S. 34–173. – D. Demandt, Stadtherrschaft und Stadtfreiheit im Spannungsfeld von Geistlichkeit und Bürgerschaft in Mainz (11. bis 15. Jh.). Geschichtl. Landeskunde, Bd. XV, Wiesbaden 1977. – Th. Zotz, Bischöfliche Herrschaft, Adel, Ministerialität und Bürgertum in Stadt und Bistum Worms (11.–14. Jh.). In: Herrschaft und Stand, hrsg. v. J. Fleckenstein, Göttingen 1977, S. 92–136.

3) MGH DD Germ. Karol. II, Nr. 157 u. 158. – Urkundenbuch der Stadt Worms, hrsg. v. H. Boos, Bd. I (Berlin 1886), Nr. 26 u. 27, S. 15–18.

4) UB Worms I, Nr. 48, S. 39ff., die m. E. bessere Lesart des Art. 29 des Wormser Hofrechts findet sich aber in der Ausgabe von L. Weiland in MGH Const. 1, Nr. 438, S. 643. Zur Sache vgl. K. Bosl, Das ius ministerialium. Dienstrecht und Lehnrecht im deutschen Mittelalter. In: Frühformen der Gesellschaft im mittelalterlichen Europa, München–Wien 1964, S. 277–326, hier S. 305/08. – K. Schulz, Zum Problem der Zensualität im Hochmittelalter. In: Beitrr. z. Wirtschafts- u. Sozialgesch. der Festschr. f. H. Helbig, Köln–Wien 1976, S. 86–127, hier S. 118/20.

5) Vgl. M. Schaab, Die Ministerialität der Kirchen des Pfalzgrafen, des Reichs und des Adels am unteren Neckar und im Kraichgau. (In: Ministerialität im Pfälzer Raum, vgl. Anm. 2), S. 97 u. 107 zu Anm. 220.

gen[6]. Über die Rolle, die sie möglicherweise weiterhin in der Stadt Worms gespielt haben, ist in dieser Zeit Näheres nicht zu ermitteln.

Auch andere Belege für ältere genossenschaftliche Gruppierungen in rheinischen Bischofsstädten sind vergleichsweise selten, durchgehende Linien werden dabei kaum faßbar. Derartige Angaben bleiben auch in späterer Zeit zum Teil so vereinzelt und unbestimmt, daß man vermuten kann, daß diesen kaufmännischen Genossenschaften nicht eine zentrale Bedeutung gleichsam als Kristallisationskern für eine sich ausbildende Führungsschicht zukommt. Dazu kann man – ohne Anspruch auf Vollständigkeit – folgende Gruppen zählen:

1. Die mit dem berühmten Zollprivileg von 1074 und mehr noch mit dessen mehrfachen Bestätigungen im 12. und 13. Jahrhundert in Erscheinung tretenden Wormser Fernkaufleute[7], 2. die Speyerer Rheinkaufleute, die als eigene, der Führungsschicht nachgeordnete Gruppe in den Verfassungskämpfen zum Beginn des 14. Jahrhunderts erwähnt werden[8], 3. die Basler Schlüsselzunft, die zwar erst relativ spät auftritt, als die Vereinigung der Baseler Fernkaufleute aber ein höheres Alter aufweisen dürfte[9], und schließlich 4. die 1285 in Trier erwähnte Bruderschaft der Eisenwarenhändler[10]. Wenigstens für Mainz möchte man annehmen, daß die Gewandschneider aufgrund ihrer 1239 erfolgten Privilegierung durchaus etwas Vergleichbares zu den norddeutschen Gewandschneidergilden dargestellt haben[11]. Tatsächlich war aber das Recht des Gewandschnittes in Mainz nur eines von mehreren Vorrechten der führenden Geschlechter und somit zwar für ihre Gruppenbildung und ihre Stellung in der Stadt ein wichtiges Element, aber wohl nicht von konstitutiver Bedeutung.

Wollte man nach diesen abgrenzenden Bemerkungen versuchen, ein gemeinsames Charakteristikum für unsere Städtegruppe zu benennen, so läßt sich m. E. sagen, daß hier die

6) H. Boos, Geschichte der rheinischen Städtekultur... mit besonderer Berücksichtigung der Stadt Worms, Bd. 1 (Berlin 1897), S. 432ff. (mit Anm. 1077). – Die Urkunde Friedrichs I. von 1165 ist bisher nur in der deutschen Fassung bekannt gewesen (vgl. UB Worms I, Nr. 80, S. 64–67), während neuerdings H. Appelt (MGH D F I, Nr. 491, S. 412/14) nun auch den lateinischen Text mitteilt.

7) UB Worms I, Nr. 56, S. 47/48, Nr. 61, S. 52/53 (1112); Nr. 90, S. 73–75 (1184); Nr. 110, S. 87/88 (1208).

8) A. Hilgard, Urkunden zur Geschichte der Stadt Speyer, Straßburg 1885, Nr. 227, S. 177/79.

9) Vgl. P. Kölner, Die Zunft zum Schlüssel in Basel, Basel 1953. R. Wackernagel, Geschichte der Stadt Basel, 1. Bd. (Basel 1907), bes. S. 105f. mit Hinweisen auf die Erwähnung von Basler mercatores im Allensbacher Privileg von 1075, von Basler Rheinschiffen in der Koblenzer Zollordnung von 1209 und besonders einer »maison de Baale« in Bar sur Aube im Zusammenhang mit den großen Messen der Champagne.

10) F. Rudolph, Quellen zur Rechts- und Wirtschaftsgeschichte der rheinischen Städte, Kurtrierische Städte I – Trier. Publikationen d. Ges. f. Rhein. Geschichtskunde XXIX, Bonn 1915, II. Teil, Nr. 25, S. 288f.

11) Der Gadenbrief von 1239 findet sich in der Mainzer Chronik (in: Die Chroniken der deutschen Städte, Bd. XVII, hrsg. v. C. Hegel), S. 5f. Vgl. C. Hegel, Verfassungsgeschichte von Mainz, ebenda, Bd. XVII, 2 Abt., S. 66, wo er die über das Gadenrecht verfügende Gruppe als die »angesehendste Genossenschaft der Kaufleute« bezeichnet. Vgl. L. Falck, Mainz im frühen und hohen Mittelalter (= Geschichte der Stadt Mainz II), Düsseldorf 1972, S. 197f.

Ausbildung genossenschaftlicher Formen im Zusammenhang mit der Konstituierung der städtischen Führungsschicht nicht primär unter wirtschaftlichen Vorzeichen, also nicht in Form kaufmännischer Genossenschaften, sondern in der Kombination politischer und ständischer Elemente erfolgte. Neben älteren politischen Organisationsformen spielte dabei die Tatsache eine wichtige Rolle, daß diesen Städten in den Konflikten des Investiturstreits eine zentrale Bedeutung zukam und sie sich mehrfach in diesem Zusammenhang entweder spontan oder gezwungenermaßen zu eigenständigem politischen Handeln veranlaßt sahen. Diejenigen, die im Auftrage des bischöflichen Stadtherrn die verschiedenen städtischen Ämter innehatten und die Gerichtskollegien besetzten, erlangten dabei aufgrund ihrer Funktion eine Vorrangstellung, die sie auch in der Folgezeit zu erhalten und auszubauen bemüht waren, und zwar mit Erfolg. Das älteste Gremium, in dem eine solche politische Führungsgruppe der Stadt erstmals in Erscheinung tritt, ist der spätestens seit der Wende vom 11. zum 12. Jahrhundert in allen rheinischen Bischofsstädten nachweisbare Bischofsrat. Dessen Funktion und Zusammensetzung läßt sich relativ deutlich in Mainz erkennen, wobei auf die kürzlich erschienene Untersuchung von Dieter Demandt zu verweisen ist[12)]. Unter Mitwirkung dieses Gremiums erteilte Erzbischof Adalbert I. 1119/22 sein bekanntes Stadtprivileg, das er 1135 in einer Prunkurkunde bestätigte und dessen Text er auf der Bronzetür des Doms anbringen ließ[13)]. Nach Aussage dieser Urkunde setzte sich der Bischofsrat folgendermaßen zusammen: »Communicato ergo primorum consilio, clericorum dico, comitum, liberorum, familie et civium«. Genauso wird auch der Personenkreis umschrieben, der die Befreiung des Erzbischofs aus der Gefangenschaft bewirkt hatte[14)].

Wie es eine ganze Reihe von Zeugenlisten dieser Jahrzehnte unter Einschluß derjenigen von 1119/22 und 1135 erweist, setzen sich zum größten Teil die städtischen Vertreter einerseits aus einer führenden Gruppe der erzbischöflichen Ministerialität zusammen, die mehrfach auch als »burgenses« auftreten, und andererseits aus einer Gruppe von »officiales« oder »officiati«[15)]. Bei ihnen handelt es sich um die Inhaber städtischer Ämter, auch in Verbindung mit der erzbischöflichen Hofhaltung, wie etwa denen des Walpoden oder Marschalls. Sie gehörten nachweislich – wenn auch nicht an die Führungsgruppe der Dienstmannschaft heranreichend – ebenfalls der erzbischöflichen Ministerialität an und sind mit den städtischen Interessen besonders eng verbunden. Die älteste von der Mainzer Bürgerschaft zwischen 1143 und 1153 ausgestellte Urkunde, die mit dem hier erstmals nachweisbaren Stadtsiegel versehen wurde, beglaubigt einen Erbvertrag, der von »Arnoldus ministerialis et noster concivis... cum tribus

12) D. Demandt (wie Anm. 2), bes. S. 24–68.

13) Mainzer Urkundenbuch, Bd. I: Die Urkunden bis zum Tode Erzbischofs Adalberts I. (1137), bearb. v. M. Stimming, Darmstadt 1932, Nr. 600, S. 519 u. S. 519f. – Vgl. L. Falck (wie Anm. 11), S. 130 und 143ff.

14) Mainzer UB I, Nr. 600, S. 519: »clerus, comites, liberi cum civibus et familia«.

15) Vgl. M. Zilken, Geschichte der Mainzer Ministerialität im 12. Jh., Phil. Diss. Mainz (Masch.) 1951. K. Schulz, Die Ministerialität in rheinischen Bischofsstädten. In: Stadt und Ministerialität (wie Anm. 2), bes. S. 31ff. L. Falck (wie Anm. 11), S. 145/48. D. Demandt (wie Anm. 2), S. 31ff.

fratribus Dudone, Meingoto, Hartwino ministerialibus et concivibus nostris« abgeschlossen worden ist[16]. Als Aussteller erscheinen die »cives Mogontine metropolis«, ein im wesentlichen aus führenden Vertretern der Mainzer Ministerialität und der Offizialen bestehender Bürgerausschuß, wie es spätere Urkunden noch deutlich erkennen lassen[17]. Funktion und Zusammensetzung der Mainzer Führungsschicht in dieser Zeit werden aus einem Diplom klar ersichtlich, mit dem Erzbischof Arnold im Jahre 1155 »testimonio seniorum et idoneorum civitatis nostre burgensium« den Duisburger Kaufleuten den Schiffszoll im Mainzer Hafen ermäßigte[18]. Die »testes«, die Zeugen, sind in »burgenses« und »officiati« gegliedert; als »burgenses« werden, wie in den rheinischen Bischofsstädten dieser Zeit häufiger nachweisbar, die führenden Vertreter der stadtgesessenen Ministerialität bezeichnet, während die »officiati« eine Stufe unter diesen rangierten und eine Gruppe mittlerer, ebenfalls ministerialischer Amtsträger in der Stadt bildeten. Beide Gruppen treten erkennbar dann bei der Bildung des Stadtrates in den dreißiger Jahren des 13. Jahrhunderts in Erscheinung. Damit soll nun nicht behauptet werden, daß eine direkte Verbindung vom Bischofsrat des 11./12. Jahrhunderts bis zum Stadtrat seit dem 1. Drittel des 13. Jahrhunderts führt. Vielmehr galt es deutlich zu machen, daß auch und gerade im Zusammenhang mit dem Bischofsrat und in dem Grenzbereich von bischöflicher und eigenständiger bürgerlicher Stadtpolitik Gruppierungen entstanden sind, die um die Mitte des 12. Jahrhunderts als Vertreter der sich formierenden Stadtgemeinde erwähnt werden und dann bei der Ausbildung des Stadtrats im ersten Drittel des 13. Jahrhunderts eine wichtige Rolle gespielt haben.

Dieses gestufte Nebeneinander von zwei zum größeren Teil der Ministerialität angehörenden und mit den städtischen Angelegenheiten besonders eng verbundenen Gruppen ist – wenn auch zum Teil etwas später und in anderer Form als in Mainz – geradezu ein Charakteristikum für die Zusammensetzung der Führungsschicht mittel- und oberrheinischer Städte, besonders der Bischofsstädte. Als Stich- und Reizworte, die diesen Sachverhalt umreißen sollen, sei an die Begriffsbildung von Philippe Dollinger »patriciat noble et patriciat bourgeois«[20] und an die von mir gewählte Formulierung »bürgerliche und ritterliche Ministerialität« erinnert[21]. Es besteht zwar keine inhaltliche Übereinstimmung hinsichtlich des Begriffs des »patriciat bourgeois« mit dem der bürgerlichen Ministerialität, aber Monsieur Dollinger und ich gehen doch von der gleichen Grundbeobachtung aus, daß nämlich die Zweigliederung des Patriziats für diese Städte

16) Mainzer Urkundenbuch, Bd. II, 1, bearb. v. P. Acht (Darmstadt 1968), Nr. 188, S. 350f. – Vgl. dazu H. Jakobs, Eugen III.. und die Anfänge europäischer Stadtsiegel, Köln–Wien 1980.

17) D. Demandt, S. 32ff. u. L. Falck (wie Anm. 11), S. 148. W. Martini, Der Lehnshof der Mainzer Erzbischöfe im späten Mittelalter, Phil. Diss. Mainz, Düsseldorf 1971.

18) Mainzer UB II/1, Nr. 207, S. 374/76.

19) Vgl. die in Anm. 17 gen. Literatur mit weiterführenden Hinweisen.

20) Ph. Dollinger, Patriciat noble et patriciat bourgeois à Strasbourg au XIVe siècle. In: Revue d'Alsace 90, 1951, S. 52–82 (nun auch in Ph. Dollinger, Pages d'histoire. France et Allemagne médiévales – Alsace, Paris 1978, S. 203–228).

21)Vgl. die in Anm. 2 gen. Arbeiten.

lange Zeit prägend blieb, zumal sie in der Rats- und Stadtverfassung Eingang fand. Dies wird deutlich erkennbar, wenn nach den heftigen Konflikten um die Ratsverfassung in Worms 1233 ein Kompromiß herbeigeführt wurde, der mit dem Ziel, dem Bischof einen größeren Einfluß auf die Ratsbesetzung zu gewähren, die Aufteilung der Ratsmandate in 6 Ritter- und 9 Bürgersitze bestimmte[22]. Einem gleichen Gliederungsprinzip folgte man in Basel, indem der Zwölfer-Rat mit vier ritterlichen und acht bürgerlichen Vertretern besetzt wurde[23]. Für die ratsfähigen Bürgergeschlechter wurde deshalb auch der Begriff der »Achtburger« gebräuchlich. In Straßburg wurde verfassungsmäßig eine vergleichbare Aufteilung erst verhältnismäßig spät verankert, nämlich in dem Schwörbrief von 1334, als nach dem »Geschölle« von 1332 die Straßburger Verfassung unter Beteiligung der Zünfte auf eine neue Grundlage gestellt wurde[24]. Nunmehr sollte sich der Rat zusammensetzen aus 8 Rittern, 14 Bürgern und 25 Vertretern der Handwerker, wobei übrigens an dieser Klassifizierung der Ritter, Burger, Handwerker erkennbar wird, daß der Begriff der Burger weiterhin noch einen ganz bestimmten Sinn haben konnte und überwiegend nur auf diesen Kreis der Patrizier Anwendung fand. Drei Jahre später führten die Auseinandersetzungen in Zürich zu einem ähnlichen Resultat[25]. Anläßlich der Neubildung des Rates in Freiburg i. Br. wurde hier bereits 1293 eine paritätische Besetzung des Rates mit 8 Rittern, 8 Kaufleuten (mercatores) und 8 Handwerksleuten vorgenommen[26].

Kehren wir aber zu unserer Ausgangsfrage zurück und wenden uns nach dem Hinweis auf die zweigliedrige Struktur des Patriziats in mittel- und oberrheinischen Städten der Frage nach Gestalt und Charakter ähnlicher Erscheinungen zu, wie sie mit den Begriffen kaufmännischer Genossenschaften und Gilden als Rahmenthemen der Tagung genannt werden, und zwar unter drei Aspekten, nämlich dem politischen, gesellschaftlichen und besonders dem wirtschaftlichen. Versuchen wir die beiden erstgenannten Gesichtspunkte kurz zu erfassen und zu resümieren, um dem letztgenannten, dem wirtschaftlichen, mehr Aufmerksamkeit widmen zu können. Die Zweigliederigkeit der älteren städtischen Führungsschicht, von der zuvor die Rede war, ist zweifellos *auch* das Ergebnis eines ständischen und sozialen Differenzierungsprozesses, wie er seit dem 1. Drittel des 13. Jahrhunderts in der Unterscheidung zwischen »milites« und »cives« in den Zeugenlisten unter Fortfall älterer Begriffe wie »ministeriales« und »officiati«

22) UB Worms I, Nr. 163–166, S. 122–124. Vgl. H. Boos, Geschichte der rheinischen Städtekultur I, S. 491 ff.

23) R. Wackernagel (wie Anm. 9), 1, S. 77/79 u. S. 201 f.; 2,1, S. 285–87.

24) Urkunden der Stadt Straßburg (Urkunden u. Akten der Stadt Straßburg, 1 Abt.), 5. Bd., bearb. v. H. Witte u. G. Wolfram (Straßburg 1896), Nr. 32, S. 40–43.

25) In Zürich wurde nach der »Zürcher Revolution« des Rudolph Brun von 1336 wohl nach Straßburger Vorbild folgende Ratsbesetzung vereinbart: 6 Ritter (»oder edel knechte an der ritter stat«), »7 erber burger von den Constaveln« und die Zunftmeister der 13 Zürcher Zünfte. Vgl. Largiader, Bürgermeister Rudolph Brun und die Zürcher Revolution von 1336, 1936. Ph. Dollinger (wie Anm. 20) – Pages d'histoire, S. 205.

26) Urkundenbuch der Stadt Freiburg i. Br., hrsg. v. H. Schreiber (Freiburg i. Br. 1828), 1, Nr. 50, S. 123 ff.

seinen Ausdruck findet. Die verfassungsmäßige Verankerung dieser Gliederung geschieht jedoch deutlich unter *politischen* Vorzeichen. Denn mit dieser Aufteilung verband sich für die Zeitgenossen und verbindet sich auch für uns die Vorstellung, daß die ritterlichen Ratsmitglieder aufgrund einer engeren lehns- und meist auch dienstrechtlichen Bindung eine gegenüber den bischöflichen Stadtherren überwiegend freundliche Politik vertreten hätten, während die Achtburger oder der Kreis um die bürgerlichen Ratsvertreter eine in Konfliktfällen entgegengesetzte Position einnehmen würden[27]. Eine solche Vorstellung vergröbert zwar, trifft jedoch grundsätzlich etwas Richtiges. Das herausragendste Beispiel dafür dürfte die Schlacht von Hausbergen von 1263 darstellen, als der Großteil der *ritterlichen* Geschlechter auf der Seite des Bischofs von Straßburg gegen die Bürgerschaft unter der Führung ebenfalls der Ministerialität entstammender bürgerlicher Ratsgeschlechter eine schwere Niederlage hinnehmen mußte und zum größeren Teil ihre Position in der Stadt verlor[28].

Neben diesen politischen Gruppierungen, die die Entwicklung lange Zeit bestimmten, sind dann jedoch Frontbildungen zu beobachten, die über den Konflikt Stadtherr/Bürgertum hinausführen und lokale Reflexe der großen politischen Auseinandersetzungen auf der Ebene von Imperium und Sacerdotium darstellen. Dies ist in Ansätzen schon im Investiturstreit zu beobachten, erfährt jedoch erst seit dem Ende der Stauferzeit eine solche Ausprägung, daß es zu Fraktionsbildungen und Fraktionskämpfen dieser Art kommt. Besonders während des Interregnums, als sich in Basel die Adelsfraktionen der Psitticher und Sterner erbittert bekämpften[29], und erneut im Zusammenhang mit dem großen Konflikt zwischen Ludwig dem Bayern und der Kurie um 1330, als in Straßburg die Adelsfraktion der Müllenheim und Zorn sich bei ihren Machtkämpfen auf die päpstliche oder königliche Sache beriefen[30], erlangten derartige politische Gegensätze die Oberhand und ließen vorübergehend die Aufgliederung in eine ritterliche und bürgerliche Führungsschicht in den Hintergrund treten.

Die Gruppen- und Parteienbildung, die einerseits in der Zusammensetzung des Rates und andererseits bei den Auseinandersetzungen der Adelsfraktionen in Erscheinung traten, fanden

27) Vgl. K. Schulz (wie Anm. 2), Die Ministerialität als Problem..., S. 198ff.

28) Vgl. dazu H. Mosbacher (wie Anm. 2), S. 146ff.

29) A. Burckhardt, Herkunft und Stellung von Adel und Patriziat zu Basel vom 13. bis 15. Jh. In: Basler Jb. (1909), S. 96ff. Ders., Die Parteiungen innerhalb der Basler Ritterschaft. In: Basler Zs. 22 (1924), S. 288–310. W. Meyer-Hofmann, Psitticher u. Sterner. Ein Beitrag z. Gesch. des unstaatlichen Kriegertums. In: Basler Zs. 67 (1967), S. 5–21.

30 Ph. Dollinger, Le patriciat des villes du Rhin supérieur et ses dissensions internes dans la première moitié du XIVe siècle. In: Schweiz. Zs./Revue suisse d'histoire 3, 1953, S. 248–258. K. Czok, Zur Volksbewegung in den deutschen Städten des 14. Jahrhunderts. Bürgerkämpfe und antikuriale Opposition. In: Städtische Volksbewegungen im 14. Jh., hrsg. v. E. Engelmann, Berlin (Ost), 1960, S. 157–169. Ders., Die Bürgerkämpfe in Süd- und Westdeutschland im 14. Jh. In: Jb. f. Gesch. d. oberdt. Reichsstädte, Esslinger Studien 12/13, 1966/67, S. 40–72. – B. Berthold, Innerstädtische Auseinandersetzungen in Straßburg. Jb. f. Gesch. d. Feudalismus 1, Berlin (Ost) 1977, S. 157–186, bes. S. 170f. – Vgl. Matthias von Neuenburg, Chronica, MGH SS rer. Ger. NS 4, cap. 44, S. 110: »Argentinensium autem pars una, scilicet Zornorum, Friderico, alia vero, scilicet Mulnheimensium, Ludovico favebat«.

ihre Entsprechung bei der Bildung von Gesellschaften. Dieses sich gegenseitig ergänzende Nebeneinander auf der politischen und gesellschaftlichen Ebene läßt sich am besten am Beispiel der Basler Stubengesellschaften erfassen. Hier war die Ratsfähigkeit von der Zugehörigkeit zu der sogenannten Hohen Stube abhängig, wie die Sammelbezeichnung für die verschiedenen Gruppierungen lautete, die jeweils mit bestimmten Lokalitäten verbunden waren. Die älteste und bekannteste Einrichtung dieser Art stellte das Haus zur Mücke dar, das – am Ende des Domplatzes gelegen – in erster Linie die ritterlicher Geschlechter vereinigte. Die ursprüngliche Stube der sogenannten Achtburger von Basel befand sich im Haus zum Brunnen am Fischmarkt. Diese ältere Stubenorganisation ist offensichtlich durch die Kämpfe zwischen den Psittichern und Sternern gestört worden. Jedenfalls bildete sich in diesem Zusammenhang eine dritte Gruppe, zum Seufzen genannt, ebenfalls in der Nähe vom Fischmarkt, die dann die Bezeichnung niedere Stube im Unterschied zu der oberen Stube erhielt. Letztere, also die obere Stube, stellte die Vereinigung der beiden älteren Stuben, nämlich zur Mücke und zum Brunnen, dar. Das Stubenrecht, die Stubenzugehörigkeit, war entscheidend für die Zugehörigkeit zum Patriziat. Für die Rittergeschlechter war aufgrund der Standesbezeichnung und der Herkunft ein relativ klares Kriterium vorgegeben. Die Ergänzung des Kreises der Achtburger erfolgte, wenn man den lehnsrechtlichen Aufzeichnungen des Bischofs von Basel aus dem Jahr 1351, die zweifellos sehr viel älter sind, Glauben schenken will, unter sehr aufschlußreichen Bedingungen und in einem interessanten Zeremoniell. Unter der Überschrift: »Wie ein Burger ze Basel soll gemacht oder uffgenohmen werden, das ist zu verston ein Acht Burger«, heißt es: »Welcher von der Gemeinde oder Hantwerchen ze Basel oder anderstwan dar ein Burger ze Basel sin und uffgenommen werden (will), der sol sich vor ettwe vil Jahr und Täge mit pferden und erlichen schin und guten getäten gegen das Gotzhus ze Basel, und mit (= gegenüber) sinen manen und dienstmannen redlich halten; und wenn das von Im offenbar würt, so mag er einen Byschoff bitten, dass er In für einen Burger uffnehm; hat den (= dann) der Byschoff einen willen darzu und In bedunkt, dass er sich in den vorgeseiten dingen also hab gehalten, so sol der (der) das bittet, mit dryen Pferden in guten Wesen usgericht in seinen Hof gen Basel kommen, und sollen er und sine Knecht ze fuss abston und uff sinen Knüwen den Byschoff bitten, dass er In zu Burger uffneme. Tut das der Byschoff um sin bitt, so soll er dem Byschoff die dru Pferde lassen und uff sinen füssen von Im gan; doch so mag Im der Byschoff von genaden ein pferd wider geben, um dass er In erlich von Im lasse, und sol zu Im sprechen: Rit hin und biss Rittern und Knechten unseren dienstmannen glich und macht den Rat ze Basel besitzen, würst du für Nütz darin erkosen. Wenn das beschicht (= geschieht), so ist er ein Achtburger und sunst nit, und mag Im dann ein Gesellschaft usser kiessen uff der obern oder nidern Stuben, dahin In der Byschoff wiset«[32]. Um in die Gruppe der Achtburger sowie in die obere oder niedere Stube und damit in den Stadtrat aufgenommen werden zu können, mußte also eine symbolische Angleichung und Zuordnung zur Ministerialität erfolgen. Der äußere Rahmen war dafür ganz

31) R. Wackernagel, Geschichte der Stadt Basel 2,1, S. 379ff.
32) J. Trouillat, Monuments de l'histoire de l'ancien évêché de Bâle, t. 4, S. 12.

unbürgerlich; denn von dem Bewerber wurde verlangt, daß er bei der Aufnahmezeremonie mit drei Pferden nebst Begleitern, d. h. als Glefner, also wie ein Ritter auftreten konnte. Hier wird noch einmal die große Distanz zu der übrigen Stadtbevölkerung sehr deutlich, während die Grenzen zwischen Achtburgern und Rittern demgegenüber vergleichsweise gering erscheinen und nach Aussage dieser Quelle hauptsächlich in der lehnsrechtlichen Bindung der Ritter zum Bischof bestanden.

Ebenso wie in Basel verteilten sich auch in Straßburg die einzelnen Patriziergruppen auf verschiedene Stuben, die hier jedoch erst anläßlich ihrer Zerstörung nach dem Konflikt von 1332 in der Chronik von Klosener im einzelnen genannt werden[33]. Eine ähnliche Funktion wie die Stubengesellschaften konnten in anderen Fällen, wie etwa in Trier, Bruderschaften, speziell Spitalbruderschaften übernehmen[34].

Zu all dem bisher Genannten mußte nun noch ein drittes Element hinzutreten, ohne das eine Führungsschicht, ein städtisches Patriziat, kaum denkbar ist, nämlich der Zusammenschluß unter wirtschaftlichen Vorzeichen. Wenn man in den mittel- und oberrheinischen Bischofsstädten nach ähnlichen Gebilden wie kaufmännischen Genossenschaften Ausschau hält, dann wird man in erster Linie auf die Münzer- oder Wechslerhausgenossen verwiesen werden[35]. Ob in Trier oder in Mainz, in Worms, Speyer, Straßburg oder in Basel, überall treten sie als eine privilegierte und politische wie wirtschaftlich sehr einflußreiche Gruppe in Erscheinung. Mit ihrer, im Geld- und Kreditgeschäft der rheinischen Bischofsstädte dominierenden Stellung spielten sie innerhalb des städtischen Wirtschaftslebens zweifellos die vornehmste Rolle. Während sich die Verbindung der Hausgenossen zur Münze in den meisten Fällen hauptsächlich auf ihre Verpflichtung, diese in ausreichendem Maß mit Silber zu versorgen, beschränkte, verfügten sie entweder ausschließlich oder vorrangig über das Recht des einträglichen Wechselgeschäftes auf den vom bischöflichen Stadt- und Münzherrn konzessionierten Wechselbänken sowie über das Recht des Handels mit ungemünztem Silber, was ihnen erhebliche Vorteile bei größeren Geld- und Warengeschäften besonders an anderen Handelsplätzen verschaffte. Die

33) Die Chroniken der deutschen Städte vom 14. bis 16. Jh., Bd. 8. Die Chroniken der oberrheinischen Städte, Straßburg, hrsg. v. C. Hegel, Bd. 1 (Leipzig 1870), S. 125: »Donoch brach man den herren ire drinkestuben abe, die do worent gebuwen uf die almende: zum ersten, die zům Hohenstege stůnt gegen der stuben, die sü nu hant uf dem Graben an der Barfußen mure, die wart abe gebrochen, die zum Mülsteine, der stube waz eigen, doch hettent sü ein hültzen sumerhüs uf der almende stond, daz sties uf die Brusch, daz wart abe gebrochen; donoch erwurbent sü umbe die stat, daz man sie lies wider druf buwen«.

34) K. Schulz, Ministerialität und Bürgertum in Trier (wie Anm. 2), S. 142ff. Hier handelt es sich um die Zugehörigkeit zur St. Jakobsbruderschaft (1364), die vermutlich eine Nachfolgeinstitution der bereits zu Beginn des 14. Jahrhunderts nachweisbaren Heilig-Geist-Bruderschaft war.

35) K. Th. Eheberg, Über das ältere deutsche Münzwesen und die Hausgenossenschaften. Staats- u. sozialwiss. Forschungen, Bd. II, Heft 5, Leipzig 1879. – W. Jesse, Die deutschen Münzer-Hausgenossen. Numismat. Zs. 63, 1930, S. 47–92. – G. Wagner, Münzwesen u. Hausgenossen in Speyer (Veröff. d. Pfälz. Ges. z. Förd. d. Wiss. 17), Speyer 1931. G. Kentenich, Die Trierer Hausgenossen. Trierisches Archiv XII, Trier 1908, S. 85ff. Vgl. außerdem die in Anm. 2 u. 20 genannte Literatur.

Beteiligung der Wormser Juden[36] oder der Baseler Goldschmiede[37] oder auch zeitweilig der Lombarden in Trier[38] an diesen Rechten änderte an dieser Situation nur wenig.

In diesem Punkt besteht in der Forschungsdiskussion relative Übereinstimmung, anders sieht es mit dem Problem der ständischen Herkunft und der rechtlichen Stellung der Hausgenossen aus. In der umstrittenen Frage, woher der Begriff der Hausgenossen abzuleiten ist, ob er als Ausdruck der Zugehörigkeit zum engeren Verband der bischöflichen familia oder aber der Verbindung zur Münze, zum Münzhaus, zu bewerten sei, möchte ich mich entsprechend der klaren Aussage des ersten Straßburger Stadtrechts für die Herleitung aus der familia entscheiden[40], zumal die Hausgenossen vielfach mit der Münzprägung und dem Münzhaus nichts zu tun gehabt haben. Außerdem werden in einigen Fällen auch andere mit der bischöflichen Hofhaltung besonders eng verbundene Gruppen, wie die Wormser Kürschner, ebenfalls als Hausgenossen bezeichnet[41], wobei ein möglicher Bezug zum Münzhaus natürlich entfällt. Der Begriff Haus dürfte in den Bischofsstädten vom Gotteshaus, der bischöflichen Kathedrale abgeleitet sein, wie es etwa einem Würzburger Schiedsvertrag von 1344 zu entnehmen ist, in dem u. a. das »gotzhause dynstleůt, amptleůt mů̊ntzer« die Rede ist[42]. Mit diesem Streitpunkt verbindet sich die zentrale Frage nach der Herkunft und der rechtlichen

36) MGH D F I, Nr. 166, S. 284ff. (= MGH Const. I, 163 u. UB Worms II, S. 740). Dieses Privileg Friedrichs I. für die Wormser Juden vom 6. April 1157 bestimmt u. a.: »Habeant eciam liberam potestatem per totam civitatem cum quibuslibet hominibus canbire argentum, excepto tantum ante domum monetaream vel sicubi alibi monetarii ad cambiendum consederint«. Diese Bestimmung geht schon auf das Privileg Heinrichs IV. für die Wormser Juden zurück (vgl. auch MGH D H IV, Nr. 412, S. 547f.) und findet sich in ähnlicher Gestalt in den Speyerer Judenprivilegien Bischof Rüdigers von 1084 u. Heinrichs IV. von 1090 (Hilgard, Urkunden Speyer, Nr. 11 u. 12, S. 11–13).

37) Urkundenbuch der Stadt Basel, hrsg. v. R. Wackernagel, R. Thommen u. A. Huber, Bd. 2, Nr. 658, S. 366ff. = Bestätigung der Rechte der Basler Hausgenossen durch Bischof Peter im April 1289: »Dess ersten die wechssler, die da sollent haben gerechtigkeit zu wechsslen, sint schuldig ze wechsslen und wag und gewicht der wagen ze haben, sust soll keyn anderer wechssel triben noch wag und gewicht haben inn der statt Basel, dann alleyn goldschmid, welichen solichs ze tunde und zu ir kunst ze haben gezympt biss zu vier marck und nit witter«. – Im Basler Bischofs- u. Dienstmannenrecht (W. Wackernagel, Das Bischofs- u. Dienstmannenrecht von Basel in deutscher Aufzeichnung des XIII. Jhs., Basel 1852) heißt es noch: »Ouch sol nieman han silberwage noch geloete wan die wehselere, die wehsilrehte hant, unde die goltsmide ze irme hantwerke unz an zwo march« (S. 18, § 7).

38) Rudolph, Quellen ... Trier, Nr. 22, S. 285–87. 1262 nimmt Erzbischof Heinrich einige Lombarden in seinen Schutz u. Geleit u. erteilt ihnen das Recht, für 10 Jahre in Trier zu wohnen und Geldgeschäfte zu betreiben; er verspricht aber den Bürgern, »quod nullatenus permittemus stare vel habitare aliquomodo in dicta civitate aliquem vel aliquos Lumbardos sive Cavercinos ipsis preiudicales, consimilem pecuniarum usum et negotionem cum eis exercentes«.

39) Vgl. dazu W. Jesse, Münzer-Hausgenossen (S. 64f.), der die verschiedenen Standpunkte nennt, selbst der Münzhaus-Deutung zuneigt, zur Frage der Herkunft bemerkt (S. 66): »Welchem Stande aber die Genossen von der Münze oder vom Münzhause angehörten, muß erst eine andere Untersuchung zeigen«, die ein nach den einzelnen Städten differenzierendes Ergebnis zeitigt.

40) Vgl. Anm. 43.

41) UB Woms III, S. 231.

42) Vgl. W. Schich, Würzburg im Mittelalter. Städteforschung A 3, Köln–Wien 1977, S. 244/45.

Stellung der Hausgenossen. In diesem einstmals so kontroversen Punkt sind die Meinungsverschiedenheiten gering geworden, denn es besteht weitgehende Einigkeit darin, daß die Münzerhausgenossen in der frühen Phase ihrer Entwicklung als eine privilegierte Gruppe der familia, dem Hofrecht, angehört, mit der Erlangung des Rechts der Selbstergänzung ihrer Korporation sich aber rasch verbürgerlicht hätten[43]. In dieser Frage wird man jedoch keine generelle Antwort geben können, da die Unterschiede von Stadt zu Stadt zu groß sind. Gerade diese Unterschiede aber sind es, die weitergehende Einblicke in die jeweilige Struktur des Patriziats ermöglichen. Versuchen wir deshalb, kurz einige Charakteristika der einzelnen Städte zu erfassen.

In Trier – um im Norden zu beginnen – tritt uns das »consortium civitatis Treverensis, quod Huschenozcaph vulgo vocatur« seit dem Beginn des 13. Jahrhunderts, und zwar nach dem Privileg von Erzbischof Theoderich von 1236 als ein auf 30 Personen beschränkter Kreis entgegen, der über das Recht der Selbstergänzung verfügte[44]. Wie es einem sehr viel späteren Mitgliederverzeichnis, nämlich von 1351, zu entnehmen ist, wurde die Zugehörigkeit zu den Trierer Wechslerhausgenossen in der Regel von einer »geburt von rechter linigen« abhängig gemacht, was – wie es deren Zusammensetzung und rechtliche Stellung erkennen läßt – die Herkunft aus der Ministerialität bedeutete[45]. Ihre Exklusivität wird daran ersichtlich, daß sie nicht dem Stadtgericht unterstanden, sondern über eine eigene Gerichtsbarkeit verfügten, was wesentlich zu der Verbitterung beitrug, mit der neben Trier auch in Mainz, Worms und Speyer um die Beseitigung ihrer exklusiven Rechtsstellung im 14. und 15. Jahrhundert in immer neuen Anläufen gekämpft wurde[46].

Diese Verquickung der verschiedenen Elemente und das Spannungsverhältnis, in das die alte Führungsschicht durch ihre privilegierte Stellung und rechtliche Abgrenzung gegenüber den anderen Gruppen der städtischen Bevölkerung geriet, zeigen besonders deutlich die Mainzer Konflikte um 1332[47]. Als ihre althergebrachten Vorrechte, als ihre Freiheit, wie es heißt,

43) Dafür bietet besonders das Straßburger Beispiel einen guten Anhaltspunkt, wenn es im Art. 63 des ersten Straßburger Stadtrechts (UB Straßburg 1, S. 471) heißt: »nullus facere denarios debet, nisi qui sit de familia huius ecclesie«. Noch klarer wird die Stellung der Münzerhausgenossen im Zusammenhang mit dem Art. 93 ausgesprochen: »debent etiam singuli burgenses in singulis annis quinquies operari numero dierum in dominico opere, exceptis monetariis omnibus, qui sunt de familia ecclesie...«. Aber in demselben Stadtrecht ist bereits die Käuflichkeit des Hausgenossenrechts vorgesehen (ebd., Art. 77, S. 472): »quicumque ius monetariorum habere disiderat, dimidiam marcam auri debit episcopo, monete magistro quinque denarios auri, monetariis viginti solidos gravis monete«.

44) Rudolph, Quellen... Trier, Teil I, Nr. 2 (Bischofsrecht), S. 9: »Sex discipuli sunt in moneta et septimus est magister monete«, u. ebd., S. 10: »Husgenozen Treverenses XL solidos annuatim tenentur domino archiepiscopo«. Hier ist also bereits eine klare Trennung zwischen Münzern und Wechslerhausgenossen vollzogen. Die Urkunde von 1236 findet sich ebd., Teil II, Nr. 12, S. 279.

45) Ebd., Teil II, Nr. 59, S. 324/26. K. Schulz, Ministerialität und Bürgertum in Trier, S. 136ff.

46) Vgl. dazu K. Schulz, Die Ministerialität als Problem, S. 209ff.

47) J. Fischer, Frankfurt und die Bürgerunruhen in Mainz (1332–1462). (Beiträge z. Gesch. d. Stadt Mainz 15) Mainz 1958. J. B. Seidenberger, Die Kämpfe der Mainzer Zünfte gegen Geistlichkeit und Geschlechter im 14. u. 15. Jh., Hist. Jb. 8, 1887, S. 430–453 u. 9, 1888, S. 1–27.

nahmen die Mainzer Geschlechter für sich das »dinstrecht«, das »husgenossenrecht« und das »gadenrecht« in Anspruch und setzten sich entschlossen gegen den Versuch zur Wehr, ihnen diese Rechte beschneiden oder gar entziehen zu wollen[48)]. Abgesehen von dem den Mainzer Geschlechtern also ebenfalls vorbehaltenen Gadenrecht, mit dem das Monopol des Gewandschnittes und des Tuchhandels verknüpft war, begegnet diese Koppelung von Zugehörigkeit zum Patriziat, zur Ministerialität und zur Hausgenossenschaft in ausgeprägter Form auch in Worms, wie es einerseits schon dem Privileg Friedrich Barbarossas von 1165 und andererseits der Wormser Chronistik noch zu Beginn des 16. Jahrhunderts zu entnehmen ist[49)]. Wie eng die Beziehung zwischen Münzerhausgenossen und Stadtrat in Speyer war, läßt der 1289 abgeschlossene Vertrag über die Erbauung eines Münzhauses, das gleichzeitig zur Abhaltung der Ratssitzungen dienen sollte, erahnen[50)]. Allerdings kommt es hier schon 1304 zum Konflikt mit den Zünften, durch den die Vormachtstellung der Hausgenossen erheblich eingeschränkt wurde[51)].

Deutlich anders verlief die Entwicklung der Hausgenossenschaften von Straßburg und Basel. In Basel vollzog sich die Zunftbildung seit dem ersten Viertel des 13. Jahrhunderts sehr viel konsequenter als in anderen Städten und zog andere ältere Gruppierungen in ihren Bannkreis[52)]. Als Bischof Peter von Basel im Jahre 1289 seinen »burgern, den wechsslern ze Basel, die zu tusch hussgenossen genempt werden, ... ir geselschaft, gutt gewonheiten oder statuten« bestätigte, da wurde die Exklusivität dieser Gesellschaft durchaus betont, etwa mit der Bestimmung, daß kein anderer als ehelich geborene Söhne von Hausgenossen in diesen Kreis aufgenommen werden und das Wechselgeschäft und den Silberhandel betreiben dürfen[53)]. Dennoch ist es den Zünften bald und offensichtlich ohne große Konflikte gelungen, auch die Hausgenossen in ihren Rechtsbereich einzubeziehen, wenn auch mit dem gehobenen Status einer Herrenzunft. Angesichts der Rolle, die die Hohe Stube bzw. die Obere und Niedere Stube in Basel spielten, brauchte möglicherweise hier die Hausgenossenschaft auch nicht die Integrationsfunktion des Patriziats auf gesellschaftlicher Ebene zu übernehmen. Diese war im stärkeren Maße in Straßburg der Fall, wo die Münze geradezu das Gesellschaftshaus des weiteren Patriziats wurde. Dollinger nennt die Hausgenossenschaft »la véritable citadelle du patriciat strasbourgeois«[54)]. Angesichts der ganz ungewöhnlich hohen Mitgliedszahlen – die

48) Die Chroniken der deutschen Städte, Bd. 17 = Mainz, Bd. 1, hrsg. v. C. Hegel, Mainz 1881, S. 29. Zu den weiteren Auseinandersetzungen zu Beginn des 15. Jahrhunderts vgl. ebd., S. 70, 76, 82, 179.

49) Vgl. Anm. 6 u. UB Worms III, Auszüge aus der alten Wormser Chronik in deutscher Übersetzung, S. 203–223.

50) Hilgard, Urkunden Speyer, Nr. 162. Vgl. G. Wagner, Münzwesen u. Hausgenossen in Speyer. Veröff. d. Pfälz. Ges. z. Förd. d. Wiss. 17, Speyer 1931.

51) Hilgard, Urkunden Speyer, Nr. 227. – Vgl. dazu neuerdings Ernst Voltmer.

52) A. Burckhardt, Geschichte der Zunft zu Hausgenossen in Basel, Basel 1950.

53) Vgl. Anm. 37. R. Wackernagel, Geschichte der Stadt Basel, Bd. 1, S. 107ff.

54) Ph. Dollinger (wie Anm. 20), S. 60.

Listen von 1266 verzeichnen 328 und die von 1283 sogar 454 Mitglieder – allerdings einschließlich der mitgenannten Stellenanwärter – wird bereits deutlich, daß es sich hier um die große Vereinigung des Patriziats handelte[55)].

Daneben gab es in Straßburg noch eine sehr viel kleinere, aber besonders interessante Gruppe, nämlich die »duodecim officiati inter pellifices«, die 12 Amtleute des Kürschnergewerbes oder auch die 12 Kammerkürschner genannt[56)]. Nach der Aussage des ersten Straßburger Stadtrechts bzw. Bischofsrechts etwa von der Mitte des 12. Jahrhunderts hatte diese Gruppe der 12 Kürschner für den Bischof und seinen Hof nach Bedarf Pelzwerk anzufertigen. Der magister pellificuum führte in Begleitung einiger Zwölfer auf Rechnung des Bischofs Fahrten nach Mainz oder Köln durch, um dort für den Bischof die erforderlichen Felle einzukaufen. Dabei und auch bei ihren anderen Handelsfahrten dürften sie gemäß dem seit karolingischer Zeit immer wieder bestätigten königlichen Privileg für die »homines ecclesie Argentinenses« Zollfreiheit genossen haben, was schon das Amt eines Kammerkürschners attraktiv gemacht haben wird[57)]. Diese 12 Kürschner erlangten nun im politischen und gesellschaftlichen Leben Straßburgs sehr schnell eine herausragende Stellung, wie es in der Untersuchung von Helga Mosbacher klar herausgearbeitet wird[58)]. Die aus den Jahren 1237 und 1240 überlieferten Mitgliederlisten ermöglichen es, Herkunft und Stellung dieses Personenkreises näher zu erfassen[59)]. Für die meisten Kammerkürschner läßt sich nachweisen, daß sie zu den ratsfähigen Geschlechtern gehörten; aus ihrem Kreise gingen zahlreiche Straßburger Bürgermeister hervor. Ihr besonderes Dienstverhältnis zum Bischof – wohl mehr als Händler denn als Handwerker – und die damit verbundene privilegierte und besonders rechtliche Stellung einschließlich der eigenen Gerichtsbarkeit sind die wesentlichen Voraussetzungen für den Einfluß und das Ansehen dieser exklusiven Gruppe. Noch zu Beginn des 15. Jahrhunderts wird das Amt der Kammerkürschner als ein Vorrecht des Patriziats angesehen und verteidigt; denn 1419 versuchte das Patriziat als »vereinigte Ritterschaft aus Straßburg« im Dachsteiner Krieg von der Stadt die Anerkennung ihrer alten Vorrechte zu erzwingen und dazu gehörte das Amt des Kammerkürschners ebenso wie das des Vogts, Schultheißen und das der Münzerhausgenossen[60)].

Zwar tritt das Institut der Kammerkürschner in Straßburg besonders stark in den Vordergrund, dennoch handelt es sich hier nicht um eine lokale Besonderheit, vielmehr bildete auch in anderen rheinischen Bischofsstädten diese Sondergruppe innerhalb der Kürschner eine

55) UB Straßburg I, S. 485ff. u. IV,2, S. 250ff. Zu den Mitgliedszahlen der Hausgenossen in den einzelnen Städten vgl. W. Jesse, Die deuschen Münzer-Hausgenossen, S. 60.

56) UB Straßburg I, Nr. 616, S. 474, Art. 102. Vgl. dazu H. Weule (wie Anm. 2), S. 42ff.

57) UB Straßburg I, Nr. 23, S. 18f. (= älteste erhaltene echte Zollbefreiungsurkunden von Ludwig d. Frommen von 831).

58) H. Weule (wie Anm. 2), S. 47–96.

59) Ebd., Anhang, S. 162f. u. UB Straßburg I, Nr. 268, S. 206f.

60) H. Weule, S. 101.

privilegierte Genossenschaft[61]. So etwa in Worms, wo in der ersten Rachtung von 1233, mit der die Neuregelung der Ratsverfassung erfolgte, neben den Münzerhausgenossen auch die dort Wildwerker genannten Kürschnerhausgenossen von dem Verbot aller anderen Handwerksverbände (fraternitates) ausgeklammert wurden, und zwar wohl einfach deshalb, weil sie aus dem politischen und wirtschaftlichen Leben der Stadt nicht mehr wegzudenken waren[62]. Ihre exklusive Stellung in der Stadt kommt besonders klar in einem Weistum »De iudicio condempnatorum antiquitus in urbe Wormatiense« zum Ausdruck, wenn es im Zusammenhang mit der Bestätigung der Immunität ihrer Häuser heißt: »Si aliquis malefactor in civitate repertus fuerit in domo alicuius, illum potest comes civitatis excipere et educere, exceptis domibus et curiis clericorum, ministerialium, monetariorum et wiltwerker husgenosz. Sed in domibus ministerialium educet camerarius, de domibus monetariorum magister vel solus magister eorum, de mansionibus wiltwerker husgenoz magister eorum«[63].

Auf die sieben Kammerkürschner in Trier und ihre ministerialische Stellung sei abschließend nur noch kurz hingewiesen[64]. In dem Trierer Bischofsrecht, dem sogenannten Liber Annalium Iurium von ca. 1215 heißt es: »VII sunt camerarii inter pellifices, quorum unus est magister« bzw. »VI sunt pellifices et septimus est magister eorum, qui pertinent(es) ad cameram archiepiscopi«[65]. Als ein für die weitere Entwicklung charakteristisches Quellenzeugnis sei auf eine Urkunde von 1400 aufmerksam gemacht. In diesem Jahr verkauften die Söhne des Trierer Schultheißen und Schöffen Ordolf Scholer ihr Kürschneramt, das sie vom Erzbischof zu Lehen hatten, mit dessen Einwilligung an einen anderen Schöffen[66]. Das Amt eines Kammerkürschners war also nach wie vor sehr angesehen und war wie andere bischöfliche Ämter vom Prozeß der Feudalisierung erfaßt worden.

Schließen wir hiermit die Bemerkungen zu den Patriziergesellschaften ab und versuchen, einige wichtige Aspekte in drei Punkten zusammenzufassen: 1. Für die rheinischen Bischofsstädte wird man nicht von der Vorstellung ausgehen dürfen, daß ältere kaufmännische Genossenschaften im Zusammenhang mit der städtischen Entwicklung des 11./12. bis zum beginnenden 13. Jahrhundert ihre Aktivitäten ausdehnten oder verlagerten und mit dem entstehenden Stadtrat auch in politische Funktionen einrückten – oder, um es noch deutlicher zu sagen, daß Gilden oder kaufmännische Genossenschaften hier in erster Linie die Träger dieser Entwicklung gewesen wären, wie es von der Stadtgeschichtsforschung mit Bezugnahme auf andere Beispiele – besonders niederdeutsche und flämische – lange Zeit betont worden ist. Vielmehr erfolgte in unseren Städten die entscheidende Gruppenbildung von vornherein unter

61) H. Thimme, Das Kammeramt in Straßburg, Worms u. Trier. Abhdll. z. mittl. u. neueren Gesch., hrsg. v. Below/Finke/Meinecke, H. 43, Berlin u. Leipzig 1913.

62) UB Worms I, Nr. 163, S. 123: »Item omnes fraternitates civium-husgenoz et wiltwerkere illis exceptis – ammode penitus cessabunt«.

63) Ebd. III, S. 231.

64) K. Schulz, Ministerialität u. Bürgertum in Trier, S. 190ff.

65) Rudolph, Quellen Trier, Teil I, Nr. 2, S. 9.

66) K. Schulz, vgl. Anm. 64, S. 198f.

politischen Vorzeichen, und zwar bereits seit der Wende vom 11. zum 12. Jahrhundert in Verbindung mit dem Bischofsrat und unter vorrangiger Beteiligung der Inhaber städtischer Ämter. 2. Ein für die Mehrzahl der rheinischen Bischofsstädte gemeinsames Charakteristikum ist das abgestufte Nebeneinander einer ritterlichen und einer bürgerlichen Führungsschicht, das in Vorformen schon in der ersten Hälfte des 12. Jahrhunderts sichtbar wird. Durch eine unterschiedliche ständische Entwicklung und politische Orientierung zeichnet es sich seit dem ersten Drittel des 13. Jahrhunderts so klar ab, daß es teilweise als Grundlage für die Neuregelung der Stadtverfassung bei der Verteilung der Ratssitze dienen kann. Parteibildungen im Zusammenhang mit den großen politischen Konflikten der Zeit und die damit auch in Verbindung stehenden Kämpfe der Geschlechterverbände haben nur vorübergehend diese prägende Grundstruktur überlagern können. 3. Neben dem Zusammenschluß auf der gesellschaftlich-geselligen Ebene in den Stubengesellschaften, zum Teil auch in Spitalbruderschaften, bilden in allen mittel- und oberrheinischen Städten die Münzer- oder Wechslerhausgenossen die wichtigste Gruppierung unter wirtschaftlichen und z. T. auch rechtlichen Vorzeichen. Dabei fällt als ein charakteristisches Merkmal dieser so strukturierten und organisierten Führungsschicht die Betonung ihrer rechtlichen Sonderstellung, ihrer eigenen Gerichtsbarkeit, die Herleitung ihrer privilegierten Stellung aus älteren Rechtsbindungen ins Auge. Selbst das Anknüpfen an den Sonderstatus eines Kammerkürschners, die Zugehörigkeit zu den »duodecim officiati inter pellifices« kann – wie wir gesehen haben – bei dieser Abgrenzung eine wichtige Grundlage darstellen. Auch und gerade in den innerstädtischen Konflikten des 14. und 15. Jahrhunderts spielte das Beharren der alten Geschlechter auf den aus ihrem persönlichen Rechtsstatus resultierenden Privilegien eine wesentliche Rolle.

Mit den Bemerkungen über die Kammerkürschner sind wir beinahe unbemerkt in die Diskussion um die Stellung des Kammerhandwerks und die Entstehung des Zunftwesens und damit in den zweiten kürzeren Teil des Referats hineingeraten. Denn die nach dem Trierer Muster verallgemeinernd *Kammer*handwerker[67] genannten Gruppen haben auf Grund ihrer besonderen Funktion und Rechtsstellung einen zentralen Platz in der großen Kontroverse der Jahrhundertwende um den hofrechtlichen oder freien Ursprung der Zünfte gehabt. Diese Auseinandersetzung wurde um ein Teilstück der sogenannten Hofrechtstheorie geführt, die Karl Wilhelm Nitzsch 1859 entwickelt hatte[68]. Als die wichtigsten dem hofrechtlichen Aspekt größere Bedeutung beimessenden Historiker sind Gustav Schmoller, Gerhard Seeliger und Rudolph Eberstadt zu nennen[69]. Sie vertraten im wesentlichen die Ansicht, daß erst nach einem

67) RUDOLPH, Quellen Trier, Nr. 1 (Das älteste Trierer Stadtrecht, ca. 1190), S. 2. Bereits hier heißt es im Zusammenhang mit der Bürgerfron gegenüber dem Erzbischof (Heuschnitt u. Getreideernte) »exceptis scabinis et camerariis« bzw. »excipiendi sunt scabini et camerarii«.
68) K. W. NITZSCH, Ministerialität u. Bürgertum im 11. u. 12. Jh., Leipzig 1859.
69) G. SCHMOLLER, Deutsches Städtewesen in älterer Zeit, Bonn 1922. (Eine Aufsatzsammlung, die u. a. die zu dieser Thematik einschlägigen Beiträge enthält). G. SEELIGER, Die soziale und politische Bedeutung der Grundherrschaft im frühen Mittelalter, Leipzig 1903. DERS., Forschungen zur Geschichte der Grundherrschaft im früheren Mittelalter. Hist. Vjschr. 8, 1905, S. 305ff. und 10, 1907, S. 305ff. DERS.,

längeren Prozeß der Loslösung von älteren Bindungen die Handwerke eine weitgehend unabhängige und freie Stellung erlangt hätten und bei der Zunftbildung an ältere hofrechtliche Organisationsformen angeknüpft werden konnte. Die herausragendsten Vertreter der Gegenposition waren zweifellos Georg von Below und Friedrich Keutgen, die, so darf man wohl sagen, den Sieg davongetragen haben[70]. Sie glaubten den Nachweis führen zu können, daß nur die niedere Schicht einfacher Handwerker und Knechte, die vornehmlich am bischöflichen Hof oder in den Immunitäten der verschiedenen Stifter und Klöster lebten und tätig waren, dem Hofrecht unterstanden hätten, alle am städtischen Gewerbe- und Marktleben teilnehmenden Handwerker und Händler dagegen als frei anzusprechen seien. Schwierigkeiten bei dieser Beweisführung bereiteten vor allem die Kammerhandwerker auf Grund ihrer besonderen Dienstleistung und rechtlichen Stellung. Das Quellenmaterial, auf dessen Grundlage diese Diskussion hauptsächlich geführt wurde, entstammt überwiegend den rheinischen Bischofsstädten. Es handelt sich in erster Linie um das erste Straßburger Stadtrecht, auch Bischofsrecht genannt, etwa aus der Mitte des 12. Jahrhunderts und das zweite Straßburger Stadtrecht um 1200 sowie das älteste Trierer Stadtrecht vom Ende des 12. Jahrhunderts und das vermutlich dem zweiten Jahrzehnt des 13. Jahrhunderts angehörende »liber annalium iurium archiepiscopi et ecclesie Trevirensis«[71]. Daneben gibt es noch eine Anzahl von königlichen Privilegien und Rechtssprüchen, die die Dienerschaft des Bischofs und der Domherren in ihrer rechtlichen Stellung in der Stadt betreffen; so etwa 1101 für die Speyrer, 1122 für die Straßburger und 1182 für die Wormser Domherren und ihre Dienerschaft[72].

Wenn es nun in dem letztgenannten Hofgerichtsurteil Friedrich Barbarossas heißt, daß nur diejenigen »ministri ecclesiae« von den städtischen Abgaben befreit sein sollen, die täglich in eigener Person Dienste für die Domherren leisten, nicht jedoch diejenigen, die zugleich ein Nebengewerbe betreiben und als Markthändler auftreten und sogar zur Erlangung der Befreiung von den Abgaben – oder genauer zwecks Steuerflucht (pro subterfugio nostre collecte obsequio fratrum se applicant) – sich in ein Pseudodienstverhältnis zu dem Domstift begeben,

Handwerk und Hofrecht. Hist. Vjschr. 16, 1913, S. 472–519. – Rudolf Eberstadt, Magisterium und Fraternitas. Eine verwaltungsgeschichtl. Darstellung der Entstehung des Zunftwesens. Staats- und sozialwiss. Forschungen, hrsg. v. G. Schmoller, Bd. XV, 2, Leipzig 1897. Ders., Ursprung des Zunftwesens u. die älteren Handwerkerverbände des Mittelalters, Leipzig 1900.

70) G. v. Below, Zur Entstehung der deutschen Stadtverfassung, HZ 58, 1887, S. 193ff. und 59, 1888, S. 193ff. Ders., Die Entstehung der deutschen Stadtgemeinde, Düsseldorf 1889. Ders., Die Entstehung des Handwerks in Deutschland. Zs. f. Sozial- u. Wirtschaftsgesch. V, 1897, S. 124ff. Ders., Handwerk und Hofrecht, Eine Entgegnung. VjSWG XII, 1914, S 1ff. – F. Keutgen, Ämter und Zünfte. Zur Entstehung des Zunftwesens, Jena 1903, ND Aalen 1965.

71) UB Straßburg I, Nr. 616, S. 477ff. u. Nr. 617, S. 477ff. Rudolph, Quellen Trier, Nr. 1, S. 2ff. u. Nr. 2, S. 8ff. u. vollständig im UB... der mittelrheinischen Territorien, hrsg. v. H. Beyer, L. Eltester u. A. Goerz, Bd. II, Nachtrag Nr. 15, S. 399f.

72) F. Keutgen, Urkunden zur städtischen Verfassungsgeschichte (Berlin 1901, ND Aalen 1965), Nr. 11, 13, S. 5–7 (Zusammenstellung dieser drei Zeugnisse). Zur Sache vgl. die Ausführungen von F. Keutgen, Ämter u. Zünfte. Zur Entstehung des Zunftwesens (Jena 1903, ND Aalen 1965), S. 66ff.

dann wird damit ja keineswegs zum Ausdruck gebracht, daß sich das Hofrecht nur auf diesen Kreis der kirchlichen Dienerschaft erstreckt hätte. Andere dem Hofrecht unterstehende Personengruppen verlieren ja nicht schon deshalb ihren rechtlichen Status, weil sie sich am Gewerbe- und Marktleben beteiligen. Aber darauf läuft die Argumentation der Gegner der Hofrechtstheorie hinaus, die von daher gleichzeitig auch die anderen Bereiche zu erklären versuchen. Vom Gegensatz »frei« und »unfrei« ausgehend, stellte man den »freien« Bürgern und Handwerkern die »unfreien« hofhörigen Handwerker und Knechte gegenüber, die am bischöflichen Hof oder in den Immunitäten der verschiedenen Stifter und Klöster lebten, zu unbegrenzten täglichen Dienstleistungen herangezogen wurden und von der Teilnahme am Marktverkehr, dem Verkauf eigener Erzeugnisse ausgeschlossen blieben. Indem man den Geltungsbereich des Hofrechts auf diese Gruppe niederer Diener beschränkte, präjudizierte man damit zugleich die Stellung der Kammerhandwerker, die auf Grund ihres wirtschaftlichen und sozialen Status nicht dem Hofrecht unterstanden haben könnten, sondern als freie Handwerker, gleichsam als »Hoflieferanten«, anzusprechen wären[73]. Die soziale Stellung wird damit weitgehend zum Kriterium für die Zuerkennung des Attributs »frei« oder »unfrei«, d. h. für die Zuordnung zum Stadt- oder Hofrecht bzw. für die scharfe Trennung zwischen privatem und öffentlichem Recht, zwei angeblich voneinander klar abgegrenzten Rechtskreisen. Die verschiedenen, im Zusammenhang mit den Kammerkürschnern gegebenen Hinweise lassen jedoch ihre rechtliche Sonderstellung, ihre Bindung an das Hofrecht sowohl in den Quellen des 12. Jahrhunderts als auch noch in denen des 14. und 15. Jahrhunderts deutlich erkennen, die nicht als Minderung, sondern als Privilegierung betrachtet wurde.

Nun wird man den Stellenwert dieser Zuordnungen und kontroversen Positionen nur dann zureichend verstehen, wenn man wie unsere Altvorderen in die Einzelanalyse besonders der beiden umfangreichen Quellen eintritt, was hier nicht nachvollziehbar ist. Bei dieser Diskussion geht es letztlich um die Frage, wie es zu der Entstehung der Zünfte gekommen ist und welche Vorstufen und Entwicklungen dafür von Bedeutung gewesen sind. In den einschlägigen Artikeln des ersten Straßburger Stadtrechts wird eine Anzahl von Gewerben genannt, die als »officia« bezeichnet werden und in fast allen Fällen der Oberaufsicht des Burggrafen unterstanden, der für jedes Gewerbe einen »magister«, also einen Amtmeister, einsetzte[74]. Die in diesem Zusammenhang erwähnten Verpflichtungen gegenüber dem Bischof, denen die einzelnen Handwerksgruppen unterlagen, können meines Erachtens schon auf Grund der verschiedenen Zuständigkeiten, der unterschiedlichen persönlichen Bindungen und Abhängigkeiten, wie sie nun einmal in den rheinischen Bischofsstädten um die Wende vom 11. zum 12. Jahrhundert anzutreffen sind, nicht insgesamt als Ausfluß des bischöflichen Hofrechts gewertet werden. Die

73) Vgl. dazu vor allem Kap. IV (Hofhandwerker und Markthandwerker) u. Kap. V (Die Handwerker in Straßburg u. Trier) bei F. Keutgen, Ämter u. Zünfte, S. 61–101.

74) UB Straßburg 1, Nr. 616, S. 470 »Ad officium burcgravii pertinen ponere magistros omnium officiorum fere in urbe, scilicet... et de eisdem habet potestatem iudicandi, si quid deliquerint in officiis suis«.

einzelnen Handwerksgruppen setzten sich zweifellos aus Personen zusammen, die unterschiedlichen Rechtsbindungen unterlagen[75]; insofern ist den Gegnern der Hofrechtstheorie zuzustimmen. Die in den frühen Rechten anzutreffende Gewerbeorganisation ist also nicht im Rahmen der grundherrschaftlichen Wirtschaft durch herrschaftliche Maßnahmen geschaffen worden, sondern sie ist vom bischöflichen Stadtherrn in Verbindung mit dem Marktregal zur Strukturierung und Kontrolle des Markt- und Gewerbelebens eingerichtet worden. Was aus diesen Bestimmungen tatsächlich hervorgeht, ist die obrigkeitliche Zusammenfassung der einzelnen Berufsgruppen, die der Aufsicht eines Ministerialen unterstellt werden.

Diese Form der Gewerbeorganisation wird man noch nicht Zünfte nennen können, da ihnen noch verschiedene Elemente fehlen, die mit diesem Begriff essentiell verknüpft sind. Andererseits dürfte auch kaum ein Zweifel daran bestehen, daß an die im Zusammenhang mit der bischöflichen Stadtherrschaft entwickelte Gewerbeordnung angeknüpft worden ist, als die älteren Gewerbegruppen den Charakter von Zünften anzunehmen begannen. Dies läßt sich vor allem an dem langen Fortwirken älterer rechtlicher Regelungen ablesen, etwa an der Stellung des Burggrafen in Straßburg gegenüber den Zünften noch im 14. Jahrhundert oder an der Ernennung eines ministerialischen Zunftvorstehers durch den Bischof von Basel bei der Gründung von Zünften im eigentlichen Sinne während des 13. Jahrhunderts[76]. Es wäre wohl an der Zeit, die Frage nach der Entstehung der Zünfte einmal neu aufzuwerfen; denn seit der schon erwähnten kontroversen Debatte vor fast einem Jahrhundert ist auf diesem Gebiet nichts Entscheidendes mehr geschehen.

Wenn man lange Zeit über die Gründung von Zünften im engeren Sinne in vielen Fällen so wenig erfährt, dann ist dies sicherlich auch ein Problem der Quellenüberlieferung, zugleich aber auch wohl Ausdruck dafür, daß nicht nur der bischöfliche Stadtherr, sondern dann z. T. auch die städtische Führungsschicht nicht gerade Neigung zeigte, den Handwerkern weitreichende Rechte und größere Selbständigkeit einzuräumen[77]. Dies ist besonders an dem zuletzt näher behandelten Straßburger Fall abzulesen, wenn nämlich nach den relativ ausführlichen Bestim-

75) Dies war zwar vielfach schon in der rechtlich gelockerten Form der Zensualität der Fall, ein Rechtsstatus, der gerade für die Übergangsphase der Stadtentwicklung vom 11. zum 12. Jh. eine entscheidende Rolle spielte. Vgl. meinen Beitrag dazu in der Festschrift für H. Helbig (wie Anm. 4) sowie über »Zensualität und Stadtentwicklung im 11./12. Jh«. In: Städteforschung A 11, Köln 1982, S. 73–93.

76) W. Dettmering, Beiträge zur älteren Zunftgeschichte der Stadt Straßburg, Hist. Studien, Heft 40, Berlin 1903 u. F. Keutgen, Ämter u. Zünfte, S. 151–168.

77) In dieser Hinsicht bietet die vergleichsweise sehr frühe Entwicklung Kölns interessante Aufschlüsse, wo zwar schon 1149 vom Schöffenkolleg den Decklakenwebern und um 1180 von der Richerzeche den Drechslern Zunfturkunden erteilt werden, denen sich noch ein Zunftbrief für die Filzhutmacher von 1225 anschließt, dann jedoch bis zur Wende vom 13. zum 14. Jh. nichts Vergleichbares mehr überliefert ist, allerdings bereits zum Jahre 1216 ein erster Konflikt mit den Zünften und in den Jahren von 1258–1262 die erste große Auseinandersetzung dieser Art bezeugt ist. Vgl. H. Loesch, Die Kölner Zunfturkunden nebst anderen Kölner Gewerbeurkunden bis zum Jahre 1500, 2 Bde., (Bonn 1907) I, 25/26 (1149), I, 34/35 (ca. 1180), I, 106/07 (1225), – I, 248 (= 1216); I, 249 (1258–62).

mungen über die Organisationsform der Gewerbe durch den bischöflichen Stadtherrn in der Mitte des 12. Jahrhunderts bis zu dem »Geschölle« von 1332 und dem Schwörbrief von 1334 nur recht verstreute Informationen über die Straßburger Zünfte vorhanden sind. Im Zusammenhang mit den Konflikten von 1332/34 wird deutlich, daß noch eine Anzahl von Gewerben keine feste Organisation hatte, manche Handel- und Gewerbetreibende erst jetzt in die Zünfte eintraten und einige Zünfte wohl erst neu errichtet wurden[78]. Dabei handelt es sich aber bereits um die Gründung von politischen Zünften. Denn die neue Verfassung, die eine Beteiligung von 25 Zunftvertretern im Rat vorsah, war nun der zahlenmäßige Maßstab und der konkrete Anlaß für die Zunftneugründungen.

Gewiß gibt es in den beinahe zwei Jahrhunderten, die zwischen diesen beiden Daten liegen, in den rheinischen Bischofsstädten in der Addition eine ganze Reihe von Hinweisen auf Zünfte und ihre Entwicklung; beginnend mit der Urkunde für die Wormser Fischhändler von 1106[79], über das Privileg für die Mainzer Weber von 1175[80] bis zu den dichter werdenden Erwähnungen von Zünften im 13. Jahrhundert. Eine größere Zahl von Zunftgründungsurkunden ist jedoch nur für Basel überliefert. In der Zeit von 1226 bis 1271 erteilten die Baseler Bischöfe 7 Zünften ein entsprechendes Privileg: 1226 den Kürschnern, 1248 den Metzgern und den Bauleuten (Maurern, Gipsern, Zimmerleuten, Faßbindern, Wagnern). 1260 den Schneidern, 1264/69 den Gärtnern, 1268 den Webern und Leinewebern und 1271 nochmals den Bauleuten[81].

Andere Gründungsurkunden sind offensichtlich verloren gegangen; denn 1250 treten auch die Bäcker, Schuhmacher und Gerber zusammen mit anderen Zünften organisiert in Erscheinung[82] und 1255 wird ein Zunftmeister der Schmiede genannt[83]. Diese Urkunden weisen einerseits eine Reihe von Gemeinsamkeiten auf, die man als Charakteristika für die Zunft bezeichnen kann und lassen andererseits in ihren Veränderungen die Entwicklung im Laufe des 13. Jahrhunderts gut erkennen.

Beginnen wir mit dem Diplom für die Kürschner von 1226. Nach dem Wortlaut der Urkunde verleiht der Bischof nur dem Rechtskraft, worüber die Gewerbegenossen gemeinsam bereits eine Vereinbarung getroffen haben. Das sogenannte »condictum per ipsos noviter factum«, die Absprache der Zunftmitglieder untereinander, führt als wichtigsten Punkt den

78) Vgl. den Bericht von Fritsche Closener in: Chroniken der deutschen Städte 8 = Straßburg, 1. Bd., S. 122–125 (bes. S. 124) u. W. Dettmering (wie Anm. 76).
79) UB Worms I, Nr. 58, S. 50.
80) UB Mainz II,1, Nr. 373, S. 616/18.
81) Die meisten dieser Texte finden sich zusammengestellt bei F. Keutgen, Urkunden zur städtischen Verfassungsgeschichte, Nr. 270–277, S. 364–371. – UB Basel I, Nr. 108, S. 76/78 (1226); Nr. 199, S. 142/43 u. Nr. 221, S. 158/59 (1248); Nr. 388, S. 290/91 (1260); Nr. 430, S. 314/16 (1264/69); Bd. II, Nr. 9, S. 6/7 (1268); Nr. 77, S. 43/4 (1271).
82) UB Basel III, Nachträge Nr. 29, S. 353.
83) UB Basel I, Nr. 294, S. 213. Vgl. auch T. Geering, Handel und Industrie der Stadt Basel. Zunftwesen u. Wirtschaftsgeschichte, Basel 1886, S. 19ff. u. R. Wackernagel, Geschichte der Stadt Basel I, S. 102f.

Zunftzwang auf. Dabei treten die Kontrolle der Gewerbegenossen und noch nicht so sehr die Bestimmungen gegenüber der auswärtigen Konkurrenz in den Vordergrund. Eine Verletzung der getroffenen Vereinbarungen wurde mit einer Strafe von 15 Schillingen belegt, von denen 5 Schillinge dem Bischof, 5 Schillinge der Stadt und 5 Schillinge der »confraternie eorum quod in vulgari dicitur zhunft, quam in honore beate Marie virginis constituerint« zustehen sollten. In diesem Satz sind mehrere Aussagen von zentraler Bedeutung erhalten. 1. Die Zunftmitglieder verfügen über eine eigene, wenn auch begrenzte Gerichtsbarkeit, indem sie Strafen verhängen und Bußen einziehen können. 2. Die gewerbliche Organisation ist gekoppelt mit einer Bruderschaft, genauer gesagt, sie bildet eine Marienbruderschaft im Baseler Münster. Die eingehenden Straf- und Eintrittsgelder sind zum Zwecke der Zunft, d. h. für die Kerzen des großen Leuchters im Dom zu verwenden. 3. Der hier erstmals erwähnte Begriff Zunft wird erst einmal mit der confraternitas gleichgesetzt, unmittelbar danach aber noch mit einem weiteren Begriff, nämlich dem der societas gekoppelt, der gesondert im Zusammenhang mit der Regelung des Zunftzwanges Anwendung findet. Das anzutreffende Begriffspaar der societas *et* fraternitas unterstreicht die hier noch gegebene Einheit der beiden Elemente des gewerblichen und des bruderschaftlichen. Die noch spürbare Abhängigkeit von bischöflichen Stadtherrn dokumentiert sich darin, daß der Zunftmeister, der zwar ein Gewerbegenosse ist, vom Bischof ernannt wird, der außerdem jährlich einen Ministerialen einsetzt, dem die Oberaufsicht zusteht.

Die den Kürschnern 1226 vom Bischof Heinrich von Thun erteilte Zunfturkunde diente anderen Gewerben als Muster und Vorbild, wie es der Text der von Bischof Lütold von Röteln 1248 den Metzgern und 1248/49 den Bauhandwerkern ausgestellten Zunftbriefe erkennen läßt. Demnach sind einige interessante Veränderungen zu registrieren, und zwar besonders in dem zweitgenannten Beispiel der Bauleute. Hier fällt vor allem die Ausgestaltung der Bestimmungen auf, die stärker dem religiösen und geselligen Bereich gelten. So sollen die Zunftaufnahmegebühren nicht mehr ausschließlich für die Kerzen des Domleuchters dienen, sondern zum Teil der Bruderschaft »ad bibendum« zur Verfügung stehen. Gleiches gilt für einen Teil der Strafgelder, wobei das 1226 der Stadt zustehende Drittel nun von der Bruderschaft »ad bibendum« verwendet werden konnte. Außerdem wird die Teilnahmepflicht an der Totenmesse und Bestattung eines verstorbenen Bruders für alle Bruderschaftsmitglieder geregelt und mit einer Strafandrohung ausgestattet.

Bedeutender waren aber zweifellos die Veränderungen, die nach der Mitte des 13. Jahrhunderts erfolgten. An erster Stelle ist dabei die 1260 von Bischof Berthold den Schneidern erteilte Zunfturkunde zu nennen. Nachdem – wie es einleitend heißt – fast alle Handwerke bereits »confratrias habeant vulgariter dictas zumfte«, wird den Schneidern nun auch eine solche bewilligt und ihnen dabei ein wesentliches neues Recht zugestanden, nämlich jährlich aus ihren Reihen selbst einen Zunftmeister zu wählen, der mit einer Strafgewalt bis zu drei Pfund Wachs ausgestattet wird. Den großen Durchbruch bringen aber erst die drei in einem sehr klaren Deutsch abgefaßten Urkunden, die Bischof Heinrich von Neuenburg den Gärtnern etc., den Webern und nochmals den Bauleuten um 1270 erteilte. Halten wir uns an den Text des zwar undadierten, aber zwischen 1264 und 1269 ausgestellten Diploms für die Gärtner, Obser und Menkeller oder kurz gesagt – für die Lebensmittelhändler. Der gegenüber den älteren Zunfturkunden andersartige Charakter wird bereits in der ersten Bestimmung klar ersichtlich, mit der die feierlich gegebene Zusage auf gegenseitige Unterstützung und Hilfe in Notfällen fixiert wird und somit die Zunft als Vertragspartner des Bischofs auftritt. Neben der freien Wahl des Zunftmeisters wird ihnen die Wahl von Sechsern, also die Bildung eines Zunftvorstandes, gestattet. Damit wird gleichsam die Neugestaltung sowohl der Stadtverfassung wie auch der Sozialstruktur der Zünfte vorprogrammiert, wie sie seit dem ersten Drittel des 14. Jahrhunderts dann zum Durchbruch kommen soll.

Außerdem verdienen zwei weitere Bestimmungen unser besonderes Interesse. So wird im folgenden Artikel erst die Aufnahmegebühr für ein neues Zunftmitglied festgelegt und im Anschluß daran bestimmt: »Ist er abir ein burger, der dir antwerk selbe niht ubit und dirzu kumit, der git ein phunt wachsis«. Hier wird also deutlich, daß durchaus nicht nur Gewerbegenossen Zunftmitglieder werden konnten; vielmehr wird davon ausgegangen, daß auch ein »burger« im Sinne von Achtburger das Zunftrecht kaufen kann, ohne das Gewerbe betreiben zu wollen, wofür eine geringere Gebühr zu entrichten ist. Dieser erwirbt damit lediglich die Seelzunft, wie es in späteren Zunftstatuten in Basel heißt, also nur die Mitgliedschaft in der Bruderschaft und nicht das Gewerberecht. Abgesehen von der Möglichkeit, an der munteren Geselligkeit teilzunehmen, erlangte das neue Mitglied damit für den Fall seines Todes die Zusage, daß die Mitbrüder an seiner Bestattung teilnehmen und ihn in ihre Fürbitte einschließen würden. Aber auch der umgekehrte Fall war denkbar, also nur der Erwerb des Gewerberechts, aber nicht auch zugleich die Mitgliedschaft in der Bruderschaft, wie es der folgende Artikel indirekt besagt: »Swer öch rehte gênoz ist des antwerkes und sich dirmitte begat, der sol z'allen ernsten ir gibottes und ir banîer warten; ob er öch ein ander zunft hat, der mâg er wol verrichten, so in disiu nút irret«. Es bestand also die Möglichkeit der Doppel- oder Mehrzünftigkeit und damit die der Ausübung auch eines anderen benachbarten Gewerbes. Da sich jedoch die mit dem Zunftrecht verbundenen Pflichten, vor allem die hier genannten militärischen (banier warten) nur bei *einer* Zunft ausüben ließen, war man – um in der Basler Zunftsprache zu bleiben – bei dieser Zunft leibzünftig, auch und gerade im Sinne der militärischen Dienstleistung, während man mit der oder den anderen Zünften, deren Zunftrecht man gekauft hatte, nur geldzünftig diente.

Damit treten die Zünfte also bereits als militärische Einheiten in Erscheinung und stellen einen nicht mehr zu übersehenden Machtfaktor dar. So überrascht es denn auch nicht, nachdem bereits 1250 in der Allmendeurkunde die coartifices als Mitwirkende genannt werden, wenn seit 1272 das Kolleg der Zunftmeister wichtige Angelegenheiten der Stadt mitentscheidet und 1274 in der Handfeste für Klein-Basel gar neben den vier »rittern von dem rate« und acht »des rates von den burgern« fünfzehn »des rates von den zünften« auftreten. Damit scheint schon die Umwälzung der 30er Jahre des 14. Jahrhunderts vorweggenommen zu sein; aber diese Ratsbeteiligung der Zünfte blieb nur ein durch die Förderung des Bischofs Heinrich von Neuenburg bedingtes Zwischenspiel.

Basel kann geradezu als Paradebeispiel der Zunftgeschichte dienen; aber so geradlinig und beinahe nach Plan ist die Entwicklung häufig nicht verlaufen, was zum guten Teil dadurch bedingt sein dürfte, daß es in anderen Städten der Führungsschicht viel länger gelang, das Streben der Zünfte nach größerer Selbständigkeit und Einflußnahme zurückzudrängen. Dies löste in diesen Städten auch heftige Konflikte schon um die Wende vom 13. zum 14. Jahrhundert aus. Aber erst die Ereignisse der 30er Jahre führten den Verfassungswandel herbei, wobei hinsichtlich der Neugestaltung der Verfassungsstruktur die auffallenden Ähnlichkeiten am Mittel- und Oberrhein zum Teil dadurch zu erklären sind, daß die befreundeten Städte Mainz, Worms, Speyer, Straßburg und Basel durch herbeigerufene Vermittler und Schiedsrichter auf die Beilegung der Konflikte und die Ausgleichsverhandlung Einfluß nahmen.

Greifen wir zur Erläuterung dieser Entwicklung und auffälliger Unterschiede abschließend noch einmal auf das Straßburger Beispiel zurück. Etwa aus der Mitte des 12. und vom Anfang des 13. Jahrhunderts liegen das Straßburger Bischofsrecht und das Stadtrecht vor, in denen noch in stärkerem Maße herrschaftlich geprägte und organisierte Gruppen von Gewerbetreibenden, zwar im Entstehen begriffene aber noch keine mit einem Selbstbestimmungsrecht und einer Eigenverantwortlichkeit ausgestattete Zünfte entgegentreten. Im Zusammenhang mit den Auseinandersetzungen von 1332/1334 findet dann ein Neuaufbau der Stadtverfassung auf der Grundlage der nun auch wesentliche politische Funktionen übernehmenden 25 Zünfte statt, der mit zwei Korrekturen, und zwar mit der Erhöhung der Zahl der Zünfte auf 28 im Jahre 1349 und ihrer Reduzierung auf 20 im Jahr 1482, bis zur französischen Revolution in seinen Grundelementen Bestand haben sollte[84]. Es sind also die gut einhundert Jahre vom Beginn des 13. bis zum ersten Drittel des 14. Jahrhunderts, in denen auch in Straßburg auf dieser Ebene wichtige Entwicklungen stattgefunden haben müssen, von denen wir jedoch vergleichsweise wenig wissen.

Ob das besonders im Zusammenhang mit dem Erlaß des Statutum in favorem principum vom König 1231 ausgesprochene Verbot von Genossenschaften, Einungen und Zünften, die ohne Genehmigung des Stadtherrn entstanden waren[85], wie in Worms auch in Straßburg Auswirkungen auf die Zunftentwicklung gehabt hatte, läßt sich wegen fehlender Anhaltspunkte nicht entscheiden. Dabei wird man die Kürschner, die 1237 und 1240 unter einem eigenen Meister, mit eigenem Vermögen und Grundbesitz und beachtlicher Selbständigkeit auftreten, nicht als Gegenbeweis anführen können, handelt es sich bei ihnen doch, um die zur städtischen Führungsschicht zählenden zwölf Kammerkürschner[86]. Von »antwercmeisteren« in Straßburg im Sinne von Vorstehern zünftiger Gewerbegruppen hören wir erst im Zusammenhang mit den sich zuspitzenden Spannungen zwischen der städtischen Führungsschicht und dem Bischof als Stadtherrn, als dieser in einem Manifest von 1261 die einfacheren Bürger

84) Vgl. Ph. Dollinger, L'évolution politique des corporations strasbourgeoises à la fin du moyen âge. In: Artisans et ouvriers d'Alsace, Strasbourg 1965, S. 127–135.
85) MGH Const. II, Nr. 299, S. 413f.
86) Vgl. H. Mosbacher, Kammerhandwerk... (wie Anm. 2), Quellenanhang.

und Gewerbetreibenden als von der Willkürherrschaft der Geschlechter Betroffene für seine Sache zu gewinnen bemüht ist[87]. Damit hatte er zwar keinen rechten Erfolg, aber in der Tat ist die Abhängigkeit und Unterordnung der sich in dieser Zeit zu Zünften ausbildenden Gewerbegruppen von der städtischen Führungsschicht in Straßburg lange Zeit ziemlich groß gewesen. Bloß war der bischöfliche Einfluß gegenüber den Zünften über das Burggrafenamt ebenfalls sehr ausgeprägt, so daß deren Entfaltungsmöglichkeiten in doppelter Hinsicht eingeschränkt waren.

Als es nach dem Sieg der Stadt über den bischöflichen Stadtherren mit seinem Anhang in der Schlacht von Hausbergen im April 1263 zum Friedensvertrag im Sinne der Stadt kam, da wird die Stellung des größeren Teils der Zünfte vom Bischof im Art. 3 seiner Urkunde folgendermaßen umschrieben: »So ist ouch ir reht unde ir gewonheit: daz in (= ihnen), swer bischof ist, einen burcgraven geben sol, swenne daz burcgravenambaht lidig würt. Unde sol der burcgrave sin ein gotzhusdienstman. Der burcgrave sol in öch geben von ieclicheme antwerke, der er pfliget, einen meister, der daz antwerk kan. Der ensol öch nut anders rihten nuwen daz daz antwerg angat. Diz sint aber die antwerk: rintsuter unde kurdewener, zimberlute, ků̊ffer, oleylute, swertfeger, mulner, smide, schilter unde satteler«[88]. Die hier aufgezählten Handwerke haben zwar, indem sie einen Meister aus ihren eigenen Reihen, eine gewisse gerichtliche Kompetenz und – wie es in anderem Zusammenhang ersichtlich wird – Einkünfte aus Aufnahmegebühren und Gerichtsbußen sowie den Zunftzwang zugebilligt bekamen, den Charakter von Zünften erlangt, ihre Abhängigkeit ist jedoch durch die Unterstellung unter den Burggrafen und dessen Ernennungsrecht für den jeweiligen Zunftmeister, das nur dadurch eingeschränkt ist, daß er einen Gewerbegenossen auswählen muß, unübersehbar[89]. Wenn sich auch einige Gewerbe, wie die Kürschner, Handschuhmacher, Obstverkäufer und Wirte, seit der Abfassung des 1. Stadtrechts der Aufsicht und Gerichtsbarkeit des Burggrafen entziehen konnten, so blieb dessen Stellung doch noch lange sehr einflußreich, da sich neue zu Zünften organisierende Gewerbe ihm unterstellt wurden, so daß in dem umfangreichen Burggrafenweistum aus der Mitte bzw. der zweiten Hälfte des 14. Jahrhunderts noch folgende Gewerbe als der Oberaufsicht des Burggrafen unterworfen aufgezählt werden: Ölleute, Gerber und Schuhmacher, Zimmerleute, Schmiede, Müller, Küfer, Sattler und Maler, Schwertfeger, Faßzieher und Becherer[90]. Angesichts der inzwischen eingetretenen politischen Entwicklung ist nicht zuletzt mit der Schaffung des Ammeisteramtes als Oberzunftmeister besonders nach der Mitte des 14. Jahrhunderts der Einfluß des Burggrafen faktisch zwar sehr gering geworden.

87) UB Straßburg I, Nr. 471, S. 355ff. In diesem Manifest Bischof Walters von Geroldseck an die Straßburger Bürgerschaft beschwert sich der Bischof u. a. darüber, daß Meister u. Ratsherren seine Boten daran gehindert hätten, »daz si den antwercmeisteren unde deme gemeinen volke deheinen brief brehten oder lesent, unde jahent daz wir uch, die da niht wen rechtes gernt, von in damitte brechen wolten«.

88) UB Straßburg I, Nr. 519, S. 394ff.

89) Vgl. W. Dettmering (wie Anm. 76), bes. S. 23–59.

90) UB Straßburg IV,2, S. 200–216.

Dennoch ändert dies nichts an der grundsätzlichen Feststellung, daß die in Straßburg schon vor der Mitte des 12. Jahrhunderts vom Bischof als Stadtherrn, wenn nicht allein vorgenommene, so doch wesentlich mitbestimmte Gewerbeorganisation noch lange Zeit nach- und fortgewirkt hat, obwohl gerade in Straßburg mit der Schlacht von Hausbergen der bischöfliche Einfluß besonders früh und massiv zurückgedrängt worden ist. Solange jedoch die städtischen Geschlechter eine so spürbare Dominanz wie in Straßburg im Übergang vom 13. zum 14. Jahrhundert innehatten, konnten die Zünfte nur im bescheidenen Umfang sich selbständig entfalten. Auch der neue Spielraum, wie er sich im Zusammenhang mit den schärfer werdenden Auseinandersetzungen zwischen dem Stadtherrn und den Geschlechtern in fast allen rheinischen Bischofsstädten in der zweiten Hälfte des 13. Jahrhunderts eröffnete, verschaffte in Straßburg den Zünften – wie erwähnt wurde – nur recht kurzfristig die Rolle des umworbenen Koalitionspartners; denn hier fiel der Sieg der städtischen Führungsschicht zu schnell und zu eindeutig aus, als daß sich daraus – wie vermutlich im Falle von Basel – etwas weiterreichende Veränderungen hätten ergeben können. Diese zeichnen sich – von einigen Ausnahmen abgesehen – erst seit dem Beginn des 14. Jahrhunderts ab, als verschiedene Gewerbegruppen mit einer gewissen selbständigen Organisationsform Erwähnung zu finden beginnen. Ihre erste Erhebung gegen die Alleinherrschaft des Patriziats im Jahre 1308 scheiterte zwar noch, dafür war ihr Erfolg 1332/34 um so eindrucksvoller. Aber damit setzt auch ein neuer Abschnitt der Zunftgeschichte ein, in dem die Zünfte in stärkerem Maße als Bestandteil des städtischen Verfassungsgefüges hervortreten, eine Entwicklung, die außerhalb unserer Betrachtung liegt.

Versuchen wir noch abschließend die wichtigsten Ergebnisse des zweiten Abschnittes kurz zusammenzufassen:

1. Die um die Jahrhundertwende ungemein lebhaft geführte Diskussion über die Entstehung der Zünfte hat bei allem aufgewandten Scharfsinn und den zweifellos zahlreich vermittelten Einsichten und Anregungen m. E. auch zwei negative Konsequenzen gehabt. Zum einen ist nämlich dieses wichtige Thema seitdem kaum wieder aufgegriffen worden, was durchaus verständlich ist, wenn man sich einmal etwas näher mit der verwirrenden Argumentationsweise der alten Forschungskontroverse beschäftigt. Zum anderen – und dies ist gravierender – ist seit den Beiträgen v. Belows und Keutgens überwiegend nur eine, nämlich die siegreiche Stimme zu vernehmen gewesen, während so ausgezeichnete Kenner der Materie wie Gustav Schmoller oder Gerhard Seeliger weitgehend unbeachtet blieben. Der Vorstellung, die breite Anerkennung fand, daß nur freie, sich selbst organisierende Kräfte des Handels und Gewerbes die tiefgreifenden Veränderungen des Städtewesens und Bürgertums seit dem 12. Jahrhundert herbeigeführt haben können, stand die weniger geschätzte Ansicht gegenüber, daß die persönliche Freiheit, die Möglichkeit der freien wirtschaftlichen Entfaltung und das in den Zünften schließlich anzutreffende Selbstbestimmungsrecht erst nach einem längeren und mühsamen Prozeß des Abstreifens älterer hofrechtlicher Bindungen erlangt worden ist. Selbstverständlich beinhaltet diese Gegenüberstellung der Standpunkte eine Vereinfachung und Vergröberung, trägt aber vielleicht zum Verständnis bei. Indem besonders auf die Gruppe der Kammerhandwerker, der Kammerkürschner, eingegangen wurde,

an der sich die Geister schieden, konnte, wie ich hoffe, die Kernfrage der Diskussion beleuchtet und auf methodische Mißverständnisse aufmerksam gemacht werden.

2. Weniger umstritten ist die Frage nach der Herleitung der Gewerbeorganisation, wie sie uns in den frühen Bischofs- und Stadtrechten entgegentritt. Sie ist nicht im Rahmen der Grundherrschaft und ihrer Wirtschaftsorganisation erfolgt, sondern vom Bischof als Markt- und Stadtherrn zur Regelung und Kontrolle des Marktverkehrs und Gewerbewesens sowie zur geregelten Einforderung von Abgaben und Leistungen vorgenommen worden. Diese Gliederung der Gewerbe bot zwar Anknüpfungspunkte für die weitere Entwicklung, um Zünfte im eigentlichen Sinne handelt es sich hierbei jedoch noch nicht.
3. Dazu bedurfte es, wie es die Basler Zunfturkunden erkennen ließen, verschiedener neuartiger Elemente, die den entscheidenden Schritt vom opus, der Zugehörigkeit zum gleichen Gewerbe, zur societas et fraternitas, der Mitgliedschaft in der Zunft ausmachten; nämlich a) das condictum, die zwischen den Zunftmitgliedern getroffene freie Vereinbarung, die nur bestätigt wird; b) die zuerst eingeschränkte, dann freie Wahl eines Zunftmeisters aus den eigenen Reihen; c) eine wenn auch begrenzte, so doch selbständige Gerichtsbarkeit; d) der Zunftzwang; e) die Vebindung von societas und fraternitas, der Mitgliedschaft im Handwerk und in der Bruderschaft. Dies sind jedenfalls die Punkte, die in der ersten Phase der Basler Zunftentwicklung im Vordergrund stehen, während die zweite Phase durch die Erlangung politischer Rechte charakterisiert wird, aber diese liegt außerhalb unseres Betrachtungszeitraumes.
4. Ein so kontinuierlicher und einzelnen Entwicklungsetappen sich vollziehender Prozeß wie in Basel hat in Straßburg und auch in anderen rheinischen Bischofsstädten nicht stattgefunden, hier sind die retardierenden Elemente lange Zeit denn doch zu stark gewesen, als daß die Zünfte einen selbständigen nebengeordneten Platz im städtischen Leben erlangt hätten. Vielmehr blieben die sich zu Zünften umformenden Gewerbegruppen trotz ihres um die Mitte des 12. Jahrhunderts schon vergleichsweise fortgeschrittenen Entwicklungszustandes lange Zeit in einem stärkeren Abhängigkeitsverhältnis. Die in der zweiten Hälfte des 13. Jahrhunderts vielfach sich zuspitzenden Auseinandersetzungen um die Vormachtstellung zwischen den Ratsgeschlechtern und dem Stadtherrn, in deren Verlauf die Zünfte in mehreren Fällen weiterreichende Rechte und eine etwas größere Selbständigkeit erlangen konnten, ließen zwar auch in Straßburg im Ansatz derartige Veränderungen aufkommen, die Entscheidung fiel hier jedoch so schnell und eindeutig, daß diese Fortentwicklung im Keime stecken blieb und erst mit dem Beginn des 14. Jahrhunderts neue Ansätze faßbar werden.

Vergesellschaftungsformen des Meliorats und des Handwerks in den Städten des bayerisch-österreichischen Raumes

VON WILHELM STÖRMER

Hans Patze zum 65. Geburtstag

Die Diskussion um Anfänge der Stadtentwicklung und Grundprobleme der politischen Ordnung im früh- und hochmittelalterlichen Bayern hat sich gerade seit den Nachkriegsjahrzehnten in einer erfreulichen Breite und Vielschichtigkeit entwickelt. Das Problem der frühstädtischen Gesellschaften und Zünfte freilich ist gerade in Bayern seit vielen Jahrzehnten kaum mehr angesprochen worden. Die Forschungen der letzten 20 Jahre haben zwar die Grundlinien der politischen Geschichte wie der wirtschafts-, rechts- und verfassungsgeschichtlichen Stellung der Städte des bayerisch-österreichischen Raumes in vieler Hinsicht geklärt [1], doch ist auch die Sozialgeschichte der bayerischen Städte bisher noch stark im Rahmen des rechtsgeschichtlichen Begriffs- und Wortfeldes des civis gesehen worden. Dazu kommt besonders erschwerend die Tatsache, daß trotz einer relativ guten kirchlichen Quellenlage die Quellensituation für frühe urbane Organisationsformen in Bayern mehr als dürftig ist. Dies gilt auch für die sogenannte »Hauptstadt« Regensburg, deren Organisationsformen zudem durch

1) Es muß hier darauf verzichtet werden, einen kritischen Literaturbericht zu geben; lediglich auf einige Arbeiten sei hingewiesen, die die Forschungsdiskussion befruchtet haben: E. Klebel, Die Städte und Märkte des baierischen Stammesgebiets in der Siedlungsgeschichte, in: ZBLG 12 (1939) S. 37–93; J. Sydow, Anfänge des Städtewesens in Bayern und Österreich, in: W. Rausch (Hrsg.), Die Städte Mitteleuropas im 12. und 13. Jahrhundert (Beiträge zur Gesch. der Städte Mitteleuropas I) Linz 1963, S. 55–76; K. Gutkas, Die Entwicklung des österreichischen Städtewesens im 12. und 13. Jahrhundert, in: ebenda, S. 77–91; K. Bosl, Die Sozialstruktur der mittelalterlichen Residenz- und Fernhandelsstadt Regensburg. Die Entwicklung ihres Bürgertums vom 9.–14. Jahrhundert (Abhandlungen Bayer. Akademie d. Wiss., Phil.-Hist.-Klasse NF 63) München 1966; W. Volkert, Das spätmittelalterliche Städtewesen, in: M. Spindler (Hrsg.), Handbuch der bayerischen Geschichte II, München 1966, S. 516–528; Kl. Fehn, Die zentralörtlichen Funktionen früher Zentren in Altbayern. Wiesbaden 1970; H. Knittler, Städte und Märkte (Herrschaftsstruktur und Ständebildung. Beiträge zur Typologie der österreichischen Länder aus ihren mittelalterlichen Grundlagen 2) München 1973; R. Brandl-Ziegert, Die Sozialstruktur der bayerischen Bischofs- und Residenzstädte Passau, Freising, Landshut und Ingolstadt, in: K. Bosl (Hrsg.), Die mittelalterliche Stadt in Bayern (Beiheft 6, Reihe B der ZBLG) München 1974, S. 18–127; M. Mitterauer, Markt und Stadt im Mittelalter. Beiträge zur historischen Zentralitätsforschung (Monographien zur Geschichte des Mittelalters 21) Stuttgart 1980.

die vielfältige Immunitäts- und Stadtherrschaftsstruktur zahlreichen »Verwerfungen« (um hier einen geologischen Begriff zu verwenden) ausgesetzt sind.

In der folgenden Skizze soll der Versuch gemacht werden, gewissermaßen zwischen den Quellen die Bezugspunkte für eine neue Reflexion über die Anfänge der städtischen Handels- und Handwerkerverbände zu erhellen und darzulegen.

1. Die Städtelandschaft

Will man die »Städtelandschaft« des Raumes des ehemaligen Stammesherzogtums Bayern (in seinen Grenzen vor 1156) in der Untersuchungszeit für unsere Fragestellung umreißen, so sollte man nicht von der Städtegründungswelle des 13. Jahrhunderts ausgehen, sondern von jenen urbanen Zentren, die schon im 12. Jahrhundert existierten und im 13. Jahrhundert bereits eine längere Entwicklung aufzuweisen hatten. Da sind zunächst vier alte, aber unterschiedlich entwickelte Bischofsstädte im altbayerischen Raum anzusprechen: Regensburg, Passau, Salzburg und Freising. Mehr in Randlage des Raumes wären noch Brixen und Eichstätt zu nennen. Der bayerische Geschichtsatlas[2] verzeichnet innerhalb des heutigen Altbayern folgende Städte, die vor dem 13. Jahrhundert gegründet worden sind: die genannten Bischofsstädte, darüber hinaus München, Laufen (1041), Burghausen (ca. 1130), Mühldorf (ca. 1190), Neuburg/Donau, Kelheim (1181), Nabburg[3]. Alle diese Städte liegen an schiffbaren Flüssen. Nimmt man die 15 Märkte noch hinzu, die für die gleiche Zeit bezeugt sind (Altenmarkt bei Neumarkt-St. Veit, Altenmarkt bei Cham, Altenmarkt bei Trostberg, Altenstadt bei Schongau, Amberg, Beilngries, Bogen, Cham, Deggendorf, Hemau, Hengersberg, Lauterhofen, Oberföhring bei München, Pfaffenhofen, Straubing), so tritt zwar nördlich der Donau stärker auch der flußfernere Binnenraum in Erscheinung, doch gilt dies kaum für das heutige Ober- und Niederbayern, wo die Märkte wiederum zumindest an kleinen Flüssen orientiert sind und große Leerflächen auf der Karte auffallen.

Wie in Altbayern so ist auch in Österreich die Donau nicht nur Leitlinie des Fernverkehrs, sondern auch der frühen Stadtentwicklung[4]. Alle wichtigen urbanen Siedlungen Ober- und Niederösterreichs des 12. Jahrhunderts liegen – mit zwei Ausnahmen (St. Pölten und Wels) – an der Donau: Linz, Enns, Ybbs, Pöchlarn, Melk, Krems, Tulln, Neuburg und Wien. Auch die

2) M. Spindler (Hrsg.), G. Diepolder (Red.), Bayerischer Geschichtsatlas. München 1969, Karte S. 22f.

3) Auf der Karte fehlt die für das 12. Jahrhundert zweifellos wichtige Stadt Reichenhall (sie trägt hier das Signum des 13. Jahrhunderts, doch läßt sich ihre Bedeutung für das 12. Jahrhundert indirekt und direkt vielfach erschließen; dazu s. unten).

4) H. Knittler (wie Anm. 1); Ders., Die Wirtschaft, in: 1000 Jahre Babenberger in Österreich. Lilienfeld 1976, S. 60–71, bes. 66f. Vgl. ferner Österreichisches Städtebuch, hrsg. v. A. Hoffmann, Bd. Oberösterreich, red. H. Knittler. Wien 1968. Von Bd. 4 Niederösterreich ist bisher nur der 2. Teil erschienen (Wien 1976). Herr Kollege H. Knittler/Wien hat mir wertvolle Hinweise zur österreichischen Forschungslage gegeben, wofür ich ihm bestens danke.

bedeutendsten Fernmärkte der Ostmark fanden in der Frühzeit verständlicherweise an der Donau statt, freilich nicht in den genannten urbanen Zentren, sondern in den kleinen Orten Petronell und Ardagger. Der große Fernmarkt des Traungaus und des heutigen Oberösterreich vor 1200 war Enns in unmittelbarer Nähe des antiken Lauriacum-Lorch. Diesen internationalen Fernmarkt Enns beherrschten weitgehend die Regensburger Kaufleute.

Die steirische Städtelandschaft[5)], gekennzeichnet durch stufenweisen Ausbau der zentralen Orte, verfügte im 12. Jahrhundert offenbar nur über Märkte, die aber zum Teil schon recht bedeutend waren. Um 1300 zählte die neue Habsburgerherrschaft in der Steiermark zehn Städte: Marburg, Leoben, Graz, Voitsberg, Judenburg, Radkersburg, Friedberg, Fürstenfeld, Knittelfeld und Bruck an der Mur. »Von einer bewußt geplanten Städtekette, in die die steirischen Städte eingegliedert gewesen sein sollten, kann ... nicht die Rede sein«[6)]. Immerhin lagen auch die steirischen Städte (und drei ehemalige Märkte des 12. Jahrhunderts) durchwegs an Plätzen, die für den damaligen Fernverkehr von Bedeutung waren, an Straßenknotenpunkten, Brücken, vor Pässen oder an der Grenze.

Die relativ große Zahl urbaner Siedlungen in Kärnten[7)] hat ihre Entsprechung in der starken herrschaftlichen Zersplitterung des Landes seit dem 10./11. Jahrhundert. Gerade die Immunitätsgebiete der Kirchen (Salzburg, Gurk, Bamberg) haben hier die ältesten urbanen Siedlungen hervorgebracht: den gurkischen Ort Straßburg, der als Markt und Salzniederlage zumindest ins 12. Jahrhundert zurückreicht, die alte Marktanlage Friesach (Marktanlage seit 1016/1043), die spätestens 1180 eine bedeutende salzburgische Stadt war, und das neben Friesach zweite bedeutende Marktzentrum Kärntens im 11. Jahrhundert, Villach am Drauübergang, in der Hand des Bamberger Bischofs, sicherlich im 12. Jahrhundert mit vielen Zentralfunktionen, aber offensichtlich erst in der ersten Hälfte des 13. Jahrhunderts Stadt. Die Marktentwicklung in Kärnten ging gerade im 12. Jahrhundert von verschiedenen Herrschaftsträgern aus; kirchliche und adelig-laikale Marktgründungen hielten sich etwa die Waage. Der Landesfürst als Markt- und Stadtgründer trat erst im beginnenden 13. Jahrhundert hinzu.

In Tirol[8)] reicht nur der wichtige Fernstraßen- und Brückenort Innsbruck mit seinen urbanen Anfängen ins 12. Jahrhundert zurück; 1187 ist von *forenses* und *burgenses nostri de Insprucke* die Rede, 1209 wird er als *civitas* bezeichnet. Ausdrückliches Stadtrecht erhielt

5) F. Posch, Die Anfänge des steirischen Städtewesens (Zs. d. hist. Ver. Steiermark 59) 1968, S. 3–16; Knittler, Städte und Märkte, S. 64f.

6) H. Ebner, Das Städtewesen in der Steiermark am Ausgang des Mittelalters, in: W. Rausch (Hrsg.), Die Stadt am Ausgang des Mittelalters. Linz 1974, S. 315. Hier auch kurzer Überblick über Forschungslage und weiterführende Lit. (S. 313f.).

7) K. Dinklage, Die Entstehung der Kärntner Städte und Märkte (Die Kärtner Landsmannschaft 10) Klagenfurt 1970, S. 92ff.; A. Ogris, Die Bürgerschaft in den mittelalterlichen Städten Kärntens bis zum Jahre 1335. Klagenfurt 1974; Knittler, Städte und Märkte, S. 98ff.

8) F. Hye, Die Städte Tirols (Österr. Städtebuch) Wien 1981; O. Stolz, Geschichte der Gerichte Deutschtirols (Abhandlungen z. Histor. Atlas der österr. Alpenländer 11) 1913, S. 83–334; Knittler, Städte und Märkte, S. 112ff., 119ff.

Innsbruck erst 1239 von seinem Stadtherrn Herzog Otto von Andechs-Meranien. Von den wichtigsten Städten Südtirols weist nur der Bischofssitz Brixen urbane Merkmale im 11. Jahrhundert auf; die Verkehrssiedlung Bozen dürfte sich im 12. Jahrhundert unter der Herrschaft des Bischofs von Trient zwar schon zur Stadt entwickelt haben, doch wird der Ort erst 1265 *civitas* genannt. Die Stadt Meran gehört erst dem 13. Jahrhundert an.

Die urbane Entwicklung im österreichischen Bundesland Vorarlberg[9], das ja nicht mehr zum bayerischen Herzogs- und Sprachraum gehört, setzt ohnedies erst im 13. Jahrhundert mit der Gründung von Feldkirch und Bregenz ein. Der kurze Überblick macht deutlich, daß der Schwerpunkt der frühen Stadtentwicklung im Bereich des ehemaligen sogenannten jüngeren bayerischen Stammesherzogtums eindeutig nördlich der Alpen, und zwar vornehmlich an der Donau liegt. Diesem Raum werden wir uns auch in der Folge primär zuwenden müssen.

2. *coniurationes, communitates, societates*

Die bei weitem bedeutendste Stadt des ehemaligen Stammesherzogtums Bayern war bis weit ins 13., ja 14. Jahrhundert Regensburg. Durch ihre alte und vielschichtige Entwicklung sind aber die urbanen Verhältnisse relativ kompliziert, so daß wir gut tun, zunächst mit einfacheren Strukturen zu beginnen. Wir wollen uns daher erst München zuwenden, um Vorüberlegungen für unsere Thematik anstellen zu können. Bekanntlich hat Heinrich der Löwe kurz nach seiner Einsetzung als bayerischer Herzog den Markt München angelegt oder entscheidend regeneriert. Vermutlich im Herbst 1157 ließ er die freisingische Isarbrücke bei Föhring zerstören, Markt-, Münz- und Zollstätte sowie die Brücke bzw. Straße wenige Kilometer stromaufwärts nach München verlegen[10].

9) Fr. Baltzarek, J. Pradel, R. Sandgruber, Die Städte Vorarlbergs (Österr. Städtebuch 3) Wien 1973.

10) Vgl. jetzt M. Schattenhofer, Die Anfänge Münchens, in: K. Bosl (Hrsg.), Abensberger – Vorträge 1977 (ZBLG Beiheft 9, Reihe B) München 1978, S. 7–28; K. Jordan, Heinrich der Löwe. München 1959; A. Kraus, Heinrich der Löwe und Bayern, in: W.-D. Mohrmann (Hrsg.), Heinrich der Löwe. Göttingen 1980, S. 151–214. Für die Planung und Anlegung eines Marktes, mit dem ja auch Straßenregelungen verbunden sind, ist der Zeitraum von Heinrichs Herzogserhebung 1156 bzw. gar seines ersten längeren Herzogsaufenthalts in Bayern 1157 bis zum Augsburger Schied (1158, Juni 14) eine außerordentlich kurze Zeit. Es bleibt zu überlegen, ob nicht doch schon Heinrichs Vater Herzog Heinrich der Stolze Vorarbeit bezüglich des Marktes München geleistet hat. Mir scheint, daß das Privileg König Konrads III. von 1140, Mai 3 (MGD K. III, 46) für die Freisinger Kirche (und auf Bitten Bischof Ottos I. von Freising!), das unter anderem bestimmt, daß der Bischof allein das Münzrecht besitze und daß außer den bereits von seinen Vorgängern bestätigten Märkten kein neuer Markt *in episcopatu* errichtet werden dürfe, für diese Vermutung spricht. Vgl. E. Pitzer, Der Föhringer Streit im Lichte des Rechts und der Politik, in: 25. Sammelblatt d. Histor. Ver. Freising (1965), S. 17–66. Zur weitgehend neuen Straßenorientierung und Schaffung eines neuen Straßennetzes im Zusammenhang mit der Gründung Münchens s. A. Sandberger, Römisches Straßensystem und baierische Siedlung im Osten von München, in: Aus Bayerns Frühzeit, FS Friedrich Wagner (Schriftenreihe z. Bayer. Landesgeschichte Bd. 2) München 1962, S. 287–292, bes. Karte im Anhang; P. Fried, Die Stadt Landsberg am Lech in der Städtelandschaft des frühen bayerischen Territorialstaats, in: ZBLG 32 (1969) S. 68–103, bes. 82ff., 97ff.

Die zahlreichen Hypothesen um die Entstehung Münchens an der wichtigen Salzhandelsstraße lassen sich bislang nicht beweisen. Fest steht aber, daß sich dieser Platz in rapid kurzer Zeit erstaunlich entwickelte, wobei unklar ist, ob sich Heinrich der Löwe in der Folgezeit dieser Neugründung entscheidend annehmen konnte. Bekannt ist, daß auf die Klage Bischof Ottos von Freising hin die Streitsache 1158 auf den Hoftag Kaiser Friedrich Barbarossas gebracht wurde und daß der Kaiser einen Vergleich erreichte: im sogenannten Augsburger Schied wurde dem Bischof ein Drittel des Münchener Marktzolls zugesprochen[11)].

Nachdem der Löwe im Jahre 1180, also 22 Jahre später, seiner Lehen für verlustig erklärt worden war, trug der Freisinger Bischof Albert I. die Föhring-Münchener Angelegenheit erneut vor den Kaiser. Dieser entschied in Regensburg – nicht ohne das Zutun des Bischofs –: die vermessene Tat Heinrichs des Löwen – die Gründung Münchens – wird unwirksam gemacht, die Verlegung des Marktes wird widerrufen, der Bischof erhält Markt und Brücke in Föhring zurück[12)]. Dieser Regensburger Schied ist aber ganz offensichtlich nie realisiert worden.

Bisher begnügte sich die Forschung mit dieser lapidaren Feststellung. Die Frage muß aber gestellt werden, weshalb der Regensburger Schied von 1180 nicht durchgeführt worden ist. Daß die Quellen über einen Marktwechsel von München nach Föhring fast völlig schweigen, wird man nur so erklären können, daß es der Bischof nicht zu einem offenen Konflikt kommen ließ. Bezeichnenderweise melden gerade und allein die Annalen des (dem Bischof von Freising unterstellten) Prämonstratenserklosters Schäftlarn, das bereits enge Wirtschaftsbeziehungen zum nahen München hatte, in lapidarer Kürze zum Jahr 1180: »dux Heinricus ducatu privatur, Otto maior palatinus loco eius dux constituitur. Munichen destruitur, Feringen reedificatur«[13)]. Daraus wird ersichtlich, daß der Bischof offensichtlich zunächst die Marktverlegung versucht hat. Tatsächlich scheiterte er aber mit diesem Plan.

Hartnäckigster und letztlich siegreicher Gegner des Freisinger Bischofs müssen die cives der Stadt München gewesen sein. Hier stellt sich m. E. die Frage nach einer *coniuratio,* freilich in einem etwas anderen Sinn und Zusammenhang als bei H. Planitz[14)]. Bei allen Inponderabilien läßt sich die Tatsache der Nichtdurchführung des Regensburger Spruchs m. E. nur so erklären,

11) 1158, Juni 14, Augsburg: MGD F. I 218. Mit den Anfängen Münchens beschäftigen sich zahlreiche Untersuchungen, die z. T. recht gegensätzliche Hypothesen aufstellen. Vgl. etwa R. Schaffer, An der Wiege Münchens. München 1950; Ders., Die Frühgeschichte Münchens, in: ZBLG 21 (1958) S. 185–263; neuerdings Schattenhofer, Die Anfänge Münchens, S. 7–28.

12) P. Dirr, Denkmäler des Münchner Stadtrechts 1. Bd. 1158–1403 (Bayer. Rechtsquellen 1) München 1934, nr. 2. Die Widerrufung des Augsburger Schieds geschah bereits zwei Monate vor der Einsetzung Ottos von Wittelsbach als bayerischer Herzog. Otto von Wittelsbach war als Pfalzgraf anwesend.

13) Annales Scheftlarienses maiores, ed. Ph. Jaffé, MGH SS 17, 1861, S. 337. Daß die Zerstörung Münchens und Rückverlegung des Marktes nach Föhring zunächst mit allen Mitteln vom Freisinger Bischof versucht wurde, beweist der Eintrag in den Schäftlarner Annalen. Der Schäftlarner Annalist, gewissermaßen als Nachbar Münchens, ist hier durchaus ernst zu nehmen.

14) H. Planitz, Die deutsche Stadt im Mittelalter. Wien, Köln, Graz 1973[3].

daß die Münchener cives[15], die seit rund 20 Jahren im Verein mit Herzog Heinrich dem Löwen den führenden Markt offensichtlich schon mit dem entscheidenden Stapelrecht aufgebaut hatten, und die demgemäß nun alles zu verlieren, aber bestenfalls wenig zu gewinnen hatten, mit Hilfe einer Schwureinung und promissorischem Eid zu einer politisch wirksamen Macht wurden. Die Bürger, wohl primär die Fernhändler, müssen den Bischof zu einer anderen als der Regensburger Lösung gezwungen haben. Aus zwei Urkunden der Jahre 1231 und 1237 ist ersichtlich[16], daß nun der Freisinger Bischof Stadtherr Münchens war, ob der einzige, das mag dahingestellt sein[17]. Eine rechtliche Grundlage für diese Stadtherrschaft wird aus den Quellen nicht erkennbar. Die Lösung ergibt sich aber m. E., wenn man annimmt, daß ein regelrechter Vertrag zwischen der coniuratio der Münchener cives und dem Bischof abgeschlossen wurde. Durch diesen Vertrag könnte dann auch die coniuratio der Münchener Bürger aufgelöst worden sein. Sie wird jedenfalls in den Quellen nirgends sichtbar.

Um fast die gleiche Zeit begegnen wir einer ähnlichen Situation in Reichenhall. 1169 hatte sich Herzog Heinrich der Löwe offensichtlich bereits die Hallgrafschaft zusprechen lassen[18]; ob er dadurch auch zum alleinigen Stadtherrn der Salinenstadt Reichenhall wurde, ist bislang nicht erweisbar. Die lukrative Hallgrafschaft übernahm 1180 der neue Herzog Otto von Wittelsbach und 1183 dessen Sohn Ludwig. Die reiche Salinenstadt scheint indes weitgehend ihre eigenen Wege gegangen zu sein, und zwar in einer Art und Weise, daß man annehmen darf, Reichenhall sei damals im Rupertiwinkel und Salzburger Vorland mächtiger als der Herzog gewesen. Die Konflikte brachen aus, als neue Salinen in der weiteren Umgebung Reichenhalls eröffnet wurden[19]. Zunächst errichtete das Augustinerchorherrenstift Berchtesgaden eine neue Saline im Tuval (Berchtesgadener Land). Schon 1190/91 setzten sich die *burgenses* bzw. *cives*

15) Aus den Quellen des 12./13. Jahrhunderts geht deutlich eine sehr aktive Münchner Kaufleuteschicht hervor. Sie muß es gewesen sein, die hier überaus aktiv wurde. Vgl. die Quellensammlung bei SCHAFFER, An der Wiege Münchens, S. 76ff. nrr. 8, 9, 10, 13, 14, 16, 17, 18, 19, 22, 25, 27, 29, 31 usw.

16) DIRR, Denkmäler, nrr. 3, 4, vgl. nr. 5.

17) Offensichtlich hatte sich der Wittelsbacher als Herzog, d. h. auch als Rechtsvertreter des Kaisers, schon vorher wichtige Positionen in München verschafft. Vgl. dazu SCHAFFER, An der Wiege Münchens, S. 110ff. nrr. 20, 21, 23, 26.

18) R. HILDEBRAND, Studien über die Monarchie Heinrichs des Löwen. Phil. Diss. Berlin 1931, S. 37ff.; JORDAN, Heinrich der Löwe, S. 155. Vgl. die Parallelerscheinung der Einziehung der Gft. Burghausen: F. TYROLLER, Burghausen in der Grafenzeit, in: Burghauser Geschichtsblätter 28 (1960) S. 40ff.; KRAUS, S. 183, 208f.

19) Zu den Reichenhaller Vorgängern im letzten Jahrzehnt des 12. Jhs. s. H. KLEIN, Zur ältesten Geschichte der Salinen Hallein und Reichenhall, in: VSWG 38 (1951) S. 319ff.; H. VOGEL, Geschichte von Bad Reichenhall, in: Oberbayer. Archiv 94 (1971); W. SCHÖFFEL, Artikel Reichenhall, in: Bayer. Städtebuch 2, hrsg. v. E. KEYSER u. H. STOOB. Stuttgart–Berlin–Köln–Mainz 1974, S. 86–94; H. WANDERWITZ, Die frühen wittelsbachischen Herzöge und das bayerische Salzwesen (1180–1347), in: Wittelsbach und Bayern I. München 1980, S. 338–348; K. BOSL, Forsthoheit als Grundlage der Landeshoheit in Bayern, in: K. BOSL (Hrsg.), Zur Geschichte der Bayern. Darmstadt 1965, S. 443–505; U. DIRLMEIER, Mittelalterliche Hoheitsträger im wirtschaftlichen Wettbewerb (VSWG Beiheft 51) 1966, S. 99ff.

Reichenhalls gegen diese Konkurrenzgründung zur Wehr. Daß der Herzog hier nicht schlechthin das Sagen hatte, ergibt sich daraus, daß er in diesem Streit vermittelte. Wenige Jahre später, 1193/94, zogen die *cives Hallenses* auf den Konkurrenzsalinenberg Tuval, um die stiftische Saline zu beseitigen. In der Folge wandte sich das Chorherrenstift Berchtesgaden an den Kaiser, der die Bürger (cives) Reichenhalls aufforderte, die Berchtesgadener Salzbergwerke unbehelligt zu lassen. Der Kaiser ermahnte ganz besonders den *iudex* Karl, Berchtesgaden gerecht zu behandeln. Dieser Reichenhaller iudex, der bereits in dem herzoglichen Vermittlungsversuch 1191 eine Rolle gespielt hatte, muß wohl der Sprecher der Reichenhaller cives gewesen sein. Daß sowohl der Herzog als auch der Kaiser mit dem iudex verhandeln bzw. ihn ermahnen mußten, zeigt deutlich, daß hier bereits ein Emanzipationsprozeß des stadtherrlichen Amtsträgers sich vollzogen hat; der Sachverhalt zeigt aber auch, daß sich der Reichenhaller iudex mit den Reichenhaller cives solidarisiert hat.

Die folgenden Ereignisse machen noch deutlicher, daß sich die Reichenhaller cives in jenen Jahren bereits zu einer Art Schwureinung formiert hatten. 1194/95 griffen sie eine weitere Konkurrenzsaline an, die des Salzburger Klosters St. Peter in Hallein, an der auch der Erzbischof beteiligt war. Das hatte zur Folge, daß Kaiser Heinrich VI. den Erzbischof beauftragte, die Interessen sowohl des St. Peter-Klosters als auch des Stifts Berchtesgaden zu schützen. Erst dieser kaiserliche Befehl wirkte. Ja, gestützt auf den kaiserlichen Auftrag konnte 1196 Erzbischof Adalbert von Salzburg zum entscheidenden Schlag ausholen, die Stadt Reichenhall »zerstören« und eine erzbischöfliche Hallburg oberhalb der reichen Salinenstadt errichten. Durch diese rigide Politik hatte Erzbischof Adalbert innerhalb von drei Jahren die gesamte Salzproduktion im Raume Reichenhall–Tuval–Hallein in seine Hand gebracht. Eigenartigerweise reagieren weder der Herzog noch der Kaiser auf diese erzbischöfliche Handlungsweise. Da in der Folgezeit zwei Richter in der Stadt Reichenhall sichtbar werden, ist zu vermuten, daß die Gerichtsrechte geteilt (Herzog und Erzbischof) wurden und die Macht der eigenwilligen Siedeherren – denn sie waren sicherlich der Kern der cives – gebrochen wurde. 1208–1218 konnte der Herzog schließlich alle Rechte über Reichenhall an sich ziehen. Wie offenbar in München konnte die Bürgerschaft Reichenhalls im letzten Jahrzehnt des 12. Jahrhunderts die labilen Herrschaftsverhältnisse zwischen mehreren Machtträgern nutzen, um ihre eigenen Wirtschaftsinteressen durchzusetzen, freilich nur bis 1196. Aber dieser ein halbes Jahrzehnt währende bürgerliche Akt ist kaum anders verständlich als durch eine *gewillkürte* Schwureinung der finanzmächtigen cives der Salinenstadt.

Es stellt sich die Frage, ob die politische Macht der Reichenhaller cives über die finanzielle Basis hinaus nicht noch andere Ursachen haben konnte. Tatsächlich begegnen schon fast 200 Jahre vorher communitates in engstem Zusammenhang mit der Reichenhaller Salzproduktion. Am 2. November 1007 schenkte König Heinrich II. dem von ihm soeben gegründeten Bistum Bamberg seine Besitzungen zu Reichenhall[20]. Diese bona atque predia werden in der Urkunde genauer spezifiziert. Er schenkte u. a. Hof- und Pfannstätten (cortilocis sive

20) MGH DH II nr. 157.

patellarum locis, quae vulgariter phansteti vocantur), schließlich aber auch *communitates*. E. v. Guttenberg[21] hat diese communitates als Gemeindeanteile interpretiert. Ich hege Zweifel an der Richtigkeit dieser Interpretation. Eher würde ich an ein gewisses Verfügungsrecht oder Weisungsrecht über die communitates der Salzhersteller und Salzvertriebsleute denken. Aber auch die Guttenberg'sche Interpretation setzt ja eine Gemeinde voraus. An einer solchen alten Gemeinde der Salzhersteller und Salzvertriebsleute kann um so weniger gezweifelt werden, als tatsächlich unmittelbar neben Reichenhall der Ort (Bayerisch-) Gmain liegt. Der alte romanische Name dieses Ortes hieß zwar Mona, doch ist zu fragen, ob es sich hier nicht um eine Abschleifung des Wortes communitas handeln kann.

Die communitas der Salinarii von Reichenhall spielt in der Tat schon im 10. Jahrhundert eine außerordentlich wichtige Rolle im Rahmen des gesamten sogenannten jüngeren Stammesherzogtums Bayern. 935 ließ nämlich Herzog Arnulf, nachdem er seinem ältesten Sohn Eberhard die Nachfolge übertragen hatte, diesem als seinem designierten Nachfolger von den Salinarii eigens huldigen[22]. Die Annales Iuvavenses Maximi berichten lapidar: Eidem Eparhardo Arnulfus dux pater eius regnum Baiowariorum concessit regendum post se et XI^{mo} kal. Augusti veniebat ad Salinam simulque cum eo Udalpertus archepiscopus, et fidelitatem iuraverunt ei Salinarii cuncti tam nobiles quam ignobiles viri.

Schon H. Bresslau[23] hat in der Formulierung »fidelitatem iuraverunt ei Salinarii cuncti« einen herausragenden Vorgang gesehen, der den in der Königsdesignation des 10. Jahrhunderts üblichen Akt übertreffe. Natürlich wird man mit Riezler[24] argumentieren können, Herzog Arnulf habe sich mit seinem Sohn auf einer Huldigungsreise durch ganz Bayern befunden und der Treueschwur sei zufällig nur aus Reichenhall überliefert. Andererseits wird man dann gleich fragen müssen, weshalb dieser Akt nicht aus Salzburg selbst überliefert ist, sondern nur aus Reichenhall, wo auch bezeichnenderweise der Salzburger Erzbischof anwesend war. Auch wenn es nicht bei der vereinzelt erwähnten Huldigung in Reichenhall geblieben sein sollte, wird doch die eminente Bedeutung des Reichenhaller Aktes in der Quelle deutlich sichtbar.

Die Quelle sagt nicht, daß der *populus Baiuvariorum* dem designierten Nachfolger huldigte – das war offensichtlich dem Schreiber selbstverständlich. Der Reichenhaller Akt muß also für Arnulf und seinen Sohn außerordentlich wichtig gewesen sein: man holte die Zustimmung der finanziell Mächtigsten im Lande, und zwar einer gesellschaftlich heterogenen Gruppe[25]

21) E. Frhr. v. Guttenberg, Die Regesten der Bischöfe und des Domkapitels von Bamberg. Würzburg 1932, S. 28, nr. 45.

22) K. Reindel, Die bayerischen Luitpoldinger 893–989. Sammlung und Erläuterung der Quellen (Quellen und Erörterungen zur bayerischen Geschichte NF 11) München 1953, S. 170f., nr. 87.

23) H. Breslau, Die ältere Salzburger Annalistik (Abh. d. preuß. Akademie d. Wiss. Berlin, Phil.-Hist. Kl. nr. 2) 1923, S. 60.

24) S. Riezler, Geschichte Bayerns I1 (bis 995) Gotha 1927^2, S. 526.

25) Vgl. O. G. Oexle, Die mittelalterlichen Gilden: Ihr Selbstdeutung und ihr Beitrag zur Formung sozialer Strukturen, in: Soziale Ordnungen im Selbstverständnis des Mittelalters (Miscellanea Mediaevalia 12/I) Berlin 1979, S. 203–226.

(Salinarii cuncti tam nobiles quam ignobiles viri), die sich offenbar längst aus »wirtschaftspolitischen« Erwägungen gildeartig zusammengeschlossen hatte. Die Formulierung »Salinarii cuncti« scheint mir ebenfalls darauf hinzuweisen, daß nicht die Salinarii einzeln die Treue schworen, sondern als gildeartiger Verband. Da die Reichenhaller Salzproduktion vor dem ausgehenden 12. Jahrhundert weitgehend konkurrenzlos in ganz Süddeutschland war, werden die Salinarii auch jener Verband gewesen sein, der das Vertriebssystem bis über Bayern hinaus regelte. Schon daraus ergibt sich die Wichtigkeit des Reichenhaller Treueschwurs, auf den der Herzog offenbar nicht verzichten konnte. Nirgends sonst finden wir in den bayerischen Quellen einen gildeartigen Verband in derartiger Eindeutigkeit wie hier in Reichenhall.

Kehren wir auf der Suche nach *communitates* und *coniurationes* wieder in das Bayern der Stauferzeit zurück. Auch in der Stadt Wien[26)], die als urbane Siedlung bereits ins 11. Jahrhundert zurückgeht, wird man um die Wende vom 12. zum 13. Jahrhundert mit der Möglichkeit einer relativ gefestigten *coniuratio* des Handelsbürgertums rechnen müssen.

Die frühe Entwicklung Wiens wird man sich wohl ähnlich wie die Nürnbergs vorzustellen haben. Daß um 1100 in diesem Zentralort bereits zwei Kirchen und zwei Märkte, aber wohl auch eine zusätzlich befestigte Kaufmannssiedlung bestanden, weist auf seine wirtschaftliche Bedeutung hin. In Wien steht wie in Krems[27)] an der Donau schon seit dem hohen Mittelalter ein Fernhandelsgut im Mittelpunkt: der Wein. Aus der Verbindung von Weinhandel und Weinbergbesitz hatte sich hier eine reiche städtische Oberschicht besonderer Prägung ausgebildet, deren hohe Gewinne aus dem Weinhandel den Einstieg in andere lukrative Wirtschaftszweige, wie Münzprägung und Kreditgeschäft, ermöglichten. Inwieweit sie sich genossenschaftlich organisierten, steht freilich zunächst dahin.

Die anderen Wiener Handelsbranchen scheinen im 12. Jahrhundert noch relativ schwach gewesen zu sein, denn noch am Ende des 12. Jahrhunderts wurde der Wiener Außen- und Transithandel von süd- und westdeutschen Kaufleuten beherrscht. Dies zeigt zum einen der älteste Burgbautarif, der »Gäste« aus Schwaben, Regensburg, Passau, Aachen, Metz und Maastricht nennt, noch stärker aber das Privileg Leopolds V. (1192) für die in Österreich tätigen Regensburger Kaufleute, die besonders geschützt werden sollten[28)], was offensichtlich im Interesse des Geld benötigenden Herzogs lag. Wenige Jahrzehnte später aber hatte sich die Wiener Kaufmannschaft gegen diese als Eindringlinge empfundenen Fremden durchgesetzt. Es

26) K. Oettinger, Das Werden Wiens. Wien 1951; H. Planitz, Das Wiener Stadtrecht und seine Quellen, in: MIÖG 56 (1948); H. Zatschek, Handwerk und Gewerbe in Wien. Wien 1949; R. Geyer, Die mittelalterlichen Stadtrechte Wiens, in: MIÖG 58 (1950) S. 589ff.; J. A. Tomaschek, Rechte und Freiheiten der Stadt Wien, in: Wiener Geschichts-Quellen, hrsg. v. K. Weiß I 1. Wien 1877; R. Perger, Herzog Leopold VI. von Österreich und die Stadt Wien, in: Wiener Geschichtsblätter 26 (1971) S. 271–285.
27) J. Strobl, Die Städte Krems und Stein im Mittelalter. 1883; O. Brunner, Die geschichtliche Stellung der Städte Krems und Stein, in: Krems und Stein. Festschrift zum 950jährigen Stadtjubiläum. Krems 1948, S. 19ff.
28) RUB I nr. 44.

scheint, daß dies nur durch eine starke genossenschaftliche Komponente möglich war. Im Stadtrechtsprivileg von 1221[29] hieß es u. a.: Keine Bürger aus Schwaben, Regensburg oder Passau dürfen mit ihren Handelswaren nach Ungarn einreisen. Die einschneidenden Detailbestimmungen dieses Stadtprivilegs, die die Marktverhältnisse z. T. radikal änderten und das Stapelrecht für Wien sicherten, obgleich offensichtlich vorher der Stapel in Hainburg eingerichtet war, lassen sich m. E. nur erklären durch einen ganz massiven Druck der Wiener Handelsbürger. Eine derartige Geschlossenheit setzt aber wohl einen Schwurverband voraus.

Die Frage ist freilich, wie lange ein solcher »Schwurverband« hält, ob er stark situationsgebunden ist oder ob er Traditionen entwickelt. Wenn 1256 in der Landshuter Polizei- und Preisordnung Herzog Heinrichs schon im Punkt 3 »societates que vulgo dicuntur Einung« verboten werden[30], oder 1269 auch Bürgermeister und Rat der Stadt Regensburg ein audrückliches Verbot der Eidgenossen erlassen[31], ebenso der Salzburger Erzbischof 1287 für die Stadt Salzburg[32], so zeigt dies die Virulenz derartiger Verbandsbildungen, was immer sie im einzelnen beinhalten mögen. Es zeigt aber auch, daß der Stadtherr sie nicht hinnimmt und sie zumindest unterdrückt. Man gewinnt also eher den Eindruck einer Diskontinuität vor allem händlerischer Verbandsbildungen gerade im 13. Jahrhundert.

Dieser Sachverhalt wird wohl am deutlichsten an folgendem Beispiel, das zwar städtische Pobleme, aber eine nichtbürgerliche, ja eine antibürgerliche *unitas et societas* betrifft. 1207 hatte König Philipp in seinem großen Privileg[33] für Regensburg die Steuerpflicht in Regensburg auf alle Kleriker, Nichtbürger und Juden ausgedehnt, die Geschäfte treiben. Wohl aufgrund dieses Privilegs scheint die Regensburger Bürgerschaft die Geistlichkeit Regensburgs im weitesten Sinne zumindest nach 1250 erheblich zur Kasse gebeten zu haben. Gegen diese Steuerforderungen vereinigte sich am 12. Mai 1259 die Geistlichkeit zu einer unitas et societas gemeinsam mit dem Domkapitel, der die Konvente von St. Emmeram, Prüll, Prüfening, Ober- und Niedermünster beitraten[34]. Wie lange diese unitas et societas der Regensburger Geistlichkeit dauerte, welche Einzelverpflichtungen sie beinhaltete, wissen wir nicht. Da sie aber in Form eines urkundlichen Rechtsgeschäfts gegründet wurde, muß sie auch von allen Mitgliedern beeidet worden sein. Wir gehen wohl kaum fehl, wenn wir in dieser Urkunde ein Erklärungsmodell für unsere oben behandelten Beispiele München, Reichenhall, Wien und Landshut sehen.

29) Fr. Baltzarek, Das Wiener Privileg von 1221 und die Stadtrechtsbeziehungen des 13. Jahrhunderts im Südosten, in: Wiener Gesch.-Bll. 26 (1971) S. 296–305.
30) Th. Herzog, Landshuter Urkundenbuch I. Neustadt/Aisch 1959, nr. 65.
31) RUB I nr. 105.
32) SUB IV nr. 141.
33) RUB I nr. 48.
34) RUB I nr. 94 a–e.

3. »Ritterbürger«

1950 hat Otto Brunner in einem viel beachteten Aufsatz über das Wiener Bürgertum in Jans Enikels Fürstenbuch[35] den Begriff »Ritterbürger« zwar nicht erstmals geprägt, aber doch dieses Phänomen als erster eingehend analysiert. Der Begriff entspricht den Quellen, denn schon um 1231 ist ein *Chunradus Svevus miles cives Wiennensis* bezeugt, ähnlich, wenn auch nicht gleichzeitig mit den Bezeichnungen miles und cives bei den Bürgern Greif (Grifo), Peruold, Wido jeweils in der ersten Hälfte des 13. Jahrhunderts[36]. Darüber hinaus werden um diese Zeit aber bereits eine ganze Anzahl von Wiener Bürgern als domini bezeichnet[37]. O. Brunner beschreibt diese Schicht der Ritterbürger, die bei Jans Enikel und – wie bereits erwähnt – in anderen Quellen als »Herren« (domini) genannt werden, bisweilen auch als »rechte Wiener«, die in der Stadt Wien sitzen »mit hus«; er identifiziert den »Ritterbürger« mit dem im österreichischen Landrecht I auftretenden »erbbürger, der sin recht wol her-pracht hat«. Darüber hinaus vermag er diese Schicht auch prosopographisch zu greifen und damit Macht, Ansehen und Selbstbewußtsein jener zu illustrieren, die als milites de Wienna in der zweiten Hälfte des 13. Jahrhunderts auch über Wien hinaus eine bedeutsame Rolle spielten.

Es handelt sich um eine reiche Oberschicht, deren Angehörige oft breitgestreuten Besitz (z. T. mit Wohntürmen) in der Stadt Wien, darüber hinaus aber auch in den Vororten, bisweilen sogar in weit abgelegenen Dörfern Weinberge, Lehen, Dorfgerichte, ja manchmal Burgen besaßen, in der Stadt zahlreiche Renten von Häusern, Läden und Markttischen bezogen, im Tuch- und Weinhandel tätig waren und zudem oft wichtige Ministerialenämter des Landes- und Stadtherrn übernommen hatten. »Sie sind Bürger und doch rittermäßig, viele von ihnen erwerben die Ritterwürde. Als Bürger sind sie frei, die Merkmale der Unfreiheit, die uns bei den Rittern und Knechten, ja auch bei den Landesherren bis ins 14. Jahrhundert hinein begegnen, fallen bei ihnen weg«[38]. Über die Herkunft dieser Schicht kann auch Brunner nur Vermutungen anstellen, doch ist ihre Herkunft aus der babenbergischen Ministerialität, die in der Stadt angesetzt wurde, durchaus naheliegend.

Otto Brunner wies bereits in seiner Analyse des Wiener Ritterbürgertums auf ähnliche Phänomene in anderen österreichischen Städten der Babenberger bzw. Habsburger hin: auf Klosterneuburg bei Wien, wo es vor 1349 immerhin 12 Rittergeschlechter gab, auf Steyr und auf Krems, wo der reiche Kremser Bürger, *dominus* und Stadtrichter Gozzo (zwischen 1240 und 1290 greifbar) am Hohen Markt ein kunstvoll ausgestattetes burgartiges Haus, die sogenannte

35) O. Brunner, Das Wiener Bürgertum in Jans Enikels Fürstenbuch, in: MIÖG 58 (1950) S. 550–574.

36) R. Perger, Die Grundherren im mittelalterlichen Wien, Teil I, in: Jb. d. Ver. d. Gesch. d. Stadt Wien 19/20, S. 11ff., Teil II, in: ebda. 21/22 (1965/66) S. 120ff.; Ders., Herzog Leopold VI. von Österreich und die Stadt Wien, in: Wiener Geschichtsblätter 26 (1971) S. 271–285, bes. 282f.

37) Perger, Herzog Leopold VI. und d. Stadt Wien, S. 281ff.

38) Brunner, Wiener Bürgertum, S. 558f.

Gozzoburg, mit einer Hauskapelle errichtete, für die er auch einen Kaplan hielt. Brunner hat in einer früheren Untersuchung über Krems[39] die begründete Meinung vertreten, daß die »teuristen, erberisten und reichisten Bürger« im Kremser Stadtrecht von 1305, welche nach diesen Satzungen prozeßrechtliche Vorteile in der Stadt genießen, mit jener Schicht der Kremser Ritterbürger vom Stile Gozzos in engstem Zusammenhang stehen. Auf sie bezieht sich auch – nach O. Brunner – bezeichnenderweise ein anderer Artikel des Stadtrechts, der derartigen Bürgern Lehensfähigkeit und Sendmäßigkeit zuspricht, d. h. die Befähigung, die Ritterwürde zu erlangen. Die bruderschaftliche und wohl auch in weitestem Sinne genossenschaftliche Organisation dieser Schicht hat sich freilich spät konstituiert, sofern es nicht schon andere Vorformen gab: 1330 gründete der Kremser Pfarrer Ludolf die sogenannte *Herrenzeche,* der sowohl die Priester der Pfarrei als auch die Vertreter der führenden ratsfähigen Schicht angehörten.

Die österreichische Forschung hat inzwischen in einer ganzen Reihe von Städten die Schicht der Ritterbürger entdeckt, so daß wir sie nicht nur im alten babenbergischen Österreich feststellen können, sondern auch im Kärnten der zweiten Hälfte des 13. Jahrhunderts[40], wo sie für Völkermarkt, St. Veit und Klagenfurt gesichert sind. Es sind offenbar nur die Städte der Spanheimer, die in Kärnten ein starkes Landesfürstentum errichtet hatten. Auch in der steiermärkischen Stadt Graz sind Ritterbürger feststellbar[41], die den Titel *dominus* tragen und ritterliche Lehen besitzen. Unter ihnen sind die Windischgräzer später sogar in den Fürstenstand aufgestiegen. Im Erzstift Salzburg konnte H. Dopsch[42] ebenfalls die Existenz von Ritterbürgern nachweisen. Er verwies darauf, daß Stadtadel und Ritterbürger der Salzburger Städte meist eng versippt waren und Angehörige derselben Familie oft im Patriziat verschiedener Städte nachweisbar sind. Nach Dopsch sind rittermäßige Bürger nicht nur in Salzburg, sondern auch in Laufen und Reichenhall schon im 12. Jahrhundert bezeugt, wo sie als Inhaber wichtiger Wirtschaftspositionen auftreten, im 13. Jahrhundert dann in Mühldorf und Tittmoning.

Für Regensburg und Passau, jene beiden bedeutsamen Donaustädte, die ebenfalls Bischofssitze waren und bis heute sind, sieht man bislang die Entwicklung des städtischen Meliorats im 12./13. Jahrhundert weitgehend anders. Der Gegensatz von Verwaltungspatriziat (entstanden aus der Ministerialität des Bischofs) und Handelspatriziat (entstanden aus der Fernhändler-

39) O. Brunner, Die geschichtliche Stellung der Städte Krems und Stein, in: Krems und Stein. Festschrift zum 950jährigen Stadtjubiläum. Krems 1948, S. 19ff.

40) A. Ogris, Die Bürgerschaft in den mittelalterlichen Städten Kärntens bis zum Jahre 1335 (Das Kärntner Landesarchiv 4) Klagenfurt 1974, bes. S. 64–68.

41) G. M. Dienes, Die Bürger von Graz. Örtliche und soziale Herkunft (Von den Anfängen bis 1500). (Dissertation der Universität Graz 46) Graz 1979, S. 91f.

42) H. Dopsch, Geschichte Salzburgs. Stadt und Land I. Salzburg 1981, S. 404, 46ff. Vgl. Ders., Probleme ständischer Wandlung beim Adel Österreichs, der Steiermark und Salzburg, in: J. Fleckenstein (Hrsg.), Sozialgeschichte im 13. Jahrhundert, Göttingen 1977, S. 207–253.

schicht) ist für diese Städte besonders herausgearbeitet worden[43]. Dies ist für die erste Hälfte des 13. Jahrhunderts keineswegs falsch, betrifft aber doch primär nur die Antinomie zwischen Bischof und der nach Autonomie strebenden führenden cives-Schicht der beiden Städte, die sich erst im Laufe des späteren 12. Jahrhunderts – sicherlich in beiden Fällen mit Hilfe des Königtums – verfassungsmäßig schärfer konstituieren konnte und nach Ausschaltung des Bischofs, d. h. auch seiner lokalen Funktionsträger, eben der bischöflichen Ministerialen, strebte. Für Regensburg ist im frühen 13. Jahrhundert der ausgeprägte Gegensatz zwischen Bürgerschaft – d. h. primär Handelsmeliorat – und bischöflicher Ministerialität ganz charakteristisch[44]. In dieser Zeit kann von einer Emanzipation der bischöflichen Ministerialen noch nicht die Rede sein. Ja auch die unter Bischof Siegfried erscheinende *universitas civium* ist – zumindest in der Sicht Ambronns[45] – nicht etwa ein Akt bürgerlicher Verselbständigung, sondern gleichsam eine bischöfliche Stadtbehörde. Diese universitas civium war zweigeteilt in Angehörige der bischöflichen Ministerialität und des Handelsmeliorats. Wer zu den meliores in der Stadt gehört, sagt deutlich eine Schenkung von 1233[46]. Sie erfolgte nämlich *presentibus melioribus tam militibus quam civibus Ratisponensibus*. Auch das Amt des Regensburger Bürgermeisters, des *magister civitatis*, ist wohl weniger entstanden als Ausdruck bürgerlichen Strebens nach Freiheit, sondern als Versuch des Bischofs, die gesamte Stadtherrschaft durchzusetzen[47]. Die universitas civium wurde dem vom Bischof eingesetzten magister civitatis unterstellt. Erst das Privileg Kaiser Friedrichs II., 1245[48] nach der politischen Kursschwenkung des Bischofs auf die Seite des Papstes entstanden, beendete die bischöfliche Stadtherrschaft zugunsten einer bürgerlichen. In der Folge wuchs auch die bischöfliche Ministerialität in den

43) K. Bosl, Die Sozialstruktur der mittelalterlichen Residenz- und Fernhandelsstadt Regensburg (wie Anm. 1), bes. S. 49–86. Für Passau: M. Heuwieser, Die stadtrechtliche Entwicklung der Stadt Passau bis zur Stadtherrschaft der Bischöfe, in: Verhandlungen d. hist. Ver. f. Niederbayern 46 (1910), S. 5–104, hier bes. 58 pass.; Brandl-Ziegert (wie Anm. 1), S. 30–49.

44) Zum Folgenden siehe neben K. Bosl bes. E. Klebel, Landeshoheit in und um Regensburg, in: Verhandlungen d. Hist. Ver. f. Oberpfalz u. Regensburg 90 (1940), S. 15ff.; K. O. Ambronn, Verwaltung, Kanzlei und Urkundenwesen der Reichsstadt Regensburg im 13. Jh. (Münchner Hist. Studien, Abt. Gesch. Hilfswissensch. 6) Kallmünz 1968; Ders., Regensburg – die verlorene Hauptstadt, in: Wittelsbach und Bayern I/1, München 1980, S. 285–294. Zur Rolle des Königs und des Herzogs s. ferner: A. Kraus, Civitas Regia. Das Bild Regensburgs in der deutschen Geschichtsschreibung des Mittelalters (Regensb. Hist. Forsch. 3) Kallmünz 1972; P. Schmid, Regensburg. Stadt der Könige und Herzöge im Mittelalter (Regensburger Hist. Forschungen 6) Kallmünz 1977. – Nach Abschluß meines Manuskripts erschien ferner P. Schmid, Die Anfänge der Regensburger Bürgerschaft und ihr Weg zur Stadtherrschaft, in: ZBLG 45 (1982) S. 483–539, eine wichtige Untersuchung, die das Bild K. O. Ambronns modifiziert.

45) Ambronn, Verwaltung, S. 4ff., 18ff., 32ff., 55ff.

46) Th. Ried, Codex chronologico-diplomaticus episcopatus Ratisbonensis. Regensburg 1816, I, nr. 388; Ambronn, Verwaltung, S. 116 nr. 13.

47) Ambronn, Verwaltung, S. 35f., 45f. Vgl. B. Ritscher, Die Entwicklung der Regensburger Ratsverfassung in der gesellschaftlichen und wirtschaftlichen Struktur der Zeit von 1245–1429, I, II, in: Verh. d. Hist. Vereins f. Oberpfalz u. Regensburg 114 (1974), S. 7–126, 115 (1975) S. 7–64, hier I, S. 35ff.

48) RUB I nr. 70; Regesta imperii 3516.

bürgerlichen Bereich hinein, denn diese exklusive Gruppe ist nach 1245 in das Lager des Kaisers und damit auch des Bürgertums übergetreten.

Da die Hauptauseinandersetzungen sich zwischen Bürgern und Bischof abspielten, haben sich die Regensburger Verhältnisse des Herzogs und – wenn man von den großen Privilegien absieht – auch des Königs in den Quellen nur wenig niedergeschlagen. Trotz dieser Quellenlage wird man mit Sicherheit annehmen dürfen, daß der König, der Herzog und die Regensburger Reichsstifte in dieser so wichtigen Stadt noch in den ersten Jahrzehnten des 13. Jahrhunderts über eigene Ministerialen verfügten. Bekanntermaßen waren Herzog Ludwig der Kelheimer und die cives Ratisponenses zeitweise (bis etwa 1213) enge Verbündete im Kampf gegen den Regensburger Bischof[49]. All dies läßt vermuten, daß es eine vielschichtige Ministerialität in Regensburg gab, deren Angehörige zumindest teilweise in der städtischen cives-Schicht aufgegangen sind. Da die geistlichen wie die herzoglichen Immunitäten früh und stark reduziert wurden, werden deren ehemalige Ministerialen auch wirtschaftliche Ausweichmöglichkeiten gesucht und gefunden haben. Diese müssen in erster Linie im Bereich des Regensburger Handels gesucht werden.

Tatsächlich begegnen auch in Regensburg 1260 »Ritterbürger« des Wiener Typs. Als die Stadt Regensburg einen wenige Tage vorher mit dem Domkapitel abgeschlossenen Leibgedingsvertrag des Bürgers Hugo unter den Walchen bestätigt, wird dieser Bürger *Hugo miles concivis* genannt[50]; sein Vater, der concivis Heinrich, wird in der Urkunde ebenfalls einmal Heinricus miles inter Latinos bezeichnet. Die in Regensburg zunächst seltene Titulatur *dominus* für einen Bürger begegnet immerhin bereits um 1200. Der hier aufscheinende dominus Dietmarus[51], Bürger zu Regensburg, dürfte wohl mit dem in einer gleichzeitigen Urkunde genannten Dietmarus salzherre[52] identisch sein.

Aus Rechtsgeschäften der Jahre 1255 und 1266 geht hervor, daß innerhalb der Bürgerschaft die milites scharf von den übrigen concives, zu denen auch der wichtige Hansgraf gehört, geschieden werden. Diese Urkunden dürften auch K. Bosl[52a] veranlaßt haben, Verwaltungspatriziat und Händlerpatriziat scharf zu trennen. Die Frage ist nur, ob die milites tatsächlich keine Handelsgeschäfte getrieben haben. Theoretisch könnte man auch das Amt des Hansgrafen dem Verwaltungspatriziat zuweisen; er aber erscheint unter den übrigen concives. Eine Lösung aus diesem Dilemma dürfte wohl nur aus detailierten prospographischen Studien zu den Regensburger cives zu erwarten sein. 1281 treten schließlich die Regensburger Ritter als geschlossene Gruppe auf. Im Verein mit den Münzern und Bierbrauern vergleichen sie sich in einer Streitsache mit den Bürgern und Kaufleuten[53].

In mancher Hinsicht ist die Passauer Entwicklung im 13. Jahrhundert durchaus mit jener

49) Ambronn, Regensburg – die verlorene Hauptstadt, S. 290.
50) RUB I nr. 98.
51) RUB I nr. 45.
52) RUB I nr. 46.
52a) Bosl, Sozialstruktur Regensburg, S. 65f.
53) Siehe RUB I nr. 86 – nr. 103; RUB I nr. 128.

Regensburgs zu vergleichen. Wie in Regensburg stehen die bischöflichen Dienstmannen als Interessenvertreter und wohl auch schlagkräftige Truppe des Bischofs den cives gegenüber[54], im Gegensatz zu Regensburg währte dies in Passau freilich viel länger. Noch das Stadtrecht von 1299, nach einem offensichtlich gefährlichen Aufstand der Bürger erlassen, wurde offiziell vom Bischof nur mit Rat seines Domkapitels und seiner Ministerialen erlassen[55]. Vielleicht ist es gerade die Präponderanz des Bischofs und seiner Dienstmannen in Passau, die sowohl den Emanzipationsprozeß dieser Ministerialen verhindert als auch das Begriffsfeld des miles concivis nicht aufkommen läßt. Trotzdem ist unübersehbar, daß in Passau wie in Regensburg der Begriff dominus für Bürger früh Einzug hält, der übrigens zunächst einem Mann zugebilligt wird, der den gleichen Personennamen wie der ältestbezeugte Regensburger dominus trägt: Dietmar. Dieser Passauer dominus Dietmarus trägt den kennzeichnenden Zusatz »in Purgetore«; er hatte sich unrechtmäßigerweise Zensualen des Bischofs unterworfen[56].

All dies weist durchaus auf einen miles-ähnlichen »Stand«. Ein weiterer bedeutender dominus und Passauer Bürger des endenden 12. und frühen 13. Jahrhunderts war Ulrich von Prenzing[57]. Herkunftsort seiner Familie ist Prenzing im Raum Griesbach-Pfarrkirchen; ob sie mit dem dortigen Ortsadel identisch ist, bleibt fraglich. In Passau steht er in der Regel an führender Stelle unter den Zeugen aus der Reihe der burgenses. 1209 bezeugt er zusammen mit diesem ganz kleinen Kreis den Beschluß zur Erhöhung der Zolltarife, deren Erträge zur Stadtbefestigung verwendet werden sollten. Er ist zudem ein offensichtlich reicher Hausbesitzer, der 1209/13 der Domkirche eine Ewiggeldstiftung von seinem Haus am Neumarkt gewährt. Die Nachkommen des kleinen Kreises um Ulrich von Prenzing werden zumindest teilweise am Ende des 13. Jahrhunderts zu den *viri discreti* gezählt.

Ganz anders ist offensichtlich die Entwicklung in München. In den Urkunden des Heiliggeistspitals werden Münchner Bürger im 13. Jahrhundert nur ein einziges Mal mit »Herr« tituliert: 1279, als der Münchener Bürger Konrad Gerhard zwei Höfe im nahen Milbertshofen an das Spital schenkt, zeugen nach dem Stadtrichter (»her Perhtolt Partel, der richter von München«) die führenden Münchener Patrizier »her Sighart der Sentlinger, her Chuonrat, sin Bruoder, her Chuonrat Schrench«[58]. Später wird der Herrentitel im 13. Jahrhundert nicht mehr verwendet.

Überblickt man die gesamte bayerisch-österreichische Städtelandschaft – soweit es die Forschungssituation heute schon zuläßt –, so wird also sichtbar, daß jener von Otto Brunner zunächst nur für Wien und Krems gezeichnete Typ der »Ritterbürger« in weiten Teilen dieses großen Stammesraumes relevant ist. Unser Problem wäre freilich, ob diese »Erbbürger«,

54) K. Sittler, Bischof und Bürgerschaft in der Stadt Passau vom 13. Jahrhundert bis zum Laudum Bavaricum 1535. Passau 1937, S. 13ff.

55) A. Maidhof, Das Passauer Stadtrecht. Passau 1927, S. 33ff.

56) Brandl-Ziegert (wie Anm. 1) S. 35.

57) Ebenda, S. 41ff.

58) H. Vogel, Die Urkunden des Heiliggeistspitals in München 1250–1500 (Qu. u. Erörterungen z. bayer. Gesch. NF 16 I) München 1960, nr. 7.

»Ritterbürger« und domini im 13. Jahrhundert nur eine städtische Gesellschaftsschicht darstellen, oder bereits feste Verbände und Kultgemeinden, rituelle Speisegemeinschaften usw. bildeten. Für eine präzise Antwort sind indes die Quellen – wie wir gesehen haben – immer noch höchst unzulänglich. Die für Krems bezeugte Herrenzeche ist nicht nur erst 1330 bezeugt, ja in dieser Form überhaupt erst gegründet worden. Schwerer wiegt freilich die Frage, ob diese Herrenzeche nur den »Ritterbürgern« vorbehalten blieb, wie O. Brunner offenbar glaubte. Dieselben Fragen stellen sich bei der Regensburger Herrentrinkstube[59], die noch später bezeugt ist.

Eine Ausnahme könnte unter Umständen die sogenannte »Alte Bürgerzeche« Salzburgs bilden, die 1429 als »reiche Kramer- oder Bürgerzeche« bezeichnet wird[60]. Freilich ist nicht bewiesen, daß sie in der Tradition der 1170 bezeugten »fraternitas civium Salisburgensium que zecha vulgo dicitur«[61] steht. Die aus dem 12. Jahrhundert stammenden Statuten dieser »zecha« sprechen nur religiöse Rituale an, geben also keinen exakten Aufschluß über die soziale Zusammensetzung der Mitglieder. Und falls die Tradition und Kontinuität von der zecha des 12. Jahrhunderts zur »reichen Kramer- oder Bürgerzeche« des 15. Jahrhunderts zu bejahen ist, steht dem Zusammenhang mit den »Ritterbürgern« immer noch die Bezeichnung »reiche Kramerzeche« entgegen. Das Auftreten der so auffälligen sozialen Schicht der Ritterbürger weist auf deren Abschließungstendenzen nach unten und scheint auch auf Verbandsbildungsprozesse hinzudeuten. Ob es sich um kultisch legitimierte und durch Eid bekräftigte gildeartige Verbände handelt, muß allerdings bislang völlig offen bleiben.

4. *Fraternitates*

Das Bruderschaftswesen spielt allenthalben im Spätmittelalter eine große Rolle. Obgleich meist sehr spät erst bezeugt, reichen zumindest in alten Städten die Wurzeln derartiger Bruderschaften bis ins Hochmittelalter zurück. Es wurde schon hingewiesen auf das Problem derartiger Bruderschaften bei der Kremser Herrenzeche und bei der Salzburger fraternitas civium Salisburgensium que zecha vulgo dicitur. Uns interessiert die letztlich schwer beantwortbare Frage, ob diese Fraternitates gerade in ihrem Ursprung mehr sind als nur religiöse Bruderschaften. Sicherlich wird man im Auge behalten müssen die Möglichkeit, ja Wahrscheinlichkeit, daß die Klöster den Mitgliedern ihrer Fraternitas eine Art Krankenversorgung geboten haben[62].

59) W. Hofmeister, Der Weinhof in Regensburg, in: Verh. d. Hist. Vereins f. Oberpfalz u. Regensburg 115 (1975), S. 251f.

60) H. Klein, Beiträge zur Geschichte der Stadt Salzburg im Mittelalter, in: Mitt. d. Ges. f. Salzburger Landeskunde 107 (1967), S. 125ff. (mit weiterführenden Quellen).

61) SUB IV nrr. 404, 404a.

62) Vgl. K. Schmid, J. Wollasch, Societas et Fraternitas, in: Frühmittelalterliche Studien 9 (1975), S. 1–48; J. Wollasch, Gemeinschaftsbewußtsein und soziale Leistung im Mittelalter, in: ebda., S. 268–286; Ders., Klösterliche Gemeinschaften als Träger sozialen Lebens vor der Zeit der Städte, in: 32. Versammlung deutscher Historiker in Stuttgart (Beiheft zu GWU) Stuttgart 1979, S. 195–198.

Bezeugt ist jedenfalls, daß den Mitgliedern verschiedener Fraternitates die Bestattung durch das Kloster und im Klosterbereich, das heißt letztlich *ad sanctos*, geboten wurde. Man gewinnt den Eindruck, daß zwischen derjenigen Person, die in die Fraternitas etwa des Klosters St. Emmeram eintritt, und dem Kloster vielfältige Verbindungen bestehen, die durchaus auch wirtschaftlicher Art sein können. Wenn 1208 ein Bozener Bürger in die Gebetsbruderschaft des Klosters Weihenstephan zu Freising eintritt[63)], so fragt man sich zunächst, weshalb er sich nicht einem naheliegenden Tiroler Kloster zuwendet. Er wird aber sicherlich seine guten Gründe für diese Entscheidung gehabt haben.

Dazu noch ein sehr informatives Beispiel aus dem St. Emmeramer Bereich. Im Traditionskodex des Klosters begegnet 1179 ein in der russischen Fernhandelszentrale Kiew lebender Hartwich, der zur familia des Klosters St. Emmeram gehörte[64)]. Er überweist für das Spital des Klosters eine Summe von 18 Talenten, die ihm drei Regensburger Bürger schulden. Offensichtlich ist er recht wohlhabend und kann auf das Regensburger Geld verzichten. Freilich möchte er dafür in die Fraternitas des Klosters aufgenommen werden, ein Sachverhalt, der übrigens schon seit dem 11. Jahrhundert begegnet. Wir werden gewiß annehmen dürfen, daß dieser Hartwich Handelskontakt mit dem Kloster hatte bzw. eine Art wirtschaftlicher Vorposten St. Emmerams im Osten war. So demonstriert die Quelle mit dem Mitglied der St. Emmeramer familia in Kiew, wie lange das älteste Regensburger Kloster auch im Rußland-Fernhandel mitzuspielen versuchte. Die Regensburger Ruzarii des 12. Jahrhunderts[65)] gehörten vermutlich verschiedenen klösterlichen Immunitäten an. Die Zugehörigkeit Hartwichs zur familia St. Emmerams war für ihn offenbar kaum mehr standesmindernd, sonst hätte er sich wohl die Freiheit leicht erkaufen können. Diese Zugehörigkeit zur Klosterfamilia scheint ihm im Gegenteil gewisse wirtschaftliche Vorteile geboten zu haben. Ernst Klebels[65a] Karte der Grundbesitzverteilung im mittelalterlichen Regensburg, die den erstaunlich dichten Besitz der Reichsstifte in allen Teilen der Stadt vorführt, illustriert indirekt auch deren wirtschaftliche Macht, an der die Kaufleute teilhaben konnten und wollten.

Die eben angesprochene fraternitas, bisweilen *societas ac fraternitas*, aber auch *societas fraternitatis* genannt, begegnet in St. Emmeram seit etwa 1020[66)]. Ihr gehören Adelige und

63) B. Uhl, Die Traditionen des Klosters Weihenstephan (Qu. u. Erörterungen z. bayer. Gesch.) München 1972, nr. 345. Ähnlich auffallend ist, wenn sich noch 1253 ein in Regensburg wohnender Schmied (faber) Chuno mit Schwester und Brüdern (alle »Ratispone manentes«) der Freisinger Domkirche als Zensualen widmen: RUB I nr. 84.
64) Trad. Reg. nr. 926.
65) RUB I nr. 44, S. 16.
65a) Kartenbeilage zu E. Klebel, Regensburg in: Studien zu den Anfängen des europäischen Städtewesens (Vorträge und Forschungen IV) Sigmaringen 1970^3, S. 87–104.
66) Trad. Reg. nr. 329: adel. Priester Chadalhoh (c. 1020–28; sein cognatus ist der nobilis vir Adalpert); Trad. Reg. nr. 512: Clericus Hartwich u. seine Gemahlin Lantrat (1048–60); Trad. Reg. nr. 545: Gerhoch (1045–60), ohne Titel usw. (da er Güter in Alburg b. Straubing schenkt, scheint er ein Adeliger, kein Bürger

Bürger an. Da bei den Schenkungen mit dem Ziel der fraternitas in der Regel auch die *sepultura* im Kloster angesprochen wird, stellt sich die Frage, ob diese societas nicht etwa eine gildeartige Kultgemeinde darstellt. In diesem Zusammenhang ist darauf zu verweisen, daß schon für das 10. Jahrhundert die St. Emmeramsminne zur kultischen Verbrüderung – freilich im politischen Bereich zur Herstellung der amicitia – bezeugt ist[67]. Mir scheint, daß gerade der Fernhändler dem hl. Emmeram seine Anliegen vorbringen und sich ihm »verloben« konnte, denn St. Emmeram wurde nicht nur auf dem Wege nach Rom gemartert, das erste Wunder, das er laut Vita bewirkte, steht ebenfalls in diesem Kontext: Ein Bayer, der von Menschenräubern gefangen und an einen Slaven verkauft wurde, fand durch die Fürbitte des hl. Emmeram wieder in seine Heimat zurück[68]. Die societas fraternitatis des Klosters St. Emmeram hat also durchaus eine Affinität zur Mentalität des im Elend, d.h. in der Fremde lebenden Fernkaufmanns.

Bevor wir auf die Regensburger Wolfgangsbruderschaften eingehen, sei noch hingewiesen auf die Vermutung, daß auch das Regensburger Schottenkloster des Pilgerheiligen St. Jakob eine derartige fraternitas besaß. Das Schottenkloster hatte schon im ausgehenden 11. Jahrhundert engen Kontakt mit dem polnischen Raum[69]. Der Bau der großartigen Abteikirche konnte nur erstehen, weil sowohl der Burggraf Otto als auch 16 begüterte Bürger mit großzügigen Schenkungen halfen. Mit Regensburger Fernhändlern zogen diese Schottenmönche über Böhmen und Polen nach Kiew, wo sie für die deutschen Kaufleute die Kirche St. Marien errichteten. Bezeichnenderweise nahm sich auch der deutsche König dieser Abtei St. Jakob besonders an. Da sie seit 1112 reichsunmittelbar war, dürfte sie besonders für die königlichen Fernhändler eine starke Anziehungskraft ausgeübt haben.

Das spätere Mittelalter kennt dann gleich eine Reihe von Wolfgangsbruderschaften in Regensburg, auf deren Bruderschaftsbuch (14./15. Jahrhundert) Jürgen Sydow aufmerksam

zu sein); Trad. Reg. nr. 576: Die »senatores« Berthold u. Ulrich geben Besitz für ihren verstorbenen Bruder a) pro concessione sepulture, b) pro adquirenda eidem fratri societatis inibi communione (c. 1060–68); Trad. Reg. nr. 627: nobilis homo Marcward gibt 1 Hube in Alburg (vgl. oben!) pro fraternitate nostra et pro sepultura sua et matris sue (1068–80); Trad. Reg. nr. 658: Diemar gibt 1 Gut in Mais (wohl Vilsbiburg) pro fraternitate et sepultura sua (c. 1085–90). Vielleicht sind auch die folgenden Traditionen zum Zweck einer sepultura zumindest teilweise in den Kontext mit der St. Emmeramer fraternitas zu bringen: Vgl. Trad. Reg. 208, 218, 258, 260, 288, 305, 327, 341, 349, 352, 366, 368, 503, 576, 617, 627, 646, 658, 953, 1046.

67) M. Piendl, Fontes Monasterii s. Emmerami (Quellen u. Forschungen zur Geschichte des ehem. Reichsstiftes St. Emmeram in Regensburg = Thurn u. Taxis-Studien 1) Kallmünz 1961, nr. 20, S. 21; MG SS IV, 552.

68) B. Bischoff (Hg.), Arbeo: Vita et passio Sancti Haimrammi Martyris. München 1953, S. 68ff.

69) L. Hammermayer, Die irischen Benediktiner-»Schottenklöster« in Deutschland und ihr institutioneller Zusammenschluß vom 12. bis 16. Jahrhundert, in: Studien u. Mitt. z. Gesch. d. Benediktiner-Ordens 87 (1976), S. 258ff.; W. G. Wasiliewsky, Kiews Handel mit Regensburg in alter Zeit, in: Verh. d. Hist. Vereins f. Oberpfalz u. Regensburg 57 (1905), S. 183–227.

gemacht und nachdrücklich hingewiesen hat[70]. In einem Traktat des Buches wird davon ausgegangen, daß diese Regensburger Bruderschaftsbewegung unter Bischof Wolfgang (972–994) begonnen habe »contra subitaneam mortem«. Angeblich habe der hl. Wolfgang die Zahl der Bruderschaften auf acht beschränkt entsprechend der Zahl der Stiftskirchen. Er habe ferner angeordnet, daß sie von Laien geleitet werden sollten. Wie in der St. Emmeramer fraternitas spielen auch hier Begräbnis und Totengedächtnis der Mitglieder eine große Rolle. Der Traktat befaßt sich sodann mit Wahl und Aufgaben des Bruderschaftsmeisters und des jeweiligen Nachmeisters, der für die einzelne Bruderschaft zuständig ist, ferner mit genauen Vorschriften für Feierlichkeiten, die leider noch nicht ediert sind. Als Verfasser des Traktats konnte J. Sydow Bruder Gebhard den Schirlinger identifizieren, der in der Mitte des 14. Jahrhunderts als Bruderschaftsmeister zu St. Emmeram bezeugt ist. Sydow führt die Entstehung der St. Wolfgangsbruderschaften aufgrund der Anniversareinträge der Quelle auf die Zeit um 1200 zurück, so daß also auch die alte Fraternitas St. Emmerams in einer Wolfgangsbruderschaft aufgegangen sein könnte. Auffällig ist, daß Gebhard Schirlinger in seinem Traktat betont, die Bruderschaft am Dom sei ursprünglich eine Nikolausbruderschaft gewesen. Dies könnte hinweisen auf die Reformzeit des 11. Jahrhunderts (vgl. Augustiner-Chorherrenstift St. Nikola in Passau) oder aber – wie Sydow meint – auf St. Nikolaus als Patron der Reisenden und Kaufleute. In diesem Falle könnte man durchaus eine gewisse Konkurrenz der Domimmunität annehmen mit jener St. Emmerams, um Kaufleute an sich zu ziehen. Interessanterweise findet sich hier auch die Nachricht von einer Ulrichsbruderschaft im Schottenkloster St. Jakob, die dann den Chudewanern, d. h. wohl der Zunft der wertvolles Corduan-Leder verarbeitenden Handwerker, übergeben worden sei. Dies dürfte kaum vor 1250 geschehen sein, wenn die Nachricht überhaupt ihre Richtigkeit hat. Man könnte dann von einer Einzünftung einer zunächst offenbar gesellschaftlich heterogenen Bruderschaft sprechen. Sydow stellt die Frage, ob die verschiedenen an Kirchen gebundenen Bruderschaften auch verschiedenen Herrschaftskräften (dem König, dem Herzog usw.) zuzuweisen sind. Da die Forschung diesbezüglich nicht weitergeführt wurde, muß die Antwort bislang offen bleiben. Aber auch hier dürften wohl prosopographische Studien weiterführen.

Die spärlichen Nachrichten über das Bruderschaftswesen aus der Zeit vor 1200 lassen also immerhin den Schluß zu, daß die verschiedenen kirchlichen Immunitäten Regensburgs auch eigene Fraternitates bildeten, die für die wirtschaftenden Regensburger Bürger keineswegs ohne Belang sein konnten. Wann, wie und inwieweit die verschiedenen Immunitäten von jener Regensburger cives-Schicht, die im Bereich des kaiserlichen Stadtherrn stand, assimiliert wurden, ist nur annähernd feststellbar. Jedenfalls scheint sich diese Entwicklung erst in der Stauferzeit vollzogen zu haben. Ausdruck für diesen Einschmelzungsvorgang dürfte die weitgehende »Uniformierung« der vielschichtigen Fraternitates zu Wolfgangsbruderschaften sein.

70) J. Sydow, Ein Bruderschaftsbuch der Regensburger Wolfgangsbruderschaften, in: Ostbairische Grenzmarken – Pass. Jb. 9 (1967), S. 174–182.

5. *Hausgenossen*

Wenn in Regensburg zwischen dem 9. und dem beginnenden 13. Jahrhundert Besitzungen – in der Regel Häuser, und zwar oft in Marktnähe – von nicht weniger als 11 bayerischen Klöstern bezeugt sind[71] – die Regensburger Klöster sind selbstverständlich ausgenommen –, so erfordert dieser Tatbestand von uns eine Erklärung. Daß diese Klöster ebenso wie sämtliche bayerischen Bistümer[72] in Regensburg Besitz haben, kann man zunächst erklären aus der Tatsache, daß die Nähe zur civitas regia und zum Herzogszentrum wichtig ist für alle geistlichen Institutionen, vor allem, wenn sie sich an Hof- und Landtagen beteiligen müssen[73]. Reichsklöster sind aber nur die früh in Regensburg hausbesitzenden Klöster. Diese Erklärung reicht offensichtlich nicht aus für den Tatbestand.

Gerade die Tatsache, daß die Marktnähe der Klosterhäuser häufig in den Quellen erwähnt wird, läßt doch darauf schließen, daß die Marktnähe von diesen Klöstern auch gesucht wurde, d. h. daß man klösterlicherseits Regensburg, *den* bayerischen Zentralort, als Absatz- und Einkaufsmarkt brauchte. Es liegt nahe, daß die Hintersassen der Klöster auch für diesen Markt zu arbeiten hatten.

Ein Modell für diesen Sachverhalt wird man bereits in einer Quelle des frühen 9. Jahrhunderts sehen müssen. Im Jahre 820 schenkt ein Siegfried, Abt von Ilmmünster, sein ererbtes Eigentum in 10 genannten Orten an St. Emmeram zu Regensburg, nicht etwa an sein eigenes Kloster[74]. Martin Heinzelmann hat diese Grundherrschaft eingehend analysiert[75]. Er konnte zeigen, daß Abt Siegfried vom Jahre 820 bis an sein Lebensende – wenn er nicht noch weitere Besitzungen hatte – über den stattlichen Besitz von fünf Eigenkirchen und sieben Herrenhöfen mit etwa 58 abhängigen Hofstellen verfügte. Mehr als 200 abhängige Bauern Siegfrieds saßen allein außerhalb der Herrenhöfe. Dazu kam ein Schmiedebetrieb, dessen Personalumfang und Kapazität freilich von Heinzelmann überschätzt wurde. Da der Grundherrschaftskomplex Abt Siegfrieds an St. Emmeram übergeben wurde, liegt es nahe, daß zumindest ein Teil der Erzeugnisse des Schmiedebetriebs spätestens nach dem Tode Siegfrieds auf den Regensburger Markt des Klosters kam. Für die Stadtentwicklung und speziell für die städtische Sozialstruktur ist die Handwerksspezialisierung der verschiedenen Grundherrschaften, die zum städtischen Markt drängten, ein wichtiges Element. Diese Art von Spezialisierung wird auch in bayerischen Ortsnamen wenigstens in Umrissen sichtbar. Man beachte etwa Schäftlarn, Sattlern, Schiltern, Goldern, Zeitlarn[76].

In der Tat setzen sich nicht nur in Regensburg die Handel und Handwerk treibenden Bürger

71) RUB I nrr. 1, 3, 9, 10, 15, 16, 21, 22, 23, 24, 25, 28, 30, 31, 32, 33, 35, 37, 38, 39, 42, 46.

72) RUB II nrr. 2, 4, 5, 11, 12, 13, 14, 18, 19.

73) Bosl, Sozialstruktur; Kraus, Civitas Regia; Schmid, Regensburg.

74) Trad. Reg. nr. 17.

75) M. Heinzelmann, Beobachtungen zur Bevölkerungsstruktur einiger grundherrschaftlicher Siedlungen im karolingischen Bayern, in: Frühmittelalterliche Studien 11 (1977), S. 202–217.

76) W. Störmer, Früher Adel (Monographien z. Gesch. d. Mittelalters 6, I) Stuttgart 1973, S. 144f.

bayerischer Städte des 12. Jahrhunderts zumindest teilweise aus Angehörigen klösterlicher und anderer familiae zusammen. Der deutsche Begriff der Hausgenossen entspricht dieser Situation. Es ist nicht zu übersehen, daß »Facharbeiter« aus der familia des Klosters Schäftlarn für die frühe Entwicklung Münchens eine erhebliche Rolle spielten[77]. In Passau ist die Hausgenossenschaft des Klosters Niedernburg[78] offensichtlich sogar wirtschaftlich führend.

Wenn sich noch in der Mitte des 13. Jahrhunderts mehrere Regensburger Bürger und Bürgerinnen dem Domkapitel von Salzburg als Zinspflichtige verschrieben[79], so scheint dies unter dem Aspekt »bürgerlicher Freiheit« geradezu absurd. Für diese Regensburger Bürger müssen aber andere Aspekte eine größere Rolle gespielt haben. Auch der offensichtlich reiche Hartwich in Kiew gehörte ja noch zur familia St. Emmerams. Die Erklärung für dieses scheinbar so wenig bürgerliche Verhalten und »rückwärtsgewandte Selbstverständnis ohne Emanzipationswillen« dürfte doch weitgehend im Bereich wirtschaftlicher Vorteile liegen. Wir haben aber gerade für St. Emmeram Beweise, daß die Zinspflichtigkeit das Bürgerrecht gar nicht stören muß. Daß Emmeramer Zensualenrecht und die *condicio urbani iuris* in einem inneren Zusammenhang stehen können, zeigt deutlich eine Traditionsurkunde des Klosters von etwa 1083–84[80]: Der Freie Liubman, von dem ausdrücklich gesagt wird, er sei ex utroque parente liber, erwirbt für seine Gemahlin Irminrat, die offensichtlich eine Leibeigene St. Emmerams war, und deren Nachkommenschaft das Zensualenrecht; primär wird aber gesagt: ab omni servicio legitime absoluit et in urbani iuris conditionem (sic!) redegit. Wie immer urbanum ius genau zu interpretieren ist, so steht doch fest, daß es dies im endenden 11. Jahrhundert als condicio, als regelrechten Rechtsstand in Regensburg gab. Man wird weiterhin aus der Urkunde interpretieren dürfen, daß die urbani iuris condicio eine gewisse Freiheit erforderte und daß das Zensualenrecht dieser entsprach[81]. Wie immer man die Frage interpretieren mag, weshalb der Freie Liubman seine Frau und Nachkommenschaft an St. Emmeram ergab, so wird doch sichtbar, daß die »Hausgenossenschaft« dieses Regensburger Reichsklosters im 11. Jahrhundert ein wesentliches Schutzelement für den urbanen Rechtsstatus ist. Ähnlich wie in den rheinischen Städten werden wir also auch in Bayern städtische Angehörige klösterlicher familiae und Zensualität als Personenverbände der einzelnen geistlichen Immunitäten deuten müssen, denen der Status von Hausgenossen entspricht.

Auffällig ist jedoch, daß in Regensburg der zeitgenössisch belegte Begriff »Hausgenossen« in wesentlich anderem Zusammenhang erscheint. Die Regensburger Hausgenossen sind nämlich die bürgerlichen Gerichtsbeisitzer. Das Regensburger Weistum, das im zweiten Herzogsurbar (um 1300) seinen Niederschlag gefunden hat, aber ältere Verfassungsformen

77) Vgl. die von A. Weissthanner edierten Traditionen und Urkunden des Kl. Schäftlarn, ferner R. Schaffer, An der Wiege Münchens, nrr. 1, 2, 8, 9, 10, 16, 17, 18, 23, 27.

78) Vgl. M. Heuwieser, Die stadtrechtliche Entwicklung der Stadt Passau bis zur Stadtherrschaft der Bischöfe, in: Verhandlungen d. hist. Ver. Niederbayern 46 (1910) S. 66ff.; Brandl-Ziegert, S. 22f., 51ff.

79) RUB I nr. 75.

80) Trad. Reg. nr. 654.

81) Vgl. Bosl, Sozialstruktur Regensburg, S. 31ff., 39f.

wiedergibt, sagt: »Swaz auch man hintz den purgern ze Regenspurch ze chlagen hat, da sol nieman dehein urteil ueber geben, dan die gesworn havsgenossen«[82]. Schon aus § 9 des Privilegs Friedrichs II. geht hervor, daß nur Bürger Beisitzer in den städtischen Gerichten sein können[83]. Sie werden aber nicht iudices oder Schöffen genannt, sondern Hausgenossen[84]. Diese »Hausgenossen« lassen sich sowohl im Schultheißen- als auch im Friedgericht nachweisen. Die Frage nach der Herkunft dieses Begriffes in Regensburg wurde – soweit ich sehe – noch nicht gestellt. Aus dem Personenverband der geistlichen Immunitäten sind sie kaum ableitbar; eher wird man sie in ihrer ursprünglichen Verfassung als Hausgenossen des Königs in Regensburg interpretieren dürfen. Das hieße dann wohl, daß sie ursprünglich die Vertreter der unter königlichem Schutz und königlicher Herrschaft stehenden Händler Regensburgs, also noch ein präurbanes Element sind. Andererseits ließe sich denken, daß sie jener gewählte Verband sind, die das Stadthaus, das Rathaus, innehaben und beaufsichtigen, wofür freilich ebenfalls kein Beleg vorhanden ist. Da die Hausgenossen erst seit dem 14. Jahrhundert namentlich bekannt sind, läßt sich nicht sagen, ob sie nur die engste städtische Führungsschicht repräsentierten.

Im Regensburg des 13. Jahrhunderts begegnet schließlich noch eine weitere Hausgenossenschaft, die der Münzerhausgenossen[85]. Wie eine Quelle des Jahres 1272 ausdrücklich betont, lebt das Konsortium der Münzer nach eigenem Recht, »das man Hausgenossenschaft nennt« (monetarios Ratisponenses, qui ius habent quod vulgariter hauzgenozenschaft dicitur)[86]. Wie anderwärts im Reich haben sich auch in den bedeutendsten Handelsstädten des bayerischen Stammesgebiets Münzergenossenschaften installiert, in Regensburg, in Passau, in Wien. Dabei darf man noch auf Augsburg verweisen, das dicht außerhalb der Grenzen Bayerns liegt, demgemäß auch münzhistorisch eng mit Bayern verflochten ist. Lediglich in Passau[87] scheint die Monopolstellung der Münzerhausgenossen kurzfristig gewesen zu sein. Nach einer kurzen Phase wirtschaftlichen Aufstiegs, an der gerade auch die Münzerhausgenossen teilhatten, stockte die Entwicklung im 14. Jahrhundert, so daß die Privilegien dieser Hausgenossen bereits 1324 wieder aufgehoben und sie den übrigen Bürgern gleichgestellt wurden.

Besonders in Regensburg war die Münze[88] von zentraler Bedeutung für die Handels- und Stadtentwicklung. Keine Münze Süddeutschlands hatte ein so weites internationales Umlaufgebiet wie der Regensburger Pfennig, dessen hoher Silbergehalt relativ gleichbleibend war. In der

82) Monumenta Boica 36/I, S. 529.

83) RUB I nr. 57.

84) Zum Folgenden s. Ritscher III (wie Anm. 47) in VHO 116 (1976) Kap. IV.

85) Zu den Münzerhausgenossen allgemein und in Bayern s. K. Th. Eheberg, Über das älteste deutsche Münzwesen und die Hausgenossenschaften besonders in volkswirtschaftlicher Beziehung. Leipzig 1879; W. Jesse, Die deutschen Münzerhausgenossen, in: Numismat. Zs. NF 23 (1930), S. 80–120.

86) RUB I nr. 107.

87) Vgl. R. v. Höfken, Passauer Pfennige, in: Numismat. Zs. 30 (1898), S. 281–328.

88) Vgl. F. Bastian, Mittelalterliche Münzstätten und deren Absatzgebiete in Bayern. Diss. Berlin 1910; Ders., Das Runtingerbuch 1383–1407, 3 Bde. Regensburg 1935–1953; W.R.O. Hahn, Moneta Radasponensis. Braunschweig 1976.

bereits erwähnten Urkunde von 1272 wird gesagt, daß das Konsortium der Regensburger Münzerhausgenossen schon unter den Vorgängern des Bischofs Leo (der die Hausgenossenschaft der Münzer nach längerem Streit wieder in Gnaden aufnimmt) dieses ius besessen hat. Seine Entstehung ist offensichtlich in die ersten Jahrzehnte des 13. Jahrhunderts zu datieren. Vielleicht stand schon das Wiener Stadtrecht von 1221, das den Fremden aus dem westlichen Donaugebiet den Ungarnhandel – damit auch den unmittelbaren Kauf ungarischen Silbers – sperrte[89], im Zusammenhang mit der Konstitution der Regensburger Münzerhausgenossenschaft.

Die Wiener Münzstätte wurde unter Leopold V. errichtet – man vermutet, daß der Anteil Leopolds am Lösegeld für Richard Löwenherz 1193 (50000 Mark Silber) der entscheidende äußere Anlaß für die Konstituierung des Wiener Münzerkonsortiums war[90]. Die Ausmünzung der in Silberbarren gelieferten Riesensumme war wohl nur in einer Münzstätte möglich, die von einem breiten Konsortium, wie eben den Hausgenossen, getragen war. Das erste Privileg für die Wiener Münzerhausgenossenschaft datiert freilich erst von 1277. Jans Enikel berichtet uns aber: Als Leopold VI. 1203 anläßlich seiner Hochzeit feierlich in Wien einzog, wurde er von Hausgenossen (gemeint sind wohl die Münzerhausgenossen), Kaufleuten, Wildwerkern (= Kürschnern), Kramern, Fleischhackern und Bäckern begrüßt und beschenkt[91]. Die Gruppe der Hausgenossen steht also an der Spitze der Sozialpyramide, und dies nicht nur in Wien.

Die Aufgaben der Münzerhausgenossenschaft bestanden in der Beschaffung des Edelmetalls, das wohl in der Regel aus Ungarn kam, weniger im Ausprägen der Münzen. Während in Wien Hinweise es nahelegen, daß die einzelnen Hausgenossen in der Münzwerkstätte mitgearbeitet haben, wurde in Regensburg und Augsburg der Vorgang des Gießens und Prägens offensichtlich nur von Münzknechten ausgeführt, die unter Aufsicht des Münzmeisters arbeiteten. Er wurde wohl allgemein vom Münzherrn eingesetzt. Noch 1311 sagt eine Urkunde des Passauer Bischofs: »Wir mugen auch den munissemaister setzen und entsetzen swenne wir wellen«[92]. In Augsburg freilich hatten bereits im ersten Stadtrecht die ministeriales, die urbani und totius populus civitatis ein Mitspracherecht bei der Wahl des Münzmeisters[93]. Die

89) H. GRÖSSING, Das Wiener Stadtrecht und seine älteste Niederschrift, in: Wiener Gesch.-Bll. 26 (1971), S. 286–296 (mit weiterführender Lit.); Fr. BALTZAREK, Das Wiener Privileg von 1221 und die Stadtrechtsbeziehungen des 13. Jahrhunderts im Südosten, in: ebda., S. 296–305, bes. 299.

90) J. A. TOMASCHEK, Die Rechte und Freiheiten der Stadt Wien (Geschichtsquellen der Stadt Wien, hg. v. K. Weiß I) Wien 1877, nr. XIV B; A. LUSCHIN V. EBENGREUTH, Handel, Verkehr und Münzwesen, in: Geschichte der Stadt Wien, hg. v. Alterthumsverein zu Wien, I. Wien 1897, S. 426, 430; PERGER, Herzog Leopold VI. v. Österreich und die Stadt Wien, S. 275f.

91) MGH Dt. Chroniken 3 Abt 2 (1900), Enikel V 1715–1764.

92) v. HÖFKEN, S. 322.

93) W. E. VOCK, Die Urkunden des Hochstifts Augsburg. Augsburg 1959, nr. 30, P. 2. Vgl. CHR. MEYER, Beiträge zur ältsten Verfassungs- und Gewerbegeschichte der Stadt Augsburg. München 1904; D. STEINHILBER, Geld- und Münzgeschichte Augsburgs im Mittelalter, in: Jb. f. Numismatik u. Geldgesch. 5/6 (1954/55).

endgültige Entscheidung lag allerdings beim Münzherrn, dem Bischof. Der Münzmeister in Augsburg war ein Goldschmied; er mußte selbstverständlich mit den technischen Einzelheiten der Prägung vertraut sein. Hier in Augsburg kam auch ein Teil der Hausgenossen aus den Reihen der Goldschmiede, was sich bei den eigentlich bayerischen Münzwerkstätten nicht feststellen läßt. In Regensburg[94] scheint sich die Bindung des Konsortiums an die Münze sogar stark gelockert zu haben. Hauptanliegen dieser Regensburger Hausgenossen war das Wechselgeschäft am Markt, das ja Monopol der Münze war. Seit dem Privileg Friedrichs II. 1230 haben die Regensburger Bürger das Recht, dreimal jährlich mit Erlaubnis des Bischofs und Herzogs die Münze zu betreten, um die Pfennige auf ihre Echtheit zu prüfen[95]. In Augsburg dagegen wird diese Münzkontrolle vom Kämmerer und vom Viztum des Bischofs, also von bischöflichen Amtsträgern, vorgenommen. Vermutlich hängt die Entstehung der Regensburger Münzerhausgenossenschaft auch eng mit der städtischen Münzkontrolle zusammen. Im ausgehenden 13. und 14. Jahrhundert wußten gerade die Regensburger Münzerhausgenossen taktisch sehr geschickt ihre politisch-wirtschaftliche Macht zu beweisen. Da ihre Tätigkeit von so existentieller Bedeutung für die Stadt war, sahen sich auch die Stadtherren gezwungen, um jeden Preis nachzugeben. Der zunehmende Reichtum der Hausgenossen, verursacht durch Silberhandel und Wechselmonopol, machte sie zu willkommenen Geschäftspartnern ihrer Münz- und Stadtherren[96], wobei ihnen häufig der Schlagschatz verpfändet werden mußte.

Wie anderwärts scheint im bayerischen Bereich der Münzherr die Münzerhausgenossenschaft primär unter dem Aspekt der kontinuierlichen Edelmetallbeschaffung gefördert zu haben, während die Bürger der städtischen Führungsschichten darüber hinaus ebensosehr an der Tätigkeit, ja am Monopol des Geldwechselns interessiert waren und sich daher mit den ministerialen Münzern verbanden. Die sich daraus entwickelnde Münzerhausgenossenschaft konnte eigene Rechtsformen durchsetzen, unter anderem das wichtige Kooptationsrecht.

Um am Monopol des Geldwechsels beteiligt zu werden, das in Passau und Augsburg vom jeweiligen Bischof, in Regensburg vom Bischof und vom bayerischen Herzog, in Wien vom österreichischen Herzog vergeben wurde, traten offensichtlich die Fernhändler der Gruppe der Münzer bei. Der Nutzen für den Münzherrn scheint dabei ambivalent gewesen zu sein, andererseits wäre es gefährlich, ihn zu übersehen. Es ist anzunehmen, daß er sich im Begriff der Münzerhausgenossen niedergeschlagen hat. Während die ältere Forschung den hofrechtlichen Ursprung der Hausgenossen betont, haben spätere Numismatiker das Wort vom Münzhaus abgeleitet. Winfried Schich[97] hat aber neuerdings mit Recht darauf hingewiesen, daß diese Interpretation zumindest für Würzburg keine Gültigkeit haben könne. Hier beziehe sich der Begriff Hausgenossen auf das Gotteshaus. Für den bayerisch-österreichischen Raum kann nicht

94) S. Anm. 85, 88.
95) RUB I nr. 57.
96) Vgl. W. Eikenberg, Das Handelshaus der Runtinger zu Regensburg (Veröff. des Max-Planck-Instituts f. Gesch. 43) Göttingen 1976.
97) W. Schich, Würzburg im Mittelalter. Studien zum Verhältnis von Topographie und Bevölkerungsstruktur (Städteforschung Reihe A 3) Köln–Wien 1977, S. 242ff.

ausschließlich das »Gotteshaus« der Bischöfe für die Münzer-»Hausgenossen« in Anspruch genommen werden (vgl. Regensburg und Wien); man benannte sie ja auch nicht als Gotteshausgenossen oder Gotteshausleute. Das Argument Schichs zielt aber zweifellos in die richtige Richtung: Münzerhausgenossen waren ihrem Ursprung nach besonders privilegierte haus- und hofgebundene Fachkräfte, die sich auf Grund ihrer Monopolstellung rasch emanzipieren konnten. Da diese Emanzipation sehr ›diplomatisch‹, verdeckt und in kleinen Schritten vor sich gehen mußte, haben die Münzerhausgenossen ihren an die haus- und hofrechtliche Sphäre gebundenen Namen nie aufgegeben.

6. *Transportorganisationen*

Die früh- und hochmittelalterliche Verkehrslandschaft Bayern ist geprägt 1. durch die große Rolle des westöstlichen Flußverkehrs auf der Donau, dem praktisch alle übrigen Flüsse zugeordnet sind, 2. durch die Tatsache, daß die bedeutenden spätrömischen Fernstraßen dieses Raumes mehr oder weniger bis ins 12. Jahrhundert benutzt wurden, 3. durch die Teilhabe Bayerns am alpinen Paßverkehr zwischen Mitteleuropa und Italien. Dieser Sachverhalt, der noch verstärkt wird durch die Monopolstellung Reichenhalls in der oberdeutschen Salzproduktion bis ins endende 12. Jahrhundert, legt eine beachtliche Transportfrequenz im bayerischen Raum nahe. Diese ist in der Tat schon für die ausgehende Karolingerzeit für den östlichen Donauweg erschließbar aus der sogenannten Raffelstettener Zollordnung[98], die den Jahren 903-906 entstammt und retrospektiv die Wirtschafts- und Verfassungsverhältnisse der Zeit König Ludwigs des Deutschen (817 bzw. 825–876) beleuchtet.

Kurz zu Inhalt und Art der Quelle: Auf Klagen bayerischer Großer (Bischöfe, Äbte, Grafen und aller, deren Weg ins Ostland führt), daß sie auf dem Weg nach Osten durch ungerechtfertigte Zollerhebungen behindert würden, ließ König Ludwig das Kind durch den Markgrafen Aribo ein Weistum über die verschiedenen Zollrechte und die Art der Zollerhebung zur Zeit der Könige Ludwig des Deutschen und Karlmanns erstellen. Dieses Weistum, das nach dem Ort der Zeugenbefragung, Raffelstetten unweit von Enns, Raffelstettener Zollordnung genannt wird, zählt nicht nur die einzelnen Zollstätten donauabwärts auf; es konfrontiert uns erstmalig mit Fragen der Organisation und des Funktionierens jenes frühen Fernhandels, zumal in einem damals höchst unsicheren Grenzgebiet. Dabei ist sehr auffällig, daß zwar die Frage des ungerechten Zolls (iniustum theloneum) und der übermäßigen Maut (iniqua muta) das Zentralproblem ist, aber die Frage der Unsicherheit des Handelsverkehrs angesichts der

98) MGH LL II Capitularia regum francorum 2 (1897) S. 249f. nr. 253. Zur umfangreichen Lit. über die Zollordnung von Raffelstetten s. M. Mitterauer, Wirtschaft und Verfassung in der Zollordnung von Raffelstetten, in: Mitt. d. Oberösterr. Landesarchivs 8 (1964), S. 344–373, Wiederabdruck in: M. Mitterauer, Markt und Stadt im Mittelalter (wie Anm. 1) S. 235–263; L. Ganshof, Note sur »l'Inquisitio de theloneis Raffelstettensis«, in: Le Moyen Age 72 (1966) S. 197–223.

damaligen Ungarneinfälle[99] überhaupt nicht angesprochen wird, so daß man den Eindruck gewinnt, die Ungarn stellten im Donauhandel kurz nach 900 noch gar kein Problem dar. Dieser Eindruck wird verstärkt, wenn man sich überlegt, daß in Zeiten eines Verkehrs- und Handelszusammenbruchs eine derartige Zollordnung überhaupt sinnlos wäre. Den Aufgaben des Weistums gemäß erfahren wir in der Raffelstettener Zollordnung kaum Konkretes über die Organisation der Händler, doch gibt sie uns immerhin einige wichtige Hinweise. So ist besonders der letzte § 15 aufschlußreich, der erstmals von den Kaufleuten (mercatores) spricht: »Die Kaufleute aber, das sind die Juden und andere Kaufleute, woher immer sie kommen – de ista patria vel de aliis patriis – sollen den gerechten Zoll zahlen, sowohl von den Sklaven (mancipiis) als auch von den anderen Gütern, so wie es immer in früheren Zeiten gewesen ist.«

Die Formulierung »mercatores, id est Judei et ceteri mercatores« läßt den Schluß zu, daß der größte Teil dieser hier angesprochenen Fernkaufleute Juden sind. Man hat häufig darauf hingewiesen, daß Königsschutz und gildenartige Zusammenschlüsse der Kaufleute sich mehr oder weniger ausschließen. Daß die königliche bzw. vom König delegierte gräfliche Organisation des Handels gerade in diesem bayerischen Ostland sehr intensiv war, hat insbesondere Michael Mitterauer[100] herausgearbeitet. Daran wird man nicht zweifeln dürfen. Ist aber der häufig begegnende Schluß berechtigt, daß jene Kaufleute nur unter königlichem Schutz und nach königlichem Recht leben? Die Judei der Quelle bringen m. E. diese Vorstellung ins Wanken. Die Juden standen zwar unter königlichem Schutz, hatten aber eigene Gerichtsbarkeit schon aus religiösen Gründen[101]. Für sie trifft m. E. weitgehend die Definition einer Gilde zu. Es fragt sich also, ob nicht auch jene genannten nichtjüdischen Kaufleute in einem gildeartigen Verband standen. Die Tatsache des Fernhandels in fremde Länder, die gerade in der Raffelstettener Zollordnung dokumentiert wird, legt jedenfalls einen engen kaufmännischen Zusammenschluß mit eigener Gerichtsbarkeit für bestimmte Bereiche nahe. Dazu kommt das Phänomen des Sklavenhandels[102], der ohne starken Schutz überhaupt nicht denkbar ist. Da sich diese Sklavenhandelskarawanen durch mehrere Reiche begeben, wird man geradezu an Privattruppen der Kaufleute denken müssen.

Man hat häufig die *mercatores* der Raffelstettener Zollordnung den großen bayerischen Zentralorten Regensburg und Passau zugeordnet, zweifellos mit einem gewissen Recht. Da Salzhandel und Salztransport in der Zollordnung eine große Rolle spielen, wäre auch noch an Salzburg zu denken. Aber der Text des § 15 läßt es nicht zu, diese mercatores, id est Judei et ceteri mercatores nur den bayerischen Marktzentren zuzuordnen, denn die Stelle »de ista patria

99) K. Reindel, Die bayerischen Luitpoldinger 893–989 (Quellen u. Erörterungen z. bayer. Gesch. NF 11) München 1953, nrr. 22, 23, 24, 27, 32, 36, 37, 41, 44, 45.

100) Mitterauer (wie Anm. 98); Ders., Zollfreiheit und Marktbereich (Forschungen zur Landeskde v. Niederösterreich 19) Wien 1969 (bes. Kap. 1–6).

101) Vgl. Kl. Geissler, Die Juden in Deutschland und Bayern bis zur Mitte des 14. Jahrhunderts (Zs. f. bayer. Landesgesch., Beiheft 7, Reihe B) München 1976, S. 22f., 58f., 90ff.

102) Ch. Verlinden, Wo, wann und warum gab es einen Großhandel mit Sklaven während des Mittelalters?, in: Kölner Vorträge z. Sozial- u. Wirtschaftsgesch. H.11 (1970), S. 71ff.

vel de aliis patriis« weist auf einen geographisch weiten Kaufleutekreis hin, wobei ich ista patria mit dem regnum Bayern gleichsetzen würde.

Die Raffelstettener Zollordnung geht offensichtlich von einem sehr breiten bayerischen Wirtschaftskreis aus, denn es werden »Bischöfe, Äbte, Grafen und alle, deren Weg ins Ostland führt«, angesprochen. Dabei spielt für viele die Deckung des Eigenbedarfs eine große Rolle. Will man nur den Eigenbedarf auf dem Markte bzw. durch Transport von Waren decken, besonders an Salz (für die östlichen Besitzungen), so muß dies beeidet werden. Bei den Salzschiffen kommt dieser Eid dem Schiffsführer zu.

Der Schiffsverkehr auf Donau und Traun wird in einer Reihe von Paragraphen angesprochen; er muß besonders im Hinblick auf den Salztransport von Bedeutung gewesen sein. Die navis legitima, also das offizielle Schiff, wird gemäß Artikel 12 von drei Leuten geführt. Dieser Schiffstransport auf der reißenden Donau, eine gefährliche und verantwortungsvolle Angelegenheit, ist eigentlich nur durch eine strenge Berufsorganisation mit genauesten Regeln erklärbar.

Leider hat sich die Forschung fast nur mit der Technik der Flußfahrzeuge auf Inn, Salzach und Donau beschäftigt[103]. Aus späteren Quellen wäre bezüglich der Transportorganisation manches bei einer vorsichtig rückschreitenden Methode auch für das frühe Mittelalter zu erhellen. Die Schiffs- und Transportgenossenschaften, über die wir bislang noch so wenig wissen, sind wohl nicht hoch genug zu veranschlagen. Wenn schon Karl der Große 793 den Versuch machte, Main und Donau durch einen Kanal zwischen Rezat und Altmühl zu verbinden, um eine durchgehende Wasserstraße von Frankfurt bis nach Pannonien zu schaffen[104], dann wird die frühe Rolle der Schiffahrt auch für den kriegerischen (militärischen) Sektor offenbar. Dieser Donauverkehr setzte Schiffswerften und flußkundige Schiffsmeister voraus. Wir wissen nicht, ob die leichten Drei-Mann-Plätten, die in der Raffelstettener Zollordnung genannt werden, auch wieder flußaufwärts im Treidelbetrieb fuhren. Im Hochmittelalter war dies jedenfalls kaum die Regel. Lange Zeit wurden die Schiffe nach der Talfahrt in Wien zerlegt und das Schiffsholz verkauft. Schon diese Tatsache zeigt, daß die Führer der Schiffszüge gleichzeitig Schiffsmeister und Kaufleute waren. Ähnlich ist die Situation auch bei den Fuhrunternehmern, besonders mit Salz, die als Rückfracht Wein brachten. Diese Organisationen nehmen eine Zwitterstellung zwischen Handwerk und Handel ein.

Trotz relativer Quellenarmut für das frühe und hohe Mittelalter wird die zentrale Rolle der Donau als Verkehrsstraße aus einer Reihe von Indizien deutlich. Im Grunde seit römischer Zeit diente sie sowohl militärischen Zwecken (Beförderung von Truppen und Kriegsgerät) als auch dem Personenverkehr[105] und Warentransport. Diese Bevorzugung der Wasserstraße Donau

103) E. Neweklowsky, Die Schiffahrt und Flößerei im Raum der oberen Donau. 3 Bde. Linz 1952–1964.

104) H. H. Hofmann, Fossa Carolina. Versuch einer Zusammenschau, in: Karl der Große I, hg. v. H. Beumann. Düsseldorf 1965, S. 437–453; Schmid, Regensburg, S. 8, 24, 141ff., 307ff.; Bosl, Sozialstruktur Regensburg, S. 12ff.

105) Vgl. etwa die Königs- bzw. Kaiseritinerare des Früh- und Hochmittelalters.

gegenüber dem Landweg erklärt sich aus einer Reihe von Vorteilen: zumindest flußabwärts ist sie schneller und läßt größere Frachtmengen als der Pferdetransport zu. Besonders im Vergleich mit dem schlechten Zustand der Landwege (etwa nach längerem Regen) ist der Flußverkehr in jener Zeit vorzuziehen. Tatsächlich ergibt sich für das quellenreichere 14. Jahrhundert, daß der Wert der auf der Donau verschifften Waren denen des Rheins kaum nachstand[106]. Versuchen wir uns retrogressiv zurückzutasten, so ist festzustellen, daß im 14. Jahrhundert in Ost-West-Richtung folgende Arten von Gütern auf der Donau transportiert und gehandelt wurden: a) Edelmetalle, die in den Herzogtümern Bayern und Österreich sowie in Oberdeutschland fehlten, b) Agrar- und Naturalprodukte (Häute, Felle, Wachs, Getreide). Die West-Ost-Richtung wurde für Gewerbeprodukte vielfältiger Art, besonders Tuche, genutzt. Nach beiden Richtungen wurde ab Passau Salz verschifft, das von Hallein auf Salzach und Inn transportiert wurde, ferner Schwabenwein von Ulm bis Regensburg oder Passau und andererseits »Osterwein« flußaufwärts von Niederösterreich. Dieser vielfältige Donau-Handel wird quantitativ freilich erst um 1400 stärker greifbar[107]. Wie dem Passauer Mautregister aus dieser Zeit zu entnehmen ist, war der bei weitem wichtigste niederösterreichische Exportartikel nach dem Westen der Wein. Ein Fünftel des ausgeführten Weines entstammte freilich den in der Wachau und im Weinviertel gelegenen Weingütern bayerischer Klöster. Genau dieser Faktor ist es, der uns zeitlich zurücktasten läßt, denn dort waren bereits seit dem Hochmittelalter, zum Teil seit dem Frühmittelalter, nicht weniger als 38 altbayerische Klöster begütert. Das wirtschaftliche Interesse dieser Klöster war also früh mit dem Donauweg verklammert, wie sich ja auch schon in der Raffelstettener Zollordnung zeigt.

August von Loehr[108] hat schon 1916 darauf hingewiesen, daß vor dem endenden 12. Jahrhundert zumindest auf der Donau die grundherrschaftlich organisierte Klosterschifffahrt eine tragende Rolle spielte. Dabei wird man nicht nur an St. Emmeram oder einige andere Klöster zu denken haben. In und um Krems in der Wachau lag immerhin der eine Teil der bayerischen Klosterweingüter, der andere in Südtirol. Zwischen den Klöstern und ihren östlichen Grundherrschaften scheint die wirtschaftliche Kommunikation vornehmlich durch den eigenen Schiffsverkehr, mit dem Grundholden betraut waren, vonstatten gegangen zu sein. Dafür gibt es eine Reihe von Quellenhinweisen. Auch der Fernhandel scheint sich teilweise dieser fremd-grundherrschaftlichen Verkehrsmittel bedient zu haben.

Wenn man bedenkt, daß dieser immerhin relativ weite Wassertransport mit einer Reihe von beträchtlichen Risiken und Behinderungen zu rechnen hatte, angefangen von den gefährlichen Strudeln und Stromschnellen bis hin zum Flußräuberunwesen, so wird man doch vermuten

106) Th. Mayer, Der auswärtige Handel des Herzogtums Österreich im Mittelalter (Forschungen zur inneren Geschichte Österreichs 6) 1909, S. 40.

107) Mayer, S. 41ff.; Roland Schönfeld, Regensburg im Fernhandel des Mittelalters, in: VHO 113 (1973) 11ff.

108) A. v. Loehr, Beiträge zur Geschichte des mittelalterlichen Donauhandels, in: Oberbayer. Archiv 60 (1916), S. 155–262. Diese Untersuchung ist bis heute grundlegend.

dürfen, daß auch in einer Zeit grundherrschaftlichen Flußtransportwesens durchaus schon Vorformen von (freilich familia-bezogenen) Transportgenossenschaften vorhanden waren. Man wird diese Gruppe von Schiffsleuten und Schiffsherstellern in die Nähe des Kammerhandwerks und der Frühministerialität mit besonderem Dienstrecht bringen dürfen. Konkrete Quellen dafür fehlen freilich.

Es ist sehr auffällig, daß mit diesem Wandel von grundherrschaftlichem Schiffsverkehr hin zu dem der Unternehmer offensichtlich die Entstehung einer wichtigen Regensburger Institution zusammenfällt, nämlich die des städtischen Hansgrafen. Karl-Otto Ambronn kommt in einer neuen Untersuchung zu dem Ergebnis, »daß es einen Hansgrafen in Regensburg vor 1180/85 bzw. 1182/84 nicht gegeben hat«[109]. Bald darauf nimmt er aber eine führende Rolle weit über Regensburg hinaus ein. Für die Entstehung dieses Amtes werden in der Regensburger Forschung primär innerstädtische Wandlungen (besonders Schwächung des Burggrafenamtes) verantwortlich gemacht. Dabei wird aber kaum die Tatsache reflektiert, daß Überwachung und Regelung der Regensburger Handelsschiffahrt dem *Hansgrafen* und dem *Rat der Hans* übertragen war, worauf schon Loehr hingewiesen hatte.

K. Bosl[110] leitet dieses Regensburger Hansgrafenamt aus dem königlichen Geleitsregal ab und vermutet, daß sich das Amt des Hansgrafen aus verschiedenen Funktionen des ehemaligen subvicarius, des Vertreters des Burggrafen, entwickelt habe. Wie dem auch im einzelnen sei, m.E. entspricht das Amt in der neuen Form erst den Verhältnissen des ausgehenden 12. Jahrhunderts, und der bürgerliche Hansgraf setzt die Existenz einer Hanse voraus. Sowohl das Privileg König Philipps 1207 als auch das Friedrichs II. 1230 bestimmen[111], daß der Hansgraf sich im wesentlichen um die Belange der Kaufleute auf ihren Handelsreisen außerhalb der Stadt zu kümmern habe. Diesen Sachverhalt kennen wir bereits aus dem Ennser Marktweistum Herzog Ottokars vom Jahre 1191[112]. Das Marktprivileg von Enns, im Beisein des Regensburger Hansgrafen an der Spitze einer Regensburger Händlerdelegation erlassen, kann nur so gedeutet werden, daß der Hansgraf den dortigen Markt alljährlich besuchte. C. Koehne[113] hat sich schon 1893 mit Hinweis auf den sogenannten Lichtenberger Schiedsspruch von 1281 dafür ausgesprochen, daß hinter dem Hansgrafen eine kaufmännische Genossenschaft stehe. Auch wenn die spätere Forschung[114] der Koehne'schen These sehr mißtrauisch gegenüberstand, so deutet doch der freilich erst 1299 belegte Ausschuß des

109) K.-O. Ambronn, Bemerkungen zu den Anfängen des Hansgrafenamtes in Regensburg, in: Verh. d. Hist. Vereins f. Oberpfalz u. Regensburg 115 (1975), S. 231–241, hier 237.

110) Bosl, Sozialstruktur Regensburg, S. 17–20. M. E. sind die Aussagen Ambronns durchaus mit jenen Bosls vereinbar.

111) RUB I nrr. 48, 57.

112) RUB I nr. 43.

113) C. Koehne, Das Hansgrafenamt, Berlin 1893.

114) V. Lössl, Das Regensburger Hansgrafenamt, in: Verh. d. Hist. Vereins f. Oberpfalz u. Regensburg 49 (1897) S. 1–171, bes. 25ff.; Ritscher II, S. 8ff.; v. Loehr (wie Anm. 108) S. 165ff.

sogenannten *Rats in der Hans*[115)] mit zwölf Personen, denen der Hansgraf präsidierte, auf eine Organisation der Regensburger Kaufleute hin, die aber offenbar nicht einer Gilde entsprach. Im Gegensatz zu Passau und Laufen fehlt in Regensburg die Genossenschaft der Schiffsmeister. Diese Funktion hatte offensichtlich die Regensburger Hanse übernommen.

Im Salzach-Inngebiet läßt sich der organisatorische Wandel des Flußtransports vom 12. zum 13. Jahrhundert im Rahmen der Salzfracht recht deutlich verfolgen. Hier waren die Schiffer im 12. Jahrhundert noch *servi* der Reichenhaller *salinarii* und des Erzbischofs gewesen. Durch den Niedergang Reichenhalls um die Jahrhundertwende scheint erst der Salzburger Erzbischof gänzlich den Salztransport auf der Salzach in den Griff bekommen zu haben. Gleichzeitig aber nahmen die Salzschiffer einen erstaunlichen Aufstieg zu Schiffsherren, eingebunden in eine *societas* aus wohlhabenden städtischen Geschlechtern Laufens mit fest umgrenzter Mitgliederzahl. Ein Privileg des Salzburger Erzbischofs besagt 1267[115a)], daß 27 Laufener Bürger aus 17 Geschlechtern das *ius navigii* zu Erbrecht erhalten. Unter den Einzelbestimmungen ist vor allem folgende interessant: Keiner der Genossen darf vor dem anderen einen Vorrang haben; jeder muß sich mit drei Schiffen begnügen. Möchte man auf den ersten Blick glauben, diese societas, die über das ius navigii auf der Salzach monopolartig verfügt, trage gildeähnliche Züge, so verraten doch verschiedene Stellen des Privilegs, daß auch die Genossenschaft der Schiffsherren aus der familia des Erzbischofs von Salzburg herausgewachsen ist, ja, daß sie – obwohl es sich schon um mächtige Privatunternehmer handelt – noch im weiteren Sinne zu den Hausgenossen des Erzstifts Salzburg zu rechnen sind.

Ein Jahrzehnt später, 1278, wird ebenfalls in Laufen an der Salzach einer weiteren Schiffsgenossenschaft ein erzbischöfliches Privileg erteilt, den sogenannten Salzausfergen[116)], die das Monopol der Salzschiffahrt zwischen Hallein und Laufen hatten, aber auf den Schiffen der Schiffsherren Dienst taten. Die Genossenschaft als Ausfergenamt wird im Sinne einer Handwerkerzunft verstanden. Auch in diesem »Amt« fällt die genau festgesetzte Zahl der Ausfergen (40 Personen) auf. Ihre Rechte verstehen sich wiederum als Privilegien des Erzbischofs. Ihre militärischen Verpflichtungen entsprechen den urbanen Verpflichtungen anderer Zünfte. Für den Eintritt in das Ausfergenamt mußte jeder eine Geldgabe namens »Anlait«

115) RUB I nr. 189. Nur angedeutet kann hier werden, daß in Nachahmung des Regensburger Hansgrafen der österr. Herzog seit dem ausgehenden 13. Jahrhundert ebenfalls einen Hansgrafen in seinen Ländern, und zwar als landesherrlichen Beamten, einsetzte.

115a) SUB IV nr. 58. »Es soll aber beim Recht der genannten Schiffahrt keiner mächtiger sein als der andere, sondern jeder von ihnen soll mit nur zwei großen Schiffen und einem kleinen zufrieden sein.« Weitere wesentliche Punkte der Schiffsherrenordnung von 1267: a) Erbrechtlicher Besitz der Mitgliederschaft in der societas (Bedingung: Hilfe und Beistand für die Salzburger Kirche), b) Zahl der Genossen darf nicht vom Erzbischof erweitert werden, c) Nachfolger des jeweiligen socius: sein älterer Sohn, wenn er 24 Jahre und verheiratet ist. Zu diesem Privileg und zur damaligen Salzachschiffahrt s. F. Koller, Die Salzachschiffahrt bis zu den erzbischöflichen Privilegien der Jahre 1267 und 1278, in: Das Salzfaß NF 12 (1978), S. 41–55; H. Dopsch, Die erzbischöflichen Ordnungen für die Salzachschiffahrt (1267 und 1278) und die Anfänge der Schifferschützen von Laufen-Oberndorf, in: ebda., S. 56–80.

116) SUB IV nr. 94; Dopsch (wie Anm. 115) S. 65 ff.

bezahlen. Dieses Wort zeigt deutlich, daß auch das Ausfergenamt aus der familia des Erzbischofs erwachsen ist, denn die Anlait bezeichnet gewöhnlich die Einweisung des Grundholden in seinen dienstpflichtigen Wirtschaftsbetrieb durch den Grundherrn.

Nur andeutungsweise sei darauf verwiesen, daß die Laufener Beispiele nicht völlig isoliert stehen, in Amberg und in Nabburg in der Oberpfalz[117] ist ebenfalls im 13. Jahrhundert von je einer societas navium die Rede, in Hall in Tirol und Gmunden im 14. Jahrhundert, wobei noch zu klären wäre, ob es sich jeweils um den Typ der Schiffsherren (Kaufmannsgenossenschaft) oder den Typ der Ausfergen (Schifferzeche mit Zunftcharakter) handelt.

Den aus der »Grundherrschaft« erwachsenen Schiffsverkehrsorganisationen entspricht auch das auf den Straßen[118] und Pässen, besonders also in den Alpen sehr ausgedehnte Rottfuhrwesen[119], dessen Emanzipation zu zunftähnlichen Gebilden offensichtlich im bayerisch-österreichischen Raum noch später erfolgte, und zwar meist auf der Basis von Gerichten.

7. Zünfte

Mit der Laufener Ausfergenordnung von 1278 ist uns bereits eine Handwerkerorganisation – hier allerdings im Transportgewerbe – begegnet, die wesentliche Kennzeichen einer Zunft trägt. Sie zeigt sich als festumgrenzter Zwangsverband, deren »Mitgliedschaft die Voraussetzung für die Ausübung eines bestimmten Gewerbes innerhalb der Gemeinde bildet«[120]. Die Zunft der Ausfergen verfügt bereits laut Ausfergenordnung über ein ausgeprägtes eigenes Satzungsrecht,

117) v. LOEHR, S. 194; W. MÜLLER, An alten Straßen. Rastorte, Geleitstationen, Pferdedörfer, in: Archiv f. Gesch. v. Oberfranken 52 (1972), S. 187–253, bes. 220.

118) Für die Zeit vor dem 12. Jh. wird man mit Loehr also von einem weitgehend grundherrschaftlich organisierten Fernhandel im bayerischen Raum sprechen dürfen. Dieser Handel wird in der Regel als Karawanenhandel bezeichnet. Es versteht sich, daß der Einzeltransport relativ gefährlich war. Wie allerdings dieser »Karawanenhandel« konkret aussah, entzieht sich unserer Kenntnis. Beim Schiffstransport donau-aufwärts kann die Karawane nicht allzu groß gewesen sein, da allein schon der Schiffszug eines Schiffes im Treidelverkehr zahlreiche Menschen benötigte. Anders war dies wohl im Säumerverkehr, der im Salztransportwesen eine große Rolle spielte. Sowohl über die Alpen als auch nach Böhmen (auf dem »Goldenen Steig«) wird man mit ausgeprägtem karawanenartigen Säumerverkehr rechnen müssen. Böhmische Karawanen holten in Passau das Salz. Erst 1256 wurde auch den Bewohnern der Orte Waldkirchen, Schiefweg, Böhmzwiesel und Fürholz gestattet, hier als Säumer aufzutreten. Vorher durften nur böhmische Säumer diese Route benützen. Dies weist doch indirekt auf eine ausgeprägte Transportorganisation hin, die nicht nur herrschaftlich geprägt sein kann, sondern durchaus schon genossenschaftliche Züge trägt. Vgl. P. PRAXL, Das Alter des Goldenen Steiges, in: Ostbairische Grenzmarken 1959, S. 112–124.

119) O. STOLZ, Zur Geschichte der Organisation des Transportwesens in Tirol im Mittelalter, in: VSWG 8 (1910), S. 196–267; DERS., Neue Beiträge zur Geschichte des Niederlagsrechtes und Rodfuhrwesens in Tirol, in VSWG 22 (1929), S. 144–173; O. GÖNNENWEIN, Das Stapel- und Niederlagsrecht (Quellen u. Darstellungen z. Hansischen Gesch. NF 11) 1939.

120) G. v. BELOW, Probleme der Wirtschaftsgeschichte. Tübingen 1920, S. 274.

deren Bestimmungen wir freilich im einzelnen nicht kennen. Der Erzbischof betont hier »Außerdem sollen sie sich bei ... Strafe vor jeder Art von coniuratio hüten, die uns ... zum Schaden gereicht, unbeschadet jedoch ihrer eigenen Satzungen, die sie vielleicht zur Wahrung ihres Rechtes und Standes untereinander ohne Einflußnahme von uns oder anderen aufzustellen für nötig halten und welche die Genossen auch untereinander bei der durch ihr eigenes Recht vorgesehenen Strafe ... genau beachten sollen«[121]. Unter diesen Umständen kann es keine Frage sein, daß das »Amt« der 40 Ausfergen schon vor 1278 auch eigene, weitgehend herrschaftsunabhängige Selbstverwaltungsinstitutionen geschaffen hat. Trotz dieses aussagekräftigen Quellenbeispiels steht die Erforschung der Zunftanfänge im bayerisch-österreichischen Raum vor manchen Schwierigkeiten. Die ein halbes Jahrhundert lang ausgetragene Diskussion um Ursprung und rechtliche Substanz der Zünfte hat in diesem Raum ebenfalls ihren Niederschlag gefunden[122]. Während die Arbeiten von H. Heimpel (1926)[123] und W. Schultheiß (1936)[124] die Gewerbeverfassung je einer einzelnen bayerischen Stadt untersucht haben, hat der Rechtshistoriker Hans Lentze 1935[125] den Entwurf einer österreichischen Zunfttypologie gewagt, der für die Zunftdiskussion Süddeutschlands sehr fruchtbar wurde. Während sich freilich die österreichische Zunftliteratur im wesentlichen der Zunfttypenlehre Lentzes anschließen konnte, ist – soweit ich sehe – die Zunftdiskussion für den altbayerischen Raum kaum weitergeführt worden.

Ich darf die von Lentze erarbeiteten Typen und ihre Modifizierung durch die jüngere österreichische Forschung kurz skizzieren, um im Anschluß daran die Frage zu stellen, ob diese Erscheinungen auch für Altbayern gültig sind.

1) Der ältere Verband war das sogenannte Handwerk, eine herrschaftliche Organisationsform, in der die Stadtherren Handwerker des gleichen Gewerbes zusammenfaßten zum Zwecke der Warenkontrolle auf dem Markt.

Die Waren- und Qualitätskontrolle wird vom Stadtrichter im »ungebotenen Ding« ausgeübt; für die fachliche Kontrolle stehen ihm Beschaumeister zur Seite. Aus dem Vorschlagsrecht des jeweiligen Gewerbes bei der stadtherrlichen Auswahl des Beschaumeisters

121) SUB IV nr. 94. Übersetzung bei Dopsch, Die erzbischöflichen Ordnungen für die Salzachschiffahrt, S. 67.

122) Beste kritische Zusammenfassung dieser Zunftdiskussion vornehmlich im österreichischen Raum bei H. Uhl, Handwerk und Zünfte in Eferding. Materialien zum grundherrschaftlichen Zunfttypus (Fontes rerum Austriacarum III/3) Wien–Graz–Köln 1973, S. 125ff. Vgl. auch den kritischen Überblick bei H. Knittler, Handwerk und Gewerbe in Österreich (bis ins 19. Jahrhundert), in: E. Zöllner (Hg.), Österreichs Sozialstrukturen in historischer Sicht (Schrr. d. Instituts f. Österreichkunde 36) S. 70–82.

123) H. Heimpel, Die Gewerbe der Stadt Regensburg im Mittelalter (9. Beiheft der VSWG) Stuttgart 1926. Zur jüngeren Regensburger Zunftentwicklung vgl. E. Klebel, Dissertationen in Regensburg, in: Verh. d. Hist. Vereins f. Oberpfalz u. Regensburg 96 (1955), S. 193–197.

124) W. Schultheiss, Die Münchner Gewerbeverfassung im Mittelalter (Kultur und Geschichte 10) München 1936.

125) H. Lentze, Die rechtliche Stellung des mittelalterlichen Zunftwesens in Wien und den österreichischen Städten, in: Mitt. d. Vereins f. Gesch. d. Stadt Wien 15 (1935), S. 15–41.

entwickelt sich allmählich das Recht des Gewerbes, diesen aus den eigenen Reihen selbst zu wählen. Die genannte Gruppe von Handwerksverbänden war, wie Lentze anhand zahlreicher Beispiele nachweisen konnte, vor allem für den Donauraum und die zahlreichen kleinen und späteren Stadtgründungen typisch.

2) Seit dem 13. Jahrhundert treten in den verschiedenen Städten relativ selbständige Handwerksverbände auf, die man nicht mehr ohne weiteres dem herrschaftsabhängigen Typus zurechnen kann. Kennzeichnend für sie ist ein hohes Maß an innerer Autonomie, selbständige Gerichtsbarkeit, Wahl und Kompetenz ihrer Organe. Dieser Typus begegnet bereits in der ältesten Wiener Handwerksordnung, dem Flandrenser-Färber-Privileg von 1208, und in der Tullner Fleischhackerordnung von 1237. Vor allem Popelka[126], Zatschek[127] und Uhl[128] haben diesen Typus der autonomen Einung in Modifizierung Lentzes herausgearbeitet. Demgemäß hatten die genannten Handwerksverbände von Anfang an den selbständigen, genossenschaftlichen Zusammenschluß zum Ziel, und zwar zum Zwecke der wirtschaftlichen Förderung ihrer Verbandsgenossen. Zunftzwang, Exemtion von der Gerichtsbarkeit des Stadtrichters und straffe Organisation des Gewerbes sind Kennzeichen der Handwerksordnungen dieses Typs. In diesen Ordnungen fehlen nach Lentze religiöse Bestimmungen[129] ebenso wie die Bezeichnung Zeche, dagegen wird die Bezeichnung Bruderschaft (fraternitas) seit dem ausgehenden 13. Jahrhundert in Niederösterreich und in der Steiermark öfters gewählt.

3) Seit dem 14. Jahrhundert wird nach Lentze in Österreich eine ausgesprochene Zechenbewegung auf religiöser Grundlage sichtbar, die ebenso wie der Typ 2 der handwerklichen Verbandsautonomie entscheidende Impulse vermittelt hat.

Die jüngere österreichische Zunftforschung hat – im Gegensatz zu Lentze – durchaus erkannt, daß gleiche zeitgenössische Begriffe, wie Amt, Zeche, Bruderschaft (fraternitas), durchaus verschiedene Entwicklungsstufen und Zunfttypen bezeichnen können[130]. An der Tatsache, daß zu Beginn des 14. Jahrhunderts eine stark religiös motivierte »Zechenbewegung« sich ausbreitete, hält auch Uhl fest[131]. Er sieht diese Bewegung im Zusammenhang mit dem städtischen und landesherrlichen Widerstand gegen monopolistische Tendenzen der handwerklichen Verbandsautonomie. Uhl kommt zu dem allgemeinen Ergebnis, daß die Interessen der

126) F. Popelka, Geschichte des Handwerks in Obersteiermark bis zum Jahr 1527, in: VSWG 19 (1926), S. 86–144.

127) H. Zatschek, Handwerk und Gewerbe in Wien. Von den Anfängen bis zur Erteilung der Gewerbefreiheit im Jahr 1859. Wien 1949; Ders., Einung und Zeche. Ein Beitrag zur Geschichte des Wiener Handwerks, in: FS E. E. Stengel (1952).

128) Uhl (wie Anm. 122), S. 134ff.

129) Das hängt selbstverständlich primär mit der Art der Quellen zusammen. Diese Problematik, ebenso wie die Bezeichnungen der Handwerksorganisationen wurden von Lentze zu stark quellenpositivistisch interpretiert.

130) Uhl, S. 136. Kritik an dieser Art von begriffsgeschichtlicher Argumentation Lentzes meldete ebenfalls in der Diskussion zu meinem Vortrag Frau R. Schmidt-Wiegand an.

131) Uhl, S. 135ff.

österreichischen Handwerker im wesentlichen auf die Sicherung der gewerblichen Autonomie gerichtet waren, daß man aber trotzdem ihnen nicht jede politische Aktivität absprechen könne[132].

Die Frage stellt sich, ob dieses österreichische (sprich donauländisch-ostalpine) Zunfttypenmodell auch für den altbayerischen Raum gilt, für jenen Raum also, in dem die ältesten Städte des Untersuchungsgebiets überhaupt vorhanden sind. Zur Entstehung der Zünfte – oder besser gesagt: der städtischen Handwerkerorganisationen – in der Städtelandschaft Altbayern, die vor dem 12. Jahrhundert entscheidend durch das geistliche Element geprägt war, sollte man zunächst folgendes überdenken:

1)Im Rahmen der Betrachtung des Regensburger Markt- und Handelsbereiches sowie der Transportorganisationen auf den Flüssen wurde schon hingewiesen auf die ganz auffällige Rolle, die speziell die familia des Klosters St. Emmeram zumindest bis weit ins 12. Jahrhundert spielte[133]. Beim Kloster Schäftlarn unweit von München läßt sich im Grunde dieselbe Beobachtung machen[134]. Während der ersten 50 Jahre der Existenz der Stadt München, in der während des Spätmittelalters übrigens 14 auswärtige Klöster Häuser und Höfe besaßen[135], begegnen uns in der Schäftlarner Grundherrschaft rund 20 verschiedene Handwerksberufe, die weit über die Grundbedürfnisse eines Klosters hinausgingen. Dies ist um so bemerkenswerter, als Schäftlarn ein junges Prämonstratenserstift war; denn man wird mit nicht allzuviel persönlichem Aufwand und Eigenverbrauch der Kanoniker zu rechnen haben, der diese Handwerksberufe motiviert haben könnte. Da die Handwerkerschar der Schäftlarner familia beachtlich war, wird man eher eine starke Marktorientierung nach München annehmen müssen. Es ließen sich unschwer ähnliche Beispiele bei anderen Städten und Klöstern erarbeiten. Vor allem wäre auf das Passauer Frauenkloster Niedernburg[136] zu verweisen, dem im Marktverkehr, Handwerk und in den Transportorganisationen noch über das 12. Jahrhundert hinaus eine bedeutsame Rolle zukam.

2) Wir haben im bayerisch-schwäbischen Raum zumindest ein Beispiel, wo am Anfang der Stadtentwicklung offensichtlich ein Gynäceum steht, nämlich in Wertingen[137]. Hier spielt der

132) Uhl, S. 137.

133) Vgl. auch die (überholungsbedürftige) Untersuchung von W. Weizsäcker, Die familia des Klosters St. Emmeram in Regensburg, in: Verh. d. Hist. Ver. f. Oberpfalz u. Regensburg 92 (1951), S. 5–48; Zum 13. Jh.: M. Thiel, Das St. Emmeramer Register von 1275 in CLm 14992, seine Vorstufen und Nachläufer, in: ZBLG 33 (1970), S. 85–134, 542–635.

134) A. Weissthanner, Die Traditionen des Klosters Schäftlarn 760–1305 (Qu. u. Erörterungen z. bayer. Gesch. NF 10/I) München 1953, nrr. 139, 141, 155, 160, 166, 170, 176, 181, 204, 228, 230, 236, 241, 251, 259 usw.

135) M. Schattenhofer, Die Anfänge Münchens (wie Anm. 10), S. 9ff.; Ders., Die geistliche Stadt, in: Der Mönch im Wappen. München 1960, S. 25.

136) Heuwieser, Stadtrechtliche Entwicklung der Stadt Passau (wie Anm. 78), S. 29–33, 51f., 60ff., 83ff.; Brandl-Ziegert, S. 51ff.

137) W. Störmer, Entstehung und frühe Entwicklung der Stadt Wertingen in Mittelschwaben, in: 700 Jahre Stadt Wertingen, hg. v. d. Stadt Wertingen. Wertingen 1974, S. 9–31.

im zweiten Herzogsurbar genannte *mons textorum* noch im 14. Jahrhundert eine Sonderrolle im Rahmen der Stadt. Dieser mons textorum stand auf ehemals staufischem Königsgut. Wir haben also auch in weltlichen Grundherrschaften mit Spezialhandwerkern, ja möglicherweise mit Massenfabrikation für den Markt zu rechnen, die aber auch Motivation zur Markt- und Stadtgründung sein konnte. Die Geschichte Wertingens zeigt, daß dieser Personenkreis nicht die volle städtische Freiheit erhielt, sondern stark grundherrschaftlich gebunden blieb. Das uns überlieferte Beispiel Wertingen wird so vereinzelt nicht gewesen sein, so daß wir auch mit dieser Kategorie von stadtherrlich gebundenen Handwerkern im Rahmen der frühen Stadtentwicklung zu rechnen haben. In Bayern gab es also hofrechtliche Vorläufer der Handwerksorganisationen. Ob freilich die Handwerker- und Zunftverbände in den bayerischen Städten seit dem 13./14. Jahrhundert eine direkte Weiterentwicklung von Verbänden unfreier Hofhandwerker im Sinne Rudolf Eberstadts[138] sind, muß man in Zweifel ziehen. Die Frage stellt sich aber, wie sich die stadtherrlichen Handwerksverbände des Typs I zu diesen grundherrschaftlichen Organisationen verhielten, ob sie weitgehend assimiliert wurden oder nicht. Diese Frage läßt sich leider mangels Quellen bislang nicht beantworten.

Der von Lentze angesprochene Typ I der stadtherrlichen Handwerksverbände ist in Bayern sehr wohl vorhanden, ja er dürfte wohl von hier aus auch seinen Ausgang in den österreichischen Raum genommen haben. In Regensburg[139] erhielt der Burggraf und nach ihm der bayerische Herzog Abgaben der Bäcker, Metzger, Brauer, Lederer, Chudewaner, Metschenken, Kürschner, Huter, Fragner und Schwertfeger; aber auch der Bischof als Mitstadtherr hatte Anteil an den Kammerabgaben der Handwerker; namentlich genannt sind lediglich die Bäcker, Metzger, Bierbrauer und Fragner. Darüber hinaus stehen die Bäcker in einer weiteren Beziehung zum bayerischen Herzog, da dieser allein 32 Brotverkaufsbänke auf dem Markt verlieh, und zwar offiziell nicht erblich. Neben diesen »Herzogern« gab es den zweiten Bäckerverband der »Bischofer«. Erst 1384 verzichten Herzöge und Bischof auf die herrschaftliche Konzessionserteilung zum Betrieb lebenswichtiger Gewerbe. Daraus wird sichtbar, wie stark herrschaftlich gebunden eine ganze Reihe von Regensburger Handwerksverbänden lange Zeit waren.

Wie in anderen Städten[140], so waren die Handwerker in Regensburg auch zunächst offenbar weitgehend in bestimmten Straßen zusammengefaßt; darüber berichten nicht nur die alten Straßennamen, sondern auch das sogenannte Dreistraßenrecht der Schuster (1244)[141]. Dieses Dreistraßenrecht als das Recht der alteingesessenen Schuster zeigt aber auch, daß die Schuster

138) R. EBERSTADT, Magisterium und fraternitas. (Schmollers Forschungen XV 2) 1897; DERS., Der Ursprung des Zunftwesens und die älteren Handwerkerverbände des Mittelalters. Leipzig 1909.

139) Zum folgenden s. HEIMPEL, Gewerbe, S. 55ff.

140) So verzeichnet beispielsweise das Urbar des Passauer Domkapitels um 1220 in Passau eine Strata sartorum, eine Strata textorum und eine Milchgazzen: A. MAIDHOF, Die Passauer Urbare II. Passau 1939, S. 80, 82.

141) RUB I nr. 69.

im 13./14. Jahrhundert bei weitem nicht nur in den drei Schusterzeilen wohnten, sondern bereits weit über die Stadt verstreut waren.

München als Modell einer mehr oder weniger planmäßigen Gründung des 12. Jahrhunderts bietet eine übersichtlichere, weniger verworrene Zunftverfassung als Regensburg. Freilich greifen wir die Aussagen über ihre Gewerbeverfassung relativ spät, erstmals im sogenannten »Schusterprivileg« von 1290[142]. Dieses Privileg spricht ausdrücklich von einem Consortium magistrorum. Es stellt den Abschluß eines offenbar langen Streits zwischen den Schustern und den Lederern dar; dabei wird geregelt, daß »1. die Schuster das alleinige Recht erhalten, a) die fertigen Schuhe auf dem täglichen, Wochen- und Jahrmarkt in ihren Werkstätten und Krämen zu verkaufen, b) Leder auszuschneiden und in kleinen Stücken zu verkaufen«, 2) wird geregelt, daß den Lederern nur Handel und Verkauf des Leders und der Häute in großen oder in ganzen Stücken zugestanden werden soll[143]. Der Herzog gewährt also nicht den Lederern, die zur Kaufleuteschicht gehören, sondern den Schustern seine Unterstützung. Aber auch nicht jeder Schuster soll die genannte Vergünstigung erhalten, sondern nur jener, der in das consortium oder in den numerus der Schuhmachermeister aufgenommen worden ist. Dieses consortium ist nicht eine Gelegenheitsgesellschaft, sondern eine Genossenschaft von Handwerkern, die durch die Obrigkeit »sanktioniert« und zur Wahrung ihrer gewerblichen Interessen mit Vorrechten ausgestattet wird. Wenn auch das Münchener Schuhmacherprivileg zumindest deutliche Ansätze zum Zunfttyp II zeigt, so glaubt doch Schultheiß zu erkennen, daß bis weit ins 14. Jahrhundert von eigener Gerichtsbarkeit der Münchener Handelsverbände keine Rede sein kann.

Daß der Herzog um die Mitte des 13. Jahrhunderts den Zunfttyp II zu verhindern sucht, wird m. E. besonders deutlich in den Polizei- und Preisverordnungen Herzog Heinrichs für die Stadt Landshut vom Jahre 1256[144]. Zwar werden hier nicht Handwerker bzw. handwerkliche Organisationsformen genannt, aber sie sind offensichtlich angesprochen, wenn der Herzog ganz detaillierte Preis- und Warenverordnungen erläßt. Ihm geht es um Konstanz der Preise und Qualität der Waren. Offensichtlich will er verhindern, daß Preisabsprachen in den einzelnen Handwerken stattfinden, wie dies dann in der zweiten Hälfte des 13. Jahrhunderts in Wien so deutlich wird. Heinz Zatschek[145] hat gezeigt, daß die Verbote des Wiener Stadtherrn, welche die unanimitates und Einungen der Gewerbetreibenden betreffen, nicht gegen die Zünfte an sich, sondern gegen deren geheime Preisabsprachen gerichtet sind. Derartige Einungen konnte aber nur eine Genossenschaft setzen, die einen Schwurverband bildete. In der zweiten Hälfte des 13. Jahrhunderts läßt sich also in den bedeutenden Städten sowohl Österreichs als auch Altbayerns der Trend zu relativ selbständigen Handelsverbänden mit

142) Dirr, Denkmäler des Münchner Stadtrechts, nr. 21.
143) Schultheiss, S. 43.
144) Herzog, Landshuter UB I nr. 65.
145) Zatschek (wie Anm. 127).

einem hohen Maß innerer Autonomie feststellen[146]. Die 1259 in Regensburg begegnenden Verbände der Gewandschneider, Scherer, Woller, Weber und Weiter, Lederer und Ircher sind offenbar ebenfalls auf dem Weg zu diesem Typ II.

8. Schluß

Fassen wir unsere bisher gewonnenen fragmentarischen Kenntnisse von frühen Organisationsformen des städtischen Meliorats und des Handwerks im bayerisch-österreichischen Raum zusammen, so kommen wir zu folgender Bilanz:

1) Um die Wende vom 12. zum 13. Jahrhundert macht sich erstmals in jenen Städten, die nicht mit einem Bischofssitz unmittelbar verbunden waren, eine erstaunliche Kraft zur politischen Durchsetzung städtischer Interesssen bemerkbar. Aus diesem Faktenmaterial, das München, Reichenhall und Wien bieten, wird man kaum vom historischen Ansatz her gesamtstädtische Aktionen, sondern vielmehr coniurationes erkennen dürfen, die ihren Kern in der führenden Kaufleuteschicht hatten. Was immer im einzelnen die Begriffe Eidgenosse, coniuratio, Einung bedeuten, sie werden jedenfalls im 13. Jahrhundert von den bayerisch-österreichischen Stadtherren als gefährliche Entwicklung angesehen, die es einzudämmen gilt.
2) Begriffe wie Kaufmannsgilde kommen in unseren südostdeutschen Quellen nie vor, doch ist nicht auszuschließen, daß Ansätze dazu vorhanden sind, und zwar eher im 10. Jahrhundert als später. Die mächtigen, sozial heterogenen Salinarii cuncti im Reichenhall des 10. Jahrhunderts scheinen jedenfalls in einem gildeartigen Verband zusammengeschlossen gewesen zu sein, an den sich auch der Herzog wendet. Und die Kaufleute der Raffelstettener Zollordnung wird man sich kaum anders als im Rahmen eines größeren Schutzverbandes vorstellen können.
3) Die stärksten Organisationen händlerischer wie zünftischer Art werden im Salzwesen und im Transportgewerbe sichtbar. Es ist kein Zufall, daß vornehmlich das Transportproblem des Salzes, d. h. auch dessen Absatzproblem, die Basis für jene Laufener Institutionen der Schiffsherren und der Ausfergen wurde, die ihre Kontinuität bis in die Neuzeit bewahren konnten.
4) Wir meinen auch, daß sich hinter dem Regensburger Hansgrafen und der Regensburger »Hans« im endenden 12. und im 13. Jahrhundert aller Wahrscheinlichkeit nach eine Kaufmannshanse verbirgt, die vornehmlich am Donauweg orientiert ist. Die bedeutende

146) Besonders in Passau: K. Sittler, Bischof und Bürgerschaft in der Stadt Passau vom 13. Jahrhundert bis zum Laudum Bavaricum 1535. Passau 1937, S. 18, 21, 28, 57. Zu Freising vgl. Brandl-Ziegert, S. 70f. Zu Ingolstadt s. R. Listl, Die Ingolstädter Handwerkerverbände bis zur beginnenden Neuzeit im Rahmen der allgemeinen Entwicklung des Zunftwesens in Deutschland, in: Sammelbl. d. Hist. Vereins Ingolstadt 66 (1957).

Rolle des Hansgrafen und der Regensburger Hans auf dem Markt zu Enns (an der Grenze zw. Ober- und Niederösterreich) wäre sonst schwer zu erklären. Neben diesen vornehmlich durch Fernhandel bedingten »Verbänden« begegnen im 13. Jahrhundert in einer Reihe von bayerisch-österreichischen Städten die sozial deutlich hervorgehobenen »Ritterbürger«. Ob diese freilich auch feste Verbände und »Kultgemeinden« bildeten, läßt sich aus den Quellen nicht ersehen.

5) Am Beispiel Regensburg wird die Bedeutung der »Hausgenossen« im Rahmen der städtischen Wirtschaft offensichtlich. Diese Hausgenossen werden vor allem aus den Quellen des Reichsklosters St. Emmeram sichtbar, dann aber im 13. Jahrhundert als die »geschworenen Hausgenossen«, die die Stelle von Schöffen im Schultheißen- und im Friedgericht der Stadt einnehmen. Man wird annehmen müssen, daß nicht nur in Regensburg, sondern auch in den übrigen bayerischen Bischofsstädten die Hausgenossen verschiedener Rechtskreise, vor allem des Bischofs, teilweise noch mehr der Reichsklöster, bis ins 12. Jahrhundert eine große Rolle spielen. Lange Zeit scheuen offenbar hochangesehene Bürger nicht davor zurück, sich in die Zinspflichtigkeit und in die Hausgenossenschaft eines Reichsklosters der Stadt zu begeben; sie scheinen noch in der Zeit, als das urbanum ius stärker ausgebildet war, eine wichtige Schutz- und Wirtschaftsfunktion dargestellt zu haben. Wie wenig man den Begriff »Hausgenossen« selbst in der reichsstädtischen Sphäre Regensburgs als diffamierend empfand, beweist die Namengebung der »geschworenen Hausgenossen« und der Münzerhausgenossen.

6) Diesem Sachverhalt entspricht, daß fraternitates (Bruderschaften) einzelner Klöster der Stadt, denen Personen verschiedenen Rechtsstatus' beitreten, über ihre religiösen Gemeinschaftsfunktionen hinaus auch bisweilen wirtschaftliche Aspekte zeigen. Auffällig sind jedenfalls die weitreichenden wirtschaftlichen Verbindungen von Geschäftsleuten, die die fraternitas eines bisweilen von ihrem Geschäftssitz weitabgelegenen Klosters wählen, was doch auch wirtschaftliches Interesse an diesem Kloster erahnen läßt.

7) Auch in den Frühstadien der Zünfte werden noch starke familiabezogene Bindungen der einzelnen Handwerke sichtbar, selbst bei den so stark abgesicherten Laufener Ausfergen. Die rechtliche Zunftentwicklung geht im bayerisch-österreichischen Raum offensichtlich relativ langsam vor sich. Das Gewicht der faktischen Freiheiten läßt sich an Hand der dürftigen Quellenlage kaum abschätzen.

Für die Tatsache, daß kirchliche Institutionen in den hochmittelalterlichen Städten Bayerns offensichtlich stark organisationsbildend im Bereich der Wirtschaft gewirkt haben, obgleich das Bayern des 11. Jahrhunderts sehr stark vom Königtum beherrscht wurde und Regensburg als Stadt des Königs und des Herzogs anzusprechen ist, gibt es durchaus eine plausible Erklärung. Denn gerade die Könige bzw. Kaiser des 11. Jahrhunderts haben die Reichskirche in Bayern entscheidend gefördert. Für die Tatsache, daß Reichsklöster – sogar bisweilen zuungunsten der Reichsbischöfe – integrierende Aufgaben des Markt- und Transportverkehrs erhielten, wird man als Musterbeispiel das Passauer Nonnenkloster Niedernburg unter Heinrich II. ansehen dürfen. Die Ansätze zu einer ähnlichen Entwicklung St. Emmerams in Regensburg scheinen älter zu sein, möglicherweise sogar auf Kaiser Arnulf von Kärnten zurückzugehen. Königliche Wirtschaftsinteressenwahrung scheint also in Bayern weitgehend auf die Schultern der Reichsklöster übertragen worden zu sein, während man der Grafschaftsorganisation mehr die Schutzfunktionen im Rahmen des frühen Geleitswesens zuwies.

Wann und wie die Einschmelzung der verschiedenartigen »Genossenschaften« in das Bürgerrecht erfolgte, ist immer noch schwer faßbar. Gerade Regensburg ist ein treffliches Beispiel dafür, wie zahlreiche Rechtssphären lange Zeit nebeneinander herliefen und sich überschnitten. Wie in anderen Bereichen der mittelalterlichen Geschichte bereiten auch für unsere Fragestellungen die Übersetzungsprobleme große Sorgen. Wir haben deshalb die Quellenbegriffe gewissermaßen im Raum stehenlassen, wobei wir uns freilich darüber im klaren sind, daß man auch im Bereich der Organisationsformen des Meliorats den Begriffslösungsvorschlag, den H. Lentze bezüglich der Zünfte entwickelt hat, nicht akzeptieren kann.

Für die Erforschung innerstädtischer Kommunitäten[147)] besonders hinderlich ist der Tatbestand, daß wir bestenfalls knappe rechtliche oder wirtschaftliche Normen in den schriftlichen Quellen finden, nicht aber rituelle. Für das Früh- und Hochmittelalter werden auch durch die sonst so nützliche interdisziplinäre Zusammenarbeit mit historischer Volkskunde und Kunstgeschichte die mannigfaltigen zeremoniellen und symbolischen Formen dieser Kommunitäten nicht rekonstruierbar. Gerade dies könnte uns aber den entscheidenden Zugang zum Verständnis der Einzelgruppen bringen, denn der Wert der Riten lag für die Mitglieder einer Gruppe vor allem in der Erfahrung des Einsseins und der Findung der eigenen Identität. Solange uns die Einsicht in die Wirksamkeit dieser Rituale fehlt, werden wir bestenfalls schemenhaft Wirklichkeit und Wandel der einzelnen Kommunitäten erfahren können.

147) Abschließend sei noch verwiesen auf zwei Kapitel der jüngst erschienenen wichtigen Salzburger Stadtgeschichte: H. Dopsch, P.M. Lipburger, Die rechtliche und soziale Entwicklung, in: Geschichte Salzburgs. Stadt und Land I, 2, hrsg. v. H. Dopsch, 1983 (erschienen 1984), S. 675–746; H. Dopsch, Die wirtschaftliche Entwicklung, in: ebenda, S. 757–835. Diese Kapitel erschienen erst kurz vor Abschluß des Drucks unseres Bandes und konnten nicht mehr herangezogen werden.

Kaufmannsgilde und Stadtentstehung im mitteldeutschen Raum

VON HANS K. SCHULZE

1. Stendal

Im Jahre 1328 begann der Stendaler Schreiber Volcekin mit der Niederschrift der *Decreta et statuta gulde pannicidarum et mercatorum* der altmärkischen Stadt Stendal[1]. Das Gildebuch der Gewandschneider und Kaufleute ist im Original im Stendaler Stadtarchiv erhalten geblieben. Nach einer kurzen Einleitung, in der der Schreiber auch seinen Namen nennt, liefert Volcekin zunächst die Abschrift einer Urkunde der Markgrafen Johann I. und Otto III. von Brandenburg für die Gewandschneidergilde vom 15. Mai 1231. Dann folgen die Eintragungen über die Abhaltung der Gildeversammlung in verschiedenen Jahren, über die Wahl der Gildemeister, Aldermannen und ihrer Gehilfen, über die Aufnahme neuer Mitglieder und über die Beschlüsse, die auf den Gildeversammlungen gefaßt wurden. Die Eintragungen sind von unterschiedlicher Länge und beziehen sich auf die Jahre 1266, 1270, 1277, 1281, 1287, 1290, 1291, 1292, 1295, 1299, 1309, 1321, 1325, 1328, 1329, 1330, 1332, 1335, 1338, 1342, 1343, 1344, 1345 und 1349. Ein älteres Gildebuch oder wenigstens Aufzeichnungen anderer Art müssen also dem Schreiber zur Verfügung gestanden haben, aus denen er die Nachrichten für die Zeit von 1266 bis 1328 entnehmen konnte. Weshalb die Aufzeichnungen auch nach 1328 lückenhaft sind, ist nicht zu ermitteln.

Das Stendaler Gildebuch, das in der Forschung seit langem bekannt ist, stellt eine der interessantesten und ausführlichsten Quellen für die Geschichte des Gildewesens im mitteldeutschen Raum dar. Die Aufzeichnungen gewähren nicht nur Einblick in die innere Organisation der Gewandschneidergilde, sondern ermöglichen auch sozialgeschichtliche Untersuchungen, denn das reiche Material an Personennamen gestattet Antworten auf die Frage nach der wirtschaftlichen und sozialen Stellung der Gildebrüder, nach verwandtschaftlichen Beziehungen zu den führenden Geschlechtern der Stadt und nach dem Verhältnis zwischen der Kaufmannsgilde und dem Rat. Für einen Zeitraum von mehr als achtzig Jahren lassen sich die Namen von vielen Mitgliedern der Gilde ermitteln, vor allem die Namen der Gildemeister und Aldermannen, also der tonangebenden Personengruppen innerhalb der Bruderschaft. Ergänzt werden die Angaben des Gildebuches durch die urkundliche Überliefe-

1) A. F. RIEDEL (Hrsg.), Codex diplomaticus Brandenburgensis, I. Hauptteil, Bd. XV, Nr. 112.

rung, und auch das sehr viel jüngere zweite Gildebuch von 1632 enthält vereinzelt Nachrichten, die zur Erhellung der älteren Zustände beitragen können[2].

Die Gunst der Überlieferung hat dazu geführt, daß man sich in der Stadtgeschichtsforschung schon seit langem mit der Geschichte der Stendaler Gewandschneidergilde befaßt hat. Der grundlegende Aufsatz stammt von dem Stendaler Stadthistoriker Ludwig Götze und erschien bereits 1868[3]. Bekannter als diese an entlegener Stelle gedruckte Untersuchung ist eine Abhandlung von Erich Liesegang geworden[4], gegen dessen Auffassungen sich dann 1906 Heinrich von Loesch in einem kleinen Aufsatz in den Hansischen Geschichtsblättern gewandt hat[5]. Auch in der allgemeineren Literatur zur Stadtgeschichte und zum mittelalterlichen Genossenschaftswesen hat die Stendaler Gilde immer wieder gebührende Beachtung gefunden[6].

Bei einer erneuten Erörterung dieses Phänomens ist von dem Privileg der Markgrafen von Brandenburg aus dem Jahre 1231 auszugehen, das auch von dem Schreiber des Gildebuches an die Spitze der Aufzeichnungen gesetzt worden ist. Es stellt, so könnte man sagen, die grundlegende Verfassungsurkunde der Stendaler Kaufmannsgilde dar. Die markgräflichen Brüder, die auch sonst als die großen Förderer des brandenburgischen Städtewesens bekannt sind, bekennen in dieser Urkunde, daß sie die *iura fratrum gilde et illorum, qui incisores panni actenus nuncupantur, actenus in nostra civitate Stendal observata,* dahingehend verbessert haben, daß sich die Stendaler Gildebrüder künftig nach den Statuten der *fratres gilde et incisores panni* zu Magdeburg richten sollten[7]. Der Wortlaut des Privilegs läßt klar erkennen, daß die Stendaler Gilde im Jahre 1231 nicht erst gegründet wurde, sondern schon eine gewisse Zeit bestand. Von der Gewandschneidergilde in Magdeburg wurden nunmehr die Statuten und Organisationsformen übernommen. Das Vorbild Magdeburgs, dessen Rolle in der ostmitteldeutschen und ostmitteleuropäischen Stadtrechtsentwicklung bekannt ist, setzt sich auch auf

2) Druck: 16. Jahresber. d. Altmärk. Vereins f. vaterländ. Gesch. und Industrie, Abt. f. Gesch., 1868, S. 86ff.

3) L. Götze, Die Gilde der Kaufleute, Gewandschneider und Seefahrer zu Stendal. In: 16. Jahresber. d. Altmärk. Vereins f. vaterländ. Gesch. und Industrie, Abt. f. Gesch., 1868, S. 49–89.

4) E. Liesegang, Die Kaufmannsgilde von Stendal. In: Forsch. zur brandenburg. und preuß. Gesch. III, 1890, S. 1–57.

5) H. von Loesch, Die Stendaler Seefahrer. In: HansGbll. 1906, S. 335–341.

6) A. Doren, Untersuchungen zur Geschichte der Kaufmannsgilden des Mittelalters, 1893 (= Staats- und socialwiss. Forschungen, Bd. XII, Heft 2), S. 99ff.; K. Hegel, Städte und Gilden der germanischen Völker im Mittelalter, 2 Bde. 1891, Bd. II, S. 476–488; E. Müller-Mertens, Untersuchungen zur Geschichte der brandenburgischen Städte im Mittelalter, Teil I–IV. In: Wiss. Zs. d. Humboldt-Univ. Berlin, Gesell.- und sprachwiss. Reihe Jg. V, 1955/56, S. 191–221, 271–307; VI, 1956/57, S. 1–28 (zu den Gewandschneidergilden speziell S. 21ff.).

7) Riedel, Cod. dipl. Brandenburgensis, I. Hauptteil, Bd. XV, Nr. 8. Zur Interpretation vgl. Götze, Die Gilde der Kaufleute, S. 54ff.; A. Hagedorn, Verfassungsgeschichte der Stadt Magdeburg bis zum Ausgange des 13. Jahrhunderts. In: Magdeburger Gbll. 20, 1885, S. 83ff.; Liesegang, Die Kaufmannsgilde von Stendal, S. 17ff.; Doren, Untersuchungen, S. 99ff.; Loesch, Die Stendaler Seefahrer, S. 335ff.

dem Sektor des Gilde- und Zunftwesens durch. Die Privilegierung der Stendaler Gewandschneidergilde erfolgte nicht durch den Stendaler Rat, sondern durch die Markgrafen von Brandenburg, die zugleich Stadt- und Landesherren waren.

Die einzelnen Bestimmungen des Privilegs von 1231 beruhen wahrscheinlich zum größten Teil auf einer Magdeburger Rechtsbelehrung; diese Ansicht wird durch Formulierungen im Text der Urkunde gestützt. Wendungen wie *nostra fraternitas, confrater noster, cives nostri* oder *burgenses nostri* können nicht aus der Sicht der Markgrafen von Brandenburg als den Ausstellern der Urkunde interpretiert werden, sondern haben mit ziemlicher Sicherheit in einer Vorlage gestanden. Am wahrscheinlichsten ist die Annahme eines Magdeburger Weistums, das dann zum Teil wörtlich in das markgräfliche Privileg eingeschoben wurde[8].

Die Bestimmungen des Stendaler Gildeprivilegs ermöglichen einen guten Einblick in das innere Gefüge der Stendaler Gilde. Sie sind aber darüber hinaus für Untersuchungen über das Gildewesen des mitteldeutschen Raumes von größtem Wert, denn sie weisen nicht nur auf die Magdeburger Gewandschneidergilde zurück, sondern sind von den Kaufmannsgilden mehrerer brandenburgischer Städte übernommen worden. Der Rechtsinhalt der Urkunde läßt sich in folgenden Punkten zusammenfassen:

1. Niemand darf in Stendal Tuch verschneiden, der nicht Mitglied in der Gilde ist *(nisi consorcium habeat nostre fraternitatis).* Ein Verstoß gegen diese Bestimmung soll mit einer Buße von drei Talenten geahndet werden, die an die Gilde fällt. Die erste Bestimmung des Privilegs diente also der Durchsetzung und Absicherung des ausschließlichen Rechts auf den Verkauf von Tuchen. Nur die Mitglieder der Gewandschneider- und Kaufmannsgilde waren dazu berechtigt.
2. Eine allgemeine Gildeversammlung, das *colloquium fratrum,* sollte dreimal im Jahr stattfinden. Alle Gildegenossen hatten diese »Morgensprache« zu besuchen, andernfalls hatten sie eine Buße *secundum iusticiam* zu zahlen. Aus den Eintragungen des Gildebuches ist zu erkennen, daß der volkssprachliche Ausdruck für das *colloquium fratrum* tatsächlich *morghensprake* gewesen ist[9].
3. Derjenige, der in die Gilde eintreten möchte und dessen Vater bereits Mitglied der Genossenschaft gewesen ist, soll mit seinen »Freunden« *(amici)* auf der Gildeversammlung erscheinen. Wird er hinsichtlich seines Lebenswandels für untadelig befunden, gewinnt er die Gilde gegen eine Aufnahmegebühr von 5 Solidi. Außerdem hat er noch 6 Denare an den Gildemeister zu zahlen. Gibt sein Leumund jedoch zu Bedenken Anlaß, muß er ein zweites und drittes Mal vor den Gildebrüdern erscheinen. Die Kinder der Gildegenossen werden also in der für derartige Genossenschaften typischen Weise bevorzugt, aber es wird doch großer Wert auf einen guten Leumund, auf »Ehrbarkeit«, gelegt.

8) LIESEGANG, Die Kaufmannsgilde von Stendal, S. 24f., lehnt die Ableitung der Statuten aus einer Magdeburger Vorlage mit Nachdruck ab, da dies seinem Grundkonzept widersprechen würde. Zur Kritik vgl. DOREN, Untersuchungen, S. 103, sowie LOESCH, Die Stendaler Seefahrer, S. 341.

9) Eintragung zu 1304: *Filius burgensis nostri, cuius pater ipsam ante habuerat ad primam morghensprake recipietur et dabit II solidos et II denarios.*

4. Will ein Stendaler Bürger in die Gewandschneidergilde eintreten, hat er *ad introitum* ein Talent an die Gildebrüder und einen Solidus an den Gildemeister zu zahlen. Auch von ihm wird natürlich Rechtschaffenheit verlangt *(si probus homo sit et honestus)*. Die Aufnahmegebühr für einen Bürger, der nicht zu den »Gildeverwandten« gehörte, ist also viermal so hoch wie für den Sohn eines Gildebruders.
5. Ein Fremder *(hospes)* mußte eine Aufnahmegebühr von 30 Solidi zahlen und außerdem dem Gildemeister 18 Denare geben. Der Fremde war also von der Mitgliedschaft in der Gilde nicht grundsätzlich ausgeschlossen, zahlte aber eine noch höhere Eintrittssumme als der Stendaler Bürger. Bei dem Fremden handelte es sich selbstverständlich um einen auswärtigen Kaufmann, wie aus der folgenden Anordnung zu ersehen ist.
6. Während des Jahrmarktes durfte jeder »Gast« Tuche verkaufen, sofern er nicht dem Handwerkerstande angehörte. Das Gewandschnittmonopol der Kaufmannsgilde wurde für die Zeit des Jahrmarktes außer Kraft gesetzt.
7. Wollte ein Bürger aus dem Handwerkerstande die Gilde gewinnen, mußte er nicht nur seinem Handwerk »abschwören«, sondern auch eine Eintrittsgebühr von einer Mark Goldes zahlen, zuzüglich einer Summe von 18 Denaren an den Gildemeister. Eine Mark Goldes stellte eine so hohe Summe dar, daß diese Bestimmung praktisch den Ausschluß ehemaliger Handwerker bedeutete. Die Exklusivität der Kaufmannsgilde sollte dadurch offensichtlich gewahrt werden.
8. Wer Mitglied der Gilde war und in seinem Hause selbst Tuch herstellen ließ, mußte auf die Tuchproduktion verzichten. Andernfalls verlor er sein Gilderecht. Durch diese Verfügung sollte eine reinliche Trennung zwischen Gewandschneidern und Tuchmachern erreicht werden, die es in Stendal vor 1231 offensichtlich noch nicht gegeben hatte. Die Grenzen zwischen Tuchmachern und Tuchhändlern sind bis zu diesem Zeitpunkt allem Anschein nach noch fließend gewesen.
9. Für die Beschlüsse der Gildeversammlung war eine Zweidrittelmehrheit erforderlich. Ein Beschluß, dem zwei Drittel der Gildebrüder zugestimmt hatten, sollte für alle übrigen bindend sein.
10. Jedes Jahr sollten ein Gildemeister und vier »Schaffer« *(quattuor alii boni viri, qui rebus gilde presint)*[10] gewählt werden.

Die Bestimmungen des Privilegs von 1231 betreffen also im wesentlichen drei Bereiche. Es geht um die Durchsetzung und Absicherung des Monopols der Gildegenossen auf den Tuchhandel, um die Modalitäten der Aufnahme neuer Mitglieder mit gestaffelten Eintrittsgebühren für Gildeverwandte, Mitbürger, ehemaliger Handwerker und Fremde, sowie um die innere Organisation des Verbandes, um die »Geschäftsordnung«. Dank einer für mitteldeut-

10) Der Terminus »Schaffer« kommt in den Stendaler Quellen zwar nicht vor, doch bietet er sich wohl als Übersetzung für die schwerfällige lateinische Formulierung an. Im Gildebuch heißen die vier Männer »ministrantes«.

sche Verhältnisse sehr guten Überlieferung in Gestalt des Gildebuches von 1328 sind über diese mehr normativen Regelungen hinaus Einblicke in das Leben der Gilde, in die »Verfassungswirklichkeit«, möglich. Danach fand einmal im Jahr eine große Gildeversammlung statt, auf der der Gildevorstand gewählt, neue Mitglieder in feierlicher Form aufgenommen und wichtige Beschlüsse gefaßt wurden. Mehrfach ist von Satzungsänderungen die Rede. Zwischen 1266 und 1270 war der Gildevorstand um zwei »Aldermannen« erweitert worden, die in der Rangordnung zwischen dem Gildemeister und den »Schaffern« *(ministrantes)* eingeschoben wurden.

Im Mittelpunkt der Gildeversammlung, die oft am Sonntag nach Bartholomäi abgehalten wurde, stand das gemeinschaftsstiftende und gemeinschaftserhaltende Trinkgelage, so daß der Schreiber des Gildebuches sich recht häufig der Wendung *biberunt guldam* oder *celebrata fuit gulda* bediente.

Der Inhalt des Privilegs von 1231 läßt erkennen, daß als Mitglieder der Gilde in erster Linie diejenigen Kaufleute in Betracht kamen, die sich dem Detailhandel mit Tuchen, dem »Gewandschnitt«, widmeten. Auf wirtschaftlichem Gebiet dominierte das Bestreben, diesen Erwerbszweig zu monopolisieren, so stark, daß die Begriffe ›mercatores‹ und ›pannicidae‹ als Synonyme gebraucht werden, obgleich sich sicher nicht alle Gildekaufleute mit dem Gewandschnitt befaßt haben. Auch die Gewandschneider im eigentlichen Sinne dürften nicht ausschließlich vom Tuchhandel gelebt, sondern auch mit Waren anderer Art gehandelt haben.

Bis zum Verbot von 1231 konnten Tuchherstellung und Tuchhandel noch in einer Hand liegen, dann aber wurden diese beiden Funktionen streng getrennt. Es kam aber nach dem Zeugnis des Gildebuches hin und wieder vor, daß Handwerker auf die Ausübung ihres Gewerbes verzichteten und in die Gilde eintraten[11]. Sie fanden dadurch Eingang in den Kreis der Kaufleute und Tuchhändler. Es ist ziemlich unwahrscheinlich, daß sie in diesem Falle die hohe Summe von einer Mark Goldes gezahlt haben, die in den Statuten als Eintrittsgebühr vorgesehen war. Vermutlich hatte man ihnen eine Ermäßigung zugebilligt.

Der Kreis der Gildebrüder blieb aber nicht auf das Stendaler Bürgertum beschränkt, sondern wurde bald auf andere soziale Schichten erweitert. Bereits der erste Eintrag ins Gildebuch zum Jahre 1266 verzeichnet die Aufnahme von Geistlichen in die Gilde[12]. Der Zustrom von Klerikern muß sogar so stark gewesen sein, daß die Gildebrüder im Jahre 1304 den Beschluß faßten, nur noch Geistliche aufzunehmen, die ein Kanonikat oder ein kirchliches Benefizium in der Stadt besaßen[13]. Auch Angehörige des brandenburgischen Adels sind in die

11) Eintragung zu 1304: *Isti eciam tunc sua officia abiuraverunt: Eggelko Castil, Horn, Stalberghe, Henricus filius Radolfi carnificis, Johannes Buck, Henricus Bernardi, Deneke Noye.* Eintragung zu 1325: *Tunc Arnoldus de Portiz et Iuvenis sua officia abiuraverunt.* Eintragung zu 1335: *Heyne Vriensten, qui tunc officium suum abiuravit.*

12) Dem geistlichen Stande gehörten mit Sicherheit *dominus Hinricus plebanus, dominus Philippus, Johannes de sancto Spiritu und Reynerus de Domina nostra* an.

13) *Item nullus clericorum ad guldam recipi debet, nisi fuerit canonicus vel beneficium habens in civitate Stendal.*

Stendaler Gewandschneidergilde eingetreten, jedoch stammen die Zeugnisse dafür erst aus dem Anfang des 14. Jahrhunderts[14].

Über die Gründe, die die Angehörigen des Adels und der höheren Geistlichkeit zum Eintritt in die Stendaler Gewandschneider- und Kaufmannsgilde veranlaßt haben, verlautet in unseren Quellen nichts, so daß sich nur Vermutungen anstellen lassen. Wirtschaftliche Interessen scheiden als Beweggründe ohne Zweifel aus. Die adligen und geistlichen Gildebrüder dürften vielmehr die Absicht gehabt haben, an dem ausgeprägten geselligen Leben der Gilde teilzunehmen und durch Teilhabe an den religiös-caritativen Werken der Genossenschaft ihr Seelenheil zu fördern. Möglicherweise hofften Klerus und Adel auch, auf dem Wege über die Mitgliedschaft in der vornehmsten bürgerlichen Genossenschaft Einfluß auf die städtische Politik zu erlangen. Allerdings ist das nur eine Vermutung, die sich nicht wirklich erhärten läßt. Auf jeden Fall spricht der Eintritt von Klerikern und von Leuten ritterlichen Standes für die hohe Wertschätzung, die man dieser bürgerlichen Vereinigung entgegenbrachte[15].

Das ist nicht weiter erstaunlich, denn sozialgeschichtliche Untersuchungen haben ergeben, daß sehr enge personelle Verbindungen zwischen der Kaufmannsgilde, dem Ratskollegium und der Schöffenbank bestanden haben[16]. Es waren die Angehörigen einiger weniger vornehmer Bürgerfamilien, die in allen drei Gremien die führende Rolle gespielt haben. Von der Mitte des 13. bis zur Mitte des 14. Jahrhunderts läßt sich für fast alle Ratsherren der Nachweis führen, daß sie zugleich auch Mitglieder der Gilde gewesen sind. Von den 239 Mitgliedern des Stendaler Rates, deren Namen aus dieser Zeit bekannt sind, sind nur 10, die sich nicht auch als Gildebrüder feststellen lassen. Auch von den 24 Stadtschöffen, deren Namen überliefert werden, gehörten 22 zu Familien, die auch in der Gilde waren.

Freilich waren keineswegs alle Familien, deren Angehörige in die Gilde aufgenommen wurden, zugleich auch ratsfähig. Von den mehr als hundert gildefähigen Familien hat nur die knappe Hälfte auch Mitglieder des Ratskollegiums gestellt. Darunter sind aber 30 Geschlechter, aus denen jeweils nur einmal ein Ratsherr gewählt worden ist. Das Stendaler Ratskollegium

14) Zu 1325 verzeichnet das Gildebuch unter den neu aufgenommenen Mitgliedern einen *Johannes miles de Brunckowe*. 1328 findet sich eine ganze Gruppe von Herren geistlichen Standes oder adliger Abkunft: *Tunc istis dabatur gulda: Domino Bernardo de Belitz, canonico in Magdeburg, domino de Ostheren, decano in Stendal, et suo fratri domino Conrado, Sivekino de Buch, Hinrico de Rochowe, Ottoni de Koninggesmarck, domino de Osten, Rindekino, Arnoldo de Rossow, Gropeken, Henrico de Koninggesmarck.* Sie werden von den Gildebrüdern bürgerlichen Standes dadurch unterschieden, daß es von der nächsten Gruppe heißt: *Item de burgensibus isti guldam acquisierunt.* 1335 wurde der Beschluß erneuert, nach welchem Fremde die Mitgliedschaft erst nach dreimaliger Vorsprache erlangen sollten; ausgenommen waren die Kinder der Gildebrüder, die in Stendal bepfründeten Kleriker und die Adligen *(nisi clericis in civitate beneficiatis et exceptis militibus, famulis et nobilibus dignis et exceptis illis, quorum patres ipsam guldam habuerunt).*

15) Götze, Die Gilde der Kaufleute, S. 58; M. Weidner, Das Recht der deutschen Kaufmannsgilden des Mittelalters, 1931 (= Untersuchungen zur Deutschen Staats- und Rechtsgeschichte, 141. Heft), S. 97f.

16) Götze, Die Gilde der Kaufleute, S. 65ff.

wurde in dieser Periode eindeutig von etwa 20 Ratsgeschlechtern beherrscht, unter denen besonders die Familien Schadewachten, Flasmenger, Sluden, Jerichow, Sturm, Hidde, Bismarck, Gerdang, Noppow, Wegeleben, Rokiz und Braunschweig hervorragten. Es gab in Stendal ein Meliorat im Sinne einer dominierenden städtischen Führungsschicht, das Gilde, Rat und Schöffenkollegium beherrschte. Es handelte sich dabei offenbar ausschließlich um bürgerliche Familien; Meliorat und Ritterschaft waren klar geschieden. Nur ein Zweig einer Stendaler Bürgerfamilie ist in den Adel aufgestiegen, die Bismarcks.

Wichtig scheint noch die Beobachtung zu sein, daß die führenden Ratsgeschlechter identisch waren mit den Familien, deren Angehörige sich besonders früh als Mitglieder der Kaufmannsgilde nachweisen lassen. Die alten Gildefamilien sind also zugleich die vornehmsten Ratsfamilien; das Stendaler Meliorat dürfte aus der Schicht der Fernhändler hervorgegangen sein[17].

Bevor auf die Frage nach dem Verhältnis von Gilde und Stadtentstehung eingegangen werden kann, muß zunächst der Versuch unternommen werden, Klarheit über das Wesen der Stendaler Gilde zu gewinnen. Das ist nicht so einfach, wie es auf den ersten Blick scheint. In der markgräflichen Urkunde von 1231 ist die Rede von den *iura fratrum gilde et illorum, qui incisores panni actenus nuncupantur,* den »Rechten der Brüder der Gilde und derjenigen, die bisher Gewandschneider genannt werden«. Es erhebt sich die Frage, ob hier »Gildebrüder« und »Gewandschneider« als verschiedene Gruppen betrachtet werden. Bei dem Verweis auf das Magdeburger Vorbild, der sich in dieser Urkunde findet, wird von den *fratres gilde et incisores panni in Magdeborch* gesprochen, und auch dieser Passus ließe sich in diesem Sinne interpretieren. Allerdings ist dann in der Urkunde von der *fraternitas* und der *gilda* die Rede, und diese Bezeichnungen deuten darauf hin, daß es sich doch um eine einzige Gilde gehandelt hat.

Erich Liesegang hat in dieser Frage die Auffassung vertreten, es habe in Stendal ursprünglich eine alte Gilde der Großkaufleute und eine Bruderschaft der Tuchhändler und Tuchmacher gegeben, die dann unter Ausschluß der Tuchproduzenten zu einer Kaufmanns- und Gewandschneidergilde zusammengeschlossen wurden[18]. Das ist jedoch eine reine Hypothese, denn die Existenz von zwei Gilden, einer Gilde der Großkaufleute und einer Bruderschaft der Tuchhändler und Tuchmacher, ist quellenmäßig nicht zu erkennen. Quellenmäßig faßbar ist nur das Bestreben, diejenigen aus der Genossenschaft auszuschließen, die auch Tuche produzierten. Wir haben vielmehr im Jahre 1231 eine einzige Gilde vor uns, die Gewandschneider und Kaufleute anderer Art in sich vereinigte. Die Schwankungen in der Terminologie dürften dadurch zu erklären sein, daß der Kaufmann *(mercator)* prinzipiell das Recht auf den Detailvertrieb von Stoffen besaß und damit zugleich Gewandschneider *(incisor panni* oder *pannicida)* war. Die Stendaler Gilde erweist sich auf Grund ihrer Statuten von 1231 als eine ganz typische Gewandschneidergilde.

17) Götze, Die Gilde der Kaufleute, S. 70f.
18) Liesegang, Die Kaufmannsgilde von Stendal, S. 25f.

Eine Überraschung enthält allerdings eine Urkunde aus dem Jahre 1288[19]. Das Kapitel des Stendaler Nikolaistiftes und der Rat der Stadt bezeugen gemeinsam die Stiftung eines Altares durch die Gilde. Gestiftet wurde der Altar in der Stadtpfarrkirche St. Marien, an dem ein residenzpflichtiger Priester täglich eine Messe lesen sollte, durch die *confratres fraternitatis pannicidarum, qui wantsnidere dicuntur, et stagna potentium (?), qui... nuncupantur.* Leider ist die Urkunde nicht im Original, sondern nur in einem alten Druck überliefert, der Lücken und offensichtlich auch falsche Lesungen aufweist. Nähere Aufschlüsse sind aber aus dem Gildebuch zu gewinnen, da dort zum Jahre 1304 von einer *gulda severen, id est navigancium* gesprochen wird. An anderer Stelle finden sich zu 1335 die Bezeichnung *gulda navigantium* und zu 1338 *ghulda stagni*[20]. In der Urkunde über die Stiftung des Gildealtares von 1288 ist daher sicher *stagna petentium, qui severen nuncupantur* zu lesen[21]. Es gab in Stendal also eine »Seefahrergilde«, die in eigentümlicher Weise mit der Genossenschaft der Gewandschneider verbunden war. In einer Urkunde von 1289, in der die Markgrafen von Brandenburg die Schenkung von zweieinhalb Hufen Landes in dem alten Dorf Stendal zugunsten des Gildealtares beurkundeten, ist nur von den *confratres de gulda mercatorum* die Rede[22]. Aus der Sicht der Markgrafen handelte es sich also um eine »Kaufmannsgilde«.

Der Eintrag ins Gildebuch zum Jahre 1304 bringt einige Klarheit über das Verhältnis der beiden Verbände zueinander: *Et communiter statuerunt pro decreto, ut si quis confratrem suum maletractaret, pro gulda mercatorum V solidos emendabit, sed pro gulda severen, id est navigancium, III solidos dabit; si autem ambas habuerit guldas, VIII solidos dabit, si vero unam guldam tunc habuerit, pro una emendabit.* Wer einen Mitbruder beleidigte, hatte in der Kaufmannsgilde fünf Solidi als Bußgeld zu zahlen, in der Gilde der Seefahrer jedoch nur drei. Wer beiden Gilden angehörte, büßte mit acht Solidi. Ein beträchtlicher Unterschied bestand auch hinsichtlich der Höhe der Aufnahmegebühr für Fremde. Die Mitgliedschaft in der Seefahrergilde war schon für fünf Solidi zu erlangen, während der Eintritt in die Gewandschneidergilde weitaus kostspieliger war. Wahrscheinlich suchten die Gewandschneider ihr einträgliches Handelsprivileg hartnäckig zu verteidigen, während die »Seefahrer« weniger Interesse daran hatten, mögliche Konkurrenten auszuschalten[23].

Aus den Eintragungen in das Gildebuch ist zu ersehen, daß es in Stendal tatsächlich zwei Gilden gegeben hat, die der Kaufleute und Gewandschneider und die der Seefahrer. Sie unterschieden sich hinsichtlich der Höhe der Strafgelder und der Aufnahmegebühren. Gelegentlich wird bei der Aufnahme von neuen Mitgliedern im Gildebuch vermerkt, in welche Gilde sie eingetreten sind. Außerdem konnte man aber auch die Mitgliedschaft in beiden Genossenschaften gewinnen. Nach der Höhe der Buße für die Beleidigung eines Gildebruders zu urteilen, waren die Gewandschneider und Kaufleute angesehener als die Seefahrer. Andererseits

19) Riedel, Cod. dipl. Brandenburgensis, I. Hauptteil, Bd. XV, Nr. 45.
20) Riedel, Cod. dipl. Brandenburgensis, I. Hauptteil, Bd. XV, Nr. 48.
21) Loesch, Die Stendaler Seefahrer, S. 336.
22) Riedel, Cod. dipl. Brandenburgensis, I. Hauptteil, Bd. XV, Nr. 48.
23) Loesch, Die Stendaler Seefahrer, S. 337f.

gab es einen gemeinsamen Gildevorstand, der sich aus dem Gildemeister, zwei Aldermannen und vier Schaffern zusammensetzte. Es wurde nur ein Gildebuch geführt, und es gab nur einen Gildealtar. Und in den Quellen ist – von den genannten Ausnahmen abgesehen – stets nur von einer Gilde die Rede. Sie heißt dann *gilda mercatorum, gulda pannicidarum* oder *gulda mercatorum et pannicidarum.*

Nähere Aufschlüsse über den Charakter der Stendaler Seefahrergilde zu erlangen, ist recht schwierig[24]. Der naheliegende Gedanke, die Seefahrer mit den im Gildebuch oft genannten *mercatores* zu identifizieren und sie den Gewandschneidern gegenüberzustellen, würde in die Irre führen, denn an den entscheidenden Stellen des Gildebuches wird gerade zwischen der *gulda mercatorum* und der *gulda severen, id est navigancium* unterschieden. Die *mercatores* sind also mit den Gewandschneidern gleichzusetzen. Wirtschaftliche Bestimmungen über die Tätigkeit der »Seefahrer«, die uns weiter helfen könnten, fehlen im Gildebuch; Bestimmungen wirtschaftlicher Art betreffen ausschließlich den Gewandschnitt. Auch aus den wenigen Namen von Mitgliedern der Seefahrergilde, die sich ermitteln lassen, können keine Schlüsse auf die Funktion dieser Vereinigung gezogen werden. Nur vereinzelt wird über die Aufnahme von neuen Mitgliedern berichtet. Die Seefahrer waren zwar etwas weniger angesehen als die Kaufleute und Gewandschneider, doch sind auch Angehörige der Stendaler Ratsgeschlechter ihrer Vereinigung beigetreten[25].

Man kann vermuten, daß es sich bei den Mitgliedern der *gulda navigantium* um einen kleineren Kreis von Fernhändlern gehandelt hat, der noch selbst auf Handelsfahrt ging und dabei die Nord- und Ostsee befuhr. Diese Deutung ist nicht unwahrscheinlich, denn Stendal gehörte im Mittelalter zu den wichtigsten Handelsplätzen der Mark Brandenburg[26]. Relativ

24) Götze, Urkundliche Geschichte der Stadt Stendal, 1873 (Neudruck 1929), S. 59: »Dort hatte sich übrigens um die Mitte des 13. Jahrhunderts bereits eine eigene Seefahrergilde gebildet, eine Vereinigung von Bürgern, welche die Ausfuhr nach überseeischen Ländern auf eigenen Seeschiffen betrieben.« Loesch, Die Stendaler Seefahrer, S. 336f.: »Die Seefahrer waren also diejenigen Kaufleute Stendals, welche nach den urkundlichen Zeugnissen des 13. Jahrhunderts Handelsfahrten nach Hamburg, Lübeck, Wismar und von ersterer Stadt weiter zur See nach Flandern und England unternahmen. Sie waren Kauffahrer wie die Flandern-, England-, Schonenfahrer usw. anderer Städte. Hier in Stendal waren also alle derartigen Seefahrer in einer Gilde vereinigt; dieser gehören außerdem die Kleinhändler mit Tuch, die Gewandschneider, an, ja diese sind, wenigstens zu der Zeit, in der die Seefahrer urkundlich bezeugt sind, die weitaus angesehensten Mitglieder der Gilde.«

25) 1335: *Lemme Roxze habet guldam navigantium.* 1338: *ghulda stagni data fuit Ludolfo Byl, Conrado Smit, domino Hinrico Kuryz, Johanni de Scepelyz, Alberto de Alvensleven.* Aus Stendaler Ratsfamilien stammten mit Sicherheit Lemme Roxze und Johannes de Scepelyz.

26) Götze, Urkundliche Geschichte der Stadt Stendal, S. 54ff.; H. Bächtold, Der norddeutsche Handel im 12. und beginnenden 13. Jahrhundert, 1910 (= Abhh. z. Mittleren und Neueren Gesch., Heft 21), S. 177ff.; E. Müller-Mertens, Untersuchungen zur Geschichte der brandenburgischen Städte (wie Anm. 6), Teil IV, S. 9ff.; E. Engel, Bürgerlicher Lehnsbesitz, bäuerliche Produktenrente und altmärkisch-hamburgische Handelsbeziehungen im 14. Jahrhundert. In: HansGbll. 82, 1964, S. 21–41; H. Helbig, Gesellschaft und Wirtschaft der Mark Brandenburg im Mittelalter, 1973 (= Veröff. d. Hist. Komm. zu Berlin, Bd. 41), S. 117ff.

gut bezeugt sind die Handelsbeziehungen der Stadt zu Hamburg, Lübeck und Wismar und über Hamburg hinaus nach Flandern (Brügge) und England. Nur gelegentlich werden die Namen von Stendaler Kaufleuten faßbar, die im Handel mit Hamburg eine Rolle gespielt haben. Diese Fernhändler waren auch Mitglieder der Stendaler Gilde, aber es ist nicht festzustellen, ob sie speziell der Seefahrergilde angehört haben. Godefrid (Godo) de Sluden, Giseko (Giso) Schadewachten und Gerdang Schadewachten gehörten zu den angesehensten Mitgliedern der Gilde; Gerdang und Giso Schadewachten waren 1287 und 1291 sogar Gildemeister.

Wenn diese Deutung der Stendaler *gulda navigantium* zutreffend ist, hätten wir eine Vereinigung vom Typus einer »Hanse« vor uns, eine »Fahrtgenossenschaft« von Fernhändlern, die dann in einer Gewandschneidergilde aufgegangen ist. Auf die gemeinsame Handelsfahrt weist eine Verpflichtung hin, die zwar erst aus dem jüngeren Gildebuch von 1632 zu entnehmen ist, aber zu den ursprünglichsten Verpflichtungen der Gildebrüder gehört haben dürfte[27]. Jedes Mitglied war danach verpflichtet, bei einem Gildebruder, der auf einer gemeinsamen Reise erkrankte oder in Not geriet, auf eigene Kosten einen Tag und eine Nacht zu verweilen. Wer sich dieser Beistandspflicht entzog, verlor die Mitgliedschaft in der Gilde.

An der Spitze der Seefahrergilde haben vielleicht ursprünglich die beiden Aldermannen gestanden, denn nach den Statuten von 1231 gab es in der Gewandschneider- und Kaufmannsgilde nur den Gildemeister und die vier Schaffer. Dieser »Vorstand« wird zu 1266 auch im Gildebuch verzeichnet, aber schon zu 1270 werden nach dem *magister gulde* zwei weitere Männer namentlich aufgeführt. Der Titel Aldermann wird dann für diese Personen seit 1287 ständig gebraucht. Möglicherweise sind die Vorsteher der Seefahrergilde nach der Vereinigung der beiden Verbände in den gemeinsamen »Gildevorstand« aufgenommen worden und haben auch ihren ursprünglichen Titel beibehalten. Der Zusammenschluß der beiden Verbände, die freilich partiell ihre ursprüngliche Eigenständigkeit behielten, könnte also zwischen 1266 und 1270 erfolgt sein. Da das Gildebuch in der ersten Zeit nur die Namen der »Funktionäre« und der neuen Gildemitglieder verzeichnet, ist das Fehlen eines entsprechenden Beschlusses in den Aufzeichnungen nicht besonders auffällig.

Für ein Zwischenresumé ergibt sich mit einiger Wahrscheinlichkeit, daß es in Stendal im 13. Jahrhundert zunächst zwei genossenschaftliche Verbände von Kaufleuten gegeben hat, die Gilde der Gewandschneider und die der »Seefahrer«. Die eine war eine typische Gewandschneidergilde, die andere mehr eine Fahrtgenossenschaft von Fernkaufleuten. Die Gewandschneidergilde bestand 1231 bereits seit einiger Zeit. Da schon zum Jahre 1188 in Stendal ein Kaufhaus unter der Bezeichnung *domus mercatorum* erwähnt wird[28], könnte die Gilde bereits in der zweiten Hälfte des 12. Jahrhunderts entstanden sein. Zwingend ist diese Annahme allerdings nicht, da die Existenz eines Kaufhauses, auch wenn es als *domus mercatorum* bezeichnet wird, eine Kaufmannsgilde nicht zwingend voraussetzt. Kaum beantworten läßt sich die Frage nach dem Alter der Seefahrergilde. Aus der Gewandschneidergilde wurden 1231 die im Handwerk

27) Vgl. dazu Götze, Die Gilde der Kaufleute, S. 88f.

28) Riedel, Cod. dipl. Brandenburgensis, I. Hauptteil, Bd. V, Nr. 22.

tätigen Elemente ausgeschlossen, und vermutlich zwischen 1266 und 1270 erfolgte die Vereinigung mit der Fahrtgenossenschaft der Seefahrer. In dieser neu geschaffenen Gesamtgilde waren die Gewandschneider tonangebend, so daß sie nach außen hin in erster Linie als eine »Gewandschneider- und Kaufmannsgilde« in Erscheinung trat. Sie genoß hohes soziales Ansehen. Die führenden Ratsgeschlechter waren identisch mit den Familien, die von Anfang an auch in der Gilde dominierten. Während sich die Gilde den Handwerkern ziemlich rigoros verschloß, öffnete sie sich für die Geistlichkeit und den Adel.

Unserer Fragestellung entsprechend sollen nicht die weiteren Schicksale der Stendaler Gilde verfolgt werden, sondern es soll untersucht werden, ob die Kaufmannsgilde bereits bei der Entstehung der Stadt Stendal und bei der Entwicklung der Stadtverfassung eine Rolle gespielt hat. Es ist zu fragen, ob die engen personellen Beziehungen, die zwischen Kaufmannsgilde, Rat und Schöffenkollegium bestanden haben, auch Rückschlüsse auf Verbindungen institutioneller Art zulassen. So hat der bereits mehrfach zitierte Stendaler Stadthistoriker Ludwig Götze die Auffassung vertreten, eine Kaufmannsgilde sei in Stendal von Anfang an vorhanden gewesen und der Rat sei erst im Zuge einer späteren Entwicklung aus dieser Gilde hervorgegangen: »Denn die Gilde mußte in Stendal, wie auch an anderen Orten von gleicher Entstehung, ohne Zweifel älter als der Rat und dieser erst aus ihr hervorgegangen sein. Die Gilde war vorhanden, sobald sich eine Anzahl Kaufleute an dem vom Markgrafen angewiesenen Orte angesiedelt hatte. Der corporative Zusammenschluß von zusammengehörigen Elementen erfolgte im Mittelalter sofort, so wie sich solche Elemente fanden. Die Bildung eines Rates, welcher für die älteste Zeit nur die Bedeutung eines stehenden Ausschusses der Gilde hatte, konnte erst stattfinden und war erst erforderlich, als ein größeres städtisches Gemeinwesen herangewachsen war«[29]. Götze billigt also der Kaufmannsgilde eine wichtige Rolle bei der Ausbildung der Ratsverfassung zu. Der Rat ist aus seiner Sicht nichts anderes als ein Ausschuß der in der Gilde zusammengeschlossenen Vollbürger. Daher ist das Gildeprivileg von 1231 auch von den Markgrafen und nicht vom Rat ausgestellt worden, »denn sonst hätte die Gilde durch einen Ausschuß nur sich selbst privilegiert«. Diese Auffassungen, die noch unter dem Eindruck der damals herrschenden älteren Gildetheorien stehen, sind gewiß überspitzt, aber es wäre unbillig, sie ohne Überprüfung einfach als veraltet beiseite zu schieben. Bietet sich doch gerade in Stendal die günstige Gelegenheit, der Frage nachzugehen, welche Rolle eine Kaufmannsgilde bei der Gründung der Stadt und der Ausbildung ihrer Selbstverwaltungsgremien gespielt hat, denn unsere Überlieferung reicht bis in die erste Phase der Stadtwerdung zurück[30]. Erhalten ist die Marktgründungsurkunde Albrechts des Bären, die zwar kein Datum enthält, aber mit einiger Sicherheit in die Zeit um 1160 zu setzen ist[31]. Sie ist nicht im Original überliefert, aber die Zweifel an ihrer Echtheit, die von Johannes Schultze mit Nachdruck und Engagement erhoben

29) Götze, Die Gilde der Kaufleute, S. 76f.

30) Vgl. H. K. Schulze, Die Besiedlung der Mark Brandenburg im hohen und späten Mittelalter. In: Jb. f. Gesch. Mittel- und Ostdeutschlands 28, 1979, S. 148ff. (mit Angabe der älteren Literatur).

31) Riedel, Cod. dipl. Brandenburgensis, I. Hauptteil, Bd. XV, Nr. 3.

worden sind, dürften unbegründet sein[32]. Gewisse formale Merkwürdigkeiten der Urkunde reichen in diesem Falle nicht aus, um die Echtheit des Stückes in Frage zu stellen.

Markgraf Albrecht der Bär bekundet in dieser Urkunde, daß er in dem Ort *(villa)* Stendal einen Markt *(forum)* gegründet hat, weil es bisher in dieser Gegend noch keinen geeigneten Marktort gab. Die Einwohner erhalten Zollprivilegien, vor allem Zollfreiheit innerhalb des gesamten markgräflichen Herrschaftsbereiches. Ihre Grundstücke sollen sie zu Erbzinsrecht besitzen. Die Gerichtsbarkeit wird einem markgräflichen Vasallen übertragen. Stendal erhält Magdeburger Stadtrecht mit der Verpflichtung, sich Rechtsbelehrungen aus Magdeburg zu holen. Als Empfänger dieser Rechte werden die *incolae memorate ville* genannt. Darunter sind gewiß nicht die Bauern des alten Dorfes Stendal zu verstehen, sondern die Bewohner der Marktsiedlung, die neben dem Dorf im Entstehen begriffen war. Zum Zeitpunkt der Privilegierung waren mit Sicherheit bereits Kaufleute und Handwerker eingetroffen, die mit der Errichtung einer städtischen Siedlung begonnen hatten. Der Markgraf rechnete mit dem Zuzug weiterer Bürger, denn er bestimmte, daß die Neuankömmlinge *(qui illo postmodum inhabitaturi advenient)* die gleichen Nutzungsrechte an Wasser, Weide und Wald erhalten sollten, wie die Bewohner der ersten Zeit, die *incolae primi temporis.*

Die Bestimmungen der Marktgründungsurkunde machen deutlich, daß Albrecht der Bär die Gründung eines Handelsplatzes ins Auge gefaßt hatte. Aber privilegiert wurden alle Einwohner des Ortes, nicht nur die Kaufleute. Gesprochen wird von den *incolae,* während von *mercatores* nirgends die Rede ist. Von einer Kaufmannsgilde findet sich in der Urkunde erst recht keine Spur. Wenn man davon ausgeht, daß eine solche Verleihung von Privilegien durch einen Stadtherrn die Existenz eines rechtsfähigen Verbandes voraussetzt, so müßten in Stendal die *incolae* die Träger dieses Verbandes gewesen sein. Man wird kaum mit einer Kaufmannsgilde als Empfänger der Urkunde rechnen dürfen, sondern den Verband der *incolae* wohl eher als eine »Marktgemeinde« bezeichnen können. Die obrigkeitliche Gewalt lag anfangs noch in den Händen des stadtherrlichen Beauftragten. Daß die Fernhändler innerhalb des Ortsverbandes von Anfang an die ausschlaggebende Schicht dargestellt haben, soll natürlich nicht bestritten werden.

Stendal entwickelte sich noch im Laufe des 12. Jahrhunderts zur wichtigsten Stadt im westelbischen Teil der Mark Brandenburg und gehörte stets zu den bedeutendsten brandenburgischen Kommunen. Die verschiedenen Siedlungsteile, das alte Dorf, die Marktsiedlung, ein markgräflicher Hof und die in ihrem Charakter nicht eindeutig zu bestimmende Siedlung »Schadewachten«, wuchsen zur Stadt zusammen und wurden von der Stadtmauer umschlossen. 1188 wurde das Nikolaistift gegründet, das nach einem allerdings nicht realisierten Plan der Markgrafen in ein Bistum für ihren altmärkischen Herrschaftsbereich umgewandelt werden sollte[33]. 1188 bestand bereits ein Kaufhaus, und 1196 heißt Stendal zum ersten Mal auch

32) J. Schultze, Das Stendaler Markt- und Zollprivileg Albrechts des Bären. In: Bll. f. dt. LG 96, 1960, S. 50–65.

33) H. Beumann, Der altmärkische Bistumsplan Heinrichs von Gardelegen. In: HistJb. 58, 1938, S. 108ff.

civitas[34]. Im Zuge dieser Aufwärtsentwicklung dürften sich auch die Stendaler Kaufleute und Gewandschneider in den beiden Gilden zusammengeschlossen haben, vielleicht noch im Laufe des 12. Jahrhunderts. Ohne Zweifel hing der allgemeine Aufschwung der Stadt mit der handelspolitischen Bedeutung Stendals zusammen, auf die bereits hingewiesen wurde.

Die Entwicklung der Stadtverfassung zeichnet sich erst in der ersten Hälfte des 13. Jahrhunderts deutlicher ab[35]. Im Jahre 1215 befreite Markgraf Albrecht II. die Stadt auf Bitten *dilectorum nostrorum civium Stendalensium et consulum virorum prudentium* von der burggräflichen Gerichtsbarkeit[36]. In Stendal ist 1215 bereits die Ratsverfassung ausgebildet; Bürgerschaft und Rat streben gemeinsam nach gerichtlicher Immunität gegenüber feudalen Gewalten. 1227 empfingen die Bürger *(dilecti burgenses nostri de Stendale)* wiederum markgräfliche Vergünstigungen[37]. Die *burgenses* erscheinen als die Träger der Stadtgemeinde. 1233 tritt dann der Stendaler Rat auch aktiv im Bereich des Gilde- und Zunftwesens in Erscheinung und verleiht den Tuchmachern Innungsartikel, nachdem sich die Ratsherren *cum quibusdam burgensibus nostris maioribus et cum officialibus* beraten hatten[38]. Unter den *burgenses maiores* sind gewiß Angehörige des Meliorats zu verstehen, unter den *officiales* die Vertreter der »Gewerke«, des Handwerks. Während die Gewandschneider ihr Privileg vom Stadtherrn empfingen, unterlagen die Handwerkerzünfte der Aufsicht des Rates.

Zum Jahre 1251 wird in Stendal eine allgemeine Versammlung aller Bürger erwähnt, auf deren Willen der Rat gegebenenfalls Rücksicht zu nehmen hatte: *habito consilio cum burgensibus nostris universis, qui vocati aderant ad civile colloquium*[39].

Die Stendaler Stadtverfassung ist also gekennzeichnet durch den Schultheißen *(advocatus)* als stadtherrlichen Amtsträger, durch ein für die Gerichtsbarkeit zuständiges Schöffenkollegium, den Stadtrat und die Mitwirkung der Bürgerschaft auf der allgemeinen Bürgerversammlung (civile colloquium), die auch in anderen Städten in der Form der ›Bursprake‹ oder des ›Burdings‹ anzutreffen ist.

Fast gleichzeitig mit der Gilde der Gewandschneider und Kaufleute treten in den Quellen auch die Zünfte als Vereinigungen der Handwerker in Erscheinung. Bereits zwei Jahre nach der Privilegierung der Kaufmanns- und Gewandschneidergilde erhielten die Tuchmacher ihre Zunftstatuten. Die Gerber besaßen schon im Jahre 1227 ein Haus, was zumindest als ein Indiz für die Existenz einer genossenschaftlichen Vereinigung dieses Erwerbszweiges angesehen werden kann[40]. Die Stendaler Gilden und Zünfte sind rein personelle Genossenschaften innerhalb der Gesamtbürgerschaft. Sie haben zunächst direkt mit der Stadtverwaltung nichts zu

34) Riedel, Cod. dipl. Brandenburgensis, I. Hauptteil, Bd. V, Nr. 22; III. Hauptteil, Bd. I, Nr. 2.
35) Götze, Urkundliche Geschichte der Stadt Stendal, S. 77ff. (mit einem Verzeichnis der Ratsherren S. 89ff.); Liesegang, Die Kaufmannsgilde von Stendal, S. 2ff.
36) Riedel, Cod. dipl. Brandenburgensis, I. Hauptteil, Bd. XV, Nr. 5.
37) Riedel, Cod. dipl. Brandenburgensis, I. Hauptteil, Bd. XV, Nr. 6.
38) Riedel, Cod. dipl. Brandenburgensis, I. Hauptteil, Bd. XV, Nr. 9.
39) Riedel, Cod. dipl. Brandenburgensis, I. Hauptteil, Bd. XV, Nr. 14.
40) Riedel, Cod. dipl. Brandenburgensis, I. Hauptteil, Bd. XV, Nr. 6.

tun und gewinnen erst im 14. Jahrhundert im Zusammenhang mit den wirtschaftlich-sozialen Auseinandersetzungen innerhalb der Stadt einen institutionalisierten Anteil am Stadtregiment. Natürlich hatte die Kaufmanns- und Gewandschneidergilde dadurch, daß ein Teil ihrer Mitglieder zugleich im Rate saß, stets einen gewissen Einfluß auf die Geschicke der Stadt. Es gibt aber keine Anhaltspunkte dafür, daß die Kaufmannsgilde bis in die Gründungszeit der Stadt zurückreicht und bei der Schaffung der Marktsiedlung eine Rolle gespielt hat. Erst recht ist es unwahrscheinlich, daß der Rat aus der Kaufmannsgilde hervorgegangen ist, selbst wenn die Möglichkeit besteht, daß die Kaufmannsgilde älter ist als der Rat.

2. *Halberstadt*

Nun handelt es sich bei Stendal um eine der frühen Gründungsstädte aus der zweiten Hälfte des 12. Jahrhunderts. Marktgründung und Stadtwerdung vollzogen sich möglicherweise in einem Stadium des allgemeinen Stadtentstehungsprozesses, in dem die Kaufmannsgilde keinen wesentlichen Einfluß auf die Entwicklung der Bürgergemeinde mehr besaß. Es ist daher zu prüfen, wie die Entwicklung der Stadtgemeinde in einem bürgerlichen Gemeinwesen verlief, dessen Anfänge weiter zurückreichen. Von Quellenlage und Forschungsstand her bietet sich Halberstadt als ein geeignetes Untersuchungsobjekt an[41)].

Es soll versucht werden, den Einstieg in die Entwicklung der Stadt auf dem Wege über den topographischen Befund zu gewinnen[42)]. Kern des Siedlungskomplexes ist der Dombezirk, der

41) W. VARGES, Verfassungsgeschichte der Stadt Halberstadt im Mittelalter. In: ZHarzV 29, 1896, S. 81–158, 416–497; S. RIETSCHEL, Markt und Stadt in ihrem rechtlichen Verhältnis, 1897, S. 65ff.; W. SCHLESINGER, Zur Frühgeschichte des norddeutschen Städtewesens. In: Lüneburger Bll. 17, 1966, S. 13f.; DERS., Vorstufen des Städtewesens im ottonischen Sachsen. In: Die Stadt in der europäischen Geschichte. Festschrift Edith Ennen, 1972, S. 234–258; DERS., Der Markt als Frühform der deutschen Stadt. In: Vor- und Frühformen der europäischen Stadt im Mittelalter, Teil I, 1975 (= Abhh. d. Akad. d. Wiss. in Göttingen, Phil.-Hist. Kl., NF Bd. 83), S. 279f.; B. SCHWINEKÖPER, Königtum und Städte bis zum Ende des Investiturstreits. Die Politik der Ottonen und Salier gegenüber den werdenden Städten im östlichen Sachsen und in Nordthüringen, 1977 (= Vortrr. und Forsch., Sonderbd. 11), S. 29ff.; G. WITTEK, Das Ringen der Halberstädter Bürger um kommunale Freiheiten vom zweiten Drittel des 11. Jahrhunderts bis zur Errichtung der Ratsherrschaft. In: Magdeburger Beiträge zur Stadtgeschichte, Heft 2, 1978, S. 67–81; K. MILITZER und P. PRZYBILLA, Stadtentstehung, Bürgertum und Rat. Halberstadt und Quedlinburg bis zur Mitte des 14. Jahrhunderts, 1980 (= Veröff. d. Max-Planck-Instituts f. Geschichte, Bd. 67).

42) Vgl. K. JUNGHANNS, Die deutsche Stadt im Frühfeudalismus, 1959, S. 58ff.; E. HERZOG, Die ottonische Stadt. Die Anfänge der mittelalterlichen Stadtbaukunst in Deutschland, 1964 (= Frankfurter Forschungen zur Architekturgeschichte, Bd. 2), S. 27ff.; Th. HALL, Mittelalterliche Stadtgrundrisse. Versuch einer Übersicht der Entwicklung in Deutschland und Frankreich, Stockholm 1978, S. 103ff.; SCHLESINGER, Vorstufen, S. 251f.; SCHWINEKÖPER, Königtum und Städte, S. 30ff.; MILITZER/PRZYBILLA, Stadtentstehung, S. 16ff. Nicht zugänglich war mir H. PFAFF, Halberstadt. Versuch einer siedlungs- und stadtgeographischen Darstellung, Würzburg 1935.

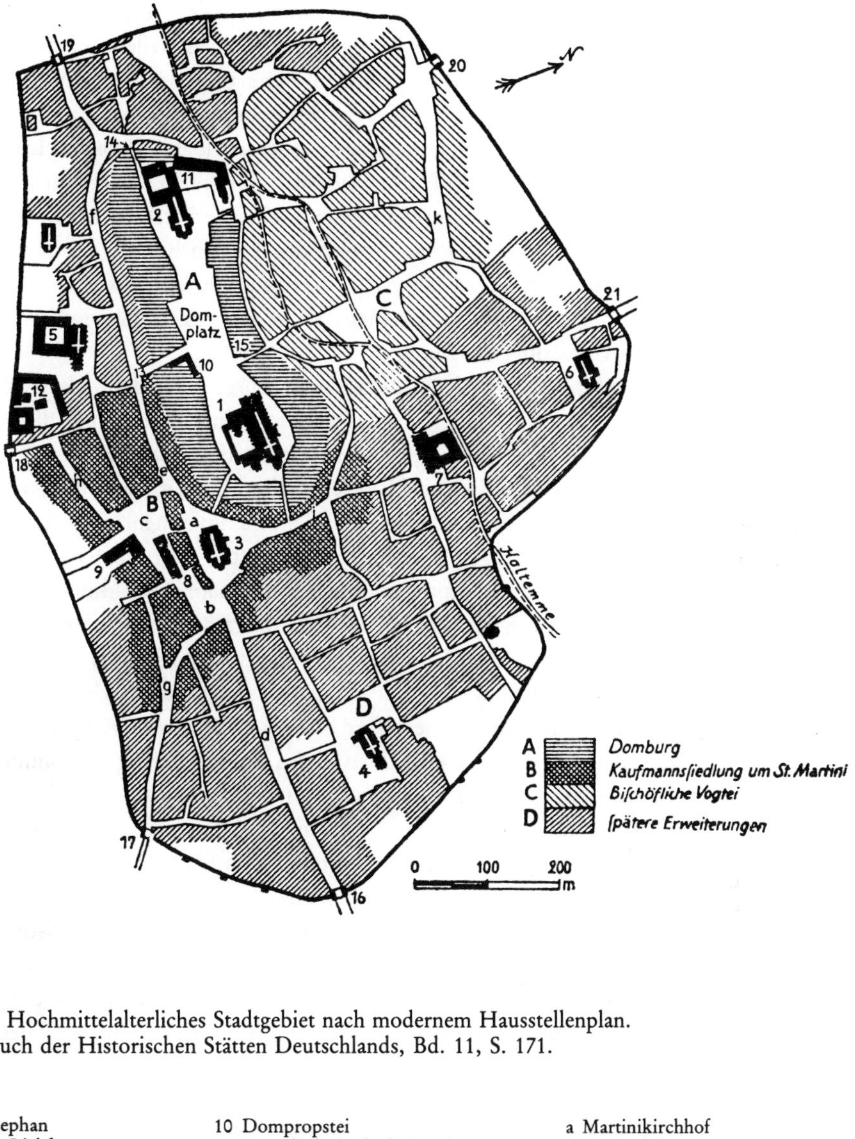

Halberstadt. Hochmittelalterliches Stadtgebiet nach modernem Hausstellenplan.
Aus: Handbuch der Historischen Stätten Deutschlands, Bd. 11, S. 171.

1 Dom St. Stephan
2 Stiftskirche Liebfrauen
3 Pfarrkirche St. Martini
4 Stift St. Pauli
5 Franziskanerkloster St. Andreas
6 Stift St. Bonifaz und St. Moritz
7 Dominikanerkloster St. Katharinen
8 Rathaus
9 Kommisse

10 Dompropstei
11 Petershof (Bischöfl. Residenz)
12 Hl. Geist-Spital
13 Düsteres Tor
14 Drachenloch
15 Tränketor
16 Breites Tor
17 Kühlinger Tor
18 Harsleber Tor
19 Johannestor
20 Burcharditor
21 Gröpertor

a Martinikirchhof
b Fischmarkt
c Holzmarkt
d Breiter Weg
e Schmiedestraße
f Westendorf
g Kühlinger Straße
h Harsleber Straße
i Hoher Weg
k Vogtei

sich noch immer deutlich im Stadtgrundriß abzeichnet. Er liegt auf einem langgestreckten Hügel, der nur nach Norden zum Tal der Holtemme hin etwas steiler abfällt. Dort fand der Bischof einen geeigneten Platz für die Kathedralkirche und das Domstift. Der gotische Stephansdom, die viertürmige romanische Liebfrauenkirche, der Petershof und die Kurien der Domherrn geben diesem Bereich noch heute ein unverwechselbares Gepräge. Im Unterschied zu vielen anderen Bischofssitzen wurde Halberstadt nicht im Schutze einer bereits bestehenden Burganlage gegründet; der Domhügel war in karolingischer und ottonischer Zeit offenbar nur durch einen Graben geschützt[43]. Erst zu Beginn des 11. Jahrhunderts wurde eine Mauer errichtet, die unter Bischof Arnulf im Jahre 1018 fertiggestellt und geweiht wurde[44]. In den lateinischen Quellen wird der Dombereich meist als *civitas* bezeichnet, in den deutschsprachigen bis ins spätere Mittelalter als ›Burg‹.

Unterhalb der Domburg liegt nach Norden hin ein unregelmäßig gestalteter Ortsteil, der noch heute den Namen »Vogtei« führt. Es handelt sich ohne Zweifel um die altsächsische Siedlung Halberstadt, die sicher schon vorhanden war, als der Bischofssitz von Seligenstadt/Osterwieck dorthin verlegt wurde. Siegfried Rietschel sah wohl zu Recht in diesem Ortsteil »die alte Ortsgemeinde Halberstadt, die alte Bauerschaft«, die zusammen mit sechs anderen Dörfern die Holzgerechtigkeit auf dem Langenberge besaß[45]. Allerdings wird man nicht mehr so leicht geneigt sein, ohne weitere Anhaltspunkte in diesen gemeinsamen Waldnutzungsrechten den Rest einer alten Markgenossenschaft zu sehen[46]. Verfassungstopographisch besaß die »Vogtei« eine Sonderstellung, denn sie stand stets unter der Herrschaft des Bischofs bzw. seines Vogtes. An der Spitze der Ortsgemeinde stand später ein eigener »Bauermeister« *(burmester)*[47]. Die Bewohner waren bischöfliche Hintersassen. Der Bischof hatte bereits 902 von König Ludwig dem Kind die Immunitätsrechte über seine Liten und Kolonen bestätigt bekommen, die wohl nicht zuletzt am Bischofssitz selbst ansässig gewesen sind[48]. Später finden sich auch bischöfliche Ministeriale als Bewohner der »Vogtei«. Seit dem 13. Jahrhundert war das Gebiet in den städtischen Mauerring einbezogen, unterlag aber nicht dem Stadtrecht.

Eine ganz ähnliche Rechtsstellung besaß das »Westendorf« südlich der Domimmunität. Es bildete gleichfalls eine eigene Ortsgemeinde unter einem besonderen Bauermeister[49] und blieb außerhalb des Geltungsbereiches des Stadtrechtes.

Die Bürgerstadt erwuchs südöstlich des Stephansdomes. Die ersten Kaufleute ließen sich wahrscheinlich im Zuge des »Hohen Weges« nieder. Die Siedlung wurde vielleicht in einer

43) E. Nickel, Die Südbefestigung der Domburg Halberstadt. In: Jahresschr. f. mitteldeutsche Vorgeschichte 38, 1954, S. 244–256; Militzer/Przybilla, Stadtentstehung, S. 20f. (mit weiterer Literatur).
44) Gesta episc. Halb. (MGH SS XXIII, S. 90); Ann. Saxo (MGH SS VI, S. 641).
45) Rietschel, Markt und Stadt, S. 67.
46) Ablehnend auch Militzer/Przybilla, Stadtentstehung, S. 17.
47) UB Stadt Halberstadt I, Nr. 335 (1311): *Rotgerus magister civium in advocatia Halberstadensi.* Vgl. auch Militzer/Przybilla, Stadtentstehung, S. 18f.
48) MGH DLudw. d. K. 15.
49) UB Stadt Halberstadt I, Nr. 684 (um 1400): ...*dem burmestere ut dem Westendorpe.*

zweiten Ausbauphase durch den Siedlungskomplex um den Markt und die Marktkirche erweitert. Der älteste bürgerliche Siedlungsbereich ist jedenfalls in der Nähe der Martinikirche zu suchen, die bereits früh als *ecclesia forensis*, als »Marktkirche«, erwähnt wird. Es ist mit Recht darauf hingewiesen worden, daß der Halberstädter Markt den Eindruck einer planmäßig geschaffenen Anlage machte[50].

Die Stadt dehnte sich dann nach Osten hin aus; auch ein Siedlungskomplex um das Stift St. Paul wurde miteinbezogen. Schon im 12. Jahrhundert war eine kleine Siedlung um die Moritzkirche entstanden, die hauptsächlich von Handwerkern bewohnt wurde. Sie ist seit 1236 als »Neustadt« bezeugt. Sie wurde ebenfalls in den Mauerring einbezogen und ging in der Altstadt auf. Im Unterschied zu manchen anderen Städten kam es nicht zu einem topographisch-verfassungsrechtlichen Dualismus zwischen Altstadt und Neustadt.

Die Bürgerstadt, das »Weichbild«, war in sechs »Nachbarschaften« gegliedert, an deren Spitze jeweils ein *burmester* stand: *Der burmestere von dem Bredenwege, ut de Kuligstrate, ut de Herslingstrate, ut de Smedestrate, von dem Honwege und von dem Scohove*[51]. Es handelt sich dabei offensichtlich um eine künstlich geschaffene Einteilung der Stadt in diese Nachbarschaftsbezirke.

Die Initiative zur Gründung einer Marktsiedlung in Halberstadt ist vom Bischof ausgegangen, jedenfalls nach den Aussagen unserer Quellen. Nachdem Bischof Sigmund bereits 902 die Immunität erlangt hatte, ließ sich Bischof Hildiwart 974 von Otto II. das Münz- und Zollrecht in Seligenstadt verleihen[52]. Er wünschte nun auch an dem Bischofssitz selbst die Gründung einer Marktsiedlung und erlangte von Otto III. 989 Münz-, Markt- und Zollrecht in Halberstadt[53]. Durch die Verleihung des Bannes an den Bischof wurde die projektierte Handelsniederlassung auch als besonderer Gerichtsbezirk aus der Grafschaft herausgelöst.

Der Text der Urkunde läßt erkennen, daß in Halberstadt 989 noch keine Marktsiedlung bestand, sondern erst ins Leben gerufen werden sollte. Ob die in Seligenstadt/Osterwieck bereits ansässigen Kaufleute nach Halberstadt umgesiedelt werden sollten, ist nicht sicher zu entscheiden, aber durchaus möglich. Die Ansiedlung von Kaufleuten und Handwerkern erfolgte nach 989 offenbar ziemlich rasch, denn bereits 994 wird Halberstadt in einem Diplom Ottos III. für die Äbtissin von Quedlinburg unter den ostsächsischen Marktorten genannt[54]. Für die These, daß Kaufleute aus Seligenstadt/Osterwieck nach Halberstadt gezogen sind, spricht die Beobachtung, daß der ursprüngliche Bischofssitz allmählich an Bedeutung verloren hat. In Halberstadt boten sich günstigere Möglichkeiten, denn der bischöfliche Hof wirkte belebend; dazu blühte der Ort ganz allgemein als kirchliches Zentrum auf. Der Neubau des

50) MILITZER/PRZYBILLA, Stadtentstehung, S. 27f. (mit näheren Ausführungen über die Stellung der Martinikirche als Marktkirche).
51) UB Stadt Halberstadt I, Nr. 684 (um 1400).
52) MGH DO II 70.
53) MGH DO III 55.
54) MGH DO III 155.

Domes wurde 992 in Anwesenheit des Kaisers und zahlreicher geistlicher und weltlicher Herren feierlich geweiht. Im 11. Jahrhundert entstanden zahlreiche Klöster und Stifte in und um den Dombezirk[55].

Zu den ältesten Urkunden zur Geschichte des deutschen Städtewesens überhaupt gehört ein Privileg des Bischofs Burchard I. (1036–1059) für die Halberstädter Kaufleute[56]. Er bestätigte ihnen den Besitz von Wiesen, die sie bereits von seinen Vorgängern Arnulf (996–1023) und Brantog (1023–1036) erhalten hatten. Er fügte selbst noch Weiderechte auf den Wiesen an der Holtemme hinzu. Die Empfänger der Urkunde waren die Kaufleute, die in Halberstadt ansässig waren und an den bischöflichen Marktherrn einen »rechten Zins« zu zahlen hatten *(mercatoribus Halverestidensibus inibi sedentibus et episcopis praefatae sedis rectum censum pro mercatorio usu solventibus)*. Sichtbar werden die Anfänge eines rechtsfähigen Verbandes der *mercatores*, der dadurch charakterisiert ist, daß seine Mitglieder erstens in Halberstadt ansässig sind und zweitens einen Zins an den Bischof zahlen. Durch diese beiden Merkmale bilden sie eine klar abgegrenzte Personengruppe. Sie empfingen gemeinsam eine Urkunde und müssen sogar eine Art Archiv besessen haben, denn das Stück ist im Original überliefert.

Nicht leicht zu klären ist die Frage nach dem Ursprung und Charakter des Zinses *pro mercatorio usu*, den man jedenfalls nicht mit dem später oft bezeugten Arealzins identifizieren sollte[57]. Wenn man dem Schreiber der Urkunde nicht eine vollkommen sinnwidrige Ausdrucksweise unterstellen will, kann ein *census pro mercatorio usu* kein Arealzins sein, sondern muß sich auf Handelstätigkeit und Marktverkehr beziehen. Es könnte sich um eine Abgabe für die Nutzung von Markteinrichtungen, etwa der Marktbuden, handeln, oder aber um die ursprünglich an den König zu leistende Schutzabgabe der Kaufleute, die unter verschiedenen Benennungen auch an anderen alten Handelsplätzen bezeugt ist.

Ähnliche Schwierigkeiten bereitet die Frage, ob unter den *mercatores* nur die Kaufleute, die Fernhändler, zu verstehen sind, oder ob der Begriff in der Frühzeit auch die Krämer und Handwerker mit eingeschlossen hat, die durch den Verkauf ihrer Waren ja ebenfalls am Markthandel beteiligt waren[58]. Es ist immerhin festzuhalten, daß die »bürgerlichen Bewohner« der Marktsiedlung neben dem Dombezirk bereits zu Beginn des 11. Jahrhunderts einen rechtsfähigen Verband dargestellt haben. Seine Organisationsform wird nicht näher bezeichnet. Trotz der Verwendung des Wortes *mercatores* deutet wenig auf eine Kaufgilde als Organisationsform hin. Es dürfte sich um einen eher ortsbezogenen Verband gehandelt haben.

Auch Burchard II. (1059–1088) war offensichtlich bestrebt, das Wirtschaftsleben an seinem Bischofssitz zu fördern. Er setzte sich beim König für die Interessen der Halberstädter Kaufleute ein und veranlaßte 1068 Heinrich IV. zur Ausstellung einer Urkunde, durch die er

55) Schwineköper, Königtum und Städte, S. 32f.

56) UB Stadt Halberstadt I, Nr. 1.

57) Militzer/Przybilla, Stadtentstehung, S. 44f. (mit einer Zusammenstellung der bisherigen Literatur zu dieser Frage).

58) Militzer/Przybilla, Stadtentstehung, S. 66 (mit älterer Literatur).

ihnen die Rechte und Freiheiten bestätigte, die sie bereits von seinen Vorgängern erhalten hatten[59]. Aus eigener Freigebigkeit fügte Heinrich IV. die Befreiung von Zollabgaben auf allen königlichen Märkten hinzu. Die Empfänger des Diploms waren die *Halverstedenses negotiatores*; Nutznießer natürlich in erster Linie die Fernhändler, denen die Verleihung der Zollfreiheit auf allen königlichen Märkten zugute kam. Interessanterweise ist die Urkunde nicht in Halberstadt, sondern in Dortmund ausgestellt. Eine Delegation aus Halberstadt dürfte den König aufgesucht haben, an dessen Hof sich auch Bischof Burchard II. gerade aufhielt. In der Datierung werden am Schluß der Halberstädter Domvogt Johannes und ein *tribunus plebis* Berward genannt[60]. Der *tribunus plebis* wird sicher zu recht mit dem später bezeugten Stadtschultheißen oder Stadtpräfekten identifiziert, für den auch 1180 noch einmal der antikisierende Titel verwendet wird[61]. Es gab also schon 1068 einen bischöflichen Amtsträger, der neben dem Domvogt speziell für die Marktsiedlung zuständig war. Sie dürfte also bereits in dieser Zeit einen besonderen Verwaltungs- und Gerichtsbezirk gebildet haben.

Während in dem Diplom Heinrichs IV. die Interessen der Halberstädter Fernhändler zur Geltung kamen, regelte Bischof Burchard II. seinerseits in einer undatierten Urkunde lokale Rechtsfragen[62]. Das Stück ist zwar im Original im Stadtarchiv überliefert, aber an einigen Stellen schon seit langem nicht mehr lesbar, so daß der Rechtsinhalt nicht mehr in jeder Hinsicht zu ermitteln ist. Als Empfänger kommen die Bewohner der Marktsiedlung in Betracht, denn der Bischof begründet seine Anordnungen mit dem Wunsch, »das Ansehen dieses Marktortes und die Rechte der Kaufleute« *(huius mercati honorem atque iura mercatorum)* zu vermehren. Er erläßt den Empfängern den gesamten Fleischzehnt und befreit sie von der Verpflichtung, das bischöfliche Sendgericht *(episcopalis synodus)* zu besuchen. Es ist möglich, daß für die Marktbewohner gleichzeitig ein eigenes Sendgericht geschaffen wurde, das dann die Parochie der Marktkirche umfaßt haben dürfte[63]. Die dritte Bestimmung der Urkunde regelte erbrechtliche Fragen. Es ging wohl darum, Erbansprüche der Töchter nach dem Tode beider Eltern rechtlich abzusichern. Drei wichtige Elemente städtischer Rechtsentwicklung zeichnen sich in diesem Privileg bereits im Keime ab: die Befreiung von Abgaben, die ihren Ursprung in der agrarisch-grundherrlichen Sphäre hatten, die Ausbildung eines eigenen Gerichtsbezirkes, der nun auch von der geistlichen Gerichtsbarkeit eximiert wurde, sowie die Ausbildung eines bürgerlichen Privatrechtes mit einer Verbesserung des Erbrechtes zugunsten der Frauen. Es braucht nicht besonders betont zu werden, daß diese Bereiche nicht das Wirkungsfeld einer Kaufmannsgilde betrafen, sondern in den Kompetenz- und Interessenbereich einer werdenden Bürgergemeinde gehörten.

59) MGH DH IV 203.
60) *Data est II. Id. Mai. anno dominice incarnationis MLXVIII, anno autem ordinationis Heinrici regis quarti XV, regni vero XI, indictione VI. Actum Trotmanni, advocato Halverstedi Johanne, tribuno autem plebis Berwardi.*
61) Vgl. dazu MILITZER/PRZYBILLA, Stadtentstehung, S. 32f. (mit Belegen).
62) UB Stadt Halberstadt I, Nr. 2.
63) MILITZER/PRZYBILLA, Stadtentstehung, S. 40.

Eine weitere wichtige Etappe im Prozeß der Stadtwerdung war die Zeit um 1100. Bischof Friedrich bestätigte 1105 den Bewohnern der Marktsiedlung die Rechte, die ihnen seine Vorgänger nur in mündlicher Form gewährt hatten[64]. Die Empfänger der Urkunde waren die *incolae loci nostri, cives videlicet forenses,* die ihren Stadtherrn um eine schriftliche Bestätigung ihrer *jura et statuta civilia* gebeten hatten. Sie erhielten die Kontrolle über den Verkauf von Fleisch *(omnis censura et mensura stipendiorum carnalium vendendo et emendo)* und die Aufsicht über Maß und Gewicht *(pondus et mensura).* Eingeschärft wurde die Verpflichtung zum Besuch der allgemeinen Bürgerversammlung, des »Burmales«. Streitigkeiten über Kauf und Verkauf sollten von den Bürgern selbst entschieden werden, entweder durch die Gesamtheit oder durch Einzelpersonen, die damit beauftragt werden konnten[65].

Die *cives forenses* erhalten also in ihrer Gesamtheit die Aufsicht über den Markt, die Kontrolle der Waren und die Sorge für gerechtes Maß und Gewicht. Daraus abgeleitet wird die Marktgerichtsbarkeit, die zwar der Gesamtheit zusteht, aber aus praktischen Gründen gewählten Marktrichtern übertragen werden konnte. Nach einer ansprechenden Vermutung von Klaus Militzer liegt hier der Ursprung für das Amt der beiden *burmester,* die noch im späten Mittelalter Kontrollfunktionen auf dem Markt auszuüben hatten[66]. Diese beiden *burmester,* deren Kompetenz im 13. und 14. Jahrhundert auf die Aufsicht über den Marktverkehr beschränkt war, dürfen nicht mit den »Bauermeistern« identifiziert werden, die den sechs Halberstädter Nachbarschaften vorstanden.

Die bischöfliche Urkunde von 1105 bezeugt erstmalig die Existenz einer allgemeinen Bürgerversammlung, bei der in dieser Zeit offenbar noch die Entscheidungskompetenz in allen Angelegenheiten lag, die nicht dem Stadtherrn und seinen Amtsträgern vorbehalten waren. Es handelt sich um den ersten Beleg für das *burmal* überhaupt. In Halberstadt wird es später als *burding* bezeichnet. Mit der Ausbildung der Ratsverfassung schwand die Bedeutung dieser allgemeinen Bürgerversammlung, die auch in anderen Städten vorhanden war und meist als *bursprake* bezeichnet wurde[67].

64) UB Stadt Halberstadt I, Nr. 4: *Notum igitur esse volumus omnibus Christi fidelibus tam futuris quam presentibus, quod incole loci nostri, cives videlicet forenses, nos adierunt humili supplicatione postulantes, ut jura et statuta civilia, que antecessores nostri, hujus sacrosancte sedis episcopi, ipsis verbo tantum confirmantes tradiderunt, nos quoque, qui licet indigni eorum vicem tenemus, dicto scripto sigillo roboraremus et stabiliremus.*

65) *Voluntati itaque eorum et petitioni nos haud deesse debere censentes, concedendo annuimus eis, ut per omnem hanc villam in eorum potestate et arbitrio sicut antea consistat omnis censura et mensura stipendiorum carnalium vendendo et emendo, et quod juxta rusticitatem vel vulgaritatem lingue ›burmal‹ vocant, ipsi diligenter observent, pondus et mensuram equam faciant, que non sit abhominabilis apud Deum. si quid autem natum fuerit questionis et illicite presumptionis de venditione et emptione injusta, ipsi vel quos huic negotio preesse voluerint, hoc secundum justitiam exigendo dijudicent et corrigant.*

66) Vgl. dazu Militzer/Przybilla, Stadtentstehung, S. 42f.

67) Schlesinger, Vorstufen, S. 246f., sieht im Burmal »die Vollversammlung der vollberechtigten Verbandsgenossen« und betrachtet es als das »maßgebliche Organ des Verbandes der Halberstädter Marktbewohner«. Weitere Angaben über das Halberstädter Burmal Militzer/Przybilla, Stadtentstehung, S. 41ff. (mit Belegen und weiterer Literatur).

Während in den Urkunden des 11. Jahrhunderts stets von den *mercatores* oder *negotiatores* gesprochen wird, werden die Empfänger der Urkunde des Bischofs Friedrich als *incolae loci nostri, cives videlicet forenses* bezeichnet. Es erhebt sich die Frage, welcher Personenkreis mit dieser etwas umständlichen Formulierung gekennzeichnet werden sollte. Walter Schlesinger hat die Auffassung vertreten, man müsse zwischen den Kaufleuten *(mercatores* oder *negotiatores)* und den Marktbewohnern *(cives forenses)* unterscheiden[68]. Die einen hätten ihre Privilegien unmittelbar vom König erhalten, die anderen nur vom bischöflichen Stadtherrn. Betrachtet man jedoch die frühen Halberstädter Urkunden, so wird deutlich, daß für die Frage, wer eine Urkunde ausstellte, nicht der Kreis der Empfänger entscheidend war, sondern der Rechtsinhalt. Die Erteilung von Handelsprivilegien und Zollvergünstigungen auf königlichen Märkten mußte natürlich dem König vorbehalten sein, denn darüber konnte nicht der Bischof verfügen. Andererseits gehörten die Wiesen bei Halberstadt dem Bischof und nicht dem König. Auch die Regelungen, die den Zehnt, den Besuch des bischöflichen Sendgerichtes, das Erbrecht der Töchter der Bürger, die Bürgerversammlung und die Aufsicht über Maß und Gewicht betrafen, fielen nicht in den Kompetenzbereich des Königs. Die Behauptung, die Kaufleute hätten ihre Privilegien prinzipiell vom Reichsoberhaupt erhalten, kann auch deshalb nicht aufrechterhalten werden, weil auch die Bischöfe Burchard I. und Burchard II. für die *mercatores* geurkundet hatten.

In der Urkunde aus dem Jahre 1105 wird vielmehr ein rechtsfähiger Verband der Bewohner der Halberstädter Marktsiedlung mit aller Deutlichkeit sichtbar. Die Gruppe der *cives forenses*, der »Marktbürger«, umfaßte sicher nicht nur Kleinhändler und Handwerker, sondern schloß ohne Zweifel auch die Kaufleute mit ein. Gerade am Halberstädter Beispiel läßt sich die terminologische Entwicklung von den *mercatores* und *negotiatores* über die *cives forenses* zu den *cives* und *burgenses* klar verfolgen[69]. Man wird daher das um 1100 erreichte Entwicklungsstadium als das der »Marktgemeinde« bezeichnen können. Es handelt sich um einen ortsbezogenen Personenverband. Die Kaufleute haben darin gewiß die führende Rolle gespielt, aber er war weder mit einer Kaufmannsgilde identisch, noch ist er aus einer solchen hervorgegangen. Zumindest wäre eine solche Annahme eine reine Hypothese.

Die Rechte, die den *cives forenses* 1105 verbrieft wurden, waren ein sehr wichtiger Schritt auf dem Wege zur Bildung der Bürgergemeinde und zur städtischen Selbstverwaltung, aber es dauerte doch noch lange, bis diese beiden Institutionen voll ausgebildet waren. Erst in der ersten Hälfte des 13. Jahrhunderts wird die Ratsverfassung in der Überlieferung faßbar. In einer Urkunde aus dem Jahre 1241 wird das Rathaus *(domus consulum)* erwähnt[70]. Der Rechtsinhalt der Urkunde liefert Indizien dafür, daß seine Errichtung noch nicht lange zurückliegt. Ausgestellt wurde die Urkunde, an der das Stadtsiegel hängt, von der Bürgerschaft selbst, die sich als *tota unanimitas burgensium in Halberstat* bezeichnet. Als Zeugen werden der Pfarrer

68) SCHLESINGER, Frühgeschichte des norddeutschen Städtewesens, S. 13; DERS., Vorstufen, S. 249.
69) Vgl. dazu auch MILITZER/PRZYBILLA, Stadtentstehung, S. 66ff.
70) UB Stadt Halberstadt I, Nr. 46.

der Marktkirche, vier Ministeriale und zwölf Einwohner aufgeführt, in denen man wohl die Ratsherren sehen darf. Der Übergang von der Markt- zur Stadtgemeinde dürfte sich am Ende des 12. oder zu Beginn des 13. Jahrhunderts vollzogen haben. Militzer vermutet wohl zu Recht, daß entscheidende Impulse für die Formierung der Halberstädter Stadtgemeinde vom Mauerbau ausgegangen sind, der eine wichtige bürgerliche Gemeinschaftsaufgabe war[71].

Erste Nachrichten über genossenschaftliche Zusammenschlüsse von Kaufleuten, Krämern und Handwerkern finden sich seit dem Beginn des 13. Jahrhunderts in der Überlieferung. Bereits 1206 bestätigte Bischof Konrad die Krämerinnung. Die betreffende Urkunde ist zwar nicht überliefert, aber das Regest in den »Archivalischen Nachrichten«, die E. Hecht in der ersten Hälfte des 19. Jahrhunderts angefertigt hatte, darf als vertrauenswürdig angesehen werden[72]. Eine erneute Bestätigung erhielten die Krämer 1258 von Bischof Volrad[73]. 1230 bestätigte Bischof Friedrich die Zünfte der Schuhmacher und der Bäcker[74]; 1274 urkundete Bischof Volrad für die Wollenweber und 1283 für die Leinenweber[75]. Ein Jahr später gestattete er den Hutmachern, eine *societas seu fraternitas, que vulgariter inunge dicitur* zu gründen[76]. Weitere Innungsprivilegien folgten. Es ist bemerkenswert, daß die Erteilung der Zunftrechte in Halberstadt nicht in die Kompetenz des Rates, sondern des bischöflichen Stadtherrn gehörte.

Eine Gilde der Kaufleute wird in Halberstadt erst zu Beginn des 13. Jahrhunderts erwähnt[77]. Die erste Nachricht stammt wiederum aus Hechts »Archivalischen Nachrichten«, und es gibt keinen Grund, an der Glaubwürdigkeit dieser Notiz zu zweifeln[78]. Hecht spricht von einer »Leinwandschneidergilde«, und in der Tat geht es in der ersten urkundlichen Erwähnung der Gilde im Jahre 1291 um die Durchsetzung des Monopols auf den Gewandschnitt[79]. Bischof Volrad, der sich offensichtlich sehr um die Gilde- und Zunftangelegenheiten gekümmert hat, schlichtete einen Streit zwischen Halberstädter und Quedlinburger Bürger um den Gewandschnitt. Unter Berufung auf eine Rechtsbelehrung aus Goslar bestimmte er, daß kein Tuchmacher in einer Stadt, in der er nicht Mitglied der Kaufmannsgilde *(consortium mercatorum)* ist, Tuch verschneiden darf. Eine Ausnahme soll nur gemacht werden, wenn er nachweisen kann, daß er dies schon immer nach Gewohnheitsrecht und ohne Widerspruch *(ex antiqua consuetudine et sine contradictione)* getan hat. Die Kaufmannsgilde beanspruchte also das Monopol auf den Gewandschnitt, konnte diesen Anspruch aber nicht so weitgehend

71) Militzer/Przybilla, Stadtentstehung, S. 52ff.
72) Militzer/Przybilla, Stadtentstehung, S. 208, Nr. 1. Zur Geschichte der »Hechtschen Sammlung« vgl. ebd., S. 203ff.
73) UB Halberstadt II, Nachtrag S. 443, Nr. 29.
74) Militzer/Przybilla, Stadtentstehung, S. 208f., Nr. 3; 209f., Nr. 4.
75) Militzer/Przybilla, Stadtentstehung, S. 210ff., Nr. 6; 213ff., Nr. 7.
76) UB Stadt Halberstadt I, S. 151f., Nr. 187.
77) Zur Halberstädter Kaufmannsgilde jetzt grundlegend Militzer/Przybilla, Stadtentstehung, S. 84ff.
78) Militzer/Przybilla, Stadtentstehung, S. 208, Nr. 2.
79) UB Stadt Halberstadt I, Nr. 248 (nach einer Kopie aus dem 15. Jahrhundert), UB Stadt Halberstadt II, S. 447, Nr. 36 (nach dem Original). Zur Interpretation vgl. Militzer/Przybilla, Stadtentstehung, S. 169.

durchsetzen wie die Stendaler Berufskollegen. Tuchmacher konnten noch die Mitgliedschaft in der Gilde erwerben. Nach den Statuten der Wollenweberzunft durften die Produzenten ihre Ware nur ballenweise verkaufen, es sei denn, sie hatten einen Ballen für den eigenen Bedarf angeschnitten. Dann konnten sie den Rest frei veräußern[80].

Das Gildestatut der Halberstädter Kaufmannsgilde, das lange Zeit der Forschung nicht zugänglich war, liegt jetzt in einer sorgfältigen Edition vor[81]. Die um 1300 niedergeschriebenen Statuten enthalten Vorschriften über das Zeremoniell auf den drei jährlichen Morgensprachen, die Beilegung von Streitigkeiten zwischen den Gildebrüdern, die Aufnahmebedingungen für neue Mitglieder, die Rechte der Witwen und Regelungen über den Ankauf und Verkauf von Tuchen. Die Artikel, die wirtschaftliche Fragen betreffen, gelten ausschließlich dem Gewandschnitt. Die Statuten lassen klar erkennen, daß es sich bei der Halberstädter *coplude innunge* um eine ganz typische Gewandschneidergilde gehandelt hat.

Neben den Statuten enthält das Gildebuch auch zwei Mitgliederlisten, die eine aus der Zeit um 1300, die andere aus dem Anfang des 16. Jahrhunderts[82]. Untersuchungen über die soziale Struktur Halberstadts haben ergeben, daß innerhalb des Meliorats die Münzmeister und die Kaufleute die wichtigste Rolle gespielt haben[83]. Für die Zeit von 1275 und 1326 ergab sich, daß von den 30 Ratsherren, deren wirtschaftlich-soziale Stellung und Familienzugehörigkeit zu ermitteln waren, nicht weniger als 22 mit einiger Sicherheit aus Familien kamen, die auch in der Gewandschneidergilde nachzuweisen sind: »... die Mehrzahl der führenden Männer in Halberstadt waren Mitglieder der coplude-innunge. Ohne oder gar gegen diese Genossenschaft konnte städtische Politik nicht betrieben werden«[84]. Die Verhältnisse entsprachen im wesentlichen denen, die auch für Stendal festgestellt werden konnten.

3. Magdeburg

Bereits in karolingischer Zeit sind in Magdeburg Kaufleute anzutreffen. Zum Jahre 805 wird der Ort im Diedenhofener Kapitular unter den Grenzhandelsplätzen genannt, die von den fränkischen Kaufleuten aufgesucht werden durften, die mit Slawen und Awaren Handel treiben wollten[85]. Karl der Große wollte dadurch den Warenverkehr kontrollieren und ein Waffenembargo gegenüber den östlichen Nachbarn des fränkischen Reiches durchsetzen. In der Forschung ist freilich umstritten, ob Magdeburg zu Beginn des 9. Jahrhunderts bereits als Kaufmannsniederlassung und Marktsiedlung anzusehen ist, oder ob es nur ein bloßer Händlertreffpunkt war, eine Station auf dem Wege des reisenden Kaufmanns. Zuletzt hat Fritz Rörig

80) Militzer/Przybilla, Stadtentstehung, S. 210ff., Nr. 6.
81) Militzer/Przybilla, Stadtentstehung, S. 220ff.
82) Militzer/Przybilla, Stadtentstehung, S. 231ff.
83) Militzer/Przybilla, Stadtentstehung, S. 90ff.
84) Militzer/Przybilla, Stadtentstehung, S. 97.
85) MGH Capit. I, Nr. 44 cap. 7.

mit Nachdruck die Auffassung vertreten, Magdeburg sei nur ein »Handelsumschlagplatz« an der Ostgrenze des Reiches gewesen. Die Kaufleute, deren Tätigkeit durch die Bestimmungen des Diedenhofener Kapitulars kontrolliert werden sollte, seien keineswegs in Magdeburg ansässig gewesen, sondern aus dem Westen gekommen, vor allem aus den rheinischen Bischofsstädten[86]. Die Existenz einer Kaufmanns- und Marktsiedlung in Magdeburg wird von Rörig bestritten.

In der neueren Forschung wird hingegen damit gerechnet, daß bereits in karolingischer Zeit in Magdeburg in Anlehnung an die beiden Grenzbefestigungen eine dauernd bewohnte Handelsniederlassung als Vorform der späteren Stadt entstanden ist[87].

Eine befriedigende Lösung der Kontroverse ist nicht eben einfach, denn der Text des Diedenhofener Kapitulars, an den man sich halten muß, spricht nicht von Magdeburger Kaufleuten, sondern von reisenden Händlern, die die Grenzhandels- und Kontrollplätze aufsuchen. Daß sie aus den westlichen Regionen des fränkischen Reiches kamen, ist nicht zu bezweifeln. Freilich ist dadurch die Existenz einer Kaufmannssiedlung in Magdeburg selbst nicht ausgeschlossen, denn der Ort bot sich von seiner geographischen Lage her dafür an[88]. Mehrere Fernwege trafen von Westen her hier am Elbübergang zusammen, und östlich des Stromes liefen die Handelswege dann wieder nach Osten und Nordosten auseinander. Zudem spielte die Elbe auch als Wasserstraße bereits eine gewisse Rolle. Der Elbübergang war durch die Burg auf dem östlichen Ufer gut abgesichert. Allerdings lag Magdeburg an der Peripherie des fränkischen Reiches unmittelbar an der Grenze zum slawischen Siedlungs- und Machtbereich, so daß der Ort nicht ungefährdet war. Seine Funktion war militärischer Art. Der Brückenkopf nahm eine zentrale Stellung im System der karolingischen Grenzsicherungsanlagen ein. Im Unterschied zu den westlichen Bischofssitzen gab es in Magdeburg aber noch keine kirchlichen Institutionen, die den Kaufleuten lokale Absatzmöglichkeiten boten. Rörig sah hierin ein wesentliches Argument gegen die Existenz einer Kaufmannsniederlassung. Er stand aber noch im Banne der »Wiktheorie« und ging davon aus, daß es reine Händlertreffpunkte ohne eine ansässige Bevölkerung gegeben habe. Inzwischen wissen wir, daß auch die bekannten »Wik-Orte« dauernd besiedelt waren. So ist es nicht ausgeschlossen, daß auch im östlichen Grenzgebiet schon im 9. Jahrhundert derartige Kaufmannsniederlassungen entstanden sind. Ein zwingender Beweis ist freilich nicht zu führen, denn die Überlieferung fehlt für mehr als ein Jahrhundert.

Die Voraussetzungen für die Entwicklung einer Kaufmannsniederlassung in Magdeburg verbesserten sich in frühottonischer Zeit. Heinrich I. und Otto I. hatten große Teile des slawischen Gebietes östlich von Saale und Elbe unterworfen und durch die Errichtung von

86) F. Rörig, Magdeburgs Entstehung und die ältere Handelsgeschichte. In: Miscellanea Academica Berolinensia, 1950, S. 103–132.

87) B. Schwineköper, Die Anfänge Magdeburgs. In: Studien zu den Anfängen des europäischen Städtewesens (= Vortrr. u. Forsch. IV), 1958, S. 399f.; Ders., Königtum und Städte, S. 58f.

88) Schwineköper, Die Anfänge Magdeburgs, S. 392ff.; Ders., Königtum und Städte, S. 55ff.

Marken militärisch gesichert. Als »Quasiresidenz« Ottos I., als Königspfalz und Missionszentrum erlangte Magdeburg bald eine überragende Stellung im östlichen Grenzraum des Reiches[89]. Die Verbindungen zum Westen wurden intensiver; die ersten Mönche des 937 gegründeten Moritzklosters kamen aus St. Maximin zu Trier, und ihnen mögen auch Kaufleute aus diesem alten Handelsplatz in den Osten gefolgt sein. Die Existenz einer Marktsiedlung in Magdeburg steht für die dreißiger und vierziger Jahre des 10. Jahrhunderts außer Zweifel.

Die urkundliche Überlieferung setzt mit der Gründung des Moritzklosters im Jahre 937 ein. Es ist gut zu verfolgen, wie das ottonische Königtum seine Rechte über die Marktsiedlung und ihre Bewohner nach und nach an den Abt des Moritzklosters und seinen Rechtsnachfolger, den Erzbischof von Magdeburg, abtritt[90]. Bereits am 27. September 937 verzichtete Otto I. zugunsten des Klosters auf die Einnahmen aus dem Magdeburger Zoll[91]. Die Formulierung *teloneum omne, quod in Magedeburg constitutum est vel constituetur* deutet an, daß man mit der Errichtung weiterer Zölle rechnete, also mit einem Aufschwung der Handelstätigkeit. Auch eine besondere Kirche für die außerhalb der Pfalz und des Klosters lebende Bevölkerung war bereits vorhanden. Sie wird 941 als *plebeia ecclesia* bezeugt und unterstand dem Bischof von Halberstadt, zu dessen Diözese Magdeburg gehörte[92]. Unter Vermittlung Ottos I. ging sie in den Besitz des Moritzklosters über. Ein Patrozinium wird in der Urkunde nicht genannt, so daß die Identifizierung der »Volkskirche« mit einem der später bezeugten Gotteshäuser nur mit Vorbehalten möglich ist.

Im Jahre 942 übertrug der König dem Kloster auch die Erträge aus der Münze[93]. Der Aufschwung Magdeburgs als Handelsplatz zeichnet sich in der urkundlichen Überlieferung deutlich ab, denn Münzprägungen setzen die Existenz von Markt und Marktverkehr voraus. Dem Kloster wurden zunächst nur die Erträge überlassen, während die Verwaltung der Marktsiedlung, die Handhabung der Gerichtsbarkeit und die Kontrolle des Marktverkehrs noch in der Verfügungsgewalt des Königs blieben[94]. Auf den Aufschwung des Reise- und Handelsverkehrs im westlichen Hinterland Magdeburgs weist ein Privileg Ottos I. von 965 hin; der Kaiser verlieh dem Moritzkloster den gesamten Zoll zwischen Ohre und Bode, der dort von den zu Schiff, zu Wagen, zu Pferd oder zu Fuß reisenden Personen jeglichen Standes erhoben wurde[95].

89) Vgl. zum Folgenden SCHWINEKÖPER, Die Anfänge Magdeburgs, besonders S. 404ff.; DERS., Königtum und Städte, S. 60ff.; RÖRIG, Magdeburgs Entstehung, S. 121ff.; E. HERZOG, Die ottonische Stadt. Die Anfänge der mittelalterlichen Stadtbaukunst in Deutschland, 1964, S. 14ff.; SCHLESINGER, Der Markt als Frühform der deutschen Stadt, S. 277ff.; DERS., Zur Geschichte der Magdeburger Königspfalz. In: Bll. f. dt. LG 104, 1968, S. 1–31.

90) Vgl. SCHWINEKÖPER, Die Anfänge Magdeburgs, S. 409ff.; DERS., Königtum und Städte, S. 61ff.; SCHLESINGER, Vorstufen, S. 235ff.

91) MGH DO I 15 (= UB Erzstift Magdeburg I 2).

92) MGH DO I 37 (= UB Erzstift Magdeburg I 5).

93) MGH DO I 46 (= UB Erzstift Magdeburg I 9).

94) SCHLESINGER, Vorstufen, S. 235.

95) MGH DO I 299 (= Erzstift Magdeburg I 37).

Von größter Bedeutung für unsere Fragestellung sind zwei Urkunden des Kaisers vom 9. Juli 965. Die erste Urkunde betrifft die Verleihung von Markt, Münze und Zoll an das Moritzkloster[96)]. Erstmals wird hier der Markt in Magdeburg expressis verbis genannt. In dem zweiten Diplom wird die Übertragung der Banngewalt und des Rechtes auf die Inanspruchnahme des Burgwerkes an das Kloster beurkundet[97)]. Unter *bannum nostre regie vel imperatorie dignitatis in urbe Magadaburg* ist sicher die Gerichtsbarkeit zu verstehen, denn es wird ausdrücklich hervorgehoben, daß die Juden und die anderen Kaufleute nicht mehr dem königlichen Richter, sondern dem Vorsteher des Moritzklosters unterstehen sollten: *et ne vel Iudei vel ceteri ibi manentes negotiatores ullam aliunde nisi ab illo, qui eidem ecclesie prefuerit, districtionis aut discipline sententiam vel regulam sustineant, volumus et firmiter iubemus. Prescripti vero nostri banni deo sanctoque Mauricio a nobis oblati nullus vel comes vel vicarius vel iudex vel tribunus vel exactor vel alia aliqua persona in eadem civitate sibi usurpandi vel aliam aliquam in prescriptis legem aut disciplinam exercendi potestatem habeat, nisi ipse, qui eidem loco vel ecclesie prefuerit vel advocatus, quem nostro consensu sibi et eidem ecclesie preficiendum elegerit.* Erstmals werden jüdische und christliche Kaufleute faßbar, die in Magdeburg selbst ansässig sind. Sie standen als »Königsmuntlinge« unter dem Schutz des Reichsoberhauptes, das nun seine Rechte an das Moritzkloster abtrat.

Der Rechtsnachfolger des Abtes, der Magdeburger Erzbischof, ließ sich im Jahr 973 von Otto II. die umfassende Herrschaftsgewalt über die gesamte in Magdeburg ansässige Bevölkerung bestätigen: *... ne quis comes aut iudex vel vicarius publicus in Magadaburgensi civitate vel territoriis eius aliquam potestatem aut bannum habeat, nisi advocatus, quem archiepiscopus illius ecclesie secundum suum sibi libitum elegerit, et negotiatores vel Iudaei ibi habitantes omnesque familiae lidorum vel colonorum vel Sclauorum illuc pertinentes a nullo alio nisi eodem advocato secundum leges constrigantur vel iudiciales sententias patiantur*[98)]. Eine ähnliche Bestätigung erfolgte noch einmal im Jahre 979, wobei neben der *civitas* auch das *suburbium* genannt wird[99)]. Die Kirche erlangte also die Banngewalt über die gesamte Einwohnerschaft, sowohl über die verschiedenen Gruppen der abhängigen Leute (Liten, Kolonen und Slawen) als auch über die freien Bevölkerungsgruppen der Juden und Kaufleute[100)]. Juden und Kaufleute erscheinen zwar als besonders herausgehobene Gruppen innerhalb der Gesamtbevölkerung, werden aber wie alle anderen Schichten auch der Gerichtsgewalt des Vogtes unterworfen.

Während die Magdeburger Kaufleute zunächst mehr als Objekt königlicher Verfügungen faßbar werden, erhalten sie im Jahre 975 von Otto II. selbst ein Privileg. Der Kaiser verbriefte ihnen das Recht auf freie Handelstätigkeit im ganzen Reich, sowohl in den christlichen als auch

96) MGH DO I 301 (= Erzstift Magdeburg I 39).
97) MGH DO I 300 (= Erzstift Magdeburg I 38).
98) MGH DO II 29 (= UB Erzstift Magdeburg I 74).
99) MGH DO II 199 (= UB Erzstift Magdeburg I 88).
100) Schwineköper, Die Anfänge Magdeburgs, S. 445.

in den noch heidnischen Regionen. Darüber hinaus erhielten sie Freiheit von allen Abgaben und Zöllen; nur in Mainz, Köln, Tiel und Bardowieck sollten sie die Zollabgaben in der bisher üblichen Höhe entrichten [101]. Der Kaiser weist ausdrücklich darauf hin, daß er den Magdeburger Kaufleuten diese Rechte nach dem Vorbild seines Vaters verliehen habe. Sie dürften damals bereits eine Urkunde Ottos I. besessen haben, die wahrscheinlich im Jahr 965 zusammen mit den drei großen Privilegien für das Moritzkloster ausgestellt wurde [102]. Wenn diese Vermutung zutrifft, dann hätten die Kaufleute ihre handelspolitischen Privilegien gleichsam als Ausgleich für ihre Unterstellung unter die kirchliche Gerichtsbarkeit erhalten. Da ihre Rechtsstellung als »Königsmuntlinge« aufgehoben wurde, mußten sie daran interessiert sein, wenigstens die damit verbundenen Privilegien weiterhin behalten zu dürfen.

Die Garantie der Freizügigkeit und die weitgehende Befreiung von den den Handelsverkehr belastenden Abgaben *in regno nostro, non modo in Christianis sed etiam barbaricis regionibus* und die Nennung der wichtigen Handelsplätze Mainz, Köln, Tiel und Bardowieck lassen einen umfangreichen und weitreichenden Fernhandel der Magdeburger Kaufleute erkennen [103]. Sie haben, interpretiert man den Wortlaut der Urkunde sehr scharf, eine Vermittlerrolle zwischen dem fortgeschrittenen rheinischen Wirtschaftsraum und dem slawischen Osten gespielt. Zumindest war ihnen eine derartige Rolle, die dem Gesamtkonzept der ottonischen Ostpolitik durchaus entsprach, zugedacht.

Wichtig ist die Tatsache, daß die Urkunde von 975 zwar auf Intervention des Erzbischofs ausgestellt wurde, aber an die Kaufleute als Empfänger selbst gerichtet ist *(mercatoribus Magadeburg habitantibus tam ipsis quam posteris suis)*. Die Kaufleute, und zwar offensichtlich nur die christlichen, müssen also einen rechtsfähigen Verband gebildet haben. Sie waren in der Lage, für sich und ihre Nachkommen als Kollektiv Privilegien zu empfangen. Die Urkunde ist im Original erhalten; die Empfänger müssen also für ihre Archivierung Sorge getragen haben.

Es erhebt sich die Frage nach dem Charakter des Verbandes der Magdeburger Kaufleute. Fritz Rörig spricht von einer »gildemäßigen Verfassung« [104], und auch Berent Schwineköper rechnet mit einer Kaufmannsgilde, die diese Privilegien in Empfang nahm [105]. Aus der Urkunde selbst läßt sich die Existenz einer Gilde freilich nicht erweisen. Die Empfänger werden zum einen durch ihren Beruf als Kaufleute charakterisiert, zum anderen durch ihren Wohnsitz in Magdeburg. Wie im Falle der Halberstädter Kaufleute handelt es sich auch in Magdeburg um einen berufs- und ortsbezogenen Verband, in dem man eher eine »Kaufmannsgemeinde« als eine Kaufmannsgilde sehen möchte.

Dieser Deutung entspricht, daß die Magdeburger Kaufleute nicht nur »kollektiv« königliche Privilegien empfingen, sondern auch eine eigene Kirchengemeinde bildeten. Sie besaßen an

101) MGH DO II 112 (= Stadt Magdeburg I 14).
102) Vgl. Schlesinger, Vorstufen, S. 237f.; Schwineköper, Die Anfänge Magdeburgs, S. 421ff.
103) Rörig, Magdeburgs Entstehung, S. 121ff.; Schwineköper, Die Anfänge Magdeburgs, S. 420ff.
104) Rörig, Magdeburgs Entstehung, S. 131.
105) Schwineköper, Die Anfänge Magdeburgs, S. 446ff.

der Wende vom 10. zum 11. Jahrhundert eine besondere »Kaufmannskirche«, eine *ecclesia mercatorum.* Die Existenz dieser Kirche wird durch Thietmar von Merseburg, der die Verhältnisse in Magdeburg gut kannte, einwandfrei bezeugt[106]. Er berichtet, die Wächter, die die Kirche in der Nacht zu bewachen hatten, hätten Lichter gesehen und Stimmen gehört und deshalb die *optimi civitatis* herbeigerufen. Die Magdeburger Kaufmannskirche wurde also bewacht, wohl nicht zuletzt deshalb, weil sie auch als Aufbewahrungsort für besonders wertvolle Waren diente. Im Unterschied zu den Kaufmannskirchen im Ostseeraum war die Magdeburger *ecclesia mercatorum* aber offensichtlich nicht die Kirche fremder Kaufleute, sondern das Gotteshaus der einheimischen Kaufmannschaft. Verantwortlich für sie waren die *optimi civitatis*, die »Besten der Stadt«. Sie waren gewiß Kaufleute, aber doch vorrangig durch ihre angesehene Stellung in der Civitas charakterisiert. Sie waren, folgt man der Terminologie Thietmars, eher Repräsentanten der Stadt als Vorsteher einer Kaufmannsgilde. Für die Kirche einer Gilde wären kaum die *optimi civitatis* zuständig gewesen.

Aber immerhin heißt die Kirche *ecclesia mercatorum* und ihr weiteres Schicksal könnte vielleicht Aufschlüsse über die Entwicklung der Bürgergemeinde im Verhältnis zu der Gruppe der *mercatores* des 10. Jahrhunderts geben. Leider nennt Thietmar das Patrozinium der Kaufmannskirche nicht, so daß es schwierig ist, ihre weitere Geschichte zu verfolgen und sie mit einem der später bezeugten Gotteshäuser zu identifizieren[107]. Schwineköper hat sich für eine Identifizierung der Kaufmannskirche mit der Marktkirche St. Johannis ausgesprochen[108]. Folgt man dieser sehr plausiblen Auffassung, so wäre dies ein Hinweis darauf, daß auch in Magdeburg die Marktgemeinde aus einer älteren Kaufmannsgemeinde entstanden ist, denn die dem Evangelisten Johannes geweihte Kirche wird seit der Mitte des 12. Jahrhunderts als *ecclesia forensis*, als »Marktkirche«, bezeugt.

Die Erzählung Thietmars von Merseburg fällt offensichtlich in eine Übergangsphase. Die Kirche heißt noch *ecclesia mercatorum*, aber verantwortlich für sie war eine Gruppe von Personen, die als *optimi civitatis* bezeichnet werden. Freilich könnte man einwenden, der Chronist habe mit diesem Ausdruck bloß angesehene und damit vertrauenswürdige Zeugen der Vorgänge bezeichnen wollen; schließlich handelt es sich um eine Wundergeschichte, in der man nicht unbedingt mit einer genauen rechts- und verfassungsgeschichtlich interpretierbaren Terminologie rechnen darf. Thietmar hatte allerdings zwischen 987 und 1002 in Magdeburg gelebt und wußte offenbar, wovon er sprach, denn mit dem verstärkten Einsetzen der urkundlichen Überlieferung im 12. Jahrhundert werden die »Besten der Stadt« unter wechselnden Benennungen wie *potentissimi burgensium Magdeburgensis civitatis* (1164), *Magdeburgensis civitatis maiores* (1167) oder *meliores* (1188) bezeugt[109]. Schon im Zusammenhang mit den

106) Thietmar Chronik I 12.

107) SCHWINEKÖPER, Die Anfänge Magdeburgs, S. 433ff.; NICKEL, Alter Markt, S. 7f.; SCHLESINGER, Zur Geschichte der Magdeburger Königspfalz, S. 12; DERS., Vorstufen, S. 243.

108) SCHWINEKÖPER, Die Anfänge Magdeburgs, S. 437f.

109) UB Stadt Magdeburg I 36, 38, 59; vgl. dazu R. SCHRANIL, Stadtverfassung nach Magdeburger Recht, 1915 (= Untersuchungen zur Deutschen Staats- und Rechtsgeschichte, 125. Heft), S. 191f.

Auseinandersetzungen zwischen dem Erzbischof Norbert von Xanten und der Bürgerschaft im Jahre 1129 ist von den *maiores civitatis* die Rede[110]. Die Häufigkeit der Nennungen läßt erkennen, daß es sich um eine Personengruppe gehandelt hat, deren Mitwirkung auf verschiedenen Ebenen des städtischen Lebens von großer Relevanz gewesen ist. Sehr deutlich wird dies im Jahr 1188, als festgelegt wurde, daß auf der allgemeinen Bürgerversammlung, dem *conventus civium*, die *voluntas meliorum*, der »Wille der Besseren«, den Ausschlag geben sollte[111]. Um eine verfassungsrechtliche Institution hat es sich dabei im 12. Jahrhundert wohl noch nicht gehandelt, sondern eher um den wirtschaftlich, politisch und sozial einflußreichsten Teil der Bürgerschaft, dem vermutlich nicht nur Kaufleute, sondern auch Teile der erzbischöflichen Ministerialität angehörten.

Die Verwaltung der Stadt lag zunächst in den Händen der stadtherrlichen Amtsträger, des Burggrafen und des Schultheißen. Ihnen standen die Schöffen, die *scabini iudices*, zur Seite. Die Bürgerschaft trat zum *conventus civium* zusammen, der erstmals eindeutig für das Jahr 1188 bezeugt ist, aber ohne Zweifel in eine ältere Periode der Verfassungsentwicklung zurückreicht. Aus der Spitzengruppe der Bürgerschaft entstand im Zusammenwirken, aber auch in Konkurrenz zum Schöffenkollegium allmählich der Rat, der zuerst im Jahre 1244 sicher belegt ist[112].

Die Magdeburger Kaufleute treten als besondere Gruppe noch einmal in der ersten Hälfte des 12. Jahrhunderts in Erscheinung. Lothar von Supplinburg ermäßigte ihnen die Zollabgaben an den unterhalb von Magdeburg gelegenen Elbzollstätten Elbeu, Mellingen und Tangermünde im Jahre 1136[113]. Ausgestellt wurde die leider nicht mehr im Original erhaltene und in ihrer Echtheit nicht unumstrittene Urkunde gewiß auf Wunsch der Kaufleute, die auch als Empfänger in Betracht kommen, denn es war nicht die Stadt Magdeburg, die die Zollsätze ermäßigt bekam, sondern eine besondere Berufsgruppe innerhalb der Einwohnerschaft, die *Magdeburgenses mercatores*. Wiederum liegt der Schluß nahe, daß sie einen rechtsfähigen Verband gebildet haben, über dessen Charakter sich freilich aus dem Text der Urkunde wenig ergibt. Man möchte an eine Gilde von Fernhändlern denken, aber es erscheint gewagt, aus der Nennung von *mercatores* ohne weitere Indizien auf die Existenz einer Gilde zu schließen.

Eine Gilde der Magdeburger Kaufleute wird erstmals zum Jahre 1183 bezeugt[114]. Es handelt sich um den ältesten Beleg für eine Gilde im mitteldeutschen Raum überhaupt. Erzbischof Wichmann bestimmte zugunsten der Magdeburger Kaufleute, daß er *umme der eren und nutzbarcheit willen unszer stadt unsern wandkremern in der sulven unser stadt wonhaftich disze macht und gewalt gegeven und vor legen hebben, dat neyn inwoner edder frombder sick ore kopmanschatz schall bruken edder gewandt tho schnyden sick schall underwinden, id ensie denne, dat he orer innige sie togefuget und van ohn de macht und fulborth hebbe eyn sodan to*

110) MGH SS XII, S. 698.
111) UB Stadt Magdeburg I 59 (= UB Erzstift Magdeburg I 421).
112) UB Stadt Magdeburg I 107.
113) MGH DLoth. III 92.
114) Vgl. dazu Hegel, Städte und Gilden, Bd. II, S. 437ff.; Doren, Untersuchungen zur Geschichte der Kaufmannsgilden, S. 102ff.

donde[115]. Der Text der Urkunde ist nur in zwei Übersetzungen aus dem 16. Jahrhundert überliefert, die etwas voneinander abweichen. An der Zuverlässigkeit der Überlieferung möchte man nicht zweifeln, obgleich sich in der Zeugenreihe eine Unstimmigkeit nachweisen läßt.

In der Magdeburger Chronistik wird zwar behauptet, Erzbischof Wichmann habe damals die Gewandschneidergilde erst gegründet[116], aber der Text der Urkunde setzt das Bestehen der Gilde voraus. Ihre Mitglieder *(wandkremer* oder *koplude)* erhalten das ausschließliche Recht auf den Gewandschnitt. Die Magdeburger Gilde erscheint jedenfalls gleich bei ihrer ersten Erwähnung als eine typische Gewandschneidergilde, die sich von ihrem Stadtherrn das Monopol auf den Tuchhandel verbriefen läßt.

Diese Privilegierung der Gewandschneidergilde am Ende des 12. Jahrhunderts fällt in eine Phase des allgemeinen Aufschwunges des Zunftwesens in Magdeburg[117]. Etwa gleichzeitig privilegierte Erzbischof Wichmann die Krämerinnung, und auch die Schuhmacher erhielten von ihm eine Zunfturkunde[118]. Ein weiteres Beispiel liefern die Schild- und Sattelmacher, denen Erzbischof Ludolf 1197 die Wahl eines Zunftmeisters gestattete; gleichzeitig verbot er allen, die nicht der Zunft angehörten, die Ausübung dieser Gewerbe[119]. Die Verleihung von Zunftrechten lag noch in den Händen des erzbischöflichen Stadtherrn und ging erst in der ersten Hälfte des 13. Jahrhunderts in die Kompetenz des Rates über, der erstmals 1244 Innungsstatuten an die Schwertfegerzunft verlieh[120]. Die starke Wirtschaftskraft Magdeburgs fand ihren Ausdruck auch in einer Blüte des Innungswesens mit einer recht starken Stellung der Zünfte, unter denen die großen Innungen der Gewandschneider, Krämer, Kürschner, Schuhmacher und Leineweber herausragten. Ihre Vorsteher erscheinen 1281 als *maiores magistri* als Zeugen in einer Urkunde hinter den Ratsherren[121].

Die vornehmste Organisation war ohne Zweifel die Gewandschneidergilde, deren Gildemeister bis zum Ende des 14. Jahrhunderts stets an erster Stelle unter den Vorstehern der Magdeburger Innungen genannt wurden. Da ein Gildearchiv nicht erhalten ist, fließen die Quellen zur Geschichte der Magdeburger Gewandschneidergilde nicht eben reichlich. Nur in einer Übersetzung ist eine Urkunde des Erzbischofs Albrecht aus dem Jahre 1214 für die Gewandschneidergilde erhalten[122]. Der Stadtherr bestätigte die Verfügung seines Vorgängers Wichmann, *dat nymandt wandt in der stadt edder dar vor utschnyde edder vorkoppe, he hebbe dannerst darup orloff nach den gesetten der koplude, de wandt in der stadt snydende sint.* Außerdem bestimmte er, daß die Eintrittsgebühren neuer Gildebrüder den Insassen des Heilig-

115) UB Erzstift Magdeburg I 387.
116) UB Erzstift Magdeburg I 444.
117) Vgl. dazu D. CLAUDE, Geschichte des Erzbistums Magdeburg bis in das 12. Jahrhundert, 1975 (= Mitteldeutsche Forschungen, Bd. 67), Bd. II, S. 135ff.
118) UB Erzstift Magdeburg I 444, 450.
119) UB Stadt Magdeburg I 65.
120) UB Stadt Magdeburg I 107.
121) UB Stadt Magdeburg I 154.
122) UB Stadt Magdeburg I 77.

Geist-Hospitals zugute kommen sollten. Damit tritt neben den wirtschaftlichen Funktionen der Gilde erstmalig auch der religiös-caritative Aspekt dieser Genossenschaft in Erscheinung. Möglicherweise war das Heilig-Geist-Hospital eine Gründung der Gilde, denn an der Spitze der Prokuratoren des Hospitals stand in der zweiten Hälfte des 13. Jahrhunderts stets der Gildemeister der Gewandschneidergilde. Identisch waren auch das Siegel der Gilde und der Prokuratoren des Hospitals[123].

Ein Gildestatut ist nicht erhalten, doch läßt sich die innere Struktur aus den Statuten erkennen, die 1231 von der Stendaler Kaufmannsgilde übernommen wurden. Danach handelte es sich um eine »Kaufmanns- und Gewandschneidergilde«. Die Bezeichnungen *mercatores* und *pannicidae* werden auch sonst in Magdeburg als Synonyme verwendet.

4. Ergebnisse

Das Thema »Kaufmannsgilde und Stadtentstehung im mitteldeutschen Raum« ist natürlich nicht durch die Analyse von drei ausgewählten Beispielen in den Griff zu bekommen. Erforderlich wären intensivere und vor allem auch »flächendeckende« Untersuchungen, denn Kaufmanns- und Gewandschneidergilden sind auch in vielen anderen mitteldeutschen und ostmitteldeutschen Städten anzutreffen. Obgleich das bisher Vorgelegte nur als ein erster Anfang zu betrachten ist, sei es gestattet, einige zusammenfassende Überlegungen vorzutragen.

In seinen programmatischen Darlegungen über das Ziel dieser Tagung hat Berent Schwineköper hervorgehoben, daß im Mittelpunkt der Diskussionen die Frage stehen soll, welche Bedeutung den genossenschaftlichen Zusammenschlüssen bei der Herausbildung der Stadt und ihrer Verfassung im Mittelalter zukommt. Die Aktualität dieser Fragestellung bedarf keiner besonderen Begründung. Ist doch in den letzten Jahrzehnten auch in der deutschen Stadtgeschichtsforschung die Rolle der Stadtherrschaft im Prozeß der Stadtwerdung in pointierter Weise in den Vordergrund gespielt worden. So betont – um nur ein Beispiel zu nennen – Karl Bosl, »... daß die alte These von der Entstehung der Bürgerfreiheit und des städtischen Fortschritts aus eigener Kraft und Initiative heute von keinem ernsthaften Forscher mehr vertreten werden kann«. Vielmehr sei die »Initialzündung« überall von der Herrschaft ausgegangen[124]. Diese Akzentverschiebung von der Genossenschaft auf die Herrschaft ist ohne Zweifel eine Reaktion auf die Überbetonung des genossenschaftlich-freiheitlichen Gedankens in der älteren deutschen Stadtgeschichtsforschung, und es ist wohl an der Zeit, unser Augenmerk wieder auf das Zusammenspiel von herrschaftlichen und genossenschaftlichen Faktoren zu lenken, das der mittelalterlichen Verfassungsgeschichte das Gepräge gibt. Auch der Prozeß der Stadtentstehung hat vom Miteinander und Gegeneinander herrschaftlicher und genossenschaftlicher Faktoren starke Impulse empfangen.

123) UB Stadt Magdeburg I 359 (1335); 461 (1363): *unser wandsnydere innunge ingesigel, des se und de vormundere des vorbenannten hospitales gebruchen.*

124) K. Bosl, Typen der Stadt in Bayern. In: ZBayerLG 32, 1969, S. 5.

Das Wort von der »Initialzündung« durch die Herrschaft hat wohl auch in unserem Untersuchungsgebiet durchaus seine Berechtigung. In Halberstadt und Magdeburg dominierte in den ersten Phasen des Stadtwerdungsprozesses offensichtlich die Herrschaft in Gestalt von Königtum und Kirche. Das königliche Marktregal war zwar im ostsächsischen Raum dank der beherrschenden Stellung der Ottonen stark ausgeprägt, doch wurden die Regalrechte über Münze, Markt und Zoll schon früh den bischöflichen Stadtherrn überlassen. Vor allem in Halberstadt spielte der Bischof für die weitere Entwicklung des Ortes eine sehr große Rolle. In Magdeburg wird das nicht anders gewesen sein, doch ist hier die Quellenlage weniger günstig. Im Falle von Stendal erscheint Albrecht der Bär als der Initiator, der durch weitgehende Privilegierungen das Gedeihen seiner Gründung zu fördern sucht. Er verfügt über das Marktregal ohne Erwähnung einer königlichen Zustimmung. Wahrscheinlich hatte er qua Amt die Verfügungsgewalt über die entsprechenden Hoheitsrechte, da er in der Mark *auctoritate regia* die Herrschaft ausübte. In der zweiten Hälfte des 12. Jahrhunderts beginnt auch im Bereich des Städtewesens die wachsende Macht des Territorialfürstentums zum Tragen zu kommen. Die Herrschaft erweist sich jedenfalls als ein notwendiger und aktiver Faktor im Stadtwerdungsprozeß. Sie stellt keineswegs ausschließlich oder auch nur überwiegend eine Macht dar, die der Entfaltung des städtischen Wirtschaftslebens und der Bürgergemeinde hemmend entgegentritt.

Mit dieser Feststellung soll natürlich nicht der Eindruck erweckt werden, es habe generell und zu allen Zeiten ein harmonisches Verhältnis zwischen der Stadtherrschaft und der Bürgerschaft bestanden. In Stendal bestand für die Bewohner zunächst keine Notwendigkeit, sich Rechte gegenüber dem markgräflichen Stadtherrn zu erkämpfen, denn die Marktgründung war mit der Verleihung von Privilegien und der notwendigen Selbstverwaltungsrechte verbunden. Die weitere Entfaltung der bürgerlichen Autonomie ist offensichtlich von den Markgrafen zumindest nicht behindert worden. Eine andere Interessenlage war wenigstens partiell in Halberstadt gegeben. Der Bischof gab den Autonomiebestrebungen der Bürgerschaft nur zögernd nach, und so ist es wohl kein Zufall, daß gerade in der Zeit zwischen der ersten Nennung der »Marktbürger« und der vollen Entwicklung der Stadtverfassung ein gravierender Konflikt zwischen den Bürgern und ihrem Stadtherrn ausbrach[125].

Zum Jahre 1153 wird in den Annales Palidenses von einer *coniuratio civium Halberstadensium contra Odalricum episcopum* berichtet, in deren Verlauf der Bischof aus der Stadt flüchten mußte[126]. An dieser *coniuratio* waren auch Teile der Geistlichkeit beteiligt, aber die eigentlichen Träger waren nach dem Wortlaut unserer Quelle die Bürger. Die Differenzen zwischen dem Bischof und seinem Domkapitel dürften das Vorgehen der Bürger wohl erleichtert haben, sind aber kaum der Grund für eine *coniuratio civium*. Leider bleiben Ursachen und Verlauf der Auseinandersetzungen im Dunkeln. Trotzdem wird man auch die Halberstädter *coniuratio*

125) K. Bogumil, Das Bistum Halberstadt im 12. Jahrhundert, 1972 (Mitteldeutsche Forschungen, Bd. 69), S. 237; Wittek (wie Anm. 43), S. 73f.; Militzer/Przybilla, Stadtentstehung, S. 51f.
126) MGH SS XVI, S. 87.

civium unter die kommunalen Freiheitsbewegungen einreihen dürfen, die zur Ausbildung und Konsolidierung der Bürgerschaft beigetragen haben.

Spannungen innerhalb der Geistlichkeit führten auch in Magdeburg im Jahre 1129 zu einer Erhebung der Bürger gegen den erzbischöflichen Stadtherrn[127]. Norbert von Xanten, 1126 bis 1134 Erzbischof von Magdeburg, plante die Neuweihe des Magdeburger Domes, der nach seiner Auffassung durch ein Verbrechen entweiht worden war. Die Vertreter der Stadtbevölkerung, die *maiores civitatis*, widersprachen diesem Vorhaben, da der Dom durch die *auctoritas* zahlreicher Könige und Bischöfe geheiligt sei und keiner neuen Konsekration bedürfe. Norbert vollzog die Weihe in der Nacht in aller Heimlichkeit *non assiente clero aut populo*, wurde aber entdeckt. Die Glocken wurden geläutet, das Volk strömte zusammen und belagerte den Erzbischof, der sich auf einen festen Turm geflüchtet hatte. Der Magdeburger Burggraf griff vermittelnd ein und setzte einen Gerichtstag an, auf dem jeder seine Klagen gegen den Erzbischof vorbringen sollte. Nach den sicher parteiischen Aussagen der Quellen hielten die Bürger *perversa conventicula* ab und verhinderten absichtlich eine Einigung vor Gericht. Ein Wiederaufflammen der Unruhen veranlaßte Norbert zur Flucht. Er kehrte erst nach Magdeburg zurück, als seine Anhänger erfolgreich vermittelt hatten.

Die Deutung der Vorgänge ist nicht einfach. Ein klar erkennbarer Grund für eine Erhebung der Magdeburger Bürger gegen ihren Stadtherrn ist nicht vorhanden, bestimmte Forderungen werden nicht erhoben. Das kann natürlich mit der Art unserer Überlieferung zusammenhängen, die die äußeren Ereignisse recht plastisch schildert, die tieferen Ursachen aber nicht erkennen läßt. Immerhin deuten das Läuten der Glocken, das Abhalten von heimlichen Zusammenkünften *(perversa conventicula)* und die für Abtrünnige angedrohte Strafe der Hauszerstörung auf eine kommunale Bewegung hin, die festere Formen anzunehmen im Begriffe stand. Vor allem die Strafe der Hauszerstörung ist »ein für den Schwurverband charakteristisches Rechtsmittel«[128].

Sowohl in Magdeburg als auch in Halberstadt standen die Erhebungen gegen den Stadtherrn nicht am Anfang des Stadtwerdungsprozesses, sondern erfolgten zu einem Zeitpunkt, an dem die Bürgerschaft bereits eine fortgeschrittene Entwicklungsstufe erreicht hatte. Die Vorgänge in den beiden ostsächsischen Bischofssitzen, über deren Charakter man durchaus unterschiedlicher Meinung sein kann, dokumentieren auf jeden Fall ein gestiegenes frühbürgerliches Selbstbewußtsein. Insgesamt scheint jedoch die Entwicklung der Beziehungen zwischen Herrschaft und Genossenschaft im ostsächsischen Bereich eher in ruhigen Bahnen verlaufen zu sein.

127) Vgl. Claude, Erzbistum Magdeburg II, S. 10ff.; E. Uitz, Der Kampf um kommunale Autonomie in Magdeburg bis zur Stadtverfassung von 1330. In: Stadt und Städtebürgertum in der deutschen Geschichte des 13. Jahrhunderts, 1976 (= Forsch. zur mittelalterlichen Geschichte, Bd. 24), S. 290ff.; Dies., Der Beginn der kommunalen Bewegung in Magdeburg 1129. In: Magdeburger Beiträge zur Stadtgeschichte, Heft 2, 1978, S. 5–14.

128) Uitz, Der Kampf um kommunale Autonomie, S. 294; vgl. auch H. Planitz, Die deutsche Stadtgemeinde. In: Die Stadt des Mittelalters, hrsg. C. Haase, Bd. 2: Recht und Verfassung (= Wege der Forschung, Bd. 244), 1976, S. 98ff.

Es ist angezeigt, hier noch einmal die Frage nach der Rolle der Gilde für die Stadtentstehung aufzuwerfen. Greift man zu dem Standardwerk über die deutsche Stadt des Mittelalters von Hans Planitz, so werden dort »Kaufmannsgilde« und »Kaufmannsgemeinde« miteinander identifiziert, und über das Verhältnis von Kaufmannsgilde und Gewandschneidergilde heißt es: »Die Gewandschneidergilde war die Fortsetzerin der alten Kaufmannsgilde«[129]. Für die Städte des mitteldeutschen Raumes sind diesen Feststellungen gegenüber Bedenken vorzubringen.

Nicht zu bezweifeln ist die überragende Bedeutung, die den Kaufleuten in der ersten Phase des Stadtwerdungsprozesses in Halberstadt, in Magdeburg und sicher auch in Stendal zugekommen ist. In Halberstadt dürften die *mercatores Halverstadenses* bereits früh einen rechtsfähigen Verband gebildet haben, denn sie waren in der Lage, als Gruppe königliche und bischöfliche Privilegien zu empfangen. Die verbindenden Gruppenmerkmale waren die Gemeinsamkeit des Berufes, Ortsansässigkeit und Zinspflicht gegenüber dem Bischof. Dieser ortsbezogene Verband der Kaufleute entwickelt sich zu einer »Marktgemeinde«, denn mit der Intensivierung des Warenverkehrs und dem Zuzug von Handwerkern und Gewerbetreibenden wird die Kaufmannsniederlassung zum Marktort. Kaufleute und Handwerker bilden nunmehr die Schicht der *cives forenses.* Die Kaufleute stellen auch in der Stadtgemeinde, die sich aus der Marktgemeinde entwickelt, die einflußreichste soziale Gruppe.

Es ist kaum zu bezweifeln, daß ein Kontinuitätsstrang von den *mercatores* der ottonischen und salischen Zeit zum Meliorat des hohen Mittelalters führt. Dafür spricht auch die Tatsache, daß die Urkunden, die für die Kaufleute ausgestellt worden sind, ins Ratsarchiv gelangten. Es stellt sich aber die Frage, ob die Halberstädter Fernhändler bereits in der Frühzeit zu einer Gilde zusammengeschlossen waren und ob gegebenenfalls ein Zusammenhang mit der späteren Gewandschneidergilde herzustellen ist.

Begriffe wie *fraternitas*, *gulda* oder ähnliche fehlen, und auch Hinweise auf Gildemeister oder Aldermannen lassen sich nicht erbringen. Andererseits besaß der genossenschaftliche Zusammenschluß zu einer Gilde oder Hanse für die Fernhändler der Frühzeit angesichts ihres hohen Berufsrisikos eine fast existenzielle Funktion, so daß die Existenz einer Gilde für Halberstadt zumindest nicht unwahrscheinlich ist. Das Schweigen der Quellen ließe sich dadurch erklären, daß von Königtum und Kirche die Gilde als genossenschaftliche Selbsthilfeorganisation abgelehnt wurde. Paßte sie doch schlecht in den hierarchischen Aufbau der Gesellschaft und war zudem in den Augen der Geistlichkeit durch ihre Rituale diskreditiert. Es darf hier auf den bekannten Bericht Alperts von Metz verwiesen werden[130]. Daher wurden die Urkunden vielleicht nicht zu Gunsten einer Gilde, sondern einfach für die *mercatores* des betreffenden Ortes ausgestellt. Es braucht nicht betont zu werden, daß diese Überlegungen angesichts der fehlenden quellenmäßigen Absicherung nur hypothetischen Charakter tragen.

129) H. Planitz, Die deutsche Stadt im Mittelalter, 1954, S. 283f.

130) Alpert von Metz, De diversitate temporum, MGH SS IV, S. 718f. (= Keutgen, Urkunden zur städtischen Verfassungsgeschichte I, 1899, Nr. 75).

Die Gewandschneidergilde, die in der Überlieferung seit dem Beginn des 13. Jahrhunderts faßbar wird, ist ein Monopolverband, der wohl erst dadurch entstanden ist, daß der Emanzipationsdrang der Handwerker und Kleinhändler die wirtschaftliche Vormachtstellung der Kaufleute bedrohte. Sie schlossen sich zu einer »Kaufmanns- und Gewandschneidergilde« zusammen, wobei sie sich offensichtlich am Goslarer Vorbild orientierten.

In Magdeburg werden vom 10. bis zum 12. Jahrhundert die *mercatores Magdeburgenses* in den Quellen in verschiedenen Zusammenhängen erwähnt. Sie sind zunächst in der Mitte des 10. Jahrhunderts zusammen mit einer offenbar nicht unwichtigen Gruppe von jüdischen Kaufleuten von den Schenkungen und Privilegierungen des Moritzklosters und des Erzstiftes durch das Königtum betroffen, empfangen aber selbst in der zweiten Hälfte dieses Jahrhunderts königliche Privilegien. Um 1000 wird dann die Magdeburger *ecclesia mercatorum* erwähnt, die den *optimi civitatis* unterstand. Die Kaufmannskirche war offenkundig auf dem Wege, zur Stadtkirche zu werden. Wenn die Identifizierung der *ecclesia mercatorum* mit der Johanniskirche zutrifft, ist dieser Weg zu Ende gegangen worden. Im Jahre 1025 wurde die Urkunde Ottos II. von 975 durch Konrad II. den *mercatoribus Magdaburgensi civitati inhabitantibus* bestätigt. Es sind also noch immer die Kaufleute, die in direkten Beziehungen zum Königtum stehen. Das ist auch noch zum letzten Male mehr als ein Jahrhundert später der Fall, als Lothar von Supplinburg ihnen 1136 die Elbzölle unterhalb der Stadt ermäßigte.

Ebensowenig wie im Falle von Halberstadt ist die Frage nach der Organisationsform der Magdeburger Kaufleute für die ältere Zeit stringent zu beantworten. Die Privilegierungen setzen die Existenz eines rechtsfähigen Verbandes voraus, der zunächst durch Orts- und Berufsbezogenheit gekennzeichnet ist. Der ohne Zweifel weitreichende Fernhandel gerade der Magdeburger Kaufleute legt die Vermutung nahe, daß sie auch eine Organisation besaßen, die ihnen Schutz und Beistand auf den Handelsfahrten gewährleistete[131]. Eine Gilde tritt erst gegen Ende des 12. Jahrhunderts in unserer Überlieferung entgegen. Sie ist die älteste Genossenschaft dieser Art, die sich im mitteldeutschen Raum nachweisen läßt, und man ist leicht geneigt, ihre Entstehung in noch früherer Zeit anzunehmen. Allerdings ist sie eine ganz typische Gewandschneidergilde, so daß sich die Frage, ob es sich dabei um die Nachfolgeorganisation einer älteren Fernhandelsgilde handelt oder um eine aus einer bestimmten wirtschaftlichen Konkurrenzsituation erwachsenen Neubildung, kaum klar beantworten läßt.

Abschließend sei der Versuch einer thesenartigen Zusammenfassung gewagt:

1. In Magdeburg und Halberstadt sind bereits in ottonisch-salischer Zeit Kaufleute ansässig, die als Empfänger königlicher und stadtherrlicher Privilegien einen rechtsfähigen Verband gebildet haben müssen. Als Charakteristika erscheinen die Gemeinsamkeit des Berufes und des Wohnsitzes und im Falle von Halberstadt auch die Zinspflicht gegenüber dem Bischof. Diese »Kaufmannsgemeinden« standen zunächst unter der Leitung stadtherrlicher Amtsträger. Kaufmannsgilden sind in dieser Zeit noch nicht nachzuweisen.

131) Mit der Existenz einer frühen Kaufmannsgilde in Magdeburg rechnen Rörig, Magdeburgs Entstehung, S. 131; Schwineköper, Die Anfänge Magdeburgs, S. 447f.

2. Die »Kaufmannsgemeinde« erweitert sich durch die Assimilation anderer Bevölkerungsgruppen zur »Marktgemeinde«. Deutlich erkennbar ist dieser Prozeß in Halberstadt, wo 1105 nicht mehr die »mercatores«, sondern die »cives forenses« privilegiert werden. Die städtische Selbstverwaltung wird nunmehr in Ansätzen sichtbar; die Kaufleute dürften bei der weiteren Ausgestaltung der Stadtverfassung die führende Kraft gewesen sein, jedoch ist von einem Einfluß einer Kaufmannsgilde auf die Entwicklung der städtischen Verfassungsformen nichts zu spüren.
3. Genossenschaftliche Zusammenschlüsse der Kaufleute sind in Mittel- und Ostmitteldeutschland erst am Ende des 12. und in der ersten Hälfte des 13. Jahrhunderts nachweisbar (1183 und 1214 Magdeburg, 1214 Halberstadt, 1231 Stendal, 1233 Salzwedel, 1245 Kyritz). Es handelt sich dabei um Gewandschneidergilden, deren wirtschaftspolitisches Hauptanliegen die Monopolisierung des gesamten Tuchhandels war. In einer ersten Phase konnten offenbar auch Tuchmacher Mitglied der Gewandschneidergilde sein, doch dann strebte man nach einer strikten Trennung von Handel und Produktion. Wie die Zünfte über ihr Handwerk, so wachte die Gilde über den Tuchhandel. Eine Sonderform stellte die Stendaler »Seefahrergilde« dar, die man als eine Fahrtgenossenschaft ansehen kann.
4. Zünfte und Gilden als genossenschaftliche Organisationsformen der Handwerker und Kaufleute treten in den Quellen des mitteldeutschen Raumes ziemlich gleichzeitig entgegen. Das spricht dafür, daß ihre Ausbildung auf den gleichen wirtschaftlichen und gesellschaftlichen Rahmenbedingungen beruht, nämlich dem Aufschwung von Handel, Handwerk und Gewerbe im 12. und 13. Jahrhundert. Wie die Zunft so steht auch die Gewandschneidergilde nicht am Anfang des Stadtwerdungsprozesses, sondern wird erst auf einer relativ fortgeschrittenen Stufe der städtischen Entwicklung gegründet.
5. Die eigenständige Entwicklung innerhalb jeder einzelnen Stadt wird mehr oder weniger nachhaltig durch die Übernahme von Institutionen aus anderen Kommunen beeinflußt. Der Transfer spielt gerade im Bereich des Städtewesens eine große Rolle; es braucht nur an die Ausbreitung der Ratsverfassung und an die Stadtrechtsfamilien erinnert zu werden. Auch die Institution der Kaufmanns- und Gewandschneidergilde hat sich im mittel- und ostmitteldeutschen Bereich durch einfache Übernahme als fertige Organisationsform verbreitet. Die Halberstädter und Quedlinburger Gilden haben ihr Vorbild offensichtlich in Goslar, die Stendaler Gilde ist nach Magdeburger Vorbild geschaffen worden und war ihrerseits wiederum Modell für die Gilden mehrerer anderer brandenburgischer Städte. Allenfalls in Magdeburg könnte man mit einer eigenständigen Entwicklung des Gildewesens rechnen.
6. Die Kaufmanns- und Gewandschneidergilde ist die vornehmste genossenschaftliche Vereinigung der Stadt. Während die Zünfte meist vom Rat privilegiert und kontrolliert werden, empfängt sie ihre Rechte und Freiheiten aus der Hand des Stadtherrn selbst. Die Gildebrüder waren zum allergrößten Teil Angehörige der bürgerlichen Oberschicht. Über ihre ratsfähigen Mitglieder besitzt die Gilde ohne Zweifel Einfluß auf das Stadtregiment, jedoch hat die Gilde keinen institutionellen Anteil, denn die Ratsherren, die zugleich Gildebrüder sind, sitzen nicht als Repräsentanten der Gilde im Rat.

Beiträge und Überlegungen zu Gilden im nordwestlichen Deutschland (vornehmlich im 13. Jahrhundert)

VON WILFRIED EHBRECHT

1) Das Beispiel Braunschweig 1292–1294

Nach dem Tode Wilhelms von Braunschweig-Lüneburg (30. September 1292) stritten seine Brüder Albrecht und Heinrich um die Braunschweiger Stadtherrschaft[1]: Da trotz mancher gemeinsamer, sich häufig überlagernder Interessen zwischen den einzelnen lokalen Verfassungskörpern, den Weichbilden, ebenso wie zwischen den personalen Verbänden der Kaufleute und Handwerker tiefgreifende wirtschaftliche und soziale Unterschiede bestanden, mußte eine solche Territorialkrise die Spannungen dieses konfliktgeladenen Systems so sehr verschärfen, daß offene Auseinandersetzungen unausweichlich waren[2]: Während vor allem die führenden Gruppen der Altstadt zu Albrecht tendierten, schlossen sich die beiden Teilstädte Hagen und Neustadt Heinrich an, der bereits am 19. Februar 1293 die Unterstützung mit einem Privileg für die Neustädter Lakenmacher[3], am 19. Oktober dann mit einem Privileg für die Braunschweiger Schmiede belohnte[4].

Folgen wir der Darstellung des Braunschweiger »Stadtchronisten« Hermen Bote am Ausgang des Mittelalters[5], so hatte Herzog Heinrich ein Bündnis mit den Gildemeistern, in Wirklichkeit wohl mit den Vorstehern einzelner Gilden[6] geschlossen, in dem – so wird aus der weiteren Verlaufsgeschichte deutlich – jeder der Partner ein eigenes Ziel verfolgte: Während

1) H. Dürre, Geschichte der Stadt Braunschweig im Mittelalter. Braunschweig 1861. S. 112ff., M. Garzmann, Stadtherr und Gemeinde in Braunschweig im 13. und 14. Jahrhundert. Braunschweig 1976. S. 239ff.

2) H. L. Reimann, Unruhe und Aufruhr im mittelalterlichen Braunschweig. Braunschweig 1962. S. 29ff.

3) BraunschwUB (= UB der Stadt Braunschweig) I Nr. 10. S. 16.

4) BraunschwUB I Nr. 12. S. 17.

5) ChrondtSt 16: Braunschweig 2. Leipzig 1880. S. 301ff. Zu Hermen Bote B. U. Hucker, Hermann Bote, um 1467–1520. In: Nieders. Lebensbilder 9. Hildesheim 1976. S. 1ff., vgl. auch K. Stackmann, Die Stadt in der norddeutschen Welt- und Landeschronistik des 13. bis 16. Jahrhunderts. In: J. Fleckenstein/K. Stackmann, Über Bürger, Stadt und städtische Literatur im Spätmittelalter. Göttingen 1980. S. 289ff., hier S. 293f. und S. 299ff.

6) Auch wenn man davon ausgeht, daß Bote dem Sprachgebrauch der Wende zum 16. Jahrhundert folgt, so ist doch das Institut der Gildemeister bereits im 13. Jahrhundert vorhanden, dazu bei Anm. 24.

Heinrich für sich die Herrschaft in der Stadt erreichen wollte, verlangten die Gilden nach einer schriftlichen Sicherung ihrer Rechte. Dazu hatten sie untereinander ein zehnjähriges Eidbündnis geschlossen und einen Zwölferausschuß eingesetzt, in den jede Gilde einen Vertreter entsandte. Die Wahl von *burmester,* die Verpflichtung eines Schreibers und die eigene Siegelführung folgten. In Aufläufen mit Waffen und Bannern bewiesen sie Geschlossenheit und Stärke. Daß auch das Fest unter diesen Zeichen der nach innen wie nach außen wirkenden Selbstdarstellung der Gilden nicht fehlte, zeigte sich am Johannistag 1294, als der Rat eine Reliquienprozession und ein Gelage zu Ehren Auctors, des Stadtheiligen, halten wollte, zu dem »die Bürgerschaft« »in einem spannungsvollen Verhältnis stand«[7]. Die bis in die Reformationszeit reichende Geschichte dieser Spannungen war vor allem dadurch gekennzeichnet, daß die verschiedenen gemeindlichen Verbände, insbesondere aber der Rat danach strebten, ihre Nähe zum Stadtheiligen zu manifestieren: 1294 jedenfalls waren es die Gilden, die ihren Anspruch auf den Stadtheiligen anmeldeten: *Do kemen de gildemester myt oren twolffen unde helden ore sunderlike laghe dem Rade towedderen*[8]. Dies taten sie, nicht ohne auch die Ratsteiche auszufischen.

Eindeutig geht aus dieser Darstellung der sogenannten Schicht der Gildemeister hervor, daß sich die Gilden besonders um Verkaufsvorschriften auf dem Markt, Maße und Gewichte kümmerten[9]. Nur mit ihrer Erlaubnis durfte Korn ausgeführt werden. Als sie aber darüber hinaus Heinrich im Namen der Stadt huldigten, überschritten sie das Maß ihrer bisher allgemein zugebilligten Kompetenzen. Hierfür – und nicht für die wirtschaftlichen Maßnahmen oder die Demonstration ihrer Verfaßtheit – wurden sie von dem sich schließlich mit Hilfe der Altstadt durchsetzenden Albrecht bestraft. Damit hatte sich das vor allem auf Fernhandel und Grundbesitz begründete Altstädter »Patriziat« für längere Zeit gegen die keineswegs armen Tuch- und Metallgewerbe in Hagen und Neustadt durchgesetzt[10]; denn offensichtlich korrespondierten die unterschiedlichen politischen Ziele mit den Interessen der in den einzelnen Teilstädten wohnenden und arbeitenden Berufsgruppen: Der Altstadt mit ihren vor allem Tuch- und Weinhandel betreibenden alten Kaufmannsgeschlechtern standen die mehr vom Exportgewerbe bestimmten Weichbilde Hagen und Neustadt gegenüber, wenn auch in ihnen die Gewandschneider nicht fehlten.

Gesamtstadt und Weichbild, Gesamtrat und Gesamt- bzw. Teilgemeinde, die Beziehungen der Weichbilde untereinander, Weichbildrat und Weichbildgemeinde, dazu die in der For-

7) H. Patze, Bürgertum und Frömmigkeit im mittelalterlichen Braunschweig. BraunschwJb 58. 1977. S. 1ff., hier S. 27, U. Römer-Johannsen (Hg.), St. Aegidien zu Braunschweig 1115–1979. Hildesheim 1979.

8) Hermen Bote (wie Anm. 5) S. 302.

9) Zur weiteren Verlaufsgeschichte (vgl. auch unten Anm. 222) und Einordnung in die Reihe spätmittelalterlicher Stadtkonflikte W. Ehbrecht, Die Braunschweiger »Schichten«. Zu Stadtkonflikten im Hanseraum. In: G. Spies (Hg), Brunswiek 1031, Braunschweig 1981. Braunschweig 1982. S. 37ff.

10) Vgl. J. Bohmbach, Umfang und Struktur des Braunschweiger Rentenmarktes 1300–1350. NiedersJb 41/42. 1969/70. S. 119ff.; vgl. N. Kamp, Sozialer Rang und öffentliche Verantwortung im spätmittelalterlichen Braunschweig. Braunschweig 1981.

schung bisher kaum berücksichtigte Untergliederung der Weichbilde in Bauerschaften *(burmester)*, schließlich eine Vielzahl von Berufsgruppen in einem Weichbild oder weichbildübergreifend – das sind nur einige der sozialen Gliederungen einer Braunschweiger Bürgergemeinde, über deren Zusammengehörigkeitsgefühl wir kaum Kenntnis haben. Zu diesem in seinen horizontalen und vertikalen Verschränkungen gleichermaßen komplizierten »Stadtmodell« Braunschweig gehören außerdem eine Reihe von durch die bürgergemeindlichen Gliederungen nur indirekt erfaßten Einwohnergruppen, unter denen mindestens die landesherrlichen und geistlichen Kräfte mit ihren Verbänden bei Fragen der Verfassungswirklichkeit beachtet werden müssen. Angesichts dieser Schwierigkeiten und der die Historiographie leitenden Erkenntnisinteressen ist es verständlich, daß der städtische Chronist Hermen Bote am Ausgang des Mittelalters die möglichen und tatsächlichen Differenzen innerhalb der Braunschweiger Sozialgruppen 1292 bis 1294 auf die ebenso einfache wie falsche Formel brachte: »Aufruhr der Gildemeister gegen den Rat«[11)].

Die hierin angesprochene Frage nach der Stellung der Gilden innerhalb des sozialen Systems Stadt thematisiert diesen Beitrag, der für den westfälisch-niedersächsischen Raum die Bedeutung von Gilden vor allem für die Zeit der sich bildenden und ausformenden Bürgergemeinde erarbeiten will, d. h. für jene Epoche, deren Beginn allgemein in den Übergang von der salischen zur staufischen Zeit zu setzen ist. Neuere Theorien zur Ausbildung der Bürgergemeinde werden dabei nicht eigens geprüft[12)], doch ergeben sich auch hierzu schon allein dadurch einzelne Hinweise, daß alle Bemerkungen zum Gildewesen Bausteine dieser Theorien sind[13)].

Wichtig ist in diesem Zusammenhang die in der Gilde-Diskussion auf der Reichenau bisher nicht beachtete, hier aber zu anderer Zeit und in der Städteforschung allgemein wiederholt betonte Unterscheidung von lokalen und personalen Gemeinden im Prozeß der Städtebil-

11) Eine Korrektur dieses von Bote in die Forschung übernommenen Urteils muß vor allem den Zusammenhang »Stadtherrschaft – innerstädtische Spannungen« beachten.

12) Ein Verweis auf die Arbeiten von E. Ennen, H. Planitz, W. Schlesinger und H. Stoob mag genügen.

13) Ebenso wird auf eine Diskussion der zahlreichen Gilde-Arbeiten verzichtet. Für den behandelten Zusammenhang wurden folgende allgemeine Studien besonders ausgewertet: K. W. Nitzsch, Die niederdeutsche Kaufgilde. ZRG GA 13. 1892. S. 1ff.; Ders., Die niederdeutschen Verkehrseinrichtungen neben der alten Kaufgilde. Ebd. 15. 1894. S. 1ff. K. Hegel, Städte und Gilden der germanischen Völker im Mittelalter 2 Bde. Leipzig 1891. F. Philippi, Die gewerblichen Gilden des Mittelalters. PreußJb 69. 1892. S. 657ff. A. Doren, Untersuchungen zur Geschichte der Kaufmannsgilden des Mittelalters. Leipzig 1893. F. Keutgen, Ämter und Zünfte. Zur Entstehung des Zunftwesens. Jena 1903. G. v. Below, Stadtgemeinde, Landgemeinde und Gilde. VSWG 67. 1909. S. 411ff., Ders., Zur Geschichte des Handwerks und der Gilden. HZ 106. 1910. S. 268ff. Ders., Die Motive der Zunftbildung im deutschen Mittelalter. HZ 109. 1912. S. 23ff. K. Frölich, Kaufmannsgilden und Stadtverfassung im Mittelalter. FS A. Schultze, Weimar 1934. S. 85ff. (wieder abgedruckt bei C. Haase [Hg.], Die Stadt des Mittelalters II Darmstadt 1972. S. 11ff., wonach zitiert wird). H. Planitz, Kaufmannsgilde und städtische Eidgenossenschaft in niederfränkischen Städten im 11. und 12. Jahrhundert. ZRG GA 60. 1940. S. 1ff. H. Zatschek, Einung und Zeche... In: FS E. Stengel. Münster Köln 1952. S. 414ff. J. B. Akkerman, Schets van de rechtshistorische betekenis von het gildewezen. Tijdschr. v. rechtsgesch. 39. 1971. S. 3. ff. H. Stradal,

dung[14]. Es fällt schwer, unter dem einen Begriff »Gilde« sowohl personale wie lokale Verbände, Fernhändlergemeinschaften[15] wie Nachbarschaften zu subsumieren; denn welche gemeindliche Organisation der städtischen Zeit des Mittelalters, die im Eid begründet ist, sich als soziale Gruppe versteht und entsprechende Zeichen der Selbstdarstellung ausbildet, gemeinsam religiöse, wirtschaftliche und politische Ziele verfolgt, ist dann keine Gilde? Um ein Beispiel zu pointieren: Ist auch die Bürgergemeinde eine Gilde, da für sie alle genannten Merkmale zutreffen? Die mit vollem Recht herausgearbeitete Definition der Gilde als Organisationsform einer sozialen Gruppe in früh- und hochmittelalterlicher Zeit[16] wird in dem Augenblick unklar, als sich in der Zeit der städtischen Gemeindebildung die Anzahl der nach diesen Merkmalen organisierten Gruppen vervielfacht[17], unter denen im Nordwesten einzelne noch ausdrücklich die Bezeichnung Gilde tragen[18]. Notwendigerweise wird man deshalb auf die unterschiedlichen »Gildeformen« – ich würde bisher lieber Gemeindeformen[19] sagen – achten.

Gilde. HRG I. 1971. Sp. 1687ff. H.-F. Schütt, Gilde und Stadt. ZGesSchleswHolstGesch 105. 1980. S. 77ff. K. Friedland, Korporationen und Gilden. Erfassungsmöglichkeiten und Erkenntniswert frühstädtischer Sozialgruppen. In: G. Köhn (Hg.), Soest. Stadt – Territorium – Reich. Soest 1981. S. 423ff.

14) E. Ennen, Frühgeschichte der europäischen Stadt. Bonn 1953. S. 165ff. stellt in Anlehnung an H. Planitz geradezu die Eidgenossenschaft *(coniuratio, communio)* »als eine bezirksbezogene und bezirksgebundene Genossenschaft« der Gilde als Personalverband gegenüber, S. 165ff. Vgl. grundsätzlich H. Stoob, Forschungen zum Städtewesen in Europa I. Köln Wien 1970, ebenso die Reichenau-Bände Vorträge und Forschungen IV, VII und VIII.

15) W. Schlesinger unterscheidet in seinem Beitrag »Zur Frühgeschichte des norddeutschen Städtewesens«, LüneburgerBll 17. 1966. S. 5ff., zwischen »Fahrmännergilden« und »Wohnsitzgilden«, in Anknüpfung an F. Steinbach sieht er den Ursprung der Stadtgemeinde nicht in der »Kaufmannsgilde, sondern eher... (im) ortsbezogenen Gerichtsverband«. »Damit gelangt auch zugleich das herrschaftliche Element zur Geltung...« ebd. S. 10f.

16) O. G. Oexle, Die mittelalterlichen Gilden: ihre Selbstdeutung und ihr Beitrag zur Formung sozialer Strukturen. In: Miscellanea Mediaevalia 12/1: Soziale Ordnungen im Selbstverständnis des Mittelalters. Berlin New York 1979. S. 203ff. Ders., Gilden als soziale Gruppe in der Karolingerzeit. In: H. Jankuhn u. a. (Hg.), Das Handwerk in vor- und frühgeschichtlicher Zeit. Göttingen 1981. S. 284ff. Ders., Liturgische Memoria und historische Erinnerung. Zur Frage nach dem Gruppenbewußtsein und dem Wissen der eigenen Geschichte in den mittelalterlichen Gilden. In: FS K. Hauck. Berlin New York 1982. S. 323ff. Ders., Die mittelalterliche Zunft als Forschungsproblem. BlldtLg 118. 1982. S. 1ff.

17) G. Pfeiffer, Die Bedeutung der Einung im Stadt- und Landfrieden. ZbayLandesg 32. 1969. S. 815ff., hier S. 823ff.

18) H. Stradal (wie Anm. 13) Sp. 1688: »Im deutschsprachigen Raum ist ihr (die Gilde) Kerngebiet ab dem 12. Jh. besonders Westfalen und das Harzvorland; später verbreitet sich der Ausdruck in ganz Norddeutschland. Die Südgrenze der Verbreitung des Wortes G. bildet eine ziemlich klare Linie von Brüssel – Kassel – Göttingen – Halberstadt – Frankfurt/Oder. Jenseits dieser Grenze wird G. durch Ausdrücke wie Amt, Bruderschaft, Gaffel, Innung oder Zunft ersetzt.«

19) R. Hoke, Gemeinde. HRG I. 1971. Sp. 1494ff. Der Artikel behandelt kaum die mittelalterlichen Verhältnisse. Eine neue interdisziplinäre Diskussion von Begriff und Wortfeld »Gemeinde« ist ebenso notwendig wie die Fortsetzung der Überlegungen zu »Gilde«.

Um die Diskussion in dieser Frage offenzuhalten, verwendet der Beitrag die Bezeichnung »Gilde« vor allem dort, wo sie auch quellenmäßig belegt ist[20]. Er unterscheidet also bewußt zwischen Vereinigungen, die zwar in Form von Gilden organisiert gewesen sein mögen, aber nicht so benannt wurden, und solchen, die nach Selbst- und Fremdverständnis tatsächlich Gilden hießen. Diese Unterscheidung wird mit dem Ziel vorgenommen, die sozialen Räume zu erkennen, in denen der bekanntlich im Hochmittelalter nur vereinzelt belegte Begriff in eine Zeit tradiert worden ist, in der die Elemente frühmittelalterlicher Gilden, nämlich Eid, Hilfsverpflichtung und Fest allgemeine Gestaltungsmuster personaler und lokaler Verbände, insbesondere der Bürgergemeinde selbst waren. Hieraus folgt gleichzeitig, daß nach Lage der Quellen, dem Forschungsstand und den erkenntnisleitenden Interessen zeitlich das 13. Jahrhundert im Vordergrund steht[21], die Untersuchungen noch nicht abgeschlossen sind und in dem Beitrag selbst mehr eine einzelne Thesen pointierende Ergänzung einer bisher kontroversen Diskussion gesehen wird.

Für das zur Einführung gewählte Beispiel der Braunschweiger Schicht der Gildemeister 1292 bis 1294 lassen sich dazu bisher folgende Ergebnisse zusammenstellen: 1. Das erwähnte Privileg für die Lakenmacher der Neustadt vom 19. Februar 1293 verwendet erstmals nach den überlieferten Quellen für Braunschweig die Bezeichnung »Gilde«, die in den folgenden Jahren auch in das Stadtrecht der Neustadt eingeht[22]. 2. Die auf die Gildeverfassung deutende Institution der Gildemeister ist, wenn man von einem in Botes Schichtbuch zu 1293 August 5 überlieferten Sühnevertrag absieht[23], urkundlich in einer stadtherrlichen Privilegienbestätigung 1309 für die Schuhmacher und Lohgerber *(unionibus vulgariter dictis gilden)* von Altstadt, Hagen und Neustadt als *magistri et capitanei predictarum unionum seu gildonum* belegt[24]. Natürlich gab es auch in Braunschweig schon früher verfaßte Berufsgruppen, doch fehlte ihnen generell die Benennung »Gilde«. 3. Der Altstädter Rat wurde von führenden Kaufmanngeschlechtern besetzt, die keiner bis dahin ausdrücklich als Gilde bezeichneten Gemeinschaft

20) Nach den Belegen des Deutschen Rechtswörterbuches hat E. Frh. v. KÜNSSBERG 1935 zwei »Rechtswortkarten« für Gilde und Zunft vorgelegt; ZMundartforschung 11. 1935. S. 242ff.; jetzt R. SCHMIDT-WIEGAND in diesem Band und DIES., Gilde und Zunft. In: JANKUHN (wie Anm. 16) S. 355ff. Wichtig wird sein, noch einmal zwischen den Belegen des 12. und 13. Jh. zu differenzieren. Vgl. unter den verschiedenen Sprachwörterbüchern auch J. u. W. GRIMM, Deutsches Wörterbuch IV, 1,4. Leipzig 1949. Sp. 7485ff.

21) Für den Untersuchungsraum grundlegend F. FRENSDORFF, Das Zunftrecht insbesondere Norddeutschlands und die Handwerkerehre. HansGeschBll 13. 1907. S. 1ff.; J. SOMMER, Westfälisches Gildewesen mit Ausschluß der geistlichen Bruderschaften und Erwerbsgilden. ArchKultGesch 7. 1909. S. 393ff., vgl. dazu v. BELOWS Rezension 1910 (wie Anm. 13) S. 286ff.; F. BISCHOF, Der Anteil der Gilden am Stadtregiment in den westfälischen Städten. Jur. Diss. Münster 1926.

22) Wie Anm. 3; dann BraunschwUB I Nr. 16 S. 21ff., S. 24 Z. 55.

23) Hermen Bote (wie Anm. 5) S. 304; BraunschwUB I Nr. 11 S. 16.

24) BraunschwUB I Nr. 20 S. 26f.

angehörten[25]. 4. Elemente des Gildewesens (Eid, Hilfeleistung und Fest) sind in allen während der Auseinandersetzung hervortretenden gemeindlichen Organisationen erkennbar.

Für unsere Überlegungen ergeben sich daraus folgende nacheinander zu behandelnde Fragen: Sind Gilden im Nordwesten Bezeichnungen für Kaufleute- oder Handwerkervereinigungen? Wie waren Gilden und Ämter, um den allgemeinen niederdeutschen Begriff für Zunft gleich einzuführen, verfaßt? In welcher Wechselwirkung standen Gilde- und Amtsverfassung zur Stadtverfassung? Dabei ist es unvermeidbar, daß einzelne Teilantworten auch unter der nicht jeweils entsprechenden Frage gegeben werden, insbesondere gilt dies für den Zusammenhang von Ortsherrschaft und Gewerbe. Notwendig bleiben weitere Untersuchungen, die nicht nur – wie hier geschehen – die Bezeichnung »Gilde« in den Mittelpunkt stellen, sondern gleichermaßen Begriff und Inhalt von Innung, Amt, Zunft, Bruderschaft[26], Kompanie oder auch Hanse mit ihren jeweiligen lateinischen und volkssprachlichen Varianten und Glossierungen behandeln. Eine weitgehende inhaltliche Identität dieser herausgegriffenen Gruppenbezeichnungen anzunehmen, fällt schwer. Der in der Forschung wiederholt gemachte Versuch, eine oder mehrere Bezeichnungen als Forschungsbegriffe zu verwenden, führt m. E. nur dann zu einer sozialgeschichtlich vertretbaren Klassifizierung, wenn die regionalen und lokalen Sonderentwicklungen erkannt und nicht zugunsten einer Systematisierung vorschnell »eingeebnet« werden. Hierbei ist insbesondere mit Mißverständnissen in der Sprache der Quellen, mit der inhaltlichen Veränderung der Bezeichnungen im Laufe der Zeit und der Entlehnung aus anderen Bereichen zu rechnen. Unter Berücksichtigung einer ausreichenden zeitlichen Differenzierung scheint eine Kombination von sprachgeographischem und verfassungsgeschichtlichem Ansatz noch immer erfolgversprechend[27].

2) Gilden im Nordwesten: Vereinigungen von Fernhändlern oder Ortsgewerben?

Der Hinweis, daß in der Braunschweiger Altstadt das Regiment der Stadt nicht von Gilden bestimmt wurde, führt zu der allgemeinen Frage, inwieweit in vergleichbaren Städten, vor allem aber an den Plätzen, an denen die Wurzeln des Marktes in die vorstädtische Zeit hinaufreichen, Kaufleutevereinigungen bestanden haben, die von der Forschung fast generell mit dem Begriff »Gilde« typisiert worden sind. Es erübrigt sich dabei im Einzelnen auf die zahlreichen Marktprivilegien der ottonischen und salischen Zeit einzugehen, da die darin angesprochenen

25) H. L. Reimann (wie Anm. 2) S. 39.

26) Vgl. jetzt L. Remling, Bruderschaften als Forschungsgegenstand. JbVolkskde 1980. S. 89ff. Ders., Bruderschaften in Franken. Kirchen- und sozialgeschichtliche Untersuchungen zum spätmittelalterlichen und frühneuzeitlichen Bruderschaftswesen. Theol. Diss. (masch.) Würzburg 1981.

27) Vgl. vor allem die bereits vorgelegten oder entstehenden Studien von R. Schmidt-Wiegand, die auf dem Soester Hansetag 1981 zuletzt »Hanse und Gilde. Genossenschaftliche Organisationsformen der Hansezeit und ihre Bezeichnungen« behandelte, erschienen unter ähnlichem Titel HansGeschbll 100. 1982. S. 21ff, vgl. auch Anm. 20.

Kaufleutegruppen selbstverständlich verfaßt waren, wenn auch in keinem Fall die Bezeichnung »Gilde« überliefert ist[28]. Die Privilegien betrafen bekanntlich vor allem die Befreiung von Zoll und die Ordnung des Marktverkehrs. Wenn etwa das Bremer Privileg von 965 dem Erzbischof gestattete, einen Markt zu errichten[29], so wurden doch die Kaufleute in ihrer Gesamtheit die eigentlichen Träger der Rechte. Mehr als nur die gleiche Berufsausübung verband diese unter Königsschutz handelnden Bremer Kaufleute; ebenso etwa die von Gandersheim, die 990 das Recht der Dortmunder Kaufleute erhielten[30]. Selbstverständlich zogen diese Kaufleute unter Mitführung ihrer Waffen auf Kauffahrt wie jene *cohors institorum*, die, als sie zum Heringskauf auf Rügen weilte, von den Rugianern förmlich mit Fehde bedroht wurde[31]. Solchen Kaufleuten, die sicher auch aus Westfalen und Niedersachsen kamen, verbot Bischof Albert von Riga 1211 die Bildung einer *gilda communis*[32]. Mit Recht werden dann auch in Soest oder Dortmund – von Köln ganz abgesehen[33] – vergleichbare Organisationsformen gesucht.

Wenn in Soest unter den zuerst 1261 erwähnten, damals längst bestehenden Bruderschaften namentlich nur die Tuchmacher genannt werden[34], so waren doch die Schleswigfahrer die älteste und angesehenste Bruderschaft[35]. Wahrscheinlich kümmerten sie sich als Zwischenhändler vor allem um den Weinhandel. Doch gehen besondere Handelsinteressen aus den Quellen nicht mehr hervor. Als die Schleswigfahrer erstmals in einem Einnahme- und Ausgabenregister (1291)[36] faßbar werden, verfolgten sie ausschließlich gesellige und religiöse

28) W. SCHLESINGER, Der Markt als Frühform der deutschen Stadt. In: H. JANKUHN/W. SCHLESINGER/H. STEUER (Hg.), Vor- und Frühformen der europäischen Stadt im Mittelalter I. Göttingen 1973. S. 262ff.; H. STOOB (wie Anm. 14) S. 73ff.

29) BremUB I Nr. 11 S. 12; H. SCHWARZWÄLDER, Entstehung und Anfänge der Stadt Bremen. Bremen 1955. S. 118ff.; H. BÜTTNER, Die Bremer Markturkunden von 888 und 965 und die ottonische Marktrechtsentwicklung. BremJb 50. 1965. S. 13ff.

30) DO III Nr. 66 S. 473f., H. GOETTING, Die Anfänge der Stadt Gandersheim. Wik, mercatus und forum als Stufen der frühstädtischen Entwicklung. BlldtLg 89. 1952. S. 39ff., bes. 49. Die dort nach dem Stand der Forschung referierte Wik- und Gildetheorie wird hier nicht übernommen.

31) Helmold von Bosau, Slawenchronik (hg. v. H. STOOB) AusgewQuDtGeschMa XIX S. 374f.; W. STEIN, Zur Geschichte älterer Kaufmannsgenossenschaften. HansGeschbll 16. 1910. S. 571ff., bes. S. 575ff.

32) K. W. NITZSCH (wie Anm. 13) 1892. S. 13.

33) Der Zusammenhang Köln – Westfalen bleibt hier wegen des Beitrages von H. JAKOBS unberücksichtigt.

34) WestfUB VII Nr. 1070. S. 483: Mit Zustimmung *tam consulum quam eorum, qui sunt iudices in singulis fraternitatibus* wurden Prüfung, Besiegelung mit dem Stadtsiegel und Verkauf von Wolltüchern *in domo civitatis* festgelegt, zugleich die alten Rechte der Bruderschaft bestätigt. Die Tuchmacher sollten auch den Bau des Rathauses tragen.

35) Th. ILGEN, Einleitung. In: ChrondtStädte 24: Soest. 1895. S. 19, F. v. KLOCKE, Handel und Patriziat im mittelalterlichen Soest. SoesterZ 42/43. 1927. S. 9ff., hier S. 13. Vgl. jetzt auch C. RADTKE, Schleswig und Soest. In: G. KÖHN (Hg.), Soest. Stadt – Territorium – Reich. Soest 1981. S. 433ff., hier S. 444ff.

36) ILGEN (wie Anm. 35) S. 118; F. W. BARTHOLD, Soest, die Stadt der Engern. Soest 1855. S. 166f. Die Datierung hat in der Forschung einige Verwirrung gestiftet; HansUB II Nr. 666 S. 292f., dazu auch III. S. 464 Anm. 1. zu ca. 1360. Mit der Bruderschaft wird auch die Rumenei erwähnt, die zugleich

Ziele. Dazu konnten sie auf einige Renten aus Häusern und Ständen im Stadtzentrum zurückgreifen. Daß man *dey Sleswyker broderschop* trank, ist noch für das erste Viertel des 15. Jahrhunderts belegt, als unter den Ratsämtern auch das Schleswigeramt erscheint[37]. Die hier für das Gildegelage gewählte Umschreibung ist damals aber ebenso für andere Soester Bruderschaften üblich, zu denen auch Handwerkergenossenschaften gehörten[38]. Das Alter der Soester Bruderschaft der Schleswigfahrer, deren gildemäßige Züge unverkennbar sind, ist aus ihrem Namen abgeleitet worden, der nur entstehen konnte, als der westfälische Fernhandel noch auf Schleswig konzentriert war, d. h. also vor der Gründung Lübecks in der Mitte des 12. Jahrhunderts. Dasselbe Argument wird für das Arnsberger »Seewicker Amt« verwandt, das nach seinen Statuten von 1608 durch den Grafen Gottfried III. (1235–1281/2) neben drei anderen Ämtern (Bäcker, Schmiede, Schuhmacher) privilegiert worden war[39]. Das Bestehen einer solchen Soester und wohl auch Arnsberger Kaufleutevereinigung vor der Mitte des 12. Jahrhunderts folgt auch aus dem ältesten Soester Stadtrecht (§ 29), das für eventuelle Streitigkeiten auf der Kauffahrt vorsieht: *si concives nostri extra provinciam inter se dissenserint* und sie sich darüber nicht vergleichen können, daß sie dann einen der Genossen zum Richter bestellen sollten: *judicem unum de consociis judicem statuant,* auf keinen Fall aber ein »ausländisches« Gericht angehen sollten[40]. Als Handelsziele nennt das darauf fußende Medebacher Recht von 1165 *Datia* und *Rutia*[41]. Dieselben Texte geben auch Aufschluß über die Organisation des Handels in diesen Gemeinschaften, die für Soest den Transport der Ware über Dritte, für Medebach etwa Geldinvestitionen von Bürgern in Geschäfte anderer kennen. Die Warnung, solche Handelsgesellschaften nicht ohne einen Zeugen abzuschließen, ist nur ein weiteres Indiz für die fortschreitende Institutionalisierung des Handels[42].

Für die Verfaßtheit der Goslarer Kaufleute in der Zeit vor der Gemeindebildung sind die Quedlinburger Urkunden von 1038/42 anzuführen, die den dortigen Kaufleuten Privilegien in Handel und Gerichtsbarkeit nach dem Vorbild Magdeburgs und Goslars einräumten[43]. Das

Versammlungshaus der Bruderschaft und Stadtweinhaus war, gelegen zwischen Rathaus und Patrokli, G. Niemeier/H. Rothert, Der Stadtplan von Soest. WestfZ 103/104. 1954. S. 30ff., bes. nach S. 48 (Plan) und S. 52.

37) Th. Ilgen (wie Anm. 35) S. 117f.

38) Seibertz UB II Nr. 762 S. 471 zu Art. 5: *Vortmer de koyplude unde de beckere unde de smede unde de vleyschouwere unde de loere..., swan eir se ere broderschap drinket...*

39) K. Féaux de Lacroix, Geschichte Arnsbergs. Arnsberg 1895. S. 82, 275ff. Vgl. F. Bischof (wie Anm. 21) S. 66.

40) Elenchus fontium historia urbanae I Nr. 62 S. 108ff.; W. Ebel, Das Soester Recht. Wesen, Herkunft, Bedeutung. SoesterZ 72. 1959. S. 5ff.

41) Elenchus Nr. 78. S. 132ff. Vgl. auch W. Schlesinger (wie Anm. 28) S. 288.

42) W. Stein (wie Anm. 31) S. 588f.

43) DK II Nr. 290. S. 409ff. zu 1038 (unecht), DH III Nr. 93. S. 119f. zu 1042, vgl. DL III Nr. 61. S. 95ff. zu 1134. Die 1219 erfolgte Zusammenfassung der Rechte und Pflichten der verschiedenen Goslarer Sozialgruppen läßt in der Formulierung gerade des Kaufmannsrechtes (§ 32) dessen Alter erkennen (wie Anm. 69); H. Stoob, Goslar. In: Ders. (Hg.), Deutscher Städteatlas II Nr. 5. Dortmund 1979.

Bestehen einer Korporation mit der Bezeichnung *fraternitas..., que theutonice gelde vocatur* wird tatsächlich erst 1252 in einem Gewandschnittsprivileg Wilhelms von Holland belegt[44]. Trotzdem geht Karl Frölich davon aus, daß zwischen den *mercatores* der vorstädtischen Zeit und den sogenannten späteren Kaufleutegilden eine Kontinuität besteht[45]. Verbunden mit dem Übergang vom Fernhändlertum der frühen Fahrgemeinschaften zur ortsbezogenen Kaufmannschaft waren Änderungen in der Art der Handelsgüter, in der Form der Geschäftsabwicklung, sicher auch in den Verfassungsformen der Gruppen.

Die Bedeutung Dortmunds als frühes Handelszentrum und Stützpunkt der Reichspolitik ist hinlänglich bekannt[46]: Wie im Gandersheimer Privileg wird – kennzeichnend für seine Bedeutung – in zahlreichen ottonischen Marktprivilegien auf das Recht der Dortmunder Kaufleute ohne jede weitere Erläuterung verwiesen. Dort waren alle Voraussetzungen für eine frühe Bildung von Kaufleute- und Gewerbsgenossenschaften gegeben, so daß die Forschung ohne grundsätzliche Einwände angenommen hat, die dortige Reinoldigilde sei (oder knüpfe an) eine solche frühe Kaufleutevereinigung, wenn auch die Benennung nach dem Patron nicht viel früher als an der Wende zum 13. Jahrhundert möglich[47], die Bezeichnung als Gilde für 1260 erwiesen sei[48]. Schon die Dortmunder Rechtsmitteilung an Memel (1254/55), die zum Grundstock aller Dortmunder Rechtsaufzeichnungen wurde, erwähnt indirekt die Reinoldigilde als *maior gylda*[49]. Nicht viel später zeichnete sie ihre ältesten Statuten auf[50]. Den verschiedenen Zeugnissen ist zu entnehmen, daß ihre Mitglieder den Ratsherren gleichrangig

44) UB Goslar II Nr. 13. S. 116f. zu Apr. 6.

45) Wie Anm. 13 S. 40 u.ö. Dabei ist umstritten, inwieweit unter den »mercatores« des 11. und 12. Jahrhunderts allein Kaufleute verstanden werden dürfen.

46) L. v. WINTERFELD, Geschichte der freien Reichs- und Hansestadt Dortmund. 1. Aufl. Dortmund 1934 (seitdem zahlreiche Neuauflagen, hier zitiert nach 4. Aufl. 1968); H. STOOB (wie Anm. 14) S. 199ff. u.ö.; DERS., Dortmund. In: DERS., Deutscher Städteatlas I, Nr. 3. Dortmund 1973.

47) K. HEGEL (wie Anm. 13) S. 365; F. BISCHOF (wie Anm. 21) S. 39f.; anders G. KNÖRICH, Der heilige Reinold. BeitrGeschDortm 31. 1924. S. 77ff., der sich mit einzelnen Zirkelschlüssen für das 10. Jh. ausspricht; P. FIEBIG, St. Reinoldus in Kult, Liturgie und Kunst. BeitrGeschDortm 53. 1956, bleibt eine präzise Datierung schuldig S. 62: Patrozinium 1056 (?), S. 69: »So hatten sich in Dortmund die alteingesessenen Kaufleute, sicherlich auch die Wein- und Tuchhändler, sowie sonstige eingesessene Vollgrundbesitzer zu einer solchen Gemeinschaft (= Reinoldigilde) unter dem Schutze des Dortmunder Stadtpatrons zusammengeschlossen. Diese Dortmunder Gilde läßt sich bis ins 10. Jahrhundert zurückführen«, S. 25: »Die Verschmelzung des historischen (= Mönch, der zu einem nicht mehr feststellbaren Zeitpunkt in Köln lebte) mit dem sagenhaften Reinold (= Karlslegenden) werde durch die Namensgleichheit nahegelegt und geschah mindestens im 12./13. Jahrhundert.« Vgl. K. HONSELMANN, in: LThK I Sp. 1150 und jetzt F.-J. SCHMALE: Die soziale Führungsschicht des älteren Dortmund. In: G. LUNTOWSKI/N. REIMANN (Hg), Dortmund 1100 Jahre Stadtgeschichte. Dortmund 1982. S. 53ff. ebd. S. 79ff. H. J. BRANDT, St. Reinoldus in Dortmund.

48) WestfUB VII Nr. 1049 S. 473f.; F. FRENSDORFF, Dortmunder Statuten und Urteile. Halle/S. 1882. Beilage III S. 192f.: *ghilda beati Reynoldi.*

49) F. FRENSDORFF (wie Anm. 48) I S. 25; W. EBEL, Lübisches Recht I. Lübeck 1971. S. 85.

50) A. DOREN (wie Anm. 13) S. 94: um 1250.

eingeschätzt wurden[51]; bei Vergehen mit Blutwunden hatten sie eine zusätzliche Buße an den Rat zu zahlen[52]. An einzelnen Festtagen erhielten ihre Vorsteher, der Rat und Geistliche von ihnen eigene Weingeschenke[53]. Ohne Zweifel hatten ihre Genossen den Tuch- und Weinhandel in der Hand, ihr Gildehaus mag mit dem Rathaus identisch sein[54]. Bei aller Verzahnung zwischen Rat und Reinoldigilde ist trotzdem die Frage ungelöst, inwieweit der 1240 (?) erstmals erwähnte, aber schon einige Jahre vorher nachweisbare Rat[55] ihr politisches Erbe angetreten hat, da eben auch aus den Dortmunder Quellen nicht zu erweisen ist, daß die Gilde vorher öffentlich-rechtliche Befugnisse im Rahmen des Marktwesens und der gemeindlichen Verwaltung wahrgenommen hat[56]. Als sie faßbar wird, hat sie jedenfalls bereits sechs weitere Gilden neben sich, die nicht viel später eindeutig als Gewerbsgilden zu bestimmen sind[57]. In der Mitte des 14. Jahrhunderts besteht dann auch die Reinoldigilde nicht mehr: Ihre Mitglieder dürften in Abgrenzung zu einer neuen Wandschneidergesellschaft und infolge der innerstädtischen Auseinandersetzungen von 1332 und 1346 in die exklusivere, spätestens seit 1368 bestehende Junkergesellschaft übergegangen sein[58].

Sind aber Goslarer Kaufleutegilde und Dortmunder Reinoldigilde die einzigen Kaufleutevereinigungen[59], für die wir im Untersuchungsgebiet tatsächlich in der Mitte des 13. Jahrhunderts die Bezeichnung »Gilde« feststellen können, zu einer Zeit, als es etwa in Dortmund

51) Vgl. Anm. 193.
52) F. Frensdorff (wie Anm. 49), ebd. auch Einleitung S. 53.
53) DortmUB I,1 Nr. 545 S. 369f.
54) A. Doren (wie Anm. 13) S. 92, Th. Ilgen (wie Anm. 35) S. 119.
55) DortmUB I Nr. 77 S. 31f. zu 1230–40 nennt 16 Burgensen namentlich, von denen sechs 1241 unter 18 *consules* neuerlich genannt werden (vgl. Anm. 77). Im selben Jahr soll Wesel bereits *in domo burgensium* Dortmunds Rechtsauskünfte einholen, Lacomblet UB II Nr. 258 S. 132f. Die erste Ratsliste datiert von 1239: Sie umfaßt außer dem Stadtrichter 18 Personen, die den Vornamen nach völlig, den Beinamen nach bis auf zwei mit der Ratsliste von 1241 identisch sind. Geht man davon aus, daß Dortmund dem Kölner Osterstil folgte und die Ratssetzung (ebenso der Eintrag ins Ratsbuch) Cathedra Petri geschah, so handelt es sich, um dieselbe Ratsschicht, die am 22. Februar 1240 ins Amt trat (datiert 1239) und noch am 19. Februar 1241 amtierte (datiert 1240).
56) Etwa A. Doren (wie Anm. 13) S. 91ff.
57) Wie Anm. 48f. Auch die Benennung »Großgilde« setzt m. E. bereits das Bestehen weiterer Gilden voraus. Die Identifizierung von *fraternitates et ghildae sex, que sunt in universitate civium Tremoniensium* mit den Gewerbsgilden etwa durch F. Frensdorff (wie Anm. 48) Beilage X, S. 210ff., XII, S. 215ff. u. ö., vgl. auch Keutgen Nr. 303 S. 401f. zu 1383. Zur Verfassungsentwicklung 1260 unten bei Anm. 192.
58) L. v. Winterfeld, Das Dortmunder Patriziat bis 1400. MittWestdtGesFamkde 4. 1924–26. S. 102ff., 147ff., 216ff.; Dies., Die Dortmunder Wandschneider- und Erbsassengesellschaft. Dortmund 1920; Dies., Die Dortmunder Wandschneider-Gesellschaft. Quellen und Untersuchungen zur Gesch. d. Tuchhandels..., Dortmund 1922. H. Rothert, Das Buch der Dortmunder Juncheren Gesellschaft. DortmBeitr 11. 1902. S. 1ff.; A. Doren (wie Anm. 13) S. 95f.; P. Fiebig (wie Anm. 47) S. 70.
59) Im Untersuchungsgebiet selbst taucht »Gilde« – soweit ich sehe – erstmals 1203 in der Zusammensetzung *gildeswort* in Osnabrück als Personenname auf. Dazu unten bei Anm. 180.

(ähnlich auch in Goslar) bereits weitere, vom ortssässigen Gewerbe gebildete Gilden gab[60], so liegt doch die Vermutung nahe, daß die Bezeichnung gerade nicht im Fernhändlertum, sondern im lokal organisierten, unter Aufsicht der Ortsherrschaft stehenden Handwerk und Gewerbe tradiert worden ist[61].

Wie in Bremen 965 die Marktaufsicht selbstverständlich in der Gewalt des Erzbischofs lag, so regelte Abt Erkanbert von Corvey 1115 die Abgaben, die von den Fleischbänken und Verkaufsständen des Höxteraner Marktes an der Weserbrücke zum Nutzen der Abtei zu entrichten waren[62]. Marktaufsicht, Ortsgewerbe und Fernhändlervereinigungen müssen klar geschieden werden, wie das Gandersheimer Vogtweistum von 1188 zeigt[63]: Dort gehörte der Markt zur engeren Immunität, dessen Verwaltung die Äbtissin selbst in der Hand behielt. Unter ihrer Aufsicht nahmen neben den »mercatores« »Censualen, Litonen, Handwerker, außerdem sicherlich auch Lebensmittelhändler am Marktverkehr« teil[64].

Auf derselben Linie liegt auch die von Karl Frölich immer wieder betonte Sonderung zwischen den vom König privilegierten *mercatores* in Goslar und den dortigen, 1219 erstmals neben der Münzergilde belegten Gewerbsgilden[65]. Organisiert waren die Goslarer Handwerker sicher bereits im 11. Jahrhundert, sonst hätten sie kaum als *sutores, fabri, pistores, carnificesque* in die Kämpfe Heinrichs IV. eingreifen können[66]. Die auf den sogenannten Schuhhof als Markt[67] konzentrierten und wie die Fernhändler vom königlichen Ortsherrn geförderten Krämer, Schuhmacher, Bäcker und Fleischer, die im späteren Mittelalter zu den großen Goslarer Gilden gehörten[68], traf mit Sicherheit 1219 das Gildeverbot Friedrichs II., dem überhaupt frühesten Beleg für diese Gruppenbenennung im Untersuchungsgebiet[69].

60) Schon M. WEIDER, Das Recht der deutschen Kaufmannsgilden des Mittelalters, Breslau 1931 S. 24, geht in Auseinandersetzung mit NITZSCH und v. BELOW davon aus, daß Kaufleute- und Handwerksgilden etwa gleichzeitig seit dem Ende des 11. Jahrhunderts entstanden.

61) Vgl. dazu mit Verweis auf den Reichenau-Vortrag des Verf. jetzt K. FRIEDLAND (wie Anm. 13) S. 429.

62) WestfUB I Nr. 184. S. 142. Vgl. auch Nr. 185. S. 143 zu 1116, K. HEGEL (wie Anm. 13) S. 392.

63) G. KALLEN, Das Gandersheimer Vogtweistum von 1188. In: FS A. SCHULTE. Düsseldorf 1927. S. 149ff., das Weistum dort S. 169f. Vgl. auch H. GÖTTING (wie Anm. 30) S. 51, der eine Verlagerung des *mercatus* der Fernhändler von der Georgenkirche zum *forum* bei der Stiftskirche annimmt.

64) G. KALLEN (wie Anm. 63) S. 167.

65) K. FRÖLICH (wie Anm. 13) S. 29 u.ö. mit Hinweisen auf seine weiteren Arbeiten.

66) Carmen de bello Saxonico I, V. 198, F. J. SCHMALE (Hg.): Quellen Gesch. Heinrichs IV. Darmstadt 1968. S. 154ff.

67) K. FRÖLICH, Die Verfassungsentwicklung von Goslar im Mittelalter. ZRG GA 47. 1927. S. 287ff., hier S. 375f.; DERS. (wie Anm. 13) S. 39.

68) K. FRÖLICH, Die Ratsverfassung von Goslar im Mittelalter. HansGeschbll 21. 1915. S. 1ff., hier S. 51ff. u.ö.; A. SCHMIDT, Die Gewerbe der Stadt Goslar. Phil. Diss. (masch.) Freiburg 1922; H. ENGEMANN, Die Gilden der Stadt Goslar im 15. und 16. Jahrhundert. Goslar 1957.

69) UBGoslar I Nr. 401 S. 408ff. § 38 (eine niederdt. Übersetzung ebd. Nr. 401a S. 412ff.). Elenchus I Nr. 122 S. 190ff.; F. KEUTGEN (wie Anm. 13) S. 194f. Vgl. auch Anm. 59. Dabei ist anzumerken, daß das »Gildeverbot« aus der Tradition der königlichen Verwaltung stammen konnte, »Gilde« als Begriff deshalb

Nach dem großen Freiheitsbrief Friedrichs II. hatten in Goslar Kämpfe zwischen den *burgenses,* nach Karl Frölich »im wesentlichen... die kaufmännische Oberschicht« sowie die Münzer und Silvanen, und den *habitatores* stattgefunden, unter denen danach »vor allem die Handwerker« zu verstehen sind[70]. Mit Ausnahme der wegen ihrer Aufsichtsfunktion im Geldwesen notwendigen Münzergilde hob der König alle bestehenden Innungen und Gilden auf. Doch war das Gildeverbot nicht durchzusetzen; schon Heinrich (VII.) beschränkte es 1223 allein auf Zimmerleute und Weber, nicht ohne die Interessen der Kaufleute am Gewandschnitt ausdrücklich zu wahren: *dat nemend ane vulbord der coplude sek vormeten schal wand to snydende*[71]. Diese Formulierung setzte die Verfaßtheit der Kaufleute voraus, sie deutet gleichzeitig aber auf deren Interessen, die 1219 kaum anders gewesen sein dürften, nämlich über den Gewandschnitt zu verfügen. Trotzdem aber nahm das Gildeverbot die Kaufleute nicht aus, wie es doch im Hinblick auf die Münzer ausdrücklich formuliert hatte. So hat denn die Interpretation des Gildeverbots von 1219 in der Forschung große Mühe gemacht[72].

Faßt man unter die Gilden dagegen nur die ortssässigen Gewerbe, nicht aber die Kaufleute, so zeichnet sich vielleicht eine Lösung des Widerspruchs ab. Damit wird als These formuliert, daß in Goslar vor 1219 nicht die selbstverständlich verfaßten Fernhändler, sondern Münzerhausgenossen und Ortsgewerbe in stadtbezogenen Gemeindeformen organisiert waren, die als Gilden bezeichnet wurden. Aus dieser verfassungsrechtlichen Gliederung am Ort erwuchsen Konflikte, die zum vorübergehenden Gildeverbot für die Ortsgewerbe führten. Hinter diesem Verbot standen sicher die Fernhändler und Münzer, auf die der König setzte. Ziel dieser beiden Gruppen, vielleicht auch des Staufers war, durch eine »Zerschlagung« der Verfassungsform die politische Einflußnahme der Ortsgilden zu beschränken. Im Ergebnis aber setzte sich in Goslar die Gilde als Organisationsform innerhalb der Bürgergemeinde durch, eine Gemeindeform, die spätestens 1252 auch für die Fernhandel treibenden Gewandschneider galt.

Das Zusammenwachsen der Bürgergemeinde war gekennzeichnet von Konkurrenz und Kompromiß zwischen Ortsherrschaft und Einwohnergruppen, ebenso aber zwischen den Handel und Gewerbe tragenden Gruppen[73]: Gildemäßig organisierte Gruppen, zumal des

nicht unbedingt in Goslar heimisch sein mußte. Doch widerspricht dieser Auffassung die Art der Abfassung: der gesamte Text trägt deutlich die Handschrift der Goslarer Bürgergruppen, m. E. besonders die der fernhandelnden Kaufleute.

70) K. Frölich (wie Anm. 13) S. 32f., S. 36ff., vgl. auch Ders. (wie Anm. 68) S. 14f., Ders. (wie Anm. 67) S. 396ff.

71) UBGoslar I Nr. 430 S. 433ff., in der Bestätigung des Privilegs von 1219 wurden § 38 (und 39) weggelassen, statt dessen als § 52 angehängt: *... dat de broderschoppe de gelden gheheten sint in der stad to Goslar in den ersten stat wedder ghebracht werden, utbescheiden der tymmerlude unde der wevere kumpenye...*, vgl. auch Keutgen Nr. 152. S. 183.

72) Schon K. Frölich (wie Anm. 13) S. 37, betonte, daß 1219 die Kaufleute »gerade nicht als Gilde begegnen«. Vgl. auch G. Dilcher in diesem Band.

73) E. Maschke, Bürgerliche und adlige Welt in den deutschen Städten der Stauferzeit. In: Ders./J. Sydow (Hg.), Südwestdeutsche Städte im Zeitalter der Staufer. Sigmaringen 1980. S. 9ff.; Ders., Die deutschen Städte der Stauferzeit. In: Die Zeit der Staufer III. Stuttgart 1977. S. 59ff.

Ortsgewerbes, mußten diesen Prozeß erschweren, da ihre grund- und ortsherrschaftliche Verankerung zu ähnlichen Konflikten führen konnte, wie sie von der Rolle der Ministerialen in der Stadtgemeinde geläufig sind. So konnte ein Gildeverbot im Kern den Interessen der genossenschaftlichen Gemeinde entsprechen, die eigentlich Sondergemeinschaften mit eigenen Rechten und Pflichten nicht dulden durfte; Interesse der Stadt hieß aber im Falle Goslars konkret, daß ein solches Verbot den Zielen der Kaufleute, der Berg- und Waldleute entgegenkam[74]. Allein bei den Münzern vermochte Friedrich am Recht zum Zusammenschluß in der Gilde festzuhalten, da hier die Bindung der Genossenschaft an ihn als den königlichen Ortsherrn unabdingbar schien. Das Ideal einer Bürgergemeinde ohne Sonderverbände war jedoch nicht zu verwirklichen. Der zwischen dem König und den städtischen Führungsgruppen gefundene Kompromiß wurde hinfällig, da die Ortsgewerbe nicht bereit waren, auf ihre Korporierung zu verzichten; denn sie gab ihnen Gewicht in der Gemeinde. Wahrscheinlich ging gerade von ihnen deshalb die Forderung aus, in der Bürgergemeinde die bisherigen Berufskorporationen weiterbestehen zu lassen und mit Einverständnis der Gesamtgemeinde neue zu begründen. Deshalb – so ist zu vermuten – verlangten sie schließlich auch die Bildung einer Kaufleutegilde. Inwieweit solche Überlegungen abgesichert werden können, muß die weitere Diskussion zeigen, die auch erneut die Frage aufrollen muß, in welcher Weise Friedrich, Heinrich (VII.) und ihre Helfer in den Reichsgeschäften über eine städtepolitische Konzeption verfügten[75]. Für die Bürgergemeinde blieb die Stellung zu Königtum, Reich und Ortsherrschaft immer entscheidend. Sie war der Prüfstein des genossenschaftlichen Prinzips, das nach innen einen Kompromiß zwischen den verschiedenen Bürgergruppen verlangte. Dies bedeutete eine Angleichung in den Verfassungsformen und einen Ausgleich zwischen den Privilegien, die die Gruppen besaßen, bevor sie in die Bürgergemeinde integriert wurden. Das Goslarer Recht von 1219 läßt noch die Herkunft einzelner Privilegien erkennen.

Aus den alten Kaufmannsprivilegien erwuchsen die Rechte, die Friedrich II. 1220/36 den Dortmundern bestätigte[76]. Danach räumte er ihnen die Heimatstadt als Gerichtsstand, die Befreiung von Zweikampf, von Zoll und ungerechtfertigten Abgaben ein. Erst fünf Jahre später erfahren wir auch etwas über das Gewerbe am Ort, als der Dortmunder Graf der Stadt ein Haus am dortigen Markt überließ[77]. Gleichzeitig verkaufte er ihr gegen einen jährlichen Zins das Backhaus und seine Rechte, die er von reichswegen an den Bänken der Schuhmacher und Fleischer besaß. Deutlich lösten sich damit die Gewerbe aus der stadtherrlichen Abhängigkeit,

74) Ähnlich schon K. Hegel (wie Anm. 13) S. 400: »Vermutlich standen die Gilden den machthabenden Bürgern, den Reichen, im Wege; das waren die Wald- und Bergbesitzer.« Nach der hier vorgenommenen Interpretation wären jedoch die Kaufleute zu ergänzen.

75) Dazu ist es besonders notwendig, die verschiedenen Privilegien und Weistümer zwischen 1219 und 1235 neu zu diskutieren. Die Frage ist vorbereitet von B. Töpfer, Stellung und Aktivitäten der Bürgerschaft von Bischofsstädten während des staufisch-welfischen Thronstreits. In: Ders., Stadt und Städtebürgertum in der deutschen Geschichte des 13. Jahrhunderts. Berlin 1976. S. 13ff.

76) DortmUB I Nr. 74. S. 27ff.; K. Hegel (wie Anm. 13) II S. 361ff.

77) DortmUB I Nr. 78. S. 32f. zu 1241; F. Frensdorff (wie Anm. 48) Beilage II. S. 191f.

doch übernahmen nicht sie selbst die Bürgschaft für die Zahlung, sondern ein Mitglied des Rates. Dieser Ratsherr *qui Teutonice richteman dicitur* war »Vertreter« einer Bauerschaft, *de concivio occidentali, quod Westerburscap appellatur.* Es muß kein Zufall sein, daß bei dem Erwerb dieser Gewerberechte von einer als Gilde verfaßten Kaufleutevereinigung keine Rede ist, sondern von einer Bauerschaft. Vielmehr ist denkbar, daß sich der Rat bewußt um die Ordnung des Marktes bemühte, um bei aller personalen Identität zwischen Kaufmannschaft und Rat formal die Zuständigkeiten innerhalb der Bürgergemeinde sichtbar zu machen und gleichzeitig die Rechte der Ortsgewerbe neben denen der anderen Gruppen zu wahren. Jedenfalls sind das Zeugnis von 18 Ratsherren und die Mitbesiegelung der Burgensen deutliche Zeichen der verfaßten Bürgergemeinde, deren Führungsorgan hier Einfluß auf jenen Marktbetrieb gewann, der nicht von den älteren Kaufmannsprivilegien erfaßt worden war.

Das über die gesamte staufische Zeit dauernde Zusammenwachsen der verschiedenen Berufskorporationen zur Bürgergemeinde zeigt sich auch in Bremen. Hatte schon – parallel zur herrschaftlichen und bäuerlich-genossenschaftlichen Niederungskolonisation[78] – die von der Stadt ausgehende Erschließung der Naßböden im Umland die Gemeindebildung seit der Mitte des 12. Jahrhunderts verstärkt, so schien es geradezu signifikant, daß Erzbischof Siegfried um 1181 zugunsten der *universitas civitatis* auf die *hanse* als einer Abgabe der Kaufleute und den Schlagschatz verzichtete[79]. Doch die Verfügungsgewalt über die Rechte am Markt lag noch im 13. Jahrhundert nicht völlig bei der Stadt, sondern mußte in zähen Auseinandersetzungen erst schrittweise erworben werden. So tauschte der Bremer Rat 1238 vom Deutschen Orden *Hallen* der Knochenhauer und Abgaben der Kürschner ein[80]. Als er 1246 in den Gerhardschen Reversalen seine ohne Zustimmung des Erzbischofs beschlossene Willkür zurücknahm,

78) Die Zusammenhänge im Küstenraum bleiben hier außerhalb der Betrachtung. Schon Adam berichtet im IV. Buch (Kap. 40), daß *coniurati sodales* aus Friesland zu einer Nordmeerfahrt aufgebrochen seien; in der ersten Hälfte des 13. Jahrhunderts besteht im Groninger Raum eine *coniuratio* gegen den Bischof von Münster (MGH SS XXIII S. 516 zu 1234): deutliche Hinweise auf gildeähnliche Genossenschaften. Ein neuerer Vergleich der Entwicklung »stadtgemeindlicher« und »landesgemeindlicher« Genossenschaften steht aus, Ansätze bei W. Ehbrecht, Universitas civium. Ländliche und städtische Genossenschaftsformen im mittelalterlichen Nordseeküstenraum. In: FS H. Stoob. Köln/Wien 1984. Zur Niederungskolonisation die Beiträge von F. Petri in Historische Forschungen für W. Schlesinger 1974 und VuF XVIII. Zur weiteren Entwicklung und mit Bemerkungen zur Gildediskussion (Vitalienbrüder als Gilde) W. Ehbrecht, Hansen, Friesen und Vitalienbrüder an der Wende zum 15. Jh. In: Ders./H. Schilling, Niederlande und Nordwestdeutschland. Köln/Wien 1983. S. 61ff, bes. S. 68ff.

79) BremUB I Nr. 58 S. 66f. H. Schwarzwälder, Geschichte der Freien Hansestadt Bremen I. Bremen 1975. S. 43. Auch das Bremer Stadtrecht von 1303 legte fest, daß jeder Kaufmann über das Bürgergeld hinaus vier Schillinge *vor sine hense* geben mußte. K. A. Eckhardt, Die mittelalterlichen Rechtsquellen der Stadt Bremen. Bremen 1931. S. 62.

80) BremUB I Nr. 207 S. 241. Um die Stiftung des Ordenshauses hatten sich besonders die Corduan-Schuhmacher verdient gemacht, so daß der Deutsche Orden die Aufnahme ihrer Kranken, Armen und Alten in seinem Spital zusicherte. Vgl. auch bei Anm. 134.

erkannte er neben anderen Rechten auch die Abhängigkeit der Gewerbe vom Erzbischof an[81]. Noch 1288 befreite dieser die einheimischen Krämer von dem ihm zustehenden Pfefferzoll, wenn sie am Mariä-Geburts-Markt ihre Zelte auf dem Markt aufschlagen würden[82].

In Goslar unterstand 1290 ein *commune forum* zwar der Aufsicht des Rates[83], doch blieb der ältere Markt der ortssässigen Gewerbe am Schuhhof auch damals noch seinem Zugriff entzogen[84]. Erst 1293 konnte er dort Kaufhallen erwerben und damit die Voraussetzungen für einen städtischen Neumarkt schaffen[85]. Aber noch 1372 gab es Streitigkeiten um den sogenannten Bäckermarkt, wegen der Verkaufsstände der Fleischer sogar noch zu Beginn des 15. Jahrhunderts[86]. Ursache war immer die ältere, bereits vor dem Abschluß der Ratsbildung vom Stadtherrn geschaffene Rechtslage.

Aus der Unterscheidung zwischen den Privilegien der Kaufleute und einzelnen bis weit in das 13. Jahrhundert hinein noch in den Händen des jeweiligen Stadtherrn liegenden Gewerberechten[87] entsteht die These, daß die Kaufleute zwar ihre eigenen Privilegien in die sich zusammengliedernde Bürgergemeinde einbrachten, auf diesen aufbauend auch Einfluß in der Stadtführung gewannen, daß aber die Aufsicht über die gewerblichen Verbände, deren Mitglieder doch ebenso der Bürgergemeinde angehörten, erst schrittweise gewonnen werden mußte. Dabei liegt die Vermutung nahe, daß diese Verbände sich nicht immer freiwillig der Kontrolle des Rates unterstellten, sondern vielmehr an auch im herrschaftlichen Verband geübten genossenschaftlichen Einungen, ihren Gilden, festhielten, d. h. an lokalen Schutzgemeinschaften, die aus der Sicht des Rates und der ihn tragenden Kaufleute den Konsens der Bürgergemeinde störten. Hier bestand ein dauerndes Konfliktfeld zwischen den Kaufleutevereinigungen und den Gewerbsgilden, wenn wir in diesem Zusammenhang von den weiteren am Aufbau der Bürgergemeinde beteiligten Gruppen absehen. So verstanden, übernahmen die Fernkaufleute die Bezeichnung Gilde möglicherweise erst, als die Zusammengliederung der einzelnen Gruppen in der Bürgergemeinde so weit fortgeschritten war, daß die Bürgergemeinde selbst eine Genossenschaft bildete, in der die einzelnen Berufskorporationen im Verfassungsideal gleichwertig waren.

81) BremUB I Nr. 234 S. 269ff., bes. S. 270: *Item jus speciale, quod dominus noster archiepiscopus habet in textoribus, et denarios, quos habet in carnificibus, pistoribus et aliis officiatis et in tabernis, sicut sui juris est, de cetero sine impedimento quolibet retinebit.*

82) BremUB I Nr. 442 S. 480f. Auch die Fischer hatten an die erzbischöfliche Küche zu liefern, der Vogt nahm an den Morgensprachen der Krämer teil, K. HEGEL (wie Anm. 13) S. 470. Vgl. allgemein E. THIKÖTTER, Die Zünfte Bremens im Mittelalter. Bremen 1930.

83) GoslarUB II Nr. 412, S. 417f.

84) K. FRÖLICH (wie Anm. 13) S. 39ff.

85) DERS., Zur Vor- und Frühgeschichte von Goslar II. NiedersJb 7. 1930. S. 265ff., hier S. 315ff.

86) Ebd. S. 303 Anm. 133; S. 320.

87) Ansätze zu solchen Überlegungen bereits bei F. PHILIPPI, Handwerk und Handel im deutschen Mittelalter. MIÖG 25. 1904. S. 112ff.

Eine Entwicklung wie in Dortmund und Goslar kann ebenso in Osnabrück[88], Höxter[89] und Göttingen[90] verfolgt werden. Auch in diesen drei Städten scheinen Kaufleute- und Gewerbsgilden in der zweiten Hälfte des 13. Jahrhunderts noch relativ gleichberechtigt nebeneinander bestanden zu haben. Überall dort, wo allein eine Kaufleutegilde nachweisbar ist oder diese die Führung innerhalb der städtischen Verbände unbestritten übernommen hat, sind wir bereits im 14. Jahrhundert: so bei der *unio mercatorum veteris oppidi Lemego vulgariter dicta de koplude ghelde*, der 1322 belegten Kaufgilde der Lemgoer Altstadt, deren Vorrechte gegenüber den Neustädter Bürgern der Stadtherr sieben Jahre vorher schon zu beschneiden versuchte[91]. Interessanterweise gehören die Gewandschneider in Münster bis 1492 nicht, in Osnabrück gar nicht der seit dem 15. Jahrhundert nachweisbaren Gesamtgilde an[92].

Bestätigt sich die Vermutung, daß die Bezeichnung für die Gemeinschaftsform »Gilde« nicht im Fernhändlertum der ottonisch-sächsischen Zeit überliefert ist, sondern in der von Herrschaft geprägten Ortsverfassung, dann sind künftig folgende zwei Fragen zu beachten: In welchem Zusammenhang stehen Gilden zu den in Dortmund und Soest, aber auch in Braunschweig vorhandenen lokalen Gliederungen? Außerdem ist zu prüfen, ob Gilden allein auf die Bürgergemeinde beschränkt sind. Tatsächlich sind Gilden im 13. Jahrhundert in Westfalen auch in ländlichen Gebieten nachweisbar[93]. 1258 wandte sich der Abt von Liesborn an den Bischof von Münster mit der Frage, ob Konversen seines Klosters, die in Häusern wohnten, die vormals Laien gehört hätten, auch verpflichtet seien, am Gogericht teilzunehmen und *ad ministranda convivia que vulgo geltscap dicuntur et eisdem convivis interesse.* Bischof Otto II. als Inhaber der Gerichtsrechte und bedeutendster Grundherr des Raumes befreite diese Laienbrüder des Klosters von der Beteiligung am *convivium,* weil solche Gelage *contraria sunt religioni et ordini monastico.* Dagegen aber sollten sie auch künftig *elemosinas communes* geben, sich an Begräbnissen beteiligen, also durchaus Mitglieder der Gilde bleiben[94]. In der Nähe von Ahlen lösten 1289 die Inhaber eines Hofes, der dem Kapitel des Alten Domes in

88) Dazu unten bei Anm. 180 und F. PHILIPPI (wie Anm. 13) S. 662f.
89) P. WIGAND (wie Anm. 103).
90) Vgl. K. NITZSCH (wie Anm. 13) S. 29ff.; K. HEGEL (wie Anm. 13) S. 405ff.; A. DOREN (wie Anm. 13) S. 108ff.; G. v. d. ROPP, Die Göttinger Kaufgilde. JbGeschVGöttingen 4/5. 1911/12. (1918) S. 1ff.
91) LippReg II Nr. 680 S. 104 zu 1322; ebd. Nr. 617 S. 75f. zu 1315. Damals wird den Neustädter Bürgern auch der Markt der Altstadt eingeräumt: »*ad jus et consuetudinem* irgend eines Amts, Collegs oder einer Societät, *quod Ghelde vulgo dicitur*«; K. W. NITZSCH (wie Anm. 13) S. 18ff., jedoch mit anderen Schlußfolgerungen.
92) Vgl. unten Anm. 234.
93) J. WOLLASCH machte in einem am 10. 2. 1981 vor dem Altertumsverein in Münster gehaltenen Vortrag auf Bruderschaften aufmerksam (»Die Corveyer Bruderschaften im hohen Mittelalter«), die an die Corveyer Vituskirche gebunden, sich aber auf Haupthöfen des Klosters, u. a. in Goslar, befanden. Auch Kalande sind seit 1234 in Westfalen erstmals auf dem Lande nachweisbar, R. WILMANS (wie Anm. 97) S. 14f. Solche »Gebetsbruderschaften« müssen jedoch von den hier beachteten ländlichen Gilden unterschieden werden. Zu Corvey Ph. JAFFÉ (Hg.), Bibliotheca I S. 72, A. HÜSING, Die alten Bruderschaften in der Stadt Münster. WestfZ 61. 1903. S. 95ff., hier S. 96.
94) WestfUB III Nr. 636 S. 336 J. SOMMER (wie Anm. 21) S. 406ff.

Münster gehörte, ihren Gildedienst durch eine Abgabe an den Grundherrn[95]. Wie in Liesborn war das Gildemahl mit Grund und Boden verbunden, so daß die Verankerung in lokalen Herrschaftsbezügen naheliegt. Daß beide Belege aus geistlichen Grundherrschaften stammen, kann eine Folge der besseren Überlieferung sein. Eine genauere Musterung der für das spätere Mittelalter faßbaren Belege für Gildehäuser in Dörfern, könnte hier weitere Klärung bringen[96]. Dabei ist bereits betont worden, daß die ländlichen Gilden in Westfalen lokal auf die jeweilige Bauerschaft beschränkt waren, ja mit ihr identisch sein konnten. Dazu verwies Jakob Sommer auf Synonyma der nachmittelalterlichen Zeit wie *burskappen edder gilden, kerspels lude edder gilden*[97].

Ist Gilde aber die Bezeichnung für einen lokalen Verband, so würde sich – bei einer Bedeutungsverengung – der Gebrauch des Begriffs für ortssässige Gewerbeverbände erklären. Danach verstehen wir unter Gilde bis zum 13. Jahrhundert eine ortsbezogene Genossenschaft, die wahrscheinlich an Hausbesitz gebunden, ihre Mitglieder innerhalb eines Herrschaftsverbandes, in den Städten insbesondere die unter dem Recht der Ortsherrschaft stehenden Berufsgruppen einte. Weitere Untersuchungen müssen klären, ob von hier aus eine Brücke zu den städtischen Bauerschaften, zu den Leischaften in Münster und Osnabrück oder den Hofen in Soest führt, deren Burrichter auch über unrechte Maße urteilten[98]. Im westfälischen Dorsten jedenfalls hießen die Nachbarschaften Gilden, ihre Vorsteher Gildemeister[99], während in Münster die Leischaften die Bezeichnung Bruderschaften trugen[100]. Solche Viertelsgliederungen in Bauerschaften, Leischaften, Hofen oder Kluchten bestanden ebenso in Bocholt, Dortmund, Groningen oder Paderborn. In Braunschweig gliederte sich die Altstadt in vier, Hagen und Neustadt jeweils in drei, Altewiek und Sack jeweils in zwei Bauerschaften, in Hildesheim waren es in der Altstadt sechs, in der Neustadt drei. Ist auch das Alter dieser Gliederungen unterschiedlich, so reichten doch einige durchaus in die Zeit der Gemeindebildung (Soest, Dortmund) hinauf. In der Regel nahmen diese Verbände in der Stadtverteidigung,

95) WestfUB III Nr. 1384 S. 721. Danach bestanden die Dienste der Eigenbehörigen *in arando, messes metendo, fimum deducendo, convivando et in sectione lignorum curti in Len impendere,* J. Sommer (wie Anm. 21) S. 409.

96) Vgl. vorläufig unten bei Anm. 174ff.

97) J. Sommer (wie Anm. 21) S. 409ff., S. 415; vgl. auch R. Wilmans, Die ländlichen Schutzgilden Westfalens. ZdtKulturgesch NF 3. 1874. S. 1ff.; F. Philippi, Handwerk und Handel im deutschen Mittelalter. MIÖG 25. 1904. S. 112ff., bes. S. 121f.

98) H. G. Gengler, Deutsche Stadtrechts-Alterthümer. Erlangen 1882. S. 60f. Zur lokalen Gliederung westfälischer Städte auch Th. Ilgen in seiner Rezension zu K. Hegel (wie Anm. 13) HZ 69. 1892. S. 483ff., bes. S. 486. W. Reininghaus, Westfälische Nachbarschaften als soziale Gruppen des Gildetypus. WestfF 31. 1981. S. 124ff. Ders., Die Entstehung der Gesellengilden im Spätmittelalter. Wiesbaden 1981, Ders., Gesellenvereinigungen als Problem der Kontinuität in der deutschen Sozialgeschichte, In: II. Internationales Handwerkgeschichtliches Symposion. Veszprém 1983. S. 265ff.

99) G. Strotkötter, Das ehemalige Gildenwesen der Stadt Dorsten. Münster 1900.

100) *legio* kommt im 13. Jahrhundert auch auf dem Lande vor, R. Wilmans (wie Anm. 97) S. 15f., vgl. auch WestfUB III Exkurs zu Nr. 1149 S. 601ff. zu 1281.

in der Wasserversorgung, bei Stadtbränden, aber auch bei der Ratswahl eigene Aufgaben wahr. Bauerschaftsversammlungen und Ausschußsetzungen sind ebenso wie die Aufzeichnung der gewachsenen Stadtrechte nicht außergewöhnlich[101].

3) Zur Gilde- und Amtsverfassung

In keiner der von uns geprüften Städte reicht ein Gilde-Beleg vor die Zeit des staufisch-welfischen Thronstreits zurück. Eine schlüssige Erklärung, warum hier lange Zeit Gilde-Belege fehlen, ist bisher noch nicht vorgelegt worden. Ohne Zweifel aber hat man im 13. Jahrhundert im Nordwesten allgemein genaue Vorstellungen von den wesentlichen Elementen der Gilden besessen, da die volkssprachliche Bezeichnung sonst kaum zur Glossierung in lateinischen Urkunden getaugt hätte. Die These, daß »Gilde« im Untersuchungsraum zuvorderst verfaßte ortssässige Gewerbe bezeichnet und erst sekundär seit der Mitte des 13. Jahrhunderts auf aus Fernhändlervereinigungen entstandene Kaufleuteverbände übertragen worden ist, muß ergänzt werden durch den Hinweis, daß diese Bezeichnung keineswegs allein gebräuchlich war, sondern im ersten Hinsehen daneben »Amt« für genau diese gewerblichen Genossenschaften ebenso verbreitet war[102].

»Gilde« wurde etwa nach Goslar 1219, 1260 in Dortmund, 1276, 1280 in Höxter[103], 1293 in Braunschweig verwandt. Dabei bietet das bereits behandelte Goslarer Gilde-Verbot die beste Glossierung: danach waren weder *conjuratio nec promissio vel societas, que theotonice dicitur eninge vel gelde* erlaubt. Die weitere Diskussion mag klären, ob hier wirklich eine Unterscheidung von *conjuratio* einerseits, *promissio vel societas,* die Einung oder Gilde hieß, beabsichtigt war. Die aus der Zeit um 1400 im Rechtsbuch der Kaufleute überlieferte Übersetzung jedenfalls formuliert, *dat neyn tohopesweringe noch loffte syn schal, de to důde(sch) het eninge effte ghelde*[104]. Die am selben Ort überlieferte Übersetzung der Einschränkung dieses Gildeverbots durch Heinrich (VII.) 1223 läßt *de broderschoppe, de gelden gheheten sint* mit Ausnahme der *tymmerlude unde der wevere kumpenye* wieder zu[105]. Zimmerleute und Weber stellten also als »Kumpanien«[106] Vereinigungen dar, denen das Gilderecht ausdrücklich fehlte.

101) Vgl. allgemein J. SCHULTZE, Die Stadtviertel. Ein städtegeschichtliches Problem. BlldtLg 92. 1956. S. 18ff.; B. E. SIEBS, Weltbild, symbolische Zahl und Verfassung. Aalen 1969.

102) M. PIEPER-LIPPE, Die alten Bezeichnungen der westfälischen Zünfte und ihrer Mitglieder. NiederdtWort 3. 1963. S. 47ff.

103) WestfUB IV Nr. 1419 S. 681 zu 1276 (Schneider); Nr. 1599 S. 759 zu 1280 (Grob- und Kleinschmiede); vgl. auch Nr. 1587 S. 758 zu 1280 (Kürschner), generell P. WIGAND, Denkwürdige Beiträge für Geschichte und Rechtsalterthümer aus westphälischen Quellen. Leipzig 1858, hier bes. S. 135ff.

104) Wie Anm. 69.

105) Wie Anm. 71.

106) Auch dieser Begriff muß im Begriffsfeld von Gilde mitdiskutiert werden: In Bremen war 1365 die *Grande Kumpanie* Träger des Protestes gegen den Rat, H. SCHWARZWÄLDER, »Bannerlauf« und »Verrat« in

Die Identifikation von Gilde mit Bruderschaft war durchgängig. Wie schon 1260 die Dortmunder Sechsgilden als *fraternitates* bezeichnet wurden[107], hieß auch die Höxteraner Schneidergilde 1276 *fraternitas que vulgari nomine gelde nuncupatur*[108]. Eben solche Zeugnisse lassen sich hier für die Schmiedegilde 1280[109] und für die Großgilde der Kaufleute 1327[110] beibringen. Bei diesen und ähnlichen Belegen ist noch allgemein davon auszugehen, daß die so bezeichneten Gruppen gleichermaßen gemeinsam religiöse[111] und wirtschaftliche Ziele verfolgten[112]. Während im Mittelalter Bezeichnungen wie Gewerk und Handwerk in Westfalen und Niedersachsen nur vereinzelt (Braunschweig) benutzt wurden, war der im mitteldeutschen Raum vorherrschende Begriff »Innung« auch über Braunschweig und Goslar hinaus gebräuchlich; so etwa in Hameln[113], im 14. Jahrhundert in Minden[114]. Mit der 1327 im Paderborner Stadtrecht erlaubten *bureninghe*[115] dürfte jedoch keine Berufsgruppe gemeint gewesen sein, sondern allgemein die Möglichkeit zu lokalen innerstädtischen Einungen. Überhaupt ist im Einzelfall zu prüfen, inwieweit eine Austauschbarkeit der verschiedenen Gruppenbenennungen möglich ist[116]. Unter den Bezeichnungen für Berufsgruppen fehlt bekanntlich bis zur Mitte des 15. Jahrhunderts »Zunft« völlig, dann erst taucht die Benennung etwa in den Soester Willküren auf, wonach die dortigen Bäcker weder *zunfft* noch *bruderschoff* hatten[117].

Bremen 1365–1366. BremJb 53. 1975. S. 43ff. In Lüneburg bildeten die Gewandschneider als einziges Gewerbe kein Amt, sondern eine *selschop*, deren Mitglieder Kumpane waren, K. HEGEL (wie Anm. 13) S. 428f. Zu »Gesellschaft« in Westfalen M. PIEPER-LIPPE (wie Anm. 102) S. 56f.

107) Wie Anm. 98. Vgl. allgemein für Westfalen M. PIEPER-LIPPE (wie Anm. 102) S. 53ff.

108) Wie Anm. 103.

109) Wie Anm. 103.

110) P. WIGAND (wie Anm. 103) S. 137f. Der Rat bestätigte unter *consilio veterum consulem et prudentium... mercatorum nostre civitatis majorem fraternitatem, que Thetunice ›grote ghilde‹ dicitur* und legte die Eintrittsleistungen fest, ohne auf den Inhalt der Gewerberechte einzugehen. Jedoch räumte er im selben Privileg ein: *Si quis vero minorem ghildam acquirere voluerit, ut quod liceat sibi emere lineum pannum et cineres in foro...* Das Recht der Großgilde bestand im Gewandschnitt.

111) Auf eine Behandlung der Gildenpatrone und der Altarstiftungen wurde ebenso verzichtet wie auf eine klare Abgrenzung gegenüber religiösen Bruderschaften.

112) Vgl. etwa zu Höxter Anm. 131, Lemgo 1315 (wie Anm. 91).

113) F. KEUTGEN (wie Anm. 13) S. 212ff.

114) M. KRIEG, Das Mindener Stadtbuch von 1318. Münster 1931. S. 125 um 1370. Allgemein M. PIEPER-LIPPE (wie Anm. 102) S. 57ff.

115) Th. ILGEN (wie Anm. 98) S. 487.

116) Im Bündnis der sächsischen Städte von 1429 wird bei Aufruhr unter Beteiligung von Gildebrüdern beschlossen, sie aus der Berufskorporation auszuschließen, *also dat se von ores werkes wegen neyne gilde in unsin steden mer besitten noch hebben scholden, ydoch dat de inninghe ... nicht schal vorstoret syn,* UB Göttingen II Nr. 134. S. 87ff.

117) M. PIEPER-LIPPE (wie Anm. 102) S. 48 Anm. 5. 1545 wird bei der Bestätigung des Warburger Schuhmacheramtes Zunft gleichbedeutend neben Gilde und Amt gebraucht, ebd.

Fragen wir nach dem Inhalt des Gilderechts, so ist die Formulierung des schon einleitend in den Zusammenhang der Braunschweiger Territorial- und Stadtkrise gestellten Privilegs für die Lakenmacher der dortigen Neustadt von 1293 charakteristisch: diesen wurde gestattet *ut gaudeant et fruantur sine impedimento quolibet eo jure quod ghilden dicitur in vulgari*[118]. Das Recht sollte dem der Lakenmacher im Hagen entsprechen, in deren Privilegien der Gildebegriff aber fehlte: Ausführlich nennt die 1268 den Hagener Lakenmachern erteilte landesherrliche Urkunde die früheren Privilegiengeber, die das einst von Heinrich dem Löwen gewährte Recht bestätigt haben, so daß an ihrer Verfaßtheit seit dieser Zeit kein Zweifel besteht: *omnes habitantes in Indagine ... qui solent pannum laneum preparare* durften danach den Gewandschnitt in ihren Häusern ausüben und Tuche auf dem Markt oder, wo es sonst nützlich sein könnte, verkaufen. Ihrem Amt *(officium)* standen zwei Meister vor, die über interne Streitfälle urteilten; eine Berufung an den herzoglichen Richter war möglich, wenn innerhalb des Amtes keine Einigung zu erzielen war. Die Privilegierung der Lakenmacher bedeutete eine zusätzlich gewährte Gnade, die über die vom Gründer dem Hagen allgemein verliehenen *jura burgimundii et libertates* hinausging[119]. Danach waren zwar die Hagener Lakenmacher als Berufskorporation seit dem 12. Jahrhundert gildemäßig organisiert, die Benennung ihres Rechtes als »Gilde« geschah aber erst bei der Übertragung an die gleiche Berufsgruppe in einem anderen Stadtteil zu Ende des 13. Jahrhunderts.

Auch für die übrigen Braunschweiger Berufskorporationen fehlt vorher die Bezeichnung Gilde. Im Einzelfall ging deren Entstehung wahrscheinlich auch auf die Zeit des Löwen zurück. Spätestens hatte jedoch Otto IV. weitere Berufsgruppen mit Privilegien ausgestattet. Statuten des 14. Jahrhunderts, insbesondere das Stadtrecht von 1401, legten fest: *De inninge schal stan, alze to keyser otten tiden*[120]. Entsprechend beinhaltete das Stadtrecht Ottos des Kindes 1227 (?) bereits einen klaren Zunftzwang: *Neman ne mach sich nenere ininge noch werkes vnderwinden,* es sei denn mit Erlaubnis der Meister oder der *werke*[121]. Während hier wie hinter den späteren Texten noch der Stadtherr[122] stand, verliehen schon 1231 Vogt und Rat gemeinsam den Goldschmieden der Altstadt das *magisterium operis sui*[123]. Ein allgemeines

118) Wie Anm. 3.

119) BraunschwUB I Nr. 7 S. 14. Vgl. ebd. Nr. 1 S. 1f. Zweifel an der Privilegierung durch Heinrich den Löwen äußert F. Keutgen (wie Anm. 13) S. 197, vgl. B. Diestelkamp, Die Städteprivilegien Herzog Ottos des Kindes ... Hildesheim 1961. S. 25ff. Allgemein F. Timme, Die wirtschafts- und verfassungsgeschichtlichen Anfänge der Stadt Braunschweig. Phil.Diss. Kiel 1931.

120) BraunschwUB I Nr. 61 S. 101ff., hier Abschnitt 22 S. 117f., so auch in einer Urkundensammlung des 14. Jhs., Hagemann/Spangenberg, Prakt. Erörterungen... IX. S. 564.

121) BraunschwUB I Nr. 2 S. 3ff., hier S. 7 Z. 55.

122) Deutlich zeichnet sich eine wirtschaftliche Förderung durch die welfischen Koalitionspartner ab: Waldemer von Dänemark verlieh 1228 Zollfreiheit und Schutz vor Strandrecht, HansUB I Nr. 226 S. 71; Heinrich III. von England 1230 Sicherheit für Personen und Waren, ebd. Nr. 237 S. 80.

123) BraunschwUB I Nr. 3 S. 7f. Für diesen Zusammenhang nicht zu verwenden ist W. Spiess, Die Goldschmiede, Gerber und Schuster. Meisterverzeichnisse und Gildefamilien. Braunschweig 1958.

Verkaufsrecht – wahrscheinlich für selbstgefertigtes Tuch, um den Ansprüchen der Altstädter Gewandschneider zu begegnen – *quandam gratiam vendendi que vulgariter dicitur inninge* erhielt 1240 die Alte Wik vom herzoglichen Vogt[124], wie ja auch der jeweilige Stadtherr die Lakenmacher des Hagens 1268, der Neustadt 1293 und den Schmieden ihr Recht bestätigte.

Daß die in Braunschweig tatsächlich am Ende des 13. Jahrhunderts neu auftauchende Bezeichnung Gilde damit keineswegs selbstverständlich für alle Berufskorporationen wurde, zeigt das im selben Zusammenhang der Schicht der Gildemeister den Schmieden verliehene Privileg, das – der Lakenmacher Urkunde weitgehend gleichlautend – den *burgensibus ... in fabrili officio fungentibus seu fucturis* gewährte, *ut gaudeant et fruantur eo jure in omnibus*, jedoch ohne Nennung der Gilde[125]. Das Schmiedeamt war danach übrigens nicht an bestimmte Weichbildgrenzen gebunden und vereinte in sich wohl noch alle Metallgewerbe, doch dürften unter ihnen bereits die Messing verarbeitenden Neustädter Beckenwerker den meisten Einfluß besessen haben[126]. Da es sich bei dieser Urkunde für die Braunschweiger Schmiede 1293 ebenso wie bei der für die Lakenmacher des Hagens 1268[127] um eine Bestätigung eines Rechtes *quod habuerunt a nostris genitoribus ex antiquo* handelte[128], also nicht um eine Erstverleihung wie bei den Neustädter Lakenmachern[129], wird der Sprachgebrauch in Braunschweig deutlich. Für die älteren verfaßten Berufskorporationen war und blieb auch vorläufig die Bezeichnung Gilde unüblich, erst für die neue Korporation wurde sie verwandt. Der Inhalt des jetzt mit Gilde umschriebenen Rechtes wurde dagegen allein durch den Bezug auf die älteren Verbände bestimmt. Aber auch für diese wurde im weiteren Spätmittelalter die Bezeichnung Gilde allgemein gebräuchlich, wie die Bestätigung für die Schuhmacher und Lohgerber 1309 zeigte[130]. Diese im Vergleich zu Goslar, Dortmund und Höxter[131] späte Aneignung des Begriffs in Braunschweig kann sicher nur unzureichend erklärt werden, wenn auf den unterschiedlichen Verlauf der Städtebildung, d. h. auf die unterschiedlichen Altersstufen des topographischen und verfassungsrechtlichen Wachstums verwiesen wird. Eindeutig ist jedoch

124) BraunschwUB I Nr. 4 S. 9f. Die besondere Art des Verkaufs bezog sich auf das öffentliche Anbieten, K. Hegel (wie Anm. 13) S. 417f. 1245 verlieh dann Otto d. K. den Lakenmachern der Alten Wik das Innungsrecht, das dem der Altstädter entsprechen sollte, BraunschwUB I Nr. 5 S. 10, vgl. B. Vollmer, Die Wollweberei und der Gewandschnitt in der Stadt Braunschweig bis zum Jahre 1671. Wolfenbüttel 1913.

125) Wie Anm. 4.

126) G. Bergholz, Die Beckenwerkergilde zu Braunschweig. Braunschweig 1954.

127) BraunschwUB I Nr. 7 S. 14.

128) Wie Anm. 4.

129) Wie Anm. 3. Vgl. auch BraunschwUB I Nr. 19. S. 26 die wortgleiche Bestätigung von 1305.

130) Wie Anm. 24.

131) Wie Anm. 103. Die Höxteraner Texte zeigen, wie wenig aussagekräftig der einzelne Beleg für den Inhalt des Gilderechts sein kann: Für Schneider und Schmiede wurden nur Eintrittsgeld und Wachsstiftung geregelt, jedoch keine Hinweise auf die Gewerbeausübung gegeben. Anders die Kürschner-Gilde: Verkauf, Kauf und Arbeit sind ausdrücklich allein der Gilde vorbehalten. Vgl. auch Anm. 100.

die Tendenz, erst relativ spät, d. h. bei Streitigkeiten um die gewerberechtlichen Bestimmungen innerhalb der Bürgergemeinde, das Gilderecht zu präzisieren.

Gegen die Vermutung, daß der Gebrauch der Bezeichnung Gilde an Orten mit längerer oder intensiverer vor- und frühstädtischer Entwicklung als in Braunschweig wahrscheinlicher sei, spricht die Verwendung des Begriffs in Bremen, wo wie in den kernhansischen Städten im späteren Mittelalter [132)] fast ausnahmslos die Bezeichnung *officium* für Zünfte vorkommt, wenn überhaupt eine typisierende Gruppenbenennung verwandt wurde [133)]. Insofern, als einzelne Berufsgruppen Empfänger von Privilegien waren wie die Corduan-Schuhmacher 1240 [134)], müssen diese als verfaßte Gemeinschaften gelten. Nur mit einer ausgebildeten Organisation konnten die 1250 durch Vogt, Rat und Bürgergemeinde privilegierten Wasser-Müller den Schutz des Weserufers bei Hochwasser und Eisgang wahrnehmen [135)]. Nachdem 1246 allgemein *officiata* genannt wurden, an denen der erzbischöfliche Stadtherr noch Rechte besaß und unter die neben anderen die Weber, Fleischer und Bäcker zählten [136)], fehlt die Bezeichnung Amt wieder in dem vom Rat den Gewandschneidern [137)] und vom Erzbischof den Krämern 1288 [138)] verliehenen Privileg. Allein als der Rat 1274 einer Gruppe von Schuhmachern die Errichtung einer Bruderschaft *(fraternitas)* gestattete, wurde wieder das *officium* benannt, ohne daß der unvollständige Text damit eine inhaltliche Unterscheidung von Amt und Bruderschaft zuließe [139)]. Mit den 1300 vom Rat erteilten Zunftbriefen der Riemenschneider [140)] und Schuhmacher [141)] wird die Bezeichnung Amt dann allgemein auch in den Urkunden üblich. Fehlt bis dahin in Bremen der Begriff Gilde ähnlich wie in Braunschweig völlig, so war doch bei den Schuhmachern nach ihrem Zunftbrief das *convivium, quod giltschap dicitur* selbstverständlich.

Hinter den unterschiedlichen Privilegiengebern verbirgt sich das Ringen von Stadtherr und Rat um die Amtsverfassung. Standen einzelne ortssässige Gewerbe 1246 (wieder) [142)] deutlich in der Abhängigkeit des Erzbischofs, so war zu Ausgang des Jahrhunderts an der Aufsicht des Rates über diese Ämter kein Zweifel. In der zweiten Hälfte des 14. Jahrhunderts beschrieb man die Einrichtung der Amtsverfassung folgendermaßen: Da bis in die Zeit des Erzbischofs Hildebold (1258–1273) die Ämter keine eigenen Gerichte besessen hätten, mußte der Rat

132) Zu Lüneburg etwa K. HEGEL (wie Anm. 13) S. 428f.
133) Grundsätzlich E. THIKÖTTER, Die Zünfte Bremens im Mittelalter. Bremen 1930.
134) BremUB I Nr. 215 S. 249.
135) Ebd. Nr. 246 S. 284f.
136) Wie Anm. 81.
137) BremUB I Nr. 314 S. 353f.
138) Ebd. Nr. 442 S. 480f.
139) BremUB I Nr. 363 S. 402. Wenn Mitglieder der Bruderschaft Betrügereien begehen, sollen sie aus dem Amt ausgeschlossen sein.
140) BremUB I Nr. 540 S. 370f.
141) BremUB I Nr. 541 S. 571ff.
142) Wie Anm. 81.

vielmals Streitereien schlichten[143]. Offensichtlich hatte der Rat wie schon vor 1246 in die ortsherrlichen Rechte eingegriffen und die Gerichtsbarkeit innerhalb der Ämter wahrgenommen. Deshalb – so fährt die Stadtchronik fort – hätten die Ämter den Rat gebeten, daß er ihnen – Treue und Gehorsam dem Rat gegenüber vorausgesetzt – Morgensprache und Gerichtsbarkeit zugestehe. Dieser Einschub in die Bremer Chronik von Rinesberch und Schene will daran erinnern, daß die Amtsgerechtsame durch den Rat verliehen worden waren, ein Hinweis, der angesichts der innerstädtischen Auseinandersetzungen in den Hansestädten zwischen 1365 und 1385 durchaus vonnöten schien[144]. Für das 13. Jahrhundert ist dagegen wahrscheinlicher, daß die Ämter gerade eine solche Einflußnahme auf ihre schon länger bestehende Amtsverfassung durch den Rat verhindern wollten und deshalb ihre Rechte bestätigen ließen.

In Westfalen, wo sich – von Goslar als einem möglichen Sonderfall[145] abgesehen – die Gildebelege im 13. Jahrhundert häufen, fehlt die später auch hier durchaus übliche Bezeichnung Amt für Berufskorporationen lange. In Osnabrück erscheint sie erstmals im 14. Jahrhundert[146]. Damit zeichnet sich eine räumliche Trennung der Begriffe Gilde und Amt ab, die für unser Untersuchungsgebiet durch die Linie Osnabrück–Minden–Goslar gekennzeichnet ist. Erst mit Ausgang des 13. Jahrhunderts begann, wie das Braunschweiger Beispiel zeigt, ein Austausch der Bezeichnungen[147]. Ob daraus auf eine völlige Bedeutungsgleichheit geschlossen werden kann, muß dagegen bezweifelt werden. Man wird nämlich sonst kaum erklären können, daß der Bischof von Münster in seiner Stadt, in der Gilden 1354 seit langem bestanden[148], diese

143) ChrondtStädte 37: Bremen. S. 92f. zu etwa 1273. Die stadtherrliche Seite kommt dagegen in dem angeblichen Vertrag zwischen Hildebold und dem Rat von 1259 zum Ausdruck, die konsequent anstelle der Wahrnehmung öffentlicher Aufgaben durch den Rat die Rechte des Vogtes einsetzt, ein deutlicher Hinweis auf das Ringen um die Gewalt in Bremen, BremUB I Nr. 299 S. 337ff.

144) Der Zusammenhang ergibt sich durch die neuerliche Erwähnung zu 1366, als nach Bannerlauf und Verrat auch die Setzung von Morgensprachsherren begründet werden muß, ebd. S. 148 und 154, vgl. K. Hegel (wie Anm. 13) S. 473f., dann H. Schwarzwälder (wie Anm. 106). Tatsächlich sind Morgensprachsherren beim Krameramt als *withern* bereits 1339 belegt, BremUB II Nr. 451 S. 451ff.

145) Vgl. Anm. 69.

146) M. Pieper-Lippe (wie Anm. 102) S. 52. »Der Schritt, das Wort Amt auf die Handwerksgenossenschaften zu übertragen, geschieht im 14. Jahrhundert schon in Osnabrück, das ja eine Zwischenstellung zwischen dem westfälischen und niedersächsischen Kulturraum einnimmt... Seit dem 16. Jahrhundert wird die Benennung Amt gegenüber Gilde in Westfalen durchweg bevorzugt.« Dies., Zur Geschichte des westfälischen Handwerks. Westfalen 40. 1962. S. 76ff.

147) Entsprechend besitzt das Lüneburger Krameramt 1350 ein Gildebuch, das neben allgemeinen Vorschriften auch über das *convivium* berichtet, K. Hegel (wie Anm. 13) S. 430f. In Bremen, wo bereits 1300 das Gildemahl belegt ist (wie Anm. 141), besitzen die Goldschmiede 1392 *eine gilde und ein ammet in ehrem wercke,* BremUB IV Nr. 149. S. 193. Vgl. auch bei Anm. 185 zu 1322.

148) Für Münster grundlegend R. Krumbholtz, Die Gewerbe der Stadt Münster bis zum Jahre 1661, Leipzig 1898: 1354 sichern Bürgermeister und Schöffen *mit raide anderer guder lude* zu, *dat eine juwelike gilde sall bi eren olden rechte bliven,* Nr. 1 S. 3; über Rechte und Gewohnheiten gibt das in der Mitte des 15. Jahrhunderts angelegte »Rote Buch« Auskunft, Niesert Urkundenslg. III. 18 S. 237ff.

zwar 1536 wegen ihrer Beteiligung an den Täuferunruhen aufhob, sie aber 1553 als Ämter wieder zuließ[149]. Danach scheint in der Bezeichnung Gilde doch ein größeres Maß an Autonomie anzuklingen[150].

Wie beim Kaufmannsrecht in Dortmund oder Goslar sind auch die Rechte der Gewerbsgilden oder Ämter erst spät in differenzierter Form aufgezeichnet worden. Von solchen Zunftordnungen oder -rollen[151] ist aus dem 13. Jahrhundert nur die der Goslarer Krämer (1281) überliefert[152]. Dann folgen die Briefe der Bremer Riemenschneider und Schuhmacher[153]. Dabei war die Aufzeichnung eines seit langem gewohnten Rechtes nicht selten Gegenstand innerstädtischer Auseinandersetzungen wie wahrscheinlich schon in der Braunschweiger Schicht 1292–94. Allgemein dürfte bereits im 13. Jahrhundert Voraussetzung für die Aufnahme freie und eheliche Geburt gewesen sein. So untersagte die Rolle der Bremer Schuhmacher von 1300, Kinder von Leinewebern, Kübelträgern oder -trägerinnen zu Lehrlingen anzunehmen[154]. Immer wieder taucht daneben das Verbot auf, Pfaffenkinder zuzulassen[155]. Selbstverständlich scheint m. E. gewesen zu sein, daß die Mitglieder auch Bürger waren, wie das Braunschweiger Stadtrecht festlegt (§ 202)[156]. Da, wo wie in Goslar auch von auswärtigen Handwerkern die Rede ist, die die Gilde erwerben wollen[157], ist wohl weniger an fremde Gewerbetreibende als an Neubürger gedacht. Allgemein wird man mit einer zunehmenden Tendenz zur Abschließung rechnen müssen.

Mitglieder von Gilden und Ämtern waren »Brüder«, daneben war die Bezeichnung »Genosse« geläufig, weniger dagegen »Geselle«[158]. Nur ein Beleg läßt sich für das 13. Jahrhun-

149) R. KRUMBHOLTZ (wie Anm. 148) Nr. 4ff., S. 58ff. Vgl. auch K. HEGEL (wie Anm. 13) S. 381, F. BISCHOF (wie Anm. 21) S. 18ff., M. PIEPER-LIPPE (wie Anm. 102) S. 53.

150) K. HEGEL (wie Anm. 13) S. 406f. hält für Göttingen fest, daß es fünf Gilden gab (Kaufleute, Schuhmacher, Bäcker, Wollenwever, Leineweber), andere Handwerke hießen Innungen. Wer weder Gilde- noch Innungsrecht besaß, gehörte zur Meinheit. In Hildesheim gelten die Ämter als vom Bischof, die Gilden dagegen vom Rat privilegiert, B. SCHWARZ, Der »Pfennigstreit« in Hildesheim 1343. Hildesheim 1978. S. 32ff.

151) F. FRENSDORFF (wie Anm. 21) S. 13ff.

152) UBGoslar II Nr. 282 S. 306ff.

153) Wie Anm. 140f.

154) BremUB I Nr. 541 S. 572; F. FRENSDORFF (wie Anm. 21) S. 35f.

155) Zu Braunschweig K. HEGEL (wie Anm. 13) S. 423f.

156) BraunschwUB I Nr. 61. S. 101ff., hier S. 117 (S. 202).

157) Anders A. DOREN (wie Anm. 13) S. 97. In Osnabrück ist den *gildebroder(n)* der Schuhmacher 1499 verboten, aus dem Umland Gesellen *(knechte)* anzunehmen; F. PHILIPPI, Die ältesten Osnabrückischen Gildeurkunden (bis 1500). Osnabrück 1890. Nr. 63 S. 77, KEUTGEN Nr. 311 S. 414f. In Lübeck wird 1477 anläßlich der Aufnahme eines Norwegers ins Schmiedeamt (er hatte nach seiner Lehrzeit die Witwe eines Meisters geheiratet) ausdrücklich das Verbot erneuert, daß künftig *nemant van dessen amptes broderen nemande tosetten dat ampt to lerende noch holden van den undudeschen, noch van allen andern nacien, de en sin denne werdich ampte unde gilde mede to besittende* … KEUTGEN Nr. 300 S. 398f.

158) M. PIEPER-LIPPE (wie Anm. 102) S. 59ff.

dert beibringen, der die Mitgliedschaft von Frauen in Gilden oder Ämtern beweist[159]. Auch für die spätere Zeit sind die Hinweise nur spärlich; denn die vereinzelt genannten *gildesüsteren, amptfrowen, amptsöhnen* und *amptkindern* bedeuten erst einmal die Bindung der Familie an die jeweilige Zunft[160]. Wenn aber die Bremer Krämerordnung von 1339 festlegt: *Queme ein amptkint in de morgensprake unde begerede ein amptman ofte ein amptfrowe to werden,* so zeigt dies einerseits die Bevorzugung vor Außenstehenden, andererseits, daß offensichtlich auch Amtsfrauen der Gilde angehörten[161]. In Osnabrück werden 1474 die Rechte der verwitweten Meisterfrauen im Schuhmacheramt festgelegt[162]. Im 15. Jahrhundert berichtet der Hildesheimer Bürgermeister Henning Brandis, daß seine Frau im Knochenhaueramt, aber auch in die Wollenwebergilde eingeschworen war, in die er selbst später eintrat[163]. Die Selbstverständlichkeit, mit der hier die Möglichkeit zur Doppelmitgliedschaft vorausgesetzt wird, mag eine Ausnahme sein. Doch ist sie ebensowenig wie die Aufnahme von Frauen auch für die frühere Zeit auszuschließen. Schließlich gilt anzumerken, daß eigene Gesellen-Bruderschaften im Nordwesten später anzusetzen sind[164] als etwa im Oberrheingebiet. Die Gesellen gehörten hier mit zur Gilde, wenn auch die Möglichkeit zur Mitwirkung sicher hinter dem Einfluß der Meister zurückblieb[165].

Von den bereits einleitend vorgestellten Zeichen der Verfaßtheit wie Eid, Fest, Banner und Waffen abgesehen, sind neben der Regelung der Mitgliedschaft für die jeweilige Korporation die Ausbildung eigener Organe und das Bestehen eines eigenen Versammlungsortes wichtig. Wie in Braunschweig, so heißen im späteren Mittelalter die Vorsteher der Gilden allgemein

159) Das früheste Zeugnis ist ein Artikel des Goslarer Krämerrechtes (wie Anm. 152) S. 307: *Swar ok twu vruwen van user kumpanie under einander sich schelden...* (ebd. auch weitere Hinweise). In der Göttinger Bäckergilde sind 1316 die Gilderechte einzelner Personen erloschen: unter ihnen eine Frau, ein Ritter und ein Truchseß, die wohl kaum das Handwerk ausgeübt haben dürften, GöttingerUB Nr. 81 S. 63ff. Vgl. jetzt M. WENSKY, Die Stellung der Frau in der stadtkölnischen Wirtschaft im Spätmittelalter. Köln–Wien 1980; K. WESOLY, Der weibliche Bevölkerungsanteil in spätmittelalterlichen und frühneuzeitlichen Städten und die Betätigung von Frauen im zünftigen Handwerk (insbesondere am Mittel- und Oberrhein). ZGOrhein 128. 1980. S. 69ff.; E. ENNEN, Die Frau in der mittelalterlichen Stadtgesellschaft Mitteleuropas. HansGeschbll. 98. 1980. S. 1ff.; B. HÄNDLER–LACHMANN, Die Berufstätigkeit der Frau in den deutschen Städten des Spätmittelalters. HessJbLg 30. 1980. S. 131ff., außerdem eine Reihe von Studien von E. UITZ.

160) F. FRENSDORFF (wie Anm. 21) S. 28f.

161) BremUB II Nr. 540. S. 452. Zu Braunschweig K. HEGEL (wie Anm. 13) S. 423. Allgemein F. FRENSDORFF (wie Anm. 21) S. 17ff.

162) F. PHILIPPI (wie Anm. 157) Nr. 44 S. 52f., KEUTGEN Nr. 302 S. 399f.

163) F. FRENSDORFF (wie Anm. 21) S. 32.

164) In Osnabrück bitten etwa die Schuhmachergesellen erst um 1500 die Gildemeister und Meister des Amtes um eine eigene Bruderschaft, F. PHILIPPI (wie Anm. 157) Nr. 65 S. 79f.; KEUTGEN Nr. 312. S. 415f. Zu Dortmund Anm. 185, vgl. aber auch Anm. 238.

165) Grundsätzlich G. SCHANZ, Zur Geschichte der deutschen Gesellen-Verbände im Mittelalter, Leipzig 1876; jetzt vor allem K. SCHULZ mit einzelnen Hinweisen im Rahmen des Reichenau-Kolloquiums, ebenso R. SPRANDEL und K. SCHULZ in A. HAVERKAMP (Hg.), Haus und Familie... In: Städteforschung A 18. Köln/Wien 1984. Vgl. auch W. REININGHAUS (wie Anm. 98).

Gildemeister bzw. Amtsmeister oder Oldermann[166]. In Soest erinnert das Amt des »Richtmann« 1260 an die Gerichtsbarkeit in den dortigen Bruderschaften, unter denen nach bisheriger Auffassung die Soester Berufskorporationen zu verstehen sind[167]. In Goslar ist noch zu Ende des 13. Jahrhunderts zu erkennen, daß die unterschiedliche Herkunft und Entstehung der im Rat vertretenen Gilden auch zu einer unterschiedlichen Gildeverfassung geführt hatte. So besaßen die Kaufleute, Münzer, Montani und Silvani jeweils einen sechsköpfigen Vorstand (Sechsmannen), während die übrigen Ratsgilden später nur bis zu vier Vorsteher kannten[168].

Regelmäßige Versammlungen der Berufskorporationen unter Vorsitz des jeweiligen Amts- oder Gildemeisters waren üblich. Diese wie in Bremen oder Goslar (1281) allgemein Morgensprache genannten Treffen konnten in Hildesheim von der Kramergilde auch *to vespertiit ider to vigiliientiit* gehalten werden[169]. Auf ihnen ging es offensichtlich häufig unruhig zu, so untersagte der Amtsbrief der Bremer Schuhmacher 1300 ausdrücklich Beschimpfungen der Schuhmachermeister bei dem *colloquium quod morgensprake dicitur*[170]. Für den Rat war es dabei wichtig, zu verhindern, daß auf diesen Versammlungen etwas verhandelt wurde, *dat der stad edder deme lande unevene kumpt*[171]. Die Einsetzung von Morgensprachsherren, die Einschwörung der Gildemeister auf den Rat sind dabei die umstrittenen Mittel[172]. »Morgensprache« hieß in Köln im 14. Jahrhundert auch die Versammlung der Bürgergemeinde[173], so daß die Bezeichnung keineswegs auf den kernhansischen und niedersächsischen Raum beschränkt war. Daraus wird man jedoch kaum schließen können, daß in Köln diese Einrichtung der Handwerkerkorporationen in die Stadtverfassung übertragen wurde. Schließlich liegen die Belege erheblich vor den verfassungsändernden Maßnahmen am Ausgang des 14. Jahrhunderts. Zu verfolgen wäre dagegen auch hier der Gedanke, ob Handwerksversammlung und Gemeindeversammlung eine gemeinsame Wurzel haben, nämlich die lokal bezogene herrschaftliche Organisation in frühstädtischer Zeit.

166) M. Pieper-Lippe (wie 102) S. 62ff. Richtmann kommt außer in Soest auch sonst in Westfalen vor, häufig auch Dechen, vereinzelt Vorgänger und Scheppener.

167) K. Ader, Geschichte der Ämter und Gemeinheit der Stadt Soest. Phil. Diss. Münster 1914.

168) K. Frölich (wie Anm. 68) S. 34.

169) F. Frensdorff (wie Anm. 21) S. 10.

170) Wie Anm. 141.

171) F. Frensdorff (wie Anm. 21) S. 11 zu Braunschweig, 1401. (BraunschwUB I Nr. 61, hier S. 117. § 196).

172) W. Ehbrecht, Bürgertum und Obrigkeit in den hansischen Städten des Spätmittelalters. In: W. Rausch (Hg.), Die Stadt am Ausgang des Mittelalters. Linz 1974. S. 275ff., bes. S. 280. Vgl. oben bei Anm. 144. Als in Münster die alten Rechte der Gilden 1354 niedergelegt werden, heißt es, daß jeder gewählte Gildemeister innerhalb einer Woche vor Bürgermeister und Schöffen schwören müsse, *dat se nine sate setten, sunderlingz se en doen dat na raide der borgemestere und der schepen.* Der Rat griff auch bei Streitfällen und Klagen vor Gericht ein, Krumbholtz (wie Anm. 148) Nr. 1 S. 3, Keutgen Nr. 295 S. 396.

173) K. Frölich (wie Anm. 13) S. 44. Ob daraus nun auf mehr personale oder lokale Organisationsvorbilder geschlossen werden kann, wage ich nicht zu beurteilen.

Bei den Gildehäusern wird man je nach der vorherrschenden Funktion zwischen zwei Typen unterscheiden müssen. Einmal konnte es sich um Kaufhäuser handeln wie die Gewandhäuser in den einzelnen Braunschweiger Weichbilden oder die dortigen Kleider- und Kürschnerhöfe. Für die hier zu behandelnden Probleme sind aber jene Gildehäuser wichtiger, die in lateinischen Quellen als *theatrum* oder *gymnasium* gekennzeichnet werden und damit bereits auf den gemeinschaftsfördernden Charakter verweisen[174)]. Ein solches *theatrum* gab es 1241 und 1303 in Warburg, für 1249 ist ein *gymnasium* in Brakel belegt. In Hamm trug der Bürgermeister Detmar den Zusatz *retro gymnasium* (1338), später *achter dem gildehus*. Da in Westfalen Gilden in Städten und Dörfern gleichzeitig bestanden, gibt es solche Gildehäuser bereits im 13. Jahrhundert auch auf dem Lande, wie etwa 1279 in Scherfede bei Warburg, wo dasselbe Gebäude einmal als *gymnasium, quod dicitur gelderhus*, ein andermal als *theatrum* erscheint[175)]. Im Kirchspiel Ostenfelde heißt das Gildehaus geradezu *Spelehus*[176)]. Oft dienten dieselben Gildehäuser auch als Gerichtshaus, übernahm das Rathaus ihre Funktion[177)]. Schließlich gehört in diesen Zusammenhang auch der Ortsname Gildehaus in der Grafschaft Bentheim. Das Gros der bekannten Taufsteine und Grabplatten, deren Rohmaterial hier und in Bentheim gebrochen wurde, sind – wenn nicht in einer Werkstatt – mindestens in einer eng zusammenarbeitenden Gruppe von Werkstätten hergestellt worden. Abbruch, Verarbeitung und Vertrieb legten eine genossenschaftliche Organisation nahe. Eine auf die nichtstädtische Siedlung mit Spezialgewerbe bezogene Steinhauergilde ist deshalb nicht auszuschließen[178)]. Ganz außerhalb einer Siedlung lag eine *Gildewort* (Haus oder Parzelle) in Iburg oder Bersenbrück[179)], womit gleichzeitig die Belegkette für ländliche Gilden erweitert wird.

174) Vgl. zum folgenden R. Wilmans (wie Anm. 97) S. 4ff.

175) Wilmans nennt darüber hinaus »Gymnasien« beim Kloster Varlar, in Roxel, im Kirchspiel Borghorst, Gildehäuser in den Kirchspielen Altenberge, Greven, Schöppingen, Billerbeck und Olfen, bei Bückeburg und Rinteln.

176) WestfUB III Nr. 1084 S. 566, Übertragung von *mansum in villa Cudincdorpe, dictum Spelehus, in parochia Ostenvelde, cum colonis eiusdem mansi* an Kloster Marienfeld. Nach A. Lübben/C. Walther spelehûs = Spiel-, Tanzhaus, überh. Gemeinde-, Stadthaus, S. 366.

177) Das ma. Rathaus in Rheine stand wohl am Platz des 1273 genannten Gildehauses *(gimnasium)*. Darpe, Herford und Rheine... WestfZ 48,1. 1890. S. 203f.; K. Kroeschell, Weichbild Köln 1960. S. 144f. A. Führer/H. Büld, Geschichte der Stadt Rheine. 2. Aufl. Rheine 1974. S. 33f.

178) Bisher liegen nur kunst- und lokalgeschichtliche Untersuchungen vor, eine sozialgeschichtliche Einordnung ist noch nicht versucht worden. Die aus dem 14. Jh. stammende Kirche hat ein Annen-Patrozinium (Bergbau). Nach H. Specht (Hg.), Der Landkreis Grafschaft Bentheim. Bremen/Horn 1953. S. 103 wird der Ort als *Gildehus* mit seiner von Schüttorf abgepfarrten *Nyenkerken* 1188 erstmals erwähnt. Vgl. auch K. Noehles, Die westfälischen Taufsteine des 12. und 13. Jahrhunderts. Phil. Diss. Münster (masch.) 1953; H. Hagels, Die Anfänge der Bentheimer Sandsteinplastik im 12. und 13. Jahrhundert. Das Bentheimer Land 48. 1958. S. 23ff.; Ders., Die Beziehungen der vormaligen Annenkirche in Gildehaus zum Steinhauergewerbe. Dörfliche Markgenossenschaft oder Gildegenossenschaft? Ebd. 55. 1963. S. 140ff.

179) F. Philippi (wie Anm. 157) S. VI: 1341 verkauft das Kloster Iburg ein Grundstück mit der Lagebezeichnung: *unse wort de beleghen is bi der ghyldewort vor dem wicbolde Yborgh*, ebd. auch der Hinweis auf Bersenbrück.

Auf den Bezug zur Ortsherrschaft deuten schließlich wieder die Osnabrücker Belege hin: 1203 wird ein Einwohner nach seinem Wohnplatz *gildeswort* benannt[180]. 1217 ist *Thietardus de Gildewurt* Schöffe, trägt gleichzeitig den bezeichnenden Namen *Thetardus Burclocke*[181]. Das Gildehaus mit der Burglocke lag in der Butenburg, in jenem Bereich der Stadt, den der Bischof als Ortsherr am längsten kontrollierte[182]. Auf der Gildewart besaß auch der Osnabrücker Hochvogt, der Graf von Tecklenburg, ein Haus. Ob hier ursprünglich die Stände einzelner Ortsgewerbe standen, ist nur zu vermuten; später jedenfalls befand sich der Fleischscharren beim alten Rathaus, hatten die Knochenhauer und andere Gewerbsgilden ihre Buden auf dem Markt der Altstadt, im Rechtsbereich des Rates, der auch die Miete erhob[183].

Ebenso wie aus den Morgensprachen konnte aus den Gildegelagen leicht Unruhe entstehen, so daß auch hier seitens der städtischen Führungsorgane eingegriffen wurde. Der Amtsbrief der Bremer Schumacher von 1300 schrieb deshalb vor, daß sich niemand der Amtsgenossen *tempore convivii, quod giltschap dicitur* so sehr betrinken sollte, daß er in den Straßenkot falle, sich erbrechen oder eine andere unehrenhafte Zügellosigkeit begehen könnte[184]. Schließlich wurden dort 1322 alle *fraternitates, que vulgariter giltscope vocantur, propter varias et inutiles expensas, quas communis populus nostre civitatis in dicitis fraternitatibus existens consumpsit* verboten[185]. Wegen zahlreicher und unnötiger Kosten, die das »gemeine Volk« in solchen Bruderschaften aufwandte, wurden also die Bremer Bruderschaften aufgehoben, ihre Einkünfte dem St. Jürgensspital überwiesen. Dies geschah wahrscheinlich mit Einverständnis der Gildemeister, die der Rat deswegen ausdrücklich vor kirchlichen und weltlichen Gerichten schützen wollte. Man wird dabei nicht nur an die Sorge der Stadtführungsorgane um die kostenaufwendigen Gildefeste denken müssen, sondern an die Gefährdung des städtischen Friedens, die von

180) Hier nach K. W. Nitzsch (wie Anm. 13, 1892) S. 13, 45ff.
181) F. Philippi (wie Anm. 157) S. VII. Anm. 2.
182) Th. Penners, Topographische Bemerkungen zur »Burg« Osnabrück OsnMitt 70. 1961. S. 1ff.
183) F. Philippi (wie Anm. 157) S. VIf.
184) Wie Anm. 141.
185) BremUB II Nr. 229 S. 229f.; H. Schwarzwälder (wie Anm. 79) S. 69. Nicht betroffen war von diesem Verbot des Rates eine in denselben Jahren unter Beteiligung des Erzbischofs Burchard Grelle gegründete Annen-Bruderschaft, die 1328 ihre Statuten aufzeichneten. Ihr gehörten 40 Geistliche (eine Zahl, die nicht überschritten werden durfte) und mehrere Laien an. Ein 100–150 Jahre später geschriebenes Bruderschaftsverzeichnis erfaßt bis dahin namentlich zwei Erzbischöfe, ca. 350 bremische, 83 außerbremische Geistliche, 62 Adlige (auch Frauen) und 1002 Laien. Die auch *legio* genannte Bruderschaft hielt einmal im Jahr ein offensichtlich aufwendiges *convivium*, J. G. Kohl, Geschichte der Bremer Annen-Bruderschaft. ZdtKulturgesch. NF 3. 1874. S. 418ff. Zu Bruderschaftsverboten kam es auch in Dortmund: 1346 ließ der Rat eine neue Bruderschaft von Geistlichen und Laien auflösen, zugleich wurde die Neubildung solcher Bruderschaften allgemein untersagt. F. Frensdorff (wie Anm. 48) S. CII; DortmUB I,2 Nr. 598 S. 420f.: Verschiedene Geistliche innerhalb und außerhalb Dortmund hatten damals eine Bruderschaft gegründet, *dar mide ynne waren leyen, wif unde man, wande de broderscap nicht nûtte was der stat unde ok den kerken* legten Rat und Bürger fest, *dat tho Dortmunde neyn broderschap wesen sal.* Ein Zusammenhang mit innerstädtischen Auseinandersetzungen ist naheliegend. Doch entstand 1385 etwa wieder eine Bruderschaft der Schuhmacherknechte, Dietrich Westhoff (wie Anm. 203) S. 248.

solchen Festen ausgehen konnte; denn auch im späteren Mittelalter waren solche das Selbstverständnis der Gemeinschaft kennzeichnenden Feiern und Feste Ausgangspunkt für Protestbewegungen gegen Maßnahmen der Stadtführung[186].

Nach der Verfassung von sozialen Gruppen zu fragen, heißt auch immer die gestellten und erfüllten Aufgaben zu bedenken. Überblicken wir die vorgelegten Belege, dann scheint tendenziell eine stärkere Betonung der beruflichen Bezüge vorzuherrschen, hingegen der religiöse Charakter zurückzutreten oder formelhaft zu werden. An den sozialen Verpflichtungen von Gilden und Gildegenossen bestand jedoch kein Zweifel[187]. In dem Maße wie Schwureinungen dieser Art in Gegensatz zu herrschaftlichen Kräften traten, mußten sie auch zum Widerstand gegen ein nach Stadtherrschaft und Obrigkeit strebendes Ratskolleg entschlossen sein, wenn dieses ihrem Einfluß zu entgleiten drohte.

4) Zur Wechselwirkung von Stadt- und Gildeverfassung

Die Zusammengliederung der Bürgergemeinde aus personalen und lokalen Verbänden und die Ausbildung einer von diesen Verbänden gemeinsam getragenen Stadtführung kennzeichnet die städtische Verfassungsgeschichte im 13. Jahrhundert. Dabei folgte jeweils aus diesem in der einzelnen Stadt unterschiedlich verlaufenden Prozeß der Gemeindebildung und den hierin zwischen herrschaftlichen Kräften, städtischen Führungsorganen und einzelnen Berufsgruppen wie etwa Zünften immer wieder auftretenden Konflikten, welche Verfassungsordnungen sich für die verschiedenen Korporationen durchsetzten[188]. Aufs Ganze gesehen bedeutete dieser Prozeß, der auf den Konsens aller bürgerlichen Gemeindeverbände zielte, einen Ausgleich zwischen den Verfassungsformen, die Verfassung der Bürgergemeinde selbst eingeschlossen. Man wird hierbei davon ausgehen müssen, daß das Konsensprinzip eine Aufgabenteilung, aber auch die Konkurrenz zwischen den einzelnen Verbänden und den städtischen Organen beinhaltete. So haben wir bereits für Goslar 1219 den Gegensatz zwischen den Kaufleuten als einem besonders privilegiertem Personalverband und den Gilden gekennzeichnet, die als lokale Gewerbevereinigungen die Wurzeln domanialer Herkunft noch nicht ganz abgestreift hatten[189]. Auch die mehrfach für Bremen beigezogenen Gerhardschen Reversalen von 1246 deuteten in dieselbe Richtung[190]. Ihnen ist besonders eigen, daß auf Druck des Erzbischofs die Rückkehr zur allgemeinen Ratswahl festgelegt wurde. Nicht immer wird man den Ergänzungs-

186) Zahlreiche Beispiele in W. Ehbrecht (Hg.), Städtische Führungsgruppen und Gemeinde in der werdenden Neuzeit. Köln/Wien 1980.

187) W. Heide, Soziale Zustände und Sozialpolitik in Dortmund bis zur Mitte des 17. Jahrhunderts. Phil. Diss. Münster (masch.) 1921. S. 50ff.

188) Vgl. schon die anregenden Gedanken K. Frölichs in seiner Rezension von F. Rörig, Der Markt von Lübeck. Leipzig 1922: Zur Verfassungstopographie von Köln und Lübeck im Mittelalter. ZVLübGesch 22. 1925. S. 381ff., bes. S. 406ff.

189) Wie bei Anm. 68ff.

190) Wie bei Anm. 81.

charakter der Interessen von Stadtherrschaft und *officia* so deutlich sehen, doch der Anspruch der Ortsgewerbe, auf die städtische Führung Einfluß nehmen zu können, war in der Mitte des Jahrhunderts allgemein.

In Dortmund hatten wir gesehen, wie der Rat 1241 einzelne Rechte am Markt in seine Hand brachte und damit Schritte unternahm, die Bäcker, Schuhmacher und Fleischer aus der Abhängigkeit von herrschaftlichen Kräfte zu lösen[191]. 19 Jahre später sah er sich gezwungen, gemeinsam mit den *fraternitatibus et ghildis sex, que sunt in universitate civium Tremoniensium* die Ratswahl in der Weise zu ordnen, daß eben diese »Bruderschaften und Sechsgilden« jeweils zwei Männer wählen konnten, die ihrerseits sechs Männer der hier – wie wir festhielten – erstmals erwähnten Reinoldigilde kooptieren sollten. Gemeinsam mit dem jeweils amtierenden Rat (18 Personen) bildeten diese 18 dann ein Wahlmännergremium, das, wie vor allem die Arbeiten Luise von Winterfelds[192] ergeben haben, den Rat selbst nur aus Mitgliedern der Reinoldigilde wählte[193]. Unter den Sechsgilden werden in der Folgezeit immer die Gerber und Schuhmacher, Bäcker, Fleischer, Schmiede, Fettkrämer oder Butterleute und Krämer verstanden[194], wobei die Reihung auch eine Rangfolge ausdrückte. Die Bedeutung der Gerber und Schuhmacher zeigt sich insbesondere darin, daß ihre Gilde später Johannisgilde hieß[195]. Gegenüber diesen Gilden blieb etwa den immer als Ämter bezeichneten Pelzern, Wollwebern und Schneidern eine Einflußnahme lange versagt[196].

Schon Karl Frölich ist davon ausgegangen, daß überall dort, wo »eine sogenannte große Gilde bezeugt ist, oder... eine einzelne Gilde, namentlich eine solche der Kaufleute, als die Gilde schlechthin bezeichnet wird«, in vielerlei Hinsicht eine enge Verknüpfung von Rat und Kaufleuten festzustellen ist[197]. Daran ändert unsere Auffassung nichts, wenn sie die Bezeichnung Gilde für die Kaufleute vor der Mitte des 13. Jahrhunderts in Frage stellt: Sicher besetzte auch vor 1260 in Dortmund der Kreis den Rat, den wir dann danach in der Reinoldigilde vereinigt sehen. Ähnliche Vorrechte dürften die Höxteraner Großgilde[198], die *koplude ghilde* in Minden[199] und die selbstverständlich jüngere Lippstädter Gilde der *koplude van der scheren,* nämlich die der Wandschneider[200], besessen haben.

191) Wie Anm. 77.
192) L. v. WINTERFELD (wie Anm. 46) S. 43f.
193) Wie Anm. 48, 57. F. FRENSDORFF (wie Anm. 48) S. LVIf. Das Zeugnis von zwei Gildebrüdern war dann auch denen von zwei Ratsherren gleichwertig, ebd. S. 51.
194) Vgl. oben Anm. 57.
195) F. FRENSDORFF (wie Anm. 49) S. CIIIf.
196) Ebd. S. CXXXIII.
197) K. FRÖLICH (wie Anm. 13) S. 43.
198) Wie Anm. 110. Dabei ist im Einzelfall zu prüfen, ob die Bezeichnung »Großgilde« in Relation zu den anderen Gilden (insbesondere Handwerker) zu setzen ist oder – wie in Höxter – damit zwischen einem umfassenden und begrenzten Gilderecht zweier Kaufleutegruppen unterschieden wird.
199) M. KRIEG (Hg.), Das Mindener Stadtbuch von 1318. Münster 1931. S. 115 § 6, vgl. ebd. S. 47f.
200) A. OVERMANN (Hg.), Die Stadtrechte der Grafschaft Mark 2: Lippstadt. Minden 1901. S. 59*. Vgl. auch bei Anm. 90.

Für unsere Frage ist jedoch wichtiger darauf hinzuweisen, daß parallel zu den Dortmunder Bemühungen um die Stadtverfassung auch in anderen Städten solche Auseinandersetzungen geführt wurden, von denen die Kämpfe um den Einfluß der Kölner Richerzeche 1259 die bekanntesten sind[201]. Wie in Bremen 1246[202] hatte dort der Stadtherr auf die Zünfte gesetzt. Sicher stand auch die Beteiligung der Dortmunder Sechsgilden an der Ratswahl in Verbindung mit territorialen Auseinandersetzungen, von denen uns die späteren Dortmunder Chroniken einen nur unvollständigen Eindruck vermitteln, während sie über das Ratswahlstatut interessanterweise völlig schweigen[203].

Für dieselbe Zeit liegen ebenfalls die ersten urkundlichen Nachrichten über gewerbliche Bruderschaften in Soest vor (1260)[204]. Doch blieben hier ähnliche Bestrebungen wie in Dortmund erfolglos: Ein von Rat und Bürgergemeinde unter dem 24. Februar 1260 vereinbartes Ratswahlstatut verminderte die Zahl der Ratssitze auf 24, wobei jeweils zwölf aus dem Kreis der alten Ratsherren und aus den Burrichtern gewählt wurden[205]. Unter diesen sind Vertreter der sechs Soester Hofen, also lokaler Gliederungen der Stadt zu verstehen, nicht aber der Berufskorporationen[206]. Deren Rolle in der Vorgeschichte dieses Statuts, die vielleicht kurzfristig eine Erweiterung des Stadtführungsorgans gebracht hatte, wurde anders honoriert: Waren ihre Zusammenkünfte bisher vom Rat bestraft worden, so erhielten sie jetzt ausdrücklich das Versammlungsrecht sowie die Erlaubnis, über städtische Angelegenheiten zu beraten und mit jeweils zwei Vertretern dem Rat darüber *sine maiore multitudine et absque omni tumultu* zu berichten.

In Goslar dauerten die Spannungen, die zum Gildeverbot von 1219 und seiner Einschränkung 1223 geführt hatten, ebenfalls in der zweiten Hälfte des 13. Jahrhunderts an. Rudolf von

201) B. BERTHOLD, Sozialökonomische Differenzierung und innerstädtische Auseinandersetzungen in Köln im 13. Jahrhundert. In: B. TÖPFER (wie Anm. 75) S. 229ff., hier S. 267ff.; vgl. auch Th. ILGEN (wie Anm. 98) S. 490f.; L. v. WINTERFELD (wie Anm. 46) S. 43 mit Hinweis auf Köln, Dortmund, Soest und Lübeck, doch ist der Lübecker Beleg für mich bisher nicht zu verifizieren.

202) Zu 1246 bei Anm. 142f. Die dort erörterten Differenzen zwischen Eb. Hildebold, dem Rat und den Ämtern lassen vor dem Hintergrund territorialer Probleme (Hildebold gegen Gerhard zur Lippe) an eine um 1260 parallel zu Köln, Dortmund und Soest aufgebrochene Konfliktsituation denken. Grundlage für eine solche Vermutung sind die drei genannten bremischen Quellen: der angebliche Vertrag von 1259, die Beschreibung der Ämterverfassung in der Chronik von Rinesberch und Schene, schließlich das Bruderschaftsprivileg für die Schuhmacher von 1274.

203) Johannes Nederhoff, Cronica Tremoniensium (hrsg. v. E. ROESE). DortmChr I, Dortmund 1880. S. 44f.; Dietrich Westhoff in ChrondtStädte 20. Leipzig 1887. S. 188ff.

204) Vgl. Anm. 34 = *lanifices* 1261, die *fraternitates* selbst bereits in der Ratswahlordnung 1260 (Anm. 205).

205) WestfUB VII Nr. 1047, S. 472f. K. HEGEL (wie Anm. 13) S. 385f. F. BISCHOF (wie Anm. 21) S. 72ff.; A. KAHR, Studien zur Verfassungsgeschichte der Stadt Soest bis zum Ausgange des 13. Jahrhunderts. Phil. Diss. Münster 1913. S. 85ff.; K. ADER (wie Anm. 167); D. KLÜNEMANN, Die Ratswahlordnung von 1260. SoesterZ 73. 1960. S. 28ff.

206) Es bleibt zu prüfen, inwieweit im weiteren Spätmittelalter unter Bruderschaften auch Hofen verstanden werden konnten. Zur Gerichtsbarkeit der Burrichter in Gewerbesachen vgl. bei Anm. 98.

Habsburg erneuerte 1274 ausdrücklich die von Friedrich II. verliehenen und zusammengefaßten Goslarer Privilegien, also auch das Gildeverbot[207]. Er schien damit noch hinter die Lockerung Heinrichs (VII.) 1223 zurückgehen zu wollen, der doch allein Zimmerleuten und Webern das Gilderecht verweigert hatte[208]. Tatsächlich räumte er allen Betroffenen eine »Einspruchsfrist« bis zum Würzburger Hoftag im Januar 1275 ein, da er selbst die Bedeutung der Gewerbe für Goslar erkannte[209]. Vorläufig aber waren erst einmal alle Gilden in Goslar, mit Ausnahme der Münzer, wieder verboten, anders als 1219 jetzt auch die Kaufleute, die doch 1252 als Gilde ein Privileg Wilhelms von Holland erhalten hatten[210]. Deshalb war es notwendig, daß die *honorabiles viri, mercatores videlicet civitatis Goslarie, quandam fraternitatem habuerunt, que inninge sive gelde appellatur* eine besondere Bestätigung ihres Korporations- und Gewandschnittsrechtes erhielten; denn gerade das Gilderecht war *per intervallum temporis aliquantulum cassata*[211]. Knüpfte damit Rudolf an die Politik Wilhelms von Holland an, so war der Ausgleich zwischen den verschiedenen Korporationen der Stadt, mit den doch bis dahin bestehenden Gewerbsgilden und insbesondere den Montanen und Silvanen, noch nicht abgeschlossen. Die Entscheidung fiel nicht durch das wirkungslose Gildeverbot Rudolfs, sondern durch Kämpfe innerhalb der Bürgerschaft. Noch bevor das Verbot 1290 aufgehoben wurde[212], legte der Rat nicht lange vor 1283 gleichsam zum Abschluß des Ringens um den Einfluß in der Bürgergemeinde ein Statutenbuch an, dessen Eintragungen von Kaufleuten, *woltwerchten* und Gilden ausdrücklich gebilligt wurden[213]. Ebenso waren Verzeichnis und Statuten der Krämergilde 1281 Ausdruck der inzwischen geschaffenen Lage[214].

Mit der folgerichtigen Aufhebung der Gildeverbote durch den König am 22. April 1290 wurde eine Einigung darüber notwendig, welche Stellung die Gilden jetzt im Verfassungsleben der Stadt einnehmen sollten. Garantieerklärungen jener Fürsten, die wahrscheinlich hinter dem Gildeverbot von 1274 standen, sicherten das Einigungsrecht der Gewerbe[215]. Den Streit *inter mercatores et alias fraternitates, quae vulgariter gelden vocantur, ex parte una, necnon inter*

207) UB Goslar II Nr. 206 S. 244f. Th. M. MARTIN, Die Städtepolitik Rudolfs von Habsburg. Göttingen 1976. S. 57f.
208) Wie Anm. 71.
209) Th. MARTIN (wie Anm. 207) S. 58.
210) Wie Anm. 44.
211) UB Goslar II Nr. 207 S. 245f. Die Urkunde ist nicht unverdächtig. Nach der hier versuchten Interpretation muß die Datierung des unbeglaubigten Textes lauten: nach 1274 Nov. 27.
212) Ebd. Nr. 382. S. 387f. zu Apr. 22.
213) KEUTGEN Nr. 194 S. 255. Interessanterweise werden auch hier noch unter den Gilden die Gewerbsgilden verstanden, was dem allgemeinen Sprachgebrauch entsprochen haben werden dürfte, während *koplüde* und *woltwerchten/berchlüde* als Gruppenbenennung davon gesondert sind.
214) UB Goslar II Nr. 292 S. 306ff.
215) Albrecht II. von Sachsen führte nicht nur die Zeugenreihe bei der Rücknahme des Verbots an, sondern er beurkundete auch eigenhändig die neue Ordnung, UB Goslar II Nr. 392 S. 393. Ebenso bezeugte Markgraf Otto von Brandenberg die Rechtsverfügung, ebd. Nr. 396 S. 396f. Th. MARTIN (wie Anm. 207) S. 58f.

montanos et silvanos ex parte altera schlichtete am 15. August der Landfriedenshauptmann Otto von Anhalt. Nachdem seit der Mitte des Jahrhunderts die Kaufleute in den »Gildenverband« der Bürgergemeinde eingegliedert waren, mußte jetzt auch die Stellung der Montanen und Silvanen eingegrenzt werden[216]. Konsequent besetzten die *mercatores ceterique fraternitates, que gelden vocantur,* d.h. die auch künftig als Gilden bezeichneten Kaufleute, Krämer, Bäcker, Fleischer und Schuhmacher den Rat gemeinsam mit den *montani et silvani,* bald (1298) auch mit den Münzern. Das 1290 ausgehandelte Eintrittsgeld macht Differenzen in der Einschätzung der Gilden, wohl auch in der politischen Rangordnung deutlich: Der Erwerb der Gilde bei den Kaufleuten kostete acht, bei den Krämern, Bäckern, Fleischern und Schuhmachern drei und bei den noch nicht im Rat vertretenen Schmieden und Kürschnern nur eineinhalb Mark[217].

Der in Goslar gefundene Kompromiß in der Stadtverfassung war in zweierlei Hinsicht kennzeichnend für die im 13. Jahrhundert erfolgte Entwicklung. Er räumte den Kaufleuten zwar ein Übergewicht über die Krämer und die Handwerkergilden im Rat ein, doch stellte schon Karl Frölich fest: »Aber sie sind jetzt zu einer Gilde, wie die übrigen Gilden, geworden, ein Unterschied in der Struktur ihres Zusammenschlusses, wie er noch zu Beginn des Jahrhunderts erkennbar war (gemeint ist etwa das Gildeverbot 1219), ist nicht mehr wahrzunehmen«[218]. Aus der Einigung von Kaufleuten und Gewerbsgilden folgte andererseits die Ausschließung der übrigen Handwerksämter vom Rat. Nur jene Gruppe der älteren, bereits vor dem Abschluß der Gemeindebildung verfaßten und für die Stadtwirtschaft bedeutenderen Ortsgewerbe konnte sich einen Zugang zum Rat sichern[219]; in den wendischen Seestädten wie Lübeck wurde sie zur selben Zeit bereits wieder aus dem Rat gedrängt, da dort der Handel mehr Gewicht als die Handwerke besaß[220]. Der Streit um die Beteiligung der sogenannten »Kleinen Gilden« wie etwa Schneidern und Schmieden an der Ratsbesetzung und der übrigen, zum Teil bis dahin nicht in Verbänden zusammengetretenen Gruppen der Bürgergemeinde blieb wie in Soest, Minden oder Braunschweig den innerstädtischen Kämpfen des späteren Mittelalters überlassen[221].

216) Ebd. II Nr. 406 S. 40f. zu 1290 Aug. 15; auch ebd. Nr. 403–405 S. 401ff. Vgl. die am 14. Sept. von Rat, Bergleuten, Kaufleuten und Gilden einmütig beschlossenen Gewerbevorschriften und anderen Rechtssätzen, ebd. Nr. 412 S. 417f., die etwa den Montanen den Gewandschnitt zum eigenen Gebrauch sicherte. L. Ohlendorf, Das niedersächsische Patriziat und sein Ursprung. Hannover Leipzig 1910. S. 47ff., vgl. auch A. Doren (wie Anm. 13) S. 98f.

217) K. Frölich (wie Anm. 68) S. 26ff., Ders. (wie Anm. 67) S. 424ff.

218) Ders. (wie Anm. 13) S. 38.

219) Ders. (wie Anm. 67) S. 375ff.

220) Dazu die unechte und umstrittene Lübecker Ratswahlordnung Heinrichs des Löwen, DHdL Nr. 63 S. 92f. zu 1163, die an den Ausgang des 13. Jahrhunderts gehören dürfte.

221) W. Ehbrecht, Hanse und spätmittelalterliche Bürgerkämpfe in Niedersachsen und Westfalen. NiedersJb 48. 1976. S. 77ff., zu Soest S. 96ff. Ders., Form und Bedeutung innerstädtischer Kämpfe am Übergang vom Mittelalter zur Neuzeit: Minden 1405–1535. In: Ders. (wie Anm. 186) S. 115ff.; Ders. (wie Anm. 9).

Der Goslarer Kompromiß von 1290 entsprach dem Dortmunder von 1260. Er mag auch auf die Braunschweiger Schicht der Gildemeister 1292–94 gewirkt haben[222]. Nicht viel später fanden in Hildesheim innerstädtische Auseinandersetzungen statt. Vermutlich nach voraufgegangenen Kämpfen konzedierte der Rat 1300 den Zünften die Einsetzung eines Achterausschusses, den *4 ut deme rade und 4 ut den ammedten* bildeten[223]. Ähnlich wie zur selben Zeit in Bremen[224], wenn auch in anderer Zusammensetzung, wurde dieser Ausschuß mit der Aufzeichnung des Stadtrechts beauftragt. In Osnabrück sicherten die Ämter vorübergehend ihren Einfluß im Schöffenkolleg, als sie den Bischof in Kämpfen mit seinen Nachbarn aus Münster und Tecklenburg unterstützten (1308)[225]. In Höxter verantworteten 1314 die beiden Ratsschichten der *consules novi et antiqui* gemeinsam mit einer Gruppe von *discretiores*[226] eine neue Ratswahlordnung, wonach künftig der jeweils amtierende Rat zur anstehenden Ratswahl ein Wahlmännergremium von zwölf Vertretern einzelner Gilden berufen sollte, in dessen Hand allein die Neuwahl gelegt wurde[227]. Allgemein sollte man das Ringen um den politischen Ausgleich zwischen den verschiedenen gemeindlichen Gruppen, zu denen auch die lokalen Gliederungen gehörten, nicht zu eng mit der Besetzung der Stadtführungsorgane verbinden, sondern als entscheidendes Ziel die gegenseitige Anerkennung ansehen, die immer eine Abgrenzung der jeweiligen Aufgabenbereiche bedeutete.

222) Endgültig wurde die Schicht erst 1299 im Sühnevertrag der Herzöge Heinrich und Albert mit der Stadt beigelegt, BraunschwUB I Nr. 15. S. 19ff.: Zum Gedenken an die elf 1294 von Albrecht hingerichteten Gildemeister machten die Bürger eine umfangreiche Stiftung: *den gilden de dar dot bleuen* stifteten sie einen Hl. Geist-Altar vor der Stadt, wo täglich die Messe gefeiert werden und immer ein Licht brennen sollte, *ok scal man on scippen elvenhundert broderscop* (! Fürbitten der Bruderschaften?), *eluenhundert selmissen, eluenhundert vilige, eluenhundert nachticht, vnd eluen man to Righe senden.* Auch dieses Gelöbnis zur Unterstützung der Kreuzfahrt sollte innerhalb eines Jahres erfüllt sein.

223) R. Doebner, Die Stadtverfassung Hildesheims im Mittelalter. HansGeschbll 1879. S. 11ff.

224) K. A. Eckhardt (wie Anm. 79). Damals (1304) waren eine Reihe der sog. Geschlechter vertrieben worden. Ein jährlicher Gottesdienst sollte daran erinnern, wie 1305 die Stadt über diese und ihre verbündeten Ritter gesiegt hatte, ChrondtStädte 37: Bremen S. 112ff., BremUB Nr. 42 S. 46. H. Schwarzwälder (wie Anm. 79) S. 63ff.

225) Der seit 1297 amtierende Bischof Ludwig von Ravensberg wandte sich zuerst gegen Simon zur Lippe, der das Stift Enger zu einem *gymnasium raptorum* gemacht hatte, dann gegen die Gegner im Westen. Bereits 1318 mußten die Handwerker das Schöffenkolleg wieder räumen, vgl. F. Philippi (wie Anm. 157) Nr. 2 S. 2f.; H. Rothert, Westfälische Geschichte I. 4. Aufl. Gütersloh 1951. S. 313f.; Ders., Geschichte der Stadt Osnabrück I. OsnMitt 57. 1937. S. 1ff., hier S. 199f. Verbirgt sich hinter *gymnasium raptorum*, dem »Gildehaus der (für) Räuber«, ein Zeitverständnis, das auch eine Gemeinschaft von Gruppen außerhalb der Gesellschaft anerkennt, wie es für die Vitalienbrüder vermutet wurde (dazu Anm. 78)?

226) Vgl. dazu B. Scheper, Bemerkungen zu Rat, Gemeinde und den Anfängen der Wittheit in Bremen. JbWittheit 22. 1978. S. 153ff.

227) P. Wigand (wie Anm. 103) S. 161. Korrektur schon bei K. Hegel (wie Anm. 13) S. 392f. Es entsandten die Gewandschneider, Kürschner, Tuchmacher, Gerber/Schuster, Bäcker jeweils zwei, die Schmiede und Schlachter jeweils einen Vertreter.

Das Ringen um Einfluß, Rechte und Zweck hielt zwischen den berufsbezogenen, verfaßten Verbänden unter vielfacher Einbeziehung weiterer Sozialgliederungen im gesamten Mittelalter an[228]. Den jeweiligen Voraussetzungen und Entwicklungen entsprechend ergaben sich unterschiedliche Lösungen, die keineswegs dauernd gelten mußten. Wie 1368 die Augsburger Zünfte forderten, »eine« Zunft zu sein[229], so gab es auch im Nordwesten Tendenzen zur Bildung von Gesamtgilden, d.h. einer Gilde, die die anderen als »Teilgilden« umfaßte. In Münster bestand ein solcher Zusammenschluß 1410[230]. Damals wurde auch in Soest[231] neben Bruderschaft die Bezeichnung »Gilde« für Berufskorporationen gebräuchlich[232]. Allgemein gliederte sich im 15. Jahrhundert die nicht unmittelbar im Rat vertretene Bürgergemeinde in den westfälischen Städten in Gilden (oder eine Gesamtgilde) und Meinheit auf, dem Verband der übrigen, nicht in Berufskorporationen zusammengefaßten Bürger. Je nach ihrer Organisationsform entsandten diese »Stände« Vertreter in den Rat, in das Wahlmännergremium oder in einen Bürgerausschuß zur Finanzkontrolle und politischen Beratung[233]. In Osnabrück vereinte eine solche Gesamtgilde eine Reihe von Handwerken, nicht aber die Kaufleute[234], die als eine den Rat überwiegend tragende Gruppe natürlich organisiert waren, nicht aber Gilde genannt wurden. In Bremen war es *de koepman*, eine Gesellschaft der Kaufleute, mit der der Rat

228) Diese Auseinandersetzungen sind eine Gruppe innerhalb der sog. Bürgerkämpfe oder Stadtkonflikte.

229) F. BLENDINGER, Die Zunfterhebung von 1368 in der Reichsstadt Augsburg. Ihre Voraussetzungen, Durchführung und Auswirkung. FS NAUJOKS Sigmaringen 1980. S. 72ff.

230) Damals gab es fünf oder sechs Einzelgilden, in der Mitte des Jahrhunderts 16, wozu 1492 noch die Gewandschneider kamen, R. KRUMBHOLTZ (wie Anm. 148) S. 216; F. BISCHOF (wie 21) S. 14f. Vgl. auch mit den bekannten Einschränkungen K. W. NITZSCH (wie Anm. 13) S. 49ff. Zur politischen Funktion der Gilde K.-H. KIRCHHOFF, Die Unruhen in Münster/Westf. 1450–1457... Mit einem Exkurs: Rat, Gilde und Gemeinheit in Münster 1354–1458. In: W. EHBRECHT (wie Anm. 186) S. 153ff. bes. 159ff. – Ähnlich ist wohl auch in Menden die »große Gilde« zu beurteilen, die aus den drei Ämtern oder Gilden der Krämer, Wollweber und Schneider besteht, K. W. NITZSCH (wie Anm. 13) 1892. S. 39ff.

231) Entsprechend der Gesamtgilde in Osnabrück und Münster gibt es in Soest eine Gesamtbruderschaft: 1433 unterscheidet die von Eb. Dietrich von Moers vermittelte neue Ratsordnung in einem 6er Ausschuß zur Kontrolle der Finanzen: *twene uyt dem raede, twene uyt der broderschafft und twene uyt der gemeynde*, J. HANSEN (Hg.): Westfalen und Rheinland im 15. Jh. I. Leipzig 1888. Nr. 11 S. 14ff. Ebenso vertraten damals die 12 Richtleute (vgl. dazu Anm. 205f.) gemeinsam die einzelnen Bruderschaften vor dem Rat, ebd. Nr. 37a S. 45.

232) ChrondtStädte 21. S. 104: *Gylde der wullenwever, der smede, der becker, der lore, der schomecker, der kremer, der schroder, der koplude, der buwelude ind vort alle ampte, broderschope ind gantze alynge gemeynde der stat Soyst.*

233) So etwa in Attendorn 1456, J. BRUNABEND/J. PICKERT, Attendorn... 2. Aufl. Münster 1958. Nr. 39f., S. 347ff. In Höxter erscheint seit Anfang des 15. Jhs. die *wisheit der ghilden* als Beschlußorgan neben dem Rat, P. WIGAND (wie Anm. 103) S. 148 zu 1403, S. 146 zu 1415. Eine hilfreiche Glossierung bietet darüber hinaus das Testament eines Hamelner Kanonikers 1405 *coram... proconsulibus et consulibus ac magistris gilderung aut monopoliorum dicti opidi*, KEUTGEN Nr. 335 S. 432ff.

234) K. W. NITZSCH (wie Anm. 13) 1892 S. 14 und S. 45ff.; F. PHILIPPI (wie Anm. 157) S. IVf.; F. BISCHOF (wie Anm. 21) S. 23f.

über die dem Bannerlauf von 1365 vorausgehenden finanziellen Schwierigkeiten der Stadt verhandelte[235].

Stellen wir schließlich diejenigen Gruppen zusammen, die häufig als Gilden bezeichnet, im 13. Jahrhundert neben den Kaufleutevereinigungen (und den in diesem Zusammenhang gar nicht beachteten, aus der Ministerialität überwechselnden Kräften) zu den die Entscheidungen der Bürgergemeinde tragenden Verbänden wurden, deren Verfaßtheit bereits für die Zeit der noch herrschaftlichen Organisation des lokalen Gewerbes angenommen wurde[236].

Für Braunschweig hat man auf Grund der Nennung von vierzehn Gilden und Innungen 1445 folgende zwölf Gilden für die Schichtzeit geglaubt erschließen zu können, da die Schneider und Leineweber erst im 14. Jahrhundert entstanden: Wandschneider oder Tuchhändler, Lakenmacher oder Tuchmacher, Gerber, Schuhmacher, Knochenhauer, Schmiede, Wechsler oder Münzer, Goldschmiede, Beckenschläger, Bäcker, Krämer und Kürschner[237]. Dagegen ist einzuwenden, daß einzelne dieser Vereinigungen (Wandschneider, Goldschmiede, Münzer) wahrscheinlich der Altstädter Partei zuzurechnen waren und daß die Beckenschläger noch zu den Schmieden gehörten. Statt dessen wird man etwa die Lakenmacher als drei Gilden rechnen müssen, da sie in drei Weichbilden mit eigenen Privilegien bestanden.

In Dortmund, Goslar und Bremen sind es vor allem die für das Leben der Stadt so notwendigen Grundgewerbe der Bäcker, Fleischer, Krämer und Schuhmacher, die Einfluß auf die Gestaltung der Bürgergemeinde erlangen. In Minden fehlen unter den Großen Ämtern die Krämer. Daneben stehen häufig Schmiede, Kürschner, Riemenschneider, in Höxter auch die Schneider. Gerade im Textilbereich aber ist die Bedeutung der einzelnen Gewerbe, die von den Gewandschneidern bis hin zu den Leinewebern[238] reichen, zum Teil nur schwer zu bestimmen. Es sei daran erinnert, daß die Braunschweiger Lakenmacher auch das Privileg zum Gewandschnitt besaßen.

Wie hier der Übergang vom Handwerk zum Handel fließend sein konnte und deshalb Abgrenzungen notwendig wurden, macht eine Urkunde des Bremer Rates 1263 deutlich, die

235) ChrondtStädte 37. S. 136; F. Prüser u. a.: De Koopman tho Bremen. Bremen 1951. Ebenso muß der Gemeine Kaufmann der Hanse als die hansische Gemeinschaft verstanden werden.

236) Diese Frage lag außerhalb des wichtigen Beitrages von R. Sprandel, Die Handwerker in den nordwestdeutschen Städten des Spätmittelalters. HansGeschbll. 86. 1968. S. 37ff.

237) So H. Dürre (wie Anm. 1) S. 603ff. Dagegen ist einzuwenden, daß der Große Brief von 1445 (UB I Braunschw Nr. 88 S. 226f.), selbst folgende 14 Gilden nennt: Gewandschneider, Lakenmacher in Hagen, Neustadt und Alte Wik, Schuster/Gerber, Knochenhauer, Schmiede, Wechsler, Goldschmiede, Beckenschläger, Bäcker, Krämer, Schneider, Kürschner. Schuster/Gerber bildeten eine Gilde in drei Weichbilden seit 1309 (ebd. Nr. 20 S. 26), Krämer und Schneider seit spätestens 1325 jeweils eine in allen fünf. K. Hegel (wie Anm. 13) S. 422 und Anm. 5.

238) Vgl. W. Stieda, Hansische Vereinbarungen über städtische Gewerbe im 14. und 15. Jahrhundert. HansGeschbll 1886. S. 99ff., bes. S. 144ff., dort auch Hinweis auf eine Vereinbarung der wendischen Städte gegen die Wollwebergesellen (14. Jh.). Zu den Leinewebern u. a. F. Frensdorff (wie Anm. 21) S. 39f., allgemein die Übersicht bei G. Schmoller, Die Straßburger Tucher- und Weberzunft... Straßburg 1879. S. 554ff. In Göttingen gehörten die Leineweber zu den Gilden (Anm. 150).

zwischen den Interessen der einzelnen Tuchhändler, denen der Gewandschneider als Gruppe und den Hosenschneidern zu unterscheiden suchte. Danach sollte niemand in Bremen Tuche schneiden zum Verkauf außerhalb der *pannicidae*. Für den Fall aber, daß ein *probus homo burgensis Bremensis* Tuch über das Meer einführe, dann dürfe dieser bei geschlossenem Laden eine bestimmte Menge dieser *panni colorati* verkaufen[239]. Dieser Abzug zum begrenzten Eigenverkauf mag die Entschädigung für das Risiko des Flandernhandels gewesen sein. Das eigentliche Geschäft hatte unter den Augen der Gewandschneidervereinigung stattzufinden *quia pannicide in hac civitate et in aliis civitatibus sunt de melioribus, propter hoc debent esse urbani et mercimonia non excercere nisi honesta*. Deshalb mußte der Wechsel der Stände am Markt festgelegt werden und konnte auch kein Gewandschneider Hosenschneider sein; denn jene schnitten nach altem Recht Hosen aus schwarzen, weißen oder grauen Stoffen. Die Absetzung der vom bunten »überseeischen« Tuch lebenden Gewandschneider gegenüber den die herkömmlichen Tuche verarbeitenden Hosenschneider zeichnet ein klares Bild von den unterschiedlichen Entwicklungstendenzen auf dem Textilsektor.

5) Zusammenfassung und Weiterführung

Ein weiter Bogen wurde geschlagen: Ausgehend von der einführenden Behandlung der sogenannten Braunschweiger Schicht der Gildemeister wurden folgende Ergebnisse und Thesen bearbeitet, die zum Teil noch weiterer Prüfung bedürfen:

1. Die Überlieferung des Gildebegriffs bis zum 13. Jahrhundert wurde für den westfälisch-niedersächsischen Raum nicht in den fernhändlerischen Kaufleutevereinigungen, sondern im herrschaftlich organisierten Ortsgewerbe gesucht. Hierbei erwies sich die in der Forschung oft betonte Unterscheidung von Kaufmannsrecht, Ortsgewerbe und Marktaufsicht sowie die zwischen personalen und lokalen Verbänden als weiterführend.
2. Die lokale »Herkunft« der Gilde folgte aus zwei Erkenntnissen: einerseits sind Gewerbsgilden bereits zu dem Zeitpunkt vorhanden, als die ersten Kaufleutegilden belegt sind, andererseits bestanden zur gleichen Zeit auch ländliche Gilden.
3. Für die Zeit der Ausbildung von Bürgergemeinden wurde unter Gilde eine Gemeindeform verstanden; daneben sind außer den Kaufleutevereinigungen vor allem die lokalen Gliederungen wie Bauerschaften zu beachten.
4. Der über längere Zeit dauernde Prozeß der Zusammengliederung einzelner gemeindlicher Verbände zur Ausgestaltung der Bürgergemeinde war konfliktreich und auf Kompromisse angelegt, um verfassungsrechtliche und wirtschaftliche Kompetenzen abzugrenzen.
5. Die Konsensfindung innerhalb der städtischen Verfassungswirklichkeit stand in Wechselwirkung zur Verfassung der einzelnen Verbände, wobei im Gegensatz zur Freiwilligkeit frühmittelalterlicher Gilden ein zunehmender Zwangscharakter in den gewerblichen Ver-

239) BremUB I Nr. 314 S. 353.

bänden zu bemerken ist. Dabei bleiben Gildemerkmale wie Eid, Schutzverpflichtung und Fest auch weiterhin erkennbar.

6. Die Möglichkeit zu »gildeähnlichen« Einungen blieb auch für das weitere Mittelalter bestehen. Hier ist nur neuerlich zu prüfen, inwieweit der Eid konstitutives Element blieb. In der Mindener Schicht am Anfang des 15. Jahrhunderts standen etwa in einem Bündnis Rat, Große Ämter und Geistliche den ebenso verbündeten Kleinen Ämtern und Vorstädten gegenüber[240].
7. Wie innerhalb der Verfassungswirklichkeit auch die nicht oder noch nicht in gemeindlichen Verbänden zusammengeschlossenen Mitglieder der Bürgergemeinde beachtet werden müssen, so ist auch die Frage nach dem einzelnen Gewerbetreibenden zu stellen, der nicht an die Verpflichtung einer Berufskorporation gebunden war.

Mit dem einleitend vorgestellten Streit zwischen dem Braunschweiger Rat und den Gildemeistern um Prozession und Gelage anläßlich des Auctorfestes korrespondiert der abschließende Ausblick auf einen frühneuzeitlichen Prozessionsbericht, der das Nachwirken des Gildewesens im ländlichen Gebiet erkennen läßt: Ein Gilde- oder Bierhaus im osnabrückischen Kirchspiel Holte wurde auch von den Kirchspielsleuten aus Gesmold benutzt, die am Pfingstdienstag alljährlich zum Gottesdienst dorthin in einer Prozession zogen, bei denen die Gildemeister den Baldachin über dem Sanctissimum trugen. Da zwischen Gesmold und Holte jedoch die Konfessionsgrenze überschritten wurde, waren handfeste Streitereien unausweichlich[241].

240) W. Ehbrecht, Minden (wie Anm. 221).
241) J. Sommer (wie Anm. 21) S. 412.

Orts- und Personenregister

Bf. = Bischof, Bgf. = Burggraf, Ebf. = Erzbischof, Gf. = Graf, Hg. = Herzog, Hl. = Heiliger, Kg. = König, Mgf. = Markgraf